THÉOLOGIE HISTORIQUE

COLLECTION FONDÉE PAR JEAN DANIÉLOU
DIRIGÉE PAR CHARLES KANNENGIESSER

93

MAXIME LE CONFESSEUR

ESSENCE ET ÉNERGIES DE DIEU

par

VASILIOS KARAYIANNIS

Archimandrite

BEAUCHESNE
PARIS
1993

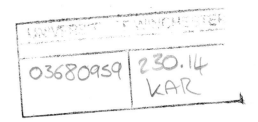
Pour tous renseignements concernant nos publications
s'adresser au service de documentation
BEAUCHESNE ÉDITEUR — 72, rue des Saints-Pères, 75007 Paris

© 1993, by ÉDITIONS BEAUCHESNE
ISBN 2-7010-1272-4

« Ἄμεσος δὲ καὶ ἄπειρος καὶ ἐπ'ἄπειρον ἐνέργεια τοῦ Θεοῦ πανσθενής ἐστι καὶ ὑπερδύναμος, ἡ κατὰ τὴν ἄφθεγκτον καὶ ὑπὲρ νόησιν ἕνωσιν, ἄρρητός τε καὶ ὑπεράρρητος ἡδονὴ καὶ χαρὰ τῶν ἐνεργουμένων· ἧς οὐκ ἔστι νοῦν ἢ λόγον παντάπασιν, ἢ νόησιν ἢ ῥῆσιν ἐν τῇ φύσει τῶν ὄντων εὑρεῖν ».

Quaestiones ad Thalassium 59, PG 90, 609B

THE UNIVERSITY OF
WINCHESTER

Martial Rose Library
Tel: 01962 827306

be returned on or before the day marked above, subject to recall.

DU MÊME AUTEUR

- *Le concept de l'icône dans l'Église orthodoxe,* Édition « Tertios », Katerini, Grèce, 1987.
- *Divine Liturgie. Sacrement de perfection* (en grec). Édition « Tertios », Katerini, Grèce, 1990.
- *Le Concile de Constantinople de 879-880 est-il œcuménique ?* (en grec), Nicosie, 1991.
- *Le sacrement de la Chrismation. Point de vue ecclésiologique et pastoral* (en grec), Nicosie, 1992.
- *La patience : remède aux souffrances. Selon les Pères de l'Église* (en grec), Nicosie, 1992.
- *Saint Maxime le Confesseur et l'Église de Chypre* (en grec). In : Apostolos Barnabas, 1992, pp. 379-398.

TABLE DES MATIÈRES

Deuxième partie
LA CONNAISSANCE DE DIEU

AVANT-PROPOS

La foi est un héritage des apôtres, transmis par leurs successeurs dans l'Église, et dont le contenu doit être sauvegardé intègre. Le devoir, devant cette tradition de la foi, fait dire à saint Maxime : « *Avant tout et pour tout, soyons sobres et vigilants, surveillant les attaques des voleurs, afin que nous ne soyons pas dépouillés par eux ; gardons surtout le grand et premier remède de notre salut, je veux dire l'excellent héritage de la foi, la confessant ouvertement dans le corps et dans l'âme, comme les Pères nous ont instruits* » (*Lettre 12*, PG 91, 465D). Cette exhortation constitue le principe sur lequel saint Maxime base toute son attitude face aux dangers des attaques hérétiques contre la foi. Prévoit-il de manière prophétique son cheminement vers la confession de la foi ? Ce qui est certain, c'est que ces lignes traduisent la conviction du Confesseur concernant la foi, conviction qui l'a conduit à confesser dans son corps et dans son âme. Il faut garder la foi des attaques hérétiques qui s'identifient aux voleurs ; en effet, selon les paroles du Christ celui qui « *n'entre pas par la porte dans la bergerie, mais qui y monte par ailleurs, est un voleur et un brigand* » (Jn 10,1).

Saint Maxime pose ainsi le problème de la tradition de la foi. Les critères de son « *orthodoxie* » en sont le contenu, qui doit être celui de la foi apostolique transmise par les Pères et confessée et enseignée par l'Église. L'Église est le gardien et le garant de la catholicité orthodoxe de la foi. « *En effet, nous qui, par l'aide de Dieu, sommes nourris de la pure et divine nourriture de l'enseignement de l'Église, en préservant inviolable la gloire de la piété, nous avons le courage de confesser ouvertement devant Dieu et devant les hommes toutes les voix pieuses (orthodoxes) des Pères relatives au Christ, en interprétant chacune d'elle dans un sens pieux et par un raisonnement qui convient, comme nous avons été catéchisés au sujet de la parole salvifique de la foi à l'origine et dès le début par les ministres de la grâce* » (Ibid., 500B). Le souci de saint Maxime est que la foi ne soit pas altérée par des enseignements étrangers à la tradition apostolique de l'Église. L'Église a la *voix* des Pères pour assurer l'intégrité de sa foi et son interprétation correcte. Toutefois, l'interprétation doit être effectuée avec *piété*, ce qui équivaut à une interprétation orthodoxe, dans l'esprit des Pères. Dans ces conditions les Pères peuvent être l'exemple de la confession ouverte de la foi. Ce n'est donc pas une simple répétition de l'enseignement patristique de la sauvegarde de la foi apostolique intègre à travers le temps, mais c'est l'interprétation indéfectible, à chaque époque, dans les conditions nouvelles dans lesquelles vit l'Église.

La problématique de l'Église à l'époque de saint Maxime n'est pas moins grave que celle de la période précédente. Saint Maxime se réfère aux Pères antérieurs afin de pouvoir tracer le cadre dans lequel il va lutter pour la foi et l'Église. C'est le vœu qu'il exprime aussi dans la *Lettre 13* à Pierre l'Illustre, qu'il soit gardé inébranlable, au-dessus des attaques hérétiques, comme un enfant authentique de l'Église « *fondé sur la pieuse confession* » (PG 91, 512B). Saint Maxime formule ainsi sa conviction vis-à-vis de la tradition de la foi de l'Église et propose une méthodologie dans l'interprétation de cette foi, afin que l'Église reste fidèle à la foi des Apôtres et des Pères.

La confession pieuse de saint Maxime se réfère surtout au dogme de l'incarnation du Christ. Cependant sa théologie s'étend à tous les autres aspects de la foi, comme la foi en la Trinité, l'Église etc. Il se place dans la Tradition patristique de l'Église, car il se fonde sur la révélation des Écritures et sur la théologie des Pères qui le précèdent, sans toutefois être un compilateur ; mais, partant de là, il définit et formule avec plus de précision certaines données théologiques orthodoxes face aux hérésies. Par sa théologie et son charisme à discerner les éléments orthodoxes des éléments erronés, il a fondé sur des bases solides la théologie de *l'essence et de l'énergie* en Dieu. Lui-même est certain, et à juste titre, de n'introduire aucune innovation, mais il reformule avec respect et *piété* la théologie des Pères de l'Église. La question pour lui est d'une importance primordiale, car elle concerne la vision de Dieu par l'homme, la christologie, l'anthropologie, le salut, la connaissance de Dieu et la relation de Dieu avec l'homme et avec toute la création.

Le choix du sujet « *Essence et énergies de Dieu* », en examinant l'ontologie de la distinction et connaissance de Dieu, pour une thèse de doctorat vise à combler une lacune dans les études sur la théologie de saint Maxime, les travaux effectués jusqu'alors ne couvrant pas ce point fondamental qui préoccupe la réflexion théologique et la spiritualité de l'Orient et de l'Occident.

Ma gratitude et mes remerciements pour l'achèvement de cette recherche vont au révérend professeur Christoph von Schönborn pour ses conseils scientifiques, et ses encouragements. Je remercie également Son Éminence le métropolite Damaskinos de Suisse pour ses conseils paternels et son soutien, lors de mon service à l'Archevêché de Suisse et au Centre orthodoxe. Je tiens à remercier le professeur Vlassios I. Phidas qui a suivi les étapes de la rédaction de cette thèse et qui m'a donné certaines directives concernant l'expression orthodoxe de la théologie des énergies divines. Je remercie vivement par ces lignes le docteur Marinette Vaucher pour les corrections et les améliorations stylistiques qu'elle a apportées aux textes et aux traductions, un travail bien apprécié. Je remercie Mme Théodora Titaki-Nicolopoulos collaboratrice au Centre orthodoxe.

Je désire tout particulièrement exprimer ici ma profonde reconnaissance à sa Béatitude l'Archevêque Chrysostome de Chypre pour m'avoir permis d'accomplir mes études postgraduées et son aide précieuse pour la réalisation de l'impression de cette thèse de doctorat en théologie.

Archimandrite Vasilios Karayiannis
11 juin 1990 — Fête de l'apôtre Barnabé

BIBLIOGRAPHIE

Nous proposons une bibliographie sélective d'ouvrages et de publications, car nous n'estimons pas nécessaire de répéter une bibliographie déjà établie par d'autres ouvrages conçus particulièrement à cet effet, tels que :

M.L. GATTI, *Massimo il Confessore. Saggio di bibliografia generale regionata e contributi per una ricostruzione scientifica del suo pensiero e religioso. Introduzione di Giovanni Reale. (METAFISICA DEL PLATONISMO NEL SVILUPPO STORICO E NELLA FILOSOFICA PATRISTICA 2), VITA E PENSIERO*, Milano 1987.
MAXIMUS CONFESSOR : ΕΛΛΗΝΙΚΗ ΠΑΤΡΟΛΟΓΙΑ (PATROLOGIA GRAECA) Volumes 90, 91. Facsimile of the 1890 Paris First Edition. Center for Patristic Publications, 5 Patission Str. 104 31 Athens, Greece. Founder-Director : Rev. John K. Diotis. Introduction and Bibliography for the Athens reprinted edition of Migne's Patrologia Graeca, vols. 90, 91, George Dion. DRAGAS.

Dans ces deux ouvrages, on trouve tous les titres des textes édités de saint Maxime et de tous les ouvrages écrits jusqu'en 1988. Le lecteur trouvera dans les notes de notre thèse d'autres ouvrages qui ne se réfèrent pas directement à la bibliographie sur saint Maxime, mais qui traitent des diverses questions historique, théologique et philosophique de la théologie de saint Maxime.

A. TEXTES ET TRADUCTIONS

BALTHASAR H.-U., *Kosmische Liturgie. Das Weltbild Maximus' des Bekenners, zweite, völlig veränderte Auflage*, Einsiedeln 1961, pp. 408-481 (Centuries sur la charité).
CERESA-GASTALDO A., *Massimo Confessore. Capitoli sulla carità. Edite criticamente con introduzione, versione e note.* Roma 1963.

CERESA-GASTALDO A., *Massimo Confessore. Umanità e divinità di Cristo. Traduzione, introduzione e note.* Roma 1976.

CERESA-GASTALDO A., *Massimo Confessore. Il Dio-uomo. Duecento pensieri sulla conoscenza di Dio e sull'incarnazione di Cristo. Introduzione, traduzione e note.* Milano 1980.

DECLERCK J., *Quaestiones et Dubia. Corpus Christianorum Series Graeca 10,* Turnhout-Brepolis 1982.

DOUCET M., *La Dispute de Maxime le Confesseur avec Pyrrhus,* Montréal 1972.

JEAUNEAU E., *Maximi Confessoris. Ambigua ad Johannem (iuxta Iohannis Scotti Eriugenae. Latima interpretationem). Corpus Christianorum Series Graeca 18,* Tunhout-Brepolis 1988.

LAGA C. et STEEL C., *Quaestiones ad Thalassium I. Quaestiones I-LV. Corpus Christianorum Series Graeca 7,* Turnhout-Brepolis 1980.

LAGA C. et STEEL C., *Quaestiones ad Thalassium I. Quaestiones LVI-LXI. Corpus Christianorum Series Graeca 22,* Turnhout-Brepolis 1990.

MAXIME CONFESSEUR, *Philocalie des Pères Neptiques,* fascicule 6. Introduction et traduction par Jacques Touraille. Abbaye de Bellefontaine 1985.

MAXIME CONFESSEUR, *La Correspondance de Maxime le Confesseur.* Préface de J.C. Larchet. Traduction et notes d'Emmanuel Ponsoye. Édité par : Communauté Monastique Orthodoxe de Nativité de la Mère de Dieu, 23, rue Maréchal, 30900 Nîmes, France.

MAXIME CONFESSEUR, *Ambigua - Apories.* Introduction, traduction : Emmanuel Ponsoye. Préface et commentaires du père Dumitru Staniloae. Notes bibliographiques de J.C. Larchet. Édité par : Communauté Monastique Orthodoxe de Nativité de la Mère de Dieu, 23, rue Maréchal, 30900 Nîmes, France.

MAXIME CONFESSEUR, *Questiones ad Thalassium.* Préface de J.C. Larchet. Introduction, traduction et notes d'Emmanuel Ponsoye. Édité par : Communauté Monastique Orthodoxe de Nativité de la Mère de Dieu, 23, rue Maréchal, 30900 Nîmes, France.

MAXIMUS CONFESSOR, *ΕΛΛΗΝΙΚΗ ΠΑΤΡΟΛΟΓΙΑ (PATROLOGIA GRAECA)* Volumes 90, 91. Facsimile of the 1890 Paris First Edition. Center for Patristic Publications, 5 Patission Str. 104 31 Athens, Greece. Founder-Director : Rev. John K. Diotis. Introduction and Bibliography for the Athens reprinted edition of Migne's Patrologia Graeca, vols. 90, 91, George Dion. DRAGAS.

PEGON J., *Maxime le Confesseur. Centuries sur la Charité, Sources Chrétiennes 9,* Paris-Lyon 1945.

SHERWOOD P., *St. Maximus the Confessor : The Ascetic Life. The Four Centuries on Charity. Translated and annotated (Ancient Christian Writers 21, 1955).*

SOTIROPOULOS H., *'Η Μυσταγωγία τοῦ ἁγίου Μαξίμου τοῦ 'Ομο-λογητοῦ. Εἰσαγωγὴ- Κείμενον-Κριτικὸν ὑπόμνημα.* (Thèse de Doctorat). *'Αθῆναι* 1978.

STANILOAE D., *Φιλοσοφικὰ καὶ θεολογικὰ ἐρωτήματα («Περὶ δια-φόρων ἀποριῶν τῶν ἁγίων Διονυσίου καὶ Γρηγορίου») τοῦ ἁγίου Μαξίμου τοῦ 'Ομολογητοῦ. Εἰσαγωγή-Σχόλια-Μετάφραση:* Ί *Σακαλῆς, τόμος* Α΄. Éditions *'Επὶ τὰς πηγάς* 4, Athènes 1978.

B. TRAVAUX

BAGWELL Ph., « *Loci Communes of Maximus the Confessor:* Vaticanus graecus 739. St. Louis Miss. 1977, Diss.

BALTHASAR H.-U., *Die « Gnostischen Centurien » des Maximus Confessor.* *(Freiburger Theologische Studien 61)* Freiburg im Breisgau 1941.

BALTHASAR H.-U., *Kosmische Liturgie. Maximus der Bekenner. Höhe und Krise des griechischen Weltbilds*, Freiburg im Breisgau 1941.

BALTHASAR H.-U., *Liturgie Cosmique. Maxime le Confesseur*, traduit de l'Allemand par L. Lhaumet et H.A. Prentout. *(Théologie 11)*, Paris 1947.

BALTHASAR H.-U., *Kosmische Liturgie. Das Weltbild Maximus' des Bekenners, zweite, völlig veränderte Auflage*, Einsiedeln 1961.

BALTHASAR H.-U., «*Apokatastasis (Origen, Gregory of Nyssa, Maximus)*», in : *Trierer Theologische Zeitschrift 97 (1988)*, pp. 169-182.

BELLINI E., « *Maxime interprète de Pseudo-Denys l'Aréopagite. Analyse de l'Ambiguum at Thomam 5* », in : *Symposium (Paradosis XXVII)* 1982, pp. 37-49.

BERTHOLD G., « *The Cappadocien Roots of Maximus the Confessor* », in : *Symposium (Paradosis XXVII)* pp. 51-59.

BERTHOLD G., « *The Church as Mysterion : Diversity and Unity according to Maximus Confessor*, in : *Patr. Byz. Review 6 (1987)*, pp. 20-29.

BORNERT R., *Les commentaires byzantins de la divine liturgie du VIᵉ au XVᵉ siècles*, Paris 1966.

BOULOVIC I., *Τὸ μυστήριον τῆς ἐν τῇ 'Αγίᾳ Τριάδι διακρίσεως τῆς θείας οὐσίας καὶ ἐνεργείας κατὰ τὸν ἅγιον Μᾶρκον 'Εφέσου τὸν Εὐγενικόν* (Thèse de Doctorat). Athènes 1980.

BRACKE R., *Ad Sancti Maximi vitam. Studie van de biographische documenten en de levensbeschrijvingen betreffende Maximus Confessor* (ca. 580-662) (thèse de Doctorant), Leuven 1980.

BRACKE R., « *Some Aspects of the Manuscript Tradition of the Ambigua of Maximus the Confessor* », in : *Symposium (Paradosis XXVII)* 1982, pp. 97-109.

BRIGHTMAN R., «*Apophatic Theology and the Divine Infinity in St. Gregory of Nyssa*», in : *Greek Orthodox Theologigal Review XVIII (1973)*, pp. 97-114.

14   ESSENCE ET ÉNERGIES DE DIEU

BROCK S., «*An Early Syriac Life of Maximus the Confessor*», in : *Analecta Bollandiana 91* (1973), pp. 299-346.

CANART R., «*La deuxième lettre à Thomas de saint Maxime le Confesseur*», in : *Byzantion 34 (1964)*, pp. 425-445.

CERESA-GASTALDO A., *Massimo Confessore. Capitoli sulla carità. Edite criticamente con introduzione, versione e note.* Roma 1963.

CERESA-GASTALDO A., *Massimo Confessore. Umanità e divinità di Cristo. Traduzione, introduzione e note.* Roma 1976.

CERESA-GASTALDO A., *Massimo Confessore. Il Dio-uomo. Duecento pensieri sulla conoscenza di Dio e sull'incarnazione di Cristo. Introduzione, traduzione e note.* Milano 1980.

CERESA-GASTALDO A., «*Tradition et innovation linguistique chez Maxime le Confesseur*», in : *Symposium (Paradosis XXVII)* 1982, pp. 123-137.

CHRISTOU P., «*Maximos Confessor in the Infinity of Man*», in : *Symposium (Paradosis XXVII)* 1982, pp. 261-271.

CHRISTOU P., *Μάξιμος ὁ 'Ομολογητής*, in : *Θρησκευτικὴ καὶ 'Ηθικὴ 'Εγκυκλοπαιδεία 8 (1966)*, coll. 614-624.

DALEY B., «*Apokatastasis and 'Honorable Silence' in the Eschatology of Maximus the Confessor*», in : *Symposium (Paradosis XXVII)* 1982, pp. 309-339.

CROCE V. et VALENTE B., «*Provvidenza e pedagogia divina nella storia*», in : *Symposium (Paradosis XXVII)* 1982, pp. 247-259.

CONGOURDEAU M.-H., «*L'animation de l'embryon humain chez Maxime le Confesseur*», in : *Nouvelle Revue Théologique 111 (1989)* pp. 693-710.

DALMAIS I.-H., «*Saint Maxime le Confesseur, Docteur de la Charité*», in : *La Vie Spirituelle 79 (1948)*, pp. 294-303.

DALMAIS I.-H., «*L'œuvre spirituelle de Saint Maxime le Confesseur. Notes sur son développement et sa signification, Supplément de La Vie Spirituelle 6 (1952)*, pp. 216-226.

DALMAIS I.-H., «*La théorie des «logoi» des créatures chez S. Maxime le Confesseur*», in : *Revue des Sciences Philosophiques et Théologiques 36 (1952)*, pp. 244-249.

DALMAIS I.-H., «*La doctrine ascétique de S. Maxime le Confesseur d'après le "Liber Asceticus"*», in : *Irénikon 26 (1953)*, pp. 17-39.

DALMAIS I.-H., «*Un traité de théologie contemplative. Le Commentaire du Pater de S. Maxime le Confesseur*», in : *Revue d'Ascétique et de Mystique 29 (1953)*, pp. 123-159.

DALMAIS I.-H., «*L'anthropologie spirituelle de saint Maxime le Confesseur*», in : *Recherches et Débats du Centre Catholique des Intellectuels Français 36 (1961)*, pp. 202-211.

DALMAIS I.-H., «*Mystère liturgique et divinisation dans la Mystagogie de S. Maxime le Confesseur*», in : *Epektasis : Mélanges patristiques offerts au Cardinal Jean Danielou.* Paris 1972.

DALMAIS I.-H., « Maxime le Confesseur », in : Dictionnaire de Spiritualité 10, 1978.

DALMAIS I.-H., « La vie de Saint Maxime le Confesseur reconsidérée ? », in : Studia Patristica, Vol. XVII, in three Parts, Edited by E.A. Livigstone. Part One, Oxford – New York – Toronto – Sydney – Paris – Frankfurt 1982, pp. 26-30.

DALMAIS I.-H., « La manifestation du Logos dans l'homme et dans l'Église. Typologie anthropologique et typologie ecclésiale d'après Qu. Th. 60 et la Mystagogie », in : Symposium (Paradosis XXVII), 1982, pp. 13-25.

DECLERCK J., « La tradition des Questiones et Dubia de S. Maxime le Confesseur », in : Symposium (Paradosis XXVII) 1982, pp. 85-96.

DEVREESE R., « La vie de S. Maxime le Confesseur et ses recensions », in : Analecta Bollandiana 46 (1928), pp. 5-49.

DEVREESE R., « La lettre d'Anastase l'Apocrisiaire sur la mort de S. Maxime le Confesseur et de ses compagnons d'exil. Texte grec inédit », in : Analecta Bollandiana 73 (1955), pp. 5-16.

DIONYSIATIS Th., Τοῦ ἐν ἁγίοις Πατρὸς ἡμῶν Μαξίμου τοῦ ‘Ομο-λογητοῦ τὰ 400 Κεφάλαια περὶ ’Αγάπης καὶ ‘Ερμηνεία εἰς τὸ Πάτερ ἡμῶν. (Μετάφρασις, εἰσαγωγή, σχόλια), ῞Αγιον ῎Ορος 1976, IIᵉ édition : ’Ορθοδόξου Κυψέλης, Thessalonique 1978.

DISDIER M.-Th., « Les fondements théologiques de la spiritualité de saint Maxime le Confesseur », in : Échos d'Orient 29 (1930), pp. 296-313.

DISDIER M.-Th., « Une œuvre douteuse de S. Maxime le Confesseur : Les cinq centuries théologiques », in : Échos d'Orient 30 (1931), pp. 160-178.

DOUCET M., La Dispute de Maxime le Confesseur avec Pyrrhus, Montréal 1972.

DOUCET M., « Est-ce que le monothélisme a fait autant d'illustres victimes ? Réflexions sur un ouvrage de F.-M. Léthel », in : Science et Esprit 35 (1983), pp. 53-83.

DRAGAS G., « Saint Maximus the Confessor and the Christian Life », in : Church and Theology (Athènes) 2 (1981), pp. 861-884.

DRAGAS G., Ecclesiasticus. Orthodox Church Perspectives, Models and Eikons. Darlington Carmel 1984.

DRAGAS G., The Church in St. Maximus Mystagogy. Off-print from « Theologia » (Vol. 56 (1985) Issue N° II, pp. 385-403. Athens 1985.

EPIFANOVIC S.L., « Matériaux pour l'étude de la vie et de l'œuvre de saint Maxime le Confesseur » Kiev 1917 (en russe). Cf. présentation de cet ouvrage in : Gatti M.L. Massimo il Confessore, pp.159-162.

FARANTOS M., Χριστολογία. I. Τὸ ἐνυπόστατον. Athènes 1972.

FARANTOS M., Προλεγόμενα εἰς τὴν θεογνωσίαν. Athènes 1980.

FARANTOS M., ‘Η περὶ Θεοῦ ὀρθόδοξος διδασκαλία. Athènes 1985.

FRACEA I., Λεόντιος Βυζάντιος. Βίος καὶ Συγγράμματα (Κριτικὴ θεώρησις) (Thèse de Doctorat). Athènes 1984.

FRACEA I., *St. Maximus the Confessor and Byzantine Theology*, New introduction by G.V. Florovsky (Nachdruck der Ausgabe, Kiev 1915), Gregg, Farnborough 1971.

GARIGUES J.-M., « *Théologie et Monarchie. L'entrée dans le mystère du "sein du Père" (Jn 1,18) comme ligne directrice de la théologie apophatique dans la tradition orientale* », in : *Istina 4 (1970)*, pp. 435-465.

GARIGUES J.-M., « *L'énergie divine et la grâce chez Maxime le Confesseur* », in : *Istina 3 (1974)*, pp. 272-296.

GARIGUES J.-M., « *La Personne composée du Christ d'après S. Maxime le Confesseur* », in : *Revue Thomiste 74 (1974)* pp. 181-204.

GARIGUES J.-M., « *Le martyre de saint Maxime le Confesseur* », in : *Revue Thomiste 26 (1976)*, pp. 410-452.

GARIGUES J.-M., *Maxime le Confesseur. La charité avenir divin de l'homme. (Théologie Historique 38)* Paris 1976.

GARIGUES J.-M., « *Le sens de la primauté romaine chez Maxime le Confesseur* », in : *Istina 1 (1976)*, pp. 6-24.

GARIGUES J.-M., « *Le dessein de l'adoption du Créateur dans son rapport au Fils d'après S. Maxime le Confesseur* », in : *Symposium (Paradosis XXVII)* 1982, pp. 173-192.

GATTI M.L., *Massimo il Confessore. Saggio di bibliografia generale regionata e contributi per una ricostruzione scientifica del suo pensiero e religioso. Introduzione di Giovanni Reale. (Metafisica del Platonismo nel Sviluppo Storico e nella Filosofica Patristica 2)*, Vita e Pensiero, Milano 1987.

GAUTHIER R., « *S. Maxime le Confesseur et la psychologie de l'acte humain* », in : *Recherches de Théologie Ancienne et Médiévale 21 (1954)*, pp. 51-100.

GRUMEL V., « *L'union hypostatique et la comparaison de l'âme et du corps chez Léonce de Byzance et Saint Maxime le Confesseur* », in : *Échos d'Orient 25 (1926)*, pp. 393-406.

GRUMEL V., « *Notes d'histoire et de chronologie sur la vie de Saint Maxime le Confesseur* », in : *Échos d'Orient 26 (1927)*, pp. 24-32.

GRUMEL V., « *Théologie de S. Maxime* », in : *Dictionnaire de la Théologie Catholique 10*, Paris 1928, coll. 448-459.

GUILLOU LE M.-J., « *Quelques réflexions sur Constantinople III et la sotériologie de Maxime* », in : *Symposium (Paradosis XXVII)* 1982, pp. 235-237.

HALDON J.F., « *Ideology and the Byzantine State in the seventh century. The "Trial" of Maximus Confessor* », in : *From Late Antiquity to Early Byzantium*. Prag (1985) pp. 87-91.

HAUSHERR I., « *Ignorance infinie* », in : *Orientalia Christiana Periodica 2 (1936)*, pp. 351-362.

HAUSHERR I., *Philautie. De la tendresse pour soi à la charité selon S. Maxime le Confesseur, (Orientalia Christiana Analecta 137)*, Rome 1952.

HEINZER F., *Gottes Sohn als Mensch. Die Struktur des Menscheins Christi bei Maximus Confessor. (Paradosis 26)* Freiburg Schweiz. Universitätsverlag 1980.

HEINZER F., «*Anmerkungen zum Willensbegriff Maximus' Confessors*», in : *FZPh Th 28 (1981)*, pp. 372-392.

HEINZER F., *Zu einem unbeachteten Maximuszitat im Periphyseon des Johannes Scottus Eriugena*, in : *Traditio 40 (1984)*, pp. 300-306.

HEINZER F., «*L'explication trinitaire de l'Économie chez Maxime le Confesseur*», in : *Symposium (Paradosis XXVII)* 1982, pp. 159-172.

HOUDRET J.-Ph., «*Palamas et les Cappadociens*», in : *Istina 3 (1974)*, pp. 260-271.

IVANKA E. von, «*Der philosophische Beitrag der Auseinandersetzung Maximos' des Bekenners mit dem Origenismus*», in : *Jahrbuch des Oesterreichischen Byzantinischen Gesellschaft 7 (1958)*, pp. 24-49.

IVANKA E. von, «*Maximos der Bekenner. All-Eins in Christus*». Auswahl, Übertragug, Einleitung («Sigillum» 19), Einsiedeln 1961.

JEAUNEAU E., «*La traduction érigénienne des Ambigua de Maxime le Confesseur : Thomas* GALE (1636-1702) *et le Codex Remensis*, in *Jean Scot Erigène et l'histoire de la philosophie*», Colloque International du C.N.R.S., Paris 1977.

JEAUNEAU E., «*Jean l'Érigène et les Ambigua ad Iohannem de Maxime le Confesseur*», in : *Symposium (Paradosis XXVII)* 1982, pp. 343-364.

KARAYIANNIS V. archim., «*Ο Ἅγιος Μάξιμος ὁ Ὁμολογητῆς καὶ ἡ Ἐκκλησία τῆς Κύπρου*», in : *Apostolos Barnabas*, 1992, pp. 379-398.

KARAZAPHEIRIS N., *Ἡ περὶ προσώπου διδασκαλία Μαξίμου τοῦ Ὁμολογητοῦ*. (Thèse de Doctorat). Thessalonique 1985.

KLADOPOULOU N., *Ἡ Γνῶσις τοῦ Θεοῦ κατὰ Διονύσιον τὸν Ἀρεοπαγίτην*. (Thèse de Doctorat). Thessalonique 1981.

LAGA C., «*Maximus as a Stylist in Questiones ad Thalassium*», in : *Symposium (Paradosis XXVII)* 1982, pp. 139-146.

LAGA C., «*Maximi Confessoris ad Thalassium Quaestio 64. Essai de lecture*. After Chalcedon, Festschr. A. van Roey (Leuven 1985), pp. 186-192.

LETHEL F.-M., «*Monarchie et Théologie*», in : *Istina 4 (1970)*, pp. 435-465.

LETHEL F.-M., *Théologie de l'agonie du Christ. La liberté humaine du Fils de Dieu et son importance sotériologique mises en lumière par Saint Maxime le Confesseur. Préface de M.J. Le Guillou (Théologie Historique 52)*, Paris 1979.

LETHEL F.-M., «*La prière de Jésus à Gethsémanie dans la controverse monothélite*», in : *Symposium (Paradosis XXVII)* 1982, pp. 207-214.

LOSSKY V., *Théologie mystique de l'Église d'Orient. (Les Religions 13) Aubier*. Éditions Montaigne 1944.

Lossky V., *Vision de Dieu*. Éditions : *Delachaux et Niestlé*. Neuchâtel, Suisse 1962.

Lossky V., *L'Apophase et la Théologie Trinitaire*, in : *À l'Image et à la Ressemblance de Dieu*, Paris 1967.

Madden J., « *The Authenticity of Early Definitions of Will (thelèsis)* », in : *Symposium (Paradosis XXVII)* 1982, pp. 61-79.

Madden N., « *The Commentary on the Pater Noster : An exemple of the Structural Methodology of Maximus the Confessor* », in : *Symposium (Paradosis XXVII)* 1982, pp. 147-155.

Markesinis B., « *Florilegium Baroccianum and Codex Hierosolymitanus sancti Sepulchri 255* », in : *Byzantion 54 (1984)*, pp. 536-550.

Marzelos G., *Οὐσία καὶ ἐνέργειαι τοῦ Θεοῦ κατὰ τὸν Μέγαν Βασίλειον* (Thèse de Doctorat). Thessalonique 1982.

Matsoukas N., *Κόσμος Ἄνθρωπος Κοινωνία κατὰ Μάξιμον τὸν Ὁμολογητήν*. Ἐκδ. Γρηγόρη Athènes 1980.

Maxime de Sardes, « *Ὁ Μονοθελητισμὸς καὶ οἱ κατ'αὐτοῦ ἀγῶνες τοῦ Μαξίμου τοῦ Ὁμολογητοῦ* », in : *Ὀρθοδοξία 25 (1950)*, pp. 45-53.

Maximus confessor, *Actes du Symposium sur Maxime le Confesseur. Fribourg, 2-5 septembre 1980*, édités par F. Heinzer et Chr. von Schönborn *(Paradosis XXVII)* 1982, Éditions Universitaire Fribourg, Suisse.

Meyendorff J., *Christ in Eastern Christian Thought*, Washington 1969.

Meyendorff J., *Byzantine Theology. Historical Trends and Doctrinal Themes*, New York 1979.

Michaud E., « *S. Maxime le Confesseur et l'apocatastase* », in : *Revue Internationale de Théologie 10 (1902)*, pp. 257-272.

Montmasson E., « *La Chronologie de la vie de Saint Maxime le Confesseur* », in : *Échos d'Orient 13 (1910)*, pp. 149-437.

Montmasson E., « *La doctrine de l'ἀπάθεια d'après Saint Maxime* », in : *Échos d'Orient 14 (1911)*, pp. 36-41.

Nikolaou T., « *Zur Identität des μακάριος γέρων in der Mystagogia von Maximos dem Bekenner* », in : *Orientalia Christiana Periodica 49 (1983)*, pp. 407-418.

Niscoveanu M., « *Probleme de doctrina in operele sfintului Maxim Marturisitorul (=Lehrprobleme in den Werken des hl. Maximus Confessor), Glasul Bisericii (Bucuresti) 34 (1975)*, pp. 61-69.

Pegon J., *Maxime le Confesseur. Centuries sur la Charité*, Sources Chrétiennes 9, Paris-Lyon 1945.

Pelikan J., « *The Place of Maximus Confessor in the History of Christian Thought* », in : *Symposium (Paradosis XXVII)* 1982, pp. 387-402.

Phidas V., *Προϋποθέσεις Διαμορφώσεως τοῦ Θεσμοῦ τῆς Πενταρχίας τῶν Πατριαρχῶν*. Athènes 1969.

Phidas V., *Ἱστορικοκανονικά Προβλήματα περὶ τὴν Λειτουργίαν τοῦ Θεσμοῦ τῆς Πενταρχίας τῶν Πατριαρχῶν*. Athènes 1970.

PHIDAS V., « Αὐτόματος διερμηνεία καὶ μετάφρασις εἰς τὴν Σύνοδον Φερράρας-Φλωρεντίας », in : Χριστιανός 28 (1989) 291, pp. 121-130.

PHIDAS V., « Μεθοδολογικὰ προβλήματα τῆς Συνόδου Φερράρας-Φλωρεντίας », in : Ἐκκλησία 14-17 (1989), pp. 252-253, 599-601, 639-640, 668-670 ; ibid., 1-4 (1990), pp. 19-22, 56-59, 88-90 et 118-120.

PIRET P., Le Christ et la Trinité selon Maxime le Confesseur (Théologie Historique 69) Paris 1983.

PIRET P., « Christologie et théologie trinitaire chez Maxime le Confesseur, d'après sa formule des natures ˮdesquelles, en lesquelles et lesquelles est le Christˮ », in : Symposium (Paradosis XXVII) 1982, pp. 215-222.

PLACES E. des, « Maxime le Confesseur et Diadoque de Phodicé », in : Symposium (Paradosis XXVII) 1982, pp. 29-35.

PONSOYE E., « La cosmologie de Maxime le Confesseur et les intuitions de la physique contemporaine », in : Présence Orthodoxe 74 (1987), pp. 17-29.

RADOSAVLJEVIC A., Τὸ Μυστήριον τῆς Σωτηρίας κατὰ τὸν ἅγιον Μάξιμον τὸν Ὁμολογητήν. (Thèse de Doctorat). Athènes 1975.

RADOSAVLJEVIC A., « Le problème du ˮprésupposéˮ ou du ˮnon-présupposéˮ de l'Incarnation de Dieu le Verbe », in : Symposium (Paradosis XXVII) 1982, pp. 193-206.

RIEDINGER R., « Die Lateransynode von 649 und Maximos der Bekenner », in : Symposium (Paradosis XXVII) 1982, pp. 111-121.

RIOU A., Le monde et l'Église selon Maxime le Confesseur (Théologie Historique 22) Paris 1973.

ROQUES R., « Denys l'Aréopagite », in : Dictionnaire de Spiritualité 3, col. 245-286.

ROQUES R., « Contemplation, extase et ténèbre selon le Pseudo-Denys », in : Dictionnaire de Spiritualité 3, col. 1885-1911.

ROQUES R., L'univers Dionysien. Structure hiérarchique du monde selon le Pseudo-Denys. Paris 1954.

ROQUES R., « La notion de hiérarchie selon le Pseudo-Denys », in : Archives d'Histoire Doctrinale et Litt. du Moyen Âge 17 (1949), pp. 183-222, 18 (1950-1951), pp. 5-54.

SHERWOOD P., « Notes on Maximus the Confessor », in : American Benedictine Review 1 (1950), pp. 347-356.

SHERWOOD P., An Annotated Date-List of the Works of Maximus the Confessor (Studia Anselmiana 30), Roma 1952.

SHERWOOD P., « Exposition and Use of Scripture in St. Maximus as Manifest in the ˮQuestiones ad Thalassiumˮ », in : Orientalia Christiana Periodica 24 (1958), pp. 202-207.

SHERWOOD P., Maximus and Origenism. Ἀρχὴ καὶ τέλος. München 1958.

SHERWOOD P., « *Survey of Recent Work on St. Maximus the Confessor* », in : *Traditio 20 (1964)*, pp. 428-437.

SHERWOOD P., *The Earlier Ambigua of St. Maximus the Confessor and his Refutation of Origenism, (Studia Anselmiana 36)*. Roma 1955.

SHERWOOD P., *St. Maximus the Confessor: The Ascetic Life. The Four Centuries on Charity. Translated and annotated (Ancient Christian Writers 21, 1955)*.

SCHÖNBORN Chr., *Sophrone de Jérusalem. Vie monastique et confession dogmatique (Théologie Historique 20)*. Paris 1972.

SCHÖNBORN Chr., « *La primauté romaine vue d'Orient pendant la querelle du monoénergisme et du monothélisme (VII siècle)*, in : *Istina 20 (1975)*, pp. 476-490.

SCHÖNBORN Chr., *L'Icône du Christ. Fondements théologiques élaborés entre le Ier et le IIe Concile de Nicée (325-787)*, deuxième édition *(Paradosis XXIV)*, Fribourg Suisse 1976.

SCHÖNBORN Chr., « *Plaisir et douleur dans l'analyse de S. Maxime, d'après les Questiones ad Thalassium* », in : *Symposium (Paradosis XXVII)* 1982, pp. 273-284.

SOTIROPOULOS H., « 'Ηδονὴ-ὀδύνη κατὰ τὸν ἅγιον Μάξιμον τὸν 'Ομολογητήν », in : *'Εκκλησία (1973)*, pp. 531-2 et 577-8.

SOTIROPOULOS H., Εὐχαριστία καὶ θέωσις κατὰ τὸν ἅγιον Μάξιμον τὸν 'Ομολογητήν, καὶ τὸν Νικόλαον Καβάσιλαν. Athènes 1974.

SOTIROPOULOS H., 'Η Μυσταγωγία τοῦ ἁγίου Μαξίμου τοῦ 'Ομολογητοῦ. Εἰσαγωγὴ- Κείμενον-Κριτικὸν ὑπόμνημα. (Thèse de Doctorat). 'Αθῆναι 1978.

SOTIROPOULOS H., « *Remarques sur l'édition critique de la Mystagogie de S. Maxime le Confesseur* », in : *Symposium (Paradosis XXVII)* 1982, pp. 83.

SOTIROPOULOS H., « 'Η διὰ τῶν ἀρετῶν ἀπάθεια κατὰ τὸν ἅγιον Μάξιμον τὸν 'Ομολογητήν », in : *Θεολογία 50 (1979)*, pp. 567-593.

STANILOAE D., Φιλοσοφικὰ καὶ θεολογικὰ ἐρωτήματα (« Περὶ διαφόρων ἀποριῶν τῶν ἁγίων Διονυσίου καὶ Γρηγορίου ») τοῦ ἁγίου Μαξίμου τοῦ 'Ομολογητοῦ. Εἰσαγωγή-Σχόλια-Μετάφραση : 'Ι Σακαλῆς, τόμος Α'. Éditions 'Επὶ τὰς πηγάς 4, Athènes 1978.

STANILOAE D., « *La christologie de saint Maxime le Confesseur* », in : *Contacts 40 : 142 (1988)*, pp. 112-120.

STEAD J. dom, *The Mystagogia of St. Maximus the Confessor ; translation with historical note and commentaries. Still River Mass. : St. Bede's Publ. cop. 1982*.

STEEL C., « *Un admirateur de S. Maxime à la cour des Comnènes : Isaac le Sébastocrator* », in : *Symposium (Paradosis XXVII)* 1982, pp. 365-373.

STICKELBERGER H., « *Freisetzende Einheit. Über ein christologisches*

Grundaxiom bei Maximus Confessor und Karl Rahner», in : *Symposium (Paradosis XXVII)* 1982, pp. 375-384.

STRATOS A., 'Ο Πατριάρχης Πύρρος», in : *Βυζαντινά 8 (1976)* pp. 9-19.

STUDER B., «*Zur Soteriologie des Maximus Confessor*», in : *Symposium (Paradosis XXVII)* 1982, pp. 239-246.

TATAKIS B., *La philosophie Byzantine*, fascicule supplémentaire IIᵉ de E. Bréhier, *Histoire de la Philosophie*, Paris 1949.

TATAKIS B., «*Μάξιμος ὁ 'Ομολογητής*». *'Η Βυζαντινὴ Φιλοσοφία. 'Εταιρεία Σπουδῶν Νεοελληνικοῦ Πολιτισμοῦ καὶ Γεν. Παιδείας.* Athènes 1977, pp. 83-99, 295-6, 322-323.

THÉODOROU A., «*Cur Deus Homo ?* 'Απροϋπόθετος ἢ ἐμπροϋπόθετος ἐνανθρώπησις τοῦ Θεοῦ Λόγου ; (Σχόλιον εἰς τὴν θεολογίαν τοῦ ἁγίου Μαξίμου»), in : *'Επιστημονικὴ 'Επετηρὶς τῆς Θεολογικῆς Σχολῆς τοῦ Πανεπιστημίου 'Αθηνῶν 19 (1972)*, Athènes, pp. 295-340.

THEODOROU A., «*'Η ἔναντι τῶν αἱρετικῶν στάσις τοῦ ἱεροῦ Μαξίμου τοῦ 'Ομολογητοῦ*», in : *Κοινωνία 17,2 (1974)*, pp. 74-87.

THÉOPHANE Père, «*Le mystère de la liberté dans l'homme déifié, selon saint Maxime le Confesseur*», in : *Contacts 149 (1990)*, pp. 4-15.

THUNBERG L., *Microcosm and Mediator. The Theologigal Anthropology of Maximus the Confessor*, Lund 1965.

THUNBERG L., «*Symbol and Mystery in St Maximus the Confessor. With particular reference to the doctrine of eucharistic presence*», in : *Symposium (Paradosis XXVII)* 1982, pp. 285-308.

THUNBERG L., *Man and the Cosmos. The Vision of St. Maximus the Confessor*, with a Foreword by A.M. Allchim, New York 1985.

TREMPELAS P., *Μυστικισμός, 'Αποφατισμός, Καταφατικὴ Θεολογία : Μάξιμος ὁ 'Ομολογητής, Γρηγόριος ὁ Παλαμᾶς.* Athènes 1975. Le même texte in : *'Επιστημονικὴ 'Επετηρὶς τῆς Θεολογικῆς Σχολῆς τοῦ Πανεπιστημίου 'Αθηνῶν, 20 (1975)*, Athènes.

TSIRPANLIS C.N., «*Acta Sancti Maximi*», in : *Θεολογία* (Athènes) *43 (1972)*, pp. 295-340.

TSIRPANLIS C.N., «*Aspects of Maximus theology of politics history and the kingdom of God*», in : *Patristic and Byzantine Review 1,1 (1982)*, pp. 1-21.

UTHEMANN K.-H., «*Das anthropologische Modell der hypostatischen Union bei Maximus Confessor. Zur innerchalkedonischen Transformation eines Paradigmas*», in : *Symposium (Paradosis XXVII)* 1982, pp. 223-233.

VILLER M., «*Aux sources de la spiritualité de Saint Maxime. Les œuvres d'Evagre le Pontique*», in : *Revue d'Ascétique et de Mystique 11 (1930)*, pp. 156-184, 239-268, 331-336.

VOCHT C., «*BHG 715db : Un texte de Maxime le Confesseur*», in : *Analecta Bollandiana 106 : 3-4 (1988)*.

Vocht C., « Une nouvelle opuscule de Maxime le Confesseur, source des chapitres non encore identifiés des cinq centuries théologiques », in : Βυζάντιον 57 (1988), pp. 415-420.

Völker W., « Der Einfluss des Pseudo-Dionysius' Areopagita auf Maximus Confessor », in : A. Stohr, Universitas I Mayence 1960, pp. 243-354.

Völker W., « Der Einfluss des Pseudo-Dionysius' Areopagita auf Maximus Confessor », in : E. Klostermann, Studien zum Neuen Testament und zur Patristik (Texte und Untersuchungen 77). Berlin 1961, pp. 331-350.

Völker W., Maximus Confessor als Meister des geistilchen Lebens. Wiesbaden 1965.

Yannaras Ch., De l'absence et de l'inconnaissance de Dieu d'après les écrits aréopagitiques et Martin Heidegger. Traduit du grec par Jacques Touraille. Préface d'Olivier Clément. Les Éditions du Cerf, Paris 1971.

Yannaras Ch., « The Distinction between Essence and Energies and its importance for theology », in : St. Vladimir's Theological Quarterly, 19 (1975) 4, pp. 232-245.

INTRODUCTION

Saint Maxime le Confesseur (579/80-662) traverse une période de l'histoire de l'Église assez cruciale et mouvementée, marquée par des événements ecclésiastiques et politiques [1]. La question christologique ainsi que la réponse théologique donnée par le IVᵉ Concile œcuménique de Chalcédoine (451) conduit saint Maxime à approfondir la théologie de l'union en Christ des deux natures, divine et humaine. Le Vᵉ Concile œcuménique de Constantinople (553) par la condamnation des hérésies origénistes, oblige saint Maxime à adopter une position critique vis-à-vis des thèses théologiques erronées du théologien alexandrin.

La politique impériale de l'unité de l'empire byzantin au détriment de la foi orthodoxe provoque l'opposition de saint Maxime. Les deux empereurs, Héraclius (613-641) (en promulgant le « Psephos » 633 et l'« Ecthèse » 638) et Constant II (642-668) (par le « Type » 647-48), voulaient sauvegarder l'intégrité de l'autorité « universelle » de l'empire byzantin, tandis que saint Maxime défendait la foi orthodoxe [2].

Sa vie mouvementée marque aussi profondément sa théologie. Secrétaire de l'empereur Héraclius, il se retire ensuite (613-614) au monastère de Saint-Georges de Cyzique, qu'il quitte en 626 à cause de l'invasion perse. Ainsi, il voyage

---

1. Pour la version de la vie syriaque de saint Maxime cf. : S. BROCK : « *An Early Syriac Life of Maximus the Confessor* », in : *Analecta Bollandiana 91* (1973), pp. 299-346. R. BRACKE *Ad Sancti Maximi vitam. Studie van de biographische documenten en de levensbeschrijvingen betreffende Maximus Confessor* (ca. 580-662) (thèse de Doctorat), Leuven 1980.

2. Cf. Nikos MATSOUKAS, *Κόσμος Ἄνθρωπος Κοινωνία κατὰ Μάξιμον τὸν Ὁμολογητήν.* Éd. ΓΡΗΓΟΡΗ, Athènes 1980, p. 14.

en Crète (628), probablement à Chypre (630), et on le retrouve à Carthage en 632. En 645, saint Maxime accompagne l'ex-patriarche Pyrrhus à Rome après la Dispute tenue à Carthage en juillet 645. En 649 (5-31 octobre) il participe au Concile de Latran. Le 17 juin 653, saint Maxime et saint Martin sont arrêtés par les autorités impériales. Après son arrivée à Constantinople a lieu son premier procès (juin 654) et son exil à Byzia. Deux ans plus tard (656) aura lieu la dispute à Byzia et son deuxième exil à Salembrie, puis à Perberis. Le 18 avril 658 il est rappelé à Constantinople. C'est seulement en 662 que le Synode constantinopolitain condamne saint Maxime à un nouvel exil aux pays des Lazes où il meurt le 13 août 662.

Les études supérieures de saint Maxime à Constantinople, sa vie monastique, ainsi que la période de sa confession sont les trois étapes marquantes de la vie de cette grande figure de l'Église. Il a appris la philosophie, il a étudié la spiritualité monastique, plus particulièrement la pensée évagrienne, pendant son séjour à Cyzique, et il connu les courants de pensée origénistes. Lors de l'étape de sa confession, il a connu saint Sophrone de Jérusalem (634-639) en Égypte auquel il succéda dans la confession. Il se pencha ainsi sur la théologie patristique pour donner une réponse orthodoxe aux questions théologique posées par les controverses monothélites et monoénergistes.

L'étude des écrits de saint Maxime montre l'ampleur et la profondeur de sa pensée, sa connaissance profonde des Écritures, d'Origène, des Pères — particulièrement des Cappadociens — de l'Aréopagite, mais aussi de la philosophie aristotélicienne par une lecture probablement directe d'Aristote, et du néoplatonisme à travers l'Aréopagite.

Les études contemporaines sont significatives de l'importance théologique, de la richesse et de l'actualité de la pensée du Confesseur concernant la spiritualité monastique [3], la théologie [4], l'ecclésiologie [5], l'anthropologie [6], la tria-

---

3. Irénée HAUSHERR, *La Philautie. De la tendresse pour soi à la charité selon saint Maxime le Confesseur* (PONT. INSTITUTUM ORIENTALIUM STUDIORUM). Roma 1952.
4. Hans-Urs von BALTHASAR, *Liturgie Cosmique. Maxime le Confesseur*, traduit

dologie [7], et d'autre aspects étudiés dans des articles particuliers [8].

Saint Maxime a nourri la pensée théologique aussi bien occidentale à travers les traductions de Scot Érigène, qu'orientale, du passé, par exemple la synthèse théologique de saint Jean Damascène, ou pendant les querelles hésychastes du XIVᵉ siècle et jusqu'à nos jours. En 1917, S.L. Epifanovic publia en russe son étude intitulée : « *Matériaux pour l'étude de la vie et de l'œuvre de saint Maxime le Confesseur* » dans laquelle il affirmait que l'originalité de saint Maxime ne consistait pas en un épilogue de la période patristique, mais en l'initiation d'une nouvelle ère de la pensée chrétienne, la théologie byzantine. C'est seulement quelques décennies plus tard (1941) que Hans-Urs von Balthasar [9] réaffirmait l'originalité de la pensée du Confesseur. Saint Maxime était un homme d'ascèse et d'expérience ecclésiale. Il concevait le rôle de la théologie comme une expérience de l'Église.

La relation entre Dieu et l'homme est un événement ecclésial, c'est l'expérience de la participation de l'homme aux énergies et à la grâce de Dieu, c'est l'événement de la filiation. L'union en Christ des deux natures, des deux volontés et des deux énergies constitue le modèle par excellence pour l'homme qui tend à s'unir à Dieu, par sa

---

de l'allemand par L. Lhaumet et H.A. Prentout (*THÉOLOGIE* 11), Paris 1947. L'édition allemande est de 1941. Polycarp Sherwood, *The Earlier Ambigua of St. Maximus the Confessor* (Studia Anselmiana 36). Rome 1955.

5. Alain Riou, *Le monde et l'Église selon Maxime le Confesseur* (Théologie Historique 22). Paris 1973.

6. Lars Thunberg, *Microcosm and Mediator. The Theologigal Anthropology of Maximus the Confessor*, Lund 1965. J.-M. Garigues, *Maxime le Confesseur. La charité, avenir divin de l'homme* (Théologie Historique 38). Paris 1976. Nikos Matsoukas, Κόσμος ″Ανθρωπος Κοινωνία κατὰ Μάξιμον τὸν ʽΟμολογητήν. Éd. Γρηγορη, Athènes 1980. Karazapheiris N. ʽΗ περὶ προσώπου διδασκαλία Μαξίμου τοῦ ʽΟμολογητοῦ. (Thèse de Doctorat). Thessalonique 1985.

7. Pierre Piret, *Le Christ et la Trinité selon Maxime le Confesseur* (Théologie Historique 69). Paris 1983.

8. Sa Béatitude le patriarche Ignace d'Antioche s'est basé sur la cosmologie de saint Maxime pour construire une théologie de la création. Cf. *Paix* 58-59 (1989), pp. 22-48.

9. *Kosmische Liturgie. Maximus der Bekenner. Höhe und Krise des griechischen Weltbilds*, Freiburg im Breisgau 1941. Également *Die « Gnostischen Centurien » des Maximus Confessor* (Freiburger Theologische Studien 61) Freiburg im Breisgau 1941.

déification et par sa filiation. C'est autour de cet axe que se situe le sujet de notre thèse : « *Essence et Énergie :* *Ontologie* [10] *de la distinction et connaissance de Dieu selon saint Maxime le Confesseur* ».

Vladimir Lossky a fortement raison lorsqu'il considère la distinction « *entre l'οὐσία incogniscible et les énergies manifestatrices* » de Dieu, comme « *le nerf central de la pensée de Denys* » l'Aréopagite [11]. On peut affirmer que, non seulement pour Denys l'Aréopagite, mais pour tous les Pères orientaux, « *le nerf* » de leur théologie est cette distinction fondamentale entre l'essence incogniscible et les énergies manifestatrices de Dieu. Il est certain qu'à chaque époque la théologie est confrontée à un problème particulier, et que les courants philosophiques varient. Cependant, cela n'empêche pas que la solution se base toujours sur le même fondement théologique et qu'elle ait une approche similaire. Rappelons

---

10. Le terme « *Ontologie* » a plusieurs significations et présente dans la littérature théologique une variation d'usages propres ou impropres. Pour éviter d'éventuelles confusions, nous déterminons ici le sens dont nous chargeons ce terme dans notre travail. En tant que terme philosophique, l'ontologie indique le « *λόγος* » au sujet de l'être (*ὄν*) qui, selon Aristote, a également plusieurs significations : « *Τὸ δὲ ὄν λέγεται μὲν πολλαχῶς, ἀλλὰ πρὸς ἕν καὶ μίαν τινὰ φύσιν καὶ οὐχ ὁμωνύμως· ἀλλ'ὥσπερ καὶ τὸ ὑγιεινὸν ἅπαν πρὸς ὑγιείαν, τὸ μὲν τῷ φυλάττειν τὸ δὲ τῷ ποιεῖν τὸ δὲ τῷ σημεῖον εἶναι τῆς ὑγιείας τὸ δ'ὅτι δεκτικὸν αὐτῆς, καὶ τὸ ἰατρικὸν πρὸς ἰατρικήν (...) οὕτω δὲ καὶ τὸ ὄν λέγεται πολλαχῶς μὲν ἀλλ'ἅπαν πρὸς μίαν ἀρχήν· τὰ μὲν γὰρ ὅτι οὐσίαι, ὄντα λέγεται, τὰ δ'ὅτι πάθη οὐσίας, τὰ δ'ὅτι ὁδὸς εἰς οὐσίαν ἤ φθοραὶ ἤ στερήσεις ἤ ποιότητες ἤ ποιητικά ἤ γεννητικὰ οὐσίας ἤ τῶν πρὸς τὴν οὐσίαν λεγομένων, ἤ τούτων τινὸς ἀποφάσεις ἤ οὐσίας* » (Métaphysique *Γ* 2, 1003*α* 31-1003*β* 10). Aristote a ainsi créé la *Première Philosophie* comme science de l'étude de « *l'être en tant qu'être* ». Cette science est celle connue ultérieurement comme « *Métaphysique* ». C'est cette même *Métaphysique* qu'à partir du XVIIᵉ siècle est nommée *Ontologie*. Dans le domaine de la théologie patristique, le terme a été utilisé dans le sens aristotélicien. Ainsi saint Grégoire Palamas, suivant les critères de la tradition patristique, a qualifié la distinction entre essence et énergie de réelle pour montrer qu'elle n'est pas une distinction « *κατ'ἐπίνοιαν* ». Dans cet esprit nous adoptons le terme « *ontologie* » pour désigner la distinction entre essence et énergie en Dieu. Dans la même ligne, *Γεώργιος* Μ*ΑΡΤΖΕΛΟΣ*, *Οὐσία καὶ ἐνέργειαι τοῦ Θεοῦ κατὰ τὸν Μέγαν Βασίλειον*, Thessalonique 1982, a soutenu que l'essence chez saint Basile constitue « *le fondement ontologique de la vie intratrinitaire de Dieu, tandis que les énergies sont le moyen ontologique de la relation extratrinitaire de Dieu avec le monde* » (ibid., p. 95).

11. *Vision de Dieu*. Éditions D*ELACHAUX ET* N*IESTLE.* Neuchâtel, Suisse 1962, p. 104.

toute la période à partir d'Origène jusqu'au IVᵉ Concile œcuménique de Chalcédoine (451), avec les théologiens alexandrins, et les grands cappadociens, préoccupés par les questions triadologiques, christologiques et pneumatologiques. Durant cette période où s'effectuent de grands bouleversements historiques, politiques, ecclésiastiques et philosophiques, les grandes figures théologiques sont en mesure de répondre aux provocations hérétiques qui cherchaient à imposer une vision erronnée de Dieu et du monde. C'est ainsi que se forme la vision *orthodoxe* du Dieu trinitaire incréé et du monde créé, et que ces deux « *mondes* » communiquent « *sans mélange, sans confusion, sans séparation et sans altération* ». Cette vision pénètre la pensée théologique et l'expérience de la spiritualité de l'Église orientale à travers les siècles. La synthèse définitive de cette théologie est la vision de saint Grégoire Palamas (1296-1359), non parce qu'il a donné une réponse définitive, mais parce que la question sort du cadre des querelles théologiques, reçoit une solution et un caractère ecclésiaux, et devient un dogme de foi de l'Église par les décisions des Conciles de Constantinople du XIVᵉ siècle (1341, 1347, 1351).

Saint Maxime est au centre de l'histoire du développement de cette question. Héritier de la théologie alexandrine et cappadocienne, il est la charnière entre cet héritage et saint Grégoire Palamas. Il ne répète pas une théologie institutionalisée, mais sur la base de la théologie patristique, il appose son sceau personnel. La tradition n'est pas qu'un héritage à sauvegarder, mais elle permet de vivre l'expérience du salut.

Nikos MATSOUKAS affirme que le point fondamental de la théologie de saint Maxime est le principe de l'unité de l'univers et de la vie avec Dieu à travers l'énergie divine. Cette relation entre Dieu et le monde ne peut être interprétée correctement qu'avec le présupposé théologique de la distinction entre l'essence et les énergies de Dieu [12]. Lars THUNBERG interprète le principe théologique de la création

---

12. Cf. Nikos MATSOUKAS, *Κόσμος Ἄνθρωπος Κοινωνία κατὰ Μάξιμον τὸν Ὁμολογητήν*, p. 60.

du monde *ex nihilo* comme « *a basic gulf (χάσμα) between created and uncreated nature, which only the creative will of God can overbridge* » [13]. Il y a une différence et une distinction ontologique entre Dieu et le monde, l'incréé et le créé, mais Lars THUNBERG n'a pas raison en nommant cette différence un « *basic gulf (χάσμα)* », car les λόγοι τῶν ὄντων qui se trouvent éternellement en Dieu, ainsi que les énergies divines, établissent une union entre le créé et l'incréé. La Providence divine, qui a créé le monde du néant, circonscrit les êtres. La finalité des êtres est leur divinisation ; la création *ex nihilo* a mis en mouvement les êtres vers cette finalité qui est l'union avec l'énergie divine.

Pour aboutir à cette finalité, toute la création est dotée de moyens inestimables. La création révèle Dieu à travers les raisons spirituelles. L'homme avance vers la connaissance de Dieu et vers son union avec Lui par ses propres facultés : les sens, la raison et l'esprit. Et Dieu se révèle par la loi naturelle, la loi écrite et la loi de grâce. Cette loi de grâce est la révélation de Dieu en Christ. L'expérience de la déification n'est pas seulement un état eschatologique, mais elle est vécue dans l'Église qui est la dispensatrice des énergies divines du Saint-Esprit.

PRÉSENTATION DE L'ÉTUDE

L'étude a été divisée en deux parties qui comprennent chacune trois chapitres. Dans la première partie est examinée la notion de l'essence créée et incréée. C'est dans le premier chapitre que sont étudiées les distinctions fondamentales entre le créé et l'incréé, ainsi que le mouvement des êtres créés vers leur union à la cause de leur création. En fait, dans ce chapitre, toute la problématique est posée d'une manière préliminaire.

Dans le deuxième chapitre, c'est la notion de l'énergie essentielle qui est abordée. La volonté et l'énergie, soit

---

13. Lars THUNBERG, *Microcosm and Mediator. The Theologigal Anthropology of Maximus the Confessor*, p. 53.

créées soit incréées, sont essentielles et elles sont constitutives de l'essence. Sans la volonté et l'énergie, l'essence ne peut pas se manifester, elle n'existe pas. Les énergies divines en relation avec les raisons (λόγοι) des êtres établissent l'unité entre l'incréé et le créé.

Dans le troisième chapitre, intitulé « Christologie et énergies divines », est analysée, à travers la question christologique de l'union en Christ des deux natures, des deux volontés et des deux énergies, la question de la relation entre l'énergie de Dieu et l'énergie des êtres créés. Le Christ est le modèle parfait de cette union qui manifeste qu'entre les choses naturelles, il n'a pas d'opposition. L'union des natures en Christ est hypostatique tandis que l'union entre Dieu et l'homme est une union par grâce aux énergies divines.

La deuxième partie débat de la question de la connaissance de Dieu. Cette question complexe a été organisée suivant le matériel offert par saint Maxime. Le quatrième chapitre se penche sur les facultés de connaissance de l'homme. L'homme par sa dualité naturelle (âme-corps) participe aux deux mondes, sensible et intelligible. Les sens (αἰσθήσεις) corporels sont des moyens de recherche et de connaissance de Dieu, car, dans leur relation avec les choses sensibles, ils découvrent les raisons spirituelles qui se cachent en chaque être sensible ou intelligible. La raison (λόγος) conduit l'homme aux raisons des êtres et aux raisons divines dans la création. L'esprit (νοῦς) mène l'homme à la connaissance de la simplicité divine par opposition à la connaissance composée de la création.

Le cinquième chapitre traite de la question de la révélation à travers les trois lois, naturelle, écrite et de grâce. Par ces trois lois est démontrée la continuité de la révélation à partir de la création jusqu'à la consommation des temps. La création manifeste Dieu en tant que Créateur, Providence et Juge. La loi naturelle est accomplie par la loi écrite, car par la loi écrite, la loi naturelle est spiritualisée. Par la loi écrite Dieu se révèle non seulement Créateur, Providence et Juge, mais également Législateur. Ces notions sont des énergies divines. Les deux lois sont accomplies finalement par la loi de grâce. Cette dernière n'est autre que l'aspect christologique. Par la loi de grâce Dieu est devenu homme selon le Conseil éternel du Dieu Trinitaire, afin que l'homme soit divinisé.

Le dernier chapitre approfondit la notion théologique de la connaissance de Dieu. Il existe une connaissance cataphatique et apophatique. Étant donné que l'essence divine est incogniscible, l'homme ne connaît que l'énergie divine. L'énergie divine est identique à la grâce incréée de Dieu, grâce donnée par l'Église, lieu de la déification et de la filiation de l'homme.

Première partie

ESSENCE ET ÉNERGIE
ONTOLOGIE DE LA DISTINCTION

Premier chapitre

ESSENCE

A. Ontologie de l'essence

1. Essence.

L'essence de Dieu comparée à l'essence des êtres créés possède un sens absolu, qui ne peut être soumis à l'ordre de l'essence des êtres créés et n'a pas les catégories attribuées aux êtres créés. L'absolu du sens de l'essence divine est basé sur la distinction et la différence ontologique de l'essence des êtres créés et de l'essence incréée de Dieu. L'étude de la différence entre l'essence de Dieu et celle des êtres créés est avant tout l'œuvre de la philosophie et de la pensée chrétiennes, préoccupées par les relations des êtres créés avec Dieu.

À propos de notre thème, « *essence et énergie et leur distinction ontologique* », nous aborderons dans le présent chapitre l'examen proprement dit du sens de l'essence, puis de la différence ontologique entre l'essence créée et l'essence incréée, qui occupe une place importante et déterminante dans la distinction entre essence et énergie.

Avant de définir l'essence de Dieu, examinons le concept de l'essence en général. Il est évident que l'approche chrétienne de la question de l'essence trouve son origine dans la philosophie grecque. Nous devons la systématisation de la notion d'« *οὐσία* » à Aristote, qui fait de l'essence une des catégories de l'être, et qui distingue le « *καθ'ἕκαστον* » comme première « *οὐσία* » et le « *καθ'ὅλου* » comme deuxième « *οὐσία* ». Or pour Aristote l'essence première est l'être concret et précis, à savoir le sensible (*αἰσθητόν*) [1].

La seconde essence par contre, en tant que « *καθ'ὅλου* », est le genre (*γένος*) et l'espèce (*εἶδος*) qui sont communs à tous les êtres. Aristote a défini l'essence par opposition à Platon pour qui l'essence équivaut aux idées qui constituent les êtres véritables [2].

Le mot « *οὐσία* » dérive du verbe « *εἰμί* » et signifie l'être, l'existence. C'est ainsi que Léonce de Byzance, un des prédécesseurs de saint Maxime en philosophie et en théologie, détermine l'« *οὐσία* » comme « *τήν τινος ὕπαρξιν* » [3]. Léonce de Byzance, en examinant la relation entre « *ὑπόστασις* », « *ἐνυπόστατον* », « *οὐσία* » et « *ἐνούσιον* », écrit : « L'*ὑπόστασις* et l'*ἐνυπόστατον* », ne sont pas identiques, tout comme l'*οὐσία* est différente de l'*ἐνούσιον*. Car l'*ὑπόστασις* indique le quelqu'un, tandis que l'*ἐνυπόστατον* (indique) l'*οὐσίαν*, puisque l'*ὑπόστασις* détermine la personne avec ses propriétés particulières (*τοῖς χαρακτηριστικοῖς ἰδιώμασι*), et l'*ἐνυπόστατον* indique ce qui n'est pas un accident, mais qui a son être dans un autre être, et qui n'est pas conçu en soi-même. Telles sont les qualités qui sont appelées soit essentielles soit accidentelles (*οὐσιώδεις*

---

1. « *Οὐσία δέ ἐστιν ἡ κυριώτατά τε καὶ πρώτως καὶ μάλιστα λεγομένη, ἥ μήτε καθ'ὑποκειμένου τινὸς λέγεται μήτε ἐν ὑποκειμένῳ τινί ἐστιν, οἷον ὁ τις ἄνθρωπος ἤ ὁ τις ἵππος* » Catégories 2α 11-13. « *L'analyse de la notion de l'essence conduit Aristote à distinguer : 1. L'essence première comme pur genre, dans celle-ci coexistent l'essentiel et l'être, par exemple l'âme, la forme pure du cercle ; 2. chaque être intelligible, par exemple chaque cercle mathématiqe noétique qui est égal au* μεταξύ *platonique ; 3. le général vu sous un aspect universel qui est constitué de la matière et du genre, par exemple l'homme comme composition d'âme et de matière ; 4. le sensible concret total, par exemple l'homme concret des catégories ; la présence de la matière dans la quatrième distinction est une cause d'indétermination puisque la matière étant indéterminée ne peut pas se soumettre aux déterminations a priori* ». K. D. GEORGOULIS, Aristote, première philosophie (la métaphysique) (en grec), Athènes 1973.

2. « *Ἐξαίφνης κατόψεταί τι θαυμαστὸν τὴν φύσιν καλόν... πρῶτον μὲν ἀεὶ ὄν καὶ οὔτε γιγνόμενον οὔτε ἀπολλύμενον, οὔτε αὐξανόμενον οὔτε φθῖνον,... ἀλλ'αὐτὸ καθ'αὑτὸ μεθ'αὑτοῦ μονοειδὲς ἀεὶ ὄν, τὰ δὲ ἄλλα πάντα καλὰ ἐκείνου μετέχοντα τρόπον τινὰ τοιοῦτον, οἷον γιγνομένων τε τῶν ἄλλων καὶ ἀπολλυμένων μηδὲν ἐκεῖνο μήτε τι πλέον μήτε ἔλαττον γίγνεσθαι, μηδὲ πάσχειν μηδέν* ». PLATON, Symposium. 210E, 211A-B.

3. Epilysis, PG 86-2, 1921C.

καὶ ἐπουσιώδεις καλούμεναι), et aucune d'elles n'est l'οὐσία, *à savoir une chose existant en soi-même* (πρᾶγμα ὑφεστώς), mais ce qui est conçu autour de l'οὐσία, comme la couleur est au corps et la science à l'âme » [4].

Léonce de Byzance distingue ainsi le sens de ces quatre termes et il en fait deux paires : « ὑπόστασις »-« ἐνυπόστατον » et « οὐσία »-« ἐνούσιον ». Or les notions de la première paire ne sont pas synonymes ni identiques, car « l'hypostase indique le quelqu'un » tandis que « l'enhypostaton indique l'essence ». Par conséquent, l'hypostase détermine la personne avec ses propriétés caractéristiques (χαρακτηριστικὰ ἰδιώματα). D'autre part, l'enhypostaton n'est pas un accident, mais signifie qu'il possède l'être non pas en soi-même, mais dans un autre être. L'enhypostaton donc ne manifeste pas son propre être, mais l'être d'un autre. Léonce qualifie d'enhypostaton toutes les propriétés particulières soit « οὐσιώδεις » (essentielles) soit « ἐπουσιώδεις » (accidentelles) ; aucune d'elles n'est l'essence, mais elles ont leur être en l'essence, comme par exemple la couleur d'un corps ou la science de l'âme. Or l'essence est une chose qui existe en soi-même et non pas dans un autre être.

Les notions examinées sont différentes l'une de l'autre parce que, malgré leur interférence, elles représentent une autre réalité du même être. L'essence (ou nature) contient l'être, mais pas l'hypostase, tandis que l'hypostase contient l'essence, c'est-à-dire l'être en général, mais aussi l'être en soi-même. Ou bien l'essence est identique au genre (εἶδος) et l'hypostase est l'être en soi-même. Par conséquent, l'essence signifie l'universel, tandis que l'hypostase le particulier. Malgré cette différence « une nature, c'est-à-dire une essence, ne pourrait jamais exister sans hypostase » [5]. On peut remarquer que, comparée à la notion de l'essence chez Aristote, l'essence, pour Léonce de Byzance, est seulement le « καθ'ὅ-

---

4. Léonce de Byzance, *Contre les nestoriens et les eutychiens I*, PG 86-1, 1277CD.
5. *Contre les nestoriens et les eutychiens, I*, PG 86-1, 1280A. Voir V. GRUMEL, « *L'union hypostatique et la comparaison de l'âme et du corps chez Léonce de Byzance et saint Maxime le Confesseur* », in : *Échos d'Orient 25 (1926)*, pp. 393-400.

λου», le « εἶδος » [6], tandis que le « καθ'ἕκαστον » devient l'hypostase particulière de chaque être.

Pour saint Maxime, la question de l'essence n'est pas seulement une question ontologique, mais également christologique. Étant donné la consubstantialité des personnes de la Trinité et l'union hypostatique des deux natures en Christ, non seulement saint Maxime, mais beaucoup plus tôt la théologie chrétienne font une approche différente de celle d'Aristote à propos de l'essence. Or l'essence « première » d'Aristote devient « hypostase » et la « deuxième essence » est l'essence commune à tous les êtres d'un même genre. Saint Maxime dans les *Opuscula Theologica et Polemica* 26 donne deux définitions de l'essence, une selon les philosophes, et une selon les Pères : « Selon les philosophes, l'essence est une chose existant en soi-même (αὐθυπόστατον) qui n'a pas besoin d'une autre pour sa consistance ; selon les Pères, (l'essence est) l'entité naturelle qui est attribuée à plusieurs et qui diffèrent selon les hypostases » [7].

La différenciation du particulier et de l'universel d'Aristote chez saint Maxime est traitée dans les *Quaestiones ad*

---

6. Léonce de Byzance, *Contre les nestoriens et les eutychiens*, I, PG 86-1, 1280A. « ἡ μὲν (φύσις) εἶδους λόγον ἐπέχει ».

7. PG 91, 276A. Vers 640 environ, selon Polycarp SHERWOOD. Voir *Datelist of the Works of Maximus the Confessor*, p. 45. Vers 638-40 surviennent des événements historiques importants qui influencent de manière décisive le développement de la lutte de Maxime contre le monothélisme. « L'Ecthèse » de l'empereur Héraclius est promulguée en 638, elle a été probablement écrite par le patriarche Serge. Ce texte envisage l'union ecclésiale des monophysites arméniens, des sévériens d'Égypte et des jacobites de Syrie. En 639, l'Ecthèse est acceptée par un synode de Constantinople présidé par le patriarche Pyrrhus. C'est dans cette atmosphère que saint Maxime, ayant succédé à Sophrone de Jérusalem dans sa lutte contre le monophysisme, écrit ces deux définitions sur l'essence. Ce dernier décède en 639, environ une année après la conquête de Jérusalem par le calife Omar (fin de l'année 637-38). Selon Pierre PIRET, *Le Christ et la Trinité selon Maxime le Confesseur*, THÉOLOGIE HISTORIQUE 69, p. 170, note 34, la définition selon les « philosophes » appartient à Léonce de Jérusalem, tandis que celle selon les « Pères » à Léonce de Byzance. Cf. Lars THUNBERG, *Microcosm and Mediator. The Theological Anthropology of Maximus the Confessor*, Lund 1965, p. 91, note 3. Lars THUNBERG suit PRESTIGE, *God in Patristic Thougth*, p. 279, pour qui saint Maxime oppose la définition philosophique à celle des Pères. Mais leur impression est erronée, car ce n'est pas pour les opposer qu'il les cite, mais pour arriver à sa propre conclusion christologique des deux natures en Christ. La référence aux deux définitions est donc plutôt complémentaires.

Thalassium 48 : « L'Écriture dit qu'il y a plusieurs angles sur lesquels l'esprit (*νοῦς*), fortifié par Dieu, a construit des tours. L'angle est non seulement l'union dans la même nature des êtres particuliers (*τῶν μερικῶν*) aux êtres généraux selon la même raison d'être (*κατὰ τὸν αὐτὸν τοῦ εἶναι λόγον ἕνωσις*) ; par exemple, des individus aux espèces, des espèces aux genres et des genres à l'essence qui se joignent (*συναπτομένων*) l'un à l'autre de façon unique (*μοναδικῶς*) à leur extrême limite (*τῶν ἄκρων*). Sur ces extrêmes, les raisons (*λόγοι*) générales des êtres particuliers, se manifestant, forment, comme des angles, de multiples et différentes unions des êtres divisés. Mais (l'angle est aussi l'union) de l'esprit au sens, du ciel à la terre, du sensible à l'intelligible et de la nature à la raison » [8].

L'essence donc − ou la nature − est le « *καθ'ὅλου* » des êtres de même espèce, et de même genre. Or l'essence est le principe unificateur des espèces et des genres. Les êtres d'une même espèce et d'un même genre se basent sur la « même raison d'être ». Cette « raison d'être » ici est identique à l'essence ; on verra par la suite que l'essence a sa propre raison d'être (*λόγος τοῦ εἶναι*) et son propre mode d'existence (*τρόπος τῆς ὑπάρξεως*). Cette « raison d'être » appartient en commun aux êtres et non à chacun particulièrement, et elle unifie les particuliers aux raisons générales.

Par le mouvement des espèces vers les genres et des genres vers l'essence, les êtres se réalisent et se perfectionnent [9]. Mais le mouvement de l'essence des êtres créés ne peut pas s'effectuer coupé de sa relation avec Dieu. Dieu est le Créateur de l'« *εἶναι* », à savoir de l'essence des êtres, ainsi que de leur « *εὖ εἶναι* » (le bien-être). Le mouvement de l'essence des êtres vise le « *ἀεὶ εἶναι* » (le toujours-être) des êtres [10]. Cela signifie pour saint Maxime, que Dieu est au-dessus de l'essence créée des êtres ; il fait donc la distinction entre l'essence, ou les essences créées,

---

8. *Quaestiones ad Thalassium 48*, *Corpus Christianorum* 7, 341,177-189. PG 90, 440CD.
9. *Cf. Ambigua II, 10*, PG 91, 1177B.
10. *Cf. Ambigua II, 65*, PG 91, 1392AB. *Ambigua II, 7*, PG 91, 1073C. Ibid., 1084B.

et l'essence incréée de Dieu. Néanmoins, à plusieurs reprises, des principes démontrant l'essence des êtres créés sont utilisés également pour l'essence divine, surtout en christologie. L'essence constitue encore le principe du mouvement et de la vie de l'être. L'essence manifeste son existence par sa puissance et son énergie. L'énergie essentielle donc est la puissance relationnelle de l'essence, mais elle est aussi l'énergie qui rend l'essence existante. Par cela on peut dire que l'essence est le principe de son mouvement constitutif, et que son énergie essentielle est la raison de son mouvement constitutif [11].

Pour ce qui est de l'aspect christologique, en résumant, on peut dire que saint Maxime rejette l'opinion d'une seule nature en Christ soit universelle soit particulière, car une nature universelle unique Le priverait de son hypostase particulière, tandis qu'une nature particulière Le priverait de sa consubstantialité soit avec Dieu le Père, soit avec les hommes. Le Christ donc a deux natures parfaites, divine et humaine, unies dans l'hypostase du Verbe [12]. Le principe donc de l'universel et du particulier est appliqué pour les deux natures en Christ. Ceci sera plus largement développé dans le troisième chapitre.

Une dernière considération générale à propos de l'essence est celle de la comparaison entre la conception philosophique de l'essence et la conception chrétienne : « Affirmant que l'essence des choses existe avec Dieu de toute éternité et qu'elle ne reçoit de lui que ses propres qualités, les Grecs disent que rien n'est contraire à l'essence et qu'il n'y a de contraire que dans les seules qualités. Nous-mêmes disons que seule l'essence divine n'a pas de contraire, car elle est éternelle et infinie, et elle donne aux autres l'éternité ; *mais que l'essence des êtres a un contraire, qui est le néant* ; que Celui qui est pleinement a le pouvoir de faire que cette essence soit toujours, ou ne soit pas ; et qu'il ne revient pas sur ce qu'il donne. C'est pourquoi l'essence des choses

---

11. Cf. *Chapitres Théologiques et Économiques I, 3*. PG 90, 1084AB.
12. Cf. *Lettre 13*, PG 91, 517D-520C.

est toujours, et sera, maintenue qu'elle est *par la puissance qui domine l'univers*, bien qu'elle ait son contraire, comme il a été dit, car elle a été menée du néant à l'être, et c'est dans la volonté de Dieu qu'elle a l'être ou le néant » [13].

Le principe aristotélicien de « καθ'ὅλου » et de « καθ' ἕκαστον » ne constitue pas un point de divergence entre la philosophie grecque et la théologie chrétienne bien que cette dernière ait modifié la première forme de ce principe. Le point de divergence réside dans l'éternité de l'essence des êtres créés selon la conception philosophique. Pour un penseur chrétien le créé diverge de l'éternel, car le créé est confronté au néant d'où il est tiré à l'existence. Mais pour Dieu cette possibilité du néant n'existe pas puisque, étant éternel, Il n'a pas comme contraire le néant. Si l'essence des êtres qui sont tirés du néant à l'existence garde son être éternellement, c'est par la volonté de Dieu qu'elle le garde. Plus loin on verra que le maintien éternel de l'essence des êtres a comme cause les raisons des êtres qui se trouvent éternellement en Dieu. Ces raisons (λόγοι) sont bien la volonté divine de créer les êtres.

2. *Essence et nature.*

L'essence et la nature, selon une approche schématique, sont synonymes dans les écrits de saint Maxime. Ceci reflète encore l'opinion de Léonce de Byzance pour qui ces deux notions sont équivalentes. Ce dernier écrit que : « φύσις ταὐτόν ἐστι τῇ οὐσίᾳ » (la nature est identique à l'essence) [14].

Saint Maxime exprime la même opinion presque à la lettre en écrivant : « L'essence et la nature s'identifient, car toutes les deux sont communnes et universelles puisqu'elles sont des catégories de plusieurs et différents selon le nombre, et qu'elles ne sont jamais limitées à une seule personne de quelque manière que ce soit » [15]. Non seulement il définit

---

13. *Chapitres sur la Charité III*, 28. CERESA-GASTALDO, 156. Trad. J. TOU-RAILLE.

14. *Contre les nestoriens et les eutychiens I*, PG 86-1, 1309B. Cf. ibid., 1280AB. Cf. également *Epilysis* PG 86-2, 1924AB.

15. *Opuscula Theologica et Polemica* 14, PG 91, 149B.

la synonymie de l'essence et de la nature, mais il explique pourquoi les deux (ἄμφω) sont synonymes. Comme l'essence, la nature appartient aux choses « communes » (κοινά), ou à l'« universel » (καθ'ὅλου), qui sont les catégories des individus différents numériquement, mais du même genre, sans que celles-là constituent des propriétés personnelles.

Jusqu'ici on constate une identité des notions d'essence et de nature, et c'est pour cette raison que les deux termes sont utilisés indifféremment dans les écrits de saint Maxime [16]. Mais, à plusieurs reprises, on a l'impression que cette identité n'est pas tout à fait réelle, comme par exemple dans les *Opuscula Theologica et Polemica 24* où on trouve la définition suivante de la nature : « Selon les philosophes, la nature est le principe du mouvement et l'immuabilité du repos ; et selon les Pères elle est le genre de ce qui est multiple et différent numériquement, genre auquel on attribue ce qui est » [17].

La définition selon les philosophes nous amène à l'étymologie du terme « φύσις » : du verbe « φύω » qui inclut la potentialité du mouvement et de l'immobilité [18]. Ici on se rappelle la définition de Léonce de Byzance pour lequel il y a une interdépendance entre ces notions : « Οὐσία - φύσις - εἶδος », la nature « εἶδους λόγον ἐπέχει » [19]. Saint Maxime

---

16. La synonymie de l'essence et de la nature est encore évidente dans les *Opuscula Theologica et Polemica 12*, PG 91, 145A- 149A. « Περὶ τῶν δύο τοῦ Χριστοῦ φύσεων ». Dans le texte en question, la terminologie triadologique est appliquée à la christologie. Le terme « οὐσία » se réfère toujours à la stabilité de l'essence sur un plan métaphysique, tandis que le terme « φύσις » exprime la dynamique du mouvement de la nature. Voir également *Opuscula Theologica et Polemica 23*, PG 91, 265D-268A, où sont définies la nature et l'essence. Dans la *Lettre 15*, saint Maxime applique le terme « οὐσία » à la nature divine du Christ, et le terme « φύσις » à la nature humaine : « Ὡς Θεὸς ἀληθῶς κατ'οὐσίαν ὑπάρχων, καὶ ἄνθρωπος ἀληθῶς φύσει κατ'οἰκονομίαν γενόμενος » *Lettre 15*, PG 91, 556A.

17. PG 91, 276A.

18. C'est la raison pour laquelle Alexandre écrit : « Τοῖς γοῦν πολλοῖς ἀνθρώποις μάλιστα δοκεῖ εἶναι οὐσία τὸ προκείμενον πρῶτον, τὸ δὲ ὑποκείμενον φαίνεται εἶναι καὶ ἡ ὕλη ὡς ὑπομένουσα καὶ δεχομένη. φαίνεται εἶναι καὶ τὸ εἶδος ὡς τελειοῦν τὴν ὕλην καὶ ὁρίζον καὶ τρόπον τινὰ εἰς τὸ εἶναι ἀράγον. τρίτον δὲ τὸ σύνθετον τὸ ἐκ τούτων ». Scholia in Aristote, Col. Chr. BRANDIS. Berolini 1961 (1836), p. 741α 21-25. Cité par N. CHRONIS, Τὸ πρόβλημα τῶν κατηγοριῶν ἐν τῇ φιλοσοφίᾳ τοῦ Ἀριστοτέλους (Thèse de Doctorat) Athènes 1975, p. 162, note 2.

19. Contre les nestoriens et les eutychiens, PG 86-1, 1280A.

a gardé le même vocabulaire de l'identité entre l'essence et la nature, avec une similitude dans les termes employés, et, malgré la différence dans l'origine de l'usage philosophique de ces termes, tous deux expriment l'universel de l'être [20].

Comme nous l'avons dit, l'essence est caractérisée par son existence en soi-même qui ne se réfère pas à un autre être. Par contre, de l'essence dépendent d'autres catégories qui ne sont ni hypostasiées ni enhypostasiées, mais dont l'être dépend de l'être de l'essence. Ces catégories sont définies comme des qualités [21], car l'essence a la faculté de produire :

---

20. Martin HEIDEGGER, *Einführung in die Metaphysik* (traduction française par Gilbert KAHN, *Introduction à la Métaphysique*, éd. Gallimard, 1967), fait une longue analyse des termes « φύσις » et « οὐσία ». Il suit le développement historique de ces termes dans la philosophie grecque. Les pré-socratiques utilisent le terme « φύσις » qui manifeste le dynamisme de l'être à créer l'espace qu'il occupe. Platon et Aristote remplacent la philosophie de la « φύσις » par celle de l'« οὐσία » et donnent une nouvelle orientation à la pensée philosophique. Chez Platon, par exemple, l'« οὐσία » n'exprime plus comme avant la « φύσις » — la dynamique de la création de l'espace —, mais elle vient occuper l'espace des idées déjà existantes. HEIDEGGER écrit plus précisément : « *Considérée à partir de l'essence de l'espace, la différence entre les deux significations d'apparaître est la suivante : l'apparaître au sens premier et primordial, le se-porter-à-stance-dans-la-recollection, occupe l'espace ; il est ce qui le conquiert, il se crée son espace en re-stant-là ainsi, il effectue tout ce qui est de son ressort, sans être lui-même copié. L'apparaître au second sens se détache seulement sur un espace déjà constitué, et est envisagé par un regarder qui se meut dans les dimensions, déjà solidement établies, de cette espace. Le visage que fait la chose est maintenant décisif, non plus elle-même. L'apparaître au premier sens est ce qui ouvre l'espace. L'apparaître au deuxième sens n'arrive plus guère à réussir qu'un aménagement de l'espace ainsi ouvert, et son mesurage* » (p.187). Il semble que la préférence de St BASILE le Grand à utiliser le mot « φύσις » dans son œuvre *Sur le Saint-Esprit* présente la même problématique. Saint Maxime dans les *Ambigua II*, 67, PG 91, 1397AB, traite le problème de la création des êtres sous un autre angle : « Τὰς τῶν ὄντων γενητῶν καὶ αἰωνίων νοήσεις, ὡς κινουμένων καὶ περιγεγραμμένων, καὶ τὸν τοῦ τὶ καὶ ποῖον καὶ πῶς εἶναι λόγον ἐπιδεχομένων. Πᾶν γὰρ κινητόν τε καὶ γενητὸν ὑπάρχει, καὶ διὰ τοῦτο πάντως καὶ ὑπὸ χρόνον ἐστί, κἄν εἰ μὴ τὸν κινήσει μετρούμενον. Ἀρχὴν γὰρ ἔχει τοῦ εἶναι πᾶν γενητὸν ὡς ἠργμένον τοῦ εἶναι, καὶ διάστημα, ἀφ'οὖ τοῦ εἶναι ἤρξατο. Εἰ δὲ καὶ ἔστι καὶ κινεῖται πᾶν γενητόν, καὶ ὑπὸ φύσιν πάντως ἐστὶ καὶ χρόνον, τὴν μὲν διὰ τὸ εἶναι, τὸν δὲ διὰ τὸ κινεῖσθαι ». La nature est donc le principe de l'être des êtres, et le temps, le principe de leur mouvement.

21. Le fondement de cette pensée concernant la relation de l'essence et de la qualité est aristotélicien. Mais nous verrons plus tard, quand nous traiterons le problème des qualités de l'essence de Dieu, que cette problématique se déplace du niveau sensible auquel se réfère la philosophie aristotélicienne, au niveau transcendant, c'est-à-dire à l'essence divine et à ses qualités.

« Οὐσίας γάρ, ὡς ἔφην, ἐστὶ τὸ ποιεῖν » [22]. Le texte suivant des *Opuscula Theologica et Polemica* 23, détermine la dépendance des qualités à l'essence et l'existence en soi-même de l'essence : « De même qu'aucune des qualités, qu'elle soit essentielle ou accidentelle, n'est essence ou une chose qui existe en soi, mais elles (les qualités) tiennent toujours autour de l'essence (la fonction) de caractériser, comme la couleur est au corps, la science est à l'âme, car il n'est pas possible de dire qu'une couleur soit visible sans le corps, ou bien que la science opère sans l'âme ; de même ni l'ἐνυπόστατον ni l'ἐνούσιον ne peuvent être conçus sans l'essence ni l'hypostase. Car ils n'existent pas en eux-mêmes, mais ils sont toujours contemplés autour de l'essence » [23]. Il est de nouveau démontré que l'essence existe en soi-même et que son être ne dépend pas d'un autre être. Par contre l'être des qualités dépend de l'être de l'essence à laquelle elles sont soumises et elles sont liées à l'hypostase de l'essence, étant, elles, non-hypostasiées [24].

3. *Essence, nature et genre.*

La question de la relation entre l'essence, la nature et le genre se place dans le même cadre du particulier et de l'universel. Platon identifie le genre aux idées, tandis que chez Aristote le genre signifie la forme ou le schéma de la matière [25]. Pour Aristote la nature a deux significations : (a)

---

22. *Lettre 15*, PG 91, 564B.

23. PG 91, 261B. La problématique, ici, est la possibilité de donner un sens général à une entité, comme par exemple « *homme* » et non pas « *à un certain homme* » (ἄνθρωπος καὶ οὐχὶ ὁ τὶς ἄνθρωπος), ou bien, comme le fait saint Maxime, définir la « *couleur* », par exemple verte, indépendamment d'un objet. C'est ici qu'Aristote s'oppose à Platon, à savoir, pouvons-nous connaître l'idée des êtres ? Selon Aristote, la philosophie platonicienne introduit le « *troisième homme* » (τρίτος ἄνθρωπος), qui se trouve entre le quelqu'un et l'idée de l'homme. (Cf. *Métaphysique Z 13*, 1038β-1039α) Saint Maxime insiste sur l'idée déjà développée selon laquelle « οὐσία ἀνυπόστατος οὐκ ἐστίν ». Ceci parce que, malgré la dépendance des qualités à l'essence, les qualités elles-mêmes constituent des essences qui ont des qualités dépendant de ces essences. C'est, à un tout autre niveau, le problème posé par la distinction entre l'essence et l'énergie. Nous ne pouvons donc pas avoir une énergie sans essence, et par conséquent l'énergie est essentielle.

24. En ce qui concerne les qualités, ce sujet est développé dans un autre paragraphe : « L'essence de Dieu et ses qualités ».

25. Platon identifiait le genre aux idées ; dans *Timée, 52a-b*, il écrivait en

la matière première de chaque être, (b) la forme et le genre des êtres [26]. Léonce de Byzance considère l'essence, la nature et le genre comme l'universel. C'est ainsi que les êtres d'un même genre sont aussi de même essence ou nature [27]. Le genre chez saint Maxime prend plusieurs acceptions. Dans la *Disputatio cum Pyrrho*, les êtres sont distincts en trois sortes de genre : le végétal, le sensible et l'intelligible [28]. Dans la *Lettre 15* l'« εἶδος » et l'« ἐνυπόστατον », sont équivalents, comme notions qui expriment la même réalité. « L'ἐνυπόστατον n'existe nullement en soi-même, mais on le conçoit dans les autres êtres qui, comme le genre dans les individus qui lui sont soumis ; ou bien ce qui est mis ensemble avec un autre, différent selon l'essence, pour la naissance d'un autre tout » [29]. On peut dire en guise de

ce qui concerne le genre : « *Τούτων δὲ οὕτως ἐχόντων ὁμολογητέον ἕν μὲν εἶναι τὸ κατὰ ταὐτὰ εἶδος ἔχον, ἀγέννητον καὶ ἀνώλεθρον, οὔτε εἰς ἑαυτὸ εἰσδεχόμενον ἄλλο ἄλλοθεν οὔτε αὐτὸ εἰς ἄλλο ποι ἰόν, ἀόρατον δὲ καὶ ἄλλως ἀναίσθητον, τοῦτο ὃ δὴ νόησις εἴληχεν ἐπισκοπεῖν· τὸ δὲ ὁμώνυμον ὅμοιόν τε ἐκείνῳ δεύτερον, αἰσθητόν, γεννητὸν πεφορημένον ἀεί, γιγνόμενόν τε ἔν τινι τόπῳ καὶ πάλιν ἐκεῖθεν ἀπολλύμενον, δόξῃ μετ'αἰσθήσεως περιληπτόν· τρίτον δὲ αὖ γένος ὂν τὸ τῆς χώρας ἀεί, φθορὰν οὐ προσδεχόμενον, ἕδραν δὲ παρέχον ὅσα ἔχει γένεσιν πᾶσιν, αὐτὸ δὲ μετ'ἀναισθησίας ἁπτὸν λογισμῷ τινι νόθῳ, μόγις πιστόν, πρὸς ὃ δὴ καὶ ὀνειροπολοῦμεν βλέποντες καὶ φαμεν ἀναγκαῖον εἶναί που τὸ ὂν ἅπαν ἔν τινι τόπῳ καὶ κατέχον χώραν τινά, τὸ δὲ μήτ'ἐν γῇ μήτε που κατ'οὐρανὸν οὐδὲν εἶναι*». De même dans *Phédon 103e*, *La Cité I, 597a*, et *Parménide 132b*.

26. « *Ἕνα μὲν οὖν τρόπον οὕτως ἡ φύσις λέγεται, ἡ πρώτη ἑκάστῳ ὑποκειμένη ὕλη τῶν ἐχόντων ἐν αὐτοῖς ἀρχὴν κινήσεως καὶ μεταβολῆς, ἄλλον δὲ τρόπον ἡ μορφὴ καὶ τὸ εἶδος τὸ κατὰ τὸν λόγον*» *De Natura, B1, 139a 28* et suite. Dans le Z de la *Métaphysique*, ARISTOTE, définissait le genre ainsi : « *Τὸ τί ἦν εἶναι ἑκάστου καὶ τὴν πρώτην οὐσίαν*» *Métaphysique Z7, 1032b 1-2.* Cette comparaison du genre à l'essence première conduit à la comparaison du genre universel (*καθ'ὅλου*) au particulier (*καθ'ἕκαστον*). Ainsi le genre appartient à l'universel, et parfois il est identifié à l'essence. Cf., N. CHRONIS, *Le Problème des Catégories dans la Philosophie d'Aristote*, Athènes, pp. 147-159, (en grec).

27. « *Τῶν μὲν ἀτόμων, κοινωνία ἐστὶ πρὸς τὸ εἶδος κατὰ τὴν φύσιν· τῶν δὲ καθ'ὅλου, κοινωνία πρὸς τὰ μέρη κατὰ τὴν κλῆσιν· τῇ τοῦ ὅλου προσηγορίᾳ τὸ μέρος καλεῖν, ὡς ἔφην, οὐ παρῃτησάμεθα· τῆς γὰρ φύσεως τῆς μιᾶς τὸ ὅλον τοῦ ἀνθρωπείου εἶδους παριστώσης, ἐπειδὴ τῶν ὑπὸ τὸ αὐτὸ εἶδος ἀριθμουμένων οὐδέν ἐστι ἑτεροῦσιον, εἰκότως τῇ τοῦ κοινοῦ προσηγορίᾳ τὸ μερικὸν ἐπονομάζεται*». *Contre les nestoriens et les eutychiens I*, PG 86-1, 1289D-1292A.

28. PG 91, 301ABC.

29. Ibid., 557D-560A. « *Eidos peut signifier aussi bien la forme que l'espèce* », PIRET, Pierre, op. c., p. 173.

conclusion que pour Léonce de Byzance et saint Maxime, le genre appartient à l'universel, le « καθόλου » des êtres. Il est comparable à l'essence des êtres du même genre, numériquement différents.

4. L'hypostase.

D'après l'analyse concernant l'essence on constate une relation étroite entre l'essence, l'hypostase, la nature, la personne, l'enhypostaton, définitions qui se réfèrent à l'existence de l'être [30]. Léonce de Byzance détermine ainsi la différence entre l'essence et l'hypostase : « Κατὰ τὸν ἀληθῆ λόγον καὶ τοὺς ἁγίους Πατέρας ταύτην ἔχει τὴν διαφορὰν ἡ οὐσία πρὸς τὴν ὑπόστασιν, ἥν ἔχει τὸ κοινὸν πρὸς τὸ ἴδιον » [31]. Déjà saint Basile défendait la différence entre l'essence et l'hypostase et identifiait l'essence au commun et l'hypostase au particulier [32]. De même pour la différence entre la nature et l'hypostase Léonce de Byzance écrit : « Ἡ μὲν (φύσις) καθολικοῦ πράγματος χαρακτῆρα δηλοῖ, ἡ δὲ (ὑπόστασις) τοῦ κοινοῦ τὸ ἴδιον ἀποδιαστέλλεται » [33]. L'essence donc, comme la nature, par rapport à l'hypostase est l'universel, le commun des êtres de même espèce. Elle est par conséquent abstraite. L'hypostase, en revanche est le particulier et le propre, car elle distingue le particulier de l'universel.

Le particulier de l'être est le « λόγος τῶν συμβεβηκότων » puisque l'hypostase « συμβεβηκότων λόγον ἐπέχει » [34]. « Ἡ μὲν γὰρ ὑπόστασις ... οὐ μόνον τὴν ἁπλῶς οὐσίαν σημαίνει, ἀλλὰ καὶ τὸ συμβεβηκός » [35]. Les « συμβεβηκότα » (accidents) sont « la forme, la couleur, la grandeur, le temps, le lieu, les parents, la nourriture, l'éducation et tout ce qui les touche » [36]. Par cette définition on peut dire que l'hypostase

---

30. Cf. Mega FARANTOU, *Christologie I. L'Enhypostaton.* Athènes 1972, p. 53 (en grec).
31. *Contre Severius 24*, PG 86-2, 1909A.
32. Cf. *Lettre* CCXIV. Yves COURTONNE, tome II, p. 205.
33. *Contre les nestoriens et les eutychiens I*, PG 86-1, 1280A.
34. *Epilysis*, PG 86-2, 1945B.
35. Léonce de Byzance, *Contre Severius 27*, PG 86-2, 1912A.
36. *Epilysis*, PG 86-2, 1945B.

est l'ensemble de l'« εἶδος », de l'universel et du particulier, à savoir l'essence et ses accidents. C'est ainsi que l'hypostase ailleurs est définie comme « le quelqu'un » ou bien que l'hypostase « détermine (ἀφορίζει) une personne avec les propriétés qui la caractérisent » [37]. Ce qui fait encore la particularité des hypostases entre elles c'est la relation des accidents qui n'est jamais identique d'une hypostase à l'autre [38]. L'hypostase indique, par conséquent, l'existence de l'être de l'essence ainsi que le mode de cette existence personnelle. L'hypostase est aussi identique à la personne, or selon Léonce de Byzance « φύσις ταὐτόν ἐστι τῇ οὐσίᾳ, ὑπόστασίς τε τῷ προσώπῳ » [39].

La question, telle qu'elle se pose à saint Maxime, n'est pas une question purement philosophique, elle a une connotation christologique spécifique [40]. Or le christianisme fait usage de cette définition soit pour le mystère trinitaire soit pour le mystère de l'incarnation, non seulement de l'hypostase, mais également de l'essence, de la nature, de la personne, de l'enhypostaton etc. Saint Maxime définit la relation de l'unique essence et des trois hypostases de la Trinité par une phrase très réussie : « ἐνούσιος ὕπαρξις τρισυποστάτου μονάδος » [41]. Le mystère trinitaire consiste en l'existence de l'unique essence divine en trois hypostases divines particulières. D'autre part le mystère de l'incarnation consiste en l'unité des deux natures en Christ en une seule hypostase.

C'est dans cette perspective christologique que Léonce de Byzance détermine encore l'hypostase : « L'hypostase définit soit ceux qui sont identiques selon la nature, mais différents selon le nombre ; soit ceux qui de différentes natures coexis-

37. *Contre les nestoriens et les eutychiens I*, PG 86-1, 1277CD.
38. Cf. *Epilysis*, PG 86-2, 1945C.
39. *Contre les nestoriens et les eutychiens, I*, PG 86-1, 1309B. Cf. saint Maxime, *Opuscula Theologica et Polemica 13* « *Définitions diverses* », PG 91, 152B : « ὑπόστασις καὶ πρόσωπον, ταὐτόν ».
40. Christoph von Schönborn, *L'icône du Christ. Fondements théologiques.* « THÉOLOGIES ». LES ÉDITIONS DU CERF. 3ᵉ édition, Paris 1986, pose la question : « *Quel est, en un mot, l'enjeu de tous ces débats christologiques ?* et il répond lui-même : « *Rien d'autre que le Mystère même du Christ, de son économie, de son incarnation, de sa Pâque* » (p. 106).
41. *Ambigua I, 1*, 1036BC.

tent, mais qui possèdent ensemble et les uns et les autres en commun l'être » [42]. L'exemple cher à Léonce de Byzance ainsi qu'à saint Maxime est celui de l'homme et de sa constitution. Or les hommes sont de nature identique, mais différents numériquement, à savoir, les êtres du même genre (καθ'ὅλου) sont différents selon leur hypostase particulière. Les Hypostases de la Trinité ne sont pas simplement identiques selon la nature, mais consubstantielles (ὁμοούσια). L'exemple de l'homme est encore utile pour expliquer la seconde partie de la définition de l'hypostase. L'homme est constitué d'une âme et d'un corps, à savoir de deux natures différentes unies dans une seule hypostase [43]. Cet exemple de l'union hypostatique de l'âme et du corps peut servir de modèle pour la compréhension de l'union hypostatique des deux natures en Christ.

C'est donc dans cette optique christologique que saint Maxime examine la définition de l'hypostase. « Tu me demandes ce qu'est le commun et l'universel, et ce qu'est le particulier et le propre pour qu'ensuite nous devienne claire toute la question de l'union (des natures du Christ). Je ne dirai rien de mon propre fond, mais ce que j'ai appris des Pères sans rien changer à leur enseignement. Donc selon les Pères, le commun et l'universel est l'essence et la nature ; car, disent-ils, tous deux sont identiques. Le propre et le particulier est l'hypostase et la personne, tous deux étant identiques » [44]. Saint Maxime se veut disciple des Pères par son analyse des textes de saint Basile qui parlent de la relation de l'universel et du particulier [45]. Un des textes cités de saint Basile est celui de sa *Lettre CCXIV*, adressée « *au Comte Térence* » : « S'il faut que nous exprimions brièvement notre sentiment, nous dirons que le rapport qui existe entre le commun et le particulier est le même que celui qui existe entre l'essence et l'hypostase. Chacun de nous participe à l'être par la raison commune de l'essence

---

42. *Contre les nestoriens et les eutychiens I*, PG 86-1, 1280A.
43. Cf. *Lettre 15*, PG 91, 552B-553A.
44. *Lettre 15*, PG 91, 544D-545A. Trad. Christoph von SCHÖNBORN, *L'icône du Christ*, op. cit. p. 107.
45. Cf. *Lettre 15*, PG 91, 545A-548A.

(τῷ κοινῷ τῆς οὐσίας λόγῳ τοῦ εἶναι μετέχει), et il est un tel ou un tel par ses propres caractéristiques » [46], ainsi que de saint Grégoire de Nazianze qui défend l'essence et les hypostases divines [47]. C'est ainsi donc qu'il interprète le commun et l'universel par rapport au propre et au particulier.

En effet, la discussion de la relation entre l'essence et l'hypostase implique la question christologique : « Une hypostase est une essence avec les propriétés (ἰδιώματα), ou bien une essence qui comprend (περιληπτική) toutes les propriétés particulières de l'individu propre à elle ; ainsi parlons-nous en définissant l'hypostase spécifiquement déterminée et non simplement l'hypostase. Une hypostase composée est une essence composée avec des propriétés ; ou bien une essence composée qui comprend toutes les propriétés particulières de l'individu propre à elle. Or ce qui est considéré en commun dans les individus du même genre, caractérise en principe le général de l'essence, à savoir de la nature des individus propres à elle. Or le composé est commun à tous les individus d'un genre composé ; par conséquent le composé caractérise principalement la nature des individus qui lui sont soumis, mais point l'hypostase » [48].

On remarque de nouveau la parenté de la définition de l'hypostase avec celle de Léonce de Byzance. Il est significatif que saint Maxime souligne que l'hypostase « comprend toutes les propriétés particulières de chaque individu », et surtout que l'hypostase est une essence avec ses propriétés. Ainsi, sur ce principe, il peut mettre les bases de sa christologie, c'est-à-dire l'union des deux natures en Christ, chaque nature ayant toutes ses propriétés.

5. L'enhypostaton.

La question christologique de l'union hypostatique des deux natures en Christ est à l'origine du terme « ἐνυπόσ-

---

46. Trad. Yves COURTONNE, op. cit. tom. II, p. 205. Rappelons la même expression chez saint Maxime dans les *Quaestiones ad Thalassium 48*, PG 90, 440CD. Op. cit. p. 4.

47. Cf. *Discours 29 : A l'Epiphanie 11-12*. PG 36, 345B-348C.

48. *Lettre 13*, PG 91, 528AB.

τατον». Par ce terme la théologie veut répondre à cette question. Chronologiquement le terme « *ἐνυπόστατον* » est un terme technique nouveau par rapport à celui d'hypostase, mais il reflète la problématique christologique de l'Église pré-chalcédonienne. Rappelons que la christologie de saint Cyrille d'Alexandrie laissait une certaine ambiguïté en ce qui concerne l'usage des termes nature et hypostase, ainsi qu'au mode d'union de deux natures en Christ [49].

On peut considérer Léonce de Byzance comme le père du terme « *ἐνυπόστατον* ». L'« *ἐνυπόστατον* » est identifié à l'être qui existe réellement. Saint Maxime le définit comme le « *πραγματικῶς ὑφιστάμενον, καί οὐκ ἐπινοίᾳ ψιλῇ θεωρούμενον* » (l'enhypostaton est ce qui subsiste réellement et qui n'est pas contemplé par la simple pensée) [50]. Ce qui participe donc à l'être est l'« *ἐνυπόστατον* ». Ailleurs aussi, saint Maxime considère l'« *ἐνυπόστατον* » comme l'être qui existe réellement : « *τὸ ἐνυπόστατον δηλοῖ τὸ ἐνύπαρκτον· ἐνύπαρκτον δὲ ἐστι τὸ οὐσιώδους καὶ φυσικῆς μετέχον ὑπάρξεως* » (L'enhypostaton indique ce qui existe ; or ce qui existe est ce qui participe à l'existence essentielle et naturelle) [51]. Ainsi saint Maxime explique la signification de l'existence réelle qui est la première notion de l'« *ἐνυπόστατον* ».

Il est évident que saint Maxime suit, ici aussi, Léonce de Byzance. Pour ce dernier l'« *ἐνυπόστατον* » « *signifie une substance, mais une substance qui n'est pas quelqu'un, qui fait seulement partie de quelqu'un* » [52]. Pour Léonce, l'« *ἐνυπόστατον* », qui signifie l'être simplement, est identique à l'essence et à l'hypostase, car l'« *ἐνυπόστατον* » signifie « *τὸ μὴ εἶναι αὐτὸ συμβεβηκός* » (l'enhypostaton est l'être réel et non pas accidentel) [53]. Si l'« *ἐνυπόστατον* » signifie l'être qui existe réellement, et que cet être n'est pas un accident, il est par conséquent essentiel. Saint Maxime écrit : « L'enhypostaton est ce qui est commun selon l'essence, c'est-à-

49. Cf. Mega FARANTOU, *Christologie, I, Enhypostaton*, op. cit. pp. 43-52.
50. *Opuscula Theologica et Polemica 13*, « *Définitions diverses* », PG 91, 149B.
51. *Opuscula Theologica et Polemica 16*, PG 91, 205B.
52. V. GRUMEL, « *Léonce de Byzance* », in : *Dictionnaire de Théologie Catholique*, Tom. IX, col. 407.
53. *Contre les nestoriens et les eutychiens I*, PG 86-1, 1277D.

dire le genre qui subsiste réellement dans les individus qui lui sont soumis, et qui n'est pas considéré par la simple pensée »[54]. Dans les mêmes *Opuscula Theologica et Polemica*, l'« ἐνυπόστατον » est défini aussi de cette façon : « L'en-hypostaton est ce qui est réuni (συγκείμενον) et ce qui subsiste (συνυφιστάμενον) dans un autre être différent selon l'essence en vue de la genèse (γένεσιν) d'une seule personne et d'une seule hypostase, et qui n'est point discerné en soi-même (καὶ οὐδαμῶς καθ'αὑτὸ γνωριζόμενον) »[55]. Ces définitions ont une orientation christologique[56].

Si nous comparons l'hypostase et l'enhypostaton à l'essence, nous pouvons dire que l'enhypostaton est universel et commun aux êtres d'un même genre comme le sont l'essence et le genre. D'autre part, tous les êtres sont hypostasiés, mais leur hypostase diffère à cause des relations diversifiées des accidents de l'essence ; c'est le particulier de l'hypostase. Mais, même si l'enhypostaton est, d'une part, commun et universel[57], il n'est pas, comme l'essence et l'hypostase « existence en soi-même » ; il est plutôt *comme* un accident qui doit son existence à une ou même à plusieurs essences différentes[58].

Pour compléter la notion d'« ἐνυπόστατον » il faut le comparer à l'« ἀνυπόστατον ». Tandis qu'« ἐνυπόστατον » signifie l'être qui existe réellement, l'« ἀνυπόστατον » est ce qui n'existe pas réellement. Chaque nature est nécessairement

54. *Opuscula Theologica et Polemica 13*, « *Définitions diverses* », PG 91, 149B.
55. PG 91, 149C.
56. Cf. également une définition de l'« ἐνυπόστατον », dans *Opuscula Theologica et Polemica*, 23, PG 91, 261AB.
57. Cf. saint Maxime, *Lettre 15*, PG 91, 557D-560A : « Τὸ γὰρ καθ'αὑτὸ διωρισμένως συνεστὼς ἐστιν ὑπόστασις· γ'εἴπερ ὑπόστασιν εἶναί φασιν, οὐσίαν μετὰ ἰδιωμάτων, ἀριθμῷ τῶν ὁμογενῶν διαφέρουσαν· δ'ἐνυπόστατον δέ, τὸ καθ'αὑτὸ μὲν οὐδαμῶς ὑφιστάμενον, ἐν ἄλλοις δὲ θεωρούμενον, ὡς εἶδος ἐν τοῖς ὑπ'αὑτὸ ἀτόμοις· ἢ τὸ σὺν ἄλλῳ διαφόρῳ κατὰ τὴν οὐσίαν εἰς ὅλου τινὸς γένεσιν συντιθέμενον » (PG 91, 557D-560A).
58. Cf. *Opuscula Theologica et Polemica 13*, PG 91, 149C. Cf *Lettre 15*, PG 91, 557D-560A. *Opuscula Theologica et Polemica 22*, PG 91, 261B : « Τὸ δὲ ἐνυπόστατον, τὸ μὴ ὂν καθ'ἑαυτὸ συμβεβηκὸς δηλοῖ· ἀλλ'ὅπερ ἐν ἑτέρῳ ἔχει τὸ εἶναι, καὶ οὐκ ἐν ἑαυτῷ θεωρεῖται, οὐδέ ἐστι καθ'ἑαυτὸ ὑφεστός, ἀλλὰ περὶ τὴν ὑπόστασιν πάντοτε θεωρούμενον, ὥσπερ αἱ ποιότητες αἵ τε οὐσιώδεις καὶ ἐπουσιώδεις καλούμεναι· αἵτινες οὐκ εἰσὶν οὐσία, οὐδὲ καθ'ἑαυτά, ἀλλ'ἐν τῇ οὐσίᾳ τυγχάνουσι, καὶ δίχα ταύτης τὸ εἶναι οὐκ ἔχουσιν ».

hypostase, elle est donc « *ἐνυπόστατος* », car « il n'y a pas de nature *ἀνυπόστατος* » [59]. L'enhypostaton donc, « *περὶ τὴν ὑπόστασιν πάντοτε θεωρούμενον* », est lié à l'hypostase. Léonce de Byzance considère les qualités essentielles comme étant constitutives de l'essence, et les qualités hypostatiques comme des accidents [60].

Ce dernier aspect d'« *ἐνυπόστατον* » nous amène à son sens théologique, utilisé par les Pères pour définir le mode d'union des deux natures en Christ [61]. La comparaison entre l'« *ἐνυπόστατον* » et les « *συμβεβηκότα* » ne fait pas de l'« *ἐνυπόστατον* » un « *συμβεβηκός* », mais explique son mode de relation avec l'essence et l'hypostase ; or l'« *ἐνυπόστατον* » n'est pas « *συμβεβηκός* », mais, *comme* le « *συμβεβηκός* », il a son existence dans un autre être. Ceci est la clé de la réponse à la question christologique de l'union hypostatique des deux natures. Or on peut dire de la nature humaine du Christ, qu'elle est « *ἀνυπόστατος* », car elle n'a pas sa propre hypostase, mais elle est enhypostasiée à l'hypostase de la nature divine. Il ne faut pas non plus considérer la nature humaine du Christ comme « *συμβεβηκός* » de la nature divine, car c'est une nature parfaite qui a toutes ses propriétés essentielles ; mais elle manifeste son existence dans son unité hypostatique avec la nature divine et agit à travers l'hypostase divine. Pour saint Maxime, cela signifie le mystère de l'incarnation du Verbe de Dieu et la divinisation de l'homme.

6. *Énergie de l'essence.*

L'être qui existe réellement a une puissance et une énergie essentielles qui manifestent l'existence de l'essence. Cette ontologie de l'essence et de l'énergie trouve son origine

---

59. *Opuscula Theologica et Polemica 22*, PG 91, 264A.

60. « *Καὶ τοῦτο δὲ μὴ ἀγνοῶμεν, ὡς τὰ τὴν φύσιν χαρακτηρίζοντα, συστατικὰ τῆς οὐσίας εἰσί· τὰ δὲ τὴν ὑπόστασιν, οἷον συμβεβηκότων λόγον ἐπέχει, κἄν εἶεν χωριστὰ ἤ ἀχώριστα, καὶ ἁπλῶν μὲν ἁπλαὶ αἱ κατ'ἄμφω ἰδιότητες· συγκειμένων δὲ καὶ συνθέτων, σύνθετοι* ». *Contre Severius*, PG 86-2, 1945B.

61. Voir P. PIRET, *Le Christ et la Trinité selon Maxime le Confesseur*, Paris 1983, et plus précisément le chapitre 3, « *L'hypostase composante et composée* », pp. 157-201. Voir également MAXIME le Confesseur, *Lettre 15*, PG 91, 549BC.

chez Aristote qui écrit dans sa *Métaphysique* : « Ἐλήλυθε δὲ ἡ ἐνέργεια τοὔνομα, ἡ πρὸς τὴν ἐντελέχειαν συντιθεμένη, καὶ ἐπὶ τὰ ἄλλα ἐκ τῶν κινήσεων μάλιστα· δοκεῖ γὰρ ἡ ἐνέργεια μάλιστα ἡ κίνησις εἶναι, διὸ καὶ τοῖς μὴ οὖσιν οὐ ἀποδιδόασι τὸ κινεῖσθαι, ἄλλας δέ τινας κατηγορίας οἷον διανοητὰ καὶ ἐπιθυμητὰ εἶναι τὰ μὴ ὄντα, κινούμενα δὲ οὔ, τοῦτο δὲ ὅτι οὐκ ὄντα ἐνεργείᾳ ἔσονται ἐνεργείᾳ. τῶν γὰρ μὴ ὄντων ἔνια δυνάμει ἐστιν· οὐκ ἔστι δὲ ὅτι οὐκ ἐντελεχείᾳ ἐστίν » [62]. Aristote donc considère l'énergie des êtres comme leur finalité. C'est dans ce sens que l'énergie est le mouvement vers la finalité de l'être. Ainsi les non-êtres n'ont pas de mouvement ni d'énergie vers une finalité, même si on peut les considérer comme des êtres intelligibles et désirables, ils ne se meuvent pas car ils n'ont pas d'énergie vers une finalité.

Dans la théologie chrétienne, nous trouvons ce principe de la relation entre la « δύναμις » et l'« ἐνέργεια » chez l'Aréopagite qui écrit : « Τὸ γὰρ μηδεμίαν δύναμιν ἔχον οὔτε τί ἐστιν· οὔτε ἔστι τις αὐτοῦ παντελῶς θέσις » (car ce qui est totalement privé de puissance n'existe pas, n'est rien et on ne peut le poser d'aucune façon) [63]. Ce principe est repris de l'Aréopagite par saint Maxime : « Il est possible à la nature d'être sans les œuvres, alors qu'il lui est impossible d'exister et d'être connue sans l'opération selon la nature. Car ce par quoi chaque être opère naturellement, voilà ce qui nous donne l'assurance qu'il ne change pas dans ce qu'il est » [64]. Dans les *Opuscula Theologica et Polemica 8*, saint Maxime cite ce texte de l'Aréopagite. Il connaît une version du texte comme celle restituée par GANDILLAC, mais

---

62. *Métaphysique* Θ' 3, *1047a* 30-35 et *1047β* 1-2. On peut dire qu'Aristote parle ici des êtres sensibles, mais ainsi il ne nie pas l'énergie divine, car en disant de Dieu qu'il est « *toujours en énergie* », il veut exclure en Dieu la possibilité du non-être, propre aux êtres sensibles.

63. Les *Noms Divins 8, 5*, PG 3, 893A. Trad. Maurice de GANDILLAC, *Œuvres complètes du pseudo-Denys l'Aréopagite. Bibliothèque Philosophique*. Éd. AUBIER MONTAIGNE, 1943. GANDILLAC rajoute la phrase « n'est rien » en notant qu'elle manque dans le texte de Migne.

64. *Disputatio cum Pyrrho*, PG 91, 341CD. Trad. Marcel DOUCET, *Dispute de Maxime le Confesseur avec Pyrrhus. Introduction, texte critique, traduction et notes*. Institut d'études médiévales. Faculté des Études Supérieures. Université de Montréal, 1972.

en plus à la place du terme « δύναμις », il utilise le terme
« κίνησις ». Or, d'après Aristote, il est plus correct d'utiliser
le terme « κίνησις ». Ainsi, soit dans la version utilisée par
saint Maxime le mot « κίνησις » était effectivement dans le
texte, soit il avait lui-même modifié le terme « δύναμις » en
« κίνησις » pour mieux être en accord avec la philosophie
aristotélicienne. Ce changement du texte est très important
pour la question de la relation entre l'essence et l'énergie.

Partant de ce principe, on peut parler de l'ontologie non
seulement de l'essence, mais aussi de l'énergie, car en tant
qu'énergie essentielle elle a une ontologie d'une manière
distincte de celle de l'essence. L'essence, par conséquent
constitue le principe de son mouvement naturel ; or « toute
essence qui porte en elle-même sa propre définition (τὸν
ἑαυτῆς ὅρον) est naturellement à l'origine du mouvement
conforme à sa puissance. Or tout mouvement naturel qui
mène à l'énergie (πᾶσα δὲ φυσικὴ πρὸς ἐνέργειαν κίνησις),
conçu avec l'essence, mais conçu avant l'énergie, est un
milieu (μεσότης), car il est naturellement divisé entre les
deux (l'essence et l'énergie) pour être le milieu. Et toute
énergie naturellement manifestée par sa propre raison est
la fin du mouvement de l'essence, ce mouvement qui fut
conçu avant elle (καὶ πᾶσα ἐνέργεια τῷ κατ'αὐτὴν λόγῳ
φυσικῶς περιγραφομένη, τέλος ἐστὶ τῆς πρὸ αὐτῆς κατ'ἐ-
πίνοιαν οὐσιώδους κινήσεως) » [65].

L'ontologie de l'essence, de son mouvement et de son
énergie pourrait être résumée ainsi : (a) L'essence détermine
en soi-même sa propre nature, c'est-à-dire qu'elle introduit
sa propre définition, son « ὅρος ». (b) Puisque l'essence se
détermine en soi-même, elle est par conséquent principe et
cause du mouvement selon la puissance de l'essence ainsi
que de son énergie. (c) La relation entre l'essence, le
mouvement et l'énergie est la suivante : l'essence est le
principe et l'origine du mouvement, et l'énergie est la finalité
de ce mouvement. On peut exprimer donc cette relation

---

65. *Chapitres Théologiques et Économiques I, 3*, PG 90, 1084AB. Trad. Jacques
TOURAILLE, *Philocalie des Pères Neptiques. Fascicule 6, Maxime le Confesseur.*
Abbaye de Bellefontaine 1985.

par le schème ternaire de « principe (ἀρχή) - milieu (μεσότης) - fin (τέλος) ».

Le sens premier de ce texte est que chaque essence est caractérisée par le mouvement selon la puissance qui est conçue en elle-même [66]. Ici est posée la question de l'« ὅρος τῆς φύσεως » et du « λόγος τῆς ἐνεργείας ». Les *Ambigua I, 5* parlent ainsi de cette relation : « πάσης φύσεως ὅρος ὁ τῆς οὐσιώδους αὐτῆς ἐνεργείας καθέστηκε λόγος » [67]. On retrouve ce texte dans la *Disputatio cum Pyrrho* : « La définition de toute nature est constituée par la raison de son énergie essentielle » [68]. Le « λόγος » de l'énergie essentielle constitue la définition (ὅρος) de la nature, car la raison de l'énergie réalise l'existence de la nature par l'aboutissement à sa finalité.

L'énergie est donc essentielle, mais elle n'est pas comme l'hypostase « enhypostasiée », or selon saint Basile « aucune énergie n'est enhypostasiée » (οὐδεμία ἐνέργεια ἐνυπόστατος) [69]. Ailleurs, le même Père dit que ce qui jaillit de Dieu c'est l'« ἐνυπόστατον » ; or ce qui jaillit de l'enhypostaton ce sont Ses énergies [70]. L'énergie donc est hétéro-hypostatique, c'est-à-dire qu'elle existe réellement dans une autre hypostase ; en tant qu'énergie essentielle elle est inhérente à l'essence. Elle existe réellement, mais elle est « ἀνυπόστατος », dans le sens qu'elle n'a pas sa propre hypostase [71].

Dans ces préliminaires on pourrait examiner aussi la

---

66. Aristote fait la distinction entre le « δυνάμει ὄντος » qui est la matière, qui a la force ou bien la possibilité d'être quelque chose, et l'« ἐνεργείᾳ ὄντος », qui est le genre, c'est-à-dire, la manière d'être. Cf. *Métaphysique 12*, 1609b 15-20.

67. PG 91, 1057B.

68. PG 91, 345D. Cf. Marcel DOUCET, op. cit.

69. *Contre Eunome IV*, PG 29, 689C.

70. Cf. *Contre Eunome, V*, PG 29, 772C. Cf. saint Athanase, Dialogue II. *Sur la Saint Trinité 2*, PG 28, 1160B : « Τὸ ἀπαύγασμα, καὶ τὸ νοεῖν, καὶ τὸ θέλειν, καὶ ἡ σοφία, καὶ ἡ δύναμις, οὐκ ἔστιν οὐσία ἐνυπόστατος ».

71. Quand saint Grégoire Palamas défend une énergie comme « συμβεβηκός », il veut justement distinguer cette énergie de l'essence. Or l'essence est hypostasiée et enhypostasiée, tandis que l'énergie n'est pas « ἐνυπόστατος », mais, **comme** un accident, elle existe dans un autre être. « Ἡ μὲν γὰρ οὐσία οὐκ ἐσθ'ὅπως ἄν ῥηθείη ποτὲ συμβεβηκός, καθ'ἑαυτὴν ὑπάρχουσα, ἡ δὲ ἐνέργεια ἐσθ'ὅπως ἄν ῥηθείη, μὴ οὐσία οὖσα μηδὲ καθ'ἑαυτὴν ὑπάρχουσα, εἰ καὶ μὴ πάντως ἄν ῥηθείη, τῷ φυσικῶς ἐνθεωρεῖσθαι καὶ μὴ κατὰ συμβεβηκός ». *Antirrétiques 6, 21, 78*. Éd. Panagiotis CHRISTOU, vol. III.

relation de l'essence avec la volonté et l'énergie. Tout cela étant examiné ailleurs, on se borne ici à remarquer que la volonté, comme l'énergie, est essentielle. Elle n'est pas non plus enhypostasiée [72]. L'énergie peut être ainsi la finalité de la volonté, si la volonté est définie comme une puissance et un mouvement de l'essence.

B. L'ESSENCE DE DIEU

Les notions d'« hypostase » et de « personne » nous conduisent du sens général du terme « essence » à la compréhension chrétienne de ce terme qui devient la clé de l'enseignement chrétien sur l'essence de Dieu.

Saint Maxime perpétue l'enseignement patristique de la théologie orientale, pour laquelle l'essence de Dieu ne peut pas être l'objet d'une approche intellectuelle, car elle est incompréhensible pour l'intelligence humaine limitée. C'est l'avis de Philon d'Alexandrie, qui tente d'assimiler la philosophie grecque à la pensée biblique. C'est aussi l'enseignement d'Origène, de Didyme l'Aveugle, puis des Pères cappadociens, de l'Aréopagite, de saint Maxime le Confesseur et, plus tard, de saint Grégoire Palamas.

L'essence de Dieu est inconnaissable en elle-même, mais l'essence fait connaître son existence. L'homme sait « que l'essence existe » mais il ne connaît pas « ce qui est » l'essence divine. L'impossibilité pour l'homme de connaître l'essence de Dieu est liée à la distinction ontologique qui existe entre le créé et l'incréé, entre l'essence divine incréée et l'essence créée de l'homme. En effet l'homme constitue le lien entre les êtres sensibles et les êtres intelligibles, à cause de sa synthèse entre le matériel et l'intelligible (âme-corps), mais il lui est impossible de connaître la divine essence en elle-même [73].

---

72. Cf. saint Athanase, op. cit.
73. Cf. *Ambigua II, 15*, PG 91, 1216B ; *II, 10*, 1129A ; et *II, 33*, 1288B. Dans les *Ambigua II, 33*, PG 91, 1288B, saint Maxime suivant la tradition patristique va encore plus loin dans sa pensée apophatique, lorsqu'il dit que même les noms attribués à Dieu ne nous offrent pas d'éléments de connaissance, parce qu'ils ne nous disent pas ce que Dieu est, mais ce que Dieu n'est pas,

La plus grande différence, peut-être, entre la philosophie grecque et l'enseignement chrétien, est que la première aboutit par un syncrétisme intellectuel à un sens abstrait de l'essence de Dieu ; tandis que pour le deuxième, les Personnes divines de la Trinité possèdent l'essence divine. Et chaque fois que saint Maxime affirme que la capacité humaine de connaître Dieu va seulement jusqu'à ce qui est « autour de l'essence » (τὰ περὶ τὴν οὐσίαν) [74], il indique les propriétés essentielles et la relation des Personnes de la Trinité avec la création [75]. Dans les *Ambigua I, 1*, « la raison de l'*être* » est distincte du « mode d'*existence* » de la Trinité. « Une divinité qui est uniquement monade et qui existe triadiquement » (Μία θεότης οὖσά τε μοναδικῶς, καὶ ὑφισταμένη τριαδικῶς) [76], distinction fondamentale rencontrée plusieurs fois dans les écrits de saint Maxime. Cette distinction devient possible à cause de l'unité de l'essence divine et de la Trinité des hypostases, autrement exprimée : « monade en Triade et Triade en monade ». Pour saint

---

par exemple, incorporel, infini, non-engendré etc. Cet apophatisme de saint Maxime nous rappelle aussi quelques principes de la philosophie de SARTRE, *L'Être et le Néant* ; selon SARTRE l'être prend conscience de son existence dans la relation entre l'être-en-soi et l'anéantissement de son être. Pour saint Maxime l'être des êtres créés est toujours « *anéanti* » devant Dieu comme les étoiles sont anéanties lors de l'apparition du soleil. Cf. *Chapitres Théologiques et Économiques I, 79*, PG 90, 1113B et *Ambigua II, 7*, PG 91, 1077A. Voir aussi la relation de l'être divin avec l'être des êtres créés dans la *Mystagogie* PG 91, 664ABC. L'être de Dieu est transcendant par rapport à l'être des êtres créés, de sorte que si nous acceptons un certain mode d'existence des êtres créés, l'être de Dieu « n'existe pas » selon ce mode, parce que l'être de Dieu est au-dessus de l'existence créée. Le cataphatisme de l'un signifie l'apophatisme de l'autre. Il est clair que saint Maxime ici devient l'interprète de l'Aréopagite. Le même apophatisme envers l'essence est aussi exprimé dans les *Ambigua II, 10*, PG 91, 1185C.

74. Cf. *Ambigua II, 33*, PG 91, 1288B.

75. Saint Maxime n'a pas un enseignement trinitaire systématique parce qu'il le présuppose ; chaque fois qu'il se réfère au dogme de la Trinité, il le fait sous l'influence de circonstances au cours desquelles surgit un problème lié à cette question. Dans les passages traitant de la Trinité nous constatons que son enseignement trinitaire est celui des cappadociens. Pierre PIRET, *Le Christ et la Trinité selon Maxime le Confesseur*, op. cit. p. 55, écrit : « *La doctrine trinitaire du Concile de Nicée (en 325) et des Pères cappadociens en effet est devenue le bien propre de Maxime* ».

76. PG 91, 1036C. Dans sa *Brève Interprétation du Notre Père*, PG 90, 892D-893A, saint Maxime écrit : « Τὸ μὲν (μονὰς) τῷ κατ'οὐσίαν λόγῳ· τὸ δὲ (τριὰς) τῷ καθ'ὕπαρξιν τρόπῳ ».

Maxime, l'essence divine ne possède pas l'« être » dans un sens abstrait, mais « son existence » se réalise en les divines Hypostases ou Personnes. La distinction entre la raison de l'« être » et le mode d'« existence » ne peut pas être une préoccupation intellectuelle, mais elle devient une distinction réelle qui caractérise la « vie » de la Trinité, sinon soit l'unité de l'essence soit la Trinité des Personnes sont relativisées.

1. Monade et Triade.

La « raison de l'être » ($\lambda \acute{o} \gamma o \varsigma \ \tau o \tilde{v} \ \varepsilon \tilde{\iota} v \alpha \iota$) et le « mode d'existence » ($\tau \varrho \acute{o} \pi o \varsigma \ \tau \tilde{\eta} \varsigma \ \acute{v} \pi \acute{\alpha} \varrho \xi \varepsilon \omega \varsigma$) de l'être de Dieu, constituent la base de l'examen de la relation entre l'essence et les Hypostases en Dieu.

Or Dieu est « Triade en monade ($\dot{\varepsilon} v \ \mu o v \acute{\alpha} \delta \iota \ T \varrho \iota \acute{\alpha} \delta \alpha$) et monade en Triade ($\varkappa \alpha \acute{\iota} \ \dot{\varepsilon} v \ T \varrho \iota \acute{\alpha} \delta \iota \ \mu o v \acute{\alpha} \delta \alpha$).

Non comme une autre dans une autre, car la Triade n'est pas dans la monade comme un accident dans l'essence, et, à l'inverse, la monade n'est pas non plus dans la Triade comme un accident, car elle n'a pas de qualité propre.

Ni comme une autre et une autre ; car la monade ne diffère pas de la Triade par une différence de nature, puisqu'elle est une nature simple et unique.

Ni comme une autre auprès d'une autre, car la Triade ne se distingue pas de la monade par une diminution ($\acute{v} \phi \acute{\varepsilon} \sigma \varepsilon \iota$) de la puissance, ni la monade de la Triade. Elle n'en diffère pas non plus comme quelque chose de commun et de général à des particuliers ($\mu \varepsilon \varrho \iota \varkappa \tilde{\omega} v$) qu'on ne pourrait concevoir que par la seule intelligence ($\dot{\varepsilon} \pi \iota v o \acute{\iota} \alpha \ \mu \acute{o} v \eta \ \theta \varepsilon \omega \varrho \eta \tau \acute{o} v$), car elle est une essence qui existe proprement par elle-même, et elle est une puissance qui a réellement sa propre force.

Ni comme une autre par une autre ($o \dot{v} \delta ' \dot{\omega} \varsigma \ \delta \iota ' \ddot{\alpha} \lambda \lambda \eta \varsigma \ \ddot{\alpha} \lambda \lambda \eta v$) ; car ce qui est complètement identique est aussi sans relation ($\tau \grave{o} \ \tau \alpha \upsilon \tau \grave{o} v \ \pi \acute{\alpha} v \tau \eta \ \varkappa \alpha \grave{\iota} \ \ddot{\alpha} \sigma \chi \varepsilon \tau o v$), et ne peut pas être médiatisé par une relation, comme l'effet par la cause.

Ni comme une autre à partir d'une autre ; car la Triade

n'est pas produite à partir de la monade, puisqu'elle est sans origine pour son être et elle se manifeste (projette) elle-même au jour » [77].

Les deux réalités de l'être, le « λόγος τοῦ εἶναι » et le « τρόπος τῆς ὑπάρξεως », sont au centre de la discussion théologique de la relation entre la monade (μονάς) et la Triade (Τριάς). Les cas examinés par le texte de l'*Interprétation du Notre Père*, soit de façon cataphatique soit de façon apophatique, concernent la relation entre le « λόγος τοῦ εἶναι » et le « τρόπος τῆς ὑπάρξεως » de la monade et de la Triade divine. Cela récapitule aussi tout l'enseignement chrétien de la foi en Dieu qui est à la fois monade et Triade. Précisément, Dieu est « Triade dans la monade et monade dans la Triade ». C'est ainsi qu'on peut formuler l'« ὁμοούσιον » des trois Personnes de la Trinité, en sauvegardant l'unité de l'essence et la particularité des Hypostases. Le « λόγος τοῦ εἶναι », donc, est unique et identique pour les trois Hypostases, tandis que le « τρόπος τῆς ὑπάρξεως » est triadique.

La relation entre la monade et la Triade dans la Trinité divine ne correspond pas à la relation de l'essence avec les accidents. Cela est un principe qui caractérise les accidents et les qualités qui n'ont pas une hypostase propre et particulière. Les accidents et les qualités, rappelons-le, sont soit « ἀνυπόστατα », à savoir sans hypostase propre, soit « ἐνυπόστατα », à savoir enhypostasiés dans une autre hypostase. Mais pour la Triade et la monade ce principe n'est pas valable, car l'essence n'a pas de qualités propres autres que celles des trois Hypostases.

La nature divine est « simple et unique ». Ce principe de la consubstantialité (ὁμοουσιότης) de trois Hypostases montre que la monade et la Triade ne signifie pas deux êtres juxtaposés, « un autre et un autre ». Le « λόγος τοῦ εἶναι » est unique et identique pour les trois Hypostases. Par ailleurs, si entre la monade et la Triade s'introduisait une différence

77. *Brève Interprétation du Notre Père*, PG 90, 892CD. Voir traductions : Jacques TOURAILLE, *Philocalie*, op. cit. p. 257, et Alain RIOU, *Le Monde et l'Église selon Maxime le Confesseur*, THÉOLOGIE HISTORIQUE 22, Paris 1973, p. 229.

de nature, on démolirait la simplicité et l'unicité absolues de l'essence divine et on introduirait une confusion de divinités naturellement séparées l'une de l'autre.

L'unité, donc, de puissance entre la monade et la Triade est significative de l'unique « λόγος τοῦ εἶναι » et du triadique « τρόπος τῆς ὑπάρξεως ». Les Hypostases ne sont pas inférieures en ce qui concerne la puissance vis-à-vis de la monade. L'essence divine est, d'une part, « existence en soi-même » (αὐθύπαρκτος), comme la puissance divine, d'autre part, est « δύναμις ὄντως αὐτοσθενής » (une puissance qui est réellement la source de sa propre force). La relation donc entre l'essence et la puissance n'est pas une relation d'infériorité de l'une par rapport à l'autre ; elles ne sont pas non plus l'une le commun et le général et l'autre le particulier. Leur relation est ontologique car l'essence est « αὐθύπαρκτος » et la puissance « δύναμις ὄντως αὐτοσθενής ». C'est cela qu'on nomme une distinction ontologique entre l'essence et la puissance ou l'énergie, alors que la puissance et l'énergie sont essentielles. Or cette distinction n'est pas conçue par la seule intelligence (ἐπινοίᾳ μόνῃ θεωρητόν), mais elle est réelle.

La monade et la Triade sont identiques. La causalité n'a pas de place dans les relations entre ceux qui sont identiques, car l'un ne peut pas être la cause et l'autre l'effet. Ce mode de relation, cause-effet, est exclu des relations entre la monade et la Triade, car il n'y a pas de médiation entre elles.

L'identité entre la monade et la Triade exclut ainsi que l'une produise l'autre. Or la Trinité n'est pas considérée comme étant produite à partir de la monade. Mais, dans leur identité, la monade est « αὐθύπαρκτος » et la Trinité « ἀγένητος » (sans origine pour son être) [78] et elle se manifeste elle-même (αὐτέκφαντος).

Une fois que toutes les possibilités de confondre la monade et la Triade sont écartées, saint Maxime formule leur

---

78. Alain RIOU traduit l'« ἀγένητος » : « sans venue à l'être », et Jacques TOURAILLE par : « inengendrée ». RIOU est plus proche du sens que saint Maxime veut donner à ce terme, à savoir que la Trinité ne doit pas son être à un autre être.

définition comme suit : « Au contraire, nous disons et pensons que la même est en vérité monade et Triade. Elle est monade selon la raison de l'essence (τῷ κατ'οὐσίαν λόγῳ) et Triade selon le mode d'existence (τῷ καθ'ὕπαρξιν τρόπῳ). La même est toute entière monade sans être divisée par les Hypostases, et la même est toute entière Triade sans qu'elle soit confusément en la monade » [79].

Dans le texte précédent on a vu saint Maxime établir l'identité entre la monade et la Triade. Cette identité ne signifie pas une suppression de la distinction réelle entre la monade et la Triade, mais que cette distinction n'introduit pas deux entités différentes. La divinité a sa raison de l'essence unique, à savoir l'unique essence distincte du mode d'existence triadique, qui consiste en les trois Hypostases. Cette distinction est celle qui sauvegarde tant l'unité de l'essence que la Trinité des hypostases d'une confusion entre elles, car c'est la même essence, à savoir la même raison de l'essence dans les trois Hypostases ainsi que la seule et même raison de l'essence au mode d'existence triadique [80].

2. Monade et Dyade.

Dans le texte des *Ambigua II, 10* saint Maxime explique les principes du fini et de l'infini, principes par lesquels on peut comprendre la pensée du Confesseur quant au fini des êtres créés et l'infinité de Dieu. Le fini par rapport à l'infini

---

79. *Brève Interprétation du Notre Père*, PG 90, 892D-893A. On se base sur les traductions d'Alain RIOU, *Le Monde et l'Église selon Maxime le Confesseur*, op. cit. p.229, et de Jacques TOURAILLE, *Philocalie*, op. cit. p. 257.

80. Pierre PIRET, *Le Christ et la Trinité, selon Maxime le Confesseur*, op. cit. pp. 64-70, à ce sujet parle de l'« *identité de la Monade et de la Triade* » comme une identité qui exclut une distinction réelle entre la monade et la Trinité. Il interprète ainsi le terme « *identité* » comme une unité qui écarte la distinction nécessaire entre l'essence et l'hypostase, tandis que dans la pensée de saint Maxime cette distinction est réelle, et non pas accidentelle. Et Pierre PIRET écrit encore : « *Maxime entend ici démontrer l'identité, sans distinction dans la réalité, de l'ousie divine et des hypostases trinitaires, plutôt que l'altérité des mêmes hypostases entre elles, étant supposée leur identité à l'ousie divine* » (ibid., p. 68). François-Marie LETHEL, *Théologie de l'Agonie du Christ*, Paris 1979, au contraire, a bien saisi que la distinction entre essence et hypostase chez saint Maxime est fondamentale. Elle est la « *distinction qui est véritablement la base de la métaphysique de Maxime* ».

est examiné dans le parallélisme entre la dyade, comme une composition déterminée et la monade infinie. La relation établie entre la monade et la Triade comme la seule relation possible, la seule raison de l'essence et le seul mode d'existence, exige d'examiner pourquoi la monade est le « λόγος τοῦ εἶναι » et la Triade le « τρόπος τῆς ὑπάρξεως » de la Trinité, et non pas la dyade.

Selon saint Maxime il y a deux raisons fondamentales pour que la dyade n'ait pas les catégories de l'être infini, et qu'elle ne puisse pas constituer un mode d'existence de la divinité :

(a) « La dyade ne peut être ni infinie, ni sans principe, ni immobile, ni un principe de quoi que ce soit, étant décrite par l'union et la division. D'une part (elle est décrite) par l'union, ayant comme existence la composition des monades, par lesquelles, en tant que parties, elle est contenue, et en lesquelles elle peut se diviser en parties (...).

(b) D'autre part (la dyade est décrite) par la division puisqu'elle est mue par le nombre, duquel elle a commencé, et par lequel elle est contenue, et qu'elle n'a pas l'être ni naturellement ni sans relation. Toute dyade est constituée par le nombre, et toute monade contribue à établir l'être de la dyade en tant que partie d'elle. C'est par ce nombre que les monades qui composent son être suppriment son incirconscriptibilité (ἀπερίγραφον) » [81].

Les deux points fondamentaux qui ne permettent pas à la dyade d'être elle-même principe d'autres êtres, sont l'union et la division. L'union est conçue comme composition, or la composition est une catégorie qui n'appartient pas à l'infini. La dyade est composée des deux monades qui forment deux parties séparées, et elle peut être divisée en ces deux parties. Ce n'est donc pas une identité formée par la raison de l'être et le mode d'existence. Cette forme d'existence de la dyade introduit en elle la division.

La division introduit dans la dyade la notion du nombre « deux », par qui elle est mue, à savoir que son être dépend du nombre de monades dont elle est composée. Ainsi l'être

---

81. *Ambigua II, 10*, PG 91, 1184BCD.

de la dyade n'est ni existant en soi-même (αὐθύπαρκτον), ni sans relation (ἄσχετον). Ainsi saint Maxime pose les principes de la différence entre, d'une part, le déterminé et le composé des êtres créés et, d'autre part, la simplicité de l'être divin incréé. Ce qui caractérise les êtres déterminés par rapport à l'infinité divine c'est le fini, la relation et le mouvement.

Par contre : « L'infini est infini en toute raison et en tout mode (κατὰ πάντα λόγον καὶ τρόπον) (il est infini) selon l'essence, selon la puissance, selon l'énergie, selon les deux extrêmes, je veux dire le haut et le bas, à savoir selon le commencement et la fin. Car l'infini est incontenable selon l'essence, incompréhensible selon la puissance, indescriptible selon l'énergie. Il est sans commencement en haut et illimité en bas, et, pour dire en vérité tout simplement, l'infini est en tout indéterminé (ἀόριστον), puisque d'aucune façon il ne peut être conçu selon un des modes déjà énumérés » [82].

L'infini est tel et selon la raison de son être et selon son mode d'existence. La comparaison entre le déterminé et l'infini est évidente. L'essence, qui correspond à la raison de l'être, est infinie. La puissance et l'énergie, qui sont, comme on le verra par la suite, essentielles, sont également infinies. L'essence infinie ne peut pas avoir ni la puissance, ni l'énergie déterminées et créées. Or, selon le principe qui régit l'essence et les propriétés essentielles « κατάλληλα ταῖς φύσεσι τὰ φυσικὰ εἶναι » (il faut absolument que le naturel corresponde aux natures) [83]. La distinction entre la raison de l'être et le mode d'existence n'est pas considérée ici comme auparavant la distinction entre l'essence et l'hypostase, mais entre l'essence et le « naturel », à savoir la puissance et l'énergie. Pour chaque notion est utilisé un qualitatif : l'essence est incontenable ; c'est ce qui exprime l'infinité de l'essence. La puissance est incompréhensible. Si quelque chose est compréhensible, il est par conséquent déterminé, mais comme la puissance de l'infini est incompréhensible, elle est également infinie. L'énergie de l'infini

---

82. *Ambigua II, 10*, PG 91, 1184D-1185A.
83. *Disputatio cum Pyrrho*, PG 91, 341A. Trad. Marcel DOUCET, *Dispute de Maxime le Confesseur avec Pyrrhus*, op. cit. p. 682.

est aussi indescriptible et infinie, comme l'essence et la puissance. L'infinité divine est aussi certifiée par le fait que son être n'a pas de principe autre que lui-même et son être n'est pas confirmé par la relation à un autre être. L'être divin donc, contrairement à l'être déterminé, est infini, sans principe et immobile. En tant que tel il est le principe des autres êtres.

La dyade, par conséquent, ne réunit pas ces présupposés nécessaires pour être infinie, sans principe et immobile [84]. « Seule la monade est proprement immobile (κυρίως ἀκίνητος) ; parce qu'elle n'est ni nombre, ni numérable, ni numérée (étant donné que la monade n'est ni partie, ni tout, ni relation). Elle est proprement sans principe (κυρίως ἄναρχος), puisqu'elle n'a rien d'autre qui soit antérieur à elle (πρεσβύτερον) de qui la monade pourrait recevoir le mouvement et l'être. Elle est aussi proprement infinie (κυρίως ἄπειρος), puisqu'elle n'a rien qui coexiste et qui soit énuméré avec elle (συναριθμούμενον). Elle est également proprement principe (κυρίως ἀρχή), puisqu'elle est cause de tout nombre, de tout numérable et de tout numéré, étant au-delà de toute relation, de toute partie, et du tout (πάσης σχέσεως καὶ παντὸς μέρους καὶ ὅλου ἐξῃρημένη). Elle est proprement et véritablement et premièrement et uniquement et seulement, mais sans (connaissance du) comment de son être (ἀλλ'οὔπως), étant elle-même monade première et unique (πρώτη τε μονὰς ὑπάρχουσα καὶ μόνη) » [85].

Saint Maxime développe cet enseignement sur la monade, car celle-ci, selon lui, dépasse les catégories de relation, partie et tout. Dans ce texte il y a une recherche en deux étapes, tout d'abord la monade est immobile, sans principe et infinie, et ensuite est principe et la seule qui existe premièrement, seulement et simplement.

Dans le même texte des *Ambigua II, 10*, l'immobilité est vue comme une conséquence de l'infinité car « en tout cas l'infini est immobile, puisqu'il n'a pas où se mouvoir, ce qui ne peut pas être déterminé » [86]. À partir de cette idée, saint

---

84. Cf. *Ambigua II, 10*, PG 91, 1185B.
85. *Ambigua II, 10*, PG 91, 1185BC.
86. Ibid., 1184B.

Maxime attribue l'immobilité au divin être, et le mouvement à l'être des êtres créés. Mais au-delà, la monade est vue comme la seule immobile, puisque, comme telle, elle dépasse les catégories du nombre, du numérable et du numéré. La monade n'a pas de relation avec la partie et le tout, ni avec les relations qui se développent entre les nombres.

De même la monade est aussi « proprement » sans principe, car aucun des êtres est antérieur à la monade. Le terme « πρεσβύτερον » du texte cité fait référence à un autre texte des *Chapitres Théologiques et Économiques* [87], où le non-être est considéré « πρεσβύτερον » (*antérieur*) à l'être des êtres créés, contrairement aux œuvres « intemporelles » de Dieu qui sont sans commencement et perpétuellement liées à l'essence divine [88]. Comme la monade précède les autres êtres, elle est « ἄσχετος », c'est-à-dire qu'elle n'a pas comme cause de son être un autre être. Elle est sans principe car elle n'a « aucun être antérieur à elle ». Si le temps, par exemple, était antérieur à elle, la monade aurait un commencement temporel, elle aurait comme principe le temps et la notion de relation (σχέσις) s'intercalerait entre le temps et la monade.

Enfin la monade est infinie, car elle n'est pas un être composé. Ceci par comparaison de la monade avec la dyade, qui, composée de deux monades, n'est pas infinie. Ces deux monades qui constituent la dyade coexistent et sont composées ensemble. C'est volontairement que saint Maxime n'attribue pas à la dyade l'infinité, l'immobilité et le sans-principe, par référence à cette prétendue idée selon laquelle, à côté de Dieu, existerait aussi une matière qui aurait les mêmes catégories.

Par contre la monade constitue « proprement le principe » (κυρίως ἀρχή) comme cause de chaque nombre, de chaque numérable et de chaque numéré. Mais malgré cela la monade se trouve au-dessus de chaque relation, de la partie et du tout. Ainsi la monade est l'être proprement et véritablement, qui existe de façon absolue, c'est-à-dire, premièrement, seu-

---

87. *Chapitres Théologiques et Économiques I, 48*, PG 90, 1100D-1101A.
88. Ce problème est développé dans le deuxième chapitre.

lement et simplement. « Proprement » (κυρίως), dans le sens que pour le calcul nous commençons par la monade ; « seulement » (μόνως), car la monade est la seule qui a les catégories du sans-principe, de l'infini et de l'immobilité ; et « simplement » (ἁπλῶς), car seule la monade n'est pas composée, contrairement à la dyade.

L'ontologie métaphysique de la monade et sa comparaison à la dyade est une approche de la question de la compréhension de Dieu par l'homme. Car, « en disant cela nous ne signifions pas ce qu'est la bienheureuse divinité, étant infiniment et entièrement inaccessible et infranchissable selon toute raison, tout mode, tout esprit, parole et nom. Cependant nous nous procurons un principe (ὅρον) franchissable (βάσιμος) de la foi en elle, et qui soit pour nous (un principe) accessible (ἐφικτόν) et convenable (πρόσφορον). Car la parole divine ne prescrit pas le nom de la monade comme représentatif (παραστατικόν) de la divine et bienheureuse essence, mais comme indicatif de sa simplicité totale, au-delà de toute quantité et qualité, et de n'importe quelle relation, afin qu'on sache que la divinité n'est pas un tout constitué par des parties, ni une partie d'un tout quelconque. En effet, la divinité est au-dessus de toute division, de toute composition, des parties et du tout, puisqu'elle est sans quantité et hors (ἀπῳκισμένη) de toute notion de l'existence selon la position (θέσις) qui détermine le comment de son être. Elle est sans qualité en tant que libre et dégagée (ἐλευθέρα καὶ ἄφετος) de toute union et d'appropriation avec un autre être. Elle est sans relation en tant qu'au-delà de tout, n'ayant rien ni avant, ni après, ni avec elle, et qu'elle n'est pas dotée (συντεταγμένη) d'aucune raison et d'aucun mode avec aucun des êtres » [89].

---

89. *Ambigua II*, 10, PG 91, 1185CD-1188A. Voir également l'interprétation de la phrase ambiguë de Grégoire de Nazianze : « Μονὰς γὰρ ἀπ'ἀρχῆς εἰς δυάδα κινηθεῖσα μέχρι τριάδος ἔστη ». *Ambigua II, 23*, PG 91, 1257C-1261A, ainsi qu'*Ambigua I, 1*, ibid., 1033D-1036C. Saint Maxime soutient son opinion sur le dépassement des catégories des nombres concernant la divinité par la citation de l'Aréopagite : « Διὸ καὶ μονὰς ὑμνουμένη καὶ τριάς, ἡ ὑπὲρ πάντα θεότης, οὐκ ἔστιν οὔτε μονάς, οὔτε τριάς, ἡ πρὸς ὑμῶν ἢ ἄλλου τινὸς διεγνωσμένη, ἀλλ' ἵνα καὶ τὸ ὑπερηνωμένον αὐτῆς καὶ τὸ θεογόνον ἀληθῶς ὑμνήσωμεν, τῇ τριαδικῇ καὶ ἑνιαίᾳ θεωρίᾳ τὴν ὑπερώνυμον ὀνο-

Ce texte met en relief tout l'apophatisme théologique concernant la connaissance de l'essence divine. D'ailleurs, cette apophatisme se fait l'écho spécifique de l'apophatisme de l'Aréopagite que saint Maxime cite par la suite [90]. Selon cette approche apophatique, Dieu est au-dessus des catégories de l'être déterminé, à savoir la division, la composition, les parties, le tout, étant sans quantité, sans qualité et sans relation. La monade donc indique l'infinité divine. Saint Maxime se hâte d'affirmer que la monade, telle qu'elle est examinée, et en comparaison à la dyade, ne signifie pas la divinité elle-même. Elle est tout simplement indicative de la divinité.

Ce qui est important, c'est que saint Maxime affirme que par cet examen métaphysique de la monade « ἑαυτοῖς ὅρον τῆς εἰς αὐτὴν πίστεως παρέχομεν βάσιμον καὶ ἡμῖν ἐφικτόν τε καὶ πρόσφορον ». Le travail théologique ne veut pas formuler des principes métaphysiques, mais formuler la foi en Dieu, en écartant ainsi les éléments erronés. C'est une sorte d'*analogia entis* proposée ici par saint Maxime entre la monade et Dieu. Parfois les limites entre la notion de la monade et la monade en tant que « λόγος τοῦ εἶναι » de Dieu ne sont pas si claires. La monade ainsi n'est plus une analogie, mais « ἀναγωγική » à l'unité de l'essence de Dieu. Il faut encore souligner ce principe, qu'on va rencontrer à chaque étape de la théologie de saint Maxime : même si par la monade on s'élève à la raison de l'être (λόγος τοῦ εἶναι), à savoir l'essence de Dieu, cette essence reste inaccessible et infranchissable aux capacités humaines de la connaissance de Dieu. Et non seulement le « λόγος τοῦ εἶναι », mais également le « τρόπος τῆς ὑπάρξεως » n'est pas concevable par l'homme. C'est cela qui donne l'« ὅρος » sûr de la foi en Dieu, « ὅρος » accessible à la connaissance et à l'expérience de Dieu.

Une question préliminaire est encore posée par le texte cité. Elle concerne la « simplicité totale » (τῆς παντελοῦς ἁπλότητος) en relation avec le « naturel » de l'essence, à

μάσωμεν, καὶ τοῖς οὖσι τὴν ὑπερούσιον ». *Noms Divins, IIIX, III*, PG 3, 980D-981A. Cité par saint Maxime, *Ambigua II, 10*, PG 91, 1188A.

90. Cf. *Les Noms Divins XIII, III*, PG 3, 980D-981A.

savoir la puissance, l'énergie et la volonté, qu'on traitera plus loin. On se borne ici à remarquer qu'il faut distinguer d'une part ce qui touche à la simplicité de l'essence divine, donné par le texte cité, c'est-à-dire la quantité, la qualité et la relation, catégories qui caractérisent l'être déterminé, et d'autre part le naturel qui constitue le mode d'existence de l'essence.

3. Essence - Personnes.

L'enseignement sur la monade et la triade est la clé de la compréhension de la relation des trois Personnes divines à l'essence une, comme aussi entre elles, car la « raison de l'être » de la divinité et le « mode d'existence » trinitaire déterminent ces relations. La réponse chrétienne à la question de la connaissance de Dieu, connaissance qui signifie la révélation du mode d'existence de Dieu, dépasse la solution proposée par l'approche grecque de la question de la « multiplicité de principe » (πολυαρχίαν)[91], ainsi que par l'approche juive de « l'unicité de l'hypostase »[92]. La réponse philosophique partage le « principe » (ἀρχήν) unique en énergie et puissance opposées : « elle se façonne un culte polythéiste plein de dissensions par la pluralité de ce qu'on adore et risible à cause des manières (τρόποι) différentes d'adorer »[93]. Cela veut dire pour saint Maxime le désordre dans la divinité et l'opposition, choses absurdes pour la conception chrétienne de Dieu, car l'ordre est la caractéristique de la présence divine. La réponse juive « introduit un principe unique, mais mesquin et imparfait, presque inconsistant (ἀνυπόστατον), comme dépourvu de raison et de vie »[94]. La réponse juive conduit à une divinité stérile, car, dépourvue de raison et de vie, elle est quasi-inexistante.

Le texte des *Ambigua I, 1*, traite une phrase ambiguë de saint Grégoire de Nazianze[95]. Les propos de saint Grégoire

---

91. Cf. *Brève Introduction du Notre Père*, PG 91, 892A.
92. Ibid., 892C.
93. Ibid., 892A. Trad. Alain RIOU.
94. Ibid., 892B. Trad. Alain RIOU.
95. *Discours I, 2*, sur le Fils et *Discours II* : « Διὰ τοῦτο μονάς ἀπ'ἀρχῆς

de Nazianze constituent l'origine de la pensée théologique de saint Maxime concernant l'enseignement sur la Trinité. La comparaison entre l'enseignement juif et grec est aussi à la base de sa réflexion. La solution chrétienne, c'est l'ordre dans la divinité, l'ordre trinitaire qui dépasse le « polythéisme » grec et le « mono-hypostatisme » juif.

« Cela signifie la même chose, dépasser la dyade et ne pas s'arrêter à la dyade, ou encore définir la Triade (ὁρισθῆναι Τριάδα) et arrêter à la Triade le mouvement de la monade. En effet, si nous vénérons une monarchie sans ambition (ἀφιλότιμον), comme étant circonscrite à une seule personne, ou encore sans ordre (ἄτακτον), comme étant répandue à l'infini (ὡς εἰς ἄπειρον χεομένην), mais la Trinité constituée d'un égal honneur selon la nature, Père, Fils et Saint-Esprit, dont la richesse est l'union naturelle (συμφυΐα) et l'unique éclat de sa splendeur (τὸ ἕν ἔξαλμα τῆς λαμπρότητος), la divinité ne se répand pas au-delà de celles-ci (la συμφυΐα et l'ἔξαλμα τῆς λαμπρότητος) pour ne pas introduire une foule de dieux, et ne se limite pas à celles-ci pour ne pas être accusée de pauvreté divine » [96].

La divinité confessée par la foi chrétienne dépasse ainsi non seulement la vision imparfaite de la dyade, mais aussi la pauvreté divine de la vision juïve d'une divinité limitée à une seule hypostase, et le polythéisme grec. La Trinité n'est pas une entité numérique, « car elle n'est pas une composition de monades » [97], mais elle exprime la parfaite communion des personnes ou hypostases, car elles communient à la même nature et à la même manifestation. Il y a un parallélisme entre le « λόγος τοῦ εἶναι » qui est unique pour les trois hypostases divines et ce que saint Maxime appelle ici « συμφυΐα » (union de nature), et entre le « τρόπος τῆς ὑπάρξεως » et l'« ἕν ἔξαλμα τῆς λαμπρότητος ». Le mode d'existence est triadique, mais les trois personnes manifestent leur gloire. « En effet, la Triade est vraiment

---

εἰς δυάδα κινηθεῖσα μέχρι Τριάδος ἔστη », et « Μονάδος μὲν κινηθείσης, διὰ τὸ πλούσιον, δυάδος δὲ ὑπερβαθείσης· ὑπὲρ γὰρ τὴν ὕλην καὶ τὸ εἶδος, ἐξ ὧν τὰ σώματα, Τριάδος δὲ ὁρισθείσης, διὰ τὸ τέλειον ».

96. *Ambigua I, 1*, PG 91, 1036AB.
97. *Ibid.*

monade, car c'est ainsi qu'Elle est, et la monade est vraiment Triade, car c'est ainsi qu'Elle existe, puisque l'unique divinité est monadiquement (οὐσά τε μοναδικῶς), et existe triadiquement (ὑφισταμένη τριαδικῶς) » [98]. Le « λόγος τοῦ εἶναι » et le « τρόπος τῆς ὑπάρξεως » de la Trinité sont à la base de la vision chrétienne et de la foi en Dieu Trinitaire. Ces deux aspects constituent l'ordre dans la Divinité qui manifeste la perfection de Dieu.

C'est ainsi que saint Maxime introduit le Dieu-Trine chrétien. Le passage de l'enseignement de la monade et de la triade à l'enseignement de l'essence et des personnes ou hypostases est fait dans le texte de l'*Interprétation du Notre Père* : La parole chrétienne sur Dieu « nous apprend, à nous qui avons été introduits à la parfaite connaissance de la vérité par la vocation de la grâce selon la foi, à connaître qu'unique est la nature et la puissance de la divinité, et donc qu'il y a un Dieu unique contemplé dans le Père, le Fils et le Saint-Esprit ; c'est-à-dire un seul « νοῦν » (μόνον ἀναίτιον νοῖν), existant essentiellement sans être causé, qui a engendré l'unique Verbe, sans principe, existant selon l'essence (μόνου κατ'οὐσίαν ὑφεστῶτος ἀνάρχου Λόγου γεννήτορα), et qui est la source de l'unique vie perpétuelle, existant essentiellement (μόνης ἀιδίου ζωῆς οὐσιωδῶς ὑφεστώσης), en tant que source de l'Esprit-Saint. (Dieu est) Triade en monade, et monade en Triade » [99].

Le Dieu unique est hypostasié ou personnalisé dans les personnes du Père, du Fils et du Saint-Esprit. Le préfixe *en* (ἐν), ici joue aussi un rôle important, car la forme de la phrase « un Dieu unique, contemplé dans le Père, le Fils et le Saint-Esprit » doit être comparée à la phrase « Triade en monade, et monade en Triade » ; saint Maxime souligne l'idée que les Personnes divines, comme « mode d'existence » de la « raison de l'être » de la divinité, possèdent l'essence divine, et que les trois Hypostases ou Personnes existent « essentiellement ». Dans le même texte il dit du Père qu'Il « existe essentiellement » (οὐσιωδῶς ὑφεστῶτα), du Fils qu'Il

98. Ibid., 1036C.
99. PG 90, 892C. Nous suivons la trad. d'Alain Riou, *Le monde et l'Église*, pp. 228-229.

« existe selon l'essence » (*κατ'οὐσίαν ὑφεστῶτος*), et du Saint-Esprit qu'Il « existe essentiellement » (*οὐσιωδῶς ὑφεστώσης*) comme « Vie perpétuelle ». Nous trouvons des expressions similaires dans d'autres passages de l'*Interprétation du Notre Père* [100].

Saint Maxime développe l'idée de la monarchie du Père, par rapport au Fils et au Saint-Esprit, puis il détermine les propriétés hypostatiques des Personnes, propriétés qui indiquent en même temps la synergie en l'économie et l'énergie commune aux Personnes. Le Père est le seul « *νοῦς* » sans cause, géniteur du Fils et source du Saint-Esprit. Bien que le Fils ait comme principe de sa divinité le Père, Il est en fait « Verbe sans commencement » (*ἄναρχος λόγος*), comme le Saint-Esprit est la seule « Vie perpétuelle » (*ἀΐδιος ζωή*). La propriété hypostatique du Fils comme « Verbe » indique à la fois sa naissance éternelle par le Père, son incarnation temporelle par la Vierge Marie, et sa synergie avec le Père et le Saint-Esprit pendant la création. De même la propriété hypostatique du Saint-Esprit comme « Vie perpétuelle » indique à la fois sa procession éternelle du Père, et sa synergie avec le Père et le Fils pendant la création et l'œuvre salvifique. Cet ordre trinitaire est à l'opposé du polythéisme grec, qui introduit le désordre, l'opposition dans la divinité, et la multiplicité des principes dans l'ordre divin. Il est également à l'opposé de la conception juive de « l'unicité hypostatique », qui prive Dieu de son Verbe et de sa Vie. Selon l'approche chrétienne, l'ordre dans la divinité a un seul principe (*ἀρχή*), la Personne du Père, mais Trois Hypostases en l'unique divinité. C'est cela qu'explique la phrase : « *Triade en monade, et monade en Triade* », et c'est ainsi que la vérité de la divinité a été révélée à l'homme.

Accepter le Père comme le seul principe de la divinité dans la Trinité, est en accord avec son enseignement sur la monade, tout comme la relation établie, dans la *Brève Interprétation du Notre Père*, entre les Personnes du Fils et du Saint-Esprit avec le Père. Le Fils est le « Nom » du Père existant essentiellement, et le Saint-Esprit est le « Royaume »

---

100. Ibid., 884B.

de Dieu le Père existant essentiellement [101]. La personne du Père, donc, a une priorité par rapport à l'essence divine, car c'est la personne du Père qui est le principe de l'engendrement du Fils et de la procession du Saint-Esprit et non pas son essence. Ainsi s'éclairent les relations personnelles des trois personnes de la Trinité. C'est ici que se séparent la théologie orientale et occidentale ; la première souligne l'importance des personnes, tandis que la seconde l'importance de l'essence.

Ce que nous avons examiné dans un sens général à propos de l'essence ou nature et sa relation à l'hypostase ou personne, saint Maxime le traite dans la *Lettre 15* au niveau de l'essence ou nature et de l'hypostase ou personne divine. Il serait important de suivre la pensée du Confesseur dans un paragraphe où il part des principes généraux pour aboutir à la spécificité des relations entre les Hypostases divines.

« Si l'essence et la nature sont identiques (ταὐτόν), si de même la personne et l'hypostase sont identiques, il est évident que les êtres qui entre eux sont de la même nature (ὁμοφυῆ) ou consubstantiels (ὁμοούσια), sont certainement entre eux différents selon l'hypostase (ἑτεροϋπόστατα).

En effet, de part et d'autre, j'entends selon la nature et l'hypostase, aucun être n'est identique à un autre. Ainsi ceux qui sont unis entre eux dans l'unique et même nature, c'est-à-dire l'essence, à savoir les êtres de même essence et nature, ne pourraient jamais être unis selon une et même hypostase ou personne ; cela veut dire qu'ils ne peuvent pas avoir une unique personne et hypostase. De même, ceux qui sont unis dans une et même hypostase et personne, ne pourraient jamais être unis dans une et même essence et nature ; cela veut dire qu'ils ne pourraient se manifester comme étant d'une et même essence et nature. Mais ceux qui sont unis dans une et même nature ou essence, à savoir les êtres d'une et même essence et nature, sont distincts entre eux par les hypostases, c'est-à-dire les personnes. Il en va de même pour les anges et pour les hommes et pour toutes les créatures considérées dans un genre ou une espèce.

---

101. Ibid.

En effet, un ange se distingue d'un autre ange, un homme d'un autre homme, un bœuf d'un autre bœuf, un chien d'un autre chien, selon l'hypostase, mais non selon la nature et l'essence.

Nous oserons encore dire le plus important : même pour la cause première, qui est sans commencement et créatrice des êtres, nous ne pensons pas que la nature et l'hypostase soient identiques, puisque nous reconnaissons une seule essence et nature de la divinité qui existe en trois hypostases, différentes entres elles selon les propriétés ($\tau\alpha\tilde{\iota}\varsigma$ $\iota\delta\iota\acute{o}\tau\eta\sigma\iota$), et trois hypostases qui existent en une et même essence et nature de la divinité. Nous adorons alors la monade en la Triade, et la Triade en la monade ; Père et Fils et Saint-Esprit, un Dieu, non que le Fils soit le Père, mais ce qu'est le Père ; non que l'Esprit soit le Fils, mais ce qu'est le Fils ; car tout ce qu'est le Père excepté le non-engendrement est le Fils (car Il est engendré), et tout ce qu'est le Fils excepté l'engendrement est l'Esprit-Saint (car Il procède).

Le non-engendrement, l'engendrement et la procession ne divisent pas en trois essences et natures, inégales ou égales, l'unique nature et puissance de la divinité ineffable. Mais elles (les propriétés hypostatiques : le non-engendrement, l'engendrement et la procession) caractérisent les personnes, c'est-à-dire les hypostases, en lesquelles est, ou lesquelles sont l'unique divinité ($\tau\grave{\alpha}$ $\grave{\epsilon}\nu$ $o\tilde{\iota}\varsigma$, $\mathring{\eta}$ $\mathring{\alpha}\pi\epsilon\rho$ $\mathring{\eta}$ $\mu\acute{\iota}\alpha$ $\theta\epsilon\acute{o}\tau\eta\varsigma$ $\grave{\epsilon}\sigma\tau\iota\nu$), à savoir l'essence et la nature. Tandis que ceux qui sont unis dans une et même hypostase ou personne, à savoir les êtres d'une seule hypostase, et qui accomplissent une seule personne, sont différents selon la raison de l'essence c'est-à-dire de la nature ($\tau\tilde{\omega}$ $\lambda\acute{o}\gamma\omega$ $\tau\tilde{\eta}\varsigma$ $o\mathring{\upsilon}\sigma\acute{\iota}\alpha\varsigma$ $\mathring{\eta}\tau o\iota$ $\phi\acute{\upsilon}\sigma\epsilon\omega\varsigma$ $\delta\iota\alpha\phi\acute{\epsilon}\rho o\upsilon\sigma\iota\nu$). C'est l'exemple de l'âme et du corps humains, et de tout ce qui constitue une hypostase par leur union ($\sigma\acute{\upsilon}\nu o\delta o\nu$) mutuelle. Car ceux-ci ne sont pas consubstantiels ($\acute{o}\mu oo\acute{\upsilon}\sigma\iota\alpha$) entre eux » [102].

Les principes généraux qui gèrent les relations entre l'essence ou nature et les hypostases ou personnes sont

---

102. PG 91, 549BCD-552A. Cf. Trad. Christoph von SCHÖNBORN, *L'icône du Christ*, op. cit. p. 108.

traités dans la première partie du texte : d'abord, l'identité entre l'essence et la nature ainsi qu'entre l'hypostase et la personne, identité qui ressort de la discussion du texte. C'est sur cette identité que se base la suite du développement de la pensée de saint Maxime. Le second principe est celui de l'identité de l'essence et de la différence hypostatique, ainsi que de l'identité hypostatique et de la différence de l'essence. S'il y a des êtres identiques selon l'essence, ces êtres sont différents selon l'hypostase, tandis que les êtres identiques selon l'hypostase sont différents selon l'essence. L'idée sous-jacente est celle selon laquelle l'hypostase est l'essence avec les propriétés qui la caractérisent. Donc les êtres de même essence sont différents selon l'hypostase (ἑτεροϋπόστατα).

À partir de ces principes saint Maxime construit une autre règle générale selon laquelle les êtres de même essence ou nature ne peuvent pas être unis dans la même hypostase ou personne. De même les êtres d'une hypostase identique ne peuvent pas être unis dans une seule et unique nature. Même si saint Maxime tire parfois ses exemples du monde créé, comme l'union entre le corps et l'âme humains, deux natures différentes en une seule hypostase, il en va de même pour l'être incréé de Dieu. L'exemple de l'union de l'âme et du corps est largement utilisé pour montrer le mode d'union des deux natures en Christ en une seule hypostase. L'identité d'essence (ὁμοούσιον) entre les personnes de la Trinité, leurs différences et leurs propriétés hypostatiques découlent des mêmes principes.

C'est dans la seconde partie du texte que saint Maxime précise sa pensée théologique sur la relation essentielle et hypostatique des personnes divines. La confession chrétienne qui adore « une seule essence et nature de la divinité qui existe en trois hypostases », signifie la consubstantialité des personnes et la différence hypostatique. Les trois personnes sont unies dans l'essence et se distinguent selon l'hypostase. Il y a un seul et unique « λόγος τοῦ εἶναι », mais le « τρόπος τῆς ὑπάρξεως » est triadique : « monade en Triade et Triade en monade ».

Effectivement, les propriétés hypostatiques entre les personnes distinguent les personnes, et ces différences particulières montrent le mode de relation entre les personnes. Elles ne sont pas des propriétés de division, mais de distinction. L'identité d'essence pour les personnes trinitaires est résumée par saint Maxime par cette phrase qui est devenue classique de sa théologie trinitaire : « *Père et Fils et Saint-Esprit, un Dieu, non que le Fils soit le Père, mais ce qu'est le Père ; non que l'Esprit soit le Fils, mais ce qu'est le Fils* ». Le Fils est tout ce qu'est le Père, excepté le non-engendrement. Le non-engendrement est la propriété de l'hypostase du Père, propriété partagée ni par le Fils ni par l'Esprit. Le Fils a comme propriété hypostatique l'engendrement qui n'est partagé ni par le Père ni par l'Esprit. Le Saint-Esprit également, qui est identique selon l'essence au Père et au Fils, est tout ce qu'est le Fils, excepté la procession. La procession est la propriété hypostatique propre à l'Esprit-Saint et qui n'est pas partagée par les deux autres personnes. Les trois hypostases divines sont unies en l'essence une et unique de la divinité. Les hypostases, d'autre part, ne divisent pas l'unique nature en trois parties, car les propriétés hypostatiques se réfèrent l'une à l'autre [103].

En une troisième partie du texte saint Maxime récapitule ces propos en comparant d'une part les relations des hypostases divines avec l'essence divine, et d'autre part les êtres qui forment une seule hypostase avec deux natures différentes. Les hypostases divines ont chacune leurs propriétés hypostatiques, mais la raison de l'essence est la même pour les trois. Ainsi les êtres identiques selon l'essence sont différents selon l'hypostase. Les hypostases divines avec leurs propriétés hypostatiques ne divisent pas l'unique raison de l'essence qui reste la même pour les trois, mais elles (les propriétés) caractérisent les hypostases en lesquelles la divinité unique existe et lesquelles sont la divinité.

Ce principe qui gère les relations de l'essence divine avec les hypostases et qui montre finalement quels sont la raison

---

103. Notons que pour saint Maxime cet enseignement de la divinité de la « monade en Triade et de la Triade en monade », n'est pas une intelligence pure, mais c'est une question de confession de foi et d'adoration de l'unique Dieu.

de l'être et le mode d'existence de la Trinité, ne peut pas être le même pour les êtres de la même hypostase, mais différents selon l'essence. Pour ces êtres c'est l'autre principe qui est en vigueur, selon lequel quand il y a unité hypostatique, il y a différence essentielle. Saint Maxime cite ici l'exemple de l'union du corps et de l'âme humains, deux essences différentes, mais qui forment une seule hypostase. Cet exemple servira à déterminer le mode de l'union des deux natures en Christ en une seule hypostase.

En résumé les thèses de ce texte sont les suivantes : *(a)* La différence entre l'essence et les hypostases est soulignée et précisée. La *Lettre 15* introduit la différence « du commun et du propre ». « Le commun » est identifié à l'essence, et le « propre » à l'hypostase ou personne [104]. Saint Maxime applique cette distinction aussi à l'être divin et c'est pour cette raison qu'il dit que « même pour la première cause qui est sans commencement et créatrice des êtres, nous ne voyons pas que l'hypostase et la nature soient identiques ». *(b)* L'unique essence ou nature de la divinité « existe » en trois hypostases ; c'est ici le thème essentiel de « *la raison de l'être* » et du « *mode d'existence* ». Cette distinction introduit la différenciation des hypostases entre elles par leurs propriétés hypostatiques, mais aussi l'inverse, les trois hypostases existent en une seule et même essence de la divinité qui est monade en Triade, et Triade en monade ; *(c)* Les hypostases ou personnes sont appelées par leur nom qui montre leurs relations entre elles, « Père et Fils et Saint-Esprit, un Dieu ». Le *non-engendrement* est la propriété du Père, *l'engendrement* la propriété du Fils, et la *procession* est celle du Saint-Esprit. Ces propriétés ne divisent pas l'essence en trois parties égales ou inégales, mais elles caractérisent les Personnes ou Hypostases en lesquelles la divinité unique existe, et lesquelles sont la divinité.

(a) Le Père.

C'est à partir du concept de l'ordre trinitaire qu'il faut examiner les relations spécifiques de chaque personne dans

---

104. Cf., ibid., 545A-549A.

la Trinité. Pour la personne ou l'hypostase du Père deux textes déjà analysés mettent en relief le rôle du Père dans la Trinité divine. Ce sont les passages du texte de la *Brève Interprétation du Notre Père* [105] et de la *Lettre 15* [106]. Le Père est « le seul « *voῦv* » (*μόνον ἀναίτιον voῦv*), existant essentiellement sans être causé, qui a engendré l'unique Verbe, sans principe, existant selon l'essence (*μόνου κατ'οὐσίαν ὑφεστῶτος ἀνάρχου Λόγου γεννήτορα*), et qui est la source de l'unique Vie perpétuelle, existant essentiellement (*μόνης ἀιδίου ζωῆς οὐσιωδῶς ὑφεστώσης*), en tant que source de l'Esprit-Saint. (Dieu est) Triade en monade, et monade en Triade » [107]. La monarchie du Père et sa conception comme cause construit l'ordre intratrinitaire, ordre qui est également important pour l'œuvre créatrice, réalisée par la synergie des divines Personnes qui ont comme principe la personne du Père. Comme cela a été dit auparavant, cet ordre trinitaire se voit aussi dans la conception du Fils comme nom du Père, qui existe essentiellement, et du Saint-Esprit comme royaume du Père qui existe essentiellement [108].

La prière du *Notre Père* donne l'occasion à saint Maxime de formuler sa théologie concernant la personne de Dieu le Père. C'est ainsi donc qu'il commente ces paroles de la prière dominicale : « *Notre Père qui es aux cieux, que ton nom soit sanctifié, que ton règne vienne* ». « Par ces paroles, le Seigneur enseigne à ceux qui prient de commencer dès le début de la prière comme il convient par la théologie et Il les initie au mystère du mode de l'existence (*τήν πως ὕπαρξιν*) de la cause créatrice des êtres, lui qui est par essence la cause des êtres. En effet, les paroles de la prière montrent le Père, le nom du Père et le royaume du Père pour nous enseigner dès le début de la prière (*ἵν'ἀπ'αὐτῆς διδαχθῶμεν τῆς ἀρχῆς*) à honorer, à invoquer et à adorer la Trinité une. Car le nom de Dieu le Père qui existe essentiellement (*οὐσιωδῶς ὑφεστώσης*), c'est le Fils unique,

---

105. PG 90, 892C.
106. PG 91, 549CD-552A.
107. *Brève Interprétation du Notre Père*, PG 90, 892C. Nous suivons la traduction d'Alain Riou.
108. Cf. ibid., 884BC.

et le royaume de Dieu le Père qui existe essentiellement (οὐσιωδῶς ἐστιν ὑφεστῶσα : βασιλεία), c'est l'Esprit-Saint. En effet, ce qu'ici Matthieu appelle "royaume", un autre évangéliste l'appelle ailleurs Esprit-Saint : "Que ton Esprit-Saint vienne et qu'Il nous purifie" (Lc 11,2). En effet le Père n'a pas un nom reçu d'ailleurs (ἐπίκτητον), et nous ne devons pas penser le royaume comme une dignité considérée postérieurement à Lui (ὡς ἀξίαν ἐπιθεωρουμένην αὐτῷ). Car il n'a pas commencé à être pour qu'il commence à être aussi Père ou Roi, mais lui qui est toujours il est aussi toujours Père et Roi, n'ayant absolument pas commencé à être, ni à être Père ou Roi. Et si lui qui est toujours, il est aussi toujours Père et Roi, alors aussi toujours le Fils et l'Esprit ont existé essentiellement avec le Père ; ils sont naturellement de lui et en lui (ἐξ αὐτοῦ τε ὄντα, καὶ ἐν αὐτῷ φυσικῶς), au-delà de la cause et de la raison, mais ils ne sont pas après lui, comme s'ils étaient advenus postérieurement en tant que causés par lui. Car la relation possède la capacité en même temps l'un dans l'autre ceux dont elle est et est dite relation, en ne permettant pas qu'ils soient considérés l'un après l'autre » [109].

Que l'on soit d'accord ou non avec l'exégèse effectuée par saint Maxime à propos du Notre Père, il est évident que cette prière lui offre l'occasion de traiter les relations des trois personnes de la Trinité. D'ailleurs il n'est pas le premier à faire une telle exégèse, saint Grégoire de Nysse l'a précédé et influencé [110].

Dieu le Père est le principe des deux autres hypostases divines ; leurs relations sont essentielles, car le Fils est le nom du Père, nom qui existe essentiellement. De même l'Esprit-Saint est le royaume de Dieu le Père, royaume qui existe aussi essentiellement. Le terme « essentiellement » (οὐσιωδῶς) montre d'une part la relation essentielle des deux hypostases divines, du Fils et du Saint-Esprit avec l'hypostase

---

109. Brève Interprétation du Notre Père, PG 90, 884ABC. Cf. Traductions : Alain RIOU, Le Monde et l'Église selon Maxime le Confesseur, op. cit. pp. 222-223. Jacques TOURAILLE, Philocalie, op. cit. pp. 252-253.
110. Cf. saint Grégoire de Nysse, Homélie 3, sur le Notre Père, PG 44, 1157C-1160B.

du Père, mais d'autre part signifie l'existence éternelle du Fils et du Saint-Esprit avec le Père, car « aussi le Fils et l'Esprit ont toujours existé essentiellement avec le Père ». En affirmant que la relation du Fils et du Saint-Esprit avec le Père est « *au-delà de la cause et de la raison* » saint Maxime veut distinguer la relation du Père avec les êtres créés de sa relation avec le Fils et le Saint-Esprit. Or Dieu le Père, selon l'ordre économique, est le principe ($ἀρχή$) et la première cause ($πρώτη$ $ἀρχή$) et raison ($λόγος$) des êtres créés. Effectivement l'économie est une synergie des trois Personnes divines selon l'ordre qui fait le Père principe, qui crée par le Fils et perfectionne par le Saint-Esprit. La Trinité ainsi, non seulement le Père, est « la cause créatrice » des êtres. Cet ordre économique est différent de l'ordre trinitaire qui est au-delà de la cause et de la raison.

Selon l'ordre Trinitaire, les relations des hypostases divines sont au-delà de la cause et de la raison. Le Père en tant qu'être éternel n'a pas commencé temporellement son être. En fait, l'ordre Trinitaire au-delà de la causalité signifie qu'aucune des hypostases divines n'est antérieure ou postérieure aux autres. Ainsi l'éternité de l'être du Père implique immédiatement l'éternité du Fils et du Saint-Esprit. Selon l'exégèse du *Notre Père*, saint Maxime, comme saint Grégoire de Nysse [111], identifie le Fils au Nom du Père et le Saint-Esprit au royaume du Père. Le Père ayant son être éternellement, il est aussi Père et Roi éternel, à savoir, le Fils en tant que nom du Père et le Saint-Esprit en tant que royaume de Dieu le Père sont également éternels. La postériorité ou l'antériorité en tant que notions temporelles n'ont pas de place dans les relations des trois personnes, car il n'y a pas de dimension chronologique entre l'éternité de l'être du Père et celle du Fils et du Saint-Esprit. Invoquant donc par la prière le Père, nous invoquons en même temps le Fils en tant que nom du Père et le Saint-Esprit en tant que royaume de Dieu le Roi. Ainsi les propriétés du Père dans l'ordre trinitaire sont la paternité puisqu'Il engendre

---

111. *Homélie 3, sur le Notre Père*, PG 44, 1157C-1160B.

le Fils, son nom, et la royauté puisqu'Il procède le Saint-Esprit, son Royaume.

L'invocation de Dieu le Père n'est pas seulement une invocation du Père selon l'ordre Trinitaire, mais aussi selon l'ordre économique : « Donc, en commençant la prière nous sommes conduits à honorer la Trinité consubstantielle (ὁμοούσιον) et suressentielle (ὑπερούσιον), en tant que cause créatrice de notre venue à l'être (γενέσεως). En outre, il nous enseigne à nous annoncer à nous-mêmes la grâce de la filiation, puisque nous sommes dignes d'appeler Père par grâce celui qui est naturellement le Créateur. Ainsi, par respect pour l'invocation de celui qui nous a donné par grâce l'être (τοῦ κατὰ χάριν Γεννήτορος : mot à mot =qui nous a engendré), nous nous empressons de signifier dans notre manière de vivre les empreintes de celui qui nous a fait naître (τοῦ γεννήσαντος) : nous sanctifions son nom sur la terre, et en l'imitant comme un Père (πατρώζοντες), en nous montrant ses enfants par nos actions et en magnifiant par nos pensées et nos actes le Fils du Père par nature qui opère lui-même (αὐτουργόν) la filiation » [112].

Dieu le Père est notre Père en tant que cause créatrice de notre venue à l'être ». La création, par conséquent n'est pas simplement un acte mécanique, mais l'homme créé est le fils par grâce de son Créateur. La filiation s'effectue par grâce, car on ne peut pas devenir dieux par nature. La relation de l'homme avec Dieu est à l'image de la relation de Dieu le Père avec son Fils unique. Seulement la relation entre Dieu le Père et le Fils est selon la nature, tandis que la relation de l'homme avec Dieu est selon la grâce [113].

(b) Le Fils.

L'invocation du Père avec cette double signification du principe dans l'ordre des relations trinitaires et du Créateur dans l'ordre des relations selon l'économie est égale pour

---

112. *Brève Interprétation du Notre Père*, PG 90, 884CD-885A. Cf. Traductions : Alain RIOU, *Le Monde et l'Église selon Maxime le Confesseur*, op. cit. pp. 223-224. Jacques TOURAILLE, *Philocalie*, op. cit. p. 253.
113. Cf. *Quaestiones ad Thalassium 63*, *Corpus Christi-anorum 22*, 159,215-233. PG 90, 672C.

le Fils : « Les paroles de la prière (du Notre Père donc) contiennent, en effet, tout ce que le Verbe de Dieu, par sa kénose a lui-même accompli à travers la chair. Elles enseignent à s'approprier (μεταποιεῖσθαι) ces biens dont seul Dieu le Père, par la médiation naturelle du Fils, est en vérité le dispensateur dans le Saint-Esprit, puisque, selon le divin Apôtre, le Seigneur Jésus est *"médiateur entre Dieu et les hommes"* (I Tm 2,5). À travers la chair Il a rendu manifeste aux hommes le Père ignoré, et par l'Esprit Il a conduit au Père les hommes réconciliés en Lui-même. En faveur d'eux et à cause d'eux il est devenu homme sans changement et il a lui-même opéré (αὐτουργός) et enseigné (διδάσκαλος) de nombreux mystères nouveaux dont la raison (λόγος) ne peut aucunement comprendre ni mesurer la multitude et la grandeur. Il en est sept en nombre, plus généraux que les autres, qu'il a, semble-t-il, donnés aux hommes dans sa remarquable générosité, le but de la prière, comme je disais, en contient mystérieusement la puissance : la théologie, la filiation dans la grâce, l'égalité d'honneur avec les anges, la participation à la vie éternelle, le rétablissement (ἀποκατάστασιν) de la nature rendue à elle-même sans passibilité (ἀπαθῶς πρὸς ἑαυτὴν νευούσης) et avec son acquiescement, l'abolition de la loi du péché et la destruction de la tyrannie du mal (πονηροῦ) qui nous a dominés par tromperie » [114].

Selon l'invocation de la prière du *Notre Père*, le Fils est le Nom du Père, à savoir engendré par le Père, consubstantiel et coéternel avec Lui. Mais les paroles de la même prière contiennent encore tout ce que le Verbe de Dieu a accompli à travers la chair. Par cela saint Maxime veut signifier toute l'œuvre rédemptrice du Christ. Effectivement, auparavant, en sa relation au Père Créateur, le Fils et Verbe de Dieu est celui qui réalise la création. Or le schéma des relations de la Trinité avec la création de Dieu le Père, comme le vrai dispensateur, par la médiation naturelle du Fils et dans

---

114. *Brève Interprétation du Notre Père*, PG 90, 876ABC. Cf. Traductions : Alain RIOU, *Le Monde et l'Église selon Maxime le Confesseur*, op. cit. p. 217. Jacques TOURAILLE, *Philocalie*, op. cit. p. 248-249.

l'Esprit, est valable pour l'œuvre créatrice et l'œuvre économique.

Le Fils, par son œuvre rédemptrice réalisée par son
Incarnation, révèle le Père ignoré des hommes. Il est remarquable que cette révélation soit effectuée à travers la chair
du Fils incarné. Dans le texte des *Quaestiones ad Thalassium
60*, saint Maxime parle du Conseil éternel de Dieu dont
l'opérant (αὐτουργός) est le Fils [115]. L'œuvre rédemptrice
du Christ est constituée des « *mystères nouveaux* », dont saint
Maxime fait ici une excellente récapitulation au nombre
sept. On va examiner ailleurs le sens maximien des « *mystères
nouveaux* » révélés par le Christ dans son incarnation. La
prière du *Notre Père* a comme but la révélation de ces
mystères : *(a) La théologie* : selon la compréhension patristique, la théologie signifie la révélation et l'enseignement
trinitaire. C'est le Verbe de Dieu qui nous enseigne par les
paroles de la prière le mode d'existence trinitaire de Dieu.
(b) la filiation : Le mode d'existence de Dieu, qui nous
manifeste les relations naturelles entre Dieu le Père, le Fils
et le Saint-Esprit, constitue le modèle de notre relation
filiale avec Dieu, notre Père par grâce. *(c) L'égalité d'honneur
de l'homme avec les anges* : cette égalité est le résultat de
l'union du ciel avec la terre par l'œuvre rédemptrice du
Christ. Il a uni les êtres intelligibles aux êtres sensibles et
il a élevé l'homme à la dignité des anges par la purification
du péché [116]. *(d) La participation à la vie éternelle* : Cette
participation est sacramentelle, car le Christ en tant que
« *Pain de vie et de puissance* [117] s'offre comme nourriture aux
hommes lors de la célébration de la divine Eucharistie. *(e)
Le rétablissement de la nature* : ce rétablissement (ἀποκα-
τάστασις) n'est pas compris dans un sens origéniste, mais
comme la déification de la nature par l'œuvre rédemptrice
du Christ. C'est par l'union de la nature humaine en
l'hypostase divine que le Christ lui a donné la « γνώμη »
vers le bien. Il a donc réconcilié la nature avec Dieu par

---

115. PG 90, 621B.
116. Cf. *Brève Interprétation du Notre Père*, PG 90, 877ABC.
117. Cf. ibid., 877C.

son sacrifice sur la Croix [118]. *(f) La naissance du Christ par la Vierge* : cela constitue pour saint Maxime la certitude qu'en abolissant ainsi les lois naturelles, ou en les renouvelant, Christ a aboli en même temps la loi du péché. *(g) L'abolition de la loi du péché* : cela signifie aussi la destruction de la tyrannie du mal [119].

Le Christ est l'« αὐτουργός » de l'œuvre rédemptrice, mais toute l'œuvre du salut est réalisée par la synergie des Personnes divines. Il s'agit d'une autre forme d'ordre dans la Trinité que celle de la relation éternelle des Personnes ; cet ordre définit l'œuvre spécifique de chacune des Personnes lors de la réalisation de la divine économie. « En effet, le Verbe de Dieu, par son incarnation, nous enseigne la théologie, en ce qu'Il nous montre en lui le Père et l'Esprit-Saint. Car le Père tout entier et l'Esprit-Saint tout entier étaient essentiellement et parfaitement dans le Fils tout entier, même incarné, sans qu'eux-mêmes soient incarnés ; mais le Père (était dans le Fils) par bienveillance (εὐδοκῶν), l'Esprit par sa coopération (συνεργοῦν), alors que le Fils opérait (αὐτουργοῦντι) lui-même l'incarnation, puisque le Verbe est demeuré dans sa propre intelligence (ἔννους) et dans sa propre vie (ζῶν), compréhensible (χωρούμενος) selon l'essence par nul autre que par le Père et l'Esprit, alors même qu'Il réalisait par philanthropie l'union selon l'hypostase avec la chair » [120].

L'ordre établi dans les relations des personnes divines ainsi que le rôle de chacune dans la réalisation de l'œuvre du salut est un point très important. Le Fils « opère lui-

---

118. Cf. ibid., 877D-880A.
119. Cf. ibid., 880BC.
120. *Brève Interprétation du Notre Père*, PG 90, 876CD. La même idée est aussi abordée dans les *Quaestiones ad Thalassium 60*, ibid., 624BC : « Τοῦτο τὸ μυστήριον προεγνώσθη πρὸ πάντων τῶν αἰώνων τῷ Πατρὶ καὶ τῷ Υἱῷ καὶ τῷ ἁγίῳ Πνεύματι. Τῷ μὲν κατ'εὐδοκίαν· τῷ δέ, κατ'αὐτουργίαν· τῷ δὲ κατὰ συνέργειαν. Μία γὰρ ἡ Πατρὸς καὶ Υἱοῦ καὶ ἁγίου Πνεύματος γνῶσις, ὅτι καὶ μία οὐσία καὶ δύναμις. Οὐ γὰρ ἠγνόει τοῦ Υἱοῦ τὴν σάρκωσιν ὁ Πατήρ, ἢ τὸ Πνεῦμα τὸ ἅγιον· ὅτι ἐν ὅλῳ τῷ Υἱῷ τὸ μυστήριον αὐτουργοῦντι τῆς ἡμῶν σωτηρίας διὰ σαρκώσεως, ὅλος κατ'οὐσίαν ὁ Πατήρ· οὐ σαρκούμενος ἀλλ'εὐδοκῶν τοῦ Υἱοῦ τὴν σάρκωσιν· καὶ ὅλον ἐν ὅλῳ τῷ Υἱῷ τὸ Πνεῦμα τὸ ἅγιον κατ'οὐσίαν ὑπῆρχεν· οὐ σαρκούμενος, ἀλλὰ συνεργοῦν τῷ Υἱῷ τὴν δι'ἡμᾶς ἀπόρρητον σάρκωσιν ».

même » (αὐτουργεῖ), et le Saint-Esprit « coopère » (συνεργεῖ) avec le Fils ce que le Père « approuve » (εὐδοκεῖ). Cela manifeste l'ordre harmonieux et la communion des divines Personnes, communion qui se prolonge de la vie éternelle intratrinitaire à la réalisation de l'œuvre divine du salut. Le Fils Lui-même, incarné, ne voit pas sa divine essence ni ses relations éternelles avec le Père et le Saint-Esprit altérées ; car « la connaissance du Père et du Fils et du Saint-Esprit est une, puisque une est aussi l'essence et la puissance » [121]. Le mystère de l'incarnation du Verbe n'est pas seulement l'œuvre et l'initiative du Fils indépendamment du Père et du Saint-Esprit. Il « est connu avant tous les siècles, du Père, du Fils et du Saint-Esprit » [122]. La « connaissance » du mystère de l'incarnation est pour saint Maxime synonyme de synergie, car par la connaissance le Père approuve, le Fils réalise et le Saint-Esprit coopère. La « connaissance » est donc ici une énergie commune et unique des Personnes divines, par laquelle elles dirigent et réalisent le plan de l'incarnation du Verbe. Le fait que cette « connaissance » soit unique est la conséquence et le résultat de l'essence et de la puissance des Personnes [123]. La relation fondamentale entre la vie intratrinitaire et le plan de l'économie divine est ainsi clarifiée.

Le rôle du Fils dans l'œuvre de la création est celui de l'« opération » de la création voulue par le Père. Voilà comment saint Maxime définit le but de la création : « En effet, pour le Christ (διὰ γὰρ τὸν Χριστόν), c'est-à-dire le mystère selon Christ, tous les siècles et tout ce qui est dans les siècles ont reçu en Christ le commencement et la fin de leur être » [124]. Le Christ est la finalité des êtres ; tous les êtres donc ont l'être et leur fin en Christ [125]. Ce texte

---

121. *Quaestiones ad Thalassium 60, Corpus Christianorum 22*, 79,97-98. PG 90, 624B.

122. Ibid. *Corpus Christianorum 22*, 79,94-96.

123. Par le mouvement inhérent de l'homme vers Dieu, l'homme aussi a une « *connaissance* » des personnes divines qui ont une essence et une puissance, comme nous l'enseigne le Verbe par son incarnation.

124. *Quaestiones ad Thalassium 60, Corpus Christianorum 22*, 75,49-51. PG 90, 621B.

125. Alain RIOU, *Le Monde et l'Église selon saint Maxime le Confesseur*, op. cit. p. 96, qui écrit justement que « *l'incarnation est aussi la finalité du cosmos* »,

sous-entend la théorie de la théologie de saint Maxime et aussi de celle des autres Pères orientaux, à savoir que l'incarnation du Fils n'est pas due à la chute de l'homme, mais qu'elle constitue l'accomplissement du conseil éternel de Dieu. « Cela est le mystère selon Christ qui circonscrit tous les siècles et manifeste le grand conseil de Dieu qui préexiste aux siècles et qui est infiniment infini et dépasse l'infini » [126]. Le fait que la deuxième Personne de la Trinité prenne la nature humaine ne s'interprète pas simplement comme un événement du salut. Le Conseil éternel de Dieu a prédestiné la création à être unie à la nature divine et à être divinisée par grâce. C'est pour cela que la création est l'œuvre du Verbe de Dieu ; Jésus-Christ réalise ce que le Père approuve, avec la coopération du Saint- Esprit. Dans le grand conseil de Dieu avant les siècles est aussi inclue l'incarnation du Verbe « pour que celui qui est le donateur de l'être se manifeste également comme donateur du bien-être et du toujours-être » [127]. Par la création, le Verbe donne l'être aux êtres, et par son incarnation, le « bien-être et le toujours-être » [128].

(c) Le Saint-Esprit.

Trois textes principaux traitent la question du Saint-Esprit : (a) Quaestiones ad Thalassium 63 [129], (b) la Lettre 15 [130], et (c) l'Interprétation du Notre Père [131]. Nous avons souligné la monarchie du Père dans la Trinité, enseignée par saint Maxime, et héritée de la théologie cappadocienne. Son

---

traduit cependant le « διὰ τὸν Χριστόν », « par le Christ ». Mais il est clair que saint Maxime veut dire que tous les êtres sont créés en vue du grand mystère du Christ. Effectivement, cela ne change point le rôle du Christ comme celui qui opère la création selon la volonté et la bienveillance du Père et la coopération du Saint-Esprit.

126. Quaestiones ad Thalassium 60, Corpus Christianorum 22, 75,40-43. PG 90, 621ĀB.

127. Ibid., Corpus Christianorum 22, 79,119-120. PG 90, 624D.

128. Dans plusieurs passages de ses écrits, saint Maxime fait le triple schéma : « εἶναι - εὖ εἶναι - ἀεὶ εἶναι ». Nous aborderons ce point dans un autre chapitre.

129. Cf. Quaestiones ad Thalassium 63, Corpus Christianorum 22, 155,167-157,182. PG 90, 672CD.

130. PG 91, 549CD-552A.

131. PG 90, 884ABC.

enseignement sur le Saint-Esprit est aussi lié à cette théologie.

Dans les *Quaestiones ad Thalassium 63*, il est écrit : « En effet, de même que l'Esprit-Saint, est naturellement selon l'essence l'Esprit de Dieu le Père, de même il est aussi naturellement selon l'essence l'Esprit du Fils, puisqu'Il procède ineffablement et essentiellement du Père, par le Fils engendré » [132].

Cette formule récapitule l'enseignement de saint Maxime concernant la relation du Saint-Esprit avec le Père et le Fils. Rappelons ici l'affirmation de saint Maxime dans le texte de *l'Interprétation du Notre Père* que le Père « *est la source de l'unique Vie perpétuelle existant essentiellement* » [133], ainsi que l'identification du Saint-Esprit au Royaume de Dieu le Père [134]. Ces deux principes sont nécessaires à la compréhension de ce que saint Maxime donne ici comme réponse à la question posée.

Le Saint-Esprit est « naturellement selon l'essence l'Esprit de Dieu le Père ». Ainsi est démontrée la relation du Saint-Esprit avec le Père. L'unité de l'essence des trois hypostases divines est à la base de cette affirmation théologique. L'essence divine est commune aux trois hypostases, mais, étant donné que l'Esprit-Saint procède essentiellement du Père (ἐκ τοῦ Πατρός), Il est par conséquent l'Esprit du Père. Il est l'Esprit du Père car le Père avait éternellement et essentiellement son Esprit et Il ne l'a pas acquis postérieurement [135]. Ce qui n'est pas commun aux trois Hypostases, c'est la propriété hypostatique de chaque personne. Le Saint-Esprit donc, étant essentiellement l'Esprit du Père, puisque l'Esprit procède du Père et qu'Il est consubstantiel au Père, son hypostase est propre à Lui seul.

Le Saint-Esprit de même « est aussi naturellement selon l'essence l'Esprit du Fils », car l'Esprit procède du Père « par le Fils engendré ». La procession du Saint-Esprit selon

---

132. « Τὸ γὰρ Πνεῦμα τὸ ἅγιον ὥσπερ φύσει κατ'οὐσίαν ὑπάρχει τοῦ Θεοῦ καὶ Πατρός, οὕτως καὶ τοῦ Υἱοῦ φύσει κατ'οὐσίαν ἐστίν, ὡς ἐκ τοῦ Πατρὸς δι'Υἱοῦ γεννηθέντος, ἀφράστως ἐκπορευόμενον ». PG 90, 672C.
133. PG 90, 892C. Trad. A. RIOU, *Le monde et l'Église*, pp. 228-229.
134. Cf. ibid. 884BC.
135. Cf. ibid. 884C.

l'ordre trinitaire est une procession « du Père par le Fils »
(ἐκ τοῦ Πατρὸς διὰ τοῦ Υἱοῦ). Puisque la procession du
Saint-Esprit suit cet ordre, et que les trois hypostases sont
consubstantielles, le Saint-Esprit est essentiellement l'Esprit
du Père de qui Il procède, mais aussi essentiellement l'Esprit
du Fils par qui Il procède.

En disant que l'Esprit est essentiellement aussi l'Esprit
du Fils, saint Maxime n'accepte pas un filioquisme, car il
est clair dans sa pensée théologique que le Père est la
source, c'est-à-dire le principe du Saint-Esprit. L'ordre trinitaire « impose » que l'Esprit-Saint procède du Père par le
Fils, mais aussi que le Père soit le seul principe qui engendre
le Fils et procède l'Esprit. L'unité de la divine Trinité est
à la base des relations des trois hypostases, indiquant l'ordre
éternel et économique à l'encontre du désordre polythéiste
grec et du monothéisme juif.

La formule du texte de la *Lettre 15*, a déjà été étudiée
dans le paragraphe « Essence-Personne ». Ce texte, dont
nous reprenons le passage en question, indique les relations
des Personnes dans la Trinité : « Nous adorons alors la
monade en la Triade, et la Triade en la monade ; Père et
Fils et Saint-Esprit, un Dieu, non que le Fils soit le Père,
mais ce qu'est le Père ; non que l'Esprit soit le Fils, mais
ce qu'est le Fils ; car tout ce qu'est le Père excepté le non-
engendrement est le Fils (car Il est engendré), et tout ce
qu'est le Fils excepté l'engendrement est l'Esprit-Saint (car
Il procède). Le non-engendrement, l'engendrement et la
procession ne divisent pas en trois essences ou natures,
inégales ou égales, l'unique nature et puissance de la divinité
ineffable. Mais elles (les propriétés hypostatiques : le non-
engendrement, l'engendrement et la procession) caractérisent
les personnes, c'est-à-dire les hypostases, en lesquelles est,
ou lesquelles sont l'unique divinité (τὰ ἐν οἷς, ἤ ἅπερ ἡ
μία θεότης ἐστιν), à savoir l'essence et la nature. » [136].

Dans ce texte l'idée de base est que le propre de chacune
des Personnes, c'est-à-dire le non-engendrement pour le
Père, l'engendrement pour le Fils, et la procession pour le

---

136. PG 91, 549D-552A.

Saint-Esprit, devient en même temps l'élément de relation entre elles et le propre hypostatique. Ici on peut particulièrement bien comprendre la pensée théologique de saint Maxime quand il parle de l'identité et de l'altérité des personnes divines.

Le nom *Père* indique non seulement sa propriété hypostatique, le non-engendrement (ἀγέννητος), mais aussi sa monarchie dans la Trinité, comme celui qui engendre le Fils et duquel procède l'Esprit-Saint par le Fils. Ainsi le nom Père manifeste la relation « essentielle » (οὐσιώδης) du Père avec le Fils et le Saint-Esprit.

Le nom *Fils* signifie non seulement sa propriété hypostatique de l'engendrement (γεννητός), mais aussi sa relation « essentielle » avec le Père (qui est) le géniteur et l'Esprit-Saint, car l'Esprit procède du Père par le Fils. Le Fils n'est pas le Père, « *mais ce qu'est le Père*, car le Fils n'engendre pas et ne procède pas, propriétés hypostatiques du Père seul. Il est par contre « *ce qu'est le Père* », car Il a la même essence, la même divinité, la même puissance, la même énergie et la même volonté.

Le nom *Esprit-Saint* signifie non seulement la propriété hypostatique de la procession (ἐκπορευτόν), mais aussi la relation essentielle du Saint-Esprit avec le Père de qui Il procède et Auquel Il appartient naturellement selon l'essence. Mais Il manifeste en plus sa relation essentielle avec le Fils par qui Il procède et dont Il partage naturellement la même essence. Cependant, le Saint-Esprit n'est pas Fils « *mais ce qu'est le Fils* », car l'Esprit n'est pas engendré, mais Il procède du Père par le Fils. Il est aussi « *ce qu'est le Fils* », car, comme Lui, Il partage la même essence la même divinité, la même puissance, la même énergie et la même volonté.

L'autre texte auquel nous nous référons est celui de l'*Interprétation du Notre Père* [137]. Nous avons déjà cité ce texte dans le paragraphe « Le Père ». L'extrait du texte qui concerne la question du Saint-Esprit dit : « Le nom de Dieu le Père qui existe essentiellement (οὐσιωδῶς ὑφεστώσης), c'est

---

137. PG 90, 884B.

le Fils unique, et le royaume de Dieu le Père qui existe essentiellement (οὐσιωδῶς ἐστιν ὑφεστῶσα : βασιλεία), c'est l'Esprit-Saint » [138].

Les relations décrites ici sont d'ordre intratrinitaire, à savoir éternel. Le Fils ainsi que le Saint-Esprit, identifiés l'un au Nom et l'autre au Royaume de Dieu le Père, existent « essentiellement ». Le terme « essentiellement » indique d'abord la relation « selon la nature » du Saint-Esprit avec le Père, et par conséquent l'éternité de la troisième Personne de la Trinité. Pour prouver l'éternité du Fils et du Saint-Esprit, saint Maxime argumente ainsi : « Si lui (le Père) est toujours, Il est aussi toujours Père et Roi, alors aussi le Fils et l'Esprit ont toujours existé essentiellement avec le Père » [139]. Mais puisqu'ils sont toujours essentiellement avec le Père, par conséquent « ils sont naturellement de Lui et en Lui (ἐξ αὐτοῦ τε ὄντα, καὶ ἐν αὐτῷ φυσικῶς) » [140]. Ceci est l'enseignement trinitaire de saint Maxime, à savoir le Père est le principe de la Trinité duquel et en lequel sont le Fils et le Saint-Esprit. Le mode d'existence du Fils est l'engendrement et celui du Saint-Esprit la procession.

Dans un autre passage de l'*Interprétation du Notre Père*, saint Maxime écrit que la conception pieuse de la divinité nous apprend « à connaître qu'unique est la nature et la puissance de la divinité, et donc qu'il y a un Dieu contemplé dans le Père et le Fils et le Saint-Esprit ; c'est-à-dire un seul 'νοῦν' existant essentiellement sans être causé, qui a engendré l'unique Verbe sans principe, existant selon l'essence, et qui est la source de l'unique Vie perpétuelle, existant essentiellement, en tant que source de l'Esprit-Saint » [141].

---

138. PG 90, 884B. Saint Maxime emprunte cet enseignement au *Troisième Discours sur le Notre Père* de saint Grégoire de Nysse, PG 44, 1157C.

139. Ibid., 884C.

140. Ibid.

141. PG 90, 892C. Nous suivons la trad. de A. Riou, *Le monde et l'Église*, pp. 228-229. Voir aussi l'article de Markos A. Orphanos, « *The Procession of the Holy Spirit According to Certain Greec Fathers* », paragraphe 11, Maximus the Confessor, dans *Theologia*, vol. 51,2, pp. 276-77. Il est erroné de prétendre que saint Maxime ait compris l'enseignement de la procession du Saint-Esprit selon l'enseignement propre à l'Église de l'occident, tandis que les autres théologiens orientaux auraient mal interprété cet enseignement à cause des

La théologie de la monarchie du Père dans la Trinité est à nouveau exposée, car le Père est (a) le seul « νοῦς » existant sans principe ; (b) le géniteur selon l'essence de l'unique Verbe éternel ; et (c) la source de l'unique vie perpétuelle qui existe essentiellement comme source du Saint-Esprit. Dans ce texte donc, saint Maxime souligne la procession du Saint-Esprit du Père (ἐκ τοῦ Πατρός) ; selon l'ordre trinitaire le Père est le géniteur du Fils et la source du Saint-Esprit. Rappelons que cette relation de la troisième personne de la Trinité avec le Père, qui est sa source, s'intègre dans l'ordre des relations des trois personnes, relations selon lesquelles l'Esprit-Saint est aussi « essentiellement » l'Esprit du Fils, puisqu'il procède du Père (ἐκ τοῦ Πατρός) par le Fils (διὰ τοῦ Υἱοῦ). La dénomination du Père comme le « μόνος ἀναίτιος νοῦς » se réfère de nouveau à la théologie des Pères cappadociens qui appellent le Père cause et le Fils et le Saint-Esprit, causés, sans que sela signifie l'infériorité des deux Personnes ayant leur principe divin en (ἐν) le Père et du (ἐκ) Père. Ce qui est encore important dans le texte en question c'est que l'unité de la divinité, de l'essence et de la puissance des Personnes est possible en la Personne du Père [142].

---

différences linguistiques entre le grec et le latin. Nous savons que la théologie latine a rendu le Fils principe (ἀρχῇ) du Saint-Esprit.

142. Pierre Piret, *Le Christ et la Trinité selon Maxime le Confesseur*, op. cit. pp. 99-102, fait une analyse détaillée du texte des *Opuscula Theologica et Polemica 10*, PG 91, 136ÁB, où il est question de la procession du Saint-Esprit avec toute la problématique du Filioque. Il note que c'est « *une copie incomplète d'une lettre envoyée à Marinus, prêtre à Chypre* » (Ibid. p. 99). Polycarp Sherwood, *Date-List of the Works of Maximus the Confessor*, Studia Ansel-miana 30, Romae 1952, p. 53, § 79, date cette *Lettre* entre 645 et 646. Nous considérons ce texte non pas simplement « *incomplet* », mais falsifié. Lors des travaux du Concile de Ferrare-Florence (1438-1439), l'évêque latin de Rhodes, André Chrysovergis a cité ce texte de saint Maxime parmi ceux des Pères orientaux, pour justifier la théologie du Filioque de l'Église latine. La réaction immédiate du traducteur Nicolas Sekoundos, parlant au nom des évêques orientaux, est très grave, car elle contient une accusation selon laquelle les représentants de l'Église latine falsifiaient les textes des Pères pour justifier la théologie du Filioque : « Γινώσκετε, πατέρες αἰδεσιμώτατοι, ὅτι τὸ μετὰ τὴν ἐπιστολὴν ἐφεξῆς ἀναγνωσθὲν οὐκ ἔστι τοῦ Μαξίμου, εἰ καὶ τοῦ πεποιηκότος τὸ ὄνομα σεσιώπηται, ἀλλ᾽ἔστιν ἑτέρου τινὸς μετὰ τὸ σχίσμα ταῦτα συγγράψαντος » (Mansi XXXI, 593). Le problème, tel qu'il est posé au Concile de Ferrare-Florence, est significatif de l'origine des falsifications de tels textes. L'évêque André, en passant sous silence cette remarque, très

Pour esquisser une conclusion sur ce qui a été développé jusqu'à maintenant sur le Saint-Esprit, nous pouvons dire que le Saint-Esprit est la troisième Personne de la Trinité, et qu'Il est consubstantiel au Père et au Fils. Il a comme principe de sa divinité le Père, qui est le seul sans principe et qui constitue le principe du Fils et du Saint-Esprit. L'Esprit-Saint donc est l'Esprit du Père car Il procède de

importante pour les travaux du Concile, montre que lui aussi était conscient des falsifications effectuées sur les textes patristiques pour une raison ou pour une autre. Pour ce qui concerne la falsification des textes patristiques et les problèmes posés au Concile de Ferrare-Florence cf. Vlassios I. PHIDAS, « Αὐτόματος διερμηνεία καὶ μετάφρασις εἰς τὴν Σύνοδον Φερράρας-Φλωρεντίας », in : Χριστιανός 28 (1989) 291, pp. 121-130. Même auteur, « Μεθοδολογικὰ προβλήματα τῆς Συνόδου Φερράρας-Φλωρεντίας », in : Ἐκκλησία, 14-17 (1989), pp. 252-253, 599-601, 639-640, 668-670, et ibid., 1-4 (1990), pp. 19-22, 56-59, 88-90 et 118-120. L'affirmation catégorique de Nicolas Sekoundos permet de conclure qu'il avait en vue la Lettre de saint Maxime, sans cette partie douteuse utilisée par l'évêque André. Malheureusement les procès-verbaux du Concile n'ont pas conservé la Lettre telle qu'elle a été lue devant le Concile, mais il semble, d'après la remarque de Nicolas Sekoundos, que le texte douteux ait été lu « après la lettre » (τὸ μετὰ τὴν ἐπιστολὴν) authentique. Cela nous permet de reconnaître la partie authentique de la partie douteuse de la Lettre selon l'édition de Migne.
Comme parties authentiques, on peut accepter le premier paragraphe, qui figure dans l'édition de Migne PG, 91, 133BCD, à partir de « Νόμῳ θείῳ » jusqu'à « χρῄζουσιν », ainsi que les deux derniers paragraphes. Par contre le reste du texte de la lettre n'est pas authentique pour les raisons suivantes :
D'abord la question du Filioque, comme elle est traitée dans ce texte est prématurée pour l'époque de saint Maxime et ne constitue pas à ce moment un point de divergence entre les théologiens grecs et latins. On peut dire que saint Maxime n'a pas connu véritablement la théologie du Filioque telle que la lettre veut la présenter. Le texte provient certainement d'une main théologique orientale qui veut d'une part maintenir la position orientale sur la procession du Saint-Esprit, et d'autre part interpréter d'une façon « orthodoxe » le Filioque occidental. Il s'agit donc d'un théologien modéré qui cherche à réconcilier les deux positions théologiques. Mais celui-ci n'est pas saint Maxime. Il serait assez curieux que saint Maxime, devant un tel problème théologique, ne parle qu'une seule fois, dans une lettre d'importance mineure et n'inclue pas cette question cruciale dans sa triadologie. Mais, on le répète, saint Maxime ne s'est pas préoccupé de cette question car elle n'est pas de son époque, mais plus tardive. Sa pneumatologie ressort des textes principaux qui viennent d'être commentés.
Nos doutes sur la falsification de ce texte se basent également sur la façon abrupte d'introduire le problème et que Pierre PIRET qualifie d'incomplet. D'ailleurs on ne sait pas de quel pape il est question, qui a parlé de deux problèmes théologiques, à savoir le Filioque et l'Incarnation du Christ. Polycarp SHERWOOD, (ibid., p. 54) propose le pape Théodore Iᵉʳ (642-649). Un autre document « L'Instruction pastorale de l'épiscopat catholique de Grèce de 1973 », in : Quatre Fleuves 9, juillet 1979, pp. 75-78, parle du pape Martin Iᵉʳ (649-655), mais ce ne sont que des hypothèses, car même en Occident la question

Lui essentiellement, comme aussi l'Esprit du Fils, car Il procède essentiellement du Père par le Fils. Par conséquent, la procession est la propriété hypostatique du Saint-Esprit, procession qui détermine en plus sa relation avec le Père et le Fils. Ainsi est définie la place du Saint-Esprit dans l'ordre intratrinitaire.

Mais le Saint-Esprit se révèle « coopérant » (συνεργοῦν) dans l'ordre de l'économie concernant les relations de la Trinité avec la création ; plus précisément, le Saint-Esprit coopère (συνεργεῖ) au mystère de l'incarnation du Verbe. Dans les *Quaestiones ad Thalassium 60*, saint Maxime note ceci : « Tout l'Esprit-Saint existait en tout le Fils selon l'essence ; non pas incarné, mais coopérant avec le Fils l'ineffable incarnation pour nous »[143]. La consubstantialité du Saint-Esprit avec le Fils comme aussi avec le Père, et l'unité de la puissance divine constituent la raison de la coopération du Saint-Esprit avec le Fils et Verbe qui réalise la bienveillance du Père. Quand saint Maxime identifie le Saint-Esprit au royaume de Dieu le Père[144] cela montre la dimension et l'œuvre précise du Saint-Esprit dans le mystère de l'incarnation du Verbe ; c'est l'établissement du Royaume de Dieu dans la création. Ce parallélisme permet de dire que le « *Royaume* » de Dieu le Père c'est le temps de l'Esprit-Saint, à savoir le temps de l'Église qui réalise sur la terre ce Royaume en préfigurant le Royaume eschatologique et en préparant les fidèles à l'entrée dans ce royaume eschatologique par leur union aux divines énergies du Saint-

---

donné que la question de l'énergie, soit naturelle soit hypostatique, est un problème central de la théologie de saint Maxime. La référence au nom de Théodore de Pharan, qui, selon Marcel DOUCET, *Dispute de Maxime le Confesseur avec Pyrrhus*, op. cit. p. 71, « *tentait un rapprochement avec les monophysites sur la base de l'unique opération* » est une certitude.

Sans pouvoir dire s'il y a une partie du texte de la lettre qui est perdue, on peut voir une certaine continuité dans le texte, plus normale sans les deux paragraphes qui parlent du *Filioque*. Saint Maxime sent la nécessité de faire remarquer à son ami Marin qu'il a bien reçu sa correspondance, mais qu'il n'a pas encore pu lire la documentation reçue pour pouvoir répondre aux questions posées, à cause des difficultés de santé. Une analyse détaillée de ce texte voir : Vasilios KARAYIANNIS, archimandrite, « Ὁ ἅγιος Μάξιμος ὁ Ὁμολογητής καὶ ἡ Ἐκκλησία τῆς Κύπρου », in : Apostolos Barnabas, 1992, pp. 379-398.

143. *Corpus Christianorum* 22, 79, 102-105. PG 90, 624BC.
144. Cf. *Interprétation du Notre Père* PG 90, 884ABC.

Saint-Esprit au royaume de Dieu le Père [144] cela montre la dimension et l'œuvre précise du Saint-Esprit dans le mystère de l'incarnation du Verbe ; c'est l'établissement du Royaume de Dieu dans la création. Ce parallélisme permet de dire que le « *Royaume* » de Dieu le Père c'est le temps de l'Esprit-Saint, à savoir le temps de l'Église qui réalise sur la terre ce Royaume en préfigurant le Royaume eschatologique et en préparant les fidèles à l'entrée dans ce royaume eschatologique par leur union aux divines énergies du Saint-Esprit. D'ailleurs dans les *Quaestiones ad Thalassium 63*, saint Maxime écrit que l'Esprit-Saint « offre à la lampe, à savoir à l'Église, ses propres énergies comme lampes. Puisque chaque énergie particulière du Saint-Esprit fut en quelque sorte une lampe qui disperse l'obscurité et chasse en l'écartant de l'Église la naissance multiforme du péché (...). Car non seulement les commandements sont lumières, mais aussi les énergies de l'Esprit » [145].

Par conséquent, l'Église est le lieu de la réalisation du mystère de l'incarnation et de l'octroi de la grâce salvatrice et sanctifiante du Saint-Esprit. Elle est le lieu de l'énergie du Saint-Esprit. Le Saint-Esprit donc communique sa divine énergie à la création et celle-ci connaît le divin et s'unit avec lui par *la divine énergie* que le Saint-Esprit offre comme don, comme *grâce à la création*. Ce sujet de la divine énergie ne sera pas traité plus largement ici, car il est repris dans un autre chapitre.

L'ordre trinitaire des relations des trois hypostases divines ainsi que l'unicité divine sont considérés par l'enseignement chrétien comme le dépassement du polythéisme désordonné et du monothéisme stérile judaïque [146]. Saint Maxime, ainsi, rejette la dyade comme solution du mode d'existence de l'être divin. Or la monade, qui indique le « λόγος τοῦ εἶναι » de la Trinité, et non pas une entité mathématique, a comme mode d'existence la Triade. Le mode trinitaire d'existence est l'expression parfaite de la divinité, car elle dépasse et

144. Cf. *Interprétation du Notre Père* PG 90, 884ABC.
145. *Quaestiones ad Thalassium 63*, *Corpus Christianorum 22*, 155, 170-157, 182. PG 90, 672CD.
146. Cf. PG 91, 1034D-1036AB.

la dyade et la circonscription de la divinité à une seule personne. Ce mode triadique d'existence exclut le désordre et l'épanchement de la divinité dans l'infini. La Trinité exprime la communion parfaite des personnes, elle constitue la richesse de la divinité par la cohésion des Personnes divines et l'éclat unique de la divinité. Saint Maxime, donc, sent le danger de l'enseignement d'un Dieu impersonnel et d'une essence indépendante des Personnes. D'autre part, il est conscient que l'accent mis sur les Personnes n'est pas sans danger si on ne souligne pas l'unité de l'essence, de la puissance et de l'énergie.

C. ESSENCE CRÉÉE ET INCRÉÉE

L'essence incréée est, pour saint Maxime et pour tous les Pères de l'Eglise [147], synonyme de l'essence divine. Dans l'introduction de ce chapitre, nous avons dit de l'essence divine et incréée qu'elle possède un sens absolu, en comparaison avec l'essence créée des êtres qui est « relative ». Cela implique certaines conséquences en ce qui concerne l'essence, soit créée soit incréée. Ainsi l'être divin incréé est distinct ontologiquement de l'être créé. Entre les distinctions du monde sensible, intelligible et spirituel la première est la distinction entre le créé et l'incréé : « Les saints disent que l'hypostase de toutes les créatures est divisée en cinq : la première division est, disent-ils, celle qui sépare la nature incréée de la nature créée dans son ensemble (καθ'ὅλου) et qui vient de l'acte créateur » [148]. La discussion qui concerne la différence entre l'être divin incréé et l'être créé des êtres, saint Maxime la fait à plusieurs reprises dans ses écrits, mais plus précisément dans les *Ambigua II, 10* [149].

---

147. Cf. : Eusèbe de Césarée, PG 20, 1230C ; saint Grégoire de Nazianze, *Discours 23*, PG 35, 1164A. Saint Grégoire de Nysse, *Homélie 6 sur le Cantique des Cantiques*, PG 44, 885D ; *VIᵉ Discours Catéchétique*, PG 45, 28C ; *Discours Catéchétique*, ibid., 100B et ibid., 141C. Saint Basile le Grand, *Ascétiques*, PG 31, 649B ; Léonce de Byzance, PG 86, 1220C ; saint Jean Damascène, PG 96, 1341D.

148. *Ambigua II, 41*, PG 91, 1304D. Les autres divisions sont : intelligibles et sensibles, ciel et terre, paradis et terre habitée, mâle et femelle.

149. PG 91, 1176-1188. Nous citons les titres des différents chapitres de ces

1. Cause et Causé.

La première relation et distinction entre l'être créé et incréé est celle de la cause et du causé [150]. Le mode fondamental d'accéder au premier principe et cause est la connaissance de Dieu [151] « comme principe et cause et créateur des êtres » [152] ; cette connaissance devient possible à travers les êtres. Ces propriétés ne peuvent pas être attribuées pareillement à l'essence créée, car elle n'est ni infinie ni sans cause. Nous sommes conduits à cette conclusion par la constatation que l'essence créée possède la propriété de se mouvoir, tandis que le premier principe et cause est sans mouvement, « car l'infini est absolument immobile, puisqu'il n'a pas où se mouvoir celui qui n'est pas déterminé » [153].

Ambigua pour voir la thématique qui préoccupe saint Maxime concernant la relation du monde avec Dieu, du créé avec l'Incréé : (a) « Θεωρία φυσικὴ περὶ τοῦ ἀρχὴν ἔχειν τὸν κόσμον καὶ γένεσιν, καὶ πᾶν ἄλλο μετὰ Θεόν », (b) « Θεωρία περὶ συστολῆς καὶ διαστολῆς οὐσίας, ποιότητός τε καὶ ποσότητος, καθ'ἣν ἄναρχοι εἶναι οὐ δύνανται », (c) « Ἀπόδειξις περὶ τοῦ, πᾶν ὁτιοῦν ἄνευ Θεοῦ πάντως ἐν τόπῳ, καὶ διὰ τοῦτο ἐξ ἀνάγκης καὶ ἐν χρόνῳ, καὶ ὅτι τὸ ἐν τόπῳ πάντως κατὰ χρόνον καὶ ᾖρηται τοῦ εἶναι », (d) « Ἀπόδειξις τοῦ μὴ δύνασθαι ἄπειρον εἶναι, καὶ διὰ τοῦτο οὔτε ἄναρχον πᾶν, εἴ τι κατὰ τὴν ἐν πλήθει ποσότητα ἔχει τὸ εἶναι », (e) « Ἀπόδειξις ὅτι πᾶν κινούμενον, ἢ ἄλλῳ διαφόρῳ κατὰ τὴν οὐσίαν ἐξ ἀιδίου συνθεωρούμενον, ἄπειρον εἶναι οὐ δύναται, καὶ ὅτι ἡ δυὰς οὔτε ἀρχή ἐστιν, οὔτε ἄναρχος, καὶ ὅτι ἡ μονὰς μόνη κυρίως ἀρχὴ καὶ ἄναρχος ».

150. Aristote a fait le lien entre la cause et le « τί ἦν εἶναι », et il cherchait de cette façon la cause première : « Ὥστε ἐπεὶ ἡ φύσις ἕνεκά του, καὶ ταύτην εἰδέναι δεῖ, καὶ πάντως ἀποδοτέου τὸ διὰ τί, οἷον ὅτι ἐκ τοῦδε ἀνάγκη τόδε (τὸ δὲ ἐκ τοῦδε ἢ ἁπλῶς ἢ ὡς ἐπὶ τὸ πολύ), καὶ εἰ μέλλει τοδὶ ἔσεσθαι (ὥσπερ ἐκ τῶν προτάσεων τὸ συμπέρασμα), καὶ ὅτι τοῦτ'ἦν τὸ τί ἦν εἶναι, καὶ διότι βέλτιον οὕτως, οὐχ ἁπλῶς, ἀλλὰ τὸ πρὸς τὴν ἑκάστου οὐσίαν » (Aristote, De Natura B7, 198b 4-9). Aristote introduisait ainsi la loi de causalité : « οἷον ἐκ τοῦδε ἀνάγκη τόδε » ; Mais par l'usage du verbe « εἶναι » à l'imparfait, c'est-à-dire le « ἦν » qui se réfère à l'« ἑκάστου οὐσίαν », il introduisait aussi la cause intemporelle de l'essence des êtres. Voir N.D. CHRONIS, Le problème des Catégories chez Aristote, Athènes 1975, pp. 177-178, (en grec).

151. Saint Maxime développe ailleurs l'enseignement des cinq modes de la vision naturelle par lesquels l'homme, à travers les êtres créés, rencontre la cause incréée, et connaît aussi le mode d'existence de la cause incréée. Cf. Ambigua II, 10, PG 91, 1133A-1137C.

152. Ambigua II, 10, PG 91, 1176D.

153. Ibid., 1184B. Aristote, pour interpréter la notion du changement de l'être et la naissance et l'accroissement du monde, aboutissait à la conclusion :

Le mouvement introduit le début temporel et l'accès à la cause du mouvement, « puisque tout ce qui se meut commença absolument le mouvement. Or tout mouvement n'est pas sans commencement (ἄναρχος), puisqu'il n'est pas non plus sans cause » [154]. À l'encontre de la première cause du mouvement, qui est en elle-même immobile, l'être des êtres créés commence avec le mouvement. Mais le fait qu'il commence en même temps que le mouvement signifie qu'il inclut le sens du commencement temporel, parce que le mouvement des êtres créés dans le temps a une cause. Ainsi l'être créé n'est pas sans relation, et son essence est par conséquent non absolue. Mais l'être divin est immobile et sans commencement et sans relation, car « en effet, la première cause du mouvement (τὸ γὰρ πρώτως κινοῦν) est absolument immobile, puisqu'il est aussi sans commencement (ὅτι καὶ ἄναρχον) » [155].

Bien sûr l'être incréé est sans relation puisqu'il est aussi immobile ; mais en plus il est immobile, car comme première cause du mouvement, il n'a pas pour soi-même de cause qui le mette en mouvement, « car il n'y a rien qui se meut sans cause » [156]. Saint Maxime adopte un langage aristotélicien pour définir la différence entre Dieu comme cause de la création et les êtres créés.

La différence entre l'essence incréée et créée est le présupposé fondamental qui détermine la nécessité et le but du mouvement de l'essence des êtres créés. Les êtres qui

---

« ῎Εστι γάρ τι ὅ ἀεὶ κινεῖ τὰ κινούμενα, καὶ τὸ πρῶτον κινοῦν ἀκίνητον αὐτό » (*Métaphysique*, G 8, 1012b, 30 et suiv.). Pour Aristote également, la première cause du mouvement, qui est immobile, est le principe du monde, et donc l'essence de cette cause immobile doit être l'énergie. « ῎Εστί τι ὅ οὐ κινούμενον κινεῖ, ἀΐδιον καὶ οὐσία καὶ ἐνέργεια οὖσα » (*Métaphysique*, Λ 7, 1072α, 25 ; cf. ibid., 17, 1073α, 3) ; « ῎Εστιν οὐσία τις ἀΐδιος καὶ ἀκίνητος καὶ κεχωρισμένη τῶν αἰσθητῶν ». Voir aussi Panayotis, PATRIARCHEAS, *Histoire de la Théorie de l'Environnement*, vol. I, Athènes 1956, (en grec), et plus particulièrement le chapitre « *La cause du mouvement sans mouvement, l'ordre dans le monde, et la téléologie d'Aristote comme l'environnement transcendent de l'homme* », pp.118 ss. Voir également N. D. CHRONIS, op. cit., p. 154.

154. *Ambigua II, 10*, PG 91, 1177A.

155. Ibid.

156. Ibid. Saint Maxime parle du mouvement et de l'immobilité du divin dans les *Ambigua II, 23*, PG 91, 1257C-1260A, et *Ambigua I, 1*, ibid., 1034D-1036C.

possèdent de quelque façon que ce soit l'être créé, soit sensibles, soit spirituels, se meuvent « dans le but de la connaissance et de la science ». La connaissance et la science ne constituent pas l'essence des êtres créés, « mais elles sont perçues comme habitus (ἕξεις) en leur essence » ; par conséquent les êtres créés se meuvent par nécessité naturelle vers la connaissance et la science.

L'essence des êtres créés n'est ni « connaissance en soi-même », ni « science en soi-même ». Les êtres créés participent à la connaissance et à la science comme ils participent à l'être. Car ces propriétés ne peuvent être attribuées qu'à l'essence divine et incréée qui est connaissance et science en soi-même et qui n'a pas la nécessité de se mouvoir vers un autre être [157]. Ainsi le mouvement ne caractérise pas l'essence incréée, mais l'essence créée. Ceci résulte de la comparaison du mode d'existence de l'être divin incréé avec celui de l'être des êtres créés.

2. Mouvement de l'essence divine.

Effectivement l'être divin en soi-même, dans sa relation avec la création comme cause créatrice, introduit un « mouvement spécifique » de la divine essence. Saint Maxime précise cet aspect du problème à cause de la phrase ambiguë de saint Grégoire de Nazianze : « Διὰ τοῦτο μονὰς ἀπ'ἀρχῆς εἰς δυάδα κινηθεῖσα μέχρι Τριάδος ἔστη » [158]. Ce problème est abordé ailleurs ; ici nous nous limitons donc aux deux modes d'existence de l'essence divine incréée, qui sont liés au mouvement spécifique de cette essence. Pour cela il faut se référer au texte des *Ambigua II, 23* qui examine cette phrase de saint Grégoire de Nazianze. Le mouvement des êtres créés est significatif de leur création et de leur être « relationel ». A savoir, l'être des êtres créés se meut vers la cause de sa création. C'est un mouvement qui inclut la création *ex nihilo*, et le « πάθος ». Le « πάθος » signifie

---

157. Cf. ibid., 1177AB.
158. Saint Grégoire de Nazianze, *IIIᵉ Discours Théologique*, PG 26, 76B. Cf. aussi saint Maxime, *Ambigua II, 23*, PG 91, 1257C et *Ambigua I, 1*, ibid., 1034D-1036A

l'altération de l'être créé et sa relation à la cause première. Effectivement, un tel mouvement est exclu de la cause première : « Car ce qui n'a pas une cause de son être ne se meut absolument pas. Si donc ce qui est sans cause est également immobile, par conséquent le divin est immobile, car il n'a aucune cause de son être, étant lui-même la cause de tous les êtres » [159]. L'être divin est donc au-delà du mouvement des êtres créés qui indique la création *ex nihilo*, la relation de l'être, le « πάθος », et le mouvement vers la cause de la création.

La question qui se pose à saint Maxime est de savoir quel sens saint Grégoire de Nazianze attribue au mouvement divin. Avant de recourir à l'Aréopagite, il donne lui-même une réponse préliminaire illustrée d'exemples. La réponse est en accord avec le principe général selon lequel « le divin est absolument immobile selon l'essence et la nature, puisqu'il est infini (ἄπειρον), sans relation (ἄσχετον) et indéterminé (ἀόριστον) » [160]. Le mouvement divin, par conséquent, proposé par saint Grégoire de Nazianze, doit être compris dans la relation du divin immobile et du mouvement des êtres créés. En réalité, c'est le mouvement des êtres qui est transposé au divin. C'est comme le « λόγος » qui est la raison et la cause en soi de tout art, et qui est en réalité immobile, mais chaque fois qu'il se transforme en un genre d'art on parle du mouvement du « λόγος » au lieu de parler du mouvement de ce genre d'art vers le « λόγος » général. On dit encore de la lumière qui met en mouvement l'énergie de la vision qu'elle se meut. Mais soit le « λόγος » de l'art soit la lumière sont des causes de mouvement qui en elles-mêmes restent immobiles. Par ces exemples saint Maxime approche un autre exemple qui montre la raison fonda-mentale du mouvement des êtres. Selon son système cos-mologique, dans les « essences des êtres » existe « une raison scientifique » (ἐπιστημονικὸς λόγος). Selon le langage courant cette « raison scientifique » se meut, mais en réalité elle est la cause du mouvement des êtres vers les raisons de leur

159. *Ambigua II, 23*, PG 91, 1260A.
160. Ibid., 1260B.

être. Ce mouvement est conçu comme un mouvement de la Providence, car il conduit les êtres à leur finalité[161].

Dans le même sens saint Maxime cite le passage de l'Aréopagite qui pose la question : « que veulent dire les théologiens lorsqu'ils appellent Dieu tantôt désir et amour, tantôt digne d'être désiré et aimé ? » [162]. L'Aréopagite répond lui-même à cette question ainsi : « De l'amour il est la cause et, en quelque façon, le producteur et l'engendreur. Digne d'amour, il l'est par lui-même. C'est l'amour qui le meut et c'est parce qu'il est digne d'amour qu'il meut les autres » [163]. Pour saint Maxime, le divin, en tant que désir et amour se meut pour créer le désir et l'amour chez ce qui est perceptible. En tant que digne d'être désiré et aimé, Dieu meut vers lui tout ce qui est apte à désirer et à aimer le divin. Saint Maxime, à la suite de l'Aréopagite, accepte une réciprocité donc du mouvement pour la rencontre du divin incréé et des êtres créés. Mais le divin est toujours le principe et la cause du mouvement : « Il meut et se meut, comme celui qui a soif d'être objet de la soif et qui désire être désiré et qui aime être aimé » [164].

Le mouvement du divin vers les êtres et des êtres vers le divin sous la forme d'amour réciproque, dans la théologie et le système cosmologique de saint Maxime, signifie l'acte créateur de Dieu, mû par son amour pour sa création ainsi que le mouvement des êtres vers leur perfectionnement et la finalité de leur création. Ainsi on peut identifier le mouvement de Dieu vers les êtres par son énergie créatrice. La cause de tout mouvement « est, en effet, une puissance créatrice ($\delta\varrho\alpha\sigma\tau\acute{\eta}\varrho\iota\circ\varsigma$ $\gamma\grave{\alpha}\varrho$ $\acute{\upsilon}\pi\acute{\alpha}\varrho\chi\circ\upsilon\sigma\alpha$ $\delta\acute{\upsilon}\nu\alpha\mu\iota\varsigma$), qui, en tant que principe produit les êtres créés selon un mode divin ($\theta\varepsilon\circ\pi\varrho\varepsilon\pi\tilde{\omega}\varsigma$), et les manifeste ($\pi\varrho\circ\beta\acute{\alpha}\lambda\lambda\varepsilon\tau\alpha\iota$), et, en tant que fin attire providentiellement ceux qui se meuvent et les détermine » [165]. L'énergie créatrice donc est le principe de la création des êtres, la Providence et la cause du mouvement des êtres vers elle et leur finalité [166].

---

161. Cf. Ibid., 1260AB.
162. *Les Noms Divins IV, 14*, PG 3, 712C.
163. Ibid.
164. *Ambigua II, 23*, PG 91, 1260C.
165. Ibid., 1257D-1260A.
166. Bien sûr la pensée chrétienne utilise les notions soit de la cause et

Ailleurs, la bonté et l'amour de Dieu sont considérés également comme l'énergie créatrice de Dieu : « Certes, les saints, en fixant leur regard justement sur les extrêmes raisons qui concernent Dieu et qui sont accessibles aux hommes, je veux dire celles de la bonté (ἀγαθότητος) et de l'amour (ἀγάπης), par lesquelles Dieu s'est mû pour donner l'être et offrir (χαρίσασθαι) le bien-être aux êtres, — *s'il est permis de parler du mouvement de Dieu, lui qui est le seul immobile, mais plutôt de parler de la volonté (βούλησιν) qui meut tout et qui amène et maintient tout à l'être, elle qui absolument jamais ne se meut* —, les saints avaient porté avec sagesse l'empreinte (ἀπετύπωσαν) de ces raisons, possédant en eux-mêmes par une bonne imitation la bonté cachée et invisible de la magnificence divine, propriété manifestée par les vertus. C'est pourquoi ils devinrent bons, amis de Dieu et des hommes, miséricordieux et compatissants et manifestèrent une seule attitude envers tout le genre humain, celle de l'amour » [167].

Plusieurs aspects de la question du mouvement divin sont touchés par ce texte. Selon ce qui a été dit auparavant, Dieu a donné l'être et le bien-être aux êtres par sa bonté et son amour. C'est à travers ces deux propriétés divines que Dieu est considéré comme se mouvant vers les êtres pour leur offrir l'être. Saint Maxime revient à son principe de l'immobilité de Dieu, et pour donner une réponse à la question du mouvement de Dieu, il pense que lorsqu'on parle du mouvement de Dieu, on parle plutôt de sa volonté. Le mouvement donc de Dieu c'est sa volonté « qui amène

---

du causé, soit du mouvement et de la cause de ce mouvement qui reste immobile. Mais il faut être particulièrement attentif au fait que de cette manière, elle n'introduit pas la théorie pure de la loi de la causalité aristotélicienne et kantienne. En effet, dans la nature, cette théorie peut être vraie, mais la relation et la dépendance des êtres avec le principe et la cause première ne sont pas transmises à tous les autres êtres. Chaque être selon la pensée maximienne a sa référence directe au principe et à la cause première, Dieu, en Qui se trouve la raison particulière de chaque être. La loi de la causalité, selon la pensée philosophique, peut signifier que le principe et la cause première se trouvent au même niveau que le causé. Par contre, pour la pensée chrétienne, cette relation est déterminée par la différence ontologique entre l'être divin incréé transcendant et l'essence de l'être créé. Cf, *Ambigua II, 23*, PG 91, 1257CD.

167. *Ambigua II, 10*, PG 91, 1204D-1205A.

et maintient tout à l'être, elle qui absolument jamais ne se meut ». Ainsi l'amour « extatique » de l'Aréopagite [168] est interprété comme la volonté créatrice de Dieu.

Un autre aspect important, dont on parlera à plusieurs reprises, est celui des raisons (λόγοι), à savoir les énergies divines « accessibles aux hommes ». La bonté et l'amour sont des « λόγοι » divins par lesquels Dieu se manifeste comme Créateur et Providence. Les hommes peuvent imiter la bonté divine par la connaissance et l'empreinte de ces raisons en eux-mêmes.

Dieu, en se mouvant, se manifeste comme « monade », c'est-à-dire qu'Il manifeste son unique « λόγον τοῦ εἶναι », pour ne pas introduire de divisions dans le « premier principe » [169] ; mais ensuite Dieu manifeste son « τρόπος τῆς ὑπάρξεως » qui est trinitaire, pour ne pas considérer la divinité « stérile », privée du Verbe et de la Sagesse ou de la Puissance sanctificatrice des hypostases consubstantielles [170]. Le mouvement de la divinité est donc une manifestation de Dieu à travers laquelle les hommes connaissent la « Trinité parfaite en la monade parfaite, à savoir une essence et divinité et puissance et énergie en trois hypostases » [171].

C'est ainsi que la même phrase de saint Grégoire de Nazianze est interprétée dans les *Ambigua I, 1*. On a la même affirmation de saint Maxime concernant le mouvement de la divinité : le « πάθος » du mouvement nous concerne, mais pas la divinité. Par ce mouvement, considéré comme mouvement de la divinité, nous nous illuminons du « λόγος τοῦ εἶναι » et ensuite du « τρόπος τῆς ὑπάρξεως » de Dieu. D'abord le « λόγος τοῦ εἶναι », car il est conçu avant le « τρόπος τῆς ὑπάρξεως » ; à savoir que l'ordre ontologique de la divinité se reflète sur l'ordre de sa manifestation économique.

Cependant, la fameuse phrase de saint Grégoire de

168. *Les Noms Divins IV, 13*, PG 3, 712A : « *Mais en Dieu le désir amoureux est extatique* ».
169. *Ambigua II, 23*, PG 91, 1260D.
170. Ibid.
171. Ibid. 1261A.

Nazianze signifie tout le mystère de la foi en la Trinité divine. Ce qui est appelé par saint Grégoire « *mouvement* » à partir de l'origine, saint Maxime le conçoit comme l'ordre « *ontologique* » intratrinitaire de l'engendrement du Fils et de la procession du Saint-Esprit par le seul principe d'origine qui est le Père. Mais cet ordre « ontologique », puisqu'il ne dépend pas d'un autre être extérieur, ne peut être considéré comme mouvement de la divinité.

3. Le mouvement de l'essence créée.

Le mouvement de l'essence des êtres créés a une relation et une dépendance immédiate avec « le mouvement créa-teur » de l'essence divine. Le présupposé de toute étude de l'essence des êtres créés est la création de ceux-ci « *ex nihilo* ». « Il y a trois modes universels, selon la capacité humaine (...) selon lesquels Dieu a tout créé et par lesquels Il nous donne l'essence et l'hypostase (οὐσιώσας ἡμᾶς ὑπεστή-σατο) de l'être, du bien-être et du toujours-être. Les deux extrêmes ne dépendent que de Dieu en tant que cause. Le mode intermédiaire dépend aussi de notre libre choix et de notre mouvement » [172]. Dieu est « l'être véritable » (κυρίως εἶναι) ; or par son acte créateur et la création des êtres créés « *ex nihilo* », Il offre l'être aux êtres. La création des êtres « *ex nihilo* » conduit les êtres à participer à l'être. Par conséquent les êtres créés possèdent l'être par participation et non pas véritablement. L'« être » et le « toujours-être » constituent deux situations qui manifestent l'énergie créatrice (δραστικὴν ἐνέργειαν) de Dieu, parce qu'en offrant l'« être » aux êtres, Il suscite en eux le désir vers l'être véritable, le « bien-être » et le « toujours-être ». L'arrivée des êtres au « toujours-être » constitue « la fin » de ce désir. La situation

---

172. *Ambigua II, 10*, PG 91, 1116B. Cf Trad. H.-U. von BALTHASAR, « *Liturgie Cosmique*, op. cit. p. 96. Ces textes qui se réfèrent également à la relation de l'« être », du « bien-être » et du « toujours-être » et de Dieu, sont ceux que nous allons étudier dans ce paragraphe : *Ambigua II, 7*, PG 91, 1073BCD ; Ibid., 1329AB ; Ibid., 1348D ; Ibid., *II, 65*, PG 91, 1392ABCD ; cf. également H.-U. von BALTHASAR, *Liturgie Cosmique*, op. cit. pp. 95ss.

intermédiaire, c'est le lieu du libre choix du mouvement des êtres créés.

Le mouvement des êtres vers Dieu est conditionné par leurs raisons (λόγοι) qui existent perpétuellement et immuablement (παγίως) en Dieu [173]. Dieu a créé les êtres selon leurs « λόγοι », et Il leur a donné leurs « λόγοι τοῦ εἶναι » (οὐσιώσας) et leur « τρόπος τῆς ὑπάρξεως » (ὑπεστήσατο) [174]. En effet, « pour ceux qui participent ou ceux qui ne participent pas proportionellement à l'être véritable, au bien-être et au toujours-être, il y a une intensification et un accroissement du châtiment pour ceux qui ne peuvent pas participer, et une jouissance pour ceux qui peuvent participer » [175]. Tous les êtres créés participent à l'être, mais l'allure de leur mouvement est déterminée aussi par leur libre vouloir, leur libre choix et leur liberté d'être (αὐτεξούσιον). Ce choix détermine soit la participation à l'être comme grâce offerte à tous ceux qui ont choisi la vertu, soit la non-participation comme châtiment attribué à tous ceux qui ont choisi le mal.

Dans les *Ambigua II, 63*, il est dit pour les trois modes d'« être » de « bien-être » et de « toujours-être » : qu'« on considère que le λόγος entier de toute la genèse des êtres rationnels (λογικῶν οὐσιῶν) comporte la raison de l'être (λόγος τοῦ εἶναι), celui du bien-être et celui du toujours-être. Le premier, celui de l'être, est donné aux êtres selon l'essence ; le deuxième, celui du bien-être, leur est donné selon leur libre choix en tant qu'il se meuvent par eux-mêmes ; le troisième, celui du toujours-être, leur est concédé par grâce (κατὰ χάριν πεφιλοτιμῆσθαι). De ces trois modes, le premier concerne la puissance, le deuxième l'énergie et le troisième le repos (ἀργίας) » [176]. Nous pouvons donc dire que ces trois modes d'être des êtres sont trois étapes successives, non pas dans le sens d'une succession temporelle,

---

173. Cf. *Ambigua II, 42*, PG 91, 1329A.
174. Cf. Ibid. 1329AB.
175. Ibid. 1329B. Dans cet espace intermédiaire, les êtres créés opèrent selon l'« αὐτεξούσιον », qui signifie leur liberté. Cf. aussi *Ambigua II, 7*, PG 91, 1076BC.
176. *Ambigua II, 65*, PG 91, 1392A. On suit la traduction d'Alain Riou, *Le Monde et l'Église selon Maxime le Confesseur*, op. cit. p. 67.

mais d'une priorité métaphysique de l'une à l'autre, et qui manifestent le mouvement de l'essence des êtres créés. D'ailleurs ce mouvement est réciproque ; d'une part, les êtres se meuvent par l'énergie divine créatrice vers la possession de l'être. Cette disposition métaphysique des êtres décrit leur création « *ex nihilo* » ; d'autre part le même mouvement continue, cette fois causé par le libre choix des êtres vers le bien ou vers le mal. Effectivement, la nature elle-même a une puissance et une volonté essentielles qui sont par nature bonnes, mais la liberté de l'être (αὐτεξούσιον) est déterminante dans ce choix. Dans ce mouvement naturel est présente la divine Providence qui tient à l'existence et au perfectionnement de la création. La dynamique intérieure de l'essence peut être systématisée en les trois « modes » suivants : « Le premier qui contient la puissance (δύναμις), le deuxième l'énergie (ἐνέργεια), et le troisième le repos (ἀργία) » [177]. L'être des êtres créés a naturellement la puissance d'opérer [178] ; l'énergie, donc, est la puissance qui mène vers sa « fin » naturelle l'essence créée dont elle guide le mouvement. Ainsi l'essence créée porte en elle-même la puissance et l'énergie, indispensables à sa perfection. La perfection doit advenir au deuxième stade, celui du « bien-être ». Lors de la réalisation de l'être au deuxième mode, celui du « bien-être », l'énergie de la puissance naturelle est « gnomique » [179], puisqu'elle dépend du libre choix de l'être.

En effet, le but du mouvement de l'essence créée à travers l'« être » et le « bien-être », est son « toujours-être ». Le mode du « toujours-être » manifeste la situation de l'être des êtres créés en leur retour à la cause de leur création. Ainsi est-il appelé « ἀργία », puisque l'être des êtres créés ne dépend plus de sa puissance naturelle ou bien de l'énergie gnomique, car le fait qu'il est contenu en Dieu dans son retour à la cause première, signifie d'une part son dépassement, et d'autre part que la nature des êtres créés devient « immobile » « selon la puissance », et que le libre choix

177. Ibid.
178. Nous nous référons à la position connue de saint Maxime selon laquelle la volonté, la puissance et l'énergie sont essentielles.
179. PG 91, 1392B ; ibid., 1073C ; ibid., 1116B ; ibid., 1329A.

devient « immobile » « selon l'énergie » [180]. Cela constitue la « κατάπαυσις » ou bien le « sabbat » de l'être des êtres créés qui signifie ici l'arrivée de l'être des êtres créés à sa « fin » : la « fin » des êtres est leur arrivée à la cause première, leur union avec elle et sa connaissance. Tout cela constitue le perfectionnement de la création.

4. Systole et diastole.

La création de l'essence des êtres se réalise selon leurs raisons (λόγοι) qui existent en Dieu [181]. La différence entre les raisons des êtres et leur essence est que celles-là se trouvent éternellement en Dieu, et que celle-ci est créée dans le temps [182]. La création de l'essence des êtres est étroitement liée au mouvement, selon le schéma « γένεσις-κίνησις-στάσις » [183]. Entre la « γένεσις » et la « κίνησις », il n'y a pas d'espace temporel mais bien une simultanéité. Seulement la « γένεσις » a une priorité sur la « κίνησις », celle-ci étant la conséquence de la « γένεσις ». Le mouvement est réciproque, et sa réciprocité est décrite par la diastole et la systole. « Or même l'essence prise dans son sens simple, non seulement celle des êtres en devenir ou en corruption, est mue selon le devenir et la corruption, mais aussi l'essence de tous les êtres a été mue et se meut selon la raison et le mode (λόγῳ τε καὶ τρόπῳ) de la diastole et de la systole. Car elle se meut à partir du genre le plus général à travers les genres généraux vers les espèces par lesquelles et en qui elle se trouve divisée, progressant jusqu'aux espèces les plus particulières, où s'achève sa diastole en délimitant son être vers le bas ; de nouveau, elle (l'essence) est rassemblée

---

180. PG 91, 1392B.
181. Cf. *Ambigua II*, 42, PG 91, 1329BC ; ibid., *II*, 7, PG 91, 1069A-1101C
182. Cf. *Ambigua II*, 7, PG 91, 1080A, 1081A. Les raisons des êtres sont incréées et éternelles comme le sont les divines énergies.
183. Malgré l'inversion du schéma origéniste « στάσις-κίνησις-γένεσις » en « γένεσις-κίνησις-στάσις », qui a comme but le refus de l'enseignement d'Origène selon lequel la création est le fruit de la chute, et malgré l'affirmation catégorique de saint Maxime que la « κίνησις » ne précède pas la « γένεσις », nous constatons ici que la « κίνησις » est simultanée à la « γένεσις ». Et ce fait caractérise l'essence des êtres créés. Nous pouvons par contre dire que la « γένεσις » a une priorité ontologique par rapport à la « κίνησις ».

à partir des espèces les plus particulières à travers les genres généraux en remontant jusqu'au genre le plus général en lequel s'achève sa systole, en limitant son être vers le haut. Ainsi doublement circonscrite, je veux dire par le haut et le bas, l'essence montre qu'elle a un début et une fin, et qu'elle ne peut absolument pas recevoir la raison (λόγον) d'infinité » [184].

Donc par l'acte créateur de Dieu est instauré le mouvement perpétuel de la création. Dans les *Ambigua II, 15*, le mouvement est déterminé comme suit : « On dit, en effet, que d'une part le mouvement est le propre des êtres en devenir et en corruption puisqu'on attribue à ce qu'on considère propre l'accroissement et la diminution (τοῖς περὶ αὐτὰ θεωρουμένοις τὸ μᾶλλον καὶ τὸ ἧττον) − même si on peut parler proprement du mouvement de l'essence de l'ensemble des êtres en devenir −, et que d'autre part l'allure est le tournoiement de l'essence mue de façon circulaire et infatigable » [185]. Le mouvement circulaire décrit ici le mouvement réciproque à partir de Dieu « vers le bas » et qui mène à Dieu « vers le haut ». Dieu constitue le

---

184. *Ambigua II, 10*, PG 91 1177BC. Nous suivons la traduction de H.-U. von BALTHASAR, *Liturgie Cosmique*, op. cit. p. 108, qui, dans l'Édition française n'est pas toujours littérale. Cf. également le texte des *Ambigua II, 41*, PG 91, 1312CD : « Πάντα γὰρ τὰ ταῖς οἰκείαις ἰδίως διαφοραῖς ἀλλήλων δια-κεκριμμένα ταῖς καθ'ὅλου καὶ κοιναῖς γενικῶς ταὐτότησιν ἥνωνται, καὶ πρὸς τὸ ἕν καὶ ταὐτὸν ἀλλήλοις γενικῷ τινι λόγῳ φύσεως συνωθοῦνται, οἷον τὰ μὲν γένη κατὰ τὴν οὐσίαν ἀλλήλοις ἐνούμενα τὸ ἕν ἔχει καὶ ταὐτὸν καὶ ἀδιαίρετον. Οὐδὲν γὰρ τῶν καθ'ὅλου καὶ περιεχόντων καὶ γενικῶν τοῖς ἐπὶ μέρους καὶ περιεχομένοις καὶ ἰδικοῖς συνδιαιρεῖται. Οὐ γὰρ ἔτι γενικὸν εἶναι δύναται τὸ μὴ συνάγον τὰ διῃρημένα φυσικῶς, ἀλλὰ συνδιαιρούμενον αὐτοῖς, καὶ τῆς οἰκείας μοναδικῆς ἑνότητος ἐξιστάμενον. Πᾶν γὰρ γενικὸν κατὰ τὸν οἰκεῖον λόγον ὅλον ὅλοις ἀδιαιρέτως τοῖς ὑπ'αὐτὸ ἑνικῶς ἐνυπάρχει, καί τὸ καθ'ἕκαστον ὅλον ἐνθεωρεῖται γενικῶς. Τὰ δὲ εἴδη κατὰ τὸ γένος ὡσαύτως τῆς ἐν τῇ διαφορᾷ ποικιλίας ἀπολυθέντα τὴν πρὸς ἄλληλα ταὐτότητα δέχεται. Τὰ ἄτομα δὲ κατὰ τὸ εἶδος τὴν πρὸς ἄλληλα δεχόμενα σύμβασιν ἕν καὶ ταὐτὸν ἀλλήλοις πάντῃ καθέστηκε, τῇ ὁμοφυΐᾳ τὸ ἀπαράλλακτον ἔχοντα καὶ διαφορᾶς πάσης ἐλεύθερον. Τὰ δὲ συμβεβηκότα κατὰ τὸ ὑποκείμενον ἀλλήλοις συγκριθέντα τὸ ἑνιαῖον ἔχει, τῷ ὑποκειμένῳ παντελῶς μὴ σκεδαννύμενον ». Les mêmes idées sont exprimées aussi à ibid., 1313A et dans la *Mystagogie*, I, PG 91, 664D-665ABC.

185. Ibid., 1217B. Selon H.-U. von BALTHASAR, Liturgie Cosmique, op. cit. p. 109, saint Maxime à ce point est très proche d'Héraclite en ce qui concerne le mouvement perpétuel de tout.

principe et la cause de l'essence des êtres créés comme aussi leur fin. En Dieu se trouvent les raisons des êtres selon lesquelles ils sont créés, c'est-à-dire dont ils ont reçu leur être. La création des êtres est une œuvre de Dieu, mais leur mouvement à partir du genre le plus général à travers les genres généraux aux espèces particulières, où s'achève l'essence créée, décrit toute la disposition et la dynamique de l'essence à participer à l'être par sa propre force. La diastole donc est la dynamique naturelle de l'essence qui a deux présupposés, la force divine, comme énergie créatrice, et la force naturelle en la forme d'« αὐτεξούσιον ». La Providence de Dieu a mis cette dynamique dans la nature créée comme « désir » de participation à l'être et pour la sauvegarder d'un anéantissement éventuel.

Selon H.-U. von BALTHASAR, « *l'essence prise dans son sens simple* » est la « *catégorie suprême de l'être, comprenant tous les genres et toutes les essences et non pas dans le sens de la πρώτη οὐσία d'Aristote* » [186]. Par la diastole, l'essence créée arrive à se diviser en les êtres les plus particuliers. Mais, pour qu'il n'y ait pas de confusion, ou de révolte du particulier contre le tout, ni d'anéantissement du particulier par le tout, la diastole comme aussi la systole de l'essence des êtres suit le jugement (κρίσις) divin [187] qui a déterminé le mode d'être de chaque être. La diastole de l'essence des êtres jusqu'aux espèces les plus particulières ne constitue pas le dernier stade. Les êtres portent en eux-mêmes la tendance au retour à leur cause première, Dieu, en Qui se trouvent leurs raisons selon lesquelles ils sont créés. Ce retour constitue leur fin (τέλος). Ainsi se réalise la réunion

---

186. *Liturgie Cosmique*, op. cit. p. 108.

187. « Κρίσιν, οὐ τὴν παιδευτικὴν καὶ οἷον κολαστικὴν τῶν ἁμαρτανόντων, ἀλλὰ τὴν σωστικὴν καὶ ἀφοριστικὴν τῶν ὄντων διαμονήν, καθ᾿ ἥν τῶν γεγονότων ἕκαστα τοῖς καθ᾿ οὓς γεγένηται συνημμένα λόγοις ἀπαράβατον ἔχει τὴν ἐν τῇ φυσικῇ ταυτότητι ἀναλλοίωτον νομιμότητα, καθὼς ἐξ ἀρχῆς ὁ δημιουργὸς περὶ τοῦ εἶναι καὶ τί εἶναι καὶ πῶς καὶ ὁποῖον ἕκαστον ἔκρινέ τε καὶ ὑπεστήσατο ». *Ambigua II, 10*, PG 91, 1133D-1136A. Il est vrai qu'aujourd'hui le terme « κρίνω » et tous ses dérivés, par exemple « κρίσις », « κριτής », sont entendus dans un sens juridique. Mais le terme utilisé dans le texte cité veut montrer la sagesse du Créateur qui, par son divin « jugement » (κρίσις) a déterminé et a créé les êtres de manière parfaite, correspondant à la sagesse divine.

(σύναξις) des êtres « vers le haut ». Or les espèces particulières se contractent à travers les genres généraux en
genre le plus général, d'où la diastole a commencé [188].

Nous pourrions présenter schématiquement cet enseignement de la systole et de la diastole comme suit :

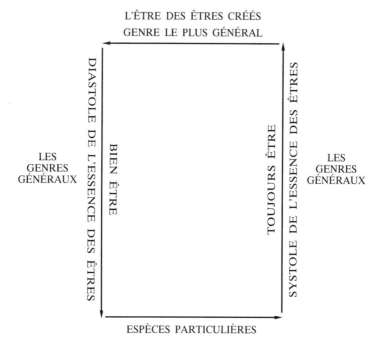

DIEU

Principe-Cause-Fin des êtres
Création de l'être des êtres ex nihilo selon leurs raisons
qui se trouvent perpétuellement en Dieu

L'ÊTRE DES ÊTRES CRÉÉS
GENRE LE PLUS GÉNÉRAL

DIASTOLE DE L'ESSENCE DES ÊTRES

SYSTOLE DE L'ESSENCE DES ÊTRES

BIEN ÊTRE

TOUJOURS ÊTRE

LES
GENRES
GÉNÉRAUX

LES
GENRES
GÉNÉRAUX

ESPÈCES PARTICULIÈRES

188. Nous répétons que cette approche métaphysique de la création est
éloignée de celle d'Origène et d'Évagre le Pontique pour lesquels la création
est la rupture avec Dieu, c'est-à-dire le résultat de la chute. Tandis que pour
saint Maxime la nature est bonne en soi. H.-U. von BALTHASAR, *Liturgie
Cosmique*, *op. cit. p. 17*, écrit qu'« *au lieu d'un monde provisoire, comme le créé,
chez Origène et même chez Denys, le rythme néo-platonicien d'épanchement et de
retour, diastole et systole de la divinité, se pose un monde définitif, suppôt d'un
surnaturel qui en l'élevant, lui laissera sa forme intégrale* ».

L'importance donnée par saint Maxime à la nature créée, est étonnante ; tout d'abord elle n'est pas une notion statique, comme Heidegger voit l'essence chez Platon et Aristote [189]. La nature elle-même crée l'espace qu'elle va remplir de son être. Saint Maxime donc se libère du monde des idées platoniciennes et rend la nature « αὐτεξούσιον », maîtresse d'elle-même et de l'espace, et non pas maîtrisée par une situation autre.

De ce schéma nous observons le système cosmologique de saint Maxime. En le comparant avec celui de l' Aréopagite, nous constatons aussi l'originalité de saint Maxime. À partir de ce schéma-ci, est mise en évidence la relation des êtres avec Dieu. Pour saint Maxime la différence entre le créé et l'incréé n'est pas un sujet de contradiction, − on verra ce point dans le chapitre sur la christologie −, c'est-à-dire que la nature, comme création de Dieu, est bonne. Si on acceptait une contradiction cela signifierait que la nature se retourne contre son créateur. La contradiction se place au niveau du libre choix par les êtres et non pas au niveau métaphysique. Cette position va à l'encontre de celle d'Origène pour qui la nature est le résultat de la chute. D'autre part, le passage du genre le plus général aux genres généraux et ensuite aux espèces particulières ne signifie pas l'éloignement ou bien une distance (διάστημα) plus grande entre Dieu et les espèces particulières de celle qui existe entre le genre le plus général et Dieu. Mais la même relation qui est régie entre le genre le plus général et Dieu est régie aussi entre les espèces particulières et Dieu, puisque les raisons de tous les êtres se trouvent en Dieu. Cela aussi différencie saint Maxime de l'Aréopagite pour qui les êtres participent à la divinité selon la place qu'ils occupent dans son système hiérarchique.

La relation de l'être des êtres créés avec l'être de Dieu constitue le problème fondamental non seulement de la théologie chrétienne, mais aussi de la philosophie en général. Comme exemple nous citons le point de vue platonitien des idées, et aristotélicien du « μόνου κινοῦντος ἀκινήτου ». La philosophie existentielle [190] a émis une critique particulière

---

189. Cf. op. cit. pp. 185ss.
190. Nous nous référons à SARTRE, « Le diable et le bon Dieu », qui écrit

contre la position chrétienne en ce qui concerne cette relation, qui est comme un anéantissement essentiel des êtres créés par l'affirmation du divin. Le mouvement décrit de l'essence des êtres, comme création de Dieu « *ex nihilo* » et leur mouvement par la systole qui constitue le « toujours-être » et la « fin » des êtres est perçu par H.-U. von BALTHASAR comme « *la crise définitive de la patristique grecque* » [191], mouvement qui a tendance à se transformer en une nécessité métaphysique.

Qu'il nous soit permis ici de développer une opinion différente en ce qui concerne ce point de l'enseignement de saint Maxime. La création des êtres est une œuvre de la libre volonté de Dieu en son sens général. La distinction faite par saint Maxime des êtres et de leurs raisons ($\lambda\acute{o}\gamma o\iota$), vise à souligner la synergie des raisons des êtres à la création des êtres par un mouvement libre réciproque. En effet, dans les raisons des êtres se trouvent les énergies perpétuelles de Dieu, et celles-ci, en synergie avec les raisons des êtres, créent les êtres selon leurs raisons [192]. De plus, au stade du « bien-être », il est souligné clairement que la liberté ($\alpha\dot{v}\tau\varepsilon$-$\xi ov\sigma\iota\acute{o}\tau\eta\varsigma$) de l'être des êtres créés, déterminant pour le stade suivant du « toujours-être », est le résultat du libre choix et non pas d'une nécessité métaphysique. D'ailleurs la nature des êtres créés, dans son mouvement, se meut sans cesse vers sa fin, orientée vers les raisons des êtres. Cela est davantage manifeste dans l'enseignement de saint Maxime de la connaissance et de l'union de l'homme avec Dieu, où il y a une synergie des deux énergies, divine et humaine. Ici saint Maxime est très catégorique en écrivant : « Nous ne disons pas que la liberté de l'être ($\alpha\dot{v}\tau\varepsilon\xi o\acute{v}\sigma\iota ov$) soit écartée ($\dot{\alpha}\nu\alpha\acute{\iota}\varrho\varepsilon\sigma\iota\nu$), mais que nous ayons plutôt une position fixe et immuable selon la nature, à savoir une sortie volontaire de soi-même ($\dot{\varepsilon}\varkappa\chi\acute{\omega}\varrho\eta\sigma\iota\nu$ $\gamma\nu\omega\mu\iota\varkappa\acute{\eta}\nu$) de sorte que de là nous avons l'être, et nous aurons le désir de recevoir

---

la fameuse phrase : « *Si Dieu existe l'homme n'existe pas, si l'homme existe Dieu n'existe pas* ».

191. H.-U von BALTHASAR, *Liturgie Cosmique*, op. cit. p. 104.

192. Cf. *Ambigua II, 21*, PG 91, 1256D-1257ABC.

le mouvement » [193]. L'« αὐτεξούσιον » est une réalité ontologique de la liberté de l'être. La concordance du libre choix de la part de l'homme avec la volonté divine constitue l'accomplissement de l'« αὐτεξούσιον ». L'« αὐτεξούσιον » donc est la puissance naturelle qui conduit l'homme vers sa finalité et instaure l'harmonie entre le créé et l'incréé. Les êtres sont la création de l'acte libre de Dieu, et puisque Dieu est l'être libre par excellence, Il ne crée pas des êtres privés de liberté. La liberté doit être placée au niveau ontologique et non pas du libre choix de l'homme, parce que la nature créée est maîtrise-en-soi-même (αὐτεξούσιος). La création « ex nihilo » ne signifie point que les êtres sont créés et qu'ils possèdent aveuglément l'être ; la diastole et la systole de leur essence montre leur participation active à la possession de leur être et à son accomplissement.

Nous pouvons distinguer deux étapes dans la création : celle de la conception des raisons des êtres par Dieu ; la conception est advenue éternellement, puisque Dieu est éternellement créateur et connaît la création avant le temps. C'est cela que signifie l'existence éternelle des raisons des êtres en Dieu ; ce n'est donc pas le monde des idées platoniciennes. La création par conséquent qui existe potentiellement en Dieu par les raisons des êtres, devient création en énergie par l'acte libre de Dieu et celui des raisons des êtres qui existent en Lui. L'acte libre de Dieu n'est autre que l'énergie créatrice de Dieu.

5. L'universel et le particulier.

Le mouvement des êtres créés à partir du genre le plus général, à travers les genres généraux vers les espèces particulières, et à partir des espèces les plus particulières, à travers les genres généraux vers le genre le plus général, comme *diastole* et *systole* des êtres, est le mouvement ontologique réciproque de l'universel vers le particulier et du particulier vers l'universel. En traitant la question de l'essence

---

193. Ibid., *II, 7*, PG 91, 1076B ; cf. également *Opuscula Theologica et Polemica, 1*, PG 91, 33ABC.

et de l'hypostase, nous avons constaté que l'essence elle-même entre dans la catégorie du « καθόλου » (universel) tandis que l'hypostase entre dans la catégorie du « καθ'ἕκαστον » (particulier). Mais la question de l'universel et du particulier est plus vaste et concerne le devenir des êtres par leur mouvement ontologique.

Penchons-nous d'abord sur la signification de l'universel et du particulier : « En effet, examinant le monde présent de façon convenable et avec science, et ayant déployé sagement la parole, qui selon le sens est enfermée, jusqu'aux corps unis de façon variée l'un à l'autre (ἀλλήλοις συνηρμοσμένων σωμάτων), ils ont découvert entre eux les corps sensibles et compréhensibles (ἀντιληπτικά) et universels ; or tous sont contenus (περιεχόμενα) et corrompus (περιτρεπόμενα) par l'échange de leurs propriétés particulières. En effet, dans les corps sensibles (αἰσθητά) sont naturellement contenus les sensitifs (αἰσθητικά), et les sensibles sont contenus selon le sens par les sensitifs en tant que perceptibles. De même les universels se corrompent en particuliers par altération (κατὰ ἀλλοίωσιν), et les particuliers en universels par dissolution (κατὰ ἀνάλυσιν). Et le devenir des uns se fait par la corruption des autres. Car la réunion (σύνοδος) des corps universels qui produit le devenir des corps particuliers est la corruption par altération, tandis que la dissolution de la connexion (συνδέσεως) des corps particuliers, leur dissolution dans l'universel qui est leur corruption, produit par là la pérennité (διαμονή) et le devenir des corps universels » [194].

L'universel et le particulier sont deux « moments » du devenir ontologique des êtres. Il y a aussi une interdépendance entre l'universel et le particulier, car l'un ne peut pas être sans l'autre. On peut même dire que l'essence de l'universel dépend du particulier et inversément, car « le devenir des uns se fait par la corruption des autres », mais encore, que l'universel contient les particuliers ainsi que les particuliers contiennent l'universel. Le flux et le reflux entre l'universel et le particulier caractérisent ontologiquement la

---

194. *Ambigua II, 10*, PG 91, 1169BC.

constitution du cosmos. Or ce mouvement est significatif de la finalité des êtres.

Bien que le devenir du particulier soit la *corruption* de l'universel, et que le devenir de l'universel soit la corruption du particulier, ces deux réalités ontologiques des êtres ne s'opposent pas. « Car tous ceux qui sont distincts les uns des autres par leurs propres différences sont unis généralement par les identités universelles et communes, et ils se rassemblent (συνωθοῦνται) à l'unique et identique raison générale de la nature (πρὸς τὸ ἕν καὶ ταὐτὸν ἀλλήλοις γενικῷ τινι λόγῳ φύσεως). Par exemple, les genres, unis entre eux selon l'essence, ont l'unique, identique et indivisible raison. Car aucun des êtres universels et contenants et génériques ne se trouve dissocié des êtres partiels et contenus et particuliers. Ce qui ne rassemblerait plus ce qui par nature est divisé ne pourrait plus être générique, mais serait aussi divisé et perdrait sa propre unicité monadique. Toute totalité (ὅλον) générique (γενικόν) réside selon sa propre raison (κατὰ τὸν οἰκεῖον λόγον), d'une manière unifiante, sans séparation en chacune des subordonnées, et la totalité partielle (τὸ καθ'ἕκαστον ὅλον) est contemplée en elle d'une manière générale. De même les espèces d'un genre, en dissolvant la variété de leurs différences, obtiennent leur identité mutuelle. Les individus aussi d'un genre en recevant leur réunion (σύμβασιν) mutuelle, deviennent uns et identiques entre eux. Leur identité est prouvée par leur unique nature qui est libre de toute différence. Les accidents également comparés à l'essence subsistante sont unis mutuellement, car selon l'essence subsistante ils ne sont absolument pas dispersés » [195]

Les différences propres à chaque être ne constituent pas une division à proprement parler, car l'universel constitue l'équilibre nécessaire. Et c'est autour de la raison universelle que les êtres particuliers se rassemblent pour garder leur unité ontologique. Le rôle de l'universel est d'unir les êtres divisés sans qu'il soit divisé par eux. Inversement, l'universel

---

195. *Ambigua II, 41*, PG 91, 1312CD. Pour une partie de la traduction nous nous basons sur la traduction de H.-U. von BALTHASAR, *Liturgie Cosmique*, op. cit. p. 110.

n'absorbe pas les particuliers, mais c'est en lui qu'ils gardent leur unité pour ne pas être dispersés. Les exemples cités dans le texte clarifient la pensée de saint Maxime : les espèces trouvent leur identité et leur union en leur genre, les individus en leur genre, ainsi que les accidents en l'essence commune.

« Il est dit par le Maître (Grégoire de Nazianze) que les êtres visibles sont mus et portés sans mouvement par la raison (λόγῳ) par laquelle ils sont venus à l'être, ils ont immuablement un ordre (τάξιν) et une pérennité (διαμονήν), par nature (κατὰ φύσιν), puissance (δύναμιν) et énergie (ἐνέργειαν) ; ils n'échappent aucunement à leur propriété naturelle, ni ne se changent en autre chose ni ne sont mêlés à autre chose. Mais ils sont mûs aussi selon la raison du flux et du reflux (τῷ κατὰ ῥοὴν καὶ ἀπορροὴν λόγῳ), par une augmentation et une diminution dans le nombre, et par une modification dans le comment (περὶ τὸ ποιόν), et pour parler proprement, par une succession des uns aux autres, ceux qui précèdent cédant toujours à ceux qui suivent. Et simplement, pour parler en bref, tous les êtres selon la raison selon laquelle ils existent et sont, sont absolument stables et immobiles ; mais par la raison (τῷ λόγῳ) de ce qui est considéré autour d'eux (τῶν περὶ αὐτὰ θεωρουμένων), raison en laquelle consiste et est sagement conduite l'économie de tout, évidemment tous sont mus et non stables » [196].

Peut-être nous rapprochons-nous apparemment des théories modernes de l'évolutionisme. Mais nous constatons tout de suite que ce n'est pas le cas, car la transformation d'un genre à un autre, soutenue par les théories évolutionistes est exclue. Il y a effectivement dans la création évolution, due à l'énergie créatrice de Dieu, à son jugement et à sa divine Providence.

Dans ce mouvement et le tournoiement de la nature des êtres, la référence du tout à la raison de la nature signifie la stabilité et l'inaltérabilité de la nature des êtres, car « nous n'altérons point la nature » [197]. Le paradoxe dans le

---

196. *Ambigua II, 15*, PG 91, 1217AB. Trad. Alain Riou, *Le monde et l'Église selon Maxime le Confesseur*, op. cit. pp. 74-75.
197. Ibid., *II, 31*, PG 91, 1280D.

texte cité, qui est un jeu de mots, en fait n'existe pas, car le « ἀκινήτως » (sans mouvement) a un autre sens que le « κινεῖσθαι » (se mouvoir). Le « ἀκινήτως », comme nous le constatons dans le contexte, signifie l'immuabilité de la nature des êtres et l'inaltérabilité de sa raison dans le mouvement naturel réciproque et incessant. L'immuabilité de l'essence a effectivement deux sens : (a) Malgré le mouvement de cette nature, soit vers le particulier soit vers l'universel, ce mouvement n'altère pas la nature, puisqu'on reconnaît la même essence aussi bien pour le particulier que pour l'universel. (b) Il y a également une immuabilité du genre. Le mouvement de l'essence ne signifie point le déplacement d'un genre à un autre.

Saint Maxime ne fait pas non plus une pure métaphysique philosophique. Il y a trois points fondamentaux dont il faut tenir compte dans ce contexte du mouvement réciproque entre l'universel et le particulier : (a) les raisons selon lesquelles les êtres ont été créés et en lesquelles « consiste et est conduite l'économie de tout » ; (b) la divine Providence comme la force divine qui est à l'origine de ce mouvement constitutif des êtres, et (c) le Christ, en tant que Verbe de Dieu et Créateur de tout être et de tout mouvement. H.-U. von BALTHASAR dans son souci de comparer saint Maxime et sa métaphysique à celle de « l'idéalisme allemand, et en particulier avec Hegel » [198], a négligé ces aspects en présentant « l'idée de l'équilibre et de la réciprocité de l'universel et du particulier » comme « peut-être le point le plus important de la philosophie de Maxime » [199].

Dans le texte cité saint Maxime parle du « λόγος » par lequel les êtres « sont venus à l'être », et plus loin du « λόγος » « en lequel consiste et est sagement conduite l'économie de tout ». Dans ces phrases, saint Maxime récapitule tout son enseignement sur son système cosmologique. Le mouvement des êtres est conditionné par les raisons (λόγους) de leur création, raisons qui sont perpétuellement en Dieu, ainsi que par les raisons divines qui sont dans les êtres, raisons

---

198. *Liturgie Cosmique*, op. cit. p. 112.
199. Ibid. p. 111.

identifiées aux divines énergies. Ce mouvement n'est donc pas un résultat des puissances naturelles, ni un fait du hasard, mais c'est le mouvement qui vise la finalité des êtres. D'ailleurs, comme on l'a noté auparavant, le jugement (κρίσις) divin est à l'origine du mouvement de la diastole et de la systole des êtres [200].

Pour ce qui est de la Providence divine, saint Maxime postule comme évident que Dieu qui a tout créé est aussi la Providence de sa création. « En effet, la pérennité (δια- μονή) des êtres et l'ordre (τάξις) et la position (θέσις), et le mouvement (κίνησις), ainsi que l'union mutuelle des extrêmes par l'intermédiaire des moyens (τῶν ἄκρων διὰ τῶν μέσων συνοχή), ne détruit rien entre eux à cause de leur contrariété (μηδὲν κατὰ τὴν ἐναντιότητα λυμαινομένων ἀλλήλοις) ; de plus la réunion (σύννευσις) des parties au tout et l'union (ἕνωσις) en totalité de toutes les parties, ainsi que la distinction mutuelle sans mélange des parties selon la différence particulière de chacun, l'union sans confusion selon l'identité des totalités, enfin, pour ne pas tout citer, l'unité (σύγκρισις) et la distinction (διάκρισις) des totalités au tout et la succession (διαδοχή) selon le genre de l'universel et du particulier qui est toujours observée, et qu'absolument aucun n'est corrompu par sa propre raison naturelle (τοῦ οἰκείου τῆς φύσεως λόγου), sans mélange ni confusion avec quelqu'un d'autre, tout cela montre clairement que tout est circonscrit par la Providence du Dieu Créateur » [201].

Il n'y a pas de doute que tout mouvement a son origine en Dieu le Créateur. Peut-être que ce mouvement et ce tournoiement des êtres pourraient nous conduire au « κινοῦν ἀκίνητον » d'Aristote, mais il est clair que pour saint Maxime ce « κινοῦν ἀκίνητον » est le Dieu et Créateur qui circonscrit tout et ne laisse aucun mouvement désordonné, car ce mouvement est effectué selon la pérennité, selon l'ordre naturel et la position des êtres prévus par le Créateur. La théologie de Chalcédoine sert de base à saint Maxime pour affirmer que le mouvement et la succession de l'universel

---

200. Cf. *Ambigua II, 10*, PG 91, 1133D-1136A.
201. *Ambigua II, 10*, PG 91, 1188D-1189A.

et du particulier se font sans confusion et sans mélange. La Providence de Dieu s'étend des êtres universels aux êtres particuliers, et il n'y a rien qui est mis à l'écart de la Providence divine, car « Dieu est le seul Provident de tous les êtres » [202]. Dans ce même texte saint Maxime défend l'opinion selon laquelle la Providence divine s'étend à tous les êtres soit universels soit particuliers, face aux opinions qui prétendaient que la Providence s'étend seulement aux êtres universels. Mais comme pour saint Maxime l'universel et le particulier, le tout et la partie sont des modes d'existence des êtres qu'on ne peut pas séparer, il est inimaginable de limiter la Providence à une partie seulement des êtres. D'ailleurs, la Providence divine « est la volonté de Dieu en vertu de laquelle tous les êtres reçoivent la conduite qui leur convient » [203]. La « conduite convenable » des êtres est justement leur accomplissement final à travers le mouvement ontologique de leur être.

Dans la perspective de la présence des « λόγοι » divins dans les êtres ainsi que de la création des êtres selon leurs « λόγοι » perpétuellement en Dieu, saint Maxime transpose sa pensée à la Christologie. Car les « λόγοι » des êtres particuliers et divisés sont contenus dans les « λόγοι » des êtres universels et génériques. C'est sur ce point que saint Maxime passe d'une réflexion philosophique à la pensée théologique. La présence des « λόγοι » des êtres en Dieu ou de Dieu dans les êtres, est à mettre en parallèle avec l'unique « Λόγος » de Dieu. De façon plus systématisée, il affirme que les « λόγοι » des êtres universels sont réunis par la « sagesse » (σοφίας), tandis que les « λόγοι » des êtres particuliers sont contenus dans « l'intelligence » (φρονήσεως) et ils s'unissent aussi à la sagesse. « Mais la sagesse et l'intelligence de Dieu le Père est le Seigneur Jésus-Christ qui unit par la puissance de la sagesse les êtres universels et contient leurs parties constitutives par la prudence de l'intelligence en tant que par nature Créateur et Providence de tout. Il rassemble les dispersés en une unité par sa

---

202. Ibid., 1189C.
203. Ibid., 1189B.

personne (δι'ἑαυτοῦ). Il résout le conflit entre les êtres et il réunit en une amitié irénique et une concorde inviolable tout ce qui est dans le Ciel et sur la Terre, comme le dit le divin Apôtre » (Cf. Col. 1,20) [204].

La théologie alexandrine du « Λόγος » marque certainement la pensée théologique de saint Maxime. C'est ainsi qu'il peut dépasser une réflexion purement philosophique de « l'être », et l'intégrer pleinement dans une réflexion théologique de la création des êtres *ex nihilo*, ainsi que de leur mouvement vers leur finalité qui est leur union avec le « Λόγος » de Dieu.

6. Le temps et l'éternité.

Le temps, chez saint Maxime, est marqué par des repères comme celui de l'éternité de Dieu au-delà de toute notion du temps, de la période de l'économie divine qui commence par la création du monde et s'étend jusqu'à l'eschatologie, de l'Incarnation du Christ et sa signification et son influence sur l'aspect temporel de la création [205].

Dans les *Quaestiones ad Thalassium 22*, saint Maxime dit que le Christ « devint homme, comme lui seul le sait, et fit de l'homme un dieu en se l'unissant, divisant ainsi les siècles avec sagesse et les déterminant, les uns pour que Lui devienne homme par énergie (ἐπ'ἐνεργείᾳ τοῦ αὐτὸν γενέσθαι ἄνθρωπον), les autres pour diviniser l'homme par énergie (ἐπ'ἐνεργείᾳ τοῦ τὸν ἄνθρωπον ποιῆσαι θεόν) » [206]. Les opérations divines dans l'histoire sont « *conditionnées* » par ces deux périodes fondamentales de l'histoire de l'économie divine, car tout est tendu vers l'union avec Dieu dans le temps eschatologique.

L'exégèse allégorique permet à saint Maxime d'interpréter les six jours de la création du récit de la Genèse comme

---

204. *Ambigua II, 41*, PG 91, 1313B.
205. Concernant l'influence origéniste, ou celle de saint Grégoire de Nysse sur cette problématique, voir H.-U von BALTHASAR, *Liturgie Cosmique*, op. cit. pp. 265-278.
206. PG 90, 317BC. Cf. traduction J.-M. GARRIGUES, *Le Dessein d'Adoption du Créateur dans son rapport au Fils. D'après S. Maxime le Confesseur »*, in : *Maximus Confessor*, PARADOSIS XXII, op. cit. p. 174.

le passage de la création à travers le temps vers l'éternité. « Ainsi, durant six jours il faut passer à travers la nature et arriver au-dessus de la nature, lieu du huitième jour ; en effet, ce jour est placé au-dessus du temps (*ὑπερθετικὴ γὰρ τοῦ χρόνου*) et il marque la situation à venir » [207]. La Résurrection du Christ marque le passage du temps des six jours de l'Ancien Testament au septième jour, à savoir la nouvelle création en Christ, le passage de la mort à la vie, qui annonce déjà le huitième jour, le nouveau Dimanche eschatologique [208].

Le thème du nouveau Dimanche est un sujet qui préocuppe déjà saint Grégoire de Nazianze [209]. Saint Maxime s'en fait l'interprète : « C'est donc à juste titre que le Maître a dit que le nouveau Dimanche est plus sublime que sublime, puisqu'il nous exalte toujours avec lui et qu'il se surpasse lui-même. Ainsi le premier Dimanche, celui de la Résurrection, offre mystérieusement, par le mystère de la Résurrection, à ceux qui célèbrent spirituellement seulement, une vie pure de toute vision matérielle. Mais le nouveau Dimanche les fait participer en outre à toute jouissance des biens divins entamée avant le Dimanche » [210]. Le premier Dimanche, en tant que jour de la Résurrection du Christ est le symbole de la résurrection eschatologique [211]. Ainsi le temps est vu en trois divisions : le temps de la première création selon l'Ancien Testament, le temps de la nouvelle création selon le Nouveau Testament, mais qui est la préfiguration du temps de la résurrection et de l'entrée dans la nouvelle vie au-delà de la matière [212]. « Le sixième jour selon l'Écriture introduit l'accomplissement des êtres selon

---

207. *Quaestiones et Dubia 191, Corpus Christianorum 10*, 133,21-24.
208. Cf. *Quaestiones ad Thalassium 26, Corpus Christianorum 7*, 185,215-229. PG 90, 349AB.
209. Cf. *Homélie sur le Nouveau Dimanche 5.*
210. *Ambigua II, 64*, PG 91, 1388D-1389A.
211. Ibid. 1389B.
212. Dans les *Chapitres sur la Charité III, 100*, CERESA-GASTALDO, 192, saint Maxime parle ainsi du temps : « *Τριχῶς τέμνεται ὁ χρόνος· καὶ ἡ μὲν πίστις τοῖς τρισὶ συμπαρατείνεται τμήμασι· ἡ δὲ ἐλπὶς τῷ ἑνί· ἡ δὲ ἀγάπη, τοῖς δυσί. Καὶ ἡ μὲν πίστις καὶ ἐλπὶς μέχρι τινός, ἡ δὲ ἀγάπη εἰς ἀπείρους αἰῶνας τῷ ὑπεραπείρῳ ὑπερηνωμένη καὶ ἀεὶ ὑπεραύξουσα διαμένει· καὶ διὰ τοῦτο μείζων πάντων ἡ ἀγάπη* ».

la nature ; le septième circonscrit le mouvement de la propriété temporelle ; et le huitième révèle l'état (καταστά-σεως) supérieur à la nature et au temps »[213].

Ce dernier texte introduit la notion du « Sabbat » comme entité temporelle. Or tous ces *Chapitres Théologiques et Économiques I, 35-70*[214] traitent de la question du « Sabbat »[215]. La notion allégorique du « Sabbat » est multiple[216] ; ce que nous retenons ici, c'est la notion du « repos » du mouvement des êtres lors de leur union avec l'énergie divine[217]. Pour saint Maxime, le « Sabbat » en tant que « repos » ne concerne pas Dieu, qui est toujours en énergie créatrice, car Il est éternel, mais il concerne les êtres qui cessent leur énergie lors de leur union avec Dieu qui est leur finalité, et jouissent de la contemplation et de la participation en Dieu.

Après la description du cadre théologique de la compréhension du temps, nous allons examiner le sens de la notion du temps. Saint Maxime, dans un texte des *Ambigua II, 37*, traite une phrase ambiguë de saint Grégoire de Nazianze[218]. Dans ce texte saint Maxime manifeste une pensée très sytématisée dans son enseignement concernant le temps. Le système, dans ce texte, est similaire à celui des cinq modes de la vision naturelle[219]. La référence de saint Grégoire comprend deux citations bibliques, une de l'Ancien Testament (II Samuel chap. 6) et une du Nouveau Testament (Luc 1,44). Selon saint Maxime les deux références bibliques sont en plein accord car « la raison universelle (τὸν καθόλου λόγον) de la vision scripturaire est unique, contemplée sous dix modes : le lieu (τόπῳ), le temps (χρόνῳ), le genre (γένει), la personne (προσώπῳ), la dignité (ἀξίᾳ), − par la fonction (ἐπιτηδεύματι), à savoir la propriété de chacun − la phi-

---

213. *Chapitres Théologiques et Économiques I, 51*, PG 90, 1101C.
214. PG 90, 1096C-1109A.
215. Cf. H.-U. von Balthasar, *Liturgie Cosmique*, op. cit. pp. 265-272.
216. *Chapitres Théologiques et Économiques I*, PG 90, 1097ABC.
217. Ibid., 1100B. Cf. *Ambigua II, 65*, PG 91, 1392CD.
218. *Homélie sur la Théophanie § 17* : « Νυνὶ δέ μοι δέξαι τὴν κύησιν, καὶ προσκίρτησον, καὶ εἰ μὴ ὡς Ἰωάννης ἀπὸ γαστρός (cf. Luc 1,44), ἀλλ᾽ ὡς Δαβὶδ ἐπὶ τῇ καταπαύσει τῆς κιβωτοῦ (cf. II Samuel chap. 6) ».
219. Cf, *Ambigua II, 10*, PG 91, 1133A-1137C.

losophie pratique, naturelle, théologique ainsi que le présent et le futur — à savoir la forme et la vérité » [220]. Rappelons l'enseignement de saint Maxime selon lequel il y a un mouvement réciproque entre l'universel et le particulier. On constate donc que ce mouvement réciproque existe aussi pour la raison universelle de l'Écriture et les raisons particulières, à savoir qu'il y a une unité dans la raison universelle. Saint Maxime distingue dix catégories de raisons particulières : les cinq premières et les cinq dernières, conditionnées par les premières. Mais il y a toujours un dépassement des particularités pour arriver à l'unité « monadique » [221].

Si on examine l'une après l'autre les notions qui constituent la raison universelle de l'Écriture, on peut constater que l'Écriture est dans l'espace et dans le temps. Elle est effectivement liée aux personnes auxquelles elle se réfère en tant que révélation, sujet qui sera examiné dans un autre chapitre. Ce qui est important encore, dans le texte en question, c'est la remarque de saint Maxime selon laquelle le temps présent constitue la « *forme* », tandis que le futur, non pas le futur temporel, mais l'avenir eschatologique, est la « *vérité* ». Cette remarque est significative de la compréhension du temps par rapport à l'éternité. Le présent est la forme de l'avenir car il préfigure l'eschatologie et la consommation du temps qui, sans l'éternité, n'a pas de sens et peut être considéré comme non existant. La vérité du temps eschatologique valide aussi le temps présent.

Le temps peut être compris comme ayant une raison générale divisée en différentes particularités. « Ainsi, la raison (λόγος) de l'Écriture examinée selon le temps, indique chaque fois le quand (πότε), ce qui était (ἦν), ce qui est (ἔστι), ce qui sera (ἔσται), l'avant (τὸ πρὸ τοῦδε), le présent (παρόν), l'après (τὸ μετὰ τόδε), et l'avec (ἐπὶ τοῦδε), ainsi que le commencement (ἀπ'ἀρχῆς), le passé (παρελθόν), le futur (μέλλον), les années (ἔτη), les saisons (καιρούς), les mois (μῆνας), les semaines (ἑβδομάδας), les jours et les

220. *Ambigua II, 37*, PG 91, 1293B.
221. Cf. ibid., 1293B.

nuits et leurs divisions, et tout simplement toutes les notions du temps »[222]. Les différentes formules grammaticales du verbe « εἰμί » indiquent les divisions du temps, ainsi le calcul des jours, des nuits, des semaines, etc. sont des particules temporelles.

Les différentes divisions du temps indiquent son mouvement, puisque la division, par exemple, de l'année en « heures, jours, semaines, mois et saisons » indique son mouvement perpétuel et ininterrompu, et que par ces divisions on peut compter le mouvement du temps[223].

De même pour la notion de lieu : c'est une raison universelle divisée en différentes raisons particulières, comme le ciel, la terre, l'air, la mer, l'univers, les extrémités, les pays etc.[224].

Le temps (πότε) et l'espace (ποῦ), catégories aristotéliciennes, sont comprises par saint Maxime dans les créatures de Dieu dont les raisons (λόγοι) « demeurent en Dieu »[225]. Ces deux catégories sont étroitement liées entre elles, et l'être des êtres est lui aussi lié et conditionné par le temps et l'espace. « Qui ignore que le ποῦ (où) est conçu avant (προεπινοεῖται) tout être quel qu'il soit, à l'exeption seulement du divin être qui est proprement au-dessus de l'être. Avec le ποῦ est nécessairement conçu entièrement et absolument le πότε (quand). En effet, il n'est pas possible de concevoir le ποῦ séparé et privé du πότε ; ce sont des (choses) qui sont ensemble, puisqu'elles sont également indispensables »[226]. La création et le mouvement des êtres sont spatio-temporels. La création des êtres *ex nihilo* commence spatialement et temporellement et se meut également spatialement et temporellement. Par conséquent, puisque l'espace et le temps précèdent l'être des êtres, on

---

222. Ibid., 1293C.
223. Cf. *Ambigua II, 46*, PG 91, 1357A.
224. Ibid., 1293C.
225. *Ambigua II, 10*, PG 91, 1164B.
226. Ibid., PG 91, 1180B. Dans le schème ternaire « γένεσις - κίνησις - στάσις », le moment de la « γένεσις » est pensé comme antérieur à la « κίνησις », car la « κίνησις » est en quelque sorte le résultat de la « γένεσις ». Mais en réalité, dans la pensée métaphysique de saint Maxime, ces deux actes coïncident chronologiquement, en observant bien sûr la priorité de la « γένεσις » comme cause de la « κίνησις ».

peut considérer l'espace et le temps comme ayant une priorité ontologique sur les autres êtres. Dieu seulement est au-dessus de cette relation espace-temps. « Or, sous le *ποῦ* se manifestent tous les êtres puisqu'ils existent en un lieu (*ὡς ἐν τόπῳ ὄντα*) » [227]. De même, tous les êtres « se manifestent dans le *πότε*, puisqu'ils existent absolument dans le temps (*ὡς ἐν χρόνῳ πάντως ὄντα*) » [228]. Ainsi « l'espace est la surface extérieure de tout être (*περιφέρεια*), ou la position (*θέσις*) extérieure de tout être, ou la limite du contenant qui contient le contenu » [229]. L'espace est une catégorie qui limite l'être. La question du « *ποῦ* » nous conduit à la recherche de l'être dans un espace précis, et puisque le « *ποῦ* » est également conçu antérieurement à l'être des êtres, c'est dans l'espace que les êtres se manifestent. Le temps, d'autre part « est un mouvement limité. C'est pourquoi le mouvement de la vie change (*ἀλλοιωτή*) lui aussi ce qui est dans le temps » [230]. Le temps est la deuxième catégorie à limiter l'être des êtres, car il décrit leur mouvement et leur existence. Cette description signifie une altération, c'est-à-dire la passion (*πάθος*) dans le mouvement [231]. Le temps même ne décrit pas seulememt le mouvement et l'existence des êtres, il est aussi « un mouvement limité » (*περιγρα-φομένη κίνησις*).

Le temps et l'espace sont aussi créés et soumis à la catégorie du mouvement du reste des êtres. « De même, tous les êtres venus de Dieu et qui sont après Dieu, à savoir, la nature des êtres et le temps, étant auprès de Dieu (*παρὰ τῷ Θεῷ ὄντα*), se manifestent avec Lui (*συνεκφαί-νεσθαι*) dans la mesure du possible, Lui se manifestant véritablement comme Cause et Créateur » [232]. Ainsi s'ouvre une autre dimension de la question du temps, celle du lien entre le temps et les êtres : « Si en effet la nature des êtres est divisée en intelligible et sensible (*τὰ νοητὰ καὶ τὰ*

---

227. Ibid., 1180C.
228. Ibid.
229. Ibid.
230. *Quaestiones ad Thalassium 65, Corpus Christianorum 22*, 285,533-536. PG 90, 757D.
231. Cf. ibid., *Corpus Christianorum 22*, 285,541-549. PG 90, 760A.
232. *Ambigua II, 10*, PG 91, 1164A.

αἰσθητά), les êtres intelligibles sont considérés et sont éternels (αἰώνια), puisqu'ils ont reçu un principe (ἀρχήν) éternel, et les êtres sensibles sont temporels puisqu'ils sont créés dans le temps » [233]. L'être ainsi que le mode d'existence des êtres sont conditionnés par conséquent par le temps. Dieu seulement est au-dessus de la catégorie du temps, puisque « Dieu est simplement et indéfiniment au-dessus de tout être, de ce qui contient et de ce qui est contenu, ainsi que de la nature du temps, du siècle et de l'espace, sans lesquels les êtres n'existent pas et en lesquels tout est circonscrit ; or Dieu est absolument sans relation » [234].

La distinction entre les êtres intelligibles éternels et les êtres sensibles temporels peut, dans ce contexte, introduire une ambiguïté, car on ne sait pas quel sens saint Maxime donne à l'éternel par rapport au temporel. Un autre texte peut probablement donner une réponse à ce problème. Dans les *Chapitres Théologiques et Économiques*, la notion d'« αἰών » a plusieurs acceptions, c'est-à-dire que le mot « αἰών » est pour saint Maxime un terme polyvalent : « Nous trouvons dans l'Écriture une multitude de siècles passés, présents et à venir (παρελθόντων, ἐνεστώτων, μελλόντων) » [235]. Le passé, le présent et l'avenir peuvent être des notions temporelles qui montrent l'extention et le mouvement du temps. Cependant, il y a des siècles « qui sont libres de toute nature temporelle après ce siècle présent qui va à la fin des siècles » [236]. Il est clair donc que le temps signifié par le siècle présent est en mouvement vers la « fin » temporelle. C'est le mouvement du temps et des êtres temporels vers leur finalité qui est l'éternité, « libre de toute nature temporelle ».

La division des êtres en intelligibles éternels et sensibles temporels, peut signifier donc la participation des êtres soit au temps soit à l'éternité, selon leur nature. Si on pouvait illustrer la pensée de saint Maxime, on pourrait probablement dire que les anges en tant qu'êtres intelligibles sont éternels.

---

233. Ibid., 1153A.
234. Ibid., 1153B.
235. *Chapitres Théologiques et Économiques II, 85*, PG 90, 1164D.
236. Ibid., 1164C.

L'homme, en revanche, qui a une double nature, intelligible et sensible, participe en même temps au temps et à l'éternité [237].

La distinction des différents sens du terme « *αἰών* » signifie donc la différence entre le temps et l'éternité. La différence entre l'« *αἰών* » comme notion indiquant l'éternité et celle indiquant le temps s'explique ainsi : « En effet, le siècle est le temps lorsqu'il cesse son mouvement, et le temps est le siècle lorsqu'il est mesuré et porté par le mouvement. Si on voulait donner une définition, le siècle est le temps privé de mouvement et le temps est le siècle mesuré par le mouvement » [238]. On ne peut pas avoir une compréhension

---

237. La division des êtres en intelligibles et sensibles introduit une série de questions : Les êtres sensibles et temporels ont-ils une finalité éternelle ? Est-ce que le corps sensible de l'homme participe à l'éternité ? Quelle est la relation du sensible avec l'éternité ? La réponse doit être trouvée dans le dogme de la résurrection eschatologique. La Résurrection du Christ nous donne la clé du problème.

238. *Ambigua II*, 10, PG 91, 1164BC. S. KIERKERGAARD, *Le concept de l'angoisse*. Éd. Gallimard, 1982. (Traduction française de : Knud Ferlov et Jean-J. Gateau), écrit pour le terme platonicien de « *στιγμή* » : « *L'instant se révèle alors comme cet être étrange (ἄτοπον, le mot grec est ici excellent) situé dans l'intervalle du mouvement et de l'immobilité hors de tout temps, point d'arrivée et point de départ du mobile quand il passe au repos, et de l'immobile quand il se change en mouvement. L'instant devient donc la catégorie de passage (μεταβολή) d'une façon générale ; car Platon montre que de la même façon l'instant aussi entre en jeu pour le passage de l'Un au multiple et du multiple à l'Un, du semblable au dissemblable, etc.* » (note 2, p. 177). Pour Aristote le « *νῦν* » définit le temps et il sépare la continuité du temps en passé et en futur : « *Τὸ δὲ νῦν τὸν χρόνον ὁρίζει, ᾗ πρότερον καὶ ὕστερον* » (*Aristote, De Natura Δ II*, 219B 10-12). Si nous considérons le temps comme une succession continue d'instants, comme un mouvement qui rend le « *νῦν* » passé, présent et futur, par l'ablation du mouvement, le temps se transforme en éon. Dans cette perspective KIERKERGAARD définit l'instant comme « *l'atome de l'éternité* » (*Ibid.*, p. 92). Pour le même écrivain, « *dans le Nouveau Testament on trouve une périphrase poétique de l'instant. Saint Paul dit que le monde périra 'ἐν ἀτόμῳ καὶ ἐν ῥιπτῇ ὀφθαλμοῦ'. Par là il exprime aussi que l'instant est commensurable à l'éternité, puisque le moment de la fin du monde exprime du même coup l'éternité. Qu'on me permette de traduire par une image ce que je pense et qu'on me pardonne si l'on y trouve quelque chose de choquant. Il y avait une fois à Copenhague deux acteurs qui ne se doutaient guère sans doute qu'on tirerait aussi une signification profonde de leur exploit. Entrés en scène et se plaçant en vis-à-vis, ils commencent une mimique figurant un conflit passionné. Puis, la scène en pleine action, alors que les yeux de la salle suivaient l'histoire et attendaient l'issue, eux soudain de s'arrêter et de rester sans bouger, pétrifiés dans l'instantané de l'expression mimique. L'effet peut en être d'un extrême comique, parce qu'ici l'instant se trouve par hasard commensurable à l'éternité. Dans la statuaire l'effet tient à ce que l'expression éternelle justement s'exprime de façon éternelle ; dans notre*

du temps sans une succession des événements, et la succession n'est pas non plus compréhensible sans le temps et
l'espace. Le mouvement du temps est compris par les
divisions temporelles du passé, du présent et de l'avenir.
Pour définir ces notions il faut utiliser tout de même des
événements réels, autrement on pourrait considérer le temps
comme non existant. C'est ainsi qu'est comprise la relation
des êtres avec le temps. La définition du siècle, dans le
sens de l'éternité, comme le temps en dehors du mouvement
est parfaitement en accord avec la finalité des êtres. Cette
finalité signifie l'entrée dans l'éternité divine et la cessation
de leur mouvement et de leur énergie vers Dieu. Rappelons
que Dieu, de par sa nature, est au-delà de la notion du
mouvement temporel étant donné son éternité.

L'étérnité vers laquelle tendent les êtres est celle-ci : « Il
y a donc quelque chose de plus haut que les siècles, qui
est le pur Royaume de Dieu. Car il n'est pas permis de
dire que le Royaume de Dieu a commencé, ou s'est manifesté
dans les siècles ou dans le temps. Nous croyons que le
Royaume est l'héritage, la demeure, le lieu des sauvés,
comme le transmet la vraie parole, telle la fin de ceux qui
sont portés par leur élan vers le but ultime de ce qu'ils
désirent : lorsqu'ils l'ont atteint, ils reçoivent le temps, l'arrêt
de tout mouvement quel qu'il soit, dès lors qu'il n'y a plus
pour eux aucun temps, ou aucun siècle à parcourir. Ainsi,
après toutes choses, ils parviennent à Dieu, qui est avant
tous les siècles et que la nature des siècles ne saurait
atteindre [239]. On a vu ailleurs le Royaume de Dieu identifié
à l'Esprit-Saint. Mais cela concerne les relations des personnes divines [240]. Ici par contre ce sont les relations « des
sauvés » avec le Royaume de Dieu. Ainsi le Royaume de

---

histoire le comique dépendait de l'éternisation d'une expression fortuite ». (Ibid.,
note 5, p. 178). Nous pensons que saint Maxime, en définissant l'éon comme
« le temps privé du mouvement » entend la même chose que ce que décrit
KIERKERGAARD par le moment comique théâtral. L'éternité signifie libérer le
monde de son mouvement temporel. Ceci est exprimé par le terme « στάσις »
dans le triple schéma « γένεσις - κίνησις - στάσις ».

239. Chapitres Théologiques et Économiques II, 86, PG 90, 1165AB. Trad.
Jacques TOURAILLE, Philocalie, op. cit. p. 121.

240. Brève Interprétation du Notre Père PG 90, 884B.

Dieu, qui est éternel, « est l'héritage, la demeure et le lieu des sauvés ». D'ailleurs ces deux conceptions du Royaume, comme l'Esprit-Saint d'un côté et comme l'héritage, la demeure et le lieu des sauvés de l'autre, ne sont pas contradictoires, car les sauvés entrent dans le Royaume de Dieu par l'union aux divines énergies du Saint-Esprit, comme on le verra dans le dernier chapitre. Le Royaume de Dieu est donc la finalité du mouvement temporel des êtres, et lors de leur entrée dans le Royaume, ils entrent dans l'éternité, en cessant le mouvement temporel. C'est l'éternité divine à laquelle les êtres parviennent, et puisque Dieu est au-delà du temps, du mouvement et des siècles, les êtres ainsi participent à l'éternité divine [241].

7. La qualité en l'essence créée et incréée.

Pour l'être divin nous infirmons toutes les catégories que nous affirmons à l'être des êtres créés. Si cependant nous attribuons quelques-unes des catégories à l'essence divine, nous les attribuons improprement et par analogie, mais elles n'expriment pas la réalité du divin être. Cette attribution nous aide simplement à comprendre la relation de *la raison de l'être* (λόγος τοῦ εἶναι) et du *mode d'existence* (τρόπος τῆς ὑπάρξεως) du divin être. Ainsi par exemple nous pouvons attribuer la catégorie de la qualité à l'essence divine, mais cet attribut ne change pas son caractère absolu, car « le divin n'est pas d'essence et d'accidents » [242]. Dans le cas

---

241. Cf. *Chapitres Théologiques et Économiques II, 87-93*. Dans ces *Chapitres*, saint Maxime examine l'état des sauvés dans le Royaume de Dieu et la compréhension du Royaume. Tandis que saint Maxime attribue aux êtres créés toutes les catégories de l'être, il les nie pour l'être divin. Cf. *Ambigua II, 10*, PG 91, 1180D : « Εἰ δὲ περιγραφῆς οὐδὲν τῶν ὄντων ἐλεύθερον, πάντα δηλονότι ἀναλόγως ἑαυτοῖς καὶ τὸ ποτὲ εἶναι καὶ τὸ ποῦ εἶναι εἴληφε. Τούτων γὰρ ἄνευ τὸ παράπαν οὐδὲν εἶναι δυνήσεται, οὐκ οὐσία, οὐ ποσότης, οὐ ποιότης, οὐ σχέσις, οὐ ποίησις, οὐ πάθος, οὐ κίνησις, οὐχ ἕξις, οὐχ ἕτερόν τι τῶν οἷς τὸ πᾶν περικλείουσιν οἱ περὶ ταῦτα δεινοί » (Ibid., 1181B). Pour le divin, saint Maxime écrit aussi : « Ἀνεπίδεκτον γὰρ παντὸς λόγου καὶ νοήματος τὸ θεῖόν ἐστιν, καθ᾽ ὅ οὔτε κατηγοροῦντες αὐτοῦ τὸ εἶναι λέγομεν αὐτὸ τὸ εἶναι ».

242. « Ἐπὶ δὲ τῆς ἀγεννήτου καὶ μοναρχικῆς φύσεως, οὐκ ἄν μὲν ὅλως ἤ κυρίως λεχθείη ποιότης. Οὐ γὰρ ἐξ οὐσίας τινὸς καὶ συμβεβηκότων τὸ θεῖον, ἐπεὶ καὶ κτιστὸν ἔσται πάντως, ὡς ἐκ τούτων σύνθετον καί

contraire, nous inférioriserions l'essence divine au rang des êtres créés et nous la rendrions composée et passionnée. Les catégories qui sont attribuées improprement et par analogie à l'essence divine sont, pour saint Maxime, de deux ordres : les catégories essentielles et les catégories hypostatiques. Elles sont, en d'autres mots, les propriétés essentielles et hypostatiques. Cette distinction, saint Maxime la fait dans le texte des *Opuscula Theologica et Polemica 22*, où il écrit : « La qualité naturelle, est le tout-saint, le tout-puissant, le tout-parfait, l'haut-dessus du parfait, le parfait en soi-même, la puissance en soi-même, l'omniprésence, et toute autre (qualité) dite naturelle et divine et qui est conforme seulement à Dieu puisqu'Il est au-dessus de l'essence. Et la qualité hypostatique est pour le Père le *non-engendrement*, pour le Fils l'*engendrement*, et pour l'Esprit-Saint la *procession*, c'est-à-dire que le non-engendrement, l'engendrement et la procession qu'on appelle également propriétés, parce qu'elles conviennent (προσεῖναι) seulement à Lui, et non pas à quelqu'un d'autre (sont utilisées seulement pour Dieu), soit essentiellement, soit hypostatiquement » [243]. Ces particularités peuvent être improprement dénommées qualités, propriétés et différences, mais elle ne peuvent pas être « la raison de l'essence » (οὐκ οὐσίας λόγον ἐπέχειν) [244]. Par ailleurs les qualités, soit essentielles soit hypostatiques, n'existent pas indépendamment de l'essence. « Il est impossible qu'une de celles-ci puisse être ou conçue sans l'essence

---

συγκείμενον. Καταχρηστικῶς δέ, καί ὅσον ἄν τις ἐκ τῶν καθ'ἡμᾶς δύναιτ'ἄν τὰ ὑπὲρ ἡμᾶς εἰκάζειν· ἅτε δὴ μήτ'ἄλλως οὕτως καὶ μόγις ἱκανούντων ἡμῶν τὴν ἐκείνων ἀμυδρῶς εἰσδέξασθαι γνῶσιν, καὶ λόγῳ κἄν ποσῶς γοῦν, εἰ καὶ μὴ τελείως, διατρανοῦν» (*Opuscula Theologica et Polemica 21*, PG 91, 249A). Saint Maxime nie catégoriquement l'attribution des catégories de qualité et de quantité à l'essence divine à cause de l'altération qu'engendreraient pour l'essence ces catégories aristotéliciennes. Aristote par la catégorie de la qualité lie la passion à l'altération, et par la catégorie de la quantité, il lie l'accroissement à la décroissance (Cf. *Métaphysique, Λ* 1, 1069βss et N 1, 1088α, 29ss).

243. *Opuscula Theologica et Polemica 21*, PG 91, 249AB.

244. Ibid., 249C. Saint Maxime ici s'exprime en des termes de l'Aréopagite ; « *des unités et des distinctions en la Trinité* » (περὶ ἑνώσεων καὶ διακρίσεων).

subsistante (*ὑποκειμένης οὐσίας*), de laquelle chacune d'elles est, et est dite » [245].

Ce principe est valable non seulement pour l'essence divine à laquelle nous attribuons des propriétés naturelles, et pour les hypostases de la Trinité auxquelles nous attribuons des propriétés hypostatiques, mais il est également valable pour les êtres créés. Cependant les propriétés naturelles et hypostatiques des êtres créés constituent des qualités « propres » et non pas « impropres » [246]. Par le terme « propre » (*κυρίως*), saint Maxime comprend l'attribut de la qualité de la propriété et de la différence, comme significatives du créé et du composé des êtres constitués « d'essence et d'accidents » [247].

La distinction entre essence et hypostase est déterminante pour l'enseignement de la qualité, de la propriété et de la différence, car la qualité est une catégorie « *universelle* » « qui se réfère simplement à tous », alors que la propriété (*ἰδιότης*) est « *particulière* » par rapport à la qualité, et elle ne se réfère pas à tous, mais « on la nomme simplement

---

245. Ibid., 249D. Cf. également *Lettre 12*, PG 91, 485C et *Opuscula Theologica et Polemica 22*, PG 91 261BC.

246. Aristote sépare les genres ou les espèces de la qualité en quatre catégories : *(a)* L'habitude et la disposition (*ἕξις καὶ διάθεσις*). *(b)* L'attribut de la puissance et de la faiblesse. *(c)* Les qualités de la passion. *(d)* Le schéma et la forme. En ce qui concerne la première catégorie, celle de l'habitude et de la disposition, Aristote définit les habitudes comme ce qui dure plus longtemps (*πολυχρονιώτερα*) et qui est plus difficile à mouvoir (Catégories, 9a, 5), comme par exemple la science qui reste, pour celui qui la possède, indépendamment du temps. La disposition, par contre, possède plusieurs sens, et elle est définie comme suit : « *Διάθεσις λέγεται τοῦ ἔχοντος μέρη τάξις ἢ κατὰ τόπον ἢ κατὰ δύναμιν ἢ κατ'εἶδος· θέσιν γὰρ δεῖ τινα εἶναι, ὥσπερ καὶ τοὔνομα δηλοῖ ἡ διάθεσις* » (*De Natura Δ*19, 1022β1-3). L'ambiguité du terme « *εἶδος* » dans cette définition, crée des difficultés telles à ceux qui ont étudié Aristote, qu'il en découle des opinions divergentes. De l'étude de ce mot ambigu est né l'« arbre » de Porphyrios. Selon cet arbre, Aristote, par le terme « *εἶδος* », se réfère à la disposition des espèces soumises à cet « *εἶδος* ». La conception de Porphyrios est schématisée au Moyen-Âge par un diagramme qui commence par les genres particuliers (Platon et Socrate) pour aboutir à l'essence commune à tous les genres.

247. *Opuscula Theologica et Polemica 21*, PG 91, 248C-249A : « *Ποιότητα γοῦν εἶναί φασιν, οὐσιώδη μὲν ἐπ' ἀνθρώπου τὸ λογικόν, ἢ ἵππου τὸ χρεμετιστικόν ὑποστατικὴν δὲ τοῦ τινος ἀνθρώπου γρυπόν, ἢ σιμόν· ἢ τοῦ τινος ἵππου τὸ ψαρὸν ἢ ξανθόν. Οὕτω δὲ καὶ ἐπὶ τῶν ἄλλων ἔχει γεννητῶν ἁπάντων οὐσιῶν καὶ ὑποστάσεων, κοινῶς τε καὶ εἰδικῶς, ἤγουν καθολικῶς τε καὶ μερικῶς τοῖς οὖσιν ἐνθεωρουμένην, καθ' ἥν πρὸς ἄλληλα διαφορὰ τῶν τε εἰδῶν καὶ ἀτόμων γνωρίζεται, διευκρινοῦσα τὴν τῶν πραγμάτων ἀλήθειαν* ».

ainsi, et pour une essence et non pas pour une autre ». Or
la différence « constitue et distingue les êtres » ; par cette
catégorie les êtres sont distincts « selon l'essence et la nature,
selon la personne et l'hypostase, et elle élimine toute altération et confusion de tous » [248]. Cela saint Maxime l'exprime
brièvement dans la *Lettre 15* où il compare la qualité à
l'essence, et la passion soit à la qualité soit à l'essence ;
« car comme je l'ai dit, c'est le propre de l'essence de
produire ($\pi o\iota e\tilde{\iota}v$) et celui de l'accident, c'est-à-dire de la
qualité, de souffrir » [249]. Il est clair que saint Maxime, ici,
pense que la qualité est « principalement » ($\varkappa v\varrho i\omega\varsigma$) liée à
l'essence des êtres créés, et c'est pourquoi il refuse à l'essence
de Dieu l'attribution des catégories de qualité, « car le divin
n'est pas constitué d'essence et d'accidents » [250].

Une autre caractéristique de la catégorie des qualités des
êtres créés est le mouvement vers la diastole et la systole ;
« la qualité, aussi, non seulement des êtres en devenir et
en corruption, se meut selon l'altération, mais toute qualité
de tous subit ($\dot{e}\pi\iota\delta\dot{e}\chi e\tau a\iota$) la diastole et la systole en se
mouvant par altération et par dispersion de sa différence » [251].

---

248. Ibid. 249C. Au début de ce chapitre nous avons analysé le terme « ο*ὐσία* »,
« *φύσις* » et « *πρόσωπον* », « *ὑπόστασις* », et nous avons dit que l'hypostase, selon
saint Maxime (cf. *Opuscula Theologiaca et Polemica 24*) récapitule l'essence et ses
propriétés, soit essentielles, soit hypostatiques. Il ne faut pas ignorer non plus que
saint Maxime applique cette terminologie à son enseignement christologique. La
personne du Christ est une hypostase composée de l'hypostase divine unie à la
nature humaine, non-hypostasiée, mais qui possède quand même toutes les propriétés humaines. Ainsi en Christ cette union est réalisée par l'« *ἐνυπόστατον* ». Si
l'hypostase est « l'essence avec ses propriétés », l'« *ἐνυπόστατον* », « *μὴ ὄν
καθ'ἑαυτὸ συμβεβηκὸς δηλοῖ· ἀλλ'ὅπερ ἐν ἑτέρῳ ἔχει τὸ εἶναι, καὶ οὐκ ἐν
ἑαυτῷ θεωρεῖται, οὐδέ ἐστι καθ'ἑαυτὸ ὑφεστώς, ἀλλὰ περὶ τὴν ὑπόστασιν πάντοτε θεωρούμενον, ὥσπερ αἱ ποιότητες, αἵ τε οὐσιώδεις καὶ ἐπουσιώδεις καλού-
μεναι· αἵτινες οὐκ εἰσὶν οὐσίαι, οὐδὲ καθ'ἑαυτά, ἀλλ'ἐν τῇ οὐσίᾳ τυγχάνουσι,
καὶ δίχα ταύτης τὸ εἶναι οὐκ ἔχουσιν* » (*Opuscula Theologica et Polemica 22*, PG
91, 261AB. Cf. *Opuscula Theologica et Polemica 13*, PG 91, 149BC).

249. *Lettre 15*, PG 91, 564B, Cf. ibid., 561C.

250. *Opuscula Theologica et Polemica 10*, PG 91, 249A. Comme nous pouvons le
constater, pour saint Maxime, qualité et accident sont synonymes. On peut donc
considérer l'accident comme ce qui existe à cause de l'essence mais qui n'a pas en
soi-même d'existence. « *Ὅθεν ταυτὸν μὲν ἀλλήλοις ὑπάρχειν ταῦτά φασι,
ποιότητά φημι καὶ ἰδιότητα καὶ διαφοράν, καὶ τῶν τε συμβεβηκότων, ἀλλ'οὐχ
ὑποκειμένου τινός, ἤγουν οὐσίας λόγον ἐπέχειν* » (*Opuscula Theologica et Polemica 10*, PG 91, 249BC).

251. *Ambigua II, 10*, PG 91, 1177D.

Ainsi le mouvement de la qualité vers la diastole et la systole manifeste que les êtres sont temporels et créés, par rapport à l'intemporalité et à l'incréé de l'essence divine. Le mouvement de la qualité, similaire à celui de l'essence, prouve que les qualités sont liées à l'essence et qu'elles suivent le mouvement de celle-ci.

8. La quantité en l'essence créée et incréée.

La quantité est aussi une catégorie qui distingue le créé de l'incréé, car le créé est quantitatif tandis que l'incréé est non-quantitatif. La catégorie de la quantité est liée étroitement aux autres catégories, de la qualité, du temps, de l'espace, mais aussi au mouvement de l'essence des êtres créés. L'essence incréée, étant au-delà de ces catégories, ne peut être soumise non plus à la catégorie de la quantité.

« De même, la quantité aussi, non seulement des êtres en devenir et en corruption se meut en accroissement et en diminution selon tout mode en lequel elle est considérée, mais également toute quantité de tout être est mue selon la raison ($τῷ$ $λόγῳ$) du relâchement ($ἄνεσις$) et de la tension ($ἐπίτασις$), et elle est circoncsrite par les différences particulières prenant forme par la diastole ($κατὰ$ $διαστολὴν$ $εἰδοποιουμένη$) sans risque de se répandre à l'infini. De nouveau, la quantité se rassemble en se contractant ($συνά-$ $γεται$ $πάλιν$ $ἀναποδίζουσα$), abolissant non pas le genre de même nature, mais les différences particulières » [252].

Le mouvement des essences des êtres et de la qualité est le même pour la quantité. La quantité se meut de l'universel au particulier et du particulier à l'universel. C'est un mouvement ontologique du devenir des êtres ; du point de vue de la quantité, il y a un accroissement ou une diminution quantitatifs. Le devenir universel abolit le particulier et le devenir particulier abolit l'universel. Mais le double mou-

---

252. *Ambigua II, 10*, PG 91, 1177CD. Aristote incorporait à la catégorie de la quantité le nombre et la raison ($λόγος$) comme quantité déterminée, et la ligne, la surface, le corps, le temps et l'espace comme quantité continue. Cf. Nicolas D. CHRONIS, *Le problème des catégories dans la philosophie d'Aristote*, Athènes 1975, pp. 181-213 (en grec).

vement quantitatif vers l'universel ou vers le particulier est salutaire, car le rassemblement vers l'universel empêche que les êtres se perdent dans l'infini, et, d'autre part, la division en particularités sauvegarde les différences des êtres.

La quantité doit être associée au nombre pour pouvoir être définie. Nous constatons que cette catégorie est liée ontologiquement à l'essence des êtres créés dont elle assure d'une part l'accroissement des espèces particulières et d'autre part la contraction de ces espèces au genre de même nature. Le nombre est en quelque sorte le nom de la quantité, nom qui n'a rien à voir avec l'essence des êtres eux-mêmes, puisque le nombre est la constatation de l'accroissement ou de la diminution des êtres [253].

La quantité donc « κατ᾽αὔξησιν κινεῖται καί μείωσιν » ; ces trois notions, comme nous l'avons développé auparavant, appartiennent ontologiquement aux êtres créés, car Dieu reste en son être immobile, et Il ne subit ni accroissement ni diminution ; dans le cas contraire, le parfait du divin être serait supprimé. Par contre, l'essence des êtres créés est soumise à l'accroissement et à la diminution par le mouvement de la systole et de la diastole. Donc l'accroissement et la diminution numériques des genres et des espèces ou encore des individus, manifestent leurs limites arithmétiques

---

253. La quantité est liée en quelque sorte au nombre, c'est-à-dire que le nombre est un « nom » de la quantité. *Lettre 13*, PG 91, 513A. Les hérétiques reprochent à la théologie orthodoxe d'accepter en Christ « deux natures » et de diviser ainsi le Christ un en deux. La réponse de saint Maxime à cette problématique, et sa recherche sur le nombre, à savoir si celui-ci constitue une essence, soit une quantité, soit une qualité, est la suivante : «... πᾶς ἀριθμὸς οὔτε διαιρεῖ κατὰ τὸν ἴδιον λόγον, οὔτε διαιρεῖται· οὔτε διαιρέσεως, οὔτε μὴν ἑνώσεως παντελῶς ἐστι ποιητικός. Ποιεῖν γὰρ ἢ πάσχειν οὐ πέφυκε, μὴ ὑπάρχων οὐσία ἢ συμβεβηκός· περὶ ἅ τὸ ποιεῖν τε καὶ πάσχειν ἐστίν· ἀλλὰ μόνον δηλωτικὸς τοῦ ποσοῦ τῶν ὑποκειμένων πραγμάτων, ὡς δ᾽ἂν κατὰ τὴν σχέσιν ἔχοντα τύχωσιν· εἴτε ἡνωμένα, εἴτε διακεκριμένα. Οἷον ἵν᾽εἴπω τι θαρρήσας, ὄνομα ποσοῦ, χωρὶς τῆς ἐπ᾽αὐτῷ σχέσεως σημαντικόν. Οὔτε γὰρ τὴν τῶν ὄντων ἐξ ἀνάγκης φυσικὴν ὁ ἀριθμὸς ποιεῖται διάκρισιν, ἢ ποσότητα· οὔτε τῶν συνημμένων κατὰ τὸ αὐτὸ εἶδος ἀφ᾽ἑαυτοῦ ἐργάζεται τὴν συνέχειαν· οὔτε μὴν καθ᾽ὅλου τινός ἐστι χαρακτηριστικὸς ἰδιότητος τῶν ὑπὸ τὸ αὐτὸ εἶδος πρὸς ἄλληλα τοῖς συμβεβηκόσι διακεκριμένων ἀτόμων. Ταῦτα γὰρ ποιεῖν τῆς θείας σοφίας τε καὶ δυνάμεως καθέστηκεν ἴδιον, τῆς τὸ πᾶν συστησαμένης, καὶ ἀσύγχυτον διατηρούσης ἕκαστον, τοῖς περὶ τὸ πᾶν κατὰ φύσιν τῶν ὄντων διορισμοῖς· ἀλλὰ μόνον, ὡς ἔφην, τοῦ ἁπλῶς, ἀλλ᾽οὐ τοῦ πῶς τῶν πραγμάτων ποσοῦ ποιεῖται δήλωσιν, καθάπερ τι ὄνομα ποσοῦ προσφυές ». *Lettre 13*, PG. 91, 513AB. Cf. *Lettre 15*, Ibid., 561CD-564ABC.

et leur circonscription. Cette circonscription a comme conséquence la limitation de l'essence des êtres créés. La circonscription quantitative et numérique ne permet pas d'aller
au-delà des catégories soit de la quantité soit de la qualité
pour que les êtres créés puissent accéder à l'« infinité » [254],
car l'essence des êtres « s'achève dans la quantité multiple
de plusieurs êtres qui décrit sa raison d'être et son mode
d'être (τόν τε τοῦ εἶναι καὶ τοῦ πῶς εἶναι λόγον), car
l'essence de tous les êtres n'est pas infinie. Il est aussi clair
que l'hypostase de chacun ne sera pas non plus sans
circonscription, étant mutuellement circonscrite par la raison
selon le nombre et l'essence » [255].

L'accroissement et la diminution de l'essence créée introduit *de facto* la limite et la circonscription de cette essence.
L'infinité est une qualité de l'essence incréée, qui est infinie
selon l'essence, la puissance et l'énergie. Mais aucun des
êtres créés ne peut être au-delà de l'essence, de la quantité,
de la qualité, de la relation, de l'action, de la passion, du
mouvement, de l'habitus, et de toutes les autres catégories
liées aux êtres créés [256].

9. *Relation et passion de l'essence créée.*

Toute la métaphysique et l'ontologie de saint Maxime est
décrite par le triple schéma « γένεσις-κίνησις-στάσις » (cf.
aussi « ἀρχή-μεσότης-τέλος » et « εἶναι-εὖ εἶναι-ἀεὶ εἶναι »).
Nous avons déjà constaté que la création des êtres « *ex
nihilo* » par Dieu selon les raisons des êtres qui se trouvent
en Lui et le mouvement de l'essence des êtres vers leur
principe et leur cause lient l'essence des êtres créés à leur
cause première.

Cette relation signifie que les êtres créés sont soumis à
la catégorie de la passion (πάθος). Le « πάθος » est l'altération de leur essence provoquée par leur mouvement.

---

254. Cf. *Lettre 13*, PG 91, 513AB.
255. *Ambigua II, 10*, PG 91, 1181AB.
256. Cf. *Ambigua II, 10*, 1181B. Dans ce texte sont énumérées les catégories
d'Aristote. Saint Maxime semble être d'accord avec Aristote que les catégories
décrivent le sensible et non pas Dieu.

« Il faut entendre le πάθος dans un sens noble (εὐγνωμόνως) ; car ici il ne s'agit pas du πάθος qui provoque une altération ou une corruption de la puissance, mais du πάθος qui existe naturellement avec les êtres. Car tous les êtres créés souffrent lors de leur mouvement, puisque ni leur mouvement ni leur puissance n'existent par eux-mêmes (μὴ ὄντα αὐτοκίνησις ἢ αὐτοδύναμις) » [257].

Nous avons déjà dit qu'à l'essence des êtres créés sont liées les catégories de la quantité, de la qualité, du temps et de l'espace, lesquelles manifestent le « πάθος » de l'essence [258], à savoir l'altération de la qualité et de la quantité dans le mouvement, comme celle qui survient dans le temps et dans l'espace, puisque « tous les êtres créés souffrent lors de leur mouvement ». Le mouvement est naturel à l'essence des êtres créés ; pendant la diastole et la systole, l'essence des êtres créés subit l'altération et la corruption. La meilleure interprétation de la notion du « πάθος » serait un autre texte des *Ambigua II, 10*, déjà cité dans le paragraphe « *l'universel et le particulier* ». Un extrait de ce texte dit ceci : « Ainsi les universels se corrompent (φθείρονται) en particuliers par altération (κατὰ ἀλλοίωσιν), et les particuliers en universels par dissolution (κατὰ ἀνάλυσιν). Et le devenir des uns se fait par la corruption des autres. Car la réunion (σύνοδος) mutuelle des corps universels qui produit le devenir des corps particuliers par altération est la corruption, tandis que la dissolution de la connexion (συνδέσεως) des corps particuliers, leur dissolution dans l'universel qui est leur corruption, produit par là la pérennité (διαμονή) et le devenir des corps universels » [259]. Ainsi le tournoiement (δίνη) du mouvement

---

257. *Ambigua II*, 7, PG 91, 1073B.
258. « Εἰ δὴ αἱ μεταβολαὶ τέτταρες, ἢ κατὰ τὸ τὶ ἢ κατὰ τὸ ποῖον ἢ πόσον ἢ ποῦ, καὶ γένεσις μὲν ἡ ἁπλῆ καὶ φθορὰ ἡ κατὰ τόδε, αὔξησις δὲ καὶ φθίσις ἡ κατὰ ποσόν, ἀλλοίωσις δὲ ἡ κατὰ τὸ πάθος » (Aristote, *Métaphysique* Λ, 1, 1069 β9ss). Saint Maxime écrit à propos du mouvement et de l'altération : « Κινεῖσθαι δὲ πάλιν τῷ κατὰ ῥοὴν καὶ ἀπορροὴν λόγῳ, αὐξήσει τε τῇ περὶ τὸ ποσὸν καὶ μειώσει καὶ τῇ περὶ τὸ ποιὸν ἀλλοιώσει, καὶ κυρίως εἰπεῖν, τῇ ἐξ ἀλλήλων διαδοχῇ, ὑπεξισταμένων ἀεὶ τοῖς ἐπιγινομένοις τῶν προειληφότων » (*Ambigua II*, 15, PG 91, 1217A).
259. *Ambigua II*, 10, PG 91, 1169C.

de l'essence de la création manifeste son caractère composé, sa passion (πάθος) et sa corruption (φθορά).

Par ailleurs les êtres créés se meuvent sans cesse vers leur cause première où se trouve leur raison d'être. Dieu est le donateur de l'« être » et du « bien-être », et les êtres se meuvent vers Dieu, c'est-à-dire leur achèvement, pour la possession du « toujours-être ». « Or si l'intelligible (νοερόν) se meut analogiquement en soi-même de façon intelligible (νοερῶς) il raisonne (νοεῖ) certainement (πάντως) ; or s'il raisonne, il aime certainement ce qui est raisonné ; et s'il aime, il subit (πάσχει) certainement l'extase vers l'aimé ; et s'il est passionné (πάσχει) c'est qu'il se hâte ; et s'il se hâte, il intensifie certainement la véhémence (τὸ σφοδρόν) du mouvement ; et s'il intensifie d'une manière véhémente le mouvement, il ne s'arrête pas jusqu'à ce qu'il soit entièrement dans l'aimé et qu'il soit contenu entièrement par l'aimé » [260]. Le mouvement de l'essence des êtres créés est sa sortie d'elle-même pour rencontrer l'être divin. Cette « extase » est le résultat de l'amour des êtres pour leur cause. Par l'extase, l'essence des êtres souffre parce que l'amour (ἔρως) intensifie le mouvement pour contenir les êtres dans leur cause première. Il faut donc entendre le mot « πάθος » dans un sens noble, car l'altération portée par le « πάθος » ne signifie pas le changement vers le pire, mais l'altération de l'essence des êtres dans leur recherche du « toujours-être ». Ainsi saint Maxime, par les concepts philosophiques de « κίνησις » et de « πάθος » passe à travers l'« ἔρως » à l'union des êtres avec Dieu et à leur connaissance de Dieu. Effectivement il est important de souligner la manière avec laquelle il introduit la pensée dans les catégories de la théologie mystique, en dépassant le rationel de la philosophie [261].

Par conséquent la catégorie de la passion (πάθος) est impropre à l'essence de Dieu. Dieu n'est ni qualité, ni quantité, ni temps, ni espace, donc Il ne se meut pas selon

---

260. *Ambigua II*, 7, PG 91, 1073CD.
261. La relation des êtres avec Dieu par la connaissance et leur union avec Lui conduit saint Maxime à écrire que : « μίαν καὶ μόνην διὰ πάντων ἐνέργειαν, τοῦ Θεοῦ καὶ τῶν ἀξίων τοῦ Θεοῦ, μᾶλλον δὲ μόνον Θεοῦ, ὡς ὅλον ὅλοις τοῖς ἀξίοις ἀγαθοπρεπῶς περιχωρήσαντος ». (Ibid., 1076C).

la même raison du mouvement que l'essence des êtres créés
« car la fin et la perfection et l'impassibilité sont propres
seulement à Dieu, étant Lui-même et immobile et parfait
et impassible » [262]. Plus haut, nous disons que l'extase divine,
par amour des créatures, manifeste la divine volonté et
énergie pour la création des êtres, et la divine Providence
pour la conservation (συντήρησις) de la création qui est le
résultat de la plénitude et du perfectionnement divins. Cela
n'implique donc pas que le divin être dépende d'un autre
être, car le divin être est complètement indépendant, incor-
ruptible et immobile.

10. La simplicité de l'essence divine.

La distinction entre divine essence incréée et essence
créée des êtres étant faite, même si nous établissons qu'il
y a plusieurs distinctions pour l'être divin, cela ne veut pas
dire qu'il y ait dissolution de la simplicité de l'essence divine.
*Sa simplicité n'est pas dissoute par les distinctions, mais le
serait par l'attribution à l'essence divine des catégories des êtres
créés.* Car alors s'introduirait le créé et le composé, et le
temps, et l'espace, et la qualité, et la quantité, et la passion
ainsi que toutes les autres catégories que nous refusons à
l'essence divine, pour sauvegarder justement sa simplicité.
Les distinctions essence (οὐσία) ou nature (φύσις) et hypostase (ὑπόστασις) ou personne (πρόσωπον), essence et énergie
(οὐσία et ἐνέργεια), propriétés communes et hypostatiques,
ne dissolvent pas la simplicité de l'essence divine, mais elles
manifestent *la raison de l'être* (λόγος τοῦ εἶναι) et *le mode
d'existence* (τρόπος τῆς ὑπάρξεως) de l'être divin. C'est la
raison pour laquelle la présence d'une énergie divine ne
révèle pas seulement une partie de Dieu, mais la plénidude
divine révélée par une seule énergie, comme en une seule
personne divine est présente toute la Trinité, sans que l'être
divin subisse une rupture ou un partage [263]. Les caractéris-

---

262. Ibid., 1073B.
263. « Ὑπεράνω γὰρ πάσης διαιρέσεώς τε καὶ συνθέσεως καὶ μέρους καὶ ὅλου
ἡ θεότης, ὅτι ἄποσον, καὶ πάσης τῆς κατὰ θέσιν ὑπάρξεως καὶ τῆς πῶς εἶναι
αὐτὴν ὁριζομένης ἐννοίας ἀπῳκισμένη, ὅτι ἄποιον, καὶ τῆς πρὸς ἄλλο πᾶν

tiques infinie, sans dépendance, ni qualité, ni quantité, ni temps, ni espace etc... sont des particularités qui signifient la simplicité de l'essence divine. En disant que l'être divin est infini, nous ne démontrons pas qu'une partie — la puissance et l'énergie — de Dieu soit finie « car l'infini est infini en toute raison et en tout mode (κατὰ πάντα καὶ λόγον καὶ τρόπον) ; (il est infini) selon l'essence, selon la puissance, selon l'énergie, selon les deux extrêmes, je veux dire le haut et le bas, à savoir selon le commencement et la fin. Car l'infini est incontenable selon l'essence, incompréhensible selon la puissance, et indescriptible selon l'énergie. Il est sans commencement en haut et illimité en bas ; et pour dire en vérité tout simplement, l'infini est en tout indéterminé (ἀόριστον), puisque d'aucune façon il ne peut être conçu selon un des modes déjà énumérés » [264]. Nous répétons ce qui est dit au début du chapitre, à savoir que l'essence divine a un sens absolu, qu'on ne peut pas soumettre aux catégories de l'essence créée « l'essence infinie qui est

πάσης συναφείας τε καὶ οἰκειότητος ἐλευθέρα καὶ ἄφετος, ἄσχετον γάρ, τὸ πρὸ αὐτῆς ἢ μετ᾽αὐτὴν ἔχουσα, ὡς πάντων ἐπέκεινα, καὶ μηδενὶ τῶν ὄντων κατ᾽οὐδένα λόγον ἢ τρόπον συντεταγμένη » (*Ambigua II, 10*, PG 91, 1185D-1188A. Cf. *Chapitres sur la Charité IV, 9*, Ceresa-Gastaldo, 198. PG 90, 1409B). La simplicité donc de l'essence divine se caractérise et se manifeste par le fait que l'essence divine est sans quantité, sans qualité et sans relation avec un autre être antérieur ou postérieur à elle pour la définir. Et elle est infinie et au-delà de tout être. L'affirmation de Lars Thunberg, *Microcosm and Mediator. The Theological Anthropology of Maximus the Confessor*, Lund 1965, p. 88, que « *the decisive difference between Creator and creatures is to Maximus the fact that God, from this point of view,* **pure substance***, simple and unqualified, while creatures have qualified substances, and are composite and mutable* », n'est que partiellement vraie, car en utilisant les termes « **substance** », il introduit des notions scholastiques étrangères à la théologie de saint Maxime.

264. *Ambigua II*, 10, PG. 91, 1184D-1185A. Le texte des *Ambigua II, 17*, PG 91, 1232BC est dans ce même esprit. « Ἀμερὲς γὰρ πάντῃ τὸ θεῖόν ἐστιν, ὅτι καὶ παντελῶς ἄποιον, ἄποιον δὲ παντελῶς, ὅτι καὶ πάντῃ ἁπλοῦν, ἁπλοῦν δὲ πάντῃ, ὅτι καὶ ἀδιάστατον, ἀδιάστατον δὲ πάντῃ ὅτι καὶ πάντῃ ἄπειρον, ἄπειρον δὲ πάντῃ, ὅτι καὶ πάντῃ ἀκίνητον (οὐ κινεῖται γὰρ πάντῃ πώποτε τὸ μὴ ἔχον ποῦ κινηθῆναι), ἀκίνητον δὲ πάντῃ, ὅτι καὶ παντελῶς ἄναρχον (οὐ γὰρ ἔχει τι πρὸ αὐτοῦ καὶ μεῖζον, οὔτε τι σὺν αὐτῷ καὶ ἴσον, οὔτε τι μετ᾽αὐτό, καὶ παραμετρεῖσθαι καὶ χωρεῖν αὐτὸ δυνάμενον), ἄναρχον δὲ πάντῃ, ὅτι καὶ ἀγέννητον, ἀγέννητον δὲ πάντῃ, ὅτι καὶ παντελῶς ἕν καὶ μονώτατον, ἓν δὲ πάντῃ καὶ μονώτατον, ὅτι καὶ παντελῶς ἄσχετον, καὶ διὰ τοῦτο παντάπασιν ἄρρητόν τε καὶ ἄγνωστον, καὶ πάσης τῆς τῶν ἐπ᾽αὐτὸ καλῶς τε καὶ θεοπρεπῶς κινουμένων γνώσεως πείρας μονώτατον, καὶ μονωτάτην γνῶσιν ἔχον ἀληθῆ τὸ μὴ γινώσκεσθαι ».

la seule simple, unique (*μονοειδής*), sans qualité, paisible (*εἰρηναῖος*), calme (*ἀστασίαστος*), toute-puissante et créatrice de tout être. Mais toute créature est composée d'essence et d'accident, et elle a toujours besoin de la divine Providence, car elle n'est pas dégagée du changement » [265].

La simplicité de l'essence divine et le composé de l'essence des êtres créés introduisent la différence ontologique entre l'incréé et le créé. C'est justement cette différence qui a conduit la pensée patristique à l'idée de l'incompréhensibilité de l'essence divine incréée. Il est surprenant pour l'esprit (*νοῦς*) et la raison (*λόγος*) humains d'accéder à la révélation divine, or ce qui est révélé n'est pas l'essence mais les divines énergies auxquelles l'homme participe, réalisant ainsi sa divinisation [266]. Le terme « participation » signifie le fait que l'homme est divinisé par grâce et par participation, et non par nature (*φύσει*). Dieu est Dieu et saint naturellement et non pas par participation. Ainsi, après la divinisation de l'homme, la différence qui existe entre l'incréé et le créé est aussi sauvegardée, et la simplicité de l'essence divine n'est pas détruite par l'union avec le créé, et la création n'est pas absorbée et anéantie par le divin être incréé. Ainsi sont appliquées « l'union en la distinction » et « la distinction en l'union » [267].

---

265. *Chapitre sur la Charité IV, 9*, CERESA-GASTALDO, 198. PG 90, 1049B. Trad. Jacques TOURAILLE, *Philocalie*, op. cit. p. 65.

266. Cf. ibid., IV, 11, CERESA-GASTALDO, 198. PG 90, 1049C. « Ὁ μὲν Θεός, μετέχεται μόνον ἡ δὲ κτίσις, καὶ μετέχει καὶ μεταδίδωσι. Καὶ μετέχει μὲν τοῦ εἶναι, καὶ τοῦ εὖ εἶναι· μεταδίδωσι δέ, τοῦ εὖ εἶναι μόνον ἀλλ' ἑτέρως μὲν ἡ σωματικὴ, ἑτέρως δὲ ἡ ἀσώματος οὐσία ».

267. Ce point a constitué le thème de la discussion lors des querelles hésychastes entre Barlaam et saint Grégoire Palamas. Ainsi Barlaam, pour sauvegarder la simplicité de l'essence divine, enseignait une énergie créée ; par contre saint Grégoire Palamas pour expliquer la divinisation, tout en sauvegardant la simplicité de l'essence divine, enseignait l'énergie incréée.

Deuxième chapitre

ÉNERGIE ESSENTIELLE

A. Propriétés de l'essence

(a) Introduction.

L'enseignement de saint Maxime sur l'énergie ne constitue pas un système indépendant de celui sur les deux natures, les deux volontés et les deux énergies en Christ. À partir des définitions trinitaires il construit son système christologique [1]. Ainsi l'enseignement de l'Église et des Pères qui le précèdent, sur le dogme trinitaire, devient le point central déterminant les relations des deux natures, des deux volontés et des deux énergies en Christ. Les Pères Cappadociens et l'Aréopagite ont grandement influencé l'enseignement de saint Maxime sur l'énergie, comme l'a fait la

---

1. Pierre Piret, *Le Christ et la Trinité selon Maxime le Confesseur*, 69 (Théologie Historique), Paris 1983, fait une longue analyse de ce problème. Nous sommes d'accord avec l'auteur en ce qui concerne la relation de la triadologie avec la christologie chez Maxime qui « *unifie la pensée christologique, en la référant à la doctrine trinitaire* » (p. 38). Nous le constatons dans la *Disputatio cum Pyrrho* (645) où Pyrrhus accepte le parallélisme de la divine essence et de la divine volonté du Christ avec l'enseignement trinitaire de l'essence et de la volonté, mais il émet de fortes réserves en ce qui concerne la divine énergie : « Τοῦτο ἐπὶ τῆς θεολογίας τοῖς Πατράσιν, οὐ μὴν καὶ ἐπὶ τῆς οἰκονομίας εἴρηται. Ὅθεν οὐδὲ φιλαλήθους διανοίας καθέστηκε, τά τῆς θεολογίας αὐτοῖς εἰρημένα, μετάγειν ἐπὶ τῆς οἰκονομίας » (PG 91, 348C).

théologie alexandrine et plus précisément celle de saint
Cyrille pour sa christologie [2].

Saint Maxime, pour soutenir ses positions théologiques,
interprète d'une manière « plus orthodoxe » des expressions
ambiguës de saint Grégoire de Nazianze et de l'Aréopagite [3].
Persuadé de la nécessité de maintenir le dogme orthodoxe, il l'a
confessé et il a été martyrisé, car il s'opposait aux changements
apportés à l'expression de la foi orthodoxe par les hérétiques [4]. Pour pouvoir suivre l'enseignement de saint Maxime

---

2. La grande difficulté qui se présentait à saint Maxime provenait du fait
que les hérétiques utilisaient les mêmes Pères pour appuyer leurs positions.
Ainsi par exemple, ils utilisaient le *quatrième discours théologique* de saint
Grégoire de Nazianze (12, PG 36, 117CD-120AB) pour pouvoir soutenir leur
enseignement d'une unique volonté en Christ. Ils tiraient leurs conclusions à
partir de l'interprétation de la prière de Jésus à Gesthémané « *Mon Père s'il
est possible que cette coupe s'éloigne de moi ! Toutefois, non pas ce que je veux,
mais ce que tu veux* » (Mt 26, 39). De l'Aréopagite, ils utilisaient l'expression :
« καινήν τινα τὴν θεανδρικὴν ἐνέργειαν » de la *Lettre à Gaïos* (PG 3,
1072C), pour pouvoir soutenir leur enseignement d'une divine énergie en Christ.
Et de Cyrille d'Alexandrie, ils utilisaient l'expression « μίαν φύσιν τοῦ Λόγου
σεσαρκωμένην » (Lettre XLVI, II ad Succensum, §2, PG 77, 241A) pour pouvoir
soutenir leur enseignement d'une seule nature en Christ. Cf. également d'autres
exemples dans la *Disputatio cum Pyrrho*, PG 91, 316B-320C.
3. Cf. *Ambiguorum Liber* qui résolvent les phrases ambiguës de saint Grégoire
de Nazianze et de l'Aréopagite. Auparavant, une opinion prévalait selon
laquelle l'enseignement de saint Maxime n'était qu'une compilation des opinions
des Pères précédents et qu'il n'offrait rien d'original à la théologie. Cette
opinion a commencé à perdre de sa vigueur grâce aux recherches et aux
études nouvelles sur les écrits de saint Maxime, inaugurées par S.L. EPIFANOVIC,
Matériaux pour l'Étude de la vie et de l'œuvre de saint Maxime le Confesseur,
Kiev 1917 (en russe) et Hans-Urs von BALTHASAR avec son ouvrage désormais
classique, *Kosmische Liturgie, Maximus der Bekenner. Höhe und Krisis des
griechischen Weltbildes*, Freiburg-im-Breisgau 1941. Nous utilisons la traduction
française de 1947. La deuxième édition de la version allemande est revue,
complétée et publiée à Einsiedeln en 1961. Alain RIOU, *Le monde et l'Église
selon Maxime le Confesseur*, coll. Théologie Historique 22, Paris 1973, écrit :
« *La variété des styles et des vocabulaires, le langage épris de précision, mais
souvent excessivement laborieux, explique sans doute que Saint Maxime ait été
longuement ignoré en Occident, plus intéressé par les Pères « véritables » des siècles
antérieurs. Les rares travaux qui lui ont été consacrés, l'ont souvent considéré
comme un compilateur éclectique sans pensée personnelle* » (pp. 30-31). À ce
propos nous nous permettons une observation qui nous semble fort importante.
Pour la théologie de l'Église et son enseignement orthodoxe, ce n'est pas
« l'originalité » qui compte, mais l'expression orthodoxe de sa foi à travers les
changements dangereux apportés par les hérétiques. Saint Maxime est parvenu
à formuler la foi orthodoxe avec courage et à confessé cette foi, c'est cela
qui le place parmi les grands Pères de l'Église.
4. Voir l'analyse détaillée de la vie et de l'œuvre de saint Maxime de Juan
Miguel CARRIGUES, *Maxime le Confesseur, la Charité, Avenir de l'Homme*, coll.

sur l'énergie, il faut passer par le champ christologique. La problématique sur la nature divine et humaine du Christ, les deux volontés et les deux énergies, est une occasion pour saint Maxime de déterminer non seulement les relations qui existent entre elles, mais aussi leurs différences. Dans ce chapitre, nous examinons l'ontologie de la volonté et de l'énergie ainsi que les différentes notions qui leur sont liées.

(b) La Volonté essentielle

La volonté et l'énergie sont liées à l'essence (*οὐσία*) [5] et c'est pourquoi elles sont appelées « essentielles » (*οὐσιώδεις*) [6]. Dans la *Disputatio cum Pyrrho* il est souligné que la volonté « est essentiellement attachée » à Dieu (*οὐσιωδῶς αὐτῷ πρόσεστι*) [7], mais aussi que « l'énergie créatrice est essentiellement attachée à Dieu » (*οὐσιωδῶς πρόσεστι τῷ Θεῷ ἡ δημιουργικὴ ἐνέργεια*) [8] ; la volonté est donc liée à l'essence de la même manière que l'énergie [9]. Que la volonté soit essentielle, ceci est démontré en plusieurs étapes dans la *Disputatio cum Pyrrho*. Saint Maxime, se basant sur des données philosophiques et théologiques de la patristique,

---

Théologie Historique 38, Paris 1976, surtout la première partie « *Les étapes de la confession* » (pp. 35-75).

5. Sur le plan christologique, à la place du terme essence (*οὐσία*), on utilise le terme (*φύσις*). Nous avons déjà développé dans le premier chapitre l'usage de ces deux termes et nous avons vu que les deux sont synonymes, malgré le fait que « *οὐσία* » signifie la stabilité (*στατικότης*) tandis que « *φύσις* » signifie le devenir (*γίγνεσθαι*).

6. « *Εἰ δὲ καταλλήλως ταῖς ἑαυτοῦ φύσεσιν ὁ Χριστός, ἤγουν, ὡς ἑκάστη πέφυκεν, ἤθελέν τε καὶ ἐνήργει· δύο δὲ αὐτοῦ αἱ φύσεις· δύο αὐτοῦ πάντως καὶ τὰ φυσικὰ θελήματα· καὶ αἱ τούτων ἰσάριθμοι, καὶ οὐσιώδεις ἐνέργειαι* » (*Disputatio cum Pyrrho* PG 91, 289B). Ce n'est pas le seul endroit où saint Maxime nomme ainsi non seulement les énergies, mais aussi les volontés. Nous trouvons cela à plusieurs reprises dans ses écrits. Dans la *Disputatio cum Pyrrho*, saint Maxime fait la distinction entre la volonté et ce qui est voulu (ibid., 292C). Pyrrhus, pour sa part, propose à saint Maxime d'abandonner cette distinction subtile, comme une incompréhensibilité pour beaucoup (ibid., 300A).

7. Ibid., PG 91, 292C.

8. Ibid., PG 91, 349B.

9. La construction de l'examen du problème de l'énergie suit celle à propos de la volonté. D'ailleurs, P. PIRET, *Le Christ et la Trinité selon Maxime le Confesseur*, op. cit. p. 340, et Jean MEYENDORFF, *Le Christ dans la Théologie Byzantine*, Paris 1969, p. 289, acceptent qu'il y a une étroite relation entre la volonté et l'énergie. Jean MEYENDORFF les voit synonymes.

argumente que si en Christ il y a deux natures, divine et humaine, chacune des deux a sa propre volonté et sa propre énergie ; ce n'est donc pas l'hypostase ou la personne qui veut. Cela sous-entend qu'aucune essence n'est privée de sa volonté ni de son énergie, et que ces deux propriétés essentielles manifestent l'existence de l'essence [10]. Il y a ainsi une distinction entre la volonté essentielle et ce qui est voulu [11], or le vouloir est naturel, mais le mode de vouloir dépend du libre choix. Cela veut aussi dire que la volonté n'est pas gnomique, car dans ce cas-là la volonté pourrait être considérée comme une quantité provenant d'une autre quantité, ce qui est absurde pour la pensée maximienne [12].

Mais puisqu'il est exclu que la volonté soit hypostatique, personnelle ou gnomique, comment peut-on voir qu'elle est essentielle ? La *Disputatio cum Pyrrho* nous fournit une argumentation clé pour la solution de ce problème. Les genres de vie sont distingués en trois catégories : végétale, sensible et intelligible. Chacun d'eux a un mouvement constitutif qui, de toute évidence, est essentiel : nourrir, croître et se reproduire pour le premier ; l'appétence du mouvement pour le sensible ; et pour l'intelligible, c'est le mouvement libre (αὐτεξούσιος κίνησις). Ce mouvement constitutif montre la liberté de l'essence (αὐτεξούσιον) des êtres intelligibles, or l'« αὐτεξούσιον » est identifié à la volonté : « τὸ γὰρ αὐτεξούσιον, κατὰ τοὺς Πατέρας, θέλησίς ἐστιν » (selon les Pères, la liberté de la nature est la volonté) [13].

« Si donc le mouvement libre (αὐτεξούσιος κίνησις) est attaché naturellement aux êtres intelligents, alors tout être intelligent est aussi essentiellement voulant comme l'écrit le bienheureux Diadoque de Photicée selon lequel la liberté (αὐτεξούσιον) est la volonté » [14]. L'identification de l'« αὐ-

---

10. Pour ce qui est des origines de la notion de « θέλησις », voir R.-A. GAUTHIER, « *Saint Maxime le Confesseur et la psychologie de l'acte humain* », in : *Recherches de Théologie ancienne et médiévale* 21 (1954), pp. 78-79. Marcel DOUCET, *Dispute de Maxime le Confesseur*, op. cit. pp. 186- 266.

11. *Disputatio cum Pyrrho*, PG 91, 292C.

12. Ibid., PG 91, 308B.

13. Ibid., PG 91, 304C.

14. PG 91, 301C. Voir Diadoque de Photicé, « *Cent Chapitres Gnostiques, V*. Sources Chrétiennes vol. 5 bis, p. 86. Cette conclusion suit la méthode

τεξούσιον» à la volonté constitue un argument de plus pour la thèse d'une volonté naturelle. Puisque l'«αὐτεξούσιον» est le mouvement constitutif des êtres intelligibles, il démontre aussi leur liberté sur le pouvoir de la nature, la volonté aussi est essentielle et libre de toute nécessité, or ce qui est naturel n'est pas soumis à la nécessité [15].

Cette argumentation de saint Maxime se retourne contre celle de Pyrrhus qui dit que si la volonté est naturelle, cela signifie qu'elle n'est pas libre, mais soumise à la nécessité de la nature [16]. Et c'est pourquoi saint Maxime relie ici la volonté à l'«αὐτεξούσιον». Ce lien ontologique entre «αὐτε-ξούσιον» et «θέλησις» révèle la liberté de la volonté comme celle de l'énergie, et vouloir signifie être libre. Chaque être veut et agit ensuite ; en quelque sorte l'énergie provient de la volonté [17]. Malgré cette relation étroite entre volonté et énergie, les deux définitions ne sont pas identiques.

Dieu étant Lui-même réellement «αὐτεξούσιος», Il a aussi une volonté libre et cette volonté est considérée comme «τὸ οὐσιῶδες τοῦ Θεοῦ καὶ δημιουργικὸν θέλημα», la volonté essentielle et créatrice de Dieu [18]. La volonté divine est antérieure à celles des créatures, (προεπινοούμενον) [19] car si la volonté est essentielle, elle existe avec l'essence divine éternellement. Cette comparaison entre la volonté divine et les créatures nous permet de dire que la volonté divine est essentielle, mais qu'elle n'est pas l'essence ; elle est donc distincte de l'essence, et elle constitue le mode de vie et d'existence de l'essence. Cela est plus évident encore dans le texte qui suit de la *Disputatio cum Pyrrho* [20], et qui constitue un tableau faisant l'analyse de la notion de volonté.

---

démonstrative de saint Maxime selon laquelle les trois sortes de vie sont : végétale, sensible et intelligible (cf. PG 91, 301ABC et 304CD).

15. Proclus écrit que les trois actes de la Providence divine, la connaissance, la puissance et la volonté sont naturels, autrement la divinité n'est pas bonne. Cf. *Théologie Platonicienne* I, I, 15. Ed. «Les Belles Lettres» Paris 1968, tome I, pp. 73-76.

16. PG 91, 293B.

17. Jean MEYENDORFF, *Le Christ dans la Théologie Byzantine*, op. cit. p. 289, se réfère peut-être à ce passage en interprétant comme synonymes les deux notions de volonté et d'énergie, et principalement parce que la volonté est définie par Diadoque de Photicée comme la liberté.

18. *Disputatio cum Pyrrho*, PG 91, 292C.

19. Ibid., PG 91, 293B.

20. Ibid., PG 91, 239BC.

Selon R.-A. GAUTHIER, « c'est peut-être la partie la plus originale » de l'œuvre de saint Maxime [21].

« Ce qui est raisonnable par nature, a (comme) puissance naturelle, l'appétence raisonnable (λογικὴν ὄρεξιν), laquelle est appelée aussi volition de l'âme spirituelle (καὶ θέλησις καλεῖται τῆς νοερᾶς ψυχῆς). Selon elle, en voulant nous raisonnons (θέλοντες λογιζόμεθα), et raisonnant, nous voulons et nous visons à quelque chose (θέλοντες βουλόμεθα). En voulant (θέλοντες), nous cherchons (ζητοῦμεν), nous considérons (σκεπτόμεθα) et nous délibérons (βουλευόμεθα), et nous jugeons (κρίνομεν) et nous nous disposons (διατιθέμεθα) et nous décidons d'un choix (προαιρούμεθα) et nous y tendons (ὁρῶμεν) et nous sommes en état d'en user (κεχρήμεθα) » [22].

La volonté ici est identifiée à la « λογικὴν ὄρεξιν » (l'appétence raisonnable) qui est une puissance naturelle des êtres raisonnables. Tout le développement de la volition naturelle est « κατὰ φύσιν » (selon la nature) ; c'est-à-dire que « θέλειν, λογίζεσθαι, βουλεύεσθαι, ζητεῖν, σκέπτεσθαι, βούλεσθαι, κρίνειν, διατίθεσθαι, αἱρεῖσθαι, ὁρμᾶν et κεχρῆσθαι » [23], sont des qualités essentielles. Or, on constate le rôle primordial de la volonté en tant que puissance de la nature. Dans un contexte christologique, saint Maxime montre que même la nature humaine du Christ a cette puissance naturelle, et qu'en sa personne il y a les deux volontés, divine et humaine. Bien que dans le texte cité ce soit la volonté humaine qui est démontrée, c'est aussi une certitude, dans la pensée de saint Maxime, que l'essence divine ait sa propre volonté essentielle. Cela ressort de la façon dont il introduit le texte en question : « Non seulement la nature divine et incréée n'a rien selon sa nature qui soit soumis à la nécessité, mais la nature noétique et créée n'en

    21. R.-A. GAUTHIER, « Saint Maxime le Confesseur et la psychologie de l'acte humain », op. cit. p. 53. Voir aussi un tableau similaire dans l'Opuscula Theologica et Polemica 1, qui est une Lettre à Marin, consacrée à l'éclaircissement des diverses notions comme celles de la θέλησις, προαίρεσις, βουλή, ἐξουσία, etc. PG 91, 9A-27A.
    22. Disputatio cum Pyrrho, PG 91, 293BC. Traduction P. PIRET avec de petites modifications.
    23. Ibid., PG 91, 293C.

a pas non plus » [24]. Or R.-A. GAUTHIER et Lars THUNBERG examinent cette question seulement du point de vue de la nature créée et non pas de l'incréée [25]. Mais la volonté divine, examinée par saint Maxime en tant que « volonté créatrice » [26], est étroitement liée à l'énergie divine qui est également « créatrice » comme nous le verrons plus loin.

(c) Αὐτεξούσιον

Origène, en traitant la question de l'« αὐτεξούσιον », fait dépendre ontologiquement de lui la volonté et l'énergie. Ces trois notions sont considérées comme des termes « techniques » [27]. La relation de la volonté et de l'énergie avec l'« αὐτεξούσιον » trouve son fondement biblique chez l'apôtre Paul, Rom. 9,18 : « Καὶ τὸ θέλειν δὲ καὶ τὸ ἐνεργεῖν ἐκ τοῦ Θεοῦ ἐστιν ». Les deux définitions n'ont plus un caractère didactique mais « ontologique ». Origène ainsi examine l'« αὐτεξούσιον » humain en relation avec la volonté et l'énergie. L'« αὐτεξούσιον » par conséquent manifeste la liberté de choix et d'opération de l'homme. L'usage de ces puissances pour le choix de l'un ou l'autre mode d'agir révèle la liberté (αὐτεξούσιον) de l'homme [28]. La solution proposée par Origène est la suivante : « Notre propre liberté (τὸ ἐφ'ἡμῖν) n'est rien sans la connaissance de Dieu, et la connaissance qu'en a Dieu ne nous force pas à progresser si nous-même nous ne faisons pas aussi quelque chose dans la direction du bien. Car notre liberté (τὸ ἐφ'ἡμῖν) sans la connaissance qu'en a Dieu et la capacité d'user dignement de sa liberté ne peut destiner quelqu'un à l'honneur ou au déshonneur, et par contre l'action de Dieu seule ne peut destiner quelqu'un à l'honneur et au déshonneur, si elle n'a orienté

24. Ibid., PG 91, 293B.
25. R.-A. GAUTHIER, « Saint Maxime le Confesseur et la psychologie de l'acte humain », op. cit. pp. 51-100. Lars THUNBERG, Microcosm and Mediator. The theological anthropology of Maximus the Confessor, Lund 1965, surtout le chapitre IV, B : « The psychology of the Will », pp. 220-243.
26. Ibid., PG 91, 292C.
27. Cf. Origène, Traité des Principes, I, 1-4. S. Chr. vol. 252, fascic. I, pp. 90-173.
28. Cf. ibid., III, 1, 20. S. Chr. vol. 268, pp. 124-128.

notre volonté (προαίρεσις) comme une certaine matière de cette diversité, et tendue vers le meilleur ou vers le pire » [29].

L'enseignement de Diadoque de Phodicé, cité par saint Maxime, reflète en fait celui d'Origène concernant l'« αὐτεξούσιον ». Le texte cité de Diadoque est celui des *Cent Chapitres Gnostiques* V : « La liberté est la volonté d'une âme raisonnable prête à se mouvoir vers son objet » (*Αὐτεξουσιότης ἐστὶ ψυχῆς λογικῆς θέλησις ἑτοίμως κινουμένης εἰς ὅπερ ἂν θέλοι*) [30]. Diadoque donc identifie l'« αὐτεξουσιότης » à la « θέλησις » de l'âme raisonnable. Ces deux notions sont également liées au mouvement de l'âme et au choix de l'objet de la volonté.

Saint Maxime cite fidèlement Diadoque de Phodicé, mais il va au-delà des positions d'Origène et de Diadoque, car pour lui l'« αὐτεξούσιον » n'est pas simplement la liberté du choix du bien ou du mal (Origène), ni la volonté de l'âme raisonnable (Diadoque), mais l'« αὐτεξούσιον » est la puissance de la nature, c'est-à-dire le pouvoir libre et la puissance constitutive de la nature des êtres intelligibles [31]. L'identification de l'« αὐτεξούσιον » à la « θέλησις », faite d'abord par Diadoque est reprise ensuite par saint Maxime ; il en fait des qualités essentielles et par cela il démontre que la nature est libre en soi. En plus, l'« αὐτεξούσιον » de l'homme est à l'image de Dieu : « *Αὐτεξούσιος δὲ φύσει ἡ θεία φύσις· ἄρα καὶ ὁ ἄνθρωπος, ὡς αὐτῆς ὄντως εἰκών, αὐτεξούσιος τυγχάνει φύσει* » (la nature divine est naturellement libre. L'homme par conséquent est aussi naturellement libre, étant réellement son image) [32]. Ainsi saint Maxime libère non seulement la volonté et l'énergie de la nécessité, mais aussi l'essence (nature) elle-même, et il ouvre une voie de liberté dans les relations entre les êtres créés et Dieu. La liberté n'est plus une entité morale, mais une puissance essentielle qui accorde aux êtres leur libre devenir et perfection.

---

29. *Traité des Principes III*, 24, S. Chr. vol. 268, fasc. III, pp. 148-150.
30. Diadoque de Phodicé, *Œuvres Spirituelles*, S. Chr. vol. 5bis, p. 86.
31. *Disputatio cum Pyrrho*, PG 91, 301ABC.
32. Ibid., PG 91, 304C.

C'est dans cette perspective de l'« αὐτεξούσιον » que se trouve aussi la réponse à la question de la chute et du péché, et le rétablissement effectué en Christ et par le Christ. Adam, qui avait le pouvoir (ἐξουσίαν) naturel de choisir entre le bien ou le mal, a utilisé sa liberté pour le pire [33]. Par l'« αὐτεξούσιον » sont entrées en nous la corruption et l'opposition à la volonté divine qui n'existaient pas selon la nature. La soumission à la volonté divine, selon l'exemple du Christ, ne signifie pas pour l'homme, la privation de l'« αὐτεξούσιον », mais son retour à l'état naturel, purifié des effets de la chute et du péché [34]. L'« αὐτεξούσιον » doit récupérer son désir [35] naturel vers « l'être, le bien-être et le toujours-être » [36].

---

33. *Ambigua II*, 7, PG 91, 1092D.

34. *Ambigua II*, 7, PG 91, 1076ABC. « Καὶ τοῦτό ἐστιν ἴσως ἡ ὑποταγὴ ἥν ὁ θεῖος Ἀπόστολός φησι τῷ Πατρὶ τὸν Υἱὸν ὑποτάσσειν, τοὺς ἑκουσίως δεχομένους τὸ ὑποτάσσεσθαι, μεθ᾽ἥν καὶ δι᾽ἥν. Ὁ ἔσχατος ἐχθρὸς καταργεῖται ὁ θάνατος, ὡς τοῦ ἐφ᾽ἡμῖν, ἤγουν τοῦ αὐτεξουσίου, δι᾽οὗ πρὸς ἡμᾶς ποιούμενος τὴν εἴσοδον ἐπεκύρου καθ᾽ἡμῶν τὸ τῆς φθορᾶς κράτος, ἑκουσίως καθ᾽ὅλου ἐκχωρηθέντος Θεῷ καὶ καλῶς βασιλεύοντος τὸ βασιλεύεσθαι, τῷ ἀργεῖν τοῦ τι ἐθέλειν παρ᾽ὅ θέλει ὁ Θεός· ὥσπερ φησὶν αὐτὸς ἐν ἑαυτῷ τυπῶν τὸ ἡμέτερον ὁ Σωτὴρ πρὸς τὸν Πατέρα· πλὴν οὐχ ὡς ἐγὼ θέλω, ἀλλ᾽ὡς σύ (Ματθ. 26,39). Καὶ μετ᾽αὐτὸν ὁ θεσπέσιος Παῦλος, ὥσπερ ἀρνησάμενος καὶ ἰδίαν ἔχειν ἔτι ζωὴν μὴ εἰδώς· Ζῶ γὰρ οὐκ ἔτι ἐγώ· ζῇ γὰρ ἐν ἐμοὶ Χριστός (Γαλ. 2,20). Μὴ ταραττέτω δὲ ὑμᾶς τὸ λεγόμενον. Οὐ γὰρ ἀναίρεσιν τοῦ αὐτεξουσίου γίνεσθαί φημι, ἀλλὰ θέσιν μᾶλλον τὴν κατὰ φύσιν παγίαν τε καὶ ἀμετάθετον, ἤγουν ἐκχώρησιν γνωμικήν, ἵν᾽ὅθεν ἡμῖν ὑπάρχει τὸ εἶναι καὶ τὸ κινεῖσθαι λαβεῖν ποθήσωμεν, ὡς τῆς εἰκόνος ἀνελθούσης πρὸς τὸ ἀρχέτυπον, καὶ σφραγίδος δίκην ἐκτυπώματι καλῶς ἡρμοσμένης τῷ ἀρχετύπῳ, καὶ ἄλλοθι φέρεσθαι μήτ᾽ ἐχούσης λοιπὸν μήτε δυναμένης, ἤ σαφέστερον εἰπεῖν καὶ ἀληθέστερον, μήτε βούλεσθαι δυναμένης ». Origène, dans le *Traité des Principes III*, 18, utilise à ce propos Rom. 9,16.

35. Le « désir » (ὄρεξις) montre le mouvement des êtres créés vers la fin. Effectivement fin ne signifie pas l'arrêt (στάσις), mais le but. Le désir reste insatiable malgré le fait que les êtres atteignent leur but. L'insatiabilité du désir est le résultat de l'infinité de Dieu. L'infinité divine garde dans un mouvement perpétuel l'être des êtres vers le toujours-être. Cet enseignement est à l'opposé de celui d'Origène pour lequel la situation initiale était l'arrêt (στάσις), puis venait le mouvement (κίνησις) comme résultat de la satiété et du péché, et qui aboutissait à la genèse (γένεσις). C'est sur ce point que la cosmologie d'Origène exprimée par le « στάσις-κίνησις-γένεσις » est inversée par celle de saint Maxime en « γένεσις-κίνησις-στάσις ». Malgré cela comme nous l'avons vu, « στάσις » ne signifie pas l'arrêt, mais le mouvement perpétuel dans l'infinité de Dieu. (Cf. PG 91, 1068-1101, plus précisément 1089C).

36. Voilà la raison théologique cruciale pour saint Maxime, selon laquelle la nature humaine du Christ doit avoir incontestablement une volonté et une énergie naturelles. Autrement l'humanité n'est pas guérie.

(d) Προαίρεσις

Le tableau dressé par saint Maxime pour indiquer la relation entre la volonté en tant que puissance naturelle et les autres aspects de l'acte naturel, nous amène à une autre notion, celle de la « προαίρεσις ». Nous prenons cette fois le tableau de *l'Opuscule Théologique et Polémique I*, qui détermine la « προαίρεσις » comme suit : « La προαίρεσις est la conjonction (σύνοδος) de l'appétence (ὀρέξεως), de la délibération (βουλῆς) et du jugement (κρίσεως). Puisque, en visant à un effet, avant, nous délibérons (ὀρεγόμενοι γὰρ πρότερον βουλευόμεθα), en délibérant nous jugeons (κρί-νομεν), en jugeant nous faisons le choix (προαιρούμεθα), au lieu du pire, de ce qui est démontré par le jugement comme étant le meilleur (κρεῖττον). Or, la volonté se rattache (ἤρτηται) seulement à ce qui est naturel, et la προαίρεσις dépend de ce qui est en notre pouvoir (τῶν ἐφ᾽ ἡμῖν) et qui peut être réalisé par nous (δι᾽ ἡμῶν). Par conséquent, la προαίρεσις n'est pas θέλησις » [37].

En définissant la « προαίρεσις », et en la comparant avec la « θέλησις », on introduit trois autres notions liées à la « προαίρεσις » : l'« ὄρεξις » (appétence), la « βουλή » (déli-bération) et la « κρίσις » (jugement). Ceci souligne la complexité de l'acte humain, dès le moment où il met en mouvement sa puissance naturelle pour réaliser quelque chose. En fait, il y a plusieurs instants dans l'acte humain qui se succèdent l'un l'autre et qui s'interpénètrent. Dans les *Opuscula Theologica et Polemica 1* ils sont examinés en relation à la « προαίρεσις » [38]. La « προαίρεσις » dépend de ce qui est « en notre pouvoir » (τῶν ἐφ᾽ἡμῖν). Ailleurs ce « τῶν ἐφ᾽ἡμῖν » est identique à l'« αὐτεξούσιον » : « τοῦ ἐφ᾽ἡμῖν, ἤγουν τοῦ αὐτεξουσίου » [39]. Les deux expressions

---

37. *Opuscula Theologica et Polemica I*, PG 91, 13A. P. Sherwood voit ici une influence de Nemesius, cf. *The Earlier Ambigua*, p. 203.

38. Voir le tableau présenté par R.-A GAUTHIER, « *Saint Maxime le Confesseur et la psychologie de l'acte humain* », op. cit. p. 82. Selon Aristote, cette succession est la suivante : concept (λόγος), souhait (βούλησις), recherche (ζήτησις), examen (σκέψις), délibération (βούλευσις), jugement (κρίσις), décision (προαί-ρεσις).

39. *Ambigua II*, 7, PG 91, 1076A. Pour ce qui est du sens du « ἐφ᾽ἡμῖν », voir Proclus, *Trois études sur la Providence, Livre II, Providence, fatalité, liberté,*

« ἐφ'ἡμῖν » et « δι'ἡμῶν » sont significatives de la pensée de saint Maxime en ce qui concerne la relation de l'« αὐτε-ξούσιον » à la « προαίρεσις ». Les deux montrent la liberté de l'acte humain, mais la « προαίρεσις » spécifie déjà la liberté signifiée par l'« αὐτεξούσιον », par le choix des choses que nous sommes capables de réaliser. Pour saint Maxime cela signifie le passage de la volonté à l'opération [40].

(a) Ὄρεξις (l'appétence) : l'appétence, donc, est l'élan de la puissance naturelle vers quelque chose qui va être concrétisé et réalisé par les autres instants de l'acte volontaire. *(b)* Βούλησις (le souhait) : en comparaison avec la « προαίρεσις », la « βούλησις » est l'appétence souhaitant ce qui est ou ce qui n'est pas en notre pouvoir. Cela veut dire que nous souhaitons des choses réalisables ou non. Par contre, par la « προαίρεσις » nous choisissons des choses qui sont en notre pouvoir et qui peuvent être réalisées [41]. *(c)* « Βουλή » (la délibération) : la délibération est un stade de recherche de ce qu'on doit faire ; elle est aussi appétitive pour pouvoir effectuer la recherche nécessaire. Saint Maxime unifie ainsi la « βουλή » à la « ζήτησις » (recherche). En comparaison à la « προαίρεσις », la délibération est la recherche de l'objet, tandis que la « προαίρεσις » est l'instant final du choix d'un objet ou d'un autre. « Προαιρετὸν γάρ ἐστι, τὸ ἕτερον πρὸ ἑτέρου αἱρετόν » [42]. C'est ainsi qu'il faut entendre le sens du mot « προαίρεσις » qui est un choix préférentiel. La préférence est donnée à un objet jugé réalisable. Ce processus donc, fait précéder la délibération et suivre le jugement. Finalement, la « προαίρεσις » (décision) fait le choix parmi les choses examinées et jugées réalisables [43].

VII, 39. Éd. « Les Belles Lettres », Paris 1979, p. 62. Cf. également Ἰσαακίου Σεβαστοκράτορος, Περὶ προνοίας καὶ φυσικῆς ἀνάγκης II, 10, ibid., p. 118.

40. Opuscula Theologica et Polemica 1, PG 91, 17C : « Διατεθεῖσα γὰρ ἡ ὄρεξις τοῖς κριθεῖσιν ἐκ τῆς βουλῆς, γνώμη γέγονε· μεθ'ἥν, ἤ κυριώτερον εἰπεῖν, ἐξ ἧς ἡ προαίρεσις. Ἕξεως οὖν πρὸς ἐνέργειαν ἐπέχει λόγον, ἡ γνώμη πρὸς τὴν προαίρεσιν ». Les controverses monothélites et monoénergistes ont conduit saint Maxime à approfondir l'aspect de l'opération de l'homme en dépassant de loin la philosophie d'Aristote.

41. *Opuscula Theologica et Polemica 1*, PG 91, 13BC-16A.

42. Ibid., PG 91, 16B.

43. Ibid., PG 91, 16C.

Les autres notions liées à la volonté sont : *(d)* « γνώμη » (le caractère) : selon saint Maxime, de la « γνώμη » provient la « προαίρεσις » car la « γνώμη » est la disposition intérieure de ce qui est en notre pouvoir. Elle est donc plus près de la « προαίρεσις » étant donné que tout ce qui est jugé par délibération devient ensuite « γνώμη » [44]. Nous pouvons dire que la « γνώμη » est l'instant où la puissance devient énergie. *(e)* « Ἐξουσία » (le pouvoir) : cette notion est proche de l'« αὐτεξούσιον », car elle signifie le pouvoir libre de ce que nous voulons faire [45]. La décision, selon saint Maxime n'inclut pas le pouvoir. *(f)* « Δόξα » (l'opinion) : la « δόξα » est une notion plus large, car elle concerne ce qui est en notre pouvoir et ce qui ne l'est pas. Elle peut avoir deux aspects : celui d'une simple opinion qui est la répétition mécanique d'une connaissance, ou celui d'une profonde connaissance des choses avec la capacité d'argumentation démonstrative [46]. *(g)* « φρόνησις » (la prudence) : la « φρόνησις » concerne la connaissance des choses et elle est le résultat d'un procesus contemplatif. À partir du premier mouvement de l'esprit (νοῦς), vient la pensée (νόησις) ; ensuite la pensée pour quelque chose est appelée concept (ἔννοια). Le concept qui reste dans l'âme est la mémoire (ἐνθύμησις). C'est la mémoire donc qui devient « φρόνησις » (prudence) après un entraînement intensif. La prudence devient ainsi « διαλογισμός » (raisonnement) et le raisonnement s'exprime par la parole orale (προφορικὸς λόγος) [47].

L'homme est naturellement un être intelligible (λογικός), par conséquent il est appétitif (ὀρεκτικός), raisonnable (λογιστικός), volitif (βουλητικός), chercheur (ζητητικός), circonspect (σκεπτικός), il a la faculté de décision (προαιρετικός), il est véhément (ὁρμητικός) et apte à utiliser (χρηστικός) [48]. La « προαίρεσις » est placée parmi les autres qualités qui sont significatives de la liberté humaine. Mais la « προαίρεσις » qui dépend de ce qui est en notre pouvoir

44. Ibid., PG 91, 17C. Cf. R.-A GAUTHIER « *Saint Maxime le Confesseur et la psychologie de l'acte humain* » op. cit. pp. 79-81.
45. Ibid., PG 91, 17CD.
46. Ibid., PG 91, 20ABC.
47. Ibid., PG 91, 20D-21A.
48. Cf. *Opuscula Theologica et Polemica 1*, 24AB.

n'est pas stable et varie selon le choix offert. « Or si, en
plus de ses autres propriétés (*ἰδιωμάτων*), l'homme est naturellement un être vivant (*ζῷον*) apte à décider ; et si la
décision (*προαίρεσις*) dépend de ce qui est en notre pouvoir
(*τῶν ἐφ'ἡμῖν*) et de ce qui peut être réalisé par nous et
que cela ait un aboutissement incertain ; or, si dans ce qui
est en notre pouvoir, est inclue également la raison des
vertus (*τῶν ἀρετῶν λόγος*), qui fonctionne (*ἐνεργούμενος*)
comme loi des puissances naturelles, et aussi le mode
(*τρόπος*) qui pousse à l'usage contre nature (*κατὰ παράχρη-
σιν*) de ces mêmes puissances naturelles, introduisant ainsi
les passions contre nature (*τὰ παρὰ φύσιν πάθη παρυ-
φιστῶν*) ; par conséquent, l'homme, étant naturellement apte
à décider (*προαιρετικός*), est en plus apte à recevoir et à
juger les contraires (*ἐπιδεκτικός καὶ κριτικός τῶν ἀντικειμένων*). Si donc il est apte à juger des contraires, il est par
conséquent apte à décider ; et s'il est apte à décider, puisqu'il
est dans son pouvoir de se mouvoir vers une chose ou une
autre, par conséquent, il n'est pas immuable (*ἄτρεπτος*),
selon la nature. Ainsi, puisque la délibération (*βουλή*), le
jugement (*κρίσις*) et la décision (*προαίρεσις*), faisant partie
de ce qui est en notre pouvoir, sont parmi les contraires
(*τῶν ἀμφιβόλων ἐστιν*), quand il ne restera plus rien des
contraires, et lorsque la vérité aura été révélée ouvertement
à tous (*ἐμφανοῦς ἀληθείας δειχθείσης*), alors il n'y aura
pas de décision (*προαίρεσις*) qui se meut à travers les choses
qui sont en notre pouvoir. En effet, (il n'y aura plus de
décision) puisqu'il n'y aura plus de jugement pour distinguer
(*ἀφορισμόν*) les contraires, desquels nous choisirons le meilleur avant le pire. Si donc, selon la loi naturelle en vigueur
dans cette nouvelle situation, il n'y aura pas de décision,
toute ambiguïté dans les êtres étant écartée, il ne restera
alors que seule l'appétence intelligible efficiente (*ἐνεργὴς
νοερὰ*) à ceux qui sont ainsi naturellement appétitifs » [49].

Du point de vue théologique la « *προαίρεσις* » est placée
par saint Maxime dans la question de la constitution de

49. *Opuscula Theologica et Polemica I, 24BC*. Origène, *Traité des Principes
III*, 24, considère la « *προαίρεσις* » comme « *κλίνουσαν ἐπὶ τὰ κρείττονα ἤ
ἐπὶ τὰ χείρονα* ».

l'homme par Dieu. La création, l'épanouissement libre et le perfectionnement eschatologique de l'homme sont récapitulés dans le schème ternaire de l'« être » du « bien-être » et du « toujours-être » (εἶναι-εὖ εἶναι-ἀεί εἶναι). Le premier et le dernier sont donnés par Dieu, puisque c'est Lui qui donne l'être et le « toujours-être ». Or l'être est donné aux êtres selon l'essence, et le « toujours-être » par la grâce. Mais le deuxième, le « bien-être » est donné « κατὰ προαί- ρεσιν αὐτοῖς ὡς αὐτοκινήτοις » [50]. La « προαίρεσις » donc joue un rôle fondamental dans l'accomplissement du but de la création de l'homme, puisque, si par la « προαίρεσις » il choisit le mal au lieu du bien, son aboutissement ne sera pas celui du « toujours-être », mais la punition [51]. « Ainsi, la raison (λόγος) de l'être, étant seule à avoir naturellement la puissance efficiente (τὴν πρὸς ἐνέργειαν δύναμιν), celle-ci étant absolument incomplète sans l'énergie de la décision (προαίρεσις) ; la raison du bien-être, ayant seule, de façon gnomique, l'énergie de la puissance naturelle, ne peut avoir dans son ensemble toute cette puissance sans la nature ; la raison du toujours-être, circonscrivant entièrement les deux raisons précédentes, la puissance de la première et l'énergie de la seconde, n'existe naturellement en aucune façon selon la puissance dans les êtres, et ne suit pas non plus, de quelque façon que ce soit, volontairement la décision par nécessité (τὸ παράπαν θελήσει προαιρέσεως ἔπεται) » [52].

Le texte parle de lui-même, toutefois soulignons la significa- tion de la « προαίρεσις » qui caractérise l'énergie humaine. La « προαίρεσις » est ainsi liée à la liberté de l'homme de choisir le bien ou le mal. Malgré cela, la « προαίρεσις » est plutôt l'expression de la « γνώμη », tandis que l'« αὐτεξούσιον » est lié à la nature. La « προαίρεσις » peut être considérée ainsi comme le caractère du pouvoir libre de la nature.

C'est ainsi que l'homme, par son épanouissement spirituel, reçoit la grâce du Saint-Esprit. « À l'origine l'homme est venu à l'être (γεγενῆσθαι) à l'image de Dieu ; et sur ce, il

---

50. *Ambigua II, 65*, PG 91, 1392A.
51. *Ambigua II, 21*, PG 91, 1252B. Cf. Mystagogie 14, PG 91, 693B. *Quaestiones ad Thalassium II*, PG 90, 293B.
52. *Ambigua II, 65*, PG 91, 1392AB.

est né à l'Esprit selon la décision (*γεννηθῆναι κατὰ προαί-ρεσιν*) et a reçu en outre la capacité de parvenir par lui-même à la ressemblance par la garde du commandement divin, en sorte que le même homme soit créature de Dieu par nature et fils de Dieu et dieu par la grâce de l'Esprit. Car il n'était pas possible autrement que l'homme créé soit fils de Dieu selon la divinisation par grâce, s'il n'était d'abord né à l'Esprit selon la décision (*κατὰ προαίρεσιν*) par la puissance qui est en lui, qui se meut d'elle-même (*αὐτο-κίνητον*) et qui est libre (*ἀδέσποτον*) » [53].

La « *προαίρεσις* » donc, en conclusion, s'étend à tous les aspects de la vie humaine. L'homme l'avait reçue comme qualité en vue de son perfectionnement spirituel, mais par un mauvais usage (Cf. *Quaestiones ad Thalassium 42*), il a préféré le mal au bien. C'est en Christ que l'homme retrouve la juste orientation de sa « *προαίρεσις* ».

e) La volonté de Dieu

C'est dans l'histoire de la révélation qu'il faut rechercher le sens de la volonté de Dieu. Une première mention en est faite dans : « Dieu a constitué tous les siècles par sa volonté » (*θελήματι πάντας ὁ Θεὸς ὑπέστησε τοὺς αἰῶ-νας*) [54]. La divine volonté est donc une volonté créatrice. La détermination de la volonté et plus généralement de l'acte humains permet à saint Maxime de faire la comparaison entre la volonté divine et la volonté humaine et de dire que « jamais la volonté de Dieu ne sera une avec celle des sauvés de quelque mode que ce soit, comme quelques-uns l'ont cru » [55]. La volonté divine a comme but le salut des sauvés, c'est le but qui est déterminé comme la « fin » (*τέλος*) des siècles. La deuxième caractéristique de la volonté de Dieu est donc salvifique, or « la volonté de Dieu est naturellement salut » (*τοῦ μὲν Θεοῦ τὸ θέλημα φύσει σωσ-τικόν*) [56]. En fait, la volonté de Dieu, qui est la finalité des êtres créés, saint Maxime l'interprète comme le « Grand Conseil de Dieu surinfini et préexistant de façon infinie aux

---

53. *Ambigua 42*, PG 91, 1345D. D'après la trad. d'Alain Riou, *Le Monde et l'Église selon Maxime le Confesseur*, op. cit. pp. 125-126.
54. Ibid., PG 91, 25C.
55. Ibid., PG 91, 25A.
56. Ibid., PG 91, 25B.

âges » [57]. Le Grand Conseil de Dieu avait préconçu l'union du Créateur et de la création. Ainsi nous avons le troisième aspect de la volonté divine, celui de l'union de la création avec son Créateur. Ces trois aspects : création, salut, union à Lui, déterminent la nature de la volonté de Dieu, aspects capitaux pour la théologie de saint Maxime.

La réalisation de ce plan de la volonté divine est réservée à la personne du Christ : « En effet, par le Christ, tous les âges et ce qui est dans les âges ont pris en Christ le commencement de l'être et la fin » [58]. Nous sommes au cœur de la christologie où nous voyons la solution proposée par saint Maxime pour la différence entre la volonté humaine et la volonté divine. Le « but » des deux volontés, divine et humaine, est le même, celui préconçu par le Grand Conseil de Dieu avant les siècles et qui sera l'union de la création à son Créateur. La question christologique est examinée ailleurs, et nous nous limiterons ici à cette comparaison entre la volonté humaine et la volonté divine.

(f) Application théologique

La volonté et l'acte en général de l'homme avec ses aspects sont « essentiels », et leur but, la création par le Créateur, était bon. On a constaté aussi le rôle de la « décision » ($\pi\varrho\sigma\alpha\acute{\iota}\varrho\varepsilon\sigma\iota\varsigma$) dans le processus du développement de cet acte. Ce point de l'enseignement de saint Maxime nous amène à l'« application théologique » de la psychologie de l'acte humain. Aux *Quaestiones ad Thalassium* 42 nous lisons : « La décision libre ($\pi\varrho\sigma\alpha\acute{\iota}\varrho\varepsilon\sigma\iota\varsigma$) d'Adam étant corrompue antérieurement à la raison de la nature ($\tau\sigma\tilde{\nu}$ $\varkappa\alpha\tau\grave{\alpha}$ $\varphi\acute{\nu}\sigma\iota\nu$ $\lambda\acute{\sigma}\gamma\sigma\nu$), elle a corrompu avec elle la nature en rejetant la grâce de l'impassibilité ($\grave{\alpha}\pi\acute{\alpha}\theta\varepsilon\iota\alpha$) et elle est devenue péché. Or la première et reprochable (chute) ($\varepsilon\grave{\nu}\delta\iota\acute{\alpha}\beta\lambda\eta\tau\sigma\varsigma$) est la chute de la décision de la bonté vers le mal. La deuxième (chute), causée par la première, est la transformation irréprochable ($\grave{\alpha}\delta\iota\acute{\alpha}\beta\lambda\eta\tau\sigma\varsigma$) de la nature de l'incor-

---

57. *Quaestiones ad Thalassium* 60, PG 90, 621B. Trad. J.-M. GARRIGUES, « *Le dessein d'Adoption* », in : *Maximus Confessor, Actes du Symposium sur Maxime le Confesseur, Fribourg 2-5 septembre 1980, (PARADOSIS)* 1982, p. 183.
58. Cf. *Quaestiones ad Thalassium* 60, PG 90, 621ABC. Trad. J.-M. GARRIGUES, Ibid.

ruptibilité (ἀφθαρσία) à la corruptibilité (φθορά) »[59]. Ce dualisme est caractéristique de la pensée maximienne en ce qui concerne le choix du mal et de ses conséquences. Toujours dans le même cadre entrent, selon saint Maxime, deux péchés : l'un blâmable (διαβλητός), car l'homme, par sa propre volonté a choisi le mal ; l'autre ne l'étant pas (ἀδιάβλητος), car il est la conséquence du premier. « Et, d'une part, comme la décision a rejeté volontairement (ἑκουσίως) la bonté, de l'autre, la nature, à cause de cette décision, a rejeté involontairement (ἀκουσίως) l'immortalité »[60].

Nous avons ici ce que nous appelons une « application théologique », car le concept de « προαίρεσις » ne reste pas à un niveau psychologique de la philosophie, mais il est appliqué à la théologie de la rédemption. La liberté naturelle de l'homme l'a conduit à la corruption de sa nature par un mauvais usage de cette liberté[61]. C'est ainsi que l'homme a altéré le but divin de la création et qu'au lieu d'aller vers l'union à son Créateur, l'homme a choisi le péché et la transgression du Conseil de Dieu. Jésus-Christ, par l'Incarnation, a pris le péché involontaire, c'est-à-dire la nature humaine mortelle, pour lui rendre l'immortalité, mais pas le péché volontaire. La raison pour laquelle Christ n'a pas pris le péché volontaire, c'est-à-dire le choix vers le mal, est expliquée dans un autre passage des *Quaestiones ad Thalassium* 61[62] où saint Maxime introduit les deux notions de plaisir (ἡδονή) et de douleur (ὀδύνη). Les hommes, après la chute d'Adam, naissent comme résultat du plaisir. Or le plaisir sexuel, selon saint Maxime, est le résultat de la chute. Plusieurs pensent qu'il s'agit de l'opinion de saint Maxime moine sur la sexualité. Mais en fait ce point est capital pour la théologie de l'incarnation du Christ, étant donné que Celui-ci n'est pas le résultat du plaisir, puisqu'Il est né

59. PG 90, 405C.

60. Ibid. Cf. Pierre PIRET, *Le Christ et la Trinité*, op. cit. pp. 321-325.

61. Pour la signification de l'usage (χρῆσις) chez saint Maxime voir R.-A. GAUTHIER, op. cité pp. 73-77. « Ἡ γὰρ προαίρεσίς ἐστι τὸ χρώμενον » (Scholies de la Question à Thalassius 6, PG 90, 281D). « Οὐκοῦν ἡ προαίρεσις προσλαβοῦσα τὴν ἐπὶ τοῖς ἐφ'ἡμῖν ὁρμήν τε καὶ χρῆσιν, πέρας τῆς κατ'ὄρεξιν ἡμῖν λογικῆς ὑπάρχει κινήσεως » (*Opuscula Theologica et Polemica 1*, Lettre à Marin, PG 91, 21D).

62. *Corpus Christianorum* 22, 85, 8-105, 352. PG 90, 625D-641B.

de la Vierge Marie. Cette naissance exclut de l'existence du Christ le péché volontaire [63]. Le plaisir qui inclut les passions de la nature humaine et par elles la mort, est le résultat du désir lorsqu'il est contre nature. La mort est donnée comme grâce pour délivrer la nature du désir contre-nature. Jésus-Christ, donc, a pris la nature souffrante et Il a utilisé la mort comme punition contre le péché volontaire, tandis qu'avant, la mort était la punition de la nature humaine à cause du péché volontaire [64].

B. LES ORIGINES DU TERME ÉNERGIE

(a) Prédécesseurs de saint Maxime en philosophie

1. Platon et Aristote

Les origines du terme « ἐνέργεια » se situent bien avant Platon et Aristote puisque ce dernier, dans sa *Métaphysique*, se réfère à des philosophes antérieurs à lui parlant déjà de l'énergie [65]. Mais grâce à Aristote nous avons une définition du terme qui a permis son développement ultérieur, soit philosophique soit dans la théologie chrétienne. L'énergie, selon Aristote, est liée à l'ontologie des êtres ; ceux-ci, distingués en « δυνάμει » et « ἐνεργείᾳ » passent du premier

---

63. Saint Maxime à ce point est « existentialiste » en ce qui concerne l'homme, en disant : « Σπεύδοντες δὲ διὰ τῆς ἡδονῆς τὰ τῆς ὀδύνης ἀμβλῦναι κινήματα, πλέον αὐτῆς τὸ καθ'ἑαυτῶν ἐπικυροῦμεν χειρόγραφον, ὀδύνης καὶ πόνων ἀπολελυμένην ἔχειν τὴν ἡδονὴν οὐ δυνάμενοι » (PG 90, 629D-632A).

64. En ce qui concerne le plaisir et la douleur, cf. Christoph von SCHÖNBORN, « *Plaisir et Douleur dans l'Analyse de St Maxime, d'après les Quaestiones ad Thalassium* », in : *Maximus Confessor, Actes du Symposium sur Maxime le Confesseur*, Fribourg 2-5 septembre 1980, (PARADOSIS) 1982, pp. 273-284. Irénée HAUSHERR, *Philautie. De la tendresse pour soi à la charité selon S. Maxime le Confesseur*, coll. Orientalia Christiana Analecta no 137, Roma 1952. Jean MEYENDORFF, *Le Christ dans la Théologie Byzantine*, op. cité p. 189, note 28. Hans-Urs von BALTHASAR, *Kosmische Liturgie, Maximus der Bekenner. Höhe und Krisis des griechischen Weltbildes*. Polycarp SCHERWOOD, *Maximus and Origenism, Ἀρχὴ καὶ Τέλος*, München 1958, p. 8 et suiv.

65. Cf. *Métaphysique* Θ' 3, 1046b 29-36 ; ibid., Λ' 6, 1071b 31-37 et 1072a 1-18.

au deuxième après avoir acquis le genre et la forme. Ainsi l'énergie est la finalité (ἐντελέχεια) des êtres étant donné que le « δυνάμει » précède l'état d'« ἐνεργείᾳ » [66]. L'énergie est définie ainsi : « τὸ γὰρ ἔργον τέλος, ἡ δὲ ἐνέργεια τὸ ἔργον, διὸ καὶ τοὔνομα ἐνέργεια λέγεται κατὰ τὸ ἔργον καὶ συντείνει πρὸς τὴν ἐντελέχειαν » [67]. Selon Aristote, nous avons deux formes d'énergie : soit l'énergie se trouve dans l'effet, p. ex. l'énergie du constructeur est dans sa construction ; soit l'énergie de celui qui opère ne se trouve pas dans l'effet, p. ex. la vision n'est pas en dehors de l'oeil [68]. L'énergie en comparaison avec la puissance et avec l'essence, a une priorité ontologique puisqu'elle est leur cause. Or le « ἀεὶ κινοῦν », identifié à Dieu, est énergie. D'autre part, l'énergie temporellement suit la puissance, étant donné que les êtres passent du « δυνάμει » à l'« ἐνεργείᾳ ». La priorité ontologique de l'énergie est également valable aussi pour l'essence, car l'essence des êtres est composée du genre ou forme et de la matière. Par conséquent « l'essence et le genre sont l'énergie » [69].

Mais pour Dieu, Aristote ne fait pas la même distinction que pour les êtres en « δυνάμει » et « ἐνεργείᾳ ». Dieu, en tant que cause première est immobile, immobilité comprise comme la non altération de son être. Dieu est au-delà du temps, du mouvement et du changement, il est donc pure énergie et pur genre et son être n'est jamais en état de « δυνάμει » mais toujours en « ἐνεργείᾳ » [70], puisque le « δυνάμει » inclut la possibilité de l'être et du non-être, pour les êtres. Mais pour Dieu la possibilité du non-être n'existe pas. Il est donc toujours en « ἐνεργείᾳ ». « Τοίνυν

66. « Ἐλύληθε δὲ ἡ ἐνέργεια τοὔνομα, ἡ πρὸς τὴν ἐντελέχειαν συντιθεμένη, καὶ ἐπὶ τὰ ἄλλα ἐκ τῶν κινήσεων μάλιστα· δοκεῖ γὰρ ἡ ἐνέργεια μάλιστα ἡ κίνησις εἶναι, διὸ καὶ τοῖς μὴ οὖσιν οὐκ ἀποδιδόασι τὸ κινεῖσθαι, ἄλλας δέ τινας κατηγορίας οἷον διανοητὰ καὶ ἐπιθυμητὰ εἶναι τὰ μὴ ὄντα, κινούμενα δὲ οὔ, τοῦτο δὲ ὅτι οὐκ ὄντα ἐνεργείᾳ ἔσονται ἐνεργείᾳ. τῶν γὰρ μὴ ὄντων ἔνια δυνάμει ἐστιν οὐκ ἔστι δέ ὅτι οὐκ ἐντελεχείᾳ ἐστίν » (Métaphysique Θ' 3, 1047a 30-35 et 1047b 1-2).
67. Métaphysique Θ' 8, 1050a 21-23.
68. Ibid., Θ' 8, 1050a 30-36.
69. Ibid., Θ' 8, 1050b 23.
70. Cf. Κ. Δ. ΓΕΩΡΓΟΥΛΗ, Ἱστορία τῆς Ἑλληνικῆς Φιλοσοφίας, vol. I, Athènes 1975, p. 291.

ἔστι τι ὅ οὗ κινούμενον κινεῖ, ἀίδιον καὶ οὐσία καὶ ἐνέργεια οὖσα» [71]. L'esprit (νοῦς) opère quand il possède son sujet. La possession en « ἐνεργείᾳ » du sujet par l'esprit constitue l'élément divin en lui [72]. Par cet exemple Aristote nous expose son opinion en ce qui concerne la relation de Dieu avec les êtres. Dieu n'est jamais en « δυνάμει » mais toujours en « ἐνεργείᾳ », il possède les êtres « ἐκ τοιαύτης ἄρα ἀρχῆς ἤρτηται ὁ οὐρανὸς καὶ ἡ φύσις» [73].

L'énergie de Dieu est donc définie de la façon suivante : Dieu « καὶ ζωὴ δέ γε ὑπάρχει· ἡ γὰρ νοῦ ἐνέργεια ζωή, ἐκεῖνος δὲ ἡ ἐνέργεια· ἐνέργεια δὲ ἡ καθ'αὑτὴν ἐκείνου ζωὴ ἀρίστη καὶ ἀίδιος. φαμὲν δὴ τὸν Θεὸν εἶναι ζῷον ἀίδιον ἄριστον, ὥστε ζωὴ καὶ αἰὼν συνεχὴς καὶ ἀίδιος ὑπάρχει τῷ Θεῷ· τοῦτο γὰρ ὁ Θεός» [74]. L'énergie divine est démontrée non plus par des catégories philosophiques, mais par des images qui montrent quand même assez clairement le sens de l'énergie de Dieu chez Aristote.

2. Néoplatonisme

Le *néoplatonisme*, très schématiquement, a gardé le même enseignement aristotélicien du « δυνάμει » et de l« ἐνεργείᾳ » pour les êtres sensibles. Mais *Plotin* a modifié le rôle attribué à la matière sensible (αἰσθητὴ ὕλη), qui est considérée chez lui comme mauvaise [75]. Par contre il attribue à la matière noétique (νοητὴ ὕλη) l'harmonie, la bonté et la béatitude. Elle est, en fait, le « Νοῦς » qui correspond à l'« Ἕν » platonicien. Plotin, dans son système ontologique place le « Νοῦς » après le « Ἕν » et avant l'Âme. Ainsi le « Νοῦς » est le créateur des êtres et il inclut en lui le monde des idées platoniciennes. Ces idées sont comprises comme des « énergies ». L'« Ἕν » néoplatonicien est donc au-delà du mouvement, de l'énergie et de l'essence [76]. Le « Νοῦς » et

---

71. *Métaphysique* Λ' 7, 1072a 24-26.
72. Ibid., Λ' 7, 1072b 19-23.
73. Ibid., Λ' 7, 1072b 13-14.
74. Ibid., Λ' 7, 1072b 26-30.
75. Cf. Ennéades II, 5, § 4 ; ibid., I, 8, § 5 ; cf. Κ. Δ. ΓΕΩΡΓΟΥΛΗ, Ἱστορία τῆς Ἑλληνικῆς Φιλοσοφίας, vol. II, Athènes 1975, pp. 541-547.
76. Ennéades V, 4.

la « *Ψυχή* » sont, par rapport à lui, des énergies, car par eux les êtres intelligibles et sensibles sont conduits du « *δυνάμει* » à l'« *ἐνεργείᾳ* » [77].

3. Proclus

Plotin a offert à *Proclus*, le dernier grand représentant du néoplatonisme, une trame pour le développement de sa pensée philosophique. Proclus a tendance à tout organiser dans un système à caractère religieux. Lui aussi suit le système ontologique plotinien en classant au rang supérieur l'Un (*Ἕν*) absolu, totalement inconnu, immobile et sans mélange avec les êtres naturels. Par cet ordre, il accentue l'inconnu de l'essence de Dieu. Vient ensuite le « *Νοῦς* » (l'Intellect), l'être le plus proche de l'Un ; il est un aussi par rapport à l'Un et multiple par rapport aux êtres intelligibles, étant donné que le « *Νοῦς* » est l'image de l'Un, comme l'Ame (*Ψυχή*) est l'image du « *Νοῦς* ». L'âme universelle donc suit le « *Νοῦς* » et elle est également une par rapport au « *Νοῦς* », mais multiple par rapport aux âmes particulières [78]. Cette structure est la première partie du système hiérarchique de Proclus [79]. C'est le système cosmologique de Proclus qui a inspiré l'Aréopagite pour former le sien de deux hiérachies, céleste et ecclésiale [80].

La hiérarchie proclienne touche directement notre recherche, car le « *νοῦς* » et la « *ψυχή* » sont par rapport

---

77. Ibid., II, 5, 3, 36-40.

78. « *Πάντα δ'οὖν, ὥσπερ εἴπομεν, ἀνήρτηται τοῦ ἑνὸς διὰ μέσου νοῦ καὶ ψυχῆς· καὶ ὁ μὲν νοῦς ἑνοειδής ἐστιν, ἡ δὲ ψυχὴ νοοειδής, τὸ δὲ σῶμα τὸ τοῦ κόσμου ζωτικόν, πᾶν δὲ εἰς τὸ πρὸ αὑτοῦ συνήρτηται* ». Proclus, *Théologie Platonicienne* I, I, 14. Éd. « Les Belles Lettres », Paris 1968, tome I, p. 65.

79. Cette hiérarchie est basée sur la maxime que si l'Un existe, dieu, l'intellect, l'âme, les formes unies à la matière et la matière existent aussi. Si par contre l'Un n'existe pas, les êtres sensibles, ni aucun objet de connaissance, ni les songes ni les ombres, rien de ce qui est intérieur à l'imagination onirique n'existent non plus. Cette hiérarchie est celle de Plutarque que Proclus reçoit à travers Syrianus. Voir Proclus, *Théologie Platonicienne*, op. cité. Introduction par : H.D. SAFFREY et L.G. WESTERNINK, tome I, pp. LX-LXXXIX.

80. Voir : René ROQUES, « *La notion de hiérarchie selon le pseudo-Denys* », in : Archives d'Histoire Doctrinale et Littéraire du Moyen Âge 17 (1949), pp. 183-222 et 18 (1950-1951), pp. 5-54. Du même, « *L'univers dionysien, structure hiérarchique du monde selon le pseudo-Denys* » Paris 1954.

à l'Un des énergies de l'Un ; l'Un reste complètement inactif
et inaccessible, et c'est par le « νοῦς » et la « ψυχή » que
l'Un réalise la création des êtres. Le « νοῦς » « qui possède
l'acte de vivre dans l'éternité (ἐν αἰῶνι τὸ ζῆν ἔχων), qui
par essence est un acte (τῇ οὐσίᾳ ὢν ἐνέργεια) et qui a
fixé son acte d'intellection en l'immobilisant dans le présent
d'une totale simultanéité, est divinisé totalement par le
ministère de la cause qui lui est supérieur (ἔνθεός ἐστι διὰ
τὴν πρὸ αὐτοῦ πάντως αἰτίαν) » [81]. Trois caractéristiques de
l'intellect sont soulignés : (a) il est par essence énergie car
il opère comme acte de l'Un ; (b) alors que le « νοῦς » est
énergie par essence, il est immobile ; (c) l'immobilité du
« νοῦς » est due à sa relation avec l'Un qui divinise le
« νοῦς » [82]. De même la « ψυχή » « qui est mue par elle-
même, participe à la vie selon l'intellect et, bien que
déployant son activité dans le temps (κατὰ χρόνον ἐνερ-
γοῦσα), tient de sa proximité avec l'intellect une activité
sans relâche (τὸ τῆς ἐνεργείας ἄπαυστον) et une vie sans
sommeil (ἄγρυπνον ζωήν) » [83]. L'âme donc est active par
participation à la vie du « νοῦς », mais cette participation
ne la rend pas hétéromobile car elle se meut par elle-même.
Sa relation au « νοῦς » fait que l'âme est une comme son
modèle supérieur.

Par ailleurs, l'Un « transcende tout ce qui existe » (τῆς
ἐξῃρημένης τῶν ὅλων ἑνάδος) [84]. Ainsi la division des hiérarchies divines se fait, en « processions » (πρόοδοι) divines
du haut jusqu'en bas [85]. La différence entre l'Un, l'intellect
et l'âme, leur place dans la hiérarchie ainsi que leur fonction
propre conduit Proclus à écrire : « Διώρισται γὰρ ἀπ'ἀλλήλων

---

81. Proclus, *Théologie Platonicienne* I, I,14, op. cit. p. 66. Trad. par : H.D.
SAFFREY et L.G. WESTERNINK.
82. La théologie chrétienne orthodoxe parle du Fils comme image du Père,
mais le Fils en tant qu'image est consubstantiel au Père et non pas inférieur
à Lui, comme le prétendaient certains hérétiques qui enseignaient une infériorité
du Fils et du Saint-Esprit par rapport au Père.
83. Proclus, *Théologie Platonicienne* I, I, 14, op. cit. p. 66. Trad. française
par : H.D. SAFFREY et L.G. WESTERNINK.
84. Ibid., I, 4, op. cit. p. 18. Cela nous rappelle la distinction de saint
Grégoire Palamas en divinité supérieure pour l'essence transcendante et en
divinité inférieure pour l'énergie participable. Cf. également ibid., p. 22.
85. Ibid., I, 10, p. 43.

αἰτία καί τὸ ἀπ'αἰτίας γινόμενον» (il y a une distinction réelle entre la cause et son effet) [86]. Ainsi Proclus introduit la distinction réelle de l'essence, qui est l'Un inaccessible à la connaissance, et de ses énergies, l'intellect et l'âme. « Partout, d'ailleurs, les causes efficientes sont distinctes de leurs effets et les trois termes qui marquent respectivement cette différence sont : celui qui fait, ce qui est fait, et l'acte de faire, exactement comme on distingue, s'agissant des puissances dont nous traitons, le provident, l'objet subissant l'effet de son action, l'action du provident sur cet objet, puis, à son tour, le connectant, l'objet subissant l'effet de la connexion, l'action du connectant sur l'objet » [87]. Par conséquent « Dieu diffère du divin, mais du divin par participation et non du divin premier » [88]. L'exemple du soleil et de la lumière est l'image par laquelle Proclus prouve la distinction entre la cause efficiente, l'objet qui subit l'effet de l'acte de la cause et l'action elle-même [89]. La distinction faite par Proclus n'est pas pareille à la distinction enseignée par la théologie chrétienne. En effet, le christianisme n'a pas adopté la philosophie de Proclus qui aurait pu conduire à une subordination des personnes de la Trinité, comme c'était le cas de certaines hérésies (arianisme). Toutefois le système proclinien a influencé, à travers l'Aréopagite, la théologie chrétienne.

La relation entre les êtres de la hiérarchie de Proclus s'effectue par un mode de participation, à savoir que l'être inférieur participe à l'énergie de l'être supérieur à proximité duquel il se trouve. La participation est possible par l'opération de la providence divine ; or « *ἡ πρόνοια πρὸ νοῦ ἐστιν ἐνέργεια* » [90]. C'est-à-dire que l'Un « exerce sa providence sur tous les êtres, se situant lui-même dans un acte antérieur à l'intelligence » [91]. La participation à la providence

---

86. Ibid., I, 11, p. 54.
87. Proclus, *Trois études sur la providence, II, providence, fatalité, liberté*, III, 8. Éd. « Les Belles Lettres », Paris 1979, p. 33. Trad. française par Daniel Isaac.
88. Ibid., II, IV, 14.
89. Cf. ibid.
90. *Ἰσαακίου Σεβαστοκράτορος, Περὶ τῶν δέκα πρὸς τὴν πρόνοιαν ἀπορημάτων*, I, 3. Éd. « Les Belles Lettres », Paris 1979, p. 155.
91. Proclus, *Trois études sur la providence, II, providence, fatalité, liberté*, III,

se précise donc dans une participation pour « l'être », pour le « vivre », pour le « connaître » et pour « tout », pour pouvoir réaliser les « virtualités de la nature » [92]. La participation devient possible grâce « à l'énergie infinie du donateur » (διά τε τὴν τοῦ διδόντος ἄπειρον ἐνέργειαν) [93]. La providence est ainsi manifestée en trois actes : comme connaissance (γνῶσις), comme puissance (δύναμις) et comme volonté (βούλησις) [94]. La divine providence signifie l'énergie divine qui opère selon la divinité toute-puissante et selon la volonté divine qui veut toujours le bon [95]. Pour Proclus, ces fonctions sont naturelles, autrement la divinité n'est pas bonne (ἀγαθόν) [96]. Dans la même perspective que celle de la providence, Proclus développe son enseignement sur les attributs divins qui sont communs aux dieux et par lesquels ils communiquent avec les êtres [97].

4. Philon d'Alexandrie

Le passage de la philosophie à la théologie biblique est effectué par Philon d'Alexandrie. Pour lui, Dieu communique avec sa création par ses puissances divines [98]. Ces puissances ne sont pas identiques à l'essence, mais elles se trouvent autour de l'essence (περὶ τὴν οὐσίαν). C'est propablement ici qu'il faut rechercher l'origine de l'expression « τῶν περὶ τὸν Θεόν », reprise par la théologie chrétienne pour indiquer les énergies divines. Ce « περὶ » a conduit Philon à considérer les puissances angéliques comme symbolisant les puissances de Dieu qui sont autour de Lui [99]. Les puissances divines

8. Éd. « Les Belles Lettres », Paris 1979, P. 56-57. Trad. française du texte latin, par Daniel Isaac.
92. Ibid., IV, 23, p. 82.
93. Ibid.
94. Proclus, *Théologie Platonicienne* I, I, 15, op. cit. p. 73.
95. Ibid., p. 75.
96. Ibid., p. 76.
97. Proclus, *Théologie Platonicienne* I, op. cité.
98. Cf. Philon d'Alexandrie, *De Sacrificiis Abelis et Caini*, Introduction par Anita Meansson, pp. 25-26. Κ. Δ. Γεωργουλη, Ἱστορία τῆς Ἑλληνικῆς Φιλοσοφίας, op. cité vol. II, pp. 504-505.
99. *De Cherubin* § 28 ; *De Sacrificiis* § 59 ; *De fuga et Inventione* § 94-105.

se font connaître à travers la création, nous ne connaissons pas leur essence mais leurs effets [100].

Si nous comparons l'enseignement de Philon à la philosophie de Platon nous pouvons dire que les puissances philoniennes sont identiques aux idées platoniciennes, ou plutôt au genre aristotélicien qui donne forme aux êtres. Philon accepte la théorie du passage des êtres du « δυνάμει » à l'« ἐνεργείᾳ ». Les puissances philoniennes sont les suivantes : la parole, la puissance créatrice, la puissance royale, la miséricorde, la puissance législative par laquelle Dieu ordonne ce qu'il faut faire, et la puissance législative par laquelle Il interdit ce qui ne doit pas se faire [101].

(b) Prédécesseurs en théologie

1. Origène

La théologie chrétienne a retenu de la philosophie la nécessité ontologique de l'énergie pour l'existence de l'être et pour la manifestation de son essence [102]. Mais déjà avant Proclus, *Origène* introduit la notion de relation de l'énergie divine avec la création [103]. À cause du problème soulevé par les hérétiques au sujet de l'homotimie des personnes de la Trinité, la théologie chrétienne a examiné la volonté et l'énergie dans une perspective différente de celle proposée par la philosophie. La volonté et l'énergie, communes aux trois personnes, sont la preuve de leur essence également commune (ὁμοούσιον). Origène est un des premiers théologiens à utiliser cette argumentation : « Je crois que le Saint-Esprit fournit la matière des dons de Dieu, si l'on peut s'exprimer ainsi, à ceux qui, grâce à lui et parce qu'ils participent à lui, sont appelés saints : cette matière des dons, dont je viens de parler, est produite (ἐνεργουμένη) par Dieu, procurée (διακονουμένη) par le Christ et subsiste

100. Cf. *De Specialipus Legibus* I, § 47-49.
101. *De fuga et Inventione* § 94-99.
102. Cf. Aristote, *Métaphysique*, Θ' 3, 1047a 30-35 à 1047b 1-2, op. cité.
103. *Traité des Principes*, I, 2, 12, 412-423. S. Chr. vol. 252, pp. 138-141.

($\dot{v}\phi\epsilon\sigma\tau\dot{\omega}\sigma\eta\varsigma$) selon le Saint-Esprit. Ce qui me pousse à croire qu'il en est ainsi, c'est ce que saint Paul écrit à propos des dons de la grâce : *"Il y a certes diversité de dons, mais c'est le même Esprit, diversité de ministères, mais c'est le même Seigneur, diversité d'opérations, mais c'est le même Dieu qui opère tout en tous"* » (I Cor. 12,4-6) [104]. Ainsi sont posées les bases théologiques de la coopération ($\sigma\upsilon\nu\epsilon\rho\gamma\dot{\iota}\alpha$) entre les personnes de la Trinité, coopération qui révèle également l'ordre de la vie intratrinitaire [105]. En la Trinité il n'y a pas de séparation quelconque, mais une homotimie des personnes ; les dons du Saint-Esprit viennent du ministère du Fils et sont opérés par Dieu le Père.

Origène pose encore la question de la nature de l'énergie divine : « *Ergo in operatio virtutis dei quae sit, prius intellegenda est ; quae est vigor quidam, ut ita dixerim, per quem inoperatur pater, vel cum creat vel cum providet vel cum iudicat vel cum singula quaeque in tempore suo disponit atque dispensat. Sicut ergo in speculo omnibus motibus atque omnibus actibus, quibus is qui speculum intuetur movetur vel agit, isdem ipsis etiam ea imago, quae per speculum deformatur, actibus et motibus commovetur vel agit, in nullo prorsus declinans : ita etiam sapientia de se vult intellegi, cum speculum immaculatum paternae virtutis inoperationisque nominatur* » [106].

L'énergie divine est dite alors « *vigor* » par laquelle Dieu le Père agit. Cette énergie du Père est une opération « *ad extra* », étant donné que c'est par son énergie qu'« Il crée, qu'Il pourvoie à tout, qu'il juge, qu'il dispose et gouverne chaque chose en son temps » [107]. Ceci précise la notion d'énergie, et nous constatons que bien avant Proclus, Origène définit la providence comme énergie divine. La définition plus large de l'énergie comme créatrice, providence, jugement, disposition et gouvernement des choses va traverser

---

104. *Commentaire sur S. Jean*, Livre II, X, § 77-78. S. Chr. vol. 120, fascic. I, p. 256. Trad. française, par Cécile BLANC.

105. Voir aussi : *Traité des Principes*, I, 3, 7, 266-268. S. Chr. vol. 252, pp. 160-162 : « *Ex quo manifestissime designatur quod nulla est in trinitate discretio, sed hoc, quod donum spiritus dicitur, ministratur per filium et inoperatur per deum patrem* ».

106. *Traité des Principes*, I, 2, 12, 412-423. S. Chr. vol. 252, pp. 138-141.

107. Ibid. Trad. Henri CROUZEL et Manlio SOMONETTI.

toute la théologie de l'énergie divine comme on le verra aussi chez saint Maxime. L'énergie divine est bien sûr unique, mais elle se manifeste comme multiple aux yeux de l'homme qui perçoit les effets de cette énergie. Dieu communique de diverses façons avec la création par sa divine énergie à laquelle les créatures participent.

L'énergie du Père est commune au Fils et au Saint-Esprit. Origène devient ici l'interprète de la notion de l'image. Or le Fils en tant qu'image du Père a « les mêmes mouvements et les mêmes actions que celui qui regarde dans un miroir » [108]. Voilà le fondement théologique de l'énergie commune au Père et au Fils [109].

La participation, proposée ultérieurement par Proclus, est proposée bien avant lui de nouveau par Origène [110]. Les êtres créés participent à l'être grâce à l'énergie divine du Père et du Fils, et par le Saint-Esprit ils participent également à la sanctification [111].

2. Didyme l'Aveugle

Chez Didyme l'Aveugle nous pouvons distinguer trois étapes dans la discussion au sujet de l'énergie divine :

(i) Il accepte le principe aristotélicien de « δυνάμει » et d'« ἐνεργείᾳ ». Dans son commentaire sur l'Ecclésiaste, il cite Aristote mot à mot dans tout un paragraphe. Il compare l'énergie à la puissance en disant, comme Aristote, que les êtres éternels (ἀΐδιον) ont leur énergie antérieurement à leur essence, puisque ces êtres sont toujours « ἐνεργείᾳ » et jamais « δυνάμει ». En revanche, les êtres temporels ont leur puissance antérieurement à l'énergie puisqu'ils ont la possibilité soit de l'être soit du non-être [112].

---

108. Ibid.
109. Voir aussi Traité des Principes, I, 3, 7,251-259. S. Chr. vol. 252, p. 160.
110. On peut se demander si la thématologie de Proclus n'est pas influencée aussi par celle du christianisme et plus précisément celle d'Origène, étant donné que le philosophe fait une apologétique contre le christianisme.
111. Cf. Traité des Principes, I, 3, 5, 151-156. S. Chr. vol. 252, p. 152-154 ; Commentaire sur S. Jean, 13, 25. Il y a ici sous-jacent, un certain subordinationisme du Saint-Esprit qui, par rapport au Fils est inférieur dans l'ordre hiérarchique de la Trinité. Voir J. QUASTEN, Initiation aux Pères de l'Église, vol. II, p. 98.
112. Didyme l'Aveugle, Commentaire sur l'Ecclésiaste, B, § 76-78. Βιβλιοθήκη

(ii) Ensuite Didyme, suivant Origène, accepte et développe plus en détail le principe selon lequel les êtres, qui ont la même volonté et la même énergie, ont aussi la même essence. Mais auparavant il compare l'énergie divine à celle des êtres créés : « Nous disions, en commençant le livre, que Dieu, étant efficace par nature (*δραστήριος οὐσία*), n'a qu'à vouloir pour qu'existe aussitôt ce qu'il veut. Il n'est pas possible que chez lui l'action (*τὰς ἐνεργείας*) précède l'effet, comme c'est le cas dans les métiers humains où l'œuvre n'existe qu'après qu'on l'a faite, et la maison après sa construction. La maison n'existe pas pendant qu'on la bâtit ni le bateau pendant qu'on le construit, car ces actions sont mesurées par du temps. Dieu, lui, agit en dehors du temps, amenant à l'être ce qu'il veut » [113].

Didyme établit la relation entre l'essence, la volonté et l'énergie divines. Dieu est « *δραστήριος οὐσία* », ce qui signifie que son essence n'est pas statique. Par cette définition Didyme lie ontologiquement à l'essence divine la volonté et l'énergie, mais il n'identifie pas l'énergie à l'essence. Effectivement, comme il est dit ailleurs « *ἐπὶ τῆς ἁπλῆς καὶ ἀσωμάτου φύσεως τὸν αὐτὸν τῆς οὐσίας λόγον ἐπιδέχεται ἡ ἐνέργεια* » (sur l'essence simple et incorporelle, l'énergie reçoit la même raison (*λόγον*) que l'essence) [114]. Elles ont la même raison car les deux sont en dehors du temps. Cela signifie que l'énergie est comme l'essence « *ἀΐδιος* », étant l'énergie de l'essence éternelle. En d'autres termes, l'énergie divine étant perpétuelle comme l'essence, elle est donc, comme l'essence, incréée. L'énergie, en tant qu'énergie de l'essence n'est jamais hypostasiée en soi-même car, « aucune énergie n'est enhypostasiée » (*οὐδεμία γὰρ ἐνέργεια ἐνυπόστατος*) [115]. Même si l'essence et l'énergie de Dieu ont la même raison, l'essence reste inconnaissable ; nous connaissons seulement les divines énergies : « Nous connaissons les êtres incorporels, non par leurs essences mais par leurs

---

Ἑλλήνων Πατέρων καὶ Ἐκκλησιαστικῶν Συγγραφέων (ΒΕΠΕΣ), vol. 50, pp. 243, 38-244, 19.

113. *Sur la Genèse*, I, 14-19. S. Chr. vol. 233, fascic. I, pp. 90-92. Trad. Pierre NAUTIN.

114. *Antirrhétique contre Eunome*, ΒΕΠΕΣ, vol. 44, p. 240, 4-5.

115. Ibid., p. 230, 15-16.

noms et leurs énergies » (*οὐ γὰρ ἐκ τῶν οὐσιῶν, ἀλλ'ἐκ τῶν ὀνομάτων καὶ τῶν ἐνεργειῶν γνωρίζομεν καὶ μάλιστα τὰ ἀσώματα*) [116]. Ainsi Didyme distingue ontologiquement les noms et les énergies de l'essence. En fait, nous attribuons à l'essence incorporelle la même raison que celle de l'énergie, non parce que nous pouvons connaître et définir l'essence comme telle, mais parce que l'essence incorporelle ne peut avoir une raison différente de son énergie.

La lutte théologique de Didyme contre Macédonius, au sujet de la divinité du Saint-Esprit, a fait du théologien d'Alexandrie un théologien du Saint-Esprit [117], et plus particulièrement le théologien de la synergie des personnes de la Trinité. Il emprunte ce thème à Origène, mais il le systématise de façon extrêmement intéressante pour pouvoir montrer l'homotimie du Saint-Esprit avec le Père et le Fils. La synergie concerne le mode de relation de la Trinité avec la création, et le mode de communication spécifique à chaque personne divine avec la création. Par conséquent, la synergie se réfère à l'ensemble des énergies divines pour la création et la régénération de la création par l'œuvre salvifique du Christ puisque « toute énergie et grâce (*δωρεά*) créatrice (*δημιουργική*), bonne (*ἀγαθή*) et parfaite (*τελεία*) provient de Son (le Père) Fils et Verbe unique et de l'unique Saint-Esprit et elle leur est commune, or tout remonte à l'Un, par qui (*ἐξ οὗ*) et avec qui (*καὶ σὺν ᾧ*) se manifestent ces bienheureuses hypostases » [118]. La synergie pour la création, si l'on peut dire, constitue le commencement temporel de la révélation de la Trinité et des divines opérations. La création est l'œuvre des divines énergies, en revanche les personnes du Fils et du Saint-Esprit ne sont pas l'effet de la volonté ni de l'énergie, mais de l'essence de l'hypostase du Père. Le Saint-Esprit est donc coopérateur (*συνεργόν*) avec le Père qui a bien voulu (*εὐδόκησεν*) et avec le Fils qui a réalisé (*ἐδημιούργησε*) la bienveillance du Père [119].

116. Ibid., p. 227, 8 et suiv.
117. Son *Traité sur le Saint-Esprit* est une des premières œuvres systématiques de l'enseignement chrétien sur le Saint-Esprit avec des données bibliques et théologiques.
118. *Traité sur la Trinité* VI, § 4. PG 39, 520AB
119. Ibid.

Didyme pose ainsi les bases de la théologie de la monarchie du Père par rapport aux autres personnes, première cause de la création. L'expression, « ἐξ οὗ » indique l'ordre trinitaire, tandis que le « καὶ σύν » détermine la synergie, et que le « ᾧ » sauvegarde l'unité de la Trinité. Le mode différent d'existence des personnes ne divise pas l'essence unique ni ne différencie la commune énergie des personnes. La synergie donc des personnes divines se manifeste par l'énergie et la grâce communes, énergie qui a trois fonctions : créatrice, bonne et parfaite, en analogie avec la mission de chacune des trois personnes. La synergie et la distinction de la mission des personnes sont révélées aussi lors de la restauration de la création par Christ. Didyme cite différents exemples bibliques qui prouvent la synergie des personnes en l'œuvre du salut [120].

Le commun de l'essence, de l'énergie, de la volonté et de tous les autres attributs, ainsi que la synergie, constituent la preuve pour Didyme que pour « ceux dont les énergies sont les mêmes, une est aussi leur essence (ὧν αἱ αὐταὶ ἐνέργειαι, τούτων καὶ ἡ οὐσία μία) (...) car ceux qui diffèrent par l'essence (ἑτεροούσια) ne sont pas perçus (καταλαμβάνεται) par une unique connaissance (μιᾷ γνώσει), ni ne peuvent vivifier pareillement (ὁμοίως ζωοποιεῖν δύναται) » [121]. Par cette phrase nous reconnaissons en Didyme l'auteur de cette opinion qui est devenue ensuite un principe théologique pour plusieurs Pères, comme nous le verrons plus loin chez les Pères cappadociens, chez l'Aréopagite et chez saint Maxime. Didyme défend la même opinion dans son *Traité sur le Saint-Esprit* qui nous est parvenu seulement en latin : « *Porro jam frequenter ostendimus ejusdem operationis esse Spiritum sanctum, cujus est Pater et Filius, et in eadem operatione unam esse substantiam : et reciproce eorum quae ὁμοούσια sunt, operationem quoque non esse diversam* » [122].

---

120. Cf. Ibid., Livre I, XVIII. PG 39, 356A ; ibid., Livre II, VI, 6. PG 39, 524CD.

121. *Antirrhétiques contre Eunome*, Βεπες, vol. 44, p. 224, 6-11.

122. *Traité sur le Saint-Esprit*, PG 39, 1062BC. Dans le *Traité sur la Trinité*, Didyme écrit encore : « Οὐκ οὖν τοὐναντίον ἐπὶ τῆς μακαρίας Τριάδος μόνης, ὧν τὰ ὀνόματά ἐστιν τὰ αὐτά, τούτων καὶ ἡ οὐσία μία καθέστηκεν· ἵν' ἀκολουθῇ τὸ ὑπὸ ὁμοίου ὅμοιον χαρακτηρίζεσθαι » (PG 39, 296A). Cf.

Pour défendre cette position, Didyme se réfère aux textes bibliques qui montrent l'énergie commune des personnes de la Trinité et leur synergie dans la révélation. Par cela il aboutit à un principe ontologique : « τὸ ὑπὸ τοῦ ὁμοίου ὅμοιον χαρακτηρίζεσθαι » [123]. Ce qui est capital encore dans la phrase citée, c'est l'affirmation de la deuxième partie qui nous indique les deux aspects de l'énergie : l'énergie est la voie et le mode de connaissance de l'essence et elle est le mode d'agir de l'essence. Pour la Trinité qui a une essence et une énergie communes aux trois personnes, il y a également une seule connaissance, que nous acquérons par l'énergie divine. Cette divine énergie unique aux trois personnes prouve leur acte vivifiant et commun.

(iii) Ce qui est plus original encore chez Didyme c'est l'intégration de l'enseignement de l'énergie et de la synergie à la spiritualité et à la vie de l'Église. Cela est devenu possible par la systématisation des divines énergies, pour lesquelles le Saint-Esprit coopère avec le Père et le Fils et par lesquelles nous recevons (παροχάς) la grâce divine :

(a) Le Saint-Esprit, « étant l'Esprit de Dieu qui engendre la vie (ζωογονοῦντος) de tout, il vivifie (ζωοποιεῖ) » [124]. Le Saint-Esprit est « essentiellement vie et puissance vivifiante » [125] et par conséquent il vivifie en synergie avec le Père qui engendre la vie. La subtile distinction entre le « ζωογονεῖν » pour le Père et le « ζωοποιεῖν » pour le Saint-Esprit indique justement le rôle du Saint-Esprit lors de la création. Didyme se base, selon son système de travail, sur des textes bibliques pour prouver la synergie et l'énergie créatrice du Saint-Esprit [126]. *(b)* L'identité de l'énergie du Père, du Fils et du Saint-Esprit est la raison, selon Didyme, pour laquelle on dit pour le Christ « qu'il a été ressuscité soit par le Père, soit par lui-même soit par le Saint-Esprit » [127]. *(c)* L'acte de la création et de la nouvelle création

Antirrhétique contre Eunome, ΒΕΠΕΣ vol. 44, p. 240, 26-34 ; ibid., p. 241, 26-27 ; ibid., p. 246, 18-21 ; ibid., 258, 22-24.

123. *Traité sur la Trinité*, PG 39, 296A.
124. Ibid., Livre II, VII, 1. PG 39, 560B.
125. Ibid., PG 39, 561B.
126. Cf. ibid., PG 39, 560A-561B.
127. Ibid., VII, 2. PG 39, 561C-564A.

constitue l'exemple le plus indicatif de synergie puisque, le
Fils « crée la grande création, l'homme, ressuscite des morts
et vivifie, et Il retourne au ciel ». Il réalise ainsi la bienveillance du Père, et le Saint-Esprit est le cocréateur (συνδη-
μιουργός) et le coopérateur égal (ἰσουργός) à l'architecte
Dieu qui au début a posé (ὑποστήσαντος) la terre [128]. La
synergie va de la création *ex nihilo* jusqu'à la nouvelle
création en Christ [129] : « puisque le Père est vrai Dieu, par
conséquent son énergie aussi est tout et en tout (πάντη τε
καὶ πάντως) divine et, puisque l'énergie du Saint-Esprit se
montre égale et pareille à celle du Père, en cela lui même
est aussi Dieu. Il en va de même pour l'énergie du Fils » [130].
Notons ici simplement la relation analogue entre l'essence
et l'énergie qui est consécutive à l'essence, car l'énergie de
Dieu ne peut pas être dissociée de sa divinité, et elle ne
peut pas être non plus une créature intermédiaire entre Lui
et la création. Didyme insiste sur ce point pour s'opposer
à l'opinion hérétique qui faisait du Fils et du Saint-Esprit
des énergies créées par le Père. Entre le Créateur et la
création il n'y a pas un autre être créé, mais Dieu communique avec la création par sa divine énergie, incréée comme
son essence. *(d)* La mission particulière de l'hypostase du
Saint-Esprit, vis-à-vis de la création et pour la régénération
de celle-ci, est la sanctification et la justification [131]. Ainsi
se précise le rôle du Saint-Esprit par rapport à la bienveillance du Père et à sa réalisation par le Fils. *(e)* Le
Saint-Esprit coopère aussi avec le Fils pour le salut, car le

---

128. Ibid., VII, 3. PG 39, 564AB. Dans le même paragraphe Didyme parle
de la synergie trinitaire pour la création et la nouvelle création en Christ.
Nous constatons l'herméneutique appliquée par Didyme pour pouvoir conclure
que l'énergie du Père, du Fils et du Saint-Esprit est unique, commune aux
trois personnes ; par conséquent il y a une homotimie et une consubstantialité
entre les personnes divines. Les Macédoniens par contre, par une autre
herméneutique concluaient que le Fils et le Saint-Esprit étaient des créatures
du Père. Cf. ibid., PG 39, 564A-576B.

129. Voilà comment Didyme voit la synergie en l'œuvre salvifique du Christ :
« Διὸ σὺν τῷ παναγίῳ Πνεύματι ὁ Χριστός, μετὰ τὴν ἀνάστασιν, τὸν
φθαρέντα τῇ παρακοῇ ἄνθρωπον ἀνακτίζων καὶ ἁγιάζων, ἐνεφύσα εἰς τὰ
πρόσωπα τῶν μαθητῶν, καὶ ἔλεγεν· Λάβετε Πνεῦμα ἅγιον' » (Ἰωάνν. 22,
22) (Ibid., 569A).

130. Ibid., 572AB.

131. Ibid., § 4. PG 39, 577A.

salut est donné à ceux qui reçoivent la grâce du Saint-Esprit [132]. *(f)* Pour la rémission des péchés et la libération de la mort, le Saint-Esprit opère comme le Fils, ou bien il coopère avec lui. Mais les deux coopèrent avec Dieu le Père car « l'absolution des pécheurs appartient seulement à Dieu » [133]. La rémission des péchés et la libération de la mort sont des aspects de l'œuvre salvifique du Christ, ainsi que la régénération de la création et plus précisément de l'homme qui, par le péché, avait perdu la grâce du Saint-Esprit reçue par le souffle divin lors de sa création. Ainsi le Saint-Esprit rétablit l'homme dans sa pureté d'avant la chute et, étant lui-même immortel, Il rend aussi à l'homme la grâce de l'immortalité. *(g)* Le Saint-Esprit est encore coopérateur avec le Fils pour l'œuvre du salut, puisqu'« avec la puissance du même auguste Esprit Il a effectué des signes et des miracles et Il a chassé les démons » [134]. Les apôtres ont également fait des miracles non seulement au nom du Christ mais par la puissance du Saint-Esprit, ce qui atteste la continuité de l'œuvre du salut et la présence du Saint-Esprit dans l'Église [135]. *(h)* Le Saint-Esprit n'a pas parlé seulement aux prophètes de l'Ancien Testament, mais il continue à annoncer ($\chi\rho\eta\mu\alpha\tau\iota\sigma\mu\acute{o}\nu$) la volonté divine et le plan du salut. Cela constitue un des plus importants aspects de la vie de l'Église « puisqu'aussi par l'Église de Dieu en ce monde, Église que nous sommes nous-mêmes » [136], même l'ordre des anges apprend la magnificence de Dieu. *(i)* La synergie s'étend non seulement à la création et à l'œuvre du salut dans l'histoire, mais aussi à l'eschatologie, quand le Saint-Esprit « va tout juger » [137]. Le jugement eschatologique s'effectuera par le Père en le Fils et le Saint-Esprit. *(j)* Les miracles témoignés par les Saintes Écritures ou bien ceux qui se sont produits dans l'Église sont des fruits de la puissance et de l'énergie du Saint-Esprit. Les images, les représentations et les divers noms selon les Écritures indi-

132. Cf. ibid., § 5. PG 39, 577AB.
133. Ibid., § 6. PG 39, 577CD.
134. Ibid., § 7. PG 39, 580AB.
135. Ibid., 580A.
136. Ibid., § 8. PG 39, 585B.
137. Ibid., § 9. PG 39, 596A.

quent « la puissance du Saint-Esprit qui opère tout » [138]. Toute la création reçoit la grâce et les dons du Dieu trinitaire par l'énergie divine du Saint-Esprit. *(k)* Le Saint-Esprit couronne les martyrs de la foi [139], et *(l)* finalement, par l'illumination du Saint-Esprit, nous avons la prescience dans l'avenir des choses qui concernent le salut [140].

Par conséquent, chez Didyme l'Aveugle l'énergie divine n'est pas simplement une conception philosophique abstraite, mais elle est une nécessité salvifique, car elle caractérise l'ensemble de la vie de l'Église.

3. *Les Cappadociens*

À la suite de Didyme l'Aveugle viennent les *Grands Cappadociens*. Leur théologie doit beaucoup à la théologie alexandrine de saint Athanase le Grand et aussi à celle de Didyme. Elle a été confrontée à peu près à la même problématique, à savoir les hérésies pneumatologiques. C'est ainsi que la théologie cappadocienne définit, dans le même sens que la théologie alexandrine le dogme trinitaire. Face à l'enseignement hérétique, selon lequel l'essence divine est accessible à l'homme à travers les noms, les Cappadociens enseignent l'inconnaissable de l'essence divine, et que ce que nous connaissons et ce que les noms divins nous révèlent n'est pas l'essence, mais ce sont les énergies divines auxquelles nous participons.

Saint Basile le Grand systématise lui-même le principe d'ordre trinitaire en distinguant deux niveaux, un qui concerne les relations des personnes de la Trinité selon lesquelles Dieu le Père est le principe des deux autres personnes, et le deuxième, consécutif au premier, selon lequel Dieu le Père est également le principe de l'énergie divine. Dans le langage de la théologie cappadocienne nous

---

138. Ibid., § 10. PG 39, 597BC.
139. Ibid., § 11. PG 39, 597C.
140. Ibid., § 12. PG 39, 597CD-600AB. Nous trouvons aussi une analyse des énergies divines du Saint-Esprit dans : *Antirrhétique contre Eunome*, ΒΕΠΕΣ vol. 44, p. 250 et suiv.

avons deux notions : la « théologie » et l'« économie » [141]. Effectivement les deux ne sont pas étrangères l'une à l'autre, mais chacune s'applique à un domaine différent. La « théologie », dans son sens premier, signifie la parole au sujet de Dieu, et l'« économie », tous les actes divins liés à la manifestation *ad extra* de Dieu et qui visent le salut de la création. Ainsi saint Grégoire de Nazianze écrit : « puisqu'il ne suffisait pas à la bonté de se mouvoir pour sa propre et unique contemplation, il fallait que le bon s'ouvre (χεθῆ-ναι) et qu'il se dirige vers les autres (ὁδεῦσαι), pour que soient nombreux ceux qui reçoivent la bienfaisance. Cela caractérise la proximité (ἄκρα) de la bonté » [142]. L'autocontemplation de la divinité aux yeux de Nazianze est la « théologie » proprement dite, tandis que le mouvement *ad extra* constitue l'« économie » divine qui inclut la création et le salut jusqu'à la perfection eschatologique de la création. Saint Grégoire de Nysse écrit à son frère Pierre, évêque de Sebaste que « lorsqu'on pense le Père, on le pense en lui-même et on accueille en même temps le Fils par la réflexion, et lorsqu'on saisit celui-ci, on ne sépare pas du Fils l'Esprit, mais logiquement, selon l'ordre et conjointement selon la nature, on se représente en soi-même, fondue de façon à ne faire qu'une, la foi aux trois Personnes » [143]. Le Père qui engendre le Fils et procède l'Esprit-Saint est le principe (ἀρχή) dans la Trinité [144].

De même, dans l'ordre de l'économie, le Père est également le principe de la divine énergie. « Toute énergie qui vient de Dieu à travers la création, et qui est nommée selon de multiples concepts, s'élance (ἀφορμᾶται) du Père, s'avance (προείει) par le Fils et se perfectionne (τελειοῦται) en l'Esprit-Saint » [145]. Il y a une relation entre les deux ordres,

---

141. Cf. saint Grégoire de Nazianze, *Discours Théologique II*, PG 36, 25D-28A.

142. *Discours* 38, PG 36, 320C.

143. *Lettre* 38, 4 ; Yves COURTONNE vol. I, p. 85.

144. Cf. Dorothea WENDEBOURG, *Geist und Energie. Zur Frage der inner-göttlichen Verankerung des christlichen Lebens in der byzantinischen Theologie.* Ed. CHR. KAISER VERLAG, München 1980, p. 203.

145. Saint Grégoire de Nysse, Περὶ τοῦ μὴ εἶναι τρεῖς θεούς, PG 45, 125BC.

le « théologique » et l'« économique », selon laquelle la
monarchie du Père est la cause de l'harmonie de la vie
intratrinitaire et de la création, mais aussi de la relation
entre Dieu trine et la création [146]. La divine énergie, révélée
dans l'économie, prouve aussi l'unique essence des personnes
de la Trinité. « Donc l'identité d'énergie (ἐνέργεια) dans le
Père, le Fils et l'Esprit-Saint montre clairement l'absolue
ressemblance de nature » [147].

Les Cappadociens, par les nécessités théologiques de leur
époque, ont pu démontrer la distinction entre l'incréé et le
créé [148]. En attribuant à l'essence du Fils et du Saint-Esprit
tous les noms divins, ils ont placé les deux personnes dans
l'incréé. Ainsi les trois personnes, Père, Fils et Saint-Esprit
sont d'une essence incréée, distincte de l'essence créée de
tous les êtres pour qui la cause créatrice est l'énergie divine ;
or la cause de l'être du Fils et du Saint-Esprit n'est pas
l'énergie, mais l'essence de l'hypostase du Père [149]. La distinction en créé et incréé est due aussi à la différence
ontologique qui existe entre les êtres créés et l'incréé, et
qui fait que l'essence incréée est inconnue aux êtres créés :
« Mais la divine nature, sous tous les noms qu'on peut
imaginer, reste indicible dans son essence (ἀσήμαντος),
comme le veut notre doctrine (ὡς ὁ ἡμέτερος λόγος) » [150].

146. Cf. René ROQUES, « La notion de hiérarchie selon le pseudo-Denys »,
in : Archives d'Histoire Doctrinale et Littéraire du Moyen-Âge 17 (1940), pp. 183-
222 et 18 (1950-1951), pp. 5-54, où il dit justement que l'ordre est dans la
notion de création et de sa relation avec le Créateur.
147. Lettre 189, 7. Yves COURTONNE, vol. II, p. 140. Ailleurs, saint Basile
écrit : « Si, en effet, quant à l'essence, il est (le Verbe) sans différence aucune, il
sera aussi sans différence aucune quant à la puissance. Or, chez les êtres dont la
puissance est égale, je pense que, aussi, l'énergie est absolument égale » (Sur le
Saint-Esprit, VIII, 19-104A. S. Chr. 17, p. 326. Trad. Benoît PRUCHE). Le
principe de l'essence commune et de la puissance entre le Père et le Fils,
saint Basile l'emprunte à saint Athanase. Cf. Contre les Ariens II, 81. PG 26,
317B-320A. Nous avons déjà constaté le même principe chez Didyme l'Aveugle
qui visiblement a la même source que saint Basile. Cf. Antirrhétiques contre
Eunome, ΒΕΠΕΣ, vol. 44, p. 224, 6-11. Traité sur le Saint-Esprit, PG 39, 1062BC.
148. Les eunomiens confondaient l'incréé avec le créé et faisaient du Fils
et du Saint-Esprit des créatures de Dieu. Cf. Γεωργίου ΜΑΡΤΖΕΛΟΥ, Οὐσία
καὶ ἐνέργειαι τοῦ Θεοῦ κατὰ τὸν Μέγαν Βασίλειον, Thessalonique 1982,
pp. 72-85.
149. Cf. saint Grégoire de Nazianze, Discours 34, PG 36, 248D-249A ; Discours
28, IIème Théologique, PG 36, 33BC ; Grégoire de Nysse, Contre Eunome I,
PG 45, 336ABC et Contre Eunome V, PG 45, 701BC.
150. Saint Basile le Grand, Lettre 189, 8, Yves COURTONNE, vol. II, p. 140.

Ou bien : « En effet ses énergies (ἐνέργειαι) descendent vers nous, mais son essence reste inaccessible (ἀπρόσιτος) » [151].

Quelle est la signification de l'énergie chez les Cappadociens ? Comme on l'a déjà noté, l'énergie de Dieu est commune aux trois personnes de la Trinité, mais chacune a une mission différente. « Or dans l'acte qui les a créées (les puissances célestes), saisis-moi la cause principielle de tout ce qui est fait : le Père ; la cause démiurgique : le Fils ; la cause perfectionnante : l'Esprit » [152]. L'énergie divine est liée à l'essence divine et elle constitue, avec les autres « fonctions » de l'essence, sa vie et sa manifestation. Saint Grégoire de Nysse écrit : « Si, en effet, l'essence préexiste (προϋφέστηκε) aux énergies, or nous comprenons (νοοῦμεν) les énergies à travers les choses (δι᾽ὧν) que nous percevons (αἰσθανόμεθα) et nous les appelons (ἐξαγγέλλομεν) par des noms selon la mesure de nos possibilités ; pourquoi donc craindre de dire que les noms sont postérieurs aux choses ? Car si nous n'interprétons pas quelques-unes des choses qui sont dites pour Dieu avant qu'on ne les perçoivent, et que nous percevons par ce qui (δι᾽ὧν) nous est enseigné par les énergies, par conséquent la puissance préexiste à l'énergie ; la puissance dépend (ἐξήρτηται) de la volonté (βουλήματος) divine, et la volonté est conjointe (ἀπόκειται) à la liberté (ἐξουσία) de la nature divine » [153]. De pareilles réflexions se retrouvent chez saint Maxime [154], ce qui permet d'évoquer la dépendance du deuxième au premier sur ce point, dont l'origine philosophique se situe dans l'enseignement d'Aristote [155]. Selon saint Grégoire de Nysse l'« ἐξουσία » est liée à l'essence divine, « ἐξουσία » qui est ce que saint

---

Il ne faut entendre de telles affirmations contre l'opinion d'Eunome que par les noms, surtout le nom « ἀγέννητος » qui désigne l'essence de Dieu. Cf. Γεωργίου Μαρτζελου, Οὐσία καὶ ἐνέργειαι τοῦ Θεοῦ κατὰ τὸν Μέγαν Βασίλειον, op. cit. chapitre Α, pp.16-52.

151. Saint Basile, *Lettre* 234, 1. Yves Courtonne, vol. III, p. 42.

152. Saint Basile, *Sur le Saint-Esprit*, XVI, 38-136B. S. Chr. 17, pp. 376-378.

153. Saint Grégoire de Nysse, *Contre Eunome*, Discours XII, PG 45, 960BCD.

154. Cf. : *Disputatio cum Pyrrho*, PG 91, 239BC ; *Opuscula Theologica et Polemica I*, PG 91, 13A.

155. R.-A. Gauthier, « *Saint Maxime le Confesseur et la psychologie de l'acte humain* », op. cit. p. 53.

Maxime appelle « *αὐτεξούσιον* », à savoir la liberté de la nature divine. De l'« *ἐξουσία* » dépend le « *βούλημα* », et du « *βούλημα* » la « *δύναμις* ». Finalement de la « *δύναμις* » dépend l'« *ἐνέργεια* ». Le schéma dressé ici par saint Grégoire de Nysse est : *οὐσία-ἐξουσία-βούλημα-δύναμις-ἐνέργεια*. Nous n'examinerons pas en détail les relations entre les différents instants de l'acte divin, mais la relation de l'acte divin avec l'essence et avec l'énergie divine que nous cherchons à définir. Elle est donc essentielle et c'est pour cela que les trois Pères cappadociens sont en mesure de certifier que ceux qui ont la même énergie et la même puissance sont également de la même essence [156].

Saint Grégoire de Nysse va encore plus loin en confirmant : « En effet, il est clair pour tous, que Dieu qui domine tout n'a rien en Lui de créé (*κτιστόν*) ou d'étranger (*ἐπείσακτον*), ni la puissance, ni la sagesse, ni la lumière, ni la parole, ni la vie, ni la vérité, rien non plus de ce qui est contemplé (*θεωρουμένων*) dans le sein de la divinité (n'est créé ni étranger), et qui sont tous le Dieu Monogène, qui est dans le sein du Père. On ne pourrait non plus raisonnablement appliquer à quelques-unes des choses qui sont contemplées en Dieu le nom de création » [157]. Toutes les manifestations de l'essence divine sont attribuées au Fils, car, en accord avec le concept de mission de chaque personne divine, le Fils est celui qui réalise la volonté du Père. Mais saint Grégoire de Nysse exclut catégoriquement toute idée de créé dans la divinité qui pourrait faire du Fils et du Saint-Esprit des êtres créés, comme le prétendaient les eunomiens. Nous avons une énumération des attributs divins que les Cappadociens ne nommeraient pas essence, mais bien énergies divines, parce que, à travers elles, Dieu se manifeste dans la création. Il est évident que saint Grégoire de Nysse a fait cette énumération des qualités divines à partir des Saintes Écritures, et c'est pourquoi il les attribue au Christ.

La question de l'énergie chez les Cappadociens nous introduit à un autre problème, celui des noms et surtout

---

156. Cf. note 147.
157. Saint Grégoire de Nysse, *Contre Eunome*, Discours III, PG 45, 581BC.

des noms divins. La question qui se posait pour eux était de savoir si par les noms on peut connaître l'essence divine. Selon saint Basile les noms se rangent en trois catégories distinctes : *(a)* Ceux qui indiquent les propriétés hypostatiques et non pas l'essence. Ces noms sont significatifs des relations entre les personnes divines, comme les noms : Père, Fils et Esprit-Saint [158]. *(b)* Les noms par lesquels nous affirmons ce que Dieu n'est pas. En fait, c'est la voie apophatique par laquelle nous prouvons que l'essence de Dieu est inaccessible à la compréhension humaine. *(c)* Les noms qui indiquent la relation de la Trinité avec les êtres créés. En comparaison avec l'essence, les noms sont postérieurs « car la nature des choses ne suit pas les noms, mais les noms sont postérieurs aux choses » [159]. Pour saint Grégoire de Nazianze les noms divins expriment soit l'« ἐξουσία » en Dieu soit l'économie [160]. En unifiant les deux premières classifications de saint Basile, nous arrivons à la même systématisation que celle de saint Grégoire de Nazianze. Selon celle-ci, les noms qui indiquent l'« ἐξουσία » divine sont les noms identifiés à l'acte libre de Dieu, tandis que la deuxième catégorie comprend des noms attribués aux énergies divines perçues par l'homme lors de la réalisation du salut dans son sens le plus large. Celui-ci inclut les trois moments : celui de la création, de la régénération en Christ et du perfectionnement eschatologique.

Les noms sont des produits de l'« ἐπίνοια » de l'homme, mais l'« ἐπίνοια » n'est pas de la pure imagination, comme le disait Eunome, mais c'est la capacité de l'homme à donner différents noms aux attributs divins [161]. Par l'« ἐπίνοια » nous arrivons à donner à Dieu deux formes de noms : une qui correspond aux énergies divines que nous percevons dans la création, et l'autre, qui, par comparaison avec le créé, aboutit à l'apophatisme en Dieu, comme « ἀγέννητος, ἄφθαρτος, ἀθάνατος » etc, [162].

---

158. Cf. saint Basile, *Contre Eunome*, Discours II, PG 29, 580C.
159. Ibid., PG 29, 580B.
160. Cf. *Discours Théologique IV*, PG 36, 128BC.
161. Cf. saint Basile, *Contre Eunome*, Discours I, PG 29, 525BC.
162. Cf. : ibid., 533C-536B. Γεωργίου ΜΑΡΤΖΕΛΟΥ, Οὐσία καὶ ἐνέργειαι τοῦ Θεοῦ κατὰ τὸν Μέγαν Βασίλειον, op. cit. pp.150-168. Un exemple cité

Saint Basile prouve que le Saint-Esprit a la même divine énergie que le Père et le Fils. Mais la mission personnelle du Saint-Esprit est d'octroyer, dans l'Église, les énergies divines. En comparant le passage du traité *Sur le Saint-Esprit* XIX, 49 [163] avec le passage de Didyme l'Aveugle du *Traité sur la Trinité*, Livre II, 1-12 [164], nous constatons que saint Basile est influencé textuellement par ce développement de la spiritualité de l'énergie divine [165].

L'enseignement de l'énergie, comme il ressort de ce qui a été dit jusqu'ici, est bien évident. Mais cet enseignement prend justement sa dimension « orthodoxe » par la théologie des Pères de la Cappadoce et surtout par celle de saint Basile le Grand qui distingue l'essence et les hypostases, jusqu'à son époque confondues avec la notion d'essence et provoquant ainsi plusieurs malentendus théologiques. « S'il faut que nous exprimions brièvement notre sentiment, nous dirions que le rapport qui existe entre le commun (κοινόν)

---

par saint Basile peut nous aider dans la compréhension de l'attribution des noms par l'« *ἐπίνοια* » : Nous disons du grain de blé, qui signifie quelque chose de simple, qu'il est le *fruit* à la saison de la récolte, ou qu'il est *semence* à la saison de la semence, ou qu'il est *nourriture* s'il est destiné à la nourriture. Les divers noms correspondent à une réalité qui n'est pas une pure imagination (Cf. ibid., 524ABC).

163. PG 32, 156CD-157A. S. Chr. 17, pp. 418-420.

164. Livre II, 1-12. PG 39, 560B-600B.

165. « *Αἱ δὲ ἐνέργειαι τίνες ; "Ἄρρητοι μὲν διὰ τὸ μέγεθος, ἀνεξαρίθμητοι δὲ διὰ τὸ πλῆθος. Πῶς μὲν γὰρ νοήσωμεν τὰ τῶν αἰώνων ἐπέκεινα ; τίνες ἦσαν αὐτοῦ πρὸ τῆς νοητῆς κτίσεως αἱ ἐνέργειαι ; πόσαι δ'ἀπ'αὐτοῦ περὶ τὴν κτίσιν χάριτες ; τὶς δὲ ἡ πρὸς τοὺς αἰῶνας τοὺς ἐπερχομένους δύναμις ; Ἣν μὲν γὰρ καὶ προῆν, καὶ συμπαρῆν τῷ Πατρὶ καὶ τῷ Υἱῷ πρὸ τῶν αἰώνων. Ὥστε κἂν τι νοήσῃς τῶν αἰώνων ἐπέκεινα, τοῦτο εὑρήσεις τοῦ Πνεύματος κατωτέρω. Ἐάν τε τὴν κτίσιν ἐνθυμηθῇς, ἐστερεώθησαν αἱ τῶν οὐρανῶν δυνάμεις παρὰ τοῦ Πνεύματος τῆς στερεώσεως δηλονότι ἐπὶ τὸ δυσμετάπτωτον τῆς ἀπὸ τῶν ἀγαθῶν ἕξεως νοουμένης. Ἡ γὰρ πρὸς Θεὸν οἰκείωσις, καὶ τὸ πρὸς κακίαν ἄτρεπτον, καὶ τὸ ἐν μακαριότητι διαρκές, παρὰ τοῦ Πνεύματος ταῖς δυνάμεσι. Χριστοῦ ἐπιδημία· καὶ τὸ Πνεῦμα προτρέχει. Ἔνσαρκος παρουσία· καὶ τὸ Πνεῦμα ἀχώριστον. Ἐνεργήματα δυνάμεων, χαρίσματα ἰαμάτων, διὰ τοῦ Πνεύματος τοῦ ἁγίου. Δαίμονες ἀπηλαύνοντο ἐν τῷ Πνεύματι τοῦ Θεοῦ. Διάβολος κατηργεῖτο συμπαρόντος τοῦ Πνεύματος. Ἁμαρτιῶν ἀπολύτρωσις ἐν τῇ χάριτι τοῦ Πνεύματος.* Ἀπελούσασθε γὰρ καὶ ἡγιάσθητε ἐν τῷ ὀνόματι τοῦ Κυρίου ἡμῶν Ἰησοῦ Χριστοῦ καὶ ἐν τῷ Πνεύματι τῷ ἁγίῳ ». (Sur le Saint-Esprit, XIX, 49. PG 32, 156CD-157A. S. Chr. 17, pp. 418-420. Saint Basile continue l'énumération des énergies du Saint-Esprit et couvre tous les aspects de la spiritualité, comme celle de la déification, de la résurrection ainsi que de l'eschatologie. Cf. ibid., 157B-160A. S. Chr. 17, pp. 420-422.

et le particulier (ἴδιον) est le même que celui qui existe entre l'essence (οὐσίαν) et l'hypostase (ὑπόστασιν) [166]. Cette distinction est importante car elle montre que certaines choses sont communes aux personnes (hypostases) de la Trinité, étant donné leur essence commune, et que d'autres appartiennent en particulier à chacune des hypostases. Pour ce qui est de l'énergie divine elle est effectivement une et commune aux trois Personnes, car elle est une énergie essentielle. Or, « ceux dont la nature est unique, telles sont leurs énergies » [167]. Mais étant donné les distinctions hypostatiques, la commune énergie exprime le mode de relation particulier à chaque personne divine avec la création. L'énergie donc, bien qu'essentielle, n'exclut pas le rôle de l'hypostase, par contre elle devient le mode de mission hypostatique, soit pour la création, soit pour le salut, soit pour le perfectionnement eschatologique [168].

4. Denys l'Aréopagite

Denys l'Aréopagite : Nous voilà devant le personnage le plus contesté des chercheurs, mais qui a influencé aussi bien la pensée théologique occidentale qu'orientale. L'Aréopagite croise les deux lignes convergentes et divergentes, celle de la philosophie de Proclus et celle de la théologie cappadocienne. Le système cosmologique de l'Aréopagite est connu et nous n'avons pas l'intention d'en faire une analyse détaillée, pourtant, pour des raisons systématiques, dans notre étude, nous nous y référons [169]. Nous savons que ce système a une structure hiérarchique céleste et ecclésiastique, avec une division ternaire. « Selon notre sainte tradition toute hiérarchie se divise en trois parties : les très divins sacrements, les êtres qui vivant en Dieu connaissent ces sacrements et deviennent les initiateurs, ceux-là enfin qu'ils initient

---

166. *Lettre* 214, Yves COURTONNE, vol. II, p. 205. PG 32, 789A.
167. *Interprétation du Ps.* 1, 3. PG 29, 216D-217A.
168. Cf. *Sur le Saint-Esprit*, PG 32, 136BC. S. Chr. 17, p. 378.
169. Cf. René ROQUES, « *La notion de hiérarchie selon le pseudo-Denys* », in : *Archives d'Histoire Doctrinale et Littéraire du Moyen Âge* 17 (1940), pp. 183-222 et 18 (1950-1951), pp. 5-54.

saintement » [170]. René ROQUES évite de discuter l'ordre hiérarchique qui inclut les sacrements [171] ; mais pour nous ce mot devient la clé qui éclaire la pensée de l'auteur du *corpus areopagiticus* et sa place dans la théologie chrétienne. L'Aréopagite a une interprétation personnelle de la hiérarchie, face à celle de Proclus. Il a comme point de départ, non pas une métaphysique philosophique, mais la notion de sacrement vécu et expérimenté dans l'Église [172] et il lui donne un sens plus large. D'ailleurs, dans le texte cité, il parle de la τελετή et de τελουμένους ; la τελετή doit être interprétée plutôt comme la liturgie du divin sacré qui perfectionne ceux qui y participent. Si maintenant nous sortons du contexte liturgique et que nous nous plaçons dans l'ordre hiérarchique, la « liturgie du divin » devient la caractéristique de chaque partie qui célèbre de cette façon les énergies divines en participant à elles, et en les communiquant aux êtres inférieurs de la hiérarchie.

Voyons maintenant comment les différentes parties de la hiérarchie célèbrent les divines énergies : « Concluons donc que l'ordre le plus ancien parmi les intelligences qui entourent Dieu, initié aux mystères par les illuminations qui lui viennent du Principe même de toute illumination, vers lequel il s'élève sans intermédiaires, reçoit purification, illumination et perfectionnement de la Théarchie. Plus secrètes, parce

---

170. *La Hiérarchie Ecclésiastique, V, 1*, PG 3, 501A. Trad. Maurice de GANDILLAC.

171. Cf. René ROQUES, « *La notion de hiérarchie selon le pseudo-Denys* », op. cit. p. 200.

172. Nous pouvons constater que l'Aréopagite est dans l'ordre des prêtres, où il est probablement évêque, quand il écrit : « *Tu n'ignores pas que nous-mêmes jadis, avec lui et d'autres nombreux parmi nos frères en sainteté, nous vînmes ensemble contempler ce Corps, qui fut principe de vie et don de Dieu ; il y avait là Jacques, frère de Dieu, et Pierre, le chef et le doyen, le plus grand des théologiens. C'est après cette contemplation qu'on décida que chaque grand-prêtre selon ses forces, célébrerait la bonté infiniment puissante de la faiblesse théarchique* » (*Les Noms Divins*, IV, 11, PG 3, 708BC. Trad. Maurice de GANDILLAC). Le texte est bien pseudoépigraphe, mais derrière le langage symbolique, on découvre tout un enseignement de la signification de la célébration eucharistique. Nous voulons croire que l'auteur ne cite pas les noms des apôtres pour construire son mythe de l'Aréopagite, disciple de l'apôtre Paul, mais, pour une raison plus importante : la célébration eucharistique, à chaque époque se fait en la présence des apôtres ; or chaque célébrant est le disciple du Christ dont nous contemplons le Corps lors de la célébration.

que plus intellectuelles, plus simplificatrices, plus unifiantes. Plus brillantes parce que reçues de première main, brillant d'une lumière plus proche de son principe, plus entière et qui pénètre plus profondément en lui. Après lui, proportionnellement à leur nature, le second ordre, et, après le second le troisième, et après le troisième la hiérarchie humaine, selon les prescriptions du Principe harmonieux de toute ordonnance, dans un accord divinement proportionné, s'élèvent hiérarchiquement vers le Principe et le Terme plus que fondamentaux de toute harmonie » [173].

Nous n'allons pas discuter ici les influences extérieures sur la hiérarchie dionysienne [174] dont la structure est assez nette [175]. Par contre, si nous l'examinons du point de vue purement théologique, nous constatons que dans celle-ci ne se trouvent pas seulement des personnes soit spirituelles soit sensibles, mais qu'elle inclut aussi trois sacrements ($\mu\upsilon\sigma\tau\acute{\eta}\varrho\iota\alpha$). Effectivement dans ce texte, nous avons une union de la hiérarchie Céleste et de la hiérarchie Ecclésiale. La présence de ces trois sacrements dans la hiérarchie est assez significative, comme nous allons le voir. Dieu est le « Principe de toute illumination » et de Lui chaque ordre reçoit la purification, l'illumination et le perfectionnement. Ces trois dons de la grâce de la « Théarchie » sont les énergies de la « Théarchie », c'est-à-dire de Dieu, par lesquelles nous nous unissons à Lui [176]. Mais, en fait, tous les éléments de la structure hiérarchique sont des éléments liturgiques dans un sens plus large du terme, étant donné que toute la

---

173. *La Hiérarchie Céleste* X, 1, PG 3, 272D-273A.
174. Cf. René ROQUES, « *La notion de hiérarchie selon le pseudo-Denys* », op. cit. pp. 199-222.
175. Voici la Hiérarchie dionysienne schématiquement :

D I E U

Seraphins	Cherubins	Trônes
Seigneuries	Puissances	Pouvoirs
Principautés	Archanges	Anges
Baptême	Eucharistie	Huiles Saintes
Evêques	Prêtres	Diacres
Moines	Peuple saint	Baptisés

176. Cf. René ROQUES, « *La notion de hiérarchie selon le pseudo-Denys* », op. cit. pp. 5-23.

pensée de l'Aréopagite est centrée autour de la structure liturgique. En commençant par la *Hiérarchie Ecclésiastique*, nous constatons qu'à part son nom liturgique, ses divisions sont également liturgiques. Ayant comme première division ternaire, le Baptême, l'Eucharistie et les Huiles Saintes, cela signifie que la *Hiérarchie Ecclésiastique* est fondée sur les mystères divins qui proviennent du Principe de toute illumination et qui unissent les deux Hiérarchies, Céleste et Ecclésiastique. Pourquoi le choix de ces trois sacrements ? D'abord notons leur importance pour entrer dans la Hiérarchie Ecclésiastique. Ceci est capital pour la théologie de l'Aréopagite, car sa Hiérarchie n'est pas une structure nécessaire, imposée par la nécessité naturelle, mais une structure sacramentelle, une hiérarchie ecclésiastique avec toutes les conséquences qu'elle implique.

Le Baptême dans le langage de l'Aréopagite est appelé « *illumination* » (Μυστήριον Φωτίσματος), or, lors de la célébration du Baptême, « dans sa bonté, la lumière divine ne cesse jamais de s'offrir aux yeux de l'intelligence » (ἀγαθουργικῶς ἀεὶ ταῖς νοεραῖς ὄψεσι τὸ Θεῖον ἥπλωται φῶς) [177]. Il y a des signes visibles par lesquels le baptisé reçoit la lumière divine. L'évêque qui célèbre le Baptême « déverse généreusement sur toutes les âmes les rayons lumineux de son enseignement d'homme de Dieu » [178].

De même pour le sacrement des Huiles Saintes : « En nous initiant très saintement au sacrement grâce auquel Dieu naît en nous, nous recevons l'infusion de l'Esprit théarchique par l'onction sanctifiante des Saintes Huiles. Cette allégorie sacrée signifie à mon sens de façon symbolique que Celui-là même sous sa figure humaine a reçu la consécration de l'Esprit théarchique, tout en conservant inaltérée l'essence de sa divinité, et pourvoit lui-même à l'effusion en nous du Saint-Esprit » [179]. Le sacrement des Huiles saintes est donc l'effusion du Saint-Esprit, de la grâce symbolisée par les divers parfums dont elles se composent [180].

---

177. *Hiérarchie Ecclésiastique* II, 3, PG 3, 400A. Trad. Maurice de GANDILLAC.
178. Ibid., 400B.
179. Ibid., IV, 11, PG 3, 484C.
180. Ibid., IV, 3, PG 3, 473BCD-476A.

L'Aréopagite préserve une place primordiale à la synaxe
eucharistique, car elle est le centre de la vie liturgique, et
par elle nous recevons le perfectionnement et l'union à
Dieu. L'Eucharistie est la « τελετή » par excellence, car par
elle tout autre sacrement est perfectionné, mais surtout sont
perfectionnés ceux qui y participent [181]. « La très divine
distribution, opérée en commun et pacifiquement, du même
pain et du même vin leur prescrit, puisqu'ils furent nourris
des mêmes aliments, d'unifier leurs mœurs en vivant tout
en Dieu » [182]. Nous n'envisageons pas un développement
complet au sujet des sacrements ; nous avons donné simplement quelques petites indications de la signification de
ces trois sacrements qui sont inclus dans la structure de la
Hiérarchie Ecclésiastique et qui montrent la relation de cette
dernière avec la *Hiérarchie Céleste*. Par ailleurs nous ne
pouvons pas effectuer une différentiation dans la qualité de
la grâce reçue par les trois sacrements. Nous pourrions
probablement dire que par le Baptême on reçoit l'illumination, par les Huiles saintes la purification et par l'Eucharistie la perfection et l'union à Dieu. Le pouvoir d'illuminer, de purifier et de perfectionner appartient à l'ordre
des évêques, des prêtres et des diacres [183].

La *Hiérarchie Céleste* est aussi structurée de façon liturgique, or l'ordre liturgique de la *Hiérarchie Ecclésiastique* est
inspiré par la célébration incessante autour de l'autel céleste.
Les premières essences qui viennent après la Théarchie
divine, « digne au plus haut point d'entrer avec Dieu en
communion et en coopération, ce premier ordre imite autant
qu'il le peut la beauté des pouvoirs et des opérations propres
à Dieu » [184]. Ainsi par la connaissance de la Théarchie, une
connaissance qui consiste en la participation, les Séraphins,

---

181. Voir ibid., II, 8, PG 3, 404. « *Ἐν τέλει δὲ πάντων ὁ ἱεράρχης ἐπὶ
τὴν ἱερωτάτην Εὐχαριστίαν καλεῖ τὸν τετελεσμένον, καὶ τῆς τῶν τελε-
στικῶν μυστηρίων αὐτῷ μεταδίδωσι κοινωνίας* ».
182. Ibid., III, 3, 1, PG 3, 428B.
183. Cf. René ROQUES, « *La notion de hiérarchie selon le pseudo-Denys* »,
op. cit. pp. 11-13.
184. *La Hiérarchie Céleste* VII, 4, PG 3, 212A. « *Πολλῆς δὲ κοινωνίας
Θεοῦ καὶ συνεργίας ἠξιωμένη, τῇ πρὸς αὐτόν, ὡς ἐφικτόν, ἀφομοιώσει
τῶν καλῶν ἕξεών τε καὶ ἐνεργειῶν* ».

les Chérubins et les Trônes entrent en action dans la gloire
de la Théarchie en chantant l'hymne des « temples qui sont
au-delà du ciel (τῶν ὑπερουρανίων ναῶν) » [185], « *saint, saint,
saint, le Seigneur (...)* » (Isaïe, 6,3) [186]. Voilà donc que nous,
nous imitons les anges dans la célébration des énergies
divines par l'ordre sacramentel et hiérarchique de l'Église.
Nous pouvons dire de même pour les deux autres ordres
angéliques, qu'ils sont aussi des célébrants des divines énergies. L'Aréopagite fait le passage et la liaison entre le
premier ordre et le deuxième par les textes scripturaires de
Zach. 1,8-17 et Ezech. 10,20, où un ange du premier ordre
transmet « son illumination » à un ange du deuxième ordre
et celui-ci « une fois initié comme par un grand prêtre à
la volonté divine » [187], la transmet aux ordres inférieurs.
Effectivement le dernier ordre angélique transmet à la
Hiérarchie Ecclésiastique la volonté divine et il l'introduit
dans la célébration des énergies divines.

Les deux Hiérarchies sont traversées par les énergies
théarchiques : l'illumination, la purification, la perfection et
l'union à Dieu. Si nous insistions encore sur la forme de
cette hiérarchie, nous pourrions faire quelques remarques
supplémentaires, à savoir que l'imitation de Dieu par la
célébration des divines énergies se fait aussi de façon « for-
melle ». En effet, chaque ordre particulier prend une forme
ternaire, c'est-à-dire qu'il imite la divine Trinité. La Trinité
des personnes divines a comme conséquence la systématisation en trois énergies divines. Ce ternaire des énergies
divines trouve ses origines dans la théologie d'Origène, de
Didyme l'Aveugle et des Cappadociens, selon lesquels chaque
personne divine a sa propre mission dans la création. Chez
l'Aréopagite, sans qu'il y ait une distinction nette de cette
mission hypostatique, nous trouvons quand même le ternaire
de l'énergie divine qui correspond au ternaire des personnes,
et qui montre une synergie entre les personnes [188]. Le premier

---

185. Ibid., 212B.
186. Ibid.
187. Ibid., VIII, PG 3, 241A.
188. Cf. *Les Noms Divins* II, 1, PG 3, 637BC : «*Ajoutons une fois de plus
que tout ce qui appartient ensemble au Père et à Lui-même, le Verbe l'attribue
également à l'Esprit théarchique comme une réalité commune et unique : les*

ordre angélique, en contemplant l'image de la Trinité, chante cette théologie par trois fois « saint, saint, saint (...) ». Ce ternaire des énergies divines est vécu ainsi par la *Hiérarchie Céleste* et la *Hiérarchie Ecclésiastique.* Il y a donc à ce point une originalité chez l'Aréopagite : les énergies divines ne sont connues que dans la vie liturgique, et plus particulièrement dans les sacrements de l'Église. Les sacrements sont les « θεουργίαι », administrés par les membres des deux Hiérarchies.

L'Aréopagite intègre dans son système cosmologique le principe posé par Aristote [189] de la nécessité de l'énergie pour l'existence de l'être. La Théarchie est la cause de la puissance de tout être ; « il n'est absolument aucun être qui échappe à l'irrésistible et tutélaire étreinte de la Puissance divine. Car ce qui est totalement privé de puissance n'existe pas, n'est rien et on ne peut le poser d'aucune façon » [190]. De même toute énergie provient de la cause principale « grâce à ses procès (πρόοδοι) et à ses énergies providentielles (προνοητικαί ἐνέργειαι) à l'égard de tous les êtres » [191]. La nature de l'énergie divine est comparée aux propriétés « du feu qui s'applique, comme une image sensible, aux opérations de la Théarchie » [192].

C. LA CONTRIBUTION DE SAINT MAXIME

(a) Relation de l'énergie avec l'essence

Saint Maxime définit l'énergie d'après l'enseignement philosophique qu'il connaît soit directement [193], soit indirecte-

opérations divines, le caractère vénérable, la causalité d'une source inépuisable, la distribution des dons qui conviennent à l'infinie Bonté ». (Trad. Maurice de GANDILLAC).

189. Cf. op. cit. note 66.
190. *Les Noms Divins*, VIII, 5, PG 3, 893A. Trad. Française, ibid.
191. Ibid., IX, 9, PG 3, 916C. Trad. ibid.
192. *Hiérarchie Ecclésiastique* XV, 2, PG 3, 329C. Trad. ibid.
193. Voir Polycarp SHERWOOD, *St. Maximus the Confessor, the Ascetic Life, the Four Centuries on Charity*, coll. *Ancient Christian Writers No 21*, New York, N.Y. Ramsey, N.J. 1955, pp. 6-7. Lars THUNBERG, *Microcosm and Mediator. The theological anthropology of Maximus the Confessor*, op. cit. pp. 1-2.

ment, et d'après la théologie patristique dont nous avons étudié quelques aspects. Mais la question christologique a une influence considérable sur cet aspect de la théologie maximienne. Les présupposés philosophiques et théologiques amènent saint Maxime à formuler qu'il y a en Christ deux énergies naturelles, étant donné que l'énergie est considérée comme essentielle. Trois raisons principales montrent que l'énergie est essentielle :

i. En étudiant la nature de la volonté, on a dit que l'énergie, comme la volonté, est essentielle. « En effet, l'énergie, étant naturelle, est le caractère ($\chi\alpha\varrho\alpha\varkappa\tau\dot{\eta}\varrho$) constitutif ($\sigma\upsilon\sigma\tau\alpha\tau\iota\varkappa\acute{o}\varsigma$) et inhérent ($\check{\epsilon}\mu\phi\upsilon\tau o\varsigma$) de la nature » [194]. Cette définition de l'énergie montre sa parenté avec la volonté, celle-ci étant la puissance constitutive de la nature, et toutes deux sont directement liées à la liberté de la nature ($\alpha\dot{\upsilon}\tau\epsilon\xi o\acute{\upsilon}\sigma\iota ov$) [195]. Mais, alors que la volonté est une puissance constitutive de la nature, l'énergie en est le « $\chi\alpha\varrho\alpha\varkappa\tau\dot{\eta}\varrho$ » constitutif ; or le « $\chi\alpha\varrho\alpha\varkappa\tau\dot{\eta}\varrho$ » manifeste le comportement extérieur de la nature, ce qui différencie l'énergie de la volonté, même si toutes deux sont constitutives de la nature. La relation entre essence et énergie est définie comme suit : « Que l'énergie selon la nature ($\varkappa\alpha\tau\grave{\alpha}$ $\phi\acute{\upsilon}\sigma\iota v$) ne se rencontre pas en dehors ($\tau\tilde{\omega}v$ $\dot{\epsilon}\varkappa\tau\acute{o}\varsigma$), c'est évident, du fait que la nature peut être ($\epsilon\tilde{\iota}v\alpha\iota$) sans les œuvres, mais que, sans l'énergie selon la nature, la nature ne peut être ($\epsilon\tilde{\iota}v\alpha\iota$), ni être connue ($\gamma\iota v\acute{\omega}\sigma\varkappa\epsilon\sigma\theta\alpha\iota$) » [196]. La nature, ayant

---

194. *Disputatio cum Pyrrho*, PG 91, 348A.

195. Cf. ibid., 345D : « $\epsilon\check{\iota}\tau\epsilon$ $\delta\grave{\epsilon}$ $\phi\acute{\upsilon}\sigma\epsilon\iota$, $\epsilon\check{\iota}\tau\epsilon$ $\dot{\epsilon}v\epsilon\varrho\gamma\epsilon\acute{\iota}\alpha$ $\tau o\tilde{\upsilon}\tau o$ $\varkappa\alpha\lambda\epsilon\tilde{\iota}v$ $\beta o\acute{\upsilon}$-$\lambda\epsilon\sigma\theta\epsilon$, $\tau o\tilde{\upsilon}\tau o$ $\tau\tilde{\eta}\varsigma$ $\dot{\eta}\mu\tilde{\omega}v$ $\check{\epsilon}\sigma\tau\epsilon$ $\dot{\epsilon}\xi o\upsilon\sigma\acute{\iota}\alpha\varsigma$ ».

196. PG 91, 441CD. Traduction Pierre PIRET avec quelques modifications. Nous trouvons aussi ailleurs des textes similaires, par exemple dans l'Acta (mai 655) : « $O\dot{\upsilon}\delta\grave{\epsilon}v$ $\gamma\grave{\alpha}\varrho$ $\tau\tilde{\omega}v$ $\check{o}v\tau\omega v$ $\chi\omega\varrho\grave{\iota}\varsigma$ $\dot{\epsilon}v\epsilon\varrho\gamma\epsilon\acute{\iota}\alpha\varsigma$ $\phi\upsilon\sigma\iota\varkappa\tilde{\eta}\varsigma$ $\dot{\upsilon}\phi\acute{\epsilon}\sigma\tau\eta\varkappa\epsilon v$. $O\dot{\iota}$ $\gamma\grave{\alpha}\varrho$ $\check{\alpha}\gamma\iota o\iota$ $\Pi\alpha\tau\acute{\epsilon}\varrho\epsilon\varsigma$ $\phi\alpha v\epsilon\varrho\tilde{\omega}\varsigma$ $\lambda\acute{\epsilon}\gamma o\upsilon\sigma\iota$· $M\acute{\eta}\tau\epsilon$ $\epsilon\tilde{\iota}v\alpha\iota$, $\check{\eta}$ $\gamma\iota v\acute{\omega}\sigma\varkappa\epsilon\sigma\theta\alpha\iota$ $\chi\omega\varrho\grave{\iota}\varsigma$ $\tau\tilde{\eta}\varsigma$ $o\dot{\upsilon}\sigma\iota\acute{\omega}\delta o\upsilon\varsigma$ $\alpha\dot{\upsilon}\tau\tilde{\eta}\varsigma$ $\dot{\epsilon}v\epsilon\varrho\gamma\epsilon\acute{\iota}\alpha\varsigma$ $\tau\grave{\eta}v$ $o\dot{\iota}\alpha v\delta\acute{\eta}\pi o\tau\epsilon$ $\phi\acute{\upsilon}\sigma\iota v$ » (PG 90, 121C). Par la phrase « $\check{\alpha}\gamma\iota o\iota$ $\Pi\alpha\tau\acute{\epsilon}\varrho\epsilon\varsigma$ » saint Maxime se réfère à l'Aréopagite qu'il cite aussi dans un autre texte des *Opuscula Theologica et Polemica 8*, rédigé en 640, adressée à l'Evêque Nicandre qui discute le problème de deux énergies en Christ : « $T\grave{o}$ $\gamma\grave{\alpha}\varrho$ $\tau\tilde{\omega}v$ $\varkappa\alpha\tau\grave{\alpha}$ $\phi\acute{\upsilon}\sigma\iota v$ $\dot{\epsilon}\varkappa\sigma\tau\tilde{\alpha}v$, $\varkappa\check{\alpha}v$ $\tau\tilde{\eta}\varsigma$ $\check{\epsilon}\xi\omega$ $\tau\tilde{\eta}\varsigma$ $o\dot{\upsilon}\sigma\acute{\iota}\alpha\varsigma$ $\gamma\epsilon\gamma\acute{\epsilon}v\eta\tau\alpha\iota$, $\mu\eta\delta\epsilon\mu\acute{\iota}\alpha v$ $\check{\upsilon}\pi\alpha\varrho\xi\iota v$ $\check{\epsilon}\chi ov$ $\check{o}\tau\iota$ $\mu\eta\delta\grave{\epsilon}$ $\varkappa\acute{\iota}v\eta\sigma\iota v$ $\phi\upsilon\sigma\iota\varkappa\acute{\eta}v$. $T\grave{o}$ $\gamma\grave{\alpha}\varrho$ $\mu\eta\delta\epsilon\mu\acute{\iota}\alpha v$ $\varkappa\acute{\iota}v\eta\sigma\iota v$ $\check{\epsilon}\chi ov$· $\check{\eta}$ $\phi\eta\sigma\iota v$ $\dot{o}$ $\theta\epsilon o\phi\acute{\alpha}v\tau\omega\varrho$ $\varkappa\alpha\grave{\iota}$ $\mu\acute{\epsilon}\gamma\alpha\varsigma$ $\check{\alpha}\gamma\iota o\varsigma$ $\Delta\iota ov\acute{\upsilon}\sigma\iota o\varsigma$, '$o\check{\upsilon}\tau\epsilon$ $\check{\epsilon}\sigma\tau\iota v$, $o\check{\upsilon}\tau\epsilon$ $\tau\acute{\iota}$ $\dot{\epsilon}\sigma\tau\iota v$· $o\check{\upsilon}\tau\epsilon$ $\check{\epsilon}\sigma\tau\iota$ $\tau\iota\varsigma$ $\alpha\dot{\upsilon}\tau o\tilde{\upsilon}$ $\pi\alpha v\tau\epsilon\lambda\tilde{\omega}\varsigma$ $\theta\acute{\epsilon}\sigma\iota\varsigma$' ». (PG 91, 96BC). La citation de l'Aréopagite se trouve dans les Noms Divins, PG 3, 893A. Mais au lieu du terme « $\delta\acute{\upsilon}v\alpha\mu\iota\varsigma$ » du texte original de l'Aréopagite,

comme caractère constitutif l'énergie, ne peut pas manifester
son existence sans elle. Il y a deux aspects distincts pour
l'énergie : la définition (ὅρος) de l'existence de la nature,
la raison pour laquelle elle lui est constitutive, et les effets
extérieurs de l'énergie. L'énergie comme telle ne doit pas
être identifiée aux résultats en dehors de l'énergie.

L'énergie, en tant que caractère propre de la nature, est
sa « définition » (ὅρος) : « La raison (λόγος) de l'énergie
est la définition (ὅρος) de l'essence ; elle caractérise naturellement tous les êtres auxquels elle est inhérente (ἐμπέ-
φυκε), selon l'essence. Ce qui leur est attribué en commun
(κοινῶς) et en général (γενικῶς) constitue (εἶναι) la définition
de leur essence, dont la privation (στέρησις) provoque (ἐργάζεται) certainement la destruction (φθοράν) de la
nature » [197]. La « raison » de l'énergie est la définition de
l'essence. L'énergie en tant qu'opération n'est pas une
nécessité naturelle qui prive l'essence de son « αὐτεξούσιον »,
mais c'est une manifestation de la liberté de l'essence.
L'essence manifeste ainsi son existence. Il y a ici un aristotélisme latent qui voit la priorité ontologique de l'énergie
sur l'essence. Mais saint Maxime définit l'énergie aussi en
relation avec l'« αὐτεξούσιον », selon la patristique. L'équi-
valence du « λόγος » de l'énergie à l'« ὅρος » de l'essence
montre leur lien naturel. Selon saint Maxime, le « λόγος »
en relation avec l'être est la raison de l'existence de l'énergie.
Ce « λόγος » donc définit l'essence et confirme son existence.
Il en va de même pour tout ce qui est attribué à l'essence
communément et généralement, comme la volonté.

   ii. Dans l'*Acta*, c'est la relation essence, hypostase et

---

saint Maxime utilise le terme « κίνησις ». Aristote définit la « κίνησις » comme :
« τὴν τοῦ δυνάμει ὄντος ἐντελέχειαν, ᾗ τοιοῦτον » (Φυσική Ἀκρόασις
201α, 10 et suiv.). Or l'énergie : « ὥστε φανερὸν ὅτι ἡ οὐσία καὶ τὸ εἶδος
ἐνέργειά ἐστιν. κατά τε δὴ τοῦτον τὸν λόγον φανερὸν ὅτι πρότερον τῇ
οὐσίᾳ ἐνέργεια δυνάμεως, καὶ ὥσπερ εἴπομεν τοῦ χρόνου ἀεὶ κινοῦντος
πρώτως » (Aristote, *Métaphysique IX*, 1050b 2-6). En ce qui concerne la divine
énergie chez Aristote voir P. N. PATRIARHEAS, Ἱστορία τῆς Θεωρίας τοῦ
Περιβάλλοντος, Athènes 1956, p. 118 et suiv.
197. *Ambigua I, 2*, PG 91, 1037CD. Voir également *Ambigua I, 5*, PG 91,
1057B et *Disputatio cum Pyrrho*, ibid., 345D : « πάσης φύσεως ὅρος ὁ τῆς
οὐσιώδους αὐτῆς ἐνεργείας καθέστηκε λόγος ». Cf. Pierre PIRET, *Le Christ
et la Trinité selon Maxime le Confesseur*, op. cit. p. 340.

énergie qui est examinée : « Personne n'opère selon l'hypostase, mais selon la nature » [198], donc l'énergie en Christ n'était pas hypostatique comme le prétendaient les monoénergistes, mais « essentielle » [199]. L'énergie n'introduit pas la personne, mais la nature [200]. Il y a un autre fait important qui démontre que l'énergie est liée à l'essence, c'est la différence entre essence et hypostase. Cette différence est déterminée dans les *Opuscula Theologica et Polemica 22* : « D'une part l'essence manifeste ($\delta\eta\lambda o\tilde{\iota}$) l'espèce et la nature qu'elle est en elle-même, et d'autre part l'hypostase indique ($\dot{\varepsilon}\mu\varphi\alpha\dot{\iota}\nu\varepsilon\iota$) celui dans lequel l'essence existe ($\tau\acute{o}\nu$ $\tau\iota\nu\alpha$ $\tau\tilde{\eta}\varsigma$ $o\dot{v}\sigma\dot{\iota}\alpha\varsigma$) » [201]. Nous pouvons définir l'essence ou la nature comme ce qui est commun aux êtres d'un même genre. Les êtres d'un même genre, par exemple les hommes, ont comme nature ou essence communes l'humanité. L'hypostase est donc l'essence avec les propriétés hypostatiques qui différencient les êtres entre eux. L'énergie est essentielle et non hypostatique, car elle est parmi les choses communes et non pas particulières. Or « les êtres qui ont la même essence ont aussi la même énergie ; et les êtres qui ont la même énergie, ont la même essence ; ceux qui diffèrent selon l'essence, diffèrent également selon l'énergie, et ceux qui diffèrent selon l'énergie, diffèrent selon l'essence » [202]. L'es-

198. *Acta*, PG 90, 160A.

199. Saint Maxime corrige l'erreur philosophique des monothélites et des monoénergistes qui liaient l'énergie et la volonté, non pas à la nature, mais à l'hypostase. La puissance chez Aristote appartient à la catégorie qualitative ($\pi o\iota\acute{o}\nu$), elle est une puissance naturelle, elle découle de la nature et elle n'est pas acquise, comme sont acquis par exemple les habitus ($\ddot{\varepsilon}\xi\varepsilon\iota\varsigma$), les dispositions ($\delta\iota\alpha\theta\dot{\varepsilon}\sigma\varepsilon\iota\varsigma$).

200. Cf. *Disputatio cum Pyrrho*, PG 91, 345D.

201. PG 91, 260D-261A. Essence et nature semblent indiquer pour saint Maxime la même réalité, voir par exemple dans l'*Opuscula Theologica et Polemica*, « Ὅροι διάφοροι » (env. 640), la définition : « Οὐσία καὶ φύσις, ταυτόν, ἄμφω γὰρ κοινὸν καὶ καθόλου, ὡς κατὰ πολλῶν καὶ διαφερόντων τῷ ἀριθμῷ κατηγορούμενα, καὶ μήτε καθοτιοῦν ἑνὶ προσώπῳ περιοριζόμενα » (ibid., 149B). Cf. analyse faite dans le premier chapitre.

202. *Disputatio cum Pyrrho*, PG 91, 348C. Voir aussi : *Vita ac. Certamen XXXIX*, PG 97D ; également *Disputatio cum Pyrrho*, PG 91, 337A : « Τὰ τῆς αὐτῆς ὄντα οὐσίας, καὶ τῆς αὐτῆς εἶναι ἐνεργείας ». Chaque fois que saint Maxime utilise cette phrase, il insiste sur le fait qu'il intègre les opinions des Pères précédents : « selon les Pères » (κατὰ τούς Πατέρας) ; « chez les Pères » (τοῖς Πατράσιν) ; or nous savons que cette phrase se trouve d'abord chez Didyme l'Aveugle, dans son *Antirrhétique contre Eunome*, ΒΕΠΕΣ, vol. 44,

sence des êtres d'un même genre est caractérisée par ce qui leur est « commun » et par ce qui leur est « propre ». L'énergie appartient à ce qui est commun, sinon, si elle est liée à l'hypostase et non pas à l'essence, non seulement l'essence des êtres d'un même genre sera multiplée, mais aussi leur énergie sera différenciée d'un être à l'autre. Ce syllogisme est valable non seulement pour les êtres créés, mais aussi pour l'essence divine. D'ailleurs Didyme l'Aveugle et les Cappadociens, auxquels saint Maxime emprunte cet enseignement, veulent également démontrer de cette manière la consubstantialité des Personnes de la Trinité face à l'arianisme et à l'eunomianisme.

iii. Les deux points précédents établissent la relation entre essence et énergie ; mais ce ne sont pas les seuls modes de relations, puisque l'énergie est liée également à la puissance et au mouvement de l'essence. « Toute essence qui porte en elle-même sa propre définition (ὅρος) est naturellement le principe du mouvement inhérent à sa puissance. Or, tout mouvement naturel qui mène à l'énergie, conçu *après* (μετε-πινοουμένη) l'essence, mais conçu *avant* (προεπινουμένη) l'énergie, est donc intermédiaire (μεσότης), car il est essentiellement placé (διειλημμένη) entre les deux (l'essence et l'énergie). Et toute énergie naturellement circonscrite par sa propre raison (λόγος) est la fin (τέλος) du mouvement essentiel conçu avant elle » [203].

Ainsi se trouve définie la relation entre l'essence, la puissance et l'énergie. L'essence « est le principe » du mouvement et de l'énergie. Nous voyons ici le même schème

---

p. 224, 6-11, et dans *son Traité sur le Saint-Esprit*, PG 39, 1062BC. Cet enseignement est repris par les Pères Cappadociens. Voir saint Basile, *Lettre 189*, 7. Yves COURTONNE, vol. II, p. 140.

203. *Chapitres Théologiques et Économiques I*, 3, PG 90, 1084AB. D'après la traduction de Jacques TOURAILLE, *Philocalie, fasc. 6*, op. cit. Cf. Polycarp SHERWOOD, *The Earlier Ambigua of St. Maximus the Confessor*, Studia Anselmiana 36, Rome 1955, p. 106. Le terme « ὅρος » est traduit par SHERWOOD comme « *limit and definition* ». Là, l'aristotélisme de saint Maxime est plus évident que dans l'*Opuscula Theologica et Polemica 13*, où il définit l'essence : « Οὐσίας ἴδιον, τὸ ἐν πᾶσι καὶ πάντων φυσικῶς κατηγορεῖσθαί τε καὶ προφαίνεσθαι. Ἐνουσίου ἴδιον, τὸ πραγματικῶς ὑφίστασθαι, καὶ φέρειν ἁπάντων ἐφ'ἑαυτοῦ τῶν προσωπικῶν ἰδιωμάτων τοὺς ἀληθεῖς χαρακτῆρας (PG 91, 153A). Cf. *Ambigua II, 15*, PG 91, 1217CD.

essence-puissance-énergie que nous rencontrons à plusieurs reprises dans les écrits de saint Maxime, ainsi que d'autres schèmes parallèles. La place, ou encore mieux l'ordre qui est appliqué pour déterminer ce schème est justifié par le fait que l'essence est le principe (ἀρχή) de la puissance du mouvement, et que l'énergie constitue la fin (τέλος) du mouvement qui la précède, mouvement qui se situe entre les deux (μεσότης), entre l'essence et l'énergie. Par conséquent, selon saint Maxime, il n'est pas possible de suivre l'ordre essence-énergie-mouvement [204]. L'essence constitue le principe (ἀρχή) de la puissance, qui est le moyen (μεσότης), et l'énergie la fin (τέλος). Mais, malgré cela, l'énergie n'est pas coupée de son essence puisque « toute énergie naturellement circonscrite par sa propre raison est la fin du mouvement essentiel » [205]. L'énergie, en tant que fin du mouvement essentiel, correspond d'une part à la téléologie aristotélicienne ; mais d'autre part, du point de vue de la théologie chrétienne, cette téléologie adopte un autre contenu, celui de l'eschaton. Par l'énergie, les êtres sont conduits à leur union avec l'énergie divine et à leur accom-

---

204. Pour Aristote, chez les êtres sensibles l'« ἐνεργείᾳ » suit le « δυνάμει », tandis que pour Dieu l'« ἐνεργείᾳ » précède le « δυνάμει », or Dieu est toujours « ἐνεργείᾳ », ce qui signifie que l'être divin n'a pas le choix de l'être et du non-être comme tous les autres êtres. Cela conduit Aristote à considérer Dieu comme « énergie » ; mais il nous semble que cela ne prive pas Dieu de son essence, car l'affirmation que Dieu est « énergie » ne se réfère pas à l'essence mais au « δυνάμει » qu'Aristote veut exclure de Dieu. Cet enseignement est repris entièrement par Plotin (voir Ennéades VI), et par Didyme l'Aveugle qui consacre tout un chapitre à l'explication de la différence entre le « postérieur » et l'« antérieur ». *Commentaire sur l'Ecclésiaste* II, § 76-78, (ΒΕΠΕΣ) vol. 50, pp. 243, 38-244, 19.

205. Dans l'*Opuscula Theologica et Polemica* I, PG 91, 33BC, nous rencontrons un enseignement similaire : Ἔχεται οὖν ἡ μὲν πρᾶξις, δυνάμεως· ἡ δὲ δύναμις, οὐσίας· Ἥ τε γὰρ πρᾶξις, ἀπὸ δυνάμεως· καὶ ἡ δύναμις ἀπὸ τῆς οὐσίας καὶ ἐν τῇ οὐσίᾳ. Τρία οὖν ταῦτά ἐστιν, ὥς φασιν, ἀλλήλων ἐχόμενα· δυνάμενον, δύναμις, δυνατόν. Καὶ δυνάμενον μὲν λέγουσι, τὴν οὐσίαν· δύναμιν δέ, καθ'ἥν ἔχομεν τὴν τοῦ δύνασθαι κίνησιν· καὶ δυνατόν, τὸ παρ'ἡμῖν κατὰ δύναμιν γίνεσθαι πεφυκός». C'est-à-dire que nous avons ici le triple schème « οὐσία-δύναμις-πρᾶξις (ἐνέργεια). Le texte suivant de saint Grégoire de Nysse démontre la relation de la théologie de saint Maxime avec celle des Pères cappadociens. « Εἰ γὰρ μὴ πρότερον ἑρμηνεύομέν τι τῶν περὶ Θεοῦ λεγομένων, πρὶν ἄν νοήσωμεν· νοοῦμεν δὲ δι'ὧν ἐκ τῶν ἐνεργειῶν διδασκόμεθα, προϋφέστηκε δὲ τῆς ἐνεργείας ἡ δύναμις· ἡ δὲ δύναμις ἐξήρτηται τοῦ θείου βουλήματος, τὸ δὲ βούλημα ἐν τῇ ἐξουσίᾳ τῆς θείας ἀπόκειται φύσεως » (*Contre Eunome, Discours XII*, PG 45, 860CD).

plissement eschatologique. Si pour Aristote, l'énergie est la
« fin », dans le sens que les êtres sensibles en passant du
« δυνάμει » à l'« ἐνεργείᾳ » acquièrent la finalité de leur
existence grâce à l'énergie, pour la théologie chrétienne, par
contre, les êtres, par leur énergie, s'acheminent vers leur
accomplissement eschatologique.

(b) Ontologie de l'Énergie divine

1. Saint Maxime établit la relation entre la volonté et
l'énergie divine. Les « puissances de l'âme » sont considérées
comme complémentaires (συμπληρωτικάς) de l'essence. Les
puissances sont effectivement la volonté et l'énergie, mais
elles indiquent le mouvement naturel. La question est discutée à partir d'une phrase ambiguë de saint Grégoire de
Nazianze [206] où il fait la distinction entre « θέλων » et
« θέλησις » (voulant et volonté), « γεννῶν » et « γέννησις »
(ce qui engendre et l'engendré), « λέγων » et « λόγος » (ce
qui parle et la parole). On est dans le contexte des querelles
ariennes où le Fils était considéré par cette hérésie comme
le résultat de la volonté et de l'énergie du Père, et donc
non consubstantiel à Lui. Saint Grégoire propose une solution
à la question posée par les ariens, à savoir qu'entre celui
qui veut et ce qui est voulu (θέλων, θεληθέν) il n'existe
pas une troisième entité. Dans ce cas précis de la volonté,
ce qui est voulu est immanent à celui qui veut. Saint Maxime
reprend ce principe et il en explique le pourquoi. Les
puissances complètent l'essence car elles peuvent opérer en
l'essence en laquelle elles coexistent (ἐν ᾗ σύνεισιν οὐσίᾳ).
Cela nous ramène au même principe selon lequel la volonté
et l'énergie sont essentielles, car elles ne peuvent rien opérer
sans l'« ἐπίνευσις » (l'assentiment, l'ordre) de celui qui possède l'élan (ὁρμή) propre et naturel. L'« ἔργον » est le
résultat de la « δύναμις », mais qui présuppose effectivement
cette impulsion (ῥοπή) du possesseur [207]. Pour saint Maxime

206. Discours 29, IIIème Discours théologique, 6, PG 36, 80C-81C.
207. Cf. Ambigua II, 24, PG 91, 1261CD : « Εἰ γὰρ τὰς τῆς ψυχῆς
δυνάμεις, ἅς ἴσως φαίη τις εἶναι συμπληρωτικὰς τῆς οὐσίας αὐτῆς,
δύνασθαι μὲν ταύτας ἐνεργεῖν λέγομεν ἐν ᾗ σύνεισιν οὐσία, μὴ μέντοι
καὶ κινεῖσθαι πάντως κατ'ἐνέργειαν ἀποτελεσματικὴν χωρὶς τῆς τοῦ
θέλοντος ἐπινεύσεως δύνασθαι. Εἰ δὲ καὶ δοθείη καθ'ὑπόθεσιν τὸ ἴδιον

cet examen psychologique de l'homme est une image analogue aux vérités divines, car entre le Père et l'engendrement
du Fils il n'y a pas de distance temporelle, et le Fils n'est
pas non plus le résultat de la volonté du Père, mais le Fils
du Père [208].

2. Saint Maxime discute un autre problème posé par les
ariens, à savoir si le nom « *Dieu* » indique l'essence ou
l'énergie. Saint Grégoire de Nazianze a répondu à ce propos
que le nom « *Dieu* » ne signifie ni l'essence ni l'énergie,
mais il indique la « *relation* » : « Οὔτε οὐσίας εἶναι τὸ πατὴρ
ὄνομα, οὔτε ἐνεργείας, ἀλλὰ σχέσεως » entre le Père et le
Fils [209]. Voilà la solution proposée par saint Maxime :
« On dit que, dans les êtres universellement (καθ'ὅλου),
il y a deux énergies :

(a) d'une part, la première est celle qui, à partir des
êtres qui sont naturellement (ἐκ τῶν ὄντων φυσικῶς), amène
(προάγουσαν) les êtres qui sont d'identique genre (ὁμογενῆ)
et d'identique essence (ὁμοούσια) et qui leur sont en tout
semblables (καὶ ἑαυτοῖς πάντῃ ταυτά). D'après telle (définition), le maître (saint Grégoire) déclare, s'étant accordé
convenablement aux argumentations (de ses interlocuteurs),
pour les empêcher au moins de blasphémer : *"Que le Père
soit, selon vous"*, en restituant l'intention du raisonnement,
"aussi un nom d'énergie". Il conclut pour eux : *"Le Père aurait
opéré cela même"*, c'est-à-dire (qu'il aurait opéré) ce qui est
d'identique essence (τὸ ὁμοούσιον), en tant qu'énergie essentiellement subsistante et vivante (ὡς ἐνέργειαν οὐσιωδῶς
ὑφεστῶσαν καὶ ζῶσαν) ; ainsi les maîtres, témoins de la vérité
divine, disaient (εἰρήκασιν) du Logos monogène de Dieu et
du Fils du Père qu'il est parole (λόγον) vivante et puissance
et sagesse, subsistant en soi-même.

ἐθέλειν αὐτὰς ἐνεργεῖν ἐκ τῆς φυσικῆς κινήσεως, χωρὶς τῆς τοῦ ταύτας,
ἵν'οὕτως εἴπω, κεκτημένου ῥοπῆς μηδὲν ἰσχεῖν αὐτὰς καθάπαξ ἀποτε-
λεσματικῶς ἐνεργεῖν τῆς ἰδίας ὁρμῆς. Οὐ γὰρ ἀκολουθεῖ πάντως τῇ
δυνάμει τὸ ἔργον, μὴ ἐχούσῃ τὴν τοῦ οὗ ἐστι δύναμις ῥοπήν, συνεισ-
φέρουσαν αὐτῇ τὸ κατ'ἐνέργειαν ἐν πράγματι τέλος, καθ'ἑαυτὴν οὔσῃ
ἀνυποστάτῳ ».

208. Cf. Ibid., 1264A.
209. Cf. : *Ambigua 26*, PG 91, 1265D ; saint Grégoire de Nazianze, *IIIème
Discours théologique*, PG 36, 93CD.

(b) D'autre part, on dit que l'autre énergie est apte à produire (*ἀπεργαστικήν*) ce qui est en dehors (de l'être) (*τῶν ἐκτός*). Quiconque opère (*ἐνεργῶν τις*) selon cette énergie, en vue d'un être parmi ceux qui sont extérieurs et d'essences différentes (*περὶ τῶν ἔξωθεν καὶ ἑτεροουσίων*), établit (*κατασκευάζει*), partant d'une matière présupposée (*ἐκ προϋποκειμένης ὕλης*) un autre (être) qui diffère de son essence (*ἕτερόν τι τῆς ἰδίας οὐσίας*). On dit que cette énergie est inhérente (*συγκεῖσθαι*) à son art de faire » [210].

La discussion proposée dans les deux parties du texte concerne sans aucun doute la relation du Père et du Fils. Dans la première, la volonté n'est pas un intermédiaire entre le Père et le Fils, mais le Fils est le Fils du Père qui l'engendre. L'énergie non plus n'est pas un intermédiaire entre les deux personnes, mais le Fils est immanent à celui qui opère et non pas à son énergie. La « première énergie » indique le comment de l'existence du Fils par rapport au Père. En général cette énergie est conçue comme le mode de « *προαγωγή* » des êtres qui sont identiques selon l'essence et selon le genre à l'être qui est leur principe. On peut identifier cette énergie à la raison (*λόγος*) de l'essence divine. La raison de l'essence divine est son existence dans les trois hypostases divines, et le fait que le Père soit le principe du Fils et du Saint-Esprit qui ont une essence commune.

C'est la théologie alexandrine, qui dénomme le Fils « énergie enhypostasiée » du Père, que saint Maxime évoque dans ce contexte. Saint Athanase appelle le Christ « *ζῶσαν βουλήν* » et « *ἐνούσιον ἐνέργειαν* » du Père [211]. Si donc le Fils, en tant que volonté et énergie « essentiellement subsistantes et vivantes », est lié directement au Père sans

---

210. *Ibid.*, PG 91, 1265D-1268AB. D'après la traduction de Pierre PIRET, *Le Christ et la Trinité selon Maxime le Confesseur*, op. cit. pp. 90-91. Selon Polycarp SHERWOOD, *The Earlier Ambigua of St. Maximus the Confessor*, op. cit. p. 111, note 13, « *This distinction — of immanent and transient operationas to its substance is made by Aristotle in the Metaphysics Θ' 8, 1050α 23-31* ». Voir p. 154-156 du présent chapitre.

211. Cf. *Contre les ariens*, II, § 2 : « *Ὁ δὲ Λόγος ἐστὶν αὐτοῦ ποιητικός, καὶ δημιουργικός· οὐκ ἀμφίβολον, ὅτι αὐτός ἐστιν ἡ τοῦ Πατρὸς ζῶσα βουλή, καὶ ἐνούσιος ἐνέργεια, καὶ Λόγος ἀληθινός, ἐν ᾧ καὶ συνέστηκε καὶ διοικεῖται τὰ πάντα καλῶς* ».

intermédiaire, les créatures par contre ont subsisté par la volonté et la bienveillance, or toute la création a été créée par la volonté (τὰ ποιήματα βουλήσει καὶ εὐδοκίᾳ ὑπέστη, καὶ ἡ κτίσις πᾶσα θελήματι γέγονεν)[212]. Didyme l'Aveugle fait le même raisonnement en citant I Cor. 1,24, où le Christ est dit « puissance et sagesse de Dieu ». Mais Christ est « énergie, puissance et sagesse de Dieu », incréé et coéternel » au Père, car Dieu n'était jamais sans sagesse et sans puissance enhypostasiées[213]. Par contre l'énergie commune aux personnes de la Trinité « était autre, et aussi sans hypostase » (ἕτερον γὰρ ἦν ἡ ἐνέργεια παρὰ ταῦτα ἀλλὰ καὶ ἀνυπόστατος), car aucune énergie n'est enhypostasiée (οὐδεμία γὰρ ἐνέργεια ἐνυπόστατος)[214]. Ces deux références nous suffisent pour démontrer la base théologique de saint Grégoire de Nazianze et de saint Maxime, commentateur du premier, qui définissent la relation du Père et du Fils. Mais le mode de relation de la Trinité avec la création est autre que le mode de relation intratrinitaire. Les relations avec la création sont établies par la volonté et l'énergie divines, incréées, communes aux trois personnes, essentielles, mais non enhypostasiées.

La deuxième énergie des êtres, — contrairement à la première qui amène les êtres identiques au genre et à l'essence, — produit des êtres en dehors, et qui sont différents selon l'essence productrice. Les ariens considéraient le Fils comme l'effet de cette énergie, créé par le Père d'une matière présupposée[215]. Il faut noter le mode d'agir différent entre les deux énergies, indiqué par les deux verbes différents ; le premier « προάγει » (amène) et le deuxième « ἀπεργάζεται » (produit). Cette différence est capitale, car la première détermine les relations du Père et du Fils, tandis que par la seconde s'établit la relation du Créateur avec la création. Il faut relever ici qu'il y a une racine étymologique identique entre le mot « ἐνέργεια » et le verbe « ἀπεργά-

---

212. Ibid. 64.
213. *Antirrhétique contre Eunome*, ΒΕΠΕΣ vol. 44, p. 230.
214. Ibid. Cf. la discussion sur la notion d'ἐνυπόστατον dans le premier chapitre.
215. Pierre PIRET, *Le Christ et la Trinité selon Maxime le Confesseur*, op. cit. pp. 92.

ζομαι ». Par conséquent, il est hors de question d'attribuer cette deuxième énergie aux relations intratrinitaires. Or même pour la première, l'existence du Fils, qui a comme cause et principe le Père, est « au-dessus » de l'énergie [216].

L'existence du Fils qui doit son être au Père, existence simultanée et en Lui, est qualifiée comme « ineffable » (ἄφραστος) et « incompréhensible » (ἀπερινόητος). Par rapport à quoi est-elle ineffable et incompéhensible ? La comparaison ici est effectuée par l'énergie immanente à l'essence. Si l'existence est « au-dessus » (ὑπέρ) de l'énergie et qu'elle reste ineffable et incompréhensible, l'énergie par contre, qui manifeste le mode d'existence, a une certaine compréhensibilité. Cela aussi parce que l'énergie créatrice est liée à la création [217]. La distinction des êtres en deux énergies, en analogie à l'être divin, nous rappelle la distinction de saint Grégoire de Nazianze de deux ordres trinitaires, le « théologique » et l'« économique » [218]. La première énergie est l'« autocontemplation » de la divinité et la deuxième le « mouvement » (ἔκχυσις) de la divinité vers la création, par amour. Les énergies divines, soit de l'ordre intratrinitaire soit de l'ordre économique « ad extra », constituent une réalité ontologique et non pas « κατ'ἐπίνοιαν » humaine. Le « κατ'ἐπίνοιαν » concerne la connaissance de l'énergie divine, mais il ne définit pas le mode d'existence de la divinité. Les deux énergies correspondent ainsi au « λόγος » et au « τρόπος » de l'existence de la Trinité. Les cinq modes de la vision naturelle « leur enseignent aussi la raison (λόγος) divine parfaite (θεοτελῆ) et salvifique (σωτήριον) au sujet du Père et du Fils et du Saint-Esprit. Selon cette raison ils sont illuminés de façon cachée (mystiquement : μυστικῶς), non seulement simplement au sujet de la raison de l'être de la cause (τὸν τοῦ εἶναι μόνον ἁπλῶς τοῦ αἰτίου λόγον), mais aussi pour ce qu'ils sont initiés (ἐμυήθησαν) pieusement

---

216. *Ambigua II*, 26, PG 91, 1268B.
217. Voilà le point crucial qui va ensuite permettre à saint Grégoire Palamas de développer l'enseignement d'une essence supérieure (οὐσία ὑπερκειμένη) et d'une énergie inférieure (θεότης ὑφειμένη). *III Lettre à Akyndinos*, 15. P. Christou, vol. I, p. 306.
218. Cf. *Discours 38*, PG 36, 320C. Voir op. cit. p. 30.

au *mode d'existence* (τὸν τῆς ὑπάρξεως τρόπον)[219]. L'engendrement du Fils ainsi que la procession du Saint-Esprit par le Père sont le « λόγος » de la Trinité, mais l'illumination qui peut être une sorte de connaissance reste néanmoins cachée.

(c) Unique Énergie de la Trinité

Revenons à l'enseignement patristique repris par saint Maxime selon lequel « tous ceux qui sont d'une essence, une sera aussi leur énergie »[220]. Cette phrase, pour saint Maxime, a une référence christologique, car par là il veut distinguer l'énergie de la nature divine en Christ de celle de Sa nature humaine. Pour les Pères auxquels il emprunte cet enseignement, la phrase s'applique au plan trinitaire[221]. Ce qui n'atténue en rien, pour saint Maxime, la relation entre essence et énergie au plan christologique, car la consubstantialité (ὁμοούσιον) de la nature divine en Christ avec l'essence du Père et du Saint-Esprit signifie la possession de « ce qui est commun » aux deux autres Personnes de la Trinité. De même la consubstantialité de Sa nature humaine avec notre propre nature signifie la possession de tout ce qui est commun aux êtres consubstantiels[222]. La Trinité est caractérisée par l'unique divine énergie, l'unique puissance et l'unique essence. « On dit encore que (la divinité) est en mouvement de par la manifestation (φανέρωσιν) détaillée (κατὰ μέρος) de la raison plus parfaite à son sujet (τοῦ περὶ αὐτῆς τελεωτέρου λόγου) selon la Sainte Écriture, commençant par professer (ὁμολογεῖν) le Père, et progressant

---

219. *Ambigua II, 10*, PG 91, 1136BC.
220. Voir note 147 du présent chapitre.
221. Cf. Basile le Grand, *Lettre 189*, PG 32, 696ABC, et plus particulièrement : « τῆς τῶν ἐνεργειῶν ταυτότητος τὸ κοινὸν τῆς φύσεως ὑποσημαινούσης ».
222. On examine dans la *Disputatio cum Pyrrho* l'essence et l'énergie du Christ, « communes » au Père et au Saint-Esprit. C'est sur ce point que Pyrrhus exprime son objection, au sujet de la méthodologie de saint Maxime qui consiste en une transposition des schèmes « théologiques » de l'économie. À propos de l'essence commune saint Maxime répond : « εἰ οὐ συνθεολογεῖται μετὰ τὴν σάρκωσιν ὁ Υἱὸς τῷ Πατρί, οὔτε τῆς αὐτῆς ἔσται οὐσίας ». Et en ce qui concerne l'énergie : « εἰ ἡ περὶ τὰ ὄντα πρόνοια ἐνέργεια Θεοῦ τυγχάνει· αὕτη δὲ οὐ μόνον Πατρὸς καὶ Πνεύματος, ἀλλὰ καὶ Υἱοῦ καὶ μετὰ τὴν σάρκωσίν ἐστιν ». PG 91, 348D et 349A.

vers le (fait de) confesser le Fils avec le Père (συνομολογεῖν), et (de) co-accueillir (συμπαραδέχεσθαι) l'Esprit-Saint avec le Père et le Fils, et amenant les enseignés à co-adorer (συμπροσκυνεῖν) la Triade parfaite à la Monade parfaite, à savoir une seule essence et divinité et puissance et énergie en trois hypostases »[223]. Ce texte est d'une importance capitale car il détermine la relation existant entre l'essence divine, la divinité elle-même, la puissance, l'énergie et les trois hypostases divines. Le mouvement dont il est question est la manifestation du « λόγος » parfait de la Sainte Trinité. En comparaison avec les deux énergies précédemment examinées, ce mouvement correspond à la première énergie qui manifeste également la relation ontologique des personnes de la Trinité. Ainsi il y a une coïncidence entre la « première énergie », le « λόγος » parfait de la parfaite Trinité et son mouvement qui manifeste le « λόγος ». En revanche, un deuxième mouvement, une deuxième énergie et le mode d'existence (τρόπος τῆς ὑπάρξεως) de la Trinité établissent les relations du Créateur avec sa création.

Jusqu'ici notre étude s'est limitée à l'énergie en tant qu'inhérente à l'essence, à cause des textes étudiés. Et on peut ainsi résumer que la raison de l'énergie est la définition (ὅρος) de l'essence, or l'essence privée de son énergie, c'est-à-dire de son « ὅρος », n'existe pas. Le texte en question détermine de façon claire la notion du « λόγος » de la Trinité. Ce « λόγος » montre le lien inséparable entre le Père, le Fils et le Saint-Esprit, la Trinité parfaite et la Monade parfaite. La parfaite Trinité et la parfaite Monade signifient « une seule essence et divinité et puissance et énergie en trois hypostases ». Le centre de la conception du lien de l'essence, de la divinité, de la puissance, de l'énergie et de l'hypostase se trouve dans cette phrase. En fait toutes les propriétés énumérées sont considérées comme naturelles, mais ici saint Maxime introduit une autre dimension à la question. Même si toutes les propriétés sont naturelles, elles appartiennent, comme l'essence d'ailleurs, aux trois hypostases divines[224].

223. PG 91, 1261A. Traduction, Pierre PIRET, *Le Christ et la Trinité selon Maxime le Confesseur*, op. cit. pp. 75-76, avec des modifications.
224. On est surpris de l'attitude de J.-M. GARRIGUES, *« L'énergie divine et*

Les hypostases divines sont les « possesseurs » de l'essence, de la divinité, de la puissance et de l'énergie. On peut comprendre le rôle primordial de la Personne dans la théologie maximienne par l'examen de la question christologique. La nature humaine en Christ, comme la nature divine, avait toutes les propriétés naturelles qui lui sont propres ; mais la nature humaine manifestait ses propriétés à travers l'hypostase divine à laquelle elle est enhypostasiée, n'ayant pas pris une hypostase humaine propre.

(d) L'énergie des êtres créés et l'énergie incréée de Dieu

La distinction entre l'essence créée et l'essence incréée, ainsi que le thème christologique de l'union des deux natures en Christ en une seule hypostase, les deux natures gardant leurs propriétés naturelles, pose spécifiquement la question de l'énergie divine. L'union des deux natures en Christ constitue l'exemple unique de la rencontre de l'essence divine incréée et de l'essence créée.

Saint Maxime fait le parallélisme entre deux ordres d'êtres, incréés et créés, comme suit : « Nous ne considérons pas la nature divine et incréée (comme) non-existante ($\dot{\alpha}\nu\dot{\upsilon}\pi\alpha\varrho\kappa\tau o\nu$) et privée de volonté ($\dot{\alpha}\theta\acute{\epsilon}\lambda\eta\tau o\nu$) ou d'énergie ($\dot{\alpha}\nu\epsilon\nu\acute{\epsilon}\varrho\gamma\eta\tau o\nu$) ; nous ne reconnaissons non plus notre essence humaine et créée (comme) non-existante et privée de volonté et d'énergie. Nous ne connaissons aucune d'elles privée ($\check{\epsilon}\varrho\eta\mu o\nu$) de l'existence naturelle, de la volonté et de l'énergie » [225]. Malgré le fondement et la construction christologique de la pensée de saint Maxime, dans ce texte, elle ne cesse d'avoir aussi

---

la grâce chez Maxime le Confesseur », in : Istina 3 (1974), pp. 272-296, où il accuse saint Grégoire Palamas de détacher les divines énergies de l'essence et de les considérer comme « personnelles ». GUARRIGUES, et Pierre PIRET, Le Christ et la Trinité selon Maxime le Confesseur, op. cit. confirment ainsi leurs préjugés scholastiques, selon lesquels il y a une priorité de l'essence vis-à-vis de la personne, et il voient seulement la relation de l'essence et de l'énergie comme cause-causé, sans examiner le « $\lambda\acute{o}\gamma o\varsigma$ » et le « $\tau\varrho\acute{o}\pi o\varsigma$ » de l'existence de l'être divin, distinction qui est à la base de la distinction ontologique entre l'essence et l'énergie divines.

225. Opuscula Theologica et Polemica, 8, PG 91, 86A. La discussion du problème des deux énergies en Christ nous montre l'orientation christologique de saint Maxime.

un fondement ontologique. Les deux ordres d'êtres, créés et incréés, sont comparés et leur être est examiné aussi ontologiquement. Ainsi, aussi bien l'essence incréée que l'essence créée en Christ sont « existantes », ayant aussi bien l'une que l'autre une volonté et une énergie indépendantes, bien que la volonté et l'énergie de l'être incréé aient leur raison (*λόγος*) de relation avec l'essence incréée différente de celle de l'essence créée. La volonté et l'énergie de l'essence créée ont introduit la corruption et un changement de l'essence créée, étrangers à l'incorruptibilité et la simplicité de l'essence incréée. L'essence divine, comme l'essence humaine, possède les « actes » constitutifs de sa nature, à savoir la volonté et l'énergie. Si nous privons l'essence, soit humaine soit divine, de ses « actes » constitutifs, nous la rendons non-existante.

La relation ontologique entre essence-puissance-énergie n'est pas seulement valable pour les êtres créés, mais aussi pour l'essence divine incréée qui se distingue du créé par son être, sa volonté et son énergie. Donc la relation entre essence-puissance-énergie est valable aussi pour l'être divin incréé. « Dieu n'est pas essence, selon ce qu'on appelle essence simplement (*ἁπλῶς*) ou relativement (*ἤ πως*) pour qu'Il soit aussi principe (*ἀρχή*). Il n'est pas non plus puissance, selon ce qu'on appelle puissance absolument ou relativement, pour qu'Il soit aussi milieu (*μεσότης*). Il n'est pas non plus énergie, selon ce qu'on appelle énergie, absolument ou relativement, pour qu'Il soit aussi fin du mouvement essentiel selon la puissance conçue antérieurement au mouvement. Mais Dieu est entité (*ὀντότης*) qui crée des essences (*οὐσιοποιός*) et Il est au-delà des essences (*ὑπερούσιος*). Il est le fondement qui crée des puissances, mais Il est au-delà des puissances. Et Il est l'habitus (*ἕξις*) actif et sans fin de toute énergie ; et pour dire en un mot, Dieu est le Créateur de toute essence, de toute puissance, de toute énergie, de tout principe, de tout milieu et de toute fin » [226].

---

226. Chapitres Théologiques et Économiques I, 4, PG 90, 1084BC. Par le terme « *ἀρχή* » saint Maxime pense que Dieu est la cause créatrice et le principe des êtres créés. Dans ce cas là le terme « *ἀρχή* » prend deux sens

L'apophatisme de l'essence, de la puissance et de l'énergie divines, en comparaison au cataphatisme de l'essence, de la puissance et de l'énergie créées, est dû à la différence et à la distinction entre l'incréé et le créé. Nous reconnaissons là l'influence de l'Aréopagite pour cet apophatisme. Mais dans la question de la relation du créé avec l'incréé cet aspect occupe une place importante aussi chez saint Maxime. Les schèmes ternaires avec leur interdépendance confirme la relation de l'être créé avec l'être incréé. Les êtres créés ayant comme caractéristique de leur être l'essence, la puissance et l'énergie, ceci indique également leur ressemblance avec le Créateur. Le schème ternaire d'*essence-puissance-énergie*, est examiné en comparaison avec l'autre schème de *principe (ἀρχή)-milieu (μεσότης)-fin (τέλος)*. Par cette comparaison on constate leur interdépendance. Dieu étant au-delà de l'essence, de la puissance et de l'énergie telles qu'elles sont conçues pour les êtres créés, Il est leur « principe », leur « milieu » et leur « fin ». Les êtres qui ont Dieu comme principe, milieu et fin, reçoivent de Lui « l'être » (εἶναι), le « bien-être » (εὖ εἶναι), et le « toujours-être » (ἀεὶ εἶναι). Mais si Dieu est au-delà de l'essence, de la puissance et de l'énergie créées, étant Lui-même le Créateur, Il est « le principe (ἀρχή), le milieu (μεσότης) et la fin (τέλος), car Il opère et Il n'est pas affecté (πάσχων) ; il en va ainsi de même pour tous les autres qualificatifs que nous Lui attribuons. Car Il est le principe comme Créateur, et le milieu comme Providence, et la fin comme Circonscription. Or il est dit : "c'est de Lui, par Lui et pour Lui que sont toutes choses" [227].

---

différents : le premier, celui que nous avons déjà défini, sur Dieu sans principe (ἄναρχος) comme cause sans principe de l'être des êtres ; le deuxième, celui du commencement dans le temps de l'existence de l'être des êtres créés. « 'Η ἀρχὴ καὶ ἡ μεσότης καὶ τὸ τέλος, τῶν χρόνῳ διαιρετῶν εἰσι γνωρίσματα εἴποι δ'ἄν τις ἀληθεύων, καὶ τῶν ἐν αἰῶνι συνορωμένων. 'Ο μὲν γὰρ χρόνος, μετρουμένην ἔχων τὴν κίνησιν, ἀριθμῷ περιγράφεται· ὁ αἰὼν δὲ συνεπινοουμένην ἔχων τῇ ὑπάρξει τὴν πότε κατηγορίαν, πάσχει διάστασιν, ὡς ἀρχὴν τοῦ εἶναι λαβών » (ibid., 1085A).

227. Ibid., 1085D-1088A. Pour la relation entre l'« *être, le bien-être et le toujours-être* » ainsi que l'image et la ressemblance cf. M.-Th. DISDIER, « *Les fondements dogmatiques de la spiritualité de saint Maxime le Confesseur* », in : Échos d'Orient, 29 (1930) pp. 296-313. Hans-Urs von BALTHASAR, *Liturgie*

Les conséquences théologiques d'une telle cosmologie sont les suivantes : saint Maxime précise le sens de l'énergie divine triplement manifestée : créatrice, providence et circonscription. Il emprunte effectivement cette thématique à Origène et à l'Aréopagite [228], mais il l'intègre dans son propre système. Ainsi les trois aspects à travers lesquels les êtres créés passent successivement pour arriver à leur fin correspondent aux trois aspects de la divine énergie. Cela est significatif de la relation de l'énergie divine avec celle des êtres créés. Dieu donc, en tant que Créateur, Providence et Circonscription des êtres, est aussi leur principe, leur milieu et leur fin. De Lui ils ont leur « être », par Lui le « bien-être » et pour Lui le « toujours-être ». L'« être » des êtres correspond ainsi à leur essence, le « bien-être » à leur puissance et le « toujours-être » à leur énergie. Le but de ce développement est de montrer que les êtres ont comme principe l'énergie créatrice de Dieu et que leur finalité est aussi Dieu, la cause de leur création. Les êtres ont leur « αὐτεξούσιον » qui définit le bien-être [229].

(e) Énergie divine et Création

Pour les Pères cappadociens, parallèlement à l'ordre qui existe entre les Personnes de la Trinité montrant leur relation et leur consubstantialité révélées dans l'Économie divine, il existe aussi un autre mode qui montre la relation de la Trinité avec la création. Cette relation est établie par l'énergie des Personnes divines. La divine énergie ayant comme principe le Père — le Père est aussi le principe de la divinité dans le premier ordre — crée par le Fils, et parfait par le Saint-Esprit. Dieu donc crée le monde par sa divine énergie [230]. L'ordre — nous pourrions le nommer

Cosmique, op. cit., et plus précisément au chapitre « Les Synthèses Cosmologiques », pp. 89-126 ; Nikos MATSOUKAS, Κόσμος Ἄνθρωπος Κοινωνία κατὰ Μάξιμον τὸν Ὁμολογητήν. Éditions : GRIGORIS, Athènes 1979. Alain RIOU, Le Monde et l'Église selon Maxime le Confesseur, op. cit.

228. Cf. : Origène, Traité des Principes, I, 2, 12, 412-423. S. Chr. vol. 252, pp. 138-141. Aréopagite, Les Noms Divins, IX, 9, PG 3, 916C.

229. Cf. Ambigua II, 65, PG 91, 1392AB. La succession des schèmes ternaires est la suivante : DIEU : Créateur-Providence-Circonscription : Principe-Milieu-Fin : Essence-Puissance-Energie : Être-Bien-être-Toujours-être. Voir, I.H. DALMAIS, « Maxime le Confesseur », in : Dictionnaire de Spiritualité 10 (1978), col. 844.

230. Cf. Saint Basile le Grand, Lettre 38, PG 32, 329ABC ; saint Grégoire

ainsi — des relations du Créateur avec la création, est celui de la divine énergie, tandis que l'ordre des Personnes divines entres elles est celui de l'essence divine [231].

Cet enseignement des Pères précédents, non seulement celui des cappadociens, saint Maxime l'exprime en examinant la relation de la divine énergie avec la création. « En effet, Dieu ne saurait être créateur s'Il était privé de volonté et d'énergie naturelles, puisque c'est par volonté et non par nécessité qu'il fit le ciel et la terre » [232]. Ce point nous réfère de nouveau à la question de l'« αὐτεξούσιον » qui exprime l'acte libre de la création par Dieu. Dieu n'a pas la catégorie de la nécessité, car Il se caractérise par la divine volonté et la divine énergie. La volonté et l'énergie selon le Confesseur expriment la liberté de Dieu, l'« αὐτεξούσιον ». Saint Maxime commente ici le premier article du symbole de Foi de Nicée. La volonté et l'énergie divines sont les présupposés de la création du monde. La volonté exprime non seulement la divine décision de la création des êtres visibles et invisibles, mais principalement et en tout premier la volonté libre, et non par nécessité, de la création du monde. Dieu donc opère par sa liberté (αὐτεξούσιον) naturelle, par conséquent les êtres doivent leur être à la volonté et à l'énergie créatrice divines. « En Lui les raisons (λόγοι) de tous sont fermement établies ; c'est par elles qu'on dit qu'Il connait tous les êtres avant qu'ils ne viennent à l'existence, pour autant qu'ils soient en Lui et près de Lui selon la vérité valable pour tous ; or, même si tous les (êtres), ceux qui sont et ceux qui seront, ne sont pas venus à l'existence simultanément à leurs raisons (λόγοι), ou bien simultanément à leur (pré)connaissance par Dieu, tous les êtres reçoivent l'être en-soi par l'énergie au temps convenable selon la sagesse du Créateur qui les a créés conformément à leurs raisons, puisque Dieu est *toujours le Créateur selon l'énergie* ; tandis

---

de Nazianze, *Discours 38*, PG 36, 320C ; saint Grégoire de Nysse, Περὶ τοῦ μὴ εἶναι τρεῖς θεούς, PG 45, 125BC. Voir aussi notre analyse précédente, « *Prédécesseurs en théologie* » : *3. Les Cappadociens.*

231. Cf. Benoît BRUCHE, Sur le Saint-Esprit, S. Chr. vol. 17, p. 379, note 5.
232. Acte 4, PG 90, 116D. Trad. J.-M. GARRIGUES, « *Le martyre de saint Maxime le Confesseur* », in : *Revue Thomiste* 1976, p. 417.

qu'eux existent (εἰσίν) d'une manière potentielle (δυνάμει), mais pas encore en énergie (ἐνεργείᾳ) [233].

1. Les λόγοι (raisons) des êtres

La cosmologie de saint Maxime est profondément marquée par son enseignement sur les « λόγοι » des êtres qui se trouvent perpétuellement en Dieu [234]. L'Aréopagite lui fournit la base d'un tel enseignement [235] et, à travers lui, Clément d'Alexandrie. Les deux sont nommés dans les *Ambigua II*, 7, 1085A. Les deux citations que nous avons vérifiées et qui se rapprochent de cet enseignement des « λόγοι » de saint Maxime sont les suivantes : « Πρὸ δὲ τῆς τοῦ κόσμου καταβολῆς ἡμεῖς, οἱ τῷ δεῖν ἔσεσθαι ἐν αὐτῷ πρότερον γεγεννημένοι τῷ Θεῷ, τοῦ Θεοῦ Λόγου τά λογικά πλά-σματα ἡμεῖς, δι'ὅν ἀρχαΐζομεν, ὅτι 'ἐν ἀρχῇ ὁ λόγος ἦν'» [236]. Clément voit, dans le chapître entier, le logos de Dieu dans toutes ces manifestations, comme le "Λόγος" éternel de Dieu, Créateur, Rédempteur par son Incarnation, et celui qui se manifeste également par les prophètes. L'Incarnation du Christ est « τὸ ᾆσμα τὸ καινόν, ἡ ἐπιφάνεια ἡ νῦν ἐκλάμψασα ἐν ἡμῖν τοῦ ἐν ἀρχῇ ὄντος καί προόντος λόγου » [237]. Saint Maxime parlera aussi du καινόν μυστήριον τοῦ Λόγου », comme nous le verrons plus loin.

Mais le génie de saint Maxime dépasse tout cet ensei-gnement. On peut constater l'ampleur du rôle du « λόγος » chez saint Maxime, pour lequel il y a une triple incarnation du « λόγος » : La première dans les raisons (λόγοι) des

---

233. *Ambigua II*, 7, PG 91, 1081A. Cf. ibid., 1080A.
234. Cf. I.H. DALMAIS, « *La théorie des "logoi" des créatures chez S. Maxime le Confesseur* », in : *Revue des sciences philosophiques et théologiques* 36 (1952), p. 244. Cf. *Ambigua II*, 42, PG 91, 1329ABC. Ibid., 1345B. Cf. P. SHERWOOD, *The Earlier Ambigua of St. Maximus the Confessor*, op. cit. pp. 155-180. Alain RIOU, *Le Monde et l'Église, selon Maxime le Confesseur*, op. cit. pp. 54-63.
235. « Παραδείγματα δέ φαμεν εἶναι τοὺς ἐν Θεῷ τῶν ὄντων οὐσιοποιοὺς καὶ ἑνιαίως προϋφεστῶτας λόγους, οὕς ἡ θεολογία προορισμοὺς καλεῖ, καὶ θεῖα καὶ ἀγαθὰ θελήματα, τῶν ὄντων ἀφοριστικὰ, καὶ ποιητικά, καθ'οὕς ὁ ὑπερούσιος τὰ ὄντα πάντα καὶ προώρισε καὶ παρήγαγεν ». *Noms Divins* V, 8, PG 3, 824C.
236. Clément d'Alexandrie, *Le Protreptique I, 6, 4*.
237. Ibid., *I, 7, 3*.

êtres, la deuxième dans les « λόγοι » de l'Écriture et la troisième dans la chair [238]. Christ lui-même est la récapitulation et l'accomplissement de ces trois incarnations, car, lors de son Incarnation dans la chair, en tant que Créateur Il a unifié en Lui toutes les raisons des êtres créés avec la raison naturelle de sa divinité. « Les raisons des êtres intelligibles sont le sang du Verbe, et les raisons des êtres sensibles sont la chair visible du Verbe » [239]. On verra aussi, quand il s'agira du « λόγος » humain, qu'en tant qu'âme, il conduit à la connaissance des raisons des êtres, mais aussi du Verbe (Λόγος) de Dieu.

Un texte principal, celui des Ambigua II, 7, présente d'une manière systématique l'enseignement des « λόγοι » des êtres. Les « λόγοι » des êtres existent éternellement en Dieu, et c'est par la volonté divine que les êtres sont créés par le Verbe et la Sagesse (λόγῳ καὶ σοφίᾳ) [240]. Le fait que les êtres sont créés par le Verbe et selon leurs raisons qui préexistent éternellement en Dieu, les rend participant à Dieu [241]. Ici saint Maxime cite l'Aréopagite pour clarifier le mode de participation en Dieu, mais en réalité la participation proposée par saint Maxime est loin de celle de l'Aréopagite. En effet, pour ce dernier, il s'agit d'une participation analogue à celle de chaque être dans sa Hiérarchie, tandis que pour saint Maxime la participation est ontologique : intelligible, raisonnable, sensible, selon le mouvement vivifiant, essentielle, selon l'habitus de l'être [242]. Cette participation ontologique est importante dans la relation des « λόγοι » des êtres à l'unique « Λόγος » de Dieu, et elle est aussi la réponse à la difficulté posée par le texte de saint Grégoire de Nazianze selon lequel nous sommes « μοῖρα Θεοῦ ». Saint Maxime répond ainsi à la prétention origéniste selon laquelle le monde est le résultat de l'émanation de la monade. Les origénistes utilisaient le texte du discours

---

238. *Ambigua II, 33*, PG 91, 1285C-1288A.
239. *Quaestiones ad Thalassium 35*, *Corpus Christianorum 7*, 239,11-13. PG 90, 377C Cf. *Ambigua II, 41*, PG 91, 1308D-1312B.
240. *Ambigua II, 7*, PG 91, 1080A.
241. « Πάντα γὰρ μετέχει διὰ τὸ ἐκ Θεοῦ γεγενῆσθαι ». Ibid. 1080B.
242. Ibid.

14,7 [243], pour soutenir leur position. Saint Maxime donc interprète le « $\mu o \tilde{\iota} \varrho \alpha v \; \Theta \varepsilon o \tilde{v}$ » non pas comme une émanation de la monade mais comme une participation des êtres à Dieu par leurs raisons [244].

La création des êtres selon leurs raisons est un acte créateur de Dieu. Les raisons sont considérées, d'une manière aristotélienne comme le « $\delta v v \acute{\alpha} \mu \varepsilon \iota$ » des êtres, et leur création comme l'« $\dot{\varepsilon} v \varepsilon \varrho \gamma \varepsilon \acute{\iota} \alpha$ ». Saint Maxime dit que les raisons des êtres existent en Dieu « $\beta o v \lambda \acute{\eta} \sigma \varepsilon \iota \; \dot{\alpha} \gamma \alpha \theta \tilde{\eta}$ » ; puis il dit qu'avec l'énergie créatrice de Dieu, les êtres reçoivent l'existence, l'être [245]. Entre les raisons ($\lambda \acute{o} \gamma o \iota$) des êtres et le « $\Lambda \acute{o} \gamma o \varsigma$ » créateur il y a une référence mutuelle. En ce qui concerne le « $\Lambda \acute{o} \gamma o \varsigma$ » de Dieu, Il est au-delà de la compréhension du « $\lambda \acute{o} \gamma o \varsigma$ », selon la « *théologie* » apophatique. Ainsi nous parlons d'un « $\Lambda \acute{o} \gamma o \varsigma$ » créateur et des « $\lambda \acute{o} \gamma o \iota$ » des êtres, selon leur multiplicité. Mais on parle aussi de l'unique « $\lambda \acute{o} \gamma o \varsigma$ » des êtres en référence à l'unique « $\Lambda \acute{o} \gamma o \varsigma$ » créateur : « L'unique $\Lambda \acute{o} \gamma o \varsigma$ est de nombreux $\lambda \acute{o} \gamma o \iota$ et les nombreux $\lambda \acute{o} \gamma o \iota$ sont un : d'une part selon la procession pleine de bonté de l'Un vers les êtres, procession créatrice et contenante, l'Un est multiple ; d'autre part selon la remontée et la providence qui fait retourner et qui conduit le multiple à l'Un, comme à un principe tout-puissant et au centre qui reprend les origines des droites sorties de lui comme au rassembleur de tout, le multiple est Un » [246].

L'unité et la diversité de la création est aussi l'œuvre du « $\Lambda \acute{o} \gamma o \varsigma$ » de Dieu. Dans une approche plus précise, c'est le divin « jugement » ($\varkappa \varrho \acute{\iota} \sigma \iota \varsigma$) qui est la cause de la multiplicité

---

243. PG 35, 865C.
244. PG 91, 1080C : « $M o \tilde{\iota} \varrho \alpha \; \Theta \varepsilon o \tilde{v} \; \lambda \acute{\varepsilon} \gamma \varepsilon \tau \alpha \iota \; \tau \tilde{\omega} \; \mu \varepsilon \tau \acute{\varepsilon} \chi \varepsilon \iota v \; \pi \varrho o \sigma \eta \varkappa \acute{o} v \tau \omega \varsigma \; \Theta \varepsilon o \tilde{v}$ ».
245. Ibid., 1081AB.
246. Ibid., 1081C, trad. par Alain Riou, op. cit. pp. 58-59. Cf. : *Quaestiones ad Thalassium 60*, PG 90, 621C. *Mystagogie I*, PG 91, 668AB. On peut se poser la question de l'influence de Proclus sur le « $N o \tilde{v} \varsigma$ » un par rapport à l'« $^{''} E v$ » et multiple par rapport aux êtres intelligibles, ou bien sur l'âme une par rapport au « $N o \tilde{v} \varsigma$ », mais multiple par rapport aux âmes particulières. Cf. *Théologie Platonicienne I, I, 14*. La similitude du langage ne signifie pourtant pas une reprise de cet enseignement philosophique, car la relation « $^{''} E v$-$N o \tilde{v} \varsigma$-$\Psi v \chi \acute{\eta}$ » chez Proclus n'est pas la même que celle entre Dieu le Père, le Fils et Verbe de Dieu et le Saint-Esprit. Même le « $\Lambda \acute{o} \gamma o \varsigma$ » de Philon d'Alexandrie qui peut être la puissance créatrice est inférieur au Père.

et de l'unité de la création. Selon le jugement divin « chaque être créé a sa stabilité immuable en son identité naturelle en accord avec les raisons ($\lambda\acute{o}\gamma o\iota$) ; chacune de celles-ci est créée inhérente à la façon dont le Créateur, dès le commencement a jugé et créé l'être, ce qu'il doit être et le comment être pour chacun » [247].

Le texte des *Quaestiones ad Thalassium* 13, où saint Maxime se réfère indirectement à l'Aréopagite, donne une explication de la signification des « $\lambda\acute{o}\gamma o\iota$ » (les raisons) des êtres : « Les raisons des êtres, créées ($\pi\rho o\varkappa\alpha\tau\alpha\rho\tau\iota\sigma\theta\acute{e}\nu\tau\varepsilon\varsigma$) en Dieu avant les siècles d'une façon connue de Lui seul ($o\mathring{\iota}\delta\varepsilon\nu$), étant invisibles sont contemplées à travers les créatures et conçues à travers elles, et, comme les hommes divins ont coutume de l'écrire, elles (les $\lambda\acute{o}\gamma o\iota$) sont appelées décrets bons ($\grave{\alpha}\gamma\alpha\theta\grave{\alpha}\ \theta\varepsilon\lambda\acute{\eta}\mu\alpha\tau\alpha$). Car toutes les œuvres de Dieu dans la nature, si nous les considérons avec la science nécessaire pour les connaître, nous révèlent ($\grave{\alpha}\pi\alpha\gamma\gamma\acute{e}\lambda\lambda o\upsilon\sigma\iota$) les raisons ($\lambda\acute{o}\gamma o\upsilon\varsigma$) cachées selon lesquelles elles (les œuvres) sont produites et manifestent en elles le but divin qui est en chacune. *"Les cieux racontent la gloire de Dieu, et l'œuvre de ses mains, le firmament l'annonce".* En effet, la Providence qui contient les êtres et l'énergie selon la Providence, qui divinise les êtres ($\pi\rho o\nu o o\upsilon\mu\acute{e}\nu\omega\nu$), est la puissance éternelle et la divinité » [248].

Les êtres comme tels ne sont pas créés en même temps que leurs raisons qui sont éternelles, invisibles, et elles sont appelées par l'Aréopagite « $\grave{\alpha}\gamma\alpha\theta\grave{\alpha}\ \theta\varepsilon\lambda\acute{\eta}\mu\alpha\tau\alpha$ » [249]. Cela décrit en quelque sorte la nature des raisons des êtres, mais ces raisons ont aussi un autre rôle important. Elles manifestent le but, la finalité des œuvres divines pour lesquelles elles ont été créées par Dieu. D'une part elles révèlent la présence divine dans les créatures et d'autre part elles permettent une connaissance de Dieu révélée par elles. C'est avec raison que I.H. DALMAIS écrit « que la connaissance

---

247. *Ambigua II, 10*, PG 91, 1133D-1136A.
248. *Quaestiones ad Thalassium 13, Corpus Christianorum* 7, 95,6-17. PG 90, 293D-296A.
249. *Noms Divins* V, 8, PG 3, 824C.

des logoi puisse être appelée une révélation divine » [250]. Les
« *λόγοι* » sont le point de rencontre du « *λόγος* » et de
l'esprit (*νοῦς*), de la raison et de l'intelligence ; et le « *νοῦς* »
« en la raison trouve Dieu » (*ἐν τῷ λόγῳ τόν Θεὸν
εὑρίσκει*) [251]. La nature créée avec les raisons des êtres
particuliers comprend un dynamisme en révélant Dieu. Ce
dynamisme est perçu lors de la recherche et de la contemplation scientifiques. Celui qui exerce la recherche, « s'il
distingue l'écriture, la création et lui-même, l'écriture comme
lettre (*γράμμα*) et esprit (*πνεῦμα*), la création comme parole
(*λόγον*) et surface, et lui-même comme esprit (*νοῦν*) et sens
(*αἴσθησιν*), et s'il prend et il unifie l'un à l'autre sans relâche,
l'écriture à l'esprit (*πνεῦμα*), la création à la raison (*λόγον*),
et lui-même à l'intelligence (*νοῦν*), il trouve Dieu » [252]. On
verra que l'« *αἴσθησις* », le « *λόγος* » et le « *νοῦς* » sont les
caractéristiques des trois lois. La révélation à travers les
raisons des êtres trouve son fondement biblique dans le
Psaume 18,2, et néotestemantaire de Rom. 1,20, où Saint
Paul identifie la Providence et l'énergie divine à la puissance
éternelle et à la divinité divinisant les êtres. Ce que les
raisons des êtres révèlent donc, c'est la Providence et
l'énergie divines.

Les raisons des êtres sont créées et sont perfectionnées
éternellement et définitivement (*ἅπαξ*) [253] dans le but de
conserver des êtres qui sont amenés à l'existence, et pour
que les êtres qui sont encore en « *δυνάμει* » deviennent
« *ἐνεργείᾳ* », et ainsi passent de l'universel au particulier [254].
Par cela le « *λόγος* » est le Créateur des êtres (*γενεσιουργὸν
τοῦ παντὸς λόγον*) [255], ayant effectivement comme principe
et cause première Dieu le Père et le Saint-Esprit perfectionnant la création [256].

---

250. I.H. DALMAIS, « *La théorie des "logoi" des créatures chez S. Maxime le
Confesseur* », op. cit. p. 247.
251. *Quaestiones ad Thalassium 32, Corpus Christianorum 7*, 225,1-8. PG 90,
372B.
252. Ibid., *Corpus Christianorum 7*, 225,20-24. PG 90, 372C. Cf. *Ambigua II,
10*, PG 91, 1129B.
253. Cf. *Quaestiones ad Thalassium 2, Corpus Christianorum 7*, 51,7-13. PG
90, 272A.
254. Ibid., *Corpus Christianorum 7*, 51,7-13.
255. *Quaestiones ad Thalassium. 25, Corpus Christianorum 7*, 161,36-37. PG
90,332A.
256. *Quaestiones ad Thalassium 2, Corpus Christianorum 7*, 51,24-27. PG 90,

Dans ce texte des *Quaestiones ad Thalassium*, saint Maxime voit un seul « λόγος » des êtres analogue à l'unique grâce divinisant les êtres. « La raison (λόγος) de tous les êtres sera considérée une et la même, n'étant pas divisée par les modes qui lui sont probablement attribués (κατηγορεῖται). Ainsi elle va démontrer la grâce efficiente (ἐνεργουμένην) qui divinise tout (τὴν ἐκθεωτικὴν τῶν ὅλων) » [257]. Le « λόγος » de la nature est la puissance unifiante de la nature. On voit le pourquoi de cette interprétation : le « Λόγος » de Dieu est la cause de la création du « λόγος » des êtres, il est par conséquent unique comme Lui. La diversité des modes d'existence des êtres n'attente pas à l'unité de leur raison [258]. Cela est fondamental aussi pour une autre raison, à savoir que la diversité des modes, ou bien le mode d'existence n'altèrent pas la simplicité de l'essence. Le « λόγος » de la nature est déterminant pour elle. Le « λόγος » de la nature humaine, par exemple, est l'âme et le corps, et la nature humaine est constituée de l'âme raisonnable et du corps. Le « λόγος » joue un rôle constitutif de la nature humaine et, en tant que détermination consti- tutive de la nature, il est comparé au « τρόπος » (mode) de l'existence de la nature. Le mode d'existence de la nature humaine est l'ordre (τάξις) d'agir naturellement [259]. Le « λόγος » et le « τρόπος » de l'existence sont une condition *sine qua non* pour tout être, autrement aucun être ne peut exister sans son « λόγος » et son « τρόπος » [260].

2. « Δυνάμει » et « Ἐνεργείᾳ »

Ces deux termes qui décrivent deux états différents des êtres créés sont hérités de l'aristotélisme. Saint Maxime

---

272B. « Ὁ μὲν εὐδοκῶν, ὁ δὲ αὐτουργῶν, καὶ τοῦ ἁγίου Πνεύματος οὐσιωδῶς τήν τε τοῦ Πατρὸς ἐπὶ πᾶσιν εὐδοκίαν καὶ τὴν αὐτουργίαν τοῦ Υἱοῦ συμπληροῦντος, ἵνα γένηται διὰ πάντων καὶ ἐν πᾶσι εἷς ὁ ἐν τριάδι Θεός ».
257. *Quaestiones ad Thalassium* 2, *Corpus Christianorum* 7, 51,18-22. PG 90, 272B.
258. *Ambigua II*, 7, PG 91, 1077C.
259. *Ambigua II*, 42, PG 91, 1341D.
260. *Ibid.*, *I, 5*, PG 91, 1052A.

admet ainsi pour les êtres créés leur existence potentielle à cause de l'existence éternelle de leurs raisons en Dieu. C'est parce que la volonté et l'énergie divine sont éternelles que la théologie chrétienne a admis un tel enseignement qui a des similitudes avec la philosophie aristotélicienne, néoplatonicienne et plus particulièrement proclinienne. Effectivement, on sait que saint Maxime subit l'influence de la philosophie proclinienne à travers l'Aréopagite. Ce dernier appelle les « λόγοι » des êtres « θεῖα καὶ ἀγαθὰ θελήματα » [261]. Dans le christianisme, par conséquent, les « λόγοι » ne sont pas identiques au monde des idées platoniciennes, reprises par le néoplatonisme. Il est vrai que les idées platoniciennes dans le néoplatonisme ont pris la forme d'« énergies », mais leur nature est déterminée de façon différente, car les mondes intelligible et sensible passent du « δυνάμει » à l'« ἐνεργείᾳ », c'est-à-dire que c'est la matière préexistante qui prend forme. Par la définition dionysienne des « λόγοι » des êtres comme « θεῖα καὶ ἀγαθὰ θελήματα » on s'écarte du néoplatonisme et du platonisme même, car le monde devient création de l'acte libre (volonté et énergie) de Dieu et les « λόγοι » des êtres s'identifient aux énergies divines qui opèrent ce que la volonté libre de Dieu a voulu avant les siècles. Saint Maxime donc, en admettant le « δυνάμει » et l'« ἐνεργείᾳ » aristotéliciens, en admet en fait la forme extérieure, et il lui donne un contenu et une conception chrétiens. Les êtres conçus de toute éternité par Dieu, existent, avant leur création temporelle, seulement en « δυνάμει » puisqu'ils sont conçus par la volonté divine et ont ainsi leurs raisons (λόγους) en Dieu [262]. Ce

---

261. *Noms Divins V*, 8, PG 3, 824C.
262. Cf. *Ambigua II*, 7, PG 91, 1080A ; ibid., 1081A. « Τοὺς γὰρ λόγους τῶν γεγονότων ἔχων πρὸ τῶν αἰώνων ὑφεστῶτας βουλήσει ἀγαθῇ κατ'αὐτοὺς τήν τε ὁρατὴν καὶ ἀόρατον ἐκ τοῦ μὴ ὄντος ὑπεστήσατο κτίσιν, λόγῳ καὶ σοφίᾳ καὶ τὰ πάντα κατὰ τὸν δέοντα χρόνον ποιήσας τε καὶ ποιῶν, τὰ καθόλου τε καὶ τὰ καθ'ἕκαστον. Λόγον γὰρ ἀγγέλων δημιουργίας προκαθηγεῖσθαι πιστεύομεν, λόγον ἑκάστης τῶν συμπληρουσῶν τὸν ἄνω κόσμον οὐσιῶν καὶ δυνάμεων, λόγον ἀνθρώπων, λόγον παντὸς τῶν ἐκ Θεοῦ τὸ εἶναι λαβόντων, ἵνα μὴ τὰ καθ'ἕκαστον λέγω, τὸν αὐτὸν μὲν ἀπείρῳ δι'ἑαυτὸν ὑπεροχῇ ἄφραστον ὄντα καὶ ἀκατανόητον, καὶ πάσης ἐπέκεινα κτίσεως, καὶ τῆς κατ'αὐτὴν οὔσης καὶ νοουμένης διαφορᾶς καὶ διακρίσεως, καὶ τὸν αὐτὸν ἐν πᾶσι τοῖς ἐξ αὐτοῦ κατὰ τὴν ἑκάστου ἀναλογίαν

qui est encore plus marquant pour saint Maxime, c'est le lien étroit des « λόγοι » des êtres avec le « Λόγος » (Verbe) de Dieu. La nature des « λόγοι », ainsi que leur « passage » du « δυνάμει » à l'« ἐνεργείᾳ », doivent être interprétés encore sous la lumière du mouvement de la nature et de son devenir continuel par la « diastole » et la « systole ».

Le fait que les « λόγοι » des êtres sont conçus éternellement par la volonté divine ne signifie pas la préexistence de la matière (ὕλη) à laquelle Dieu donnerait la forme du « cosmos », comme chez Aristote et le néoplatonisme. Les êtres reçoivent « l'être en-soi par l'énergie au temps convenable selon la sagesse du Créateur qui les a créés conformément à leurs raisons » [263]. Jusqu'au moment précédant la création, les êtres reçoivent leur être selon leurs raisons qui se trouvent en Dieu, tout en restant indépendants de l'être de Dieu. D'ailleurs leur être, étant créé, ne peut pas participer à l'être divin incréé. Les êtres sont tirés du néant à l'existence par la divine énergie. « Comment, en effet, n'admirerait-il pas (le νοῦς), quand il contemple cet immense océan de bonté, qui dépasse l'étonnement ? Ou comment ne serait-il pas ravi, quand il considère comment et d'où est venue l'essence raisonnable et intelligible ? Et les quatre éléments dont sont faits les corps, sans que nulle matière n'ait préexisté à leur genèse ? Et quelle est cette puissance qui, s'étant mise à l'œuvre (εἰς ἐνέργειαν κινηθεῖσα), les a menés à l'être ? » [264]. Ce passage témoigne de la distanciation de saint Maxime par rapport à Aristote et au néoplatonisme pour qui la matière (ὕλη) préexiste, Dieu lui donnant forme. Les raisons (λόγοι) des êtres sont la cause de l'existence *ex nihilo* de tous les êtres soit sensibles soit intelligibles, ainsi que de la matière dont ils sont composés.

ἀγαθοπρεπῶς δεικνύμενόν τε καὶ πληθυνόμενον, καὶ εἰς ἑαυτὸν τὰ πάντα ἀνακεφαλαιούμενον, καθ'ὅν τό τε εἶναι καὶ τὸ διαμένειν, καὶ ἐξ οὗ τὰ γεγονότα ὡς γέγονε, καὶ ἐφ' ᾧ γέγονε, καὶ μένοντα καὶ κινούμενα μετέχει Θεοῦ». *Ambigua II*, 7, PG 91, 1080AB ; cf. : ibid., 1081A ; et *Quaestiones ad Thalassium XII*, PG 91, 239D-269A.

263. Ambigua II, 7, PG 91, 1081A.

264. *Chapitres sur la charité IV*, 2, CERESA-GASTALDO, 194. PG 90, 1048BC. Trad. Jacques TOURAILLE, *Philocalie des Pères Neptiques, fasc. 6. Maxime le Confesseur*.

Le « δυνάμει » et l'« ἐνεργείᾳ » des êtres sont comparés à Dieu qui « *est toujours (ἀεί) le Créateur selon l'énergie* » [265]. L'adverbe « ἀεί » (toujours) est l'antithèse de l'indicatif temporel « τῷ ἐπιτηδείῳ καιρῷ ». En effet, le commencement de la création est temporel, puisque le temps lui-même est une créature. Le début de la création coïncide avec celui du temps. Mais, malgré cela, Dieu n'était pas « potentiellement » (δυνάμει) créateur, car la divine énergie créatrice n'est pas limitée dans le temps, mais elle est perpétuellement avec son essence. Le « δυνάμει » est exlu de Dieu, car, selon Aristote, il signifie la possibilité d'exister ou de ne pas exister, de l'être et du non-être. Mais Dieu n'est pas soumis à cette possibilité puisqu'Il est l'être en-soi qui existe véritablement et éternellement. L'existence de l'être de Dieu signifie aussi que Ses qualités sont essentielles, comme la volonté et l'énergie, autrement son être n'existe pas. Dieu donc est « toujours le Créateur », car son être est suivi éternellement de sa volonté et de son énergie. La divine énergie ne se met pas à agir au moment temporel du commencement de la création des êtres.

Les raisons (λόγοι) des êtres indiquent donc ceci : *(a)* la création des êtres selon leurs raisons [266] ; *(b)* que par l'existence des raisons des êtres en Dieu Un il n'y a pas de division ni de séparation des êtres, mais qu'ils sont réunis par l'unique puissance divine unificatrice [267] *(c)* et que, à cause de leur raison, les êtres, malgré la « diastole » de la nature et leur multiplication, ont un mouvement vers la « systole » [268] et retournent à la cause créatrice. Par cet

---

265. *Ambigua II,* 7, PG 91, 1081A.
266. Cf. note 262 de ce chapitre.
267. Voir *Mystagogie* I, PG 91, 664D-665AB.
268. Ce problème est développé plus longuement dans le premier chapitre. Cf. aussi Hans-Urs von Balthasar, *Liturgie Cosmique,* op. cit. pp, 104-115 le chapitre « Universel et particulier », pp. 104-115. Hans-Urs von Balthasar croit qu'à ce point saint Maxime se rapproche d'Héraclite, (ibid., p. 109), et de Hegel : « *mais ce qui frappe encore davantage, c'est le rapport immédiat de cette pensée dynamique avec l'idéalisme allemand, et en particulier avec Hegel dont l'intuition fondamentale est précisément la réciprocité dynamique du particulier et de l'universel* » (ibid., p. 112). Sur ce point Polycarp Sherwood critique Balthasar comme ayant compris la notion de la tradition d'une façon différant de la notion patristique grecque, une notion qui a des conséquences sur la conception de la théologie. « *Rather, von Balthasar sees the task of the*

enseignement, on voit à quel rang élevé saint Maxime place la nature.

3. « Λόγος » (raison) et « τρόπος » (mode) d'existence de l'être

À côté de son « λόγος τῆς φύσεως » (raison de la nature), tout être a aussi son « τρόπος τῆς ὑπάρξεως » (mode d'existence). Ces deux caractéristiques de l'être sont d'une telle importance que « sans eux, aucun des êtres n'est ce qu'il est » [269]. Plus loin, dans le même texte des *Ambigua I, 5*, en parlant de l'union des deux natures en Christ, saint Maxime écrit : « Nous connaissons qu'autre est la raison de l'être (ὁ τοῦ εἶναι λόγος), et autre le mode du comment être (ὁ τοῦ πῶς εἶναι τρόπος), et que l'un certifie la nature et l'autre l'économie. Leur conjonction (σύνοδος) a constitué le grand mystère de l'ineffable physiologie (φυσιολογίας) de Jésus et elle a démontré que la différence des énergies en Lui est sauvegardée, mais aussi leur union. L'une (la différence) est contemplée dans la raison naturelle de ce qui est inséparablement uni, et l'autre (l'union) est reconnue

---

theologien, *who, he proposes, should be audaciously creative, as that of one who would bring into a coherent overall view the objective values of our post-Cartesian world that bears so deep an imprint both from German Idealism and from modern science (...). Thus are explaned his frequent references to Hegel and to other German idealists, as he leaps directly from the historical context of Maximus to a contemporary situation of the mid-twentieth century*». Polycarp SHERWOOD, « *Survey of Recent Works on St Maximus the Confessor* », in : Traditio 20 (1964) p. 434.

269. *Ambigua I, 5*, PG 91, 1052A. Cf. *Ambigua II, 31*, 1280ABC ; *Ambigua II, 15*, PG 91, 1217A. Pour les origines du λόγος τῆς φύσεως-τρόπος τῆς ὑπάρξεως cf. P. SHERWOOD, *The Earlier Ambigua*, op. cit. chapitre IV, pp. 155-164. P. SHERWOOD note plus précisément au sujet du λόγος et du τρόπος : « *Thus the distinction of logos-tropos is seen already to be of vast import : it makes possible the development of a safe doctrine of the Trinity, of grace, of divinisation* » (Ibid., p. 165). Comme le prouve Polycarp SHERWOOD, dans la théologie chrétienne, le premier à utiliser le « λόγος τῆς φύσεως-τρόπος τῆς ὑπάρξεως » en tant que terme technique est saint Basile le Grand. Saint Maxime suit saint Basile, mais il voit cette distinction à plusieurs niveaux : triadologique, christologique, anthropologique, naturel et ontologique. Cf. Polycarp SHERWOOD, *The Earlier Ambigua*, op. cit. p. 156, note. Cf. *Contre Eunome I*, PG 29, 548AB ; *Contre Eunome II*, PG 29, 596BC. Cf. Felix HEINZER, *Gottes Sohn als Mensch. Die Struktur des menscheins Christi bei Maximus Confessor* (PARADOSIS XXVI) Universitätsverlag Freiburg Schweiz 1980, pp. 39-58.

dans le mode unique de ce qui est effectué sans confusion » [270].

La distinction entre le « *λόγος τῆς φύσεως* » ou « *λόγος τοῦ εἶναι* » et le « *τρόπος τῆς ὑπάρξεως* » a une importance fondamentale à deux niveaux : *ontologique* et *christologique*. En effet, le mode d'existence constitue l'accomplissement de l'énergie essentielle, car c'est par le mode d'existence que l'énergie se manifeste. La distinction du « *λόγος* » et du « *τρόπος* » permet d'ailleurs à saint Maxime de développer son enseignement des deux volontés et des deux énergies en Christ. La non-distinction entre « *λόγος* » et « *τρόπος* » ne lui permettrait pas de parler avec autant de vigueur en faveur de la sauvegarde des deux volontés et des deux énergies en Christ après l'union des deux natures.

La distinction entre le « *λόγος τοῦ εἶναι* » et le « *τρόπος τῆς ὑπάρξεως* » pose la question de la relation de l'énergie avec le « *λόγος τοῦ εἶναι* » et le « *τρόπος τῆς ὑπάρξεως* ». L'exemple suivant montre le lien entre l'énergie et la raison de l'être et son mode d'existence : « *L'aptitude à parler est naturelle, et le mode de parler est hypostatique* » [271]. « Ainsi donc, sont dans l'erreur ceux qui attribuent à la personne en tant que telle l'énergie qui caractérise la nature, et non pas le mode (*τρόπος*) selon lequel s'accomplit l'énergie. Dans cet accomplissement se laisse reconnaître la différence entre les agents (...). Chacun de nous opère, en effet, non en tant qu'il est quelqu'un mais en tant qu'il est quelque chose, c'est-à-dire homme. Mais en tant qu'il est quelqu'un, Pierre ou Paul, il donne forme au mode de l'énergie par relâchement ou par progrès volontaire, le marquant de telle ou telle manière selon sa libre décision (*γνώμη*). C'est pourquoi *selon le mode* sont reconnues, dans l'action (*κατὰ τὴν πρᾶξιν*), les diverses dispositions des personnes ; et *selon la raison* est reconnue l'inaltérabilité de l'énergie essentielle » [272].

---

270. *Ambigua I*, 5, PG 91, 1052B. Cf. ibid., 1053B ; ibid., 1056D ; *Ambigua II, 33*, PG 91, 1286BCD.

271. *Opuscula Theologica et Polemica 3*, PG 91, 48A.

272. *Opuscula Theologica et Polemica 10*, PG 91, 136D-137A. Trad. J.-M. GARRIGUES avec modifications.

L'énergie, inhérente à l'essence, a son mode de manifestation et d'accomplissement, le *mode d'existence de l'être*. Le mode d'existence de l'être s'étend à tous les aspects de la manifestation de la personne, car il est lié non pas à l'essence mais à la personne. L'exemple suivant illustre cette relation concernant la raison de l'être et le mode d'existence de l'homme : « Le λόγος de la nature humaine est qu'il est âme et corps, et que la nature humaine est (constituée) de l'âme raisonnable et du corps. Le τρόπος (de la nature humaine) est l'ordre (τάξις) d'agir et de subir l'agir naturellement » [273]. Le mode d'existence, par conséquent, est l'ordre selon lequel l'être agit en dehors de lui et fait son apparition dans l'existence, mais aussi l'ordre qui existe entre les deux modes d'agir, le divin et l'humain. Le « λόγος » de la nature reste sans changement, tandis que le « τρόπος » d'agir subit un changement sous l'influence de l'agir divin. La notion de l'ordre trouve ses origines dans la philosophie antique grecque. Chez l'Aréopagite, l'ordre est la caractéristique de sa *Hiérarchie*, soit *Céleste* soit *Ecclésiastique*, et il a comme source Dieu même qui est le « principe suressentiel de tout ordre hiérarchique » (τὴν ὑπερούσιον ἁπάσης ἱεραρχίας ταξιαρχίαν) [274]. Pour saint Maxime, l'ordre est l'effet du mode naturel d'agir de chaque être.

Dieu a aussi son « τρόπος τῆς ὑπάρξεως » (mode d'existence) [275]. Dieu est « unité selon le λόγος de l'essence, ou de l'être, mais sans conjonction ni confusion quelconque ; et Trinité selon le λόγος du "comment être et subsister", mais sans division ni altération, ni répartition quelconque (...). Car la Sainte Trinité des Hypostases est unité inconfusible par son essence et par son λόγος simple, ainsi que la Sainte Unité est Trinité par les Hypostases et par le mode d'existence » [276]. Par son « τρόπος τῆς ὑπάρξεως »

273. *Ambigua II, 42*, PG 91, 1341D.
274. *Hiérarchie Céleste*, VIII, 2, PG 3, 241C. Cf. René ROQUES, « *La notion de hiérarchie selon le pseudo-Denys* », in : *Archives d'Histoire Doctrinale et Littéraire du Moyen Âge* 17 (1940), pp. 183-198.
275. Cf. *Quaestiones et Dubia 105, Corpus Christianorum* 10, 79,6-80,26.
276. *Mystagogie, 23*, PG 91, 700D-701A. Trad. A. RIOU, op. cit. p. 80. Cf. *Ambigua II, 67*, PG 91, 1400D-1401A : « Τριὰς γὰρ ἐστιν ἡ μονὰς ὡς ἐν τελείαις οὖσα τελεία ταῖς ὑποστάσεσιν, ἤγουν τῷ τῆς ὑπάρξεως τρόπῳ,

Dieu se manifeste à l'homme qui peut avoir une connaissance de ce mode divin. L'homme est apparenté à Dieu, car son âme est créée à l'image de Dieu et elle possède ainsi l'intelligence (νοῦς), la raison (λόγος) et l'esprit (πνεῦμα) [277]. Par cette parenté de l'homme à Dieu, le premier a la possibilité de connaître le mode d'existence de Dieu qui est l'existence hypostatique, car en contemplant la parfaite Trinité nous définissons « le Fils et Verbe (Λόγος) de Dieu comme sagesse, et l'Esprit-Saint comme vie » [278].

Le schème ternaire « ἀρχὴ-μεσότης-τέλος », parallèle à celui de « δημιουργὸς-προνοητὴς-περιγραφή » (créateur-providence-circonscription), indique que la nature des êtres créés est le résultat de l'énergie créatrice de Dieu. Mais l'énergie peut de surcroît être pour l'homme un moyen de connaître Dieu. Il y a cinq modes de vision naturelle qui se divisent en deux catégories et qui permettent à l'homme d'avoir une certaine connaissance de Dieu. « Il est dit qu'il y a trois modes principaux pour accéder à la connaissance de Dieu, qui sont désignés comme guides, celui selon l'essence, celui selon le mouvement et celui selon la différence, par lesquels Dieu se fait connaître aux hommes, et qui, à travers les êtres, rassemblent ces images (ἐμφάσεις) en tant que Créateur, Providence et Juge » [279].

καὶ μονὰς ἐστιν ἡ τριὰς ἀληθῶς τῷ τῆς οὐσίας, ἤγουν τῷ τοῦ εἶναι λόγῳ». Cf. également *Ambigua I, 1*, PG 91, 1036C : « Εἰ δὲ κίνησιν ἀκούσας ἐθαύμασας πῶς ὑπεράπειρος κινεῖται θεότης, ἡμῶν, οὐκ ἐκείνης τὸ πάθος, πρῶτον τὸν τοῦ εἶναι λόγον αὐτῆς ἐλλαμπομένων, καὶ οὕτω τὸν τοῦ πῶς εἶναι αὐτὴν ὑφεστάναι τρόπον φωτιζομένων, εἴπερ τὸ εἶναι τοῦ πῶς εἶναι πάντως προεπινοεῖται». Ces trois textes sont cités aussi par Polycarp SHERWOOD, *The Earlier Ambigua of St. Maximus the Confessor*, op. cit. p. 164, parmi quarante cas où saint Maxime parle du « λόγος » et « τρόπος ». Contrairement à ce qu'écrit P. SHERWOOD ce n'est pas seulement dans ces trois textes qu'« occur in a Trinitarian contexte ». Cf. par exemple *Quaestiones et Dubia 105, Corpus Christianorum 10*, 79-80.

277. *Quaestiones et Dubia 105, Corpus Christianorum 10*, 79,22-8026.

278. Cf. *Quaestiones ad Thalassium 25, Corpus Christianorum 10*, 161,34-165,140. PG 90, 332A-336B ; ibid. *35, Corpus Christianorum 10*, 239,7-24. PG 90, 377CD ; ibid. *48, Corpus Christianorum 10*, 337,110-339,143. PG 90, 437A-440A.

279. *Ambigua II, 10*, PG 91, 1133B. Nous examinons ce texte sur « les cinq modes de vision naturelle » ailleurs du point de vue de la connaissance de Dieu. C'est pourquoi, ici, nous nous limitons à l'interprétation donnée par saint Maxime aux définitions de Créateur, de Providence et de Jugement. Sur la divine Providence, voir également *Ambigua II, 10*, ibid., 1188C-1193ABC.

La nature des êtres créés révèle Dieu à travers les « λόγοι » des êtres qui sont accessibles à la connaissance humaine. Saint Maxime fait de nouveau le lien entre le « λόγος » de la nature et le « τρόπος » de l'existence des êtres, puisque nous connaissons Dieu non seulement par les « λόγοι », mais aussi par les « τρόποι » de l'existence. Il y a cinq modes révélateurs de la présence divine dans la création : l'essence (οὐσίαν), le mouvement (κίνησιν), la différence (διαφοράν), le mélange (κράσιν) et la position (θέσιν). Pour chacun de ces cinq modes, la nature donne un enseignement à l'homme : Par l'essence il est enseigné que Dieu est le Créateur et la Cause de la nature, par le mouvement, que Dieu est la Providence qui maintient et garde les êtres créés, et par la différence, que Dieu garde inaltérable la raison de l'être qui existe dans la nature, à savoir ce qui est l'être et la manière d'être selon le divin jugement de la création des êtres. Ailleurs, saint Maxime ajoute encore que par la raison de l'essence des êtres, l'existence de l'être du Père nous est confirmée ; la différence des êtres est indicative du Fils qui est la sagesse, et la vie en tant que telle enseigne le Saint-Esprit. L'essence, la différence et la vie sont les trois modes d'existence de tout être, mais tandis que pour Dieu ce sont des modes hypostatiques, pour les êtres créés, ils sont accidentels [280].

La capacité de l'homme d'accéder à la connaissance de Dieu est limitée. La création met en avant les « raisons dernières que nous sommes capables de percevoir » (τούς τελευταίους λόγους, ἡμῖν ἐφικτούς). Par ces raisons et les

---

La divine Providence pénètre jusqu'au dernier détail des êtres, or la Providence est définie comme suit : « Θεωρία ἀποδεικτικὴ τοῦ εἶναι κατὰ φύσιν ἐπὶ πάντων τὴν τοῦ Θεοῦ πρόνοιαν » (Ambigua II, 10, ibid., 1188C-1193ABC). La divine Providence est le développement naturel et la conséquence de la bonté, de la sagesse et de la toute-puissance de Dieu (ibid., 1192AB). Le thème de la Providence comme celui du Créateur et du Jugement se trouve originellement chez Origène. Il est repris par Évagre le Pontique, à qui saint Maxime l'emprunte. Mais comme le note Samuel VILLER, « Aux sources de la spiritualité de saint Maxime le Confesseur. Les œuvres d'Évagre le Pontique », in : Revue d'Ascétique et de Mystique 11 (1930), p. 259, saint Maxime « a recueilli partout ce qu'il donne comme ses idées propres : il a laissé de côté ce qui lui semblait erroné. Mais tout ce qu'il a adopté est orthodoxe ».

280. Cf. Quaestiones et Dubia 136, Corpus Christianorum 10, 97.

cinq modes de vision naturelle, nous connaissons la cause de la création « en n'essayant point de connaître ce qui est selon l'essence ». À travers la création nous connaissons les propriétés divines, celles de Créateur, de Providence et de Juge. En guise de conclusion nous soulignons que ce que l'homme connaît de Dieu, c'est Sa divine énergie, qui crée, conserve et maintient la création.

4. « Λόγοι » des êtres et énergies divines

Le texte qui suit soulève la question de la compréhension et de la connaissance des divines énergies dans la création :
« Si donc comme les sens (αἰσθήσεις), qui perçoivent (ἀντιλαμβανόμεναι) naturellement les sensibles, par nécessité et selon la réception (κατὰ παραδοχήν), ils rendent multiples et différentes les perceptions qui leur sont soumises (ὑποκειμένων) et qui tombent sous eux (les sens) (ὑποπιπτόντων). Ainsi l'esprit (νοῦς) en percevant naturellement toutes les raisons des êtres, dans l'infinité desquelles, il contemple les énergies de Dieu, pour dire vrai, l'esprit rend aussi nombreuses et infinies les différences des énergies divines qu'il perçoit. Sans doute la recherche scientifique de ce qui est réellement vrai aura-t-elle sa puissance affaiblie et son cheminement embarrassé, si l'esprit ne peut concevoir comment, en chaque raison (λόγος) de chaque chose particulière et semblablement dans toutes les raisons (λόγοι) selon lesquelles toutes choses existent, est Dieu, qui n'est véritablement aucun des êtres et qui est proprement tous les êtres et au-dessus de tous les êtres. Si donc, au sens propre, toute énergie divine signifie proprement Dieu indivisiblement tout entier à travers cette énergie dans chaque chose selon quelque raison qu'elle soit, qui sera capable de concevoir exactement et de dire comment, étant tout entier à la fois communément en tous et à la fois particulièrement en chacun des êtres, Dieu l'est sans partie et sans partage, sans être diversement répandu (συνδιαστελλόμενος) dans les différences infinies des êtres dans lesquels Il est comme être, sans être donc contracté selon l'existence particulière

d'un seul, et sans contracter les différences des êtres par la seule et unique totalité de tout, mais au contraire qu'Il est vraiment tout en tous, Lui qui ne sort jamais de sa propre simplicité, sans partie ? » [281].

Ce texte constitue un résumé assez dense de tout le système philosophique et théologique concernant la relation de Dieu avec le monde [282]. Les fonctions des sens constituent

---

281. *Ambigua II*, 22, PG 91, 1256D-1257ABC. Trad. Alain RIOU, *Le Monde et l'Église selon Maxime le Confesseur*, coll. *Théologie Historique* 22 (1973), pp. 60-61, avec quelques modifications. Cf. *Ambigua II, 42*, 1329ABC. Nous nous rappelons aussi que le texte des *Ambigua II*, 22, PG 91, 1256D-1257ABC, est utilisé dans la rédaction du « *Tomus Agioriticus* » (rédigé probablement par saint Grégoire Palamas), et que ces idées se trouvent dans d'autres points de la théologie palamite. Dans le « *Dialogue d'un Orthodoxe avec un barlaamite* » 45, 6-15 (Panagiotis CHRISTOU, vol. B, p.209), saint Grégoire Palamas écrit : « Ὅλος δ'ὅμως ἐκ τῶν ἐνεργειῶν τούτων ὁ Θεὸς μετέχεσθαί τε καὶ νοεῖσθαι λέγοιτ'ἄν καλῶς κατ'εὐσεβῆ διάνοιαν· ἀμερίστως γὰρ μερίζεται, καὶ οὐχ ὥς τὰ σώματα τὸ θεῖον. Ἀλλ'οὐδὲ μέρος μέν τι αὐτοῦ ἐστιν ἡ ἀγαθότης, μέρος δ'ἡ σοφία, μέρος δ'ἕτερον ἡ μεγαλειότης ἤ ἡ πρόνοια. Ἀλλ'ὅλος ἐστὶν ἀγαθότης καὶ ὅλος σοφία καὶ ὅλος πρόνοια καὶ ὅλος μεγαλειότης· εἰς γὰρ ὢν οὐ πρὸς ἑκάστην τούτων συνδιατέμνεται, ἀλλὰ πρὸς ἑκάστην ὅλος οἰκείως ἔχει, καὶ δι'ἑκάστης ἑνιαίως καὶ ἁπλῶς καὶ ἀμερῶς ὅλος παρὼν καὶ ἐνεργῶν πανταχοῦ γνωρίζεται ». Basile le Grand, en ce qui concerne le thème de la multitude et de l'incompréhensibilité des divines énergies qui sont dans la nature, écrit : « Αἱ δὲ ἐνέργειαι τίνες ; Ἄρρητοι μὲν διὰ τὸ μέγεθος, ἀνεξάρτητοι δὲ διὰ τὸ πλῆθος. Πῶς μὲν γὰρ νοήσομεν τὰ τῶν αἰώνων ἐπέκεινα ; τίνες ἦσαν αὐτοῦ πρὸ τῆς νοητῆς κτίσεως αἱ ἐνέργειαι ; πόσαι δ'ἀπ'αὐτοῦ περὶ τὴν κτίσιν χάριτες ; τὶς δὲ ἡ πρὸς τοὺς αἰῶνας τοὺς ἐπερχομένους δύναμις;» (Περὶ τοῦ Ἁγίου Πνεύματος, XIX, PG 49, 156CD-157A. S. Chr. vol. 17, pp. 418-420. Cette idée est également exprimée par saint Grégoire de Nazianze : « Ἔτρεχον μὲν, ὡς Θεὸν καταληψόμενος, καὶ οὕτως ἀνῆλθον ἐπὶ τὸ ὄρος, καὶ τὴν νεφέλην διέσχον, εἴσω γενόμενος ἀπὸ τῆς ὕλης καὶ τῶν ὑλικῶν, καὶ εἰς ἐμαυτόν, ὡς οἷόν τε, συστραφείς. Ἐπεὶ δὲ προσέβλεψα, μόλις εἶδον Θεοῦ τὰ ὀπίσθια, καὶ τοῦτο τῇ πέτρᾳ σκεπασθεὶς τῷ σαρκωθέντι δι'ἡμᾶς Λόγῳ. Καὶ μικρὸν διακύψας, οὐ τὴν πρώτην τε καὶ ἀκήρατον φύσιν, καὶ ἑαυτῇ, λέγω δὲ τῇ Τριάδι, γινωσκομένην· καὶ ὅση τοῦ πρώτου καταπετάσματος εἴσω μένει, καὶ ὑπὸ τῶν χερουβὶμ συγκαλύπτεται, ἀλλ'ὅση τελευταία καὶ εἰς ἡμᾶς φθάνουσα. Ἡ δὲ ἐστιν, ὅσα ἐμὲ γινώσκειν, ἡ ἐν τοῖς κτίσμασι, καὶ τοῖς ὑπ'αὐτοῦ προβεβλημένοις καὶ διοικουμένοις μεγαλειότητος· ἤ ὡς ὁ θεῖος Δαυὶδ ὀνομάζει μεγαλοπρέπεια » (Discours 28, IIème Théologique, PG 36, 29AB).

282. L'incompréhensibilité du divin est déjà traitée dans la philosophie de Platon et d'Aristote, selon lesquels le divin est inaccessible, mais émet la lumière dans laquelle il existe. La théologie chrétienne a développé cette aspect en l'incorporant à celui de l'enseignement biblique sur Dieu, plus précisément celui de Moïse. Philon d'Alexandrie est le premier à avoir essayé de réaliser cette relation, puis Origène, Plotin, Didyme l'Aveugle, les Pères cappadociens et l'Aréopagite. Saint Maxime est directement influencé par Origène — malgré sa polémique contre l'origénisme —, par saint Grégoire

le centre de la relation de l'homme avec le monde sensible. En parallèle, l'esprit (νοῦς), par sa fonction d'intellection est responsable de la relation de l'homme avec le monde intelligible ; mais la capacité de l'esprit n'est pas illimitée. Il est pris d'angoisse devant l'infini de Dieu et de ses énergies, et de leurs multiplications : « sans doute la recherche scientifique de ce qui est réellement vrai aura-t-elle sa puissance affaiblie et son cheminement embarrassé ». L'accessibilité et la compréhension des énergies divines devient « naturellement » (φυσικῶς) possible ; le « φυσικῶς » ici indique la parenté de l'esprit humain avec les raisons des êtres. Ainsi, l'esprit perçoit naturellement les raisons des êtres et à travers elles il accède à la multiplicité et à la différenciation des énergies divines. Par la « recherche scientifique », l'esprit conclut que Dieu, bien qu'Il ne constitue aucun des êtres créés car Il est « celui qui est proprement » (κυρίως ὤν), se trouve entièrement aussi bien en chaque raison des êtres que dans l'ensemble des raisons des êtres ; mais le comment (πῶς) de cette divine parousie reste inconnu pour l'esprit.

Dieu est présent dans tous les êtres non par son essence, mais par ses énergies. Toutefois en chaque être se manifeste une énergie divine particulière, laquelle manifeste Dieu tout entier et non partiellement. D'une part, la présence particulière des divines énergies dans la raison (λόγος) de chaque être et la présence divine entière dans toutes les raisons (λόγοι) des êtres ne provoque aucun morcellement ni « diastole » (dilatation) de l'essence divine par rapport à la diversité des êtres et leurs différences ; d'autre part, l'existence particulière de chaque être ne provoque pas de « systole » (contraction) de l'essence divine. De plus, la présence unique et entière de Dieu dans les raisons des êtres ne provoque pas leur « systole » et n'omet pas la distinction existant entre les raisons (λόγοι) des êtres et les êtres eux-mêmes. Dieu

---

de Nysse et par l'Aréopagite. Voir : Hans-Urs von BALTHASAR, *Liturgie Cosmique*, op. cit. pp. 45-70. Enzo BELLINI, « *Maxime, interprète du Pseudo-Denys l'Aréopagite* », in : *Maximus Confessor, acte du Symposium sur Maxime le Confesseur*, Fribourg 2-5 sept. 1980 (PARADOSIS) XXVII, 1982, pp. 37-49. Georges C. BERTHOLD, « *The Cappadocian Roots of Maximus the Confessor* », in : ibid., pp. 51-59.

se trouve entièrement et particulièrement dans les raisons des êtres sans que la simplicité ni l'impartialité de l'essence divine ne soient affectées. Les raisons des êtres se trouvent perpétuellement en Dieu et elles sont incréées. L'esprit perçoit la présence des énergies divines dans ces raisons des êtres et ces énergies sont incréées. Les énergies divines tirent « *ex nihilo* » à l'existence les êtres selon leurs raisons. La multiplicité et la diversité des raisons des êtres font que les énergies aussi se multiplient et se diversifient.

(a) Le « *νοῦς* » est effectivement la relation de l'homme avec le monde intelligible, il va au secours et à la recherche de l'être véritable (*ὄντως ὄν*). Il faut souligner la place particulière que l'enseignement sur le « *νοῦς* » occupe dans la théologie de saint Maxime. Car la relation Dieu-homme et la connaissance de Dieu n'est pas intelligible (*νοητική*) dans un sens philosophique, mais elle est expérience et connaissance qui découle de l'union de l'homme avec Dieu [283]. Ainsi dans le « *νοῦς* » de l'homme se trouve le « selon l'image » de Dieu. Bien que le « *νοῦς* » demeure dans le corps et à un endroit particulier, il peut dépasser ces limites et se trouver par l'énergie de la pensée en un lieu différent. De cette manière il est l'imitation de l'omniprésence de Dieu.

L'esprit (*νοῦς*) humain a une double possibilité, soit de contempler les êtres créés et recevoir leurs pensées (*νοήματα*), soit de contempler Dieu et devenir unique comme Lui. « Quand l'esprit (*νοῦς*) reçoit les pensées des choses, il prend naturellement la forme de chacune de ces pensées. Quand il les contemple spirituellement, il se transfigure de diverses manières suivant ce qu'il voit. Mais quand il est en Dieu, il perd toute figure. Car, contemplant l'unique, il devient unique et tout entier lumière » [284]. Au demeurant,

---

283. Cf. la deuxième partie de notre étude et surtout le sixième chapitre qui traite de la question de la connaissance de Dieu.

284. Centuries sur la Charité III, 97, PG 90, 1045D. Trad. Jacques TOU-RAILLE, Philocalie, 6, op. cit., avec des modifications. Comme exemple, nous mentionnons quelques citations caractéristiques de l'enseignement de saint Maxime sur le « *νοῦς* » : Centuries sur la Charité II, 31 ; PG 90, 993BC ; ibid., 1001B ; Ibid. III, 99, PG 90, 1058A. Chapitre Théologiques et Economiques I, PG 90, 1204BC. Quaestiones ad Thalassium 31, Corpus Christianorum 7,

l'homme dépasse les différents modes de vision naturelle pour se trouver face à face avec Dieu, non pas intellectuellement, mais en union avec la divine énergie.

Les deux textes, celui des *Ambigua II, 22* et celui des *Chapitres sur la Charité III, 97* font ressortir clairement la question de la présence divine dans les raisons des êtres par les énergies divines, d'une part, et, d'autre part, la simplicité évidente de la divinité. Or c'est justement cela qui est incompréhensible pour le « *νοῦς* » : comment peut-on contempler autant d'énergies divines que de raisons des êtres, alors que Dieu « ne sort jamais de sa propre simplicité » et qu'Il est sans parties ni divisions. Pour le « *νοῦς* » ce n'est pas une simple observation, car tant qu'il se tourne vers Dieu il perd toute forme, toute division et il devient simple en imitant la simplicité divine. Par contre si le « *νοῦς* » se tourne vers les êtres, ils se transfigure selon les diverses formes des êtres dont il contemple les raisons. En fait la préoccupation du « *νοῦς* » au sujet des énergies divines et de leur multiplicité en comparaison à la simplicité divine, est aussi notre préocupation théologique.

(b) La relation des raisons (*λόγοι*) des êtres avec la divine énergie est définie ainsi : « L'esprit (*νοῦς*) en percevant naturellement toutes les raisons des êtres, dans l'infinité desquelles il contemple les énergies de Dieu, pour dire vrai, l'esprit rend aussi nombreuses et infinies les différences des énergies divines qu'il perçoit » [285]. Les raisons des êtres sont

---

223,12-20. PG 90, 369D-372A ; Ibid., 51, PG 90, 577AB. La question est effectivement traitée dans le quatrième chapitre pour voir la contribution de l'esprit à la connaissance de Dieu.

285. Voir ci-dessus. Alain RIOU, *Le Monde et l'Église selon Maxime le Confesseur, op. cit.* p. 60, écrit : *« À ce propos, remarquons que* BALTHASAR *et* SHERWOOD *ont beaucoup de mal à sortir de la perspective des idées divines ainsi que des problématiques sur la nature et le surnaturel, la nature et la grâce.* SHERWOOD *(EA, p. 178) critique même* LOSSKY *dans son interprétation des logoi comme énergies incréées et lui reproche de tirer les textes de Maxime dans un sens dionysien et palamite. Mais, sans entrer dans le débat du palamisme, on notera simplement que saint Maxime lui-même appelle les logoi "énergies divines" dans le chapitre 22 des Ambigua. Nous n'avons trouvé ce texte cité ni par* THUNBERG, *ni par* SHERWOOD, *ni par* DALMAIS, *ni par* LOSSKY *lui-même.* BALTHASAR *(L.C., p. 50) le mentionne à propos de l'apophatisme.* THUNBERG *(MM., p. 65) et* BALTHASAR *(LC., p. 106) y renvoient dans leur étude de l'un et du multiple, et* SHERWOOD *dans l'analyse particulière de l'Amb. 7 commente aussi dans ce sens et remarque simplement (EA., p. 47) que le mot « énergie »*

parallèles aux divines énergies, car les raisons existent grâce aux énergies. Selon la compréhension de l'esprit (νοῦς) il y a une référence mutuelle entre les énergies divines et les raisons des êtres, étant donné que les unes comme les autres se trouvent perpétuellement en Dieu. La multiplicité des énergies divines se réfère à la multiplicité des êtres, car ontologiquement en Dieu il y a une seule énergie, inhérente à son unique essence. Mais Dieu dans sa relation avec la création, opère de façon à ce qu'il y ait multiplicité des êtres. Ailleurs, la question de la multiplicité des énergies divines est abordée par l'énumération de ces énergies responsables de la création des êtres, de leur mouvement et de leur maintien dans leurs propres différences sans être absorbées par l'unicité et la simplicité divine. Le « jugement », en tant que propriété du Dieu Créateur, a déterminé « l'être, le quoi, le comment et quel être (Dieu le Créateur) a jugé et établi pour chacun (des êtres) (περὶ τοῦ εἶναι καὶ τὶ εἶναι καὶ πῶς καὶ ὁποῖον ἕκαστον ἔκρινέ τε καὶ ὑπεστήσατο) [286]. Le « jugement » divin établit l'infinité des raisons des êtres, car par cette qualité divine l'énergie divine se transforme aussi selon cette infinité. Même si Dieu, en sa relation aux êtres, a une énergie multiple, « je connais que (la divinité) a une seule et unique énergie selon la puissance, mais multiforme et différente envers nous » (μίαν καὶ τὴν αὐτὴν οἶδα κατὰ τὴν δύναμιν, διάφορον δὲ ὡς πρὸς ἡμᾶς καὶ πολύτροπον τὴν ἐνέργειαν) [287].

La présence de Dieu dans les raisons des êtres par ses divines énergies ne laisse-t-elle pas entrevoir l'idée du panthéisme ? L'enseignement de la différence profonde et de la distinction entre l'être divin incréé et les êtres créés exclut a priori une telle interprétation. En outre, les divines énergies sont la puissance divine de la Providence, la récapitulation de tout réalisée en la personne du Logos [288],

est pris ici en-dehors du contexte de la querelle christologique, sans le référer au mouvement de l'expansion-contraction de Dieu dans une sorte d'autre mode de l'existence divine ». Le texte auquel RIOU se réfère ici, c'est le texte des Ambigua II, 22, PG 91, 1256D-1257ABC, que nous nous proposons de discuter.
286. Ambigua II, 10, PG 91, 1136A.
287. Ibid.
288. Cf. Quaestiones ad Thalassium 60, PG 90, 621AB : « Τοῦτό ἐστι τὸ

comme aussi la présence perpétuelle des raisons des êtres en Dieu, sans que cela signifie pour autant l'éternité de la création, thèse soutenue par Origène. Dieu, le Créateur du temps et de tout ce qui existe dans le temps, Dieu est éternel. Et la création tirée « *ex nihilo* » à l'existence est le résultat de la divine volonté et de la divine énergie, et non pas le résultat d'une nécessité [289]. Effectivement, l'être des êtres créés et sa conservation dépend de Dieu même, comme « l'être, le bien-être, et le toujours-être » des êtres. Mais l'essence de Dieu leur reste inconnue, et leur union avec Dieu est rendue possible par (διά) la divine énergie, et en (ἐν) la divine énergie [290].

Nous pouvons donc résumer les points suivants : (1) la relation des êtres consubstantiels est « essentielle » (οὐσιώδης), c'est-à-dire qu'elle est relation d'essence et « προαγωγή » des êtres consubstantiels. Cette relation est la première énergie entre des êtres qui sont d'identique genre (ὁμογενῶν) et d'identique essence (ὁμοουσίων). La première énergie immanente à l'essence divine est la raison (λόγος) de l'existence de la Trinité. (2) L'énergie « τῶν ἐκτὸς ἀπερ-γαστική » caractérise des êtres non consubstantiels. Onto-logiquement, cela signifie, pour saint Maxime, que la divine

---

μέγα καὶ ἀπόκρυφον μυστήριον. Τοῦτό ἐστι τὸ μακάριον, δι'ὅ τὰ πάντα συνέστησαν τέλος. Τοῦτό ἐστιν ὁ τῆς ἀρχῆς τῶν ὄντων προεπινοούμενος θεῖος σκοπός, ὅν ὁρίζοντες εἶναί φαμεν, προεπινοούμενον τέλος, οὗ ἕνεκα μὲν πάντα, αὐτὸ δὲ οὐδενὸς ἕνεκα. Πρὸς τοῦτο τὸ τέλος ἀφορῶν, τὰς τῶν ὄντων ὁ Θεὸς παρήγαγεν οὐσίας. Τοῦτο κυρίως ἐστὶ τὸ τῆς προνοίας καὶ τῶν προνοουμένων, πέρας· καθ'ὅ εἰς τὸν Θεόν, ἡ τῶν ὑπ'αὐτοῦ πεποιημένων ἐστὶν ἀνακεφαλαίωσις. Τοῦτο ἐστι τὸ πάντας περι-γράφον τοὺς αἰῶνας, καὶ τὴν ὑπεράπειρον καὶ ἀπειράκις ἀπείρως προϋ-πάρχουσαν τῶν αἰώνων μεγάλην τοῦ Θεοῦ βουλὴν ἐκφαῖνον μυστήριον· ἧς γέγονεν ἄγγελος αὐτὸς ὁ κατ'οὐσίαν τοῦ Θεοῦ Λόγος γενόμενος ἄνθρωπος· καὶ αὐτόν, εἰ θέμις εἰπεῖν, τὸν ἐνδότατον πυθμένα τῆς Πατρικῆς ἀγαθότητος φανερὸν καταστήσας, καὶ τὸ τέλος ἐν αὐτῷ δείξας, δι'ὅ τὴν πρὸς τὸ εἶναι σαφῶς ἀρχὴν ἔλαβον τὰ πεποιημένα. Διὰ γὰρ τὸν Χριστόν, ἤγουν τὸ κατὰ Χριστὸν μυστήριον, πάντες οἱ αἰῶνες καὶ τὰ ἐν αὐτοῖς τοῖς αἰῶσιν, ἐν Χριστῷ τὴν ἀρχὴν τοῦ εἶναι καὶ τὸ τέλος εἰλήφασιν ».

289. Voir à ce sujet J.-M. GARRIGUES, « *Réflexions sur un ouvrage du P. MEYENDORFF* », in : *Istina* 1970-1973, p. 359. H.A. WOLESON, « *The identi-fication of ex nihilo with emanation in Gregory of Nyssa* », in : *Harward Theological Review* 63 (1970), pp. 53-60. Alain RIOU, *Le monde et l'Église selon Maxime le Confesseur*, op. cit. pp. 95-98.
290. *Ambigua II*, 7, PG 91, 1076C.

énergie est la cause (*αἰτία*) et le principe (*ἀρχή*) des êtres créés situés en dehors de l'essence divine. Par cette énergie, Dieu communie à la création, elle est le mode de relation de l'incréé avec le créé ; (3) Entre les énergies divines et les raisons des êtres il y a une référence mutuelle et une étroite relation, car les raisons des êtres sont également incréées comme les énergies divines qui se trouvent dans les raisons des êtres. Ces constatations nous conduisent à distinguer ontologiquement les divines énergies de l'essence divine. Cette distinction est impérative aussi pour une autre raison, à savoir celle de l'inconnaissance de l'essence divine, et de l'incapacité de l'homme à s'élever à la connaissance de Dieu.

(f) Distinction ontologique
    entre l'essence et l'énergie divine

Ces conclusions nous permettent d'examiner de plus près le problème de la « distinction » (*διάκρισις*) entre l'essence et l'énergie, et celui du perpétuel et de l'incréé de la divine énergie. Sur ce problème, les opinions de ceux qui ont étudié les textes de saint Maxime sont contradictoires [291].

---

291. Nous pouvons classer les théologiens les plus représentatifs en deux camps : ceux qui acceptent que dans les écrits de saint Maxime nous trouvons, assez fortement, l'enseignement de la distinction de l'essence et de l'énergie, et ceux qui rejettent cette opinion et croient que l'énergie est immanente à l'essence, et ne peut lui être distincte. Nous rappelons premièrement que saint Grégoire Palamas, parmi les Pères auxquels il se réfère pour soutenir son enseignement de la distinction de l'essence et de l'énergie, inclut aussi saint Maxime. Cf. : Vladimir LOSSKY, *Théologie mystique de l'Église d'Orient*, p. 68. Jean MEYENDORFF, *Le Christ dans la Théologie Byzantine*, op. cité p. 289. Polycarp SHERWOOD, « *Maximus and Origenisme, Ἀρχὴ καὶ τέλος* », p. 25-26. Alain RIOU, *Le monde et l'Église selon Maxime le Confesseur*, op. cit. p. 53 et p. 61. Pierre PIRET, *Le Christ et la Trinité, selon Maxime le Confesseur*, op. cit. p. 155. Juan-Miguel GARRIGUES, « *L'énergie divine et la grâce chez Maxime le Confesseur* », in : *Istina* 3 (1974), pp. 272-296. Christos YANNARAS, *Τὸ Πρόσωπο καὶ ὁ Ἔρως*, Éditions Papazissi, Athènes 1976, pp. 76-102. Du Même, « *The distinction between essence and energies and its importance for theology* », in : St. Vladimir's Theological Quarterly 19 (1975) 4, pp. 232-245. Cet article de YANNARAS est une réponse à GARRIGUES, voir ci-dessus. Il est très significatif et important de noter que dans le *Tomus Agioriticus* — bien qu'il soit rédigé par saint Grégoire Palamas —, il y ait une référence au texte des *Chapitres Théologiques et Économiques* de saint Maxime (PG 90, 1100CD- 1101A). Il faut remarquer que le *Tomus Agioriticus* constitue un texte officiel accepté par tous les moines athonites et qu'il n'exprime pas seulement

L'énergie, par rapport à l'essence, est considérée comme le mouvement spécifique qui constitue l'espèce : « La seule et vraie démonstration de l'essence est sa puissance constitutive selon la nature (ἡ κατὰ φύσιν αὐτῆς συστατικὴ δύναμις), qu'on peut appeler aussi, en vérité, énergie naturelle (φυσικὴν ἐνέργειαν) ; elle caractérise primordialement et directement l'essence, car c'est un mouvement spécifiant (εἰδοποιὸν κίνησιν), la plus générale de toutes les propriétés compréhensives et en dehors de laquelle il n'y a que le non-être seul qui, selon le grand docteur, *"ne possède ni existence, ni mouvement"* » [292]. Saint Maxime se réfère à l'Aréopagite qui affirme que « ce qui n'existe d'aucune façon ne se meut ni ne subsiste » [293]. Le schème ternaire, « οὐσία-δύναμις-ἐνέργεια », est significatif de la relation entre les trois notions. La puissance est une « démonstration » (ἀπό-δειξις) de l'essence. L'énergie elle-même est la puissance naturelle qui caractérise l'essence car elle est le mouvement spécifiant de l'essence. L'énergie reçoit ainsi plusieurs qualifications : puissance naturelle, mouvement spécifiant et propriété compréhensive (περιεκτική) la plus générale. Le lien entre essence, puissance et énergie confirme que l'énergie est essentielle, car sans énergie il n'y a que le non-être. La puissance et l'énergie donc sont constitutives de l'essence, car c'est par elles que l'essence possède et le mouvement et l'existence. Les différentes qualifications de l'énergie ainsi que son rôle constitutif de l'essence établissent l'ontologie de l'énergie. Cette ontologie concerne plutôt l'énergie de la nature humaine du Christ, énergie placée ainsi dans l'examen général de l'acte de la nature humaine. Mais saint Maxime attribue aussi à l'essence divine les deux énergies examinées précédemment ; l'une qui concerne le « λόγος » de la nature et l'autre le « τρόπος » de l'existence de la Trinité. Effectivement « la première énergie », appelée ainsi par saint

---

une opinion théologique individuelle. D'ailleurs les Conciles de Constantinople du XIVe siècle ont confirmé cette distinction qui est devenue ainsi l'enseignement officiel de l'Église orthodoxe. Dans la bibliographie contemporaine, le problème est approché dans cette optique.
292. *Ambigua I, 5*, PG 91, 1048A. Trad. Pierre Piret, *Le Christ et la Trinité, selon Maxime le Confesseur*, op. cit. avec modifications.
293. *Hiérarchie Ecclésiastique II*, 1, PG 3, 392B.

Grégoire de Nazianze et terme adopté par saint Maxime, significative du « λόγος », est immanente à l'essence et ne peut être distinguée d'elle, car dans le cas contraire, on tombe dans l'arianisme en faisant du Fils et du Saint-Esprit des créatures du Père. Mais en Dieu on a deux ordres d'énergie, le premier indique les relations essentielles entre les Personnes de la Trinité, et le deuxième, l'énergie divine à proprement parler, qui constitue son mode de relation avec la création [294].

Dans les *Chapitres Théologiques et Économiques*, saint Maxime parle du « repos » (κατάπαυσις) de Dieu après la création et de son « sabbat » (σαββατισμός) : « Le sabbat de Dieu est le total aboutissement (κατάντησις) des créatures en lui. Il fait en sorte que l'énergie la plus divine ineffablement accomplie (ἀρρήτως ἐνεργουμένην) se repose (καταπαύεται) de l'énergie naturelle qu'Il déploie au sein des créatures. Car il peut se faire que Dieu se repose (παύεται) de l'énergie naturelle qui se trouve en chaque être (τῆς ἐν ἑκάστῳ τῶν ὄντων), selon laquelle chaque être a naturellement le mouvement (φυσικῶς κινεῖσθαι πέφυκεν) quand chacun, après avoir reçu (ἐπιλαβόμενον) à sa mesure (ἀναλόγως) l'énergie divine, détermine autour de Dieu lui-même sa propre énergie selon sa nature » [295]. Effectivement, l'énergie divine dont il est question c'est l'énergie créatrice qui n'est autre que le « deuxième ordre d'énergie » Trinitaire. Il y a une concordance avec le texte des *Ambigua II, 22*, (PG 91, 1256D-1257ABC) déjà commenté, selon lequel l'énergie créatrice de Dieu « se trouve en chaque être ». Alors, la divine énergie créatrice des êtres est ineffable, même si elle se déploie au sein des créatures et qu'elle est en chaque raison des êtres. Le « sabbat » de Dieu est l'aboutissement, non pas de l'énergie divine ni de la création, mais c'est la « fin » des êtres créés, à savoir que les êtres arrivent à leur finalité dans la création qui est le perfectionnement escha-

294. Cf. : *Ambigua II, 26*, PG 91, 1265D-1268B. Christos YANNARAS, *Tò Πρόσωπο καὶ ὁ Ἔρως*, op. cit. pp. 89-93. Pierre PIRET, *Le Christ et la Trinité, selon Maxime le Confesseur*, op. cit. pp. 90-95.

295. *Chapitres Théologiques et Économiques I, 47*, PG 90, 1100BC. Traduction par Jacques TOULAILLE, Philocalie, fasc. 6, avec des modifications. Cf. *Ambigua II, 65*, PG 91, 1392CD.

tologique. C'est ainsi que chaque être « détermine autour de Dieu lui-même sa propre énergie selon la nature ». Saint Maxime, par cette phrase, détermine la relation de l'énergie des êtres créés à l'énergie divine. Il est fort intéressant que l'énergie des créatures se « détermine autour de Dieu » (περὶ αὐτὸν ὁρίσῃ τὸν Θεὸν ἐνέργειαν). Il n'est pas question que l'énergie des êtres créés atteigne l'essence divine, mais chaque être reçoit de façon analogue l'énergie divine selon laquelle il détermine sa propre énergie. Certes, on a ici un certain aréopagitisme selon lequel chaque être reçoit l'énergie théarchique analogue à sa place dans la *Hiérarchie*. Mais pour saint Maxime la façon analogue a une autre connotation, car c'est la raison de chaque être qui devient le critère de la participation à la divine énergie et non pas sa place dans une hiérarchie quelconque. Le mouvement des êtres vers Dieu se fait par leur énergie naturelle. Ainsi, unis à Dieu, les êtres reposent leur propre énergie naturelle et ils font leur la divine énergie. Ce n'est pas un « monoénergisme » que saint Maxime avance ici, mais par cela il veut montrer l'union et l'accord parfait de l'énergie humaine avec la divine. L'exemple parfait en est l'union et l'accord en Christ des deux natures, des deux volontés et des deux énergies [296].

Saint Maxime parle du sabbat dans un autre passage des *Ambigua II, 65*. Ce texte est en fait le commentaire du discours de saint Grégoire de Nazianze sur la Pentecôte, II, PG 36, 432B, où le Père cappadocien parle du huitième jour : « Μιᾶς δεούσης ἡμέρας, ἥν ἐκ τοῦ μέλλοντος αἰῶνος προσειλήφαμεν, ὀγδόην τε οὖσαν τὴν αὐτὴν καὶ πρώτην, μᾶλλον δὲ μίαν καὶ ἀκατάλυτον. Δεῖ γὰρ ἐκεῖσε καταλῆξαι τὸν ἐνταῦθα σαββατισμὸν τῶν ψυχῶν ». Saint Maxime interprète ainsi le texte de Nazianze :

« Ainsi, la raison (λόγος) de l'être, étant seule à avoir naturellement la puissance efficiente (τὴν πρὸς ἐνέργειαν δύναμιν), celle-ci étant absolument incomplète sans l'énergie de la décision (προαίρεσις) ; la raison du bien-être, ayant seule, de façon gnomique, l'énergie de la puissance naturelle, ne peut avoir dans son ensemble toute cette puissance sans

---

296. PG 91, 1076C ; Cf. : *Opuscula Theologica et Polemica II*, ibid. 29ABC.

la nature ; la raison du toujours-être, circonscrivant entièrement les deux raisons précédentes, la puissance de la
première et l'énergie de la seconde, n'existe naturellement
en aucune façon selon la puissance dans les êtres, et ne
suit pas non plus, de quelque façon que ce soit, volontairement la décision par nécessité (τὸ παράπαν θελήσει προαιρέσεως ἔπεται) ; alors, comment serait-il possible pour ce
qui existe depuis toujours (τὸ ἀεὶ ὄν), et qui n'a ni commencement ni fin, de coexister avec les êtres qui dans leur
nature ont un commencement et dans leur mouvement une
fin ? Par contre, (la raison du toujours-être) est une limite
(ὅρος) qui impose la mutabilité de la puissance de la nature
et de l'énergie de la décision, ne changeant aucunement les
raisons selon lesquelles les êtres existent, et limitant pour
toute raison tous les siècles et les temps. Il me semble, par
conséquent, que c'est précisément cela le sabbat, mystiquement béni (μυστικῶς εὐλογημένον), et le grand jour de l'arrêt
des œuvres divines (ἡ μεγάλη τῆς τῶν θείων ἔργων κατα-
παύσεως ἡμέρα), qui, selon le récit de la genèse du monde,
paraît n'avoir ni commencement, ni fin, ni genèse (οὔτε
ἀρχήν, οὔτε τέλος, οὔτε γένεσιν), ce jour qui, après le
mouvement de ce qui est délimité par la mesure (μετὰ τὴν
τῶν ἐν μέτρῳ διωρισμένων κίνησιν), est la manifestation
(ἔκφανσις) de ce qui est au delà de la limite et de la
mesure (τῶν ὑπὲρ ὅρον καὶ μέτρησιν), et qui, après la qualité
de ce qui est concevable et mesurable, est l'identification
de ce qui est incontenable et incommensurable » [297].

La réflexion théologique de saint Maxime se concentre
autour du schème ternaire : « εἶναι, εὖ-εἶναι, ἀεὶ-εἶναι », où
il trouve la solution du huitième jour eschatologique. Pour
nous la signification de ce schème qui indique la relation
des êtres créés avec Dieu dans le temps et dans l'éternité
est déjà un « lieu commun ». Le sabbat, plus précisément,
en tant que « huitième jour », correspond au « toujours-
être » des êtres. Ce jour n'a « ni début, ni fin, ni genèse »
car les êtres sont alors éternellement unis à Dieu. C'est
l'accomplissement eschatologique pendant lequel l'énergie

---

297. *Ambigua II*, 65, PG 91, 1392ABC.

des êtres est unie à l'énergie divine. Cette union signifie leur « sabbat », car ils cessent leur « puissance naturelle » et leur « énergie gnomique ». Ainsi le créé et l'incréé sont unis par leurs énergies, les êtres créés étant arrivés à leur accomplissement [298].

Le « sabbatisme » donc, et le « repos » ne concernent pas Dieu lui-même, car Dieu est « toujours opérant », avant et après la création. Le « sabbatisme » et le « repos » par conséquent sont inclus dans l'ontologie de la création et c'est elle qui les détermine. En effet la question reste ouverte : pourquoi l'Ancien Testament dit-il que Dieu « s'est reposé » des œuvres qu'il a commencé à créer ?

« Les studieux doivent rechercher quelles sont les œuvres dont il faut penser que Dieu a commencé la genèse, et quelles sont au contraire celles qu'Il n'a pas commencées. Car s'Il s'est reposé de toutes les œuvres qu'Il avait commencé à créer, il est clair qu'Il ne s'est pas reposé des œuvres qu'Il n'avait pas commencé à créer. Les œuvres de Dieu qui ont commencé à être dans le temps ne sont donc jamais que tous les êtres qui participent, telles les différentes espèces des êtres. Car en elles le non-être est plus ancien que leur être. Il fut un temps où les êtres participants n'étaient pas. Mais les œuvres de Dieu qui n'ont sans aucun doute pas commencé à être dans le temps ($\chi\rho o\nu\iota\varkappa\tilde{\omega}\varsigma$) sont les êtres participés, auxquels, par grâce, ont part les êtres participants : par exemple, la bonté ($\dot{\alpha}\gamma\alpha\theta\acute{o}\tau\eta\varsigma$) et tout ce qui est contenu dans la raison ($\lambda\acute{o}\gamma o\varsigma$) de la bonté, et tout simplement toute vie, immortalité, simplicité, immuabilité, infinité, et ce qui est essentiellement contemplé autour de Lui. Ce sont là aussi des œuvres de Dieu, et elles n'ont pas commencé dans le temps. Car ce qui n'était pas n'est pas plus ancien que la vertu, ni que rien d'autre de ce que nous venons de dire, même si ce qui participe à ces choses a commencé à être dans le temps. Car aucune vertu n'a jamais commencé : le temps n'est pas plus ancien qu'elle,

---

298. Dans le même texte on constate que saint Maxime n'est pas pour l'« $\dot{\alpha}\pi o\varkappa\alpha\tau\acute{\alpha}\sigma\tau\alpha\sigma\iota\varsigma$ » au sens origéniste, car, par l'usage contre-nature de l'énergie gnomique, les êtres peuvent arriver non pas au « toujours-bien-être », mais au « toujours-mal-être » ($\tau\grave{o}$ $\dot{\alpha}\epsilon\grave{\iota}$ $\phi\epsilon\tilde{v}$ $\epsilon\tilde{\iota}\nu\alpha\iota$ ») (Ibid., 1392D).

dès lors que Dieu absolument seul engendre éternellement l'être » [299].

Nous distinguons deux genres d'œuvres : celles que Dieu « a commencées », la création, et celles « qu'Il n'a pas commencées ». Par l'expression « n'a pas commencées », on n'introduit pas le non-être, mais l'être sans commencement temporel. « Ἤρχισε » signifie donc le moment temporel du commencement de l'être de ces œuvres. Il faut aussi faire attention à l'usage du terme « γένεσις ». Ce terme est utilisé pour les œuvres qui ont un commencement de leur être. L'expression « les œuvres dont Dieu a commencé la création » se réfère à la description de la création de la Genèse. Mais il est également caractéristique que cette description, dans la pensée maximienne, n'est pas celle d'un seul acte créateur. En effet, cet acte est la création temporelle, mais parallèlement il existe aussi l'acte créateur intemporel et perpétuel. La création du monde temporel n'est pas la seule qui offre à Dieu la propriété de Créateur, car Dieu « est toujours Créateur selon l'énergie ». Les œuvres donc, dont Dieu « *n'a pas commencé* » la création, ne sont pas créées mais *incréées*. Les êtres *créés* sont ceux qui sont *dans* le temps. Le « repos » de Dieu est le « repos » (κατάπαυσις) des œuvres commencées temporellement et non pas des œuvres intemporelles et perpétuelles [300].

Les œuvres, dont l'être a commencé temporellement, sont toutes celles *qui participent* à l'être. Elles n'ont pas en elles-mêmes l'être, mais elles participent à l'être véritable (κυρίως). Le mode d'existence véritable (κυρίως) est intemporel, et son être ne dépend pas du non-être, tandis que les êtres qui ont commencé leur être temporellement sont en relation avec le non-être. Le non-être est « antérieur » (πρεσβύτερον) aux êtres temporels, car avant qu'ils participent à l'être, ils n'existaient pas. « Πρεσβύτερον », ici, est un indice temporel

---

299. *Chapitres Théologiques et Économiques I*, 48, PG 90, 1100CD-1101A. Traduction par Jacques TOURAILLE avec des modifications.

300. Cela d'ailleurs est en accord avec la parole de Jésus : « ὁ πατήρ μου ἕως ἄρτι ἐργάζεται, κἀγὼ ἐργάζομαι », Jean 5, 17. La notion aristotélicienne du Dieu « toujours en énergie » est donc interprétée de façon différente par saint Maxime.

qui détermine l'antériorité temporelle du non-être à l'être des êtres créés.

À la suite sont énumérées quelques-unes des œuvres qui ont l'être intemporel, c'est-à-dire la bonté et tout ce qui est inclu dans le « *λόγος* » de la bonté ; la vie, l'immortalité, la simplicité, l'immuabilité, l'infinité et toutes les autres œuvres qui sont contemplées autour de Dieu essentiellement (*ὅσα περὶ αὐτὸν οὐσιωδῶς θεωρεῖται*), qui sont en effet des œuvres de Dieu, mais *incréées*, car leur être n'a pas commencé temporellement.

Nous nous trouvons ici au cœur du problème de la distinction (*διάκρισις*) de l'essence et de l'énergie. Les œuvres intemporelles sont bien des œuvres, et non pas des essences ; malgré cela, elles sont intemporelles et perpétuelles, et elles sont aussi participables par les œuvres temporelles, dans le but d'affirmer l'être de ces dernières. Dans l'énumération de ces œuvres éternelles, perpétuelles et incréées, nous reconnaissons les divines énergies qui, dans un autre passage, sont contemplées par l'esprit dans les raisons des êtres [301]. Même si les êtres qui participent aux énergies incréées, intemporelles et perpétuelles sont créés dans le temps, les énergies ne sont pas altérées dans leur caractère incréé, intemporel et perpétuel, ontologiquement. Les divines énergies ne peuvent pas être liées au temps, car le temps ne leur est pas antérieur. La raison en est que Dieu, comme perpétuel, intemporel et incréé, est le seul géniteur (*γεννήτωρ*) de ces divines énergies. Il est caractéristique que pour les êtres temporels, le terme « *γένεσις* » vient du verbe « *γίγνομαι* » qui signifie pour saint Maxime le « *ex nihilo* » de la création des êtres, alors que pour les êtres intemporels, le terme « *γεννήτωρ* » vient du verbe « *γεννάομαι-ῶμαι* » qui signifie la provenance divine des divines énergies perpétuelles et intemporelles.

Le texte pose également la question de la participation des êtres créés aux « œuvres » incréées de Dieu. Ce n'est pas une participation analogue selon la place dans une hiérarchie dionysienne, mais une participation aux énergies

---

301. *Ambigua II, 22*, PG 91, 1256D-1257ABC.

incréées de Dieu. Les « œuvres » incréées sont les *« êtres participés »*. Saint Maxime est catégorique ici en dénommant les énergies comme des *« êtres participés »*. C'est cela que nous interprétons comme *« ontologie »* de l'énergie divine, car ces énergies ne sont pas identifiées à l'essence, mais, distinctes d'elle, elles sont essentiellement contemplées autour de Dieu. La participation des êtres créés aux divines énergies incréées n'est pas essentielle mais par « grâce ». La notion de la grâce montre en même temps la différence du créé et de l'incréé, mais aussi le mode de participation. Tandis que les énergies divines et incréées qui sont autour de Dieu sont essentielles, la participation des êtres n'est pas essentielle mais par grâce. Dieu donc est essentiellement bonté, simplicité, vie, immortalité, immuabilité, infinité, mais les êtres y participent par grâce.

Comme cela est noté dans la référence 281, ce texte est utilisé par saint Grégoire Palamas dans le *Tomus Agioriticus* pour soutenir la distinction de l'essence et des énergies, et son enseignement des énergies divines incréées. Les énergies, bien qu'essentielles (οὐσιώδεις), ne sont pas l'essence-même, mais l'aspect participable de Dieu, l'essence restant inconnaissable et imparticipable.

Cette distinction ontologique entre les divines énergies participables de l'aspect connaissable de Dieu et l'essence inconnaissable et imparticipable de la divine essence se retrouve dans le texte suivant des *Chapitres Théologiques et Économiques*, passage qui vient à la suite du texte cité : « Dieu s'élève infiniment à l'infini au-dessus des êtres participants et participés. Car tout ce qui signifie la raison de l'être est œuvre de Dieu (πᾶν γὰρ εἴ τι τὸν τοῦ εἶναι λόγον ἔχει κατηγορούμενον, ἔργον Θεοῦ τυγχάνει), même si telle chose selon la genèse a commencé à être dans le temps (ἦρκται τοῦ εἶναι χρονικῶς), et si telle autre selon la grâce est infuse dans les créatures (τὸ δὲ, κατὰ χάριν τοῖς γεγονόσιν ἐμπέφυκεν), comme une puissance innée (δύναμις ἔμφυτος), proclamant fortement que Dieu est en tous » [302].

---

302. *Chapitres Théologiques et Économiques I*, 49, PG 90, 1100A. Traduction

On constate le néoplatonisme qui influence la pensée du Confesseur, de nouveau à travers l'Aréopagite. Mais nous reconnaissons aussi le « lieu commun » non seulement de saint Maxime, mais aussi des Pères cappadociens et de presque tous les Pères de l'Église orthodoxe d'Orient, c'est-à-dire la prééminence de la divine essence au-dessus de tous les attributs (*κατηγορίαι*) et au-delà de chaque connaissance noétique et empirique ; c'est la « nuée divine » de Moïse, qui est une image qu'affectionnent saint Grégoire de Nazianze et l'Aréopagite. La connaissance de Dieu se réalise à travers les divines énergies et en les divines énergies qui sont la puissance de Dieu innée (*ἔμφυτος*) dans les raisons des êtres (*λόγοι τῶν ὄντων*), puissance qui révèle Dieu-même. Les êtres sont des créatures de Dieu, tandis que les énergies divines sont des « œuvres incréées » qui, selon la grâce, sont infuses dans les créatures. Les énergies donc sont la puissance de Dieu innée dans les êtres créés et elles révèlent Dieu et sa présence en tous.

---

par Jacques TOURAILLE, Philocalie, fasc. 6. Saint Maxime fait la distinction entre les œuvres qui commencent et celles qui ne commencent pas dans le temps aussi dans le texte suivant : « *Τὰ ἀθάνατα πάντα, καὶ αὐτὴ ἡ ἀθανασία· καὶ τὰ ζῶντα πάντα, καὶ αὐτὴ ἡ ζωή· καὶ τὰ ἅγια πάντα, καὶ αὐτὴ ἡ ἁγιότης· καὶ τὰ ἐνάρετα πάντα, καὶ αὐτὴ ἡ ἀρετή καὶ τὰ ἀγαθὰ πάντα, καὶ αὐτὴ ἡ ἀγαθότης· καὶ τὰ ὄντα πάντα, καὶ αὐτὴ ἡ ὀντότης, Θεοῦ προδήλως ἔργα τυγχάνουσιν· ἀλλὰ τὰ μὲν, τοῦ εἶναι χρονικῶς ἠργμένα· ἦν γάρ ποτε, ὅτε οὐκ ἦν· τὰ δέ, τοῦ εἶναι χρονικῶς οὐκ ἠργμένα. Οὐκ ἦν γάρ ποτε, ὅτε οὐκ ἦν ἀρετὴ καὶ ἀγαθότης καὶ ἁγιότης καὶ ἀθανασία. Καὶ τὰ μὲν ἠργμένα χρονικῶς, τῇ μετοχῇ τῶν οὐκ ἠργμένων χρονικῶς εἰσι καὶ λέγονται τοῦθ᾽ ὅπερ καὶ εἰσι καὶ λέγονται. Πάσης γὰρ ζωῆς καὶ ἀθανασίας, ἁγιότητός τε καὶ ἀρετῆς, δημιουργός ἐστιν ὁ Θεός· ὑπὲρ οὐσίαν γὰρ πάντων τῶν τε νοουμένων καὶ λεγομένων ἐξήρηται* » (ibid. I, 50, PG 90, 1101AB).

TROISIÈME CHAPITRE

CHRISTOLOGIE ET ÉNERGIES DIVINES

Introduction

Dans les deux chapitres précédents nous avons traité de l'enseignement de saint Maxime sur l'essence et l'énergie essentielle de Dieu. Dans ces chapitres, on retrouve le principe fondamental de l'essence − soit divine, soit humaine, c'est-à-dire incréée ou créée − qui existe à condition que la volonté et l'énergie soient essentielles [1]. Dans sa cosmologie, saint Maxime détermine la relation des raisons des êtres avec les divines énergies. Les différentes distinctions en la divinité, essence ou nature et personne ou hypostase, « λόγος τοῦ εἶναι » et « τρόπος τῆς ὑπάρξεως », essence, puissance, volonté et énergie, posent les bases solides pour une distinction ontologique entre l'essence et l'énergie. Cet enseignement, malgré son originalité à certains égards, serait une simple redite de l'enseignement des Pères antérieurs à saint Maxime [2], d'où celui-ci tirerait les bases de son propre enseignement. Mais la relation en l'unique Personne du Christ des deux natures, divine et humaine, des deux volontés, divine et humaine, et des deux énergies, divine et humaine, dans l'enseignement de saint Maxime présente un intérêt

---

1. Cf. *Opuscula Theologica et Polemica 8*, PG 91, 96BC.
2. Nous nous référons aux Pères cappadociens et à l'Aréopagite auxquels saint Maxime emprunte la base de son système cosmologique en faisant sienne leur pensée théologique. Cf. notre analyse dans le deuxième chapitre.

particulier. C'est là la contribution originale de saint Maxime à l'enseignement sur l'essence et l'énergie. Il détermine le lien indissociable entre cet enseignement sur l'essence et l'énergie et celui sur la christologie.

Le Christ devient l'exemple (τύπος) de la relation entre le divin et l'humain, bien que l'union des deux natures en Christ soit unique ; elle ne peut être comparée à la divinisation de l'homme qui ne peut se faire que par l'énergie divinisante de Dieu, par la grâce sanctificatrice.

La rencontre et l'union, en la Personne de Jésus-Christ, du divin avec l'humain constitue le degré le plus élevé de l'anthropologie chrétienne. Cette dignité ne pouvait pas être acquise par n'importe quel moyen, ni par n'importe quelle créature. En Jésus-Christ l'humain se trouve en union hypostatique avec le divin, et donc en relation avec le divin ; le divin veut et agit pour le bien de l'humain, et l'humain veut et agit en accord parfait avec le divin ; Dieu devient homme pour que l'homme soit divinisé [3].

La théologie a examiné cette relation exlusivement du point de vue christologique et, à cause des hérésies, a limité la discussion seulement à la relation des deux natures en Christ, sous-estimant l'importance capitale de ses conséquences anthropologiques. L'homme devient l'image visible de Dieu, il révèle Dieu, il devient lui-même dieu par grâce parce que Dieu est devenu homme par condescendance. Le parfait en Dieu ne reste pas inaccessible et inabordable, mais l'homme participe à cette perfection divine. Les limites de l'essence créée peuvent être dépassées, et la création peut aller, dans la mesure de ses possibilités, à la rencontre de l'infinité divine. Le Fils et Verbe de Dieu s'est incarné « pour qu'Il soit le médiateur entre les parties dont Il est composé selon l'hypostase » [4]. La médiation de Jésus-Christ

---

3. Hans-Urs von BALTHASAR, *Liturgie Cosmique* op. cit. p. 151, interprète cette relation entre le divin et l'humain comme la « *synthèse centrale entre Dieu et le monde, la grâce et la nature, telle qu'elle s'accomplit dans l'union hypostatique. C'est là seulement que le principe atteint sa justification, car c'est dans le Christ qu'apparaît en pleine clarté cette vérité que la créature n'est pas un pur négatif de Dieu, qu'elle ne peut être rachetée par une absorption mystique en Dieu, mais bien par une affirmation expresse, par l'achèvement de la nature* ».
4. *Lettre 15*, PG 91, 556A. Cf. également *Disputatio cum Pyrrho*, ibid., 305CD.

se situe dans « l'exemple » ($\tau \acute{v} \pi o \varsigma$) d'union en Lui de l'humain à Dieu. Pour la christologie de saint Maxime c'est l'apocatastase ($\dot{\alpha} \pi o \varkappa \alpha \tau \acute{\alpha} \sigma \tau \alpha \sigma \iota \varsigma$)[5] de la création déchue, à savoir non seulement la libération de l'homme de toutes les conséquences de la chute[6], mais aussi la divinisation de l'homme préconçue par le Conseil éternel de Dieu[7], car « le Fils est l'image du Dieu invisible, le premier-né de toute la création » (Col 1, 15).

Le mystère de l'Incarnation du Fils et Verbe de Dieu consiste en ce qu'en Sa Personne l'humain s'unit au divin, l'essence divine et incréée assume l'essence créée de l'homme. Comment le Christ peut-il être Dieu parfait et homme parfait, c'est ce que nous allons traiter.

1. Jésus-Christ, Dieu parfait et homme parfait.

En l'unique hypostase du Christ s'unissent deux natures, une éternelle, l'autre temporelle. Saint Maxime utilise le terme « $\acute{o} \mu \acute{o} \chi \varrho o \nu \alpha$ » pour indiquer les natures qui composent les êtres créés. « En effet, toute nature composée, ayant en elle-même simultanément et mutuellement ses parties propres ($\tau \grave{\alpha}$ $\emph{ἴ} \delta \iota \alpha$ $\mu \acute{e} \varrho \eta$ $\acute{o} \mu \acute{o} \chi \varrho o \nu \alpha$), desquelles elle a son devenir à l'être, c'est-à-dire du non-être à l'être, en vue d'accomplir l'ordonnance de l'univers, (parties) créées par la puissance qui a créé l'univers et le conserve à l'être ; elle (toute nature) est justement possédée nécessairement par l'une et l'autre des parties qui la comprennent, comme il en va pour l'homme et pour tout autre être qui a une nature

---

« Ἐπειδὴ ὁ αὐτὸς ὅλος ἦν Θεὸς μετὰ τῆς ἀνθρωπότητος, καὶ ὅλος ὁ αὐτὸς ἄνθρωπος μετὰ τῆς θεότητος· αὐτός, ὡς ἄνθρωπος, ἐν ἑαυτῷ καὶ δι'ἑαυτοῦ τὸ ἀνθρώπινον ὑπέταξε τῷ Θεῷ καὶ Πατρί, τύπον ἡμῖν ἑαυτὸν ἄριστον καὶ ὑπογραμμὸν διδοὺς πρὸς μίμησιν, ἵνα καὶ ἡμεῖς πρὸς αὐτὸν ὡς ἀρχηγὸν τῆς ἡμῶν σωτηρίας, τὸ ἡμέτερον ἑκουσίως προσχωρήσωμεν τῷ Θεῷ, ἐκ τοῦ μηκέτι θέλειν παρ'ὅ αὐτός θέλει ».

5. Pour la théologie de l'« Apocatastase » chez saint Maxime cf. l'article de Brian E. DALEY, « *Apokatastasis and "honorable silence" in the eschatology of Maximus the Confessor* », in : *Maximus Confessor, Actes du Symposium sur Maxime le Confesseur, Fribourg 2-5 septembre 1980, (PARADOSIS)*, 1982.

6. Cf. *Quaestiones ad Thalassium 42, Corpus Christianorum* 7, 285,7-28. PG 90, 405CD.

7. Cf. *Quaestiones ad Thalassium 60*, PG 90, 621ABC.

composée »[8]. La nature humaine par exemple est constituée
de parties qui ont une existence simultanée dans le temps
(corps-âme) et qui sont enhypostasiées en l'hypostase
humaine. Cette composition naturelle des deux parties est
« involontaire » (ἀκούσιος). La composition donc de l'âme
et du corps pour former l'existence humaine est une nécessité
ontologique. « L'âme tient involontairement le corps et elle
est tenue par lui ; elle lui procure la vie non pas par son
propre choix, mais pour la seule raison qu'elle est unie à
lui (κατ'αὐτὸ μόνον τὸ ἐν αὐτῷ εἶναι). Mais ainsi l'âme
participe naturellement aux passions et aux douleurs à cause
d'une faculté qui lui est innée et apte à les recevoir »[9]. En
Christ l'union des deux natures non simultanées temporellement ne survient pas involontairement, mais par le conseil
éternel et la libre volonté de Dieu. La structure de l'homme
nécessite l'union de l'âme et du corps, l'union simultanée
des deux natures simultanées dans le temps. C'est le propre
de la nature commune à tout le genre humain. Mais chacune
de deux parties, la « chair » et l'« âme » porte en soi-même
le « propre » ; l'union de ces « deux » propres constitue la
personne, c'est-à-dire l'hypostase humaine. Cela signifie que
le propre de chaque nature uni à l'autre constitue l'hypostase
personnelle qui n'appartient pas aux autres individus du
même genre. Les spécificités qui distinguent les essences
des êtres consubstantiels sont unies en un seul être, ayant
comme résultat l'hypostase personnelle, individuelle. Ainsi
ce qui est commun à la nature des êtres consubstantiels est
aussi ce qui distingue la personne dans laquelle se réalise
l'union des natures. On peut dire pour les natures en Christ
qu'elles sont « ἑτερόχρονοι ». « Si en effet, le Verbe en
étant Dieu est devenu homme sans changement par l'appropriation de la chair intelligente et animée (προσλήψει
σαρκὸς νοερῶς ἐμψυχωμένης), il est évident qu'Il est un à
partir de deux, et que par cet un, s'assurant lui-même qu'Il

---

8. *Lettre 12*, PG 91, 488CD. Cf. *Lettre 13*, ibid., 516D-517A.
9. *Lettre 12*, ibid., 488D. Cf. également *Lettre 13*, ibid., 525D-529A. Cf. Lars
THUNBERG, *Microcosm and Mediator*, op. cit. pp. 106-110 : « *The analogy between
the unity of body and soul in man and the unity of the divine and human nature
in Christ* ».

est véritablement les deux, Il avait le commun et le propre
des deux (natures) par lesquelles (le commun et le propre)
il effectuait l'union et la distinction avec les extrêmes » [10].
L'« ἑτερόχροονον » des deux natures consiste en ceci, que
la nature éternelle du Fils engendré par le Père au-delà du
temps (ἀνάρχως), assume dans le temps la nature humaine,
né dans le temps de la Vierge Marie.

La perfection de toute essence est sa manifestation avec
toutes ses propriétés. Les propriétés ontologiques de toute
essence sont la volonté et l'énergie, car, par elles, l'essence
manifeste son existence parfaite. « En effet, si on écarte la
volonté et l'énergie essentielles de l'essence divine et humaine
de Celui qui est d'elles et lesquelles Il est et qui les
sauvegarde en une seule hypostase, alors comment peut-il
être Dieu et homme ? Et comment peut-on montrer qu'Il
est naturellement ceci ou cela, s'il ne sauvegarde la propriété
de chaque nature sans interruption, sans le péché ? » [11]. Pour
la nature divine du Christ la volonté et l'énergie affirment
la perfection de cette nature, et elles manifestent la consubstantialité du Fils avec le Père et le Saint-Esprit [12] et confirment que le Fils veut et opère le salut. Pour la nature
humaine du Christ, sa volonté et son énergie affirment
également la perfection de cette nature humaine. Accepter
ou rejeter la volonté et l'énergie de la nature humaine du
Christ a des conséquences sotériologiques. Cela signifie que
la nature humaine du Christ doit être parfaite pour que
soient parfaits le salut et la guérison de la création déchue,
« car ce qui n'est pas assumé n'est pas guéri », comme le
dit Saint Grégoire de Nazianze [13] et comme le répète à
plusieurs reprises saint Maxime [14].

Le fait de considérer les deux natures en l'unique hypostase
du Christ n'est pas un simple exercice intellectuel : « La

---

10. *Lettre 15*, PG 91, 560D. Cf. ibid., 556A « ὡς Θεὸς ἀληθῶς κατ'οὐσίαν
ὑπάρχων (ὁ Θεὸς Λόγος), καὶ ἄνθρωπος ἀληθῶς φύσει κατ'οἰκονομίαν
γενόμενος ». Cf. *Ambigua II, 41*, PG 91, 1307A.
11. Cf. *Opuscula Theologica et Polemica 8*, PG 91, 96BC.
12. Cf. *Opuscula Theologica et Polemica 7*, 73BC.
13. *Lettre 101 à Klidonius*, PG 37, 181C.
14. *Opuscula Theologica et Polemica 15*, PG 91, 156C. Cf. *Disputatio cum
Pyrrho*, PG 91, 325A.

différence donc des noms étant devenue pour nous claire,
grâce à la description minutieuse qui convient à chacun, ne
nous troublons pas en entendant ceux qui, afin de provoquer
la confusion des choses signifiées (τῶν ἐπὶ συγχύσει τῶν
νοουμένων πραγμάτων), utilisent sans distinction les noms
— car pour nous la vérité se trouve dans les choses et pas
dans les noms — et ainsi nous laisseraient supposer que
des choses différentes soient identiques (ταυτὸν εἶναι τὸ μὴ
ταυτόν) ; mais ayant la foi orthodoxe (εὐσεβῶς πιστεύοντες)
confessons que le même Christ est réellement, principalement
et véritablement Dieu, véritablement parfait et homme véritablement parfait et non pas uniquement nommé ainsi
simplement (καὶ οὐ μόνῃ ψιλῇ κλήσει τοῦτο λεγόμενον).
C'est pourquoi nous déclarons ses deux natures desquelles
Il est l'hypostase, puisqu'Il n'est certainement pas sans chair ;
nous confessons également ouvertement, suivant les Pères,
que Lui-même a aussi deux volontés naturelles, puisqu'Il
n'est certainement pas sans âme et sans intelligence » [15].
Saint Maxime se base sur le principe que les noms indiquent
des manifestations des êtres, tandis que la vérité est dans
les êtres mêmes. L'affirmation des « choses » comme la vérité
par rapport aux « noms » ne signifie pas le rejet des noms,
car c'est par les noms en tant que manifestations que les
choses se font connaître. Les « choses véritables » pour le
Christ sont ses deux natures, divine et humaine. Les deux
natures, unies en l'unique hypostase divine du Verbe de
Dieu, ont également leur propre volonté, une divine et une
humaine. Par conséquent l'existence des deux natures en
Christ est véritable et réelle. « Le Verbe de Dieu étant
parfait selon la nature et l'essence, selon laquelle il est
identique et consubstantiel au Père et à l'Esprit (...), Il est

---

15. *Opuscula Theologica et Polemica 1*, PG 91, 32BC. Cf. Lettre 13, PG 91,
525C ; Lettre 15, ibid., 553CD-556A. Les idées développées par saint Maxime
présupposent la vérité objective des êtres et aussi leur priorité ontologique
vis-à-vis des noms, enseignement proposé aussi par les Pères cappadociens.
Cf. saint Basile le Grand, *Contre Eunome II*, PG 29, 580B : « Οὐ γὰρ τοῖς
ὀνόμασιν ἡ τῶν πραγμάτων φύσις ἀκολουθεῖ, ἀλλ᾿ ὕστερα τῶν πραγμάτων
εὕρηται τὰ ὀνόματα ». Cf. saint Grégoire de Nazianze, *Discours Théologique
III*, PG 36, 93CD-96AB. Cf. saint Grégoire de Nysse, *Contre Eunome XII*, PG
45, 1012D-1013AB.

devenu homme parfait, à savoir en assumant la chair qui a l'âme intelligible et raisonnable » [16]. Donc deux natures parfaites sont en union sans confusion, sans altération, sans division et sans séparation. Le terme « *ὑπάρχων* » signifie l'éternité du Verbe de Dieu, et le terme « *γέγονεν* » son Incarnation temporelle. D'autre part le terme « *πρόσληψις* », pris dans un sens christologique, signifie la différence ontologique des deux natures en Christ, « car la raison divine et humaine ne sont pas les mêmes » [17]. Entre la nature divine et la nature humaine il y a une hétérogénéité qui rend impossible leur mélange et leur synthèse en une seule nature composée, sinon le Christ ne serait ni Dieu ni homme, ce qui irait à l'encontre du salut.

« Celui qui dit que l'incarnation (du Verbe) est réalisée *en assumant la chair* (*πρόσληψις σαρκός*) sauvegarde l'existence éternelle du Verbe de Dieu, et confesse pieusement l'incarnation volontaire réalisée dans le temps par Son libre-choix, préserve sans confusion, même après l'union, la différence entre le Verbe qui a assumé et la chair assumée » [18]. En d'autres termes, le mot « *πρόσληψις* » proclame ce que

---

16. *Lettre 15*, PG 91, 553CD. La définition de Chalcédoine (451) concernant ce point est la suivante : « *Ἑπόμενοι τοίνυν τοῖς ἁγίοις Πατράσιν, ἕνα καὶ τὸν αὐτὸν ὁμολογεῖν Υἱὸν τὸν Κύριον ἡμῶν Ἰησοῦν Χριστὸν συμφώνως ἅπαντες ἐκδιδάσκομεν, τέλειον τὸν αὐτὸν ἐν θεότητι, Θεὸν ἀληθῶς καὶ ἄνθρωπον ἀληθῶς τὸν αὐτὸν ἐκ ψυχῆς λογικῆς καὶ σώματος, ὁμοούσιον τῷ Πατρὶ κατὰ τὴν θεότητα, καὶ ὁμοούσιον ἡμῖν τὸν αὐτὸν κατὰ τὴν ἀνθρωπότητα, κατὰ πάντα ὅμοιον ἡμῖν χωρὶς ἁμαρτίας· πρὸ αἰώνων μὲν ἐκ τοῦ Πατρὸς γεννηθέντα κατὰ τὴν θεότητα, ἐπ'ἐσχάτων δὲ τῶν ἡμερῶν τὸν αὐτὸν δι'ἡμᾶς καὶ διὰ τὴν ἡμετέραν σωτηρίαν ἐκ Μαρίας τῆς παρθένου τῆς Θεοτόκου κατὰ τὴν ἀνθρωπότητα, ἕνα καὶ τὸν αὐτὸν Χριστόν, υἱόν, κύριον, μονογενῆ, ἐν δύο φύσεσιν ἀσυγχύτως, ἀτρέπτως, ἀδιαιρέτως, ἀχωρίστως γνωριζόμενον, οὐδαμοῦ τῆς τῶν φύσεων διαφορᾶς ἀνῃρημένης διὰ τὴν ἕνωσιν, σῳζομένης δὲ μᾶλλον τῆς ἰδιότητος ἑκατέρας φύσεως καὶ εἰς ἕν πρόσωπον καὶ μίαν ὑπόστασιν συντρεχούσης, οὐκ εἰς δύο πρόσωπα μεριζόμενον ἤ διαιρούμενον, ἀλλ'ἕνα καὶ τὸν αὐτὸν υἱὸν μονογενῆ, Θεὸν Λόγον, Κύριον Ἰησοῦν Χριστόν...* ». Ioannis KARMIRIS, *Τὰ Δογματικὰ καὶ Συμβολικὰ Μνημεῖα τῆς Ὀρθοδόξου Καθολικῆς Ἐκκλησίας*. Tom. I (II^c Édition) Athènes 1960 (en grec). La dépendance de saint Maxime vis-à-vis de la définition conciliaire est évidente. D'ailleurs sa confession a consisté à sauvegarder la foi orthodoxe comme elle a été définie par les Conciles Œcuméniques et les Pères de l'Église.

17. *Lettre 12*, PG 91, 488A. Cf., également *Lettre 15*, PG 91, 572C : « *ὅτι μὴ ταυτὸν θεότης κατ'οὐσίαν καὶ ἀνθρωπότης* ».

18. *Lettre 13*, PG 91, 529D-532A.

nous avons appelé « ἑτερόχρονον » pour les deux natures en Christ. C'est-à-dire que l'essence et l'hypostase éternelle du Verbe de Dieu assument dans le temps la nature humaine par son union à l'hypostase divine. Ainsi le mode d'incarnation et d'union des deux natures est confessé de façon « orthodoxe » (εὐσεβῶς). La confession « orthodoxe » est l'antithèse de la confession « impie » qui est l'enseignement hérétique du dogme de l'incarnation. Dans la confession « orthodoxe », et par le terme « πρόσληψις », on sauvegarde aussi la différence entre la nature divine et la nature humaine comme deux essences « hétérogènes ». On exclut par cette argumentation toute idée d'une nature composée en Christ. Rappelons ici la comparaison entre la nature humaine composée d'une âme et d'un corps et l'hypostase composée du Christ. Pour la première, les deux « natures » (âme et corps) sont simultanées (ὁμόχρονοι), et leur union advient comme une « nécessité naturelle » pour former l'être humain. Ainsi l'homme n'a donc pas le libre choix de son mode d'être et de son existence. En effet, l'homme tiré du néant à l'existence reçoit de Dieu son « être » selon la raison de son être qui se trouve en Dieu. Par contre l'union hypostatique des deux natures en la Personne du Christ est advenue par le conseil libre, le choix libre et la volonté libre du Père et la synergie (coopération) du Saint-Esprit, réalisée par le Fils et Verbe de Dieu.

En ce qui concerne les deux natures en Christ, la divine est consubstantielle à celle du Père et du Saint-Esprit, l'humaine est consubstantielle à celle de sa Mère temporelle, la Vierge Marie, et donc à celle de toute l'humanité. Ainsi le Christ « est uni selon la nature et au Père et à la Mère » [19]. Le Fils et Verbe de Dieu, en tant que deuxième « Personne » de la Trinité, a quelque chose de commun et quelque chose qui lui est propre au sein de la Trinité. C'est-à-dire qu'étant consubstantiel au Père et au Saint-Esprit, Il a l'essence et toutes les propriétés essentielles communes aux autres personnes, au Père et au Saint-Esprit. Comme propriétés Il a, par exemple, la volonté et l'énergie, qui sont

---

19. *Lettre 15*, PG 91, 556A.

essentielles et communes aux trois personnes de la Sainte
Trinité. Mais le Christ a aussi des propriétés hypostatiques
qui lui sont propres, lesquelles caractérisent l'hypostase du
Fils et ne sont pas communes aux autres personnes de la
Trinité, comme l'engendrement, soit éternel, soit temporel.
La nature humaine du Christ est consubstantielle à la nature
de Sa Mère temporelle, la Vierge Marie, de qui Il a reçu
la nature humaine, elle est aussi consubstantielle à la nature
de tout le genre humain. Il a donc la nature et toutes les
propriétés naturelles communes à toute l'humanité. Ainsi la
volonté et l'énergie de la nature humaine du Christ sont
communes à la nature de tout le genre humain. Mais le
Christ a aussi des propriétés hypostatiques propres à Lui
seul, qui sont caractéristiques de Sa nature humaine [20].

Comment les deux natures (ou essences) parfaites divine
et humaine, sont-elles unies, sans confusion, sans altération,
sans division et sans séparation en la Personne unique du
Christ ?

Le Père éternel du Fils et Verbe de Dieu et Sa Mère
temporelle sont deux « extrêmes » (ἄκρα) [21] et à chacun de

20. Cf. *Lettre 15*, PG91, 545A : « Κοινὸν μὲν οὖν ἐστι καὶ καθολικόν,
ἤγουν γενικόν, κατὰ τοὺς Πατέρας, ἡ οὐσία καὶ ἡ φύσις· ταυτὸν γὰρ
ἀλλήλαις ταύτας ὑπάρχειν φασίν. Ἴδιον δὲ καὶ μερικόν, ἡ ὑπόστασις καὶ
τὸ πρόσωπον· ταυτὸν γὰρ ἀλλήλοις κατ'αὐτοὺς ταῦτα τυγχάνουσιν ».
21. Cf. *Opuscula Theologica et Polemica 7*, PG 91, 73BC ; *Lettre 13*, ibid.,
521ABC. Cf. également le texte de la *Lettre 15*, ibid., 556A-560C, un texte
plus précis et plus clair au point de vue des relations et de l'union des deux
natures en Christ. Nous citons ici tout le texte sur lequel nous basons
essentiellement nos réflexions : « Θεὸς ἀληθῶς κατ'οὐσίαν ὑπάρχων, καὶ
ἄνθρωπος ἀληθῶς φύσει κατ'οἰκονομίαν γενόμενος· μήτε τῇ κατὰ φύσιν
διαφθορᾷ τῶν οἰκείων μερῶν διαιρούμενος, μήτε τῇ καθ'ὑπόστασιν ἑνότητι
αὐτῶν συγχεόμενος· ἀλλὰ τῷ μὲν λόγῳ τῆς κατ'οὐσίαν τῶν ἐξ ὧν συνετέθη
μερῶν κοινότητος, Πατρί τε καὶ Μητρὶ κατὰ φύσιν ἑνούμενος, τὴν πρὸς
ἄλληλα τῶν ἐξ ὧν συνετέθη μερῶν διεδείκνυτο σῴζων διαφοράν· τῷ δὲ
λόγῳ τῆς καθ'ὑπόστασιν τῶν οἰκείων μερῶν ἰδιότητος, τῶν ἄκρων Πατρός
τέ φημι καὶ Μητρὸς διακρινόμενος, τὸ μοναδικὸν τῆς οἰκείας ὑποστάσεως
ἔχων διεφαίνετο παντελῶς ἀδιάφορον, ἐν τῇ πρὸς ἄλληλα κατ'ἄκρον
προσωπικῇ ταυτότητι τῶν οἰκείων μερῶν διαπαντὸς ἑνιζόμενον. Ἡ γὰρ
κατ'οὐσίαν θατέρου τῶν μερῶν πρὸς τὰ ἄκρα κοινότης, ἐν τῇ ἑνότητι
τῆς μιᾶς ὑποστάσεως, ἀσύγχυτον τὸ διάφορον τῆς θατέρου διασῴζουσα
φύσεως, μίαν ἀμφοτέρων ἐκ τῆς ἑνώσεως τοῖς εὐσεβέσιν οὐκ ἐδίδου
γνωρίζεσθαι φύσιν, ἵνα μὴ γένηται παντελῶς κατ'οὐσίαν τῶν μερῶν ἀπογένεσις, ἢ κατὰ σύνθεσιν τῆς ἐξ αὐτῶν τοῦ ὅλου μιᾶς φύσεως γένεσις,
οὐκ ἔχουσα πῶς τὴν φυσικὴν πρὸς τὰ μέρη τῶν ἄκρων φυλάξει συγγένειαν,
μὴ σῴζουσα τὴν κατ'οὐσίαν πρὸς ἄλληλα τῶν ἐξ ὧν συνετέθη μερῶν

ces extrêmes Sa nature divine et Sa nature humaine sont respectivement consubstantielles. Cette consubstantialité signifie donc l'identité de la nature divine du Christ avec l'essence de Dieu le Père et de l'Esprit-Saint, et l'identité de sa nature humaine avec celle de sa Mère et de tout le genre humain. L'identité respective des deux natures en Christ avec ces « extrêmes » est aussi la raison de leur union sans confusion, sans altération, sans division et sans séparation, car l'identité des « parties » (μέρη) aux « extrêmes » (ἄκρα) manifeste la différence ontologique des parties, différence qui exclut toute altération, toute confusion et tout mélange lors de leur union. Ainsi, même unies, les « parties » — les deux natures différentes — ont sauvegardé leur identité respective aux « extrêmes ». Cette identité est aussi la raison de la différence des « parties » entres elles et de leur distinction [22].

L'union des deux natures est hypostatique. L'hypostase de la nature humaine n'est autre que celle de la nature

διαφορὰν μετὰ τὴν ἕνωσιν· ἀλλ᾿ὑπόστασιν μίαν παρεῖχεν ὁρᾶν ἐκ τῆς ἑνώσεως σύνθετον, τῇ κατὰ φύσιν τῶν ἐξ ὧν συνετέθη μερῶν ὑπάρξει συντηρουμένην. Ἡ δὲ καθ᾿ὑπόστασιν θατέρου τῶν ὡς εἰς ὅλου τινὸς Χριστοῦ σύνθεσιν μερῶν ἰδιότης, τῷ κατ᾿οὐσίαν κοινῷ συνεπινοουμένῃ, γνώρισμα κοινὸν ἀπετέλεσε τῶν μερῶν, τὸ χαρακτηρίζον τὴν ἐξ αὐτῶν συμπληρωθεῖσαν μίαν ὑπόστασιν. Κοινὴν γὰρ σαρκὸς καὶ θεότητος κατὰ τὴν ἄρρητον ἕνωσιν γεγενῆσθαί φαμεν, τὴν ἐξ αὐτῶν συνόδῳ τῇ καθ᾿ἕνωσιν φυσικήν, ἤγουν ἀληθῆ καὶ πραγματικήν, συμπληρωθεῖσαν τοῦ Χριστοῦ μίαν ὑπόστασιν. Φημὶ δὲ κοινήν, ὡς μίαν καὶ τὴν αὐτὴν τῶν μερῶν ἰδικωτάτην ἐκ τῆς ἑνώσεως ἀποφανθεῖσαν ὑπόστασιν· μᾶλλον δὲ μίαν τοῦ Λόγου καὶ τὴν αὐτὴν ὑπάρχουσαν νῦν τε καὶ πρότερον· ἀλλὰ πρότερον μὲν ἀναιτίως, ἁπλῆν καὶ ἀσύνθετον· ὕστερον δὲ δι᾿αἰτίαν προσλήψει σαρκὸς νοερῶς ἐμψυχωμένης ἀτρέπτως γενομένην κατ᾿ἀλήθειαν σύνθετον· καθ᾿ἣν τῶν ἄκρων, Πατρός τέ φημι καὶ Μητρὸς ἀφοριζόμενος, πρὸς ἑαυτὸν ἥνωται, καθοτιοῦν οὐκ ἔχων διαφοράν· ἵνα μὴ γένηται παντελὴς τῆς καθ᾿ὑπόστασιν τῶν μερῶν ταυτότητος ἀπογένεσις, ἢ τῆς κατ᾿αὐτὴν τῶν μερῶν διαφορᾶς γένεσις, εἰς δυάδα προσωπικὴν διαλύουσα τὴν καθ᾿ὑπόστασιν ἕνωσιν· οὐκ ἔχουσα πῶς δεῖξαι τὴν πρὸς ἄλληλα τῶν μερῶν προσωπικὴν ταυτότητα σωζομένην, τῇ καθ᾿ὑπόστασιν διαφορᾷ πρὸς δυάδα προσώπων γνωριζομένην » (PG 91, 556A-557A)

22. Cf. Lettre 15, PG 91, 561A : « Διαφορὰ γὰρ ἐστιν, λόγος καθ᾿ὅν ἡ πρὸς ἄλληλα τῶν σημαινομένων ἑτερότης σώζεσθαι πέφυκεν, καὶ τοῦ πῶς εἶναι δηλωτικός. Ταυτότης δέ ἐστιν, ἀπαραλλαξία καθ᾿ἥν ὁ τοῦ σημαινομένου λόγος τὸ πάντη κέκτηται μοναδικόν, μηδενὶ τρόπῳ διαφορᾶς γνωριζόμενον ». Le terme « διαφορά » n'introduit pas la notion de division, mais permet de constater la différence ontologique entre les deux natures qui sont en effet unies inséparablement, et sans confusion en l'unique hypostase du Christ.

divine. Saint Maxime attire notre attention sur l'usage du terme « *εὐσεβῶς* » qui définit de façon orthodoxe le mystère de l'incarnation ; ainsi le terme « *πρόσληψις* » (assumer la nature humaine), détermine le dogme orthodoxe, il en exclut un usage erroné et écarte tout danger d'hérésie. Le terme « *πρόσληψις* » indique également que la nature humaine assumée par l'hypostase divine − et non hypostasiée en elle-même − est unie à l'hypostase de la nature divine, qui elle, existait antérieurement. Cette hypostase divine, qui existe avant l'incarnation était simple, comme hypostase du Fils et Verbe de Dieu. Mais après avoir assumé la nature humaine, cette hypostase simple du Fils et Verbe de Dieu devient l'hypostase composée de Jésus-Christ.

En traitant la question de l'hypostase dans le premier chapitre, on a constaté que d'une part l'essence est le commun et l'universel des êtres et que d'autre part l'hypostase est le particulier des êtres consubstantiels. Dans la *Lettre 15* l'hypostase est définie comme « l'essence avec ses propriétés »[23]. Les êtres de même essence se distinguent selon l'hypostase[24], car les propriétés hypostatiques sont différentes d'un être à l'autre. Ce principe ontologique de la distinction entre l'essence commune et la particularité de l'hypostase est le point fondamental de la question de l'union des deux natures en Christ. Celles-ci ont des propriétés particulières qui distinguent respectivement les essences consubtantielles, divine et humaine. L'engendrement éternel du Fils du Père, par exemple, est une propriété hypostatique qui n'est pas commune aux autres personnes divines, tout comme le fait d'être Fils éternel. Parallèlement, Sa naissance temporelle de la Vierge Marie, et le fait qu'Il est Fils de la Théotokos sont des propriétés qui Lui sont propres, et non communicables à d'autres. Les propriétés de la nature divine et de la nature humaine du Christ constituent les « altérités » (*ἑτερότητας*) des « parties » (*μέρη*) en Christ par rapport aux « extrêmes » (*ἄκρα*), ainsi que l'« identité »

---

23. PG 91, 557D. Dans la *Lettre 13*, PG 91, 528A, on trouve la définition suivante : « ʽΥπόστασίς ἐστιν οὐσία τις μετὰ ἰδιωμάτων, ἤ, οὐσία τις τῶν καθ'ἕκαστα περιληπτικὴ τῶν ἐν τῷ οἰκείῳ ἀτόμῳ πάντων ἰδιωμάτων ».
24. Cf. *Lettre 15*, PG 91, 549C.

($\tau\alpha\upsilon\tau\acute{o}\tau\eta\varsigma$) hypostatique des « parties » [25]. En assumant la nature humaine parfaite, mais sans hypostase propre, l'hypostase divine du Christ a formé l'enhypostaton qui, pour le Christ, est une hypostase composée. « L'enhypostaton n'existe pas en soi-même, mais il est perçu dans d'autres comme le genre l'est dans les individus qui sont sous lui, ou il est ce qui coexiste avec quelqu'un d'autre, différent selon l'essence, mais unis ensemble pour le devenir d'un tout » [26]. Ces deux approches de l'enhypostaton expliquent le mode de l'union des deux natures en Christ. Tout d'abord, leur union est hypostatique, car on ne peut pas avoir une union essentielle de deux natures qui ont un « $\lambda\acute{o}\gamma o\varsigma$ $\tau o\tilde{\upsilon}$ $\epsilon\tilde{\iota}\nu\alpha\iota$ » différent [27]. L'« $\dot{\epsilon}\nu\upsilon\pi\acute{o}\sigma\tau\alpha\tau o\nu$ » « n'existe pas en soi-même » contrairement à l'essence qui existe en soi-même. En Christ il y a deux natures, divine et humaine, et une seule hypostase, divine. La nature humaine assumée par l'hypostase divine est « enhypostasiée » en l'hypostase divine et ainsi, l'hypostase du Verbe éternel devient une hypostase composée formant « un tout » en Christ. L'union hypostatique ne supprime pas les distinctions essentielles et les propriétés de chaque nature, car chacune d'elle garde son « $\lambda\acute{o}\gamma o\varsigma$ $\tau o\tilde{\upsilon}$ $\epsilon\tilde{\iota}\nu\alpha\iota$ » et son « $\tau\rho\acute{o}\pi o\varsigma$ $\tau\tilde{\eta}\varsigma$ $\dot{\upsilon}\pi\acute{\alpha}\rho\xi\epsilon\omega\varsigma$ ». La nature humaine du Christ enhypostasiée en l'hypostase divine n'est pas un accident de l'hypostase divine, mais une nature parfaite, sans pour autant avoir une hypostase propre [28].

Jésus-Christ est Dieu parfait et Homme parfait. L'union hypostatique en Lui de ses deux natures, divine et humaine, est la seule vérité. Il n'y a aucune autre interprétation possible. « Nous ne cessons de confesser le Christ de deux natures, puisque nous croyons, comme je le disais, qu'Il (tient) de la divinité et de l'humanité ; et en deux natures, étant en la divinité et en l'humanité ; et deux natures, (étant) à la fois Dieu et homme puisqu'on connaît qu'Il n'est pas

---

25. Cf. *Lettre 15*, PG 91, 556ABCD.

26. *Lettre 15*, PG 91, 557D-560A.

27. Cf. ibid., PG 91, 552D-553A.

28. Cf. *Lettre 12*, PG 91, 500CD et *Lettre 15*, ibid., 572A. Voir aussi les références de la note 21. Cf. Christoph von SCHÖNBORN, *L'icône du Christ. Fondements théologiques*, op. cit. pp. 106-127 : « *Nature et hypostase – Une analyse précise de leur rapport* ».

seulement **de** ces deux (natures), mais aussi **ces** deux natures ;
et non seulement ces deux, mais **en** ces deux natures, comme
le tout (tient) des parties, et le tout (est) en parties, et le
tout est par les parties » [29]. Par ce texte nous pouvons mieux
comprendre le sens de la phrase à laquelle saint Maxime
est tout particulièrement attaché, concernant les deux
natures, « desquelles, et en lesquelles et lesquelles sont le
Christ » [30].

Le « tout » (ὅλον) en Lui sont ses deux natures avec leurs
propriétés et son hypostase composée. Les « parties » sont
chacune de ses deux natures qui ont comme source la
divinité pour la nature divine, et l'humanité pour la nature
humaine, les « ἄκρα » (extrêmes). Le problème christologique
est exprimé dans toute sa dimension dans cette phrase :
« desquelles, en lesquelles et lesquelles sont le Christ » ;
l'analyse de ces trois points permet de constater :

(a) Les deux natures desquelles est le Christ : Le préfixe
« ἐξ » (de) exprime la provenance extérieure ; « desquelles
il est » signifie donc la provenance éternelle de la nature
divine, du Père, et la provenance temporelle de la nature
humaine, de la Mère. Les « extrêmes » (ἄκρα) sont donc la
cause et la source de la provenance des deux « parties »
(μέρη) en Christ. « Nous disons que le Christ est de deux
natures, (divine et humaine) comme le tout des parties » [31.]

(b) Les deux natures en lesquelles est le Christ : Le préfixe
« ἐν » (en) signifie la situation intérieure dans laquelle quelqu'un est disposé. Pour la Personne du Christ, ceci manifeste
sa situation intérieure. En effet, le préfixe « ἐκ » signifie la
provenance extérieure des deux natures, mais n'explique pas
comment coexistent ces deux « parties » après leur union.
Cette lacune est comblée par l'expression « en lesquelles Il

29. *Lettre 12*, PG 91, 501A.

30. Pour une analyse plus détaillée sur les deux natures « desquelles, en
lesquelles et lesquelles sont le Christ », voir Pierre PIRET, *Le Christ et la
Trinité selon Maxime le Confesseur*, et plus particulièrement le chapitre IV,
« *Les deux natures lesquelles sont le Christ* » pp. 203-239. D'autres textes de
saint Maxime qui traitent du même sujet : *Opuscula Theologica et Polemica 9*,
121B ; *Lettre 12*, ibid., 500BC ; *Lettre 13*, ibid., 524D-525A ; *Disputatio cum
Pyrrho*, ibid., 289B ; *Ambigua II, 27*, ibid., 1268C-1272A.

31. *Lettre 13*, PG 91, 524D

est ». Ceci nous mène à l'union hypostatique, car l'hypostase unique du Verbe est commune aux deux natures, divine et humaine. L'union hypostatique, par conséquent sauvegarde les deux natures sans changement et sans altération. « Nous disons que (Christ) est en deux natures, et nous croyons qu'Il est en la divinité et en l'humanité, comme le tout en les parties » [32]. L'expression « ἐν αἷς » décrit donc les deux natures après leur union.

(c) *Les deux natures lesquelles sont le Christ* : Ceci recouvre une autre dimension importante de la christologie. En effet, la phrase « *les deux natures lesquelles sont le Christ* » décrit la situation unique de la personne du Christ. Après l'union, pour les deux natures ne sont advenues ni altération, ni confusion. Bien plus, l'hypostase une et composée du Christ unit les deux natures parfaites, lesquelles sont le Christ. Ainsi on exclut toute hypothèse d'une nature composée après l'union. Comme le définit le IVème Concile Œcuménique, les deux natures sont unies « sans confusion, sans altération, sans division et sans séparation ». « Les deux parties, en Christ, sont sa divinité et son humanité, desquelles et en lesquelles Il existe » [33]. Ceci est l'une et unique réalité en Christ ; ailleurs, saint Maxime souligne que « Christ est Dieu selon la nature, et homme, et absolument rien d'autre » [34].

2. La volonté et l'énergie naturelles.

Accepter ou rejeter l'enseignement de deux volontés et de deux énergies et aussi celui de deux natures en Christ a des conséquences christologiques et sotériologiques considérables. La volonté ne manifeste pas la soumission de la

---

32. Ibid., 525A.
33. Ibid.
34. *Opuscula Theologica et Polemica 9*, PG 91, 121B. Puisque le thème de cette thèse est l'« essence et l'énergie », pour ne pas sortir de la discussion, nous ne nous étendrons pas plus sur ce point et nous n'entrons pas plus avant dans la christologie de saint Maxime. Nous nous limiterons donc à la question précise des relations des deux natures parfaites en Christ, la nature divine et la nature humaine avec toutes leurs propriétés, car nous pensons que la christologie de saint Maxime est la confirmation de son enseignement sur l'essence et l'énergie au niveau ontologique.

nature à la nécessité métaphysique, mais elle exprime la libre volonté et la liberté de l'être (αὐτεξούσιον) tant de l'être divin que de l'être humain [35]. Puisque l'énergie est la réalisation de la volonté, nous ne pouvons donc priver aucun être, quel qu'il soit, créé ou incréé, ni de sa volonté, ni de son énergie. En particulier pour la personne du Christ en tant que Sauveur, l'enseignement orthodoxe des deux natures, des deux volontés et des deux énergies indique que le salut et la grâce ne sont pas donnés en l'absence de l'homme, mais bien par la coopération de l'homme avec Dieu. L'exemple parfait de cette coopération est la personne du Christ. Cette enseignement constitue une exégèse de l'Ecriture selon laquelle l'homme a pour but de parvenir à la ressemblance de Dieu, car il a été créé à son image. L'« αὐτεξούσιον » est la puissance naturelle qui mène l'homme à la réalisation de ce but.

Nous développerons encore ce point, car pour saint Maxime comme pour les autres Pères, la réalisation de la ressemblance est la connaissance et l'union de l'homme avec Dieu, et sa sanctification. Cette question est abordée dans la deuxième partie de notre étude, mais il nous paraît important de souligner ici que la connaissance de Dieu et la sanctification de l'homme est réalisée par l'union de l'énergie humaine à l'énergie divine. « L'opposition » entre l'homme et Dieu est supprimée par la purification de ses péchés, et il parvient alors à la connaissance de Dieu, et la volonté et l'énergie humaines se trouvent en harmonie et en synergie avec la volonté et l'énergie divines [36]. La libération du monde des conséquences de la chute par Jésus-Christ restaure le but primordial de la création, offert comme « exemple » (τύπος) réalisé en la personne du Christ. Ceci confirme l'importance christologique de cet enseignement [37].

---

35. Cf. la discussion de saint Maxime avec Pyrrhus pour savoir si la volonté est naturelle et si le naturel introduit obligatoirement le sens de la nécessité. PG 91, 292B-296A. Cf. une analyse plus détaillée dans le premier chapitre.

36. Cf. *Chapitres Théologiques et Économiques I*, PG 90, 1100BC ; *Ambigua II, 7*, PG 91, 1076C ; *Opuscula Theologica et Polemica 2*, PG 91, 29ABC.

37. Cf. *Quaestiones ad Thalassium 42*, Corpus Christianorum 7, 285-289. PG 90, 405C-409A.

(a) Volonté naturelle en Christ.

L'existence des deux natures en Christ a pour conséquence celle de ces deux volontés naturelles : « Le Sauveur, en tant qu'homme, avait donc une volonté naturelle qui portait l'empreinte de sa volonté divine et ne lui était pas opposée, car rien de ce qui est naturel ne s'oppose en aucune façon à Dieu ; par conséquent elle n'est pas non plus (une volonté) gnomique ; si d'ailleurs il y avait une opposition selon la nature, alors elle serait considérée comme une division personnelle ; en outre on pourrait reprocher au Créateur d'être l'auteur d'une nature qui combat contre Lui-même (ἑαυτῷ πεποιηκότα τὸ φύσει μαχόμενον) » [38]. Ce texte vise à affirmer l'existence de la volonté naturelle de la nature humaine du Christ. Il introduit notamment une série de questions concernant cette affirmation de la volonté naturelle et non pas gnomique, et la relation de la volonté humaine avec la divine.

1. L'affirmation de la volonté naturelle du Christ en tant qu'homme va à l'encontre de l'opinion monothélite selon laquelle la nature humaine du Christ n'a pas de volonté propre, mais qu'elle est soumise à la volonté divine [39]. Saint Maxime mentionne ce problème à plusieurs reprises. Citons ici le texte des *Opuscula Theologica et Polemica 6* [40]. Dans ce texte saint Maxime fait l'exégèse du texte évangélique : « *Mon Père, s'il est possible, que cette coupe s'éloigne de moi !* » [41], en se référant à l'interprétation du même verset par saint Grégoire de Nazianze [42]. L'enseignement de ce

---

38. *Opuscula Theologica et Polemica 3*, PG 91, 48D-49A. Cf. traductions de Christoph von SCHÖNBORN, *L'icône du Christ*, op. cit. p. 129, et F.-M. LETHEL, *Théologie de l'agonie du Christ*, op. cit. p. 126. Nous apportons une légère modification à ces deux traductions, basées surtout sur la traduction latine.

39. Nous n'envisageons pas une analyse détaillée de ce thème, mais nous renvoyons à l'étude de François-Marie LETHEL, *Théologie de l'agonie du Christ. La liberté humaine du Fils de Dieu et son importance sotériologique, mises en lumière par saint Maxime Confesseur*, (*THÉOLOGIE HISTORIQUE* 52), Paris 1979. Dans son étude F.-M. LETHEL fait la comparaison de l'exégèse de Mt 26,39, de saint Grégoire de Nazianze, de Pséphos, du patriarche Serge et de saint Maxime.

40. *Opuscula Theologica et Polemica 6*, PG 91, 65A-68D. Cf. *Opuscula Theologica et Polemica 7*, PG 91, 80C-85B ; *Opuscula Theologica et Polemica 16*, ibid., 184D-212A.

41. Matthieu 26,39.

42. *Discours 30, 12, Discours théologique IV*, PG 36, 117C-120B. Le texte de

dernier a été utilisé par les monothélites pour montrer la vérité de leur propre enseignement en le fondant ainsi également sur des opinions patristiques [43]. Saint Maxime, se fondant sur le même enseignement du Père cappadocien, donne la position orthodoxe. Ce dernier clôt son commentaire ainsi : « La divinité du Père et du Fils étant une, par conséquent une est aussi leur volonté ». Saint Grégoire de

---

saint Grégoire de Nazianze auquel nous nous référons est le suivant : « *Si ces paroles n'étaient pas prononcées par celui-là même qui est descendu, nous dirions qu'elles expriment le langage d'un homme, non pas de celui que nous considérons dans le Sauveur (οὐ τοῦ κατὰ τὸν Σωτῆρα νοουμένου) – car son vouloir n'est en rien contraire (ὑπεναντίον) à celui de Dieu puisqu'il est tout divinisé (θεωθέν ὅλον) – mais d'un homme de notre sorte (καθ'ἡμᾶς), attendu que la volonté humaine ne suit pas toujours la volonté divine, mais que le plus souvent elle lui résiste et lutte contre elle (ἀντιπίπτοντος ... καὶ ἀντιπαλαίοντος).*

C'est aussi de même que nous avons compris la parole : "Mon Père, s'il est possible, que cette coupe s'éloigne de moi ; non pas comme je veux, mais que ta volonté triomphe" ! Il est en effet également invraisemblable que le Christ ignore si la chose est possible ou non et qu'il substitue volonté à volonté (τῷ θελήματι ἀντισφέρειν τὸ θέλημα).

Mais comme les paroles en question ont été prononcées par celui qui a assumé (προσλαβόντος) – c'est-à-dire celui qui est descendu du Ciel – et non pas la réalité assumée (προσλήματος), nous répondrons : ces paroles n'impliquent pas l'existence d'une volonté propre du Fils, différente de celle du Père, elles indiquent au contraire qu'une telle volonté n'existe pas. De la sorte, l'ensemble signifie : "non pour que je fasse ma volonté", car la mienne n'est pas séparée de la tienne, elle nous est commune à toi et à moi ; comme nous n'avons qu'une divinité, nous n'avons qu'une volonté. On trouve, d'ailleurs, bien d'autres exemples des choses qui sont exprimées de même sous forme générale, d'une façon non point affirmative (θετικῶς), mais négative (ἀρνητικῶς) ... par exemple : "Ce n'est pas mon péché, ni mon iniquité" (Ps. 58,5) qui causent mon malheur ; comprenez, non qu'il y ait un péché, mais qu'il n'y en ait pas ... ».

L'intérêt particulier de saint Grégoire de Nazianze n'est pas de démontrer qu'en Christ existent deux volontés, mais d'arriver à la conclusion que comme le Père et le Fils ont une même essence divine, Ils ont par conséquent une seule volonté. Pour saint Grégoire cela ne fait pas de doute que le Christ avait aussi une volonté humaine. Nous sommes d'accord avec François-Marie LETHEL *Théologie de l'agonie du Christ*, op. cit. p. 31, que « *du point de vue théologique, ce texte est difficile et pose bien des problèmes* ». D'ailleurs le fait que saint Maxime se penche sur ce même texte signifie bien que pour lui aussi ce texte présente des difficultés théologiques. Et ces difficultés sont bien visibles sous l'angle de la problématique de saint Maxime et de la solution que ce dernier propose pour la question de deux volontés en Christ. Mais l'auteur n'a pas raison lorsqu'il affirme que saint Grégoire, par la phrase « *car son vouloir n'est en rien contraire (ὑπεναντίον) à celui de Dieu puisqu'il est tout divinisé (θεωθέν ὅλον)* », identifie la volonté humaine à la volonté divine. F.-M. LETHEL écrit à ce propos : « *ce "vouloir divinisé" ne signifie rien d'autre que la volonté divine* » (Ibid., p. 34). Dans sa *101ᵉ Lettre* saint Grégoire écrit à propos de l'union des deux natures en Christ : « *Dieu étant devenu homme et l'homme étant divinisé* » (Θεοῦ μὲν ἐνανθρωπήσαντος, ἀνθρώπου δὲ θεωθέν-

Nazianze veut montrer « l'homotimie » du Père et du Fils, et par cela la concordance de la volonté du Fils avec celle du Père. Ici on reconnaît la théologie du Père cappadocien qui veut démontrer par l'unique volonté entre le Père et le Christ qu'Ils sont également consubstantiels. Origène déjà, démontrait la consubstantialité des trois personnes divines par l'identité de leur volonté et de leur énergie. Saint

---

τος). Il serait absurde de dire que saint Grégoire identifie la nature divine à la nature humaine ou bien le contraire. Le terme « θεωθέντος » est le même que dans le texte en question. Par cela saint Grégoire veut montrer que les deux natures, divine et humaine, unies en Christ, étaient parfaites, la nature humaine n'étant privée ni de l'intelligence ni de l'âme, ni d'une autre partie de l'être humain. Saint Maxime est très influencé au sujet des natures parfaites, de la nature « assumée » etc. par saint Grégoire, sujet que l'on retrouve dans la *Lettre* mentionnée. La question par contre qui pourrait se poser dans cette position théologique de saint Grégoire est de savoir si la nature humaine en Christ est déjà divinisée avant la Résurrection. La nature humaine du Christ est « assumée » (πρόσληψις) sans le péché ; on peut donc parler de la nature humaine « divinisée » même avant la Résurrection, comme la nature humaine est unie à la nature divine. Effectivement, cela ne signifie pas un aphthartodocétisme quelconque, car la divinisation ici ne signifie point que la nature humaine est privée de ses propriétés, telles que la volonté, l'énergie, la passion, la faim, la soif etc. le Christ étant *« passible selon la chair, impassible selon la divinité, descriptible selon le corps, indescriptible selon l'esprit, le même terrestre et céleste, visible et intelligible, contenu et non contenu. Ainsi en le même, homme entier et Dieu entier, l'homme entier déchu sous le péché est recréé »* (saint Grégoire de Nazianze, *Lettre 101*, PG 37, 177BC). Dans la même Lettre, saint Grégoire introduit la notion de l'« altérité » non pas comme une opposition mais comme une différence ontologique : « ἄλλο μὲν καὶ ἄλλο τὰ ἐξ ὧν ὁ Σωτήρ (εἴπερ μὴ ταυτὸν τὸ ἀόρατον τῷ ὁρατῷ, καὶ τὸ ἄχρονον τῷ ὑπὸ χρόνου) » *(Les deux natures unies en le Sauveur sont autre et autre — si l'invisible et le visible, l'intemporel et le temporel sont différents)* (Ibid., 180A). Et cela contrairement à ce que F.-M. LETHEL prétend en écrivant à propos du texte du *IVᵉ Discours Théologique de saint Grégoire* : *« Ici encore Grégoire montrerait qu'il ne sépare pas les notions de contrariété et d'altérité : en même temps qu'il nie la contrariété : "son vouloir n'est pas contraire à celui de Dieu", il nierait également l'altérité : "son vouloir est tout divinisé" c'est-à-dire divin, non autre que le vouloir divin »* (Ibid., p. 34), et que *« la confusion de l'altérité et de la contrariété devait être la véritable source du monothélisme byzantin, car cette confusion impliquait automatiquement une certaine lecture des textes évangéliques »* (Ibid., p. 35). L'opposition entre la volonté divine et la volonté humaine n'est pas par conséquent une opposition due à l'altérité ontologique, mais elle est due au péché, tandis que pour la nature humaine du Christ, libérée du péché, l'opposition n'existe pas. C'est sur ce même texte de saint Grégoire que saint Maxime entame la discussion avec Pyrrhus, cf. PG 91, 316CD. Cf. également *Opuscula Theologica et Polemica* 20, PG 91, 233A-237C.

43. Voir le *Pséphos du Patriarche Serge* (juin 633) cité par F.-M. LETHEL, op. cit. p. 37-38. Cf., *MANSI XI*, 533E-536A. Cf. aussi *Disputatio cum Pyrrho*, 316C.

Maxime va encore plus loin que Nazianze, et il montre le
fondement théologique de l'existence de deux volontés naturelles en Christ.
2. Les deux natures en Christ ne s'opposent pas, « car
rien de ce qui est naturel ne s'oppose en aucune façon à
Dieu » [44]. L'opposition ne se situe pas au niveau ontologique,
mais au niveau du choix personnel (γνώμη, προαίρεσις),
autrement la notion de discordance serait introduite entre
le Créateur et la création, le Créateur étant considéré comme
la cause de l'opposition naturelle. L'opposition est donc le
résultat du péché, et non de l'altérité entre la divinité et
l'humanité. Cette altérité ontologique existe en la personne
de Jésus-Christ, la nature humaine, en Lui, étant assumée
par la nature divine, est unie à l'hypostase divine. L'accord
(σύννευσις) naturel, qui existe entre « autre et autre » (ἄλλης
καὶ ἄλλης) [45] des deux natures en Christ s'étend aussi à ses
deux volontés et à ses deux énergies [46]. Saint Grégoire de
Nazianze, dans le texte mentionné du IVème discours théologique, et saint Maxime, entre autres dans le texte des
Opuscula Theologica et Polemica 6, abordent le contenu de
Mat 26,39. Saint Maxime ne se limite pas seulement au
contenu de la révélation de l'enseignement biblique, mais il
introduit aussi l'aspect ontologique concernant la volonté.
Par cela nous entendons le fondement sur une base ontologique de la volonté naturelle, divine ou humaine, « car le

44. Cf. *Quaestiones ad Thalassium 42, Corpus Christianorum* 7, 285-289. PG
90, 405C-409A.
45. Cf. saint Grégoire de Nazianze, *Lettre 101*, PG 37, 180A.
46. « *Εἰ δὲ μὴ τοῦ καθ'ἡμᾶς, ἀλλὰ τοῦ κατὰ τὸν Σωτῆρα νοουμένου
ἀνθρώπου λαμβάνῃς τό οὐχ ὅ ἐγὼ θέλω, ἀλλὰ τὸ σὸν ἰσχυέτω θέλημα,
τὴν ἄκραν τοῦ ἀνθρωπικοῦ πρὸς τὸ θεῖον αὐτοῦ θέλημα καὶ πατρικὸν
ὡμολόγησας σύννευσιν· καὶ δύο τοῦ διπλοῦ τὴν φύσιν· τάς τε θελήσεις
καὶ ἐνεργείας κατὰ φύσιν οὔσας, παρέστησας· ἐν οὐδετέρᾳ τὴν οἱανοῦν
ἐναντίωσιν ἔχοντος· εἰ καὶ τὴν φυσικὴν ἐν πᾶσι διαφορὰν τῶν ἐξ ὧν καὶ
ἐν αἷς τε, καὶ ἅπερ ὧν ὁ αὐτὸς κατὰ φύσιν* ». La terminologie du texte
est sans doute influencée par saint Grégoire de Nazianze. Ce que le Père
cappadocien n'explique pas, c'est pourquoi, dans l'union des deux natures en
Christ, il n'y a pas d'opposition, ou bien pourquoi la volonté humaine en
général s'oppose à la volonté divine, opposition qui n'existe pas entre les deux
volontés du Christ. Cela, saint Maxime l'explique en disant qu'altérité n'est
pas opposition. Et, nous le répétons, pour saint Maxime, l'opposition entre la
volonté divine et humaine est le résultat du choix préférentiel de la personne.
Cf. *Disputatio cum Pyrrho*, PG 91, 292AB.

Christ était reconnu comme étant par nature à même de vouloir et d'opérer notre salut » [47].

(a) L'interprétation que propose saint Maxime de Mat 26,39 est différente de celle de saint Grégoire de Nazianze. Pour ce dernier les paroles du Christ « *Mon Père, s'il est possible, que cette coupe s'éloigne de moi ! Toutefois, non pas ce que je veux, mais ce que tu veux* » [48], sont dites non pas « par l'homme considéré dans le Sauveur » (ὑπὸ τοῦ κατὰ τὸν Σωτῆρα νοουμένου ἀνθρώπου), mais bien par celui qui a assumé (προσλαβόντος) la nature humaine, le Fils du Père. Ainsi saint Grégoire réfute l'enseignement arien, selon lequel il y a une opposition entre la volonté de Jésus-Christ et celle du Père, et que par conséquent le Fils n'est pas « homotime » (ὁμότιμος) au Père. Saint Grégoire dans son interprétation démontre trois points : (a) Le Fils a la même volonté que le Père. (b) Entre la volonté du Père et du Fils il n'y a pas d'opposition. (c) Entre la volonté de la nature divine du Christ et celle de sa nature humaine, il n'y a pas d'opposition non plus.

Certes, il existe de façon générale une opposition entre la volonté divine et la volonté humaine, mais pas en la personne du Christ. La volonté humaine « s'oppose » à la volonté divine, parce que par le libre choix du péché, la volonté humaine a dévié de son but naturel, tandis que la volonté humaine du Christ préserve son caractère naturel et autre de la volonté divine. Mais celle-ci ne s'oppose pas à celle-là, car, pour l'union de la nature humaine à la divine, la volonté humaine est « divinisée » (ἐθεώθη). La volonté humaine en Christ est libre de toute opposition envers la volonté divine, « car son vouloir n'est en rien contre la volonté de Dieu puisqu'Il est tout divinisé » [49]. La divinisation ne prive pas la nature humaine de ses propriétés (volonté, énergie), ni de ses habitus (ἕξεις) naturels (faim, soif, peine, etc.), mais la libère du péché, donc la purifie, la divinise.

---

47. *Opuscula Theologica et Polemica* 6, PG 91, 68D. Trad. F.-M. LETHEL, *Théologie de l'agonie du Christ*, op. cit. p. 90.

48. Mat 26,39, d'après saint Grégoire dans son *IVᵉ Discours Théologique*, PG 36, 117C. Comme saint Grégoire de Nazianze, saint Maxime apporte des modifications au texte évangélique.

49. Saint Grégoire de Nazianze, ibid.

Dans les paroles du Seigneur, il n'y a pas, selon saint Grégoire de Nazianze, de « dialogue » entre la volonté divine et humaine du Christ, mais un « dialogue » entre le Fils et le Père dont la volonté est une, et il n'y a pas d'opposition entre la volonté du Père et celle du Fils. Ce faisant, saint Grégoire ne supprime pas la volonté humaine du Christ, puisqu'elle est différente de celle de la nature divine. Il ne l'oppose pas non plus à la volonté divine. C'est sur cet enseignement que se base saint Maxime pour développer sa propre interprétation de Mt 26, 39, même si les monothélites l'ont aussi utilisé pour renforcer leur position.

(b) Saint Maxime distingue deux parties dans les paroles du Seigneur à Gethsémani : « *Mon Père, s'il est possible, que cette coupe s'éloigne de moi !* est la manifestation de sa volonté humaine. Or « *Toutefois, non pas ce que Je veux, mais ce que Tu veux* » manifeste l'accord (σύννευσιν) de la volonté humaine avec la volonté divine. Alors que pour saint Grégoire de Nazianze, les paroles du Fils de Dieu « *Toutefois, non pas ce que Je veux* » manifestent une volonté qui n'est pas différente de celle du Père. Pour saint Maxime, c'est la nature humaine du Christ qui prononce ces paroles et manifeste ainsi une volonté humaine différente de sa volonté divine. Malgré la différence ontologique des deux volontés, il y a un accord (σύννευσις) parfait entre les deux.

La suite des paroles du Christ à Gethsémani « *mais que Ta volonté triomphe* » est interprétée selon l'opinion de saint Grégoire de Nazianze, à savoir que le Père et le Fils ont la même volonté, ce qui est acquis pour saint Maxime, et dont il ne doute pas, car, puisque le Père et le Fils ont la même nature, Ils ont la même volonté et la même énergie. Ainsi la phrase du Christ « *que Ta volonté triomphe* » se réfère à la volonté divine commune au Père et à Lui-même, elle éclaircit aussi la phrase de saint Grégoire de Nazianze selon laquelle « son vouloir n'est en rien contre la volonté de Dieu, étant tout divinisé » [50]. C'est ainsi qu'est introduite la notion de l'accord (σύννευσις) entre les deux volontés. Saint Maxime, en des termes plus clairs, rejette la position

---

50. Cf. Mat 26,39.

des monothélites pour lesquels la volonté humaine en Christ
est en « contradiction » avec la volonté divine. C'est ainsi
que les deux natures, les deux volontés et les deux énergies
peuvent coexister et rester « *autre et autre* » en suivant saint
Grégoire de Nazianze, sans être en opposition naturelle.

(c) Et saint Maxime de conclure : « C'est pourquoi, selon
les deux natures, desquelles, en lesquelles et dont (le Christ)
était l'hypostase, il était connu comme étant (ὑπάρχων) par
nature apte à vouloir et à opérer (θελητικὸς καὶ ἐνεργη-
τικός) notre salut, que d'une part Il voulait conjointement
avec (συνευδοκῶν) le Père et l'Esprit, et pour lequel, d'autre
part *"Il a obéi"* au Père *"jusqu'à la mort et la mort de la
Croix"* ; Il a accompli (αὐτουργήσας) ainsi dans la chair le
grand mystère de l'économie divine en notre faveur » [51].
Christ veut et opère notre salut en tant que Dieu et en
tant qu'homme. La phrase familière de saint Maxime au
sujet des deux natures du Christ « desquelles, en lesquelles
et lesquelles étaient hypostasiées » démontre que le Christ
aussi bien divinement qu'humainement veut et opère le salut.
Le fait que le Fils de Dieu veut et opère le salut signifie
qu'Il le « veut » avec le Père et l'Esprit-Saint. Et Il veut et
opère le salut aussi en tant qu'homme, cela par l'obéissance
à son Père, obéissance jusqu'à la mort sur la Croix. Tandis
que saint Grégoire de Nazianze montre l'identité de la
volonté entre le Père et le Christ, saint Maxime déplace la
question sur le plan purement christologique, pour montrer
le rapport entre la volonté de la nature divine du Christ
et celle de Sa nature humaine.

Nous nous trouvons au cœur de la contribution de saint
Maxime en ce qui concerne les énergies divines et la
christologie. Le salut est opéré non seulement par le Fils
et Verbe de Dieu éternel, mais aussi par le Fils de la
Vierge, le Christ incarné. Saint Maxime insiste sur le fait
que l'existence de la volonté et de l'énergie naturelles n'a
pas un intérêt qu'ontologique et philosophique, mais qu'elle
a des conséquences sotériologiques. La christologie de saint

---

51. *Opuscula Theologica et Polemica* 6, PG 91, 68D. Trad. P. PIRET, *Le
Christ et la Trinité*, op. cit. p. 222 avec modifications.

Maxime confirme la distinction faite déjà avant lui de l'essence et de l'énergie, en démontrant que cette distinction est nécessaire pour la compréhention des deux natures en Christ et de toute son œuvre salvifique.

3. Dans la « *Disputatio cum Pyrrho* », le problème se pose de savoir si la volonté humaine du Christ est gnomique ou naturelle (essentielle) [52]. Le sens du terme « *γνώμη* » est défini comme « étant le mode dont on use de (la nature) et non pas la raison (*λόγος*) de la nature » [53]. Si nous acceptons que la nature humaine du Christ ait eu une volonté gnomique et non pas essentielle, nous privons la nature humaine de ses propriétés essentielles. Le vouloir naturel est une propriété de toute nature, mais il diffère effectivement du « mode » de vouloir, car celui-ci se détermine différemment dans chaque hypostase. Par exemple, le parler naturel est différent du mode de parler. « Or la faculté de parler existe toujours, tandis que l'acte de parler n'est pas toujours réalisé ; puisque l'un est lié à l'essence par la raison de la nature et l'autre appartient à la délibération (*βουλή*), empreint du jugement (*γνώμη*) de celui qui parle. Ainsi l'aptitude à parler est naturelle, et le mode de parler est hypostatique. Il en est de même pour l'aptitude (à vouloir) et le mode de vouloir. Si donc l'aptitude (à vouloir) et le mode de vouloir ne sont pas pareils (car, comme je l'ai dis, l'un est essentiel et l'autre dépend de la volonté de celui qui désire), le Verbe incarné, comme homme, avait donc l'aptitude naturelle à vouloir, mue et marquée par sa divine volonté » [54]. L'argumentation du texte vise et aboutit à une conclusion christologique. Toutefois nous ne pouvons ignorer l'aspect ontologique d'où découle toute son argumentation. La certitude de saint Maxime concernant la relation essentielle entre l'essence et la volonté confirme que la nature humaine du Christ avait une volonté naturelle (essentielle). La volonté essentielle est distincte du mode

---

52. PG 91, 308B.
53. Ibid., 308D.
54. *Opuscula Theologica et Polemica* 3, PG 91, 45D-48A ; cf. également *Disputatio cum Pyrrho*, PG 91, 292D-293B ; cf. *Opuscula Theologica et Polemica 1*, PG 91, 21D-24A.

($\tau\varrho\acute{o}\pi o\varsigma$) de vouloir. Cette distinction entre l'essence, la volonté essentielle et le mode de vouloir est fondamentale, car c'est sur cette distinction que saint Maxime va baser l'union hypostatique en Christ des deux natures.

Un autre problème surgit, celui de la relation des deux volontés naturelles en Christ et ce que saint Maxime entend lorsqu'il écrit que la volonté humaine du Christ est « mue et marquée » par sa divine volonté. La réponse au problème se trouve dans la recherche du mode d'union des deux natures. Ces deux natures sont unies en l'unique hypostase, puisque la nature divine a assumé en son hypostase la nature humaine. Si l'hypostase est le mode d'expression de toutes les propriétés de la nature, l'hypostase du Christ est l'expression des propriétés de ses deux natures. Ainsi la distinction de la volonté en volonté naturelle et en volonté gnomique résout le problème de la relation des deux volontés naturelles. Toute notion d'opposition entre les deux natures et entre toutes les propriétés essentielles est alors exclue, l'opposition étant placée à un niveau du choix personnel et non essentiel [55]. Et l'union de la nature humaine à l'hypostase divine écarte une autre difficulté, celle du mode d'expression différent des deux volontés naturelles par deux volontés gnoniques ou volitives. Ce sont les deux raisons principales pour lesquelles existe, entre les deux volontés naturelles du Christ, un accord parfait, puisque toutes deux ont comme mode et comme intermédiaire ($\mu\acute{e}\sigma o\nu$) de leur expression l'hypostase divine du Verbe de Dieu [56].

---

55. Cf. *Disputatio cum Pyrrho*, PG 91, 292AB ; *Opuscula Theologica et Polemica 6*, PG 91, 68A ; *Quaestiones ad Thalassium 42, Corpus Christianorum 7*, 285-289. PG 90, 405C-409A.

56. Cf. *Disputatio cum Pyrrho*, PG 91, 296D-297C. Ce que saint Grégoire de Nazianze exprime par : « τὸ γὰρ ἐκείνου θέλειν οὐδὲν ὑπεναντίον Θεῷ, θεωθὲν ὅλον » (*Discours 30, 12, IVe Théologique*, PG 36, 117C), saint Maxime l'exprime ainsi : « Εἶχεν οὖν θέλημα φυσικὸν ὡς ἄνθρωπος ὁ Σωτήρ, τῷ αὐτοῦ θεϊκῷ θελήματι τυπούμενον, οὐκ ἐναντιούμενον » (*Opuscula Theologica et Polemica 3*, PG 91, 48D). Au point de vue de l'union hypostatique, les opinions des deux Pères sont valables puisque la volonté humaine s'exprime par l'intermédiaire de l'hypostase divine. Par conséquent, la « divinisation » dont parle saint Grégoire ne prive pas la volonté de la nature humaine, comme le prétend incorrectement F.-M. LETHEL, *Théologie de l'Agonie du Christ*, op. cit. p. 34, avec P. GALLAY. Ce dernier interprète ce texte de saint Grégoire en écrivant que la volonté humaine du Christ est « toute Divine ».

(b) Énergies naturelles en Christ.

Historiquement, c'est d'abord le problème des énergies qui a surgi, puis celui des volontés. Cependant, méthodologiquement, saint Maxime examine tout d'abord la question des volontés, puis celle des énergies, et la réponse à la deuxième question dépend alors de celle donnée à la première. Concernant la relation entre l'essence, la volonté et l'énergie, la volonté peut être considérée comme la cause du « mouvement », c'est-à-dire la cause ontologique de l'énergie de l'essence.

Comme, en Christ les deux volontés sont essentielles, essentielles sont aussi les deux énergies. L'ontologie de l'essence et de l'énergie a déjà été étudiée plus haut, on va se pencher ici sur le problème des deux énergies essentielles en Christ. En effet, en plus de l'existence ontologique de chacune des deux énergies, nous allons examiner leur relation, leur mode d'union et leur manifestation, et la relation de la volonté avec l'énergie.

Le texte de l'*Opuscula Theologica et Polemica* 8 [57] fait ce passage du niveau ontologique au niveau christologique. Il y est souligné que ni la nature divine, ni la nature humaine ne peuvent être examinées sans la volonté et l'énergie essentielles, ceci pour l'aspect ontologique. La question christologique est posée comme suit : « Alors, si nous savons qu'aucune d'elles n'est privée de l'existence naturelle, de la volonté et de l'énergie, et qu'à partir desquelles, en lesquelles et lesquelles, je veux dire la nature divine et la nature humaine, sont une hypostase véritable, le seul et unique Christ et Fils, et s'Il est proprement Dieu selon la nature, et que le même est proprement homme par nature, comment n'a-t-Il pas aussi proprement et la divine volonté et la divine énergie selon la nature, ainsi que la volonté et l'énergie humaines selon la nature, et qui Il n'est naturellement privé

Cité par F.-M. LETHEL, ibid., p. 34. F.-M. LETHEL écrit que la conclusion de P. GALLAY, est littéralement inexacte, mais correspond assez bien à la pensée de saint Grégoire (Ibid.)

57. « Ἐπιστολῆς γενομένης πρὸς τὸν ἁγιώτατον ἐπίσκοπον κύριον Νίκανδρον, παρὰ τοῦ ἐν ἁγίοις Μαξίμου, περὶ τῶν δύο ἐν Χριστῷ ἐνεργειῶν (640 env.).

d'aucune d'elles ? C'est par elles qu'Il a rendu véritables
les noms par les choses, et en lesquelles de nouveau Il a
certifié (ἐπικυρῶν) les choses, et Il se fait connaître le même
de façon évidente comme ayant et voulant et opérant
naturellement les choses divines et humaines. Ainsi on croyait
en Lui à partir des choses divines desquelles, en lesquelles
et lesquelles Il était » [58].

L'argumentation du texte présuppose l'enseignement déjà
développé des deux parfaites natures en Christ, et la certitude
que toute essence (ou nature), divine et humaine a sa propre
volonté et sa propre énergie. Christ donc, s'Il n'est rien
d'autre que les natures « desquelles, en lesquelles et lesquelles (Il) est », avec toutes leurs propriétés naturelles, Il
ne peut pas ne pas avoir deux volontés et deux énergies
naturelles. Et dans la *Disputatio cum Pyrrho*, saint Maxime
pose comme base de toute la discussion la question à laquelle
Pyrrhus se voit contraint de répondre, à savoir que Christ
est « manifestement en même temps Dieu et homme » [59].
Par conséquent, « Si, conformément à ses deux natures, c'est-
à-dire selon ce qu'était chacune d'elles, le Christ voulait et
opérait, et s'Il avait deux natures, Il avait aussi, absolument,
deux volontés naturelles et un nombre égal d'énergies
essentielles » [60]. Nous ne savons pas pour quelle raison
pressante saint Maxime a écrit le *8ᵉ Opuscule Théologique
et Polémique* à l'évêque Nicandre, mais il est clair qu'il se
réfère notamment à la question de deux ou d'une énergie
en Christ [61]. Quatre ou cinq ans plus tard, il traite du même
problème dans les *Opuscula Theologica et Polemica 1* [62], c'est-
à-dire à l'époque même de sa discussion avec Pyrrhus [63].

---

58. Ibid., PG 91, 96AB.

59. PG 91, 289A.

60. Ibid., 289B. D'après la traduction de Marcel Doucet, *Dispute de Maxime
le Confesseur avec Pyrrhus*, op. cit.

61. « *The introduction indicates a predominantly Monophysite group of oppo-
nents ; the main body is concerned with the Monoenergistes. Yet the document is
openly dyophysite (2 physical wills - 97C) and declares that the arguments presented
against Monoenergism are equally effective against Monothelism (109C 10)* ».
Polycarp Sherwood, *Date-list of the Works of Maximus the Confessor (Studia
Anselmiana, Roma 1952)* pp. 43-44.

62. Env. 645-646.

63. Juillet 645.

Le passage des *Opuscula Theologica et Polemica 1* qui nous intéresse ici est le suivant : « Que personne n'imagine que par cela on déclare une énergie en Christ. Car nous ne déclarons pas que le Christ est un homme divinisé, mais Dieu qui est devenu parfaitement homme, et qui a rendu manifeste la puissance infinie, infiniment infinie et au-dessus de l'infinité, de sa propre ineffable divinité, par la chair naturellement opérante et intelligiblement animée ; (nous déclarons) le même entièrement et véritablement Dieu et homme, le même naturellement parfait et complet selon les deux natures ; et tout ce dont disposent naturellement les deux natures, Il l'a sans lacune sauf le péché pour lequel il n'y a pas de place (λόγος οὐδείς). Car Il reçut naturellement les raisons essentielles des natures dont Lui-même était l'hypostase. Or s'Il reçut les raisons essentielles des natures dont Il était l'hypostase, Il avait une énergie naturelle conforme à la chair qui a une âme (ἔμψυχον), dont la raison essentielle était semée en la nature. Si donc en tant qu'homme, Il avait l'énergie naturelle, dont la raison était constitutive de la nature, manifestement en tant que Dieu Il avait aussi l'énergie naturelle dont la raison manifestait la divinité ineffable (τῆς ὑπερουσίου θεότητος ὑπῆρχεν ἐμφαντικός). Car le même était Dieu parfait, et homme parfait, et par chaque partie qui constituait son hypostase, Il opérait naturellement, sans division. Si donc Il opérait naturellement par chacune des parties qui constituaient son hypostase, sans division, il est clair qu'avec les natures qui composaient son hypostase, Il avait aussi leurs énergies essentielles et constitutives, dont Lui-même était l'union ; Il opérait donc Lui-même naturellement, et par ce qu'Il opérait, Il confirmait la vérité des natures desquelles, en lesquelles et lesquelles Il était » [64].

Ce texte récapitule les points déjà développés :

(a) Le Christ est Dieu et homme parfait : saint Maxime souligne plus particulièrement le fait que l'Incarnation du Verbe de Dieu était parfaite ainsi que Sa divinité. Le Christ n'est pas un homme divinisé. Par contre la puissance ineffable

---

64. *Opuscula Theologica et Polemica 1*, PG 91, 36ABC.

de sa divinité est révélée par sa nature humaine étant
également opérante.

(b) La perfection et la plénitude des deux natures ont
pour résultat que ces deux natures ont toutes les propriétés
naturelles, « car Il reçut naturellement les raisons essentielles
des natures dont Lui-même était l'hypostase ». La nature
humaine du Christ avait toutes les propriétés naturelles, sauf
le péché qui n'est pas une propriété de la nature et qui
n'a pas non plus d'existence ontologique. Nous allons voir
plus loin que Christ, par sa naissance surnaturelle, n'a pas
assumé le péché.

(c) Les deux natures du Christ ont chacune une énergie
naturelle et « ἔμψυχον ». Rappelons que la raison de l'énergie
naturelle est la définition de chaque nature, idée reprise
dans la discussion avec Pyrrhus [65] et ailleurs [66]. Par conséquent
la raison de l'énergie manifeste l'essence.

(d) Les deux natures opéraient en l'unique et seule
hypostase du Christ, et ainsi leur union est sans mélange,
ni confusion, indivisible et inséparable.

(e) Puisque la raison de l'énergie de chacune des natures
manifeste la nature elle-même, le Christ, alors qu'Il opérait
en son unique hypostase, confirmait la « vérité » des natures,
« desquelles, en lesquelles et lesquelles Il était ».

La dernière phrase où saint Maxime décrit toute la réalité,
la « vérité » en Christ, exclut manifestement toute idée que
le Christ était un homme « divinisé » et bannit ainsi l'enseignement monoénergiste d'une seule énergie en Christ. La
question spécifique qui surgit ici est celle de la relation
entre les deux énergies en Christ ; à savoir que celles-ci
opéraient par l'unique hypostase, raison pour laquelle elles
ne s'affrontaient pas, et qu'elles ne divisaient pas l'union
des deux natures. Par contre non seulement les deux énergies
manifestent les deux natures, mais de plus l'énergie humaine
coopère avec la divine et la révèle.

Saint Maxime, lorsqu'il examine la relation de l'énergie
essentielle avec l'essence elle-même écrit que « la définition

---

65. Ibid., 345D.
66. *Ambigua I, 5*, PG 91, 1057B ; *Ambigua I, 2*, PG 91, 1037BC.

de toute essence est la raison de sa propre énergie
essentielle » [67]. Dans le texte de l'*Opuscula Theologica et
Polemica 1*, l'énergie est considérée également dans sa
relation avec ceux qui sont « en dehors » (τῶν ἔξω) [68]. « Le
Christ Verbe et Fils monogène et Seigneur de gloire (est)
donc un seul (à partir) de deux natures, la divinité et
l'humanité ; on le reconnaît en elles et on croit qu'il existe
véritablement en elles ; donc, il possède deux énergies naturelles et génériques (γενικάς), mouvements constitutifs (συ-
στατικάς κινήσεις) des natures desquelles il était, et dont
la fin (ἀποτέλεσμα) était les opérations (ἐνεργήματα) particulières ; (ces opérations) sont manifestées et accomplies
par Lui, sans rupture de ce qu'Il était et sans la moindre
confusion » [69]. Il est fort intéressant qu'ici l'énergie soit
définie comme « συστατική κίνησις » (mouvement constitutif)
de l'essence. Cela montre le sens primordial de l'énergie
pour la pensée théologique de saint Maxime. Premièrement,
la raison de l'énergie est la définition (ὅρος) de l'essence,
et deuxièmement, l'énergie en soi-même est le mouvement
constitutif de l'essence. Nous comprenons ainsi le principe
théologique de saint Maxime, qui exprime celui de l'Aréopagite, à savoir que toute essence ne peut exister sans son
énergie essentielle [70]. L'énergie, considérée ontologiquement,
est le mouvement constitutif de l'essence et elle la manifeste.
Et elle est de plus la cause de ses effets, les « ἐνεργήματα ».

Nous concluons donc que l'énergie est le lien naturel
entre l'essence et les êtres qui sont « en dehors » de l'essence.
Si nous appliquons cette conception de l'énergie à la divinité,
puisque l'énergie divine manifeste l'existence de l'essence
divine, elle est alors le « lieu » de la connaissance du divin
des êtres créés, tout comme les êtres créés sont les opérations
(ἐνεργήματα) de l'énergie divine. La même relation existe

---

67. Cf. références de la note précédente.
68. *Disputatio cum Pyrrho*, PG 91, 342C.
69. *Opuscula Theologica et Polemica 1*, PG 91, 36CD. Une partie de la trad.
est de P. PIRET, *Le Christ et la Trinité*, op. cit. p. 227.
70. Cf. *Opuscula Theologica et Polemica 8*, PG 91, 109D : « Τὸ γὰρ μὴ
ἔχον ἐνέργειαν μήτε κίνησιν φυσικήν, νεκρόν, πάντως καὶ ἄψυχον· καὶ
τίνι λόγῳ προσίετο τὸ νεκρὸν εἰς ἐνέργειαν; Τὸ γὰρ ἀνενέργητον, τῇ
παντελεῖ ἀκινησίᾳ καταργεῖ ». Cf. également *Ambigua I*, 5, ibid., 1048A).

certainement aussi pour les êtres créés, en eux-mêmes, dans leur relation avec le reste de la création, « en dehors » de leur essence.

Pour la christologie, ces constatations ont les sens suivants : *(a)* Les deux énergies en Christ ont leur unique mode d'existence dans l'unique hypostase du Christ. *(b)* Tout acte des énergies essentielles est accompli par les deux énergies. Nous avons déjà constaté en examinant le texte des *Opuscula Theologica et Polemica 6*, que saint Maxime attribue l'accomplissement du mystère de l'économie divine non seulement aux volonté et énergie divines, mais bien aussi aux volonté et énergie humaines du Christ [71].

Cette relation des deux énergies en Christ préoccuppe aussi les monoénergistes qui n'arrivent pas à distinguer les énergies essentielles de leurs effets, c'est pourquoi ils défendent une énergie unique en Christ. Cela ressort nettement de la discussion de saint Maxime avec Pyrrhus, qui répond au premier : « Et ceux qui appellent énergie unique l'effet des œuvres accomplies par le Christ, ne leur accordes-tu pas aussi ton agrément et ton accord » ? [72] Saint Maxime répond : « Notre examen ne porte pas sur les œuvres, car nous ne parlons pas des choses qui sont extérieures au Christ, mais de celles qui sont intérieures au Christ lui-même, c'est-à-dire de la raison naturelle des essences du Christ » [73]. Saint Maxime a raison d'insister sur le fait que le problème ne se pose pas en déterminant les effets des énergies en Christ, mais en affirmant l'existence ontologique des deux énergies essentielles en Christ.

Bien que par sa question Pyrrhus veuille conclure à l'existence d'une seule énergie en Christ, c'est surtout la question des deux énergies des deux natures « hétérogènes » qui est posée. Les monoénergistes considéraient comme impossible la coexistence de deux énergies provenant de deux essences différentes, car pour eux différence égale

---

71. Cf. *Opuscula Theologica et Polemica 6*, PG 91, 68D.
72. *Disputatio cum Pyrrho*, PG 91, 341B. Trad. Marcel DOUCET, *Dispute de Maxime le Confesseur avec Pyrrhus*, op. cit.
73. Ibid., 341C. D'après la traduction de Marcel DOUCET, *Dispute de Maxime le Confesseur avec Pyrrhus*, op. cit.

opposition. Ainsi ils lient l'énergie à l'hypostase du Christ, car, selon l'argumentation de Pyrrhus qui cite Nestorius, aux énergies « sont liées les personnes » [74]. Ici, il faut comprendre une interprétation différente de la définition de la « personne » et de celle de l'« hypostase ». Dans la pensée maximienne, ces deux termes sont synonymes et liés à l'essence, car l'hypostase ou la personne est « l'essence avec ses propriétés ». Ainsi le « *λόγος τοῦ εἶναι* » (la raison de l'être) est l'essence, et le « *τρόπος τῆς ὑπάρξεως* » (le mode de l'existence) est l'hypostase ou la personne de l'être. Certes la classification de la relation entre la personne ou hypostase et l'essence avait déjà été faite par les Pères cappadociens comme saint Grégoire de Nysse [75]. L'identité des notions « essence » et « hypostase » jusqu'au IVᵉ siècle est source de grandes difficultés lors des discussions théologiques concernant la Trinité. Mais la théologie des Pères cappadociens distingue les termes « *ὑπόστασις* » ou « *πρόσωπον* » du terme « *οὐσία* », et dès lors les deux termes « *ὑπόστασις* » et « *πρόσωπον* » signifient le mode d'existence de l'essence, et ils ont une priorité ontologique par rapport à l'essence. Cela ressort de la Triadologie des Pères Cappadociens où la priorité ontologique dans la Trinité n'est pas attribuée à l'essence commune des Personnes, mais à la Personne du Père, principe des Personnes du Fils et du Saint-Esprit et de leur divinité.

Le monothélisme et le monoénergisme, attribuant la volonté ou l'énergie à l'hypostase ou à la personne, rendent confus le « *λόγος τοῦ εἶναι* » et le « *τρόπος τῆς ὑπάρξεως* », car ainsi l'hypostase n'est pas le mode de la manifestation du « *λόγος τοῦ εἶναι* » de l'essence, mais la cause ontologique de la volonté et de l'énergie. Cette théologie atteint gravement l'unité de l'être, car, si la volonté et l'énergie sont liées à l'hypostase ou à la personne, alors l'essence tombe dans l'inutilité et elle ne peut pas se manifester par son mode d'existence. Du point de vue christologique la position monothélite et monoénergiste rend suspecte la réalité des

---

74. Ibid., 336D.
75. Cf. *Lettre 38*, 2, 325 et suivant. Cf. Yves COURTONNE, vol. I.

natures desquelles, en lesquelles et lesquelles sont l'hypostase du Christ.

Saint Maxime, conséquent avec sa position théologique, à savoir que le Fils est consubstantiel au Père par Sa divine essence, et à Sa Mère temporelle par Sa nature humaine, lie l'énergie à la nature et non pas à la personne ou hypostase, sinon la perfection des deux natures est abolie ainsi que leur consubstantialité aux deux « extrêmes » (ἄκρα), le Père et la Mère[76]. Et une énergie composée, hétérogène aux deux natures, ne pourrait pas opérer le salut.

La réponse doit être à nouveau recherchée dans l'union hypostatique des deux natures, définie par le IVᵉ Concile Oecuménique de Chalcédoine, qui décrète que les deux natures en Christ sont unies « *sans confusion sans altération, sans division et sans séparation* ». Comment deux natures différentes, avec deux volontés et deux énergies distinctes peuvent-elles vouloir et opérer sans altération, sans confusion et sans séparation ? Pour le monoénergisme, la solution idéale serait une unique énergie en Christ, hypostatique ou personnelle, puisqu'« un est celui qui opère »[77]. Nous connaissons déjà l'enseignement orthodoxe des deux natures, des deux volontés et des deux énergies ; pour ce qui est de la relation des deux énergies, l'unité de la personne est sauvegardée par l'union hypostatique des deux natures. Les deux énergies essentielles opèrent dans la seule hypostase divine, mais ces énergies sont bien des énergies essentielles distinctes, et non pas une seule énergie hypostatique. Quand le Christ a appelé Lazare : « Lazare, sors », Sa voix provenait bien de l'énergie de la nature humaine qui coopérait à Sa divine énergie. Et l'énergie qui a ressuscité Lazare était bien celle de sa nature divine, car « personne n'opère en tant qu'hypostase, mais en tant que nature » (οὐδεὶς ὥς τις τὴν ὑπόστασιν ἐνεργεῖ, ἀλλ'ὥς τι τὴν φύσιν)[78]. La raison fondamentale de cette affirmation est liée au principe selon

---

76. *Lettre 15*, PG 91, 556A-560C.
77. *Disputatio cum Pyrrho*, PG 91, 340A.
78. *Acta*, PG 90, 160A.

lequel des êtres de même essence sont aussi de même énergie [79].

Pour le Christ, nous ne pouvons pas parler d'une seule énergie hypostatique, car soit nous refuserons la perfection des deux natures, soit nous créerons une confusion entre elles, soit nous dirons que l'humain et le divin sont de même nature. Le problème peut aussi être posé différemment : l'énergie manifestant la nature indique la spécificité de la nature des êtres d'un même genre. Si on reliait l'énergie à l'hypostase, et non à la nature, alors on démolirait l'unité de la nature des êtres d'un même genre, et nous multiplierions tant la nature que les êtres d'un même genre [80]. Cette réponse, qui se trouve dans l'*Acta*, est plus complète que celle qui est dans la *Disputatio cum Pyrrho*, puisqu'elle explique avec précision pourquoi l'énergie ne peut pas être hypostatique ; alors que ceci est juste effleuré dans la Disputatio, où saint Maxime rappelle à Pyrrhus que la discussion sur les deux énergies et sur les deux volontés doit se situer au niveau ontologique en Christ.

La *Disputatio cum Pyrrho* révèle deux problèmes de même gravité : le premier, posé par Pyrrhus, est celui de la possibilité d'appliquer, sans réserve et sans distinction, des schémas « théologiques » trinitaires à l'enseignement de la divine économie, c'est-à-dire à la Christologie. Le deuxième, étroitement lié au premier, est celui de savoir si le Christ en tant que deuxième personne de la Trinité coéternelle aux deux autres personnes est la même personne lors de la réalisation temporelle de la divine économie [81]. Saint Maxime, en élaborant ces deux problèmes examine leurs conséquences théologiques.

(*a*) La première conséquence concerne la foi. En effet, si nous n'acceptons pas qu'après Son incarnation le Fils et Verbe de Dieu ait la même essence et la même énergie

---

79. Cf. *Disputatio cum Pyrrho*, PG 91, 337A et 348C.
80. *Acta*, PG 90, 160AB. Sur ce point les exemples utilisés dans *Acta* peuvent nous aider à mieux comprendre la pensée de saint Maxime sur ce point : « Πέτρος καὶ Παῦλος ἐνεργοῦσιν, ἀλλ'οὐ Πετρικῶς καὶ Παυλικῶς, ἀλλ' ἀνθρωπικῶς· ἄμφω γὰρ ἄνθρωποι φυσικῶς κατὰ τὸν κοινὸν καὶ ὁριστικὸν τῆς φύσεως λόγον ἀλλ'οὐχ ὑποστατικῶς κατὰ τὸν ἰδίως ποῖον ».
81. *Disputatio cum Pyrrho*, PG 91, 348CD-349AB.

divines qu'avant Son incarnation, alors on ne peut pas
« L'invoquer (συναριθμῶ) dans l'épiclèse baptismale » avec
les autres Personnes de la Trinité, et donc « notre foi et
notre prédication seront vides de sens » [82]. Cette hypothèse
seule anéantit déjà l'objection de Pyrrhus selon laquelle on
ne pourrait pas transférer les schémas « théologiques » de
la Trinité à la divine économie, puisque la divine économie
est réalisée par la coopération des Personnes de la divine
Trinité. Il peut y avoir une autre approche pour cette
question : si le Fils n'est pas invoqué (συναριθμῶ) avec les
autres Personnes de la Trinité pour la « théologie » (συνθεολογῶ) alors Il n'est pas de même essence que le Père,
puisqu'une raison (λόγος) différente introduit une différence
d'essence. « Συνθεολογῶ » signifie attribuer une même raison
(λόγος) à deux personnes et à toute personne de même
essence. Nous ne savons pas si saint Maxime a pu faire
comprendre à Pyrrhus les conséquences d'une distinction si
rigide entre « *théologie* » et « *économie* ». Refuser l'interprétation de ces deux moments de la révélation divine et
l'application des notions « théologiques » à « l'économie »
conduit au refus des deux natures en Christ, de Sa nature
divine, de Sa volonté et de Son énergie divines, donc au
refus de l'incarnation du Christ et du salut. Ainsi Pyrrhus
se trouve-t-il en contradiction avec lui-même en affirmant
que Christ ait une volonté et une énergie.

(b) Saint Maxime examine ensuite les passages bibliques
suivants : Jn 5, 17 et 19 ; 10, 38 et 25 ; 5, 21. Par eux, la
démonstration biblique est faite que l'essence et l'énergie
divines du Fils et Verbe de Dieu après Son incarnation
restent inaltérables.

(c) La relation du Fils avec les deux autres Personnes de
la Trinité avant et après l'incarnation est déterminante pour
le rapport entre la « théologie » et « l'économie ». Si pour
les créatures la divine Providence est la divine énergie, cette
énergie n'appartient pas seulement au Père et au Saint-
Esprit, mais aussi au Fils avant et après l'incarnation. La
divine Providence, comme énergie divine commune aux trois

---

82. Ibid., 348CD.

Personnes, n'a pas cessé d'opérer après l'incarnation de la deuxième Personne de la Trinité.

(d) L'énergie miraculeuse de Jésus-Christ est un argument souvent avancé pour démontrer la divinité de Jésus-Christ. Si nous acceptons que cette énergie miraculeuse du Christ est Son énergie divine, cela veut dire que : (1) Le Christ avait également une nature divine ; (2) qu'Il est de même nature que le Père concernant Sa nature divine ; (3) qu'Ils partagent donc la même énergie divine. Ainsi le Fils, après Son incarnation, « συνθεολογεῖται » avec le Père légitimement et nécessairement.

(e) Les deux antagonistes — saint Maxime et Pyrrhus — acceptent le principe général selon lequel « l'énergie créatrice de Dieu est inhérente à l'essence » [83]. Mais ce qui est essentiel ne peut être séparé de l'être. Si nous n'acceptons pas la divinité de l'énergie en Christ, nous Lui refusons une essence divine, « car là où l'énergie essentielle est absente, (là aussi) la nature ne peut jamais exister » [84]. Ceci implique à nouveau que le Christ « συνθεολογεῖται » avec le Père et le Saint-Esprit après Son incarnation. Les stuctures de la « théologie » et de « l'économie » ne sont pas aussi rigides que le pensait Pyrrhus, mais elles s'interpénètrent réciproquement. L'homme connaît la Sainte Trinité par sa révélation dans l'économie, et la Sainte Trinité éternelle se révèle par Son économie temporelle.

Le dernier problème soulevé par la Disputatio cum Pyrrho l'est par Pyrrhus lui-même. Il est du même ordre que celui de la comparaison entre l'énergie humaine et l'énergie divine [85]. « Nous (les monoénergistes) ne parlons pas d'une seule énergie pour éliminer l'énergie humaine ; mais, parce que contre-distinguée de l'énergie divine, elle est dite passion sous ce rapport » [86]. Voilà pourquoi, pour les monoénergistes, Christ n'a pas deux, mais une seule énergie. Ce qui est fondamental dans la comparaison proposée par Pyrrhus entre l'énergie divine et l'énergie humaine, c'est que les deux

83. Ibid., 349B.
84. Ibid.
85. Ibid., 349C-352B.
86. Ibid., 349BC.

énergies appartiennent à des êtres hétérogènes et sont opposées. Pyrrhus définit le caractère de la nature et de l'énergie divines. Selon lui, l'être humain avec toutes ses propriétés tire ses caractéristiques de la comparaison à l'être divin. Pour lui les Pères aimaient introduire la notion de « passion » pour le mouvement de l'être humain après l'avoir comparé à l'essence divine impassible.

La réaction de saint Maxime s'affirme immédiatement, car une telle conception est absurde. Un être quelconque ne peut être ni connu ni défini par comparaison à un autre être, surtout s'il est hétérogène. Si l'on appliquait un tel principe, un être serait la cause d'un autre. Cette comparaison est toutefois concevable, et si on veut l'appliquer à des êtres hétérogènes, elle ne peut avoir pour but d'attribuer des propriétés à un des êtres, mais elle ne peut que mener à constater des différences essentielles indépendantes de la comparaison. En effet, Dieu est éternel, ceci non par comparaison à l'être périssable de l'homme, car par Sa propre nature Il est éternel. L'éternité est une propriété de la nature divine incréée, et sûrement pas une qualité acquise par comparaison à l'être humain.

L'énergie humaine possède ainsi différentes caractéristiques non par comparaison à l'énergie divine, mais par ses multiples expressions et genres d'expression. Si les Pères de l'Église ont appelé le mouvement de la nature humaine « puissance, énergie, différence, mouvement, propriété, qualité et passion, ce n'est pas en le distinguant à l'encontre du mouvement divin ; mais en tant que conservateur et inaltérable, ils l'ont appelé *puissance* ; en tant que caractéristique et révélateur de la similitude parfaite qui existe entre tous les êtres de la même espèce, ils l'ont appelé *énergie* ; en tant que critère de discernement, ils l'ont appelé *différence* ; en tant qu'indice, ils l'ont appelé *mouvement* ; en tant que constitutif, ce qui lui revient à lui seul et non à autre chose, ils l'ont appelé *propriété* ; en tant qu'il fait l'espèce, ils l'ont appelé *qualité* ; en tant que mû, ils l'ont appelé *passion* » [87].

---

87. Ibid., 352A. Trad. M. DOUCET, avec modifications.

L'essence créée se distingue par ses attributs de l'essence divine incréée ; l'essence créée ne les possède pas par comparaison à l'essence incréée, mais naturellement, « mais par la raison (λόγος) que la Cause qui a créé l'univers a mis en eux en les créant » [88]. La différence entre la raison des êtres créés et celle de l'Incréé n'est pas l'effet d'une comparaison, elle est essentielle.

L'opinion de saint Maxime sur le mouvement de la nature humaine, mouvement qui n'est pas pris dans un sens général comme dans d'autres passages, mais selon les attributs définis dans le texte ci-dessous, vaut la peine de s'y arrêter. Le mouvement de la nature humaine est inclu dans le mouvement de la création en général. Il est appelé « puissance » (δύναμις), car la nature humaine a naturellement la puissance de se maintenir et de se conserver elle-même. Il est appelé « énergie » (ἐνέργεια), car il caractérise les êtres d'un même genre et manifeste leur parfaite immuabilité naturelle. Ceci est la raison spécifique de l'énergie de chaque essence. L'énergie est encore le mouvement constitutif de la nature et celui qui manifeste l'être de l'essence. Le même mouvement est appelé « différence » (διαφορά), car par ce mouvement l'être détermine sa particularité hypostatique par rapport aux autres êtres qui ont la même raison d'être (λόγος τοῦ εἶναι). C'est le mouvement mis par le jugement (κρίσις) divin afin que les êtres gardent leurs particularités dans les espèces et leur unité dans les genres généraux. Le mouvement est appelé « mouvement » (κίνησις), car il indique soit la nature, soit la raison de la nature créée. La nature humaine est définie par le mouvement, et c'est ce qui la différencie de l'essence incréée dont le mouvement n'a pas la même qualité. Quand le mouvement est celui d'un être précis, il est alors sa « propriété » (ἰδιότης). Il peut être encore appelé « qualité » (ποιότης), car il a pour résultat les « genres » (εἰδοποιός κίνησις). Enfin, le mouvement de la nature humaine, comme celui de toute nature créée, est aussi « passion » (πάθος), car il ne se meut pas indépen-

---

88. Ibid., 352B.

damment, mais en relation avec l'être divin, cause de la création et du mouvement des êtres créés [89].

La différence entre l'énergie divine en Christ et son énergie humaine devient évidente, et les deux énergies essentielles ne peuvent donc pas former une seule énergie en Christ, unique et divine. Des expressions comme celle de l'Aréopagite dans sa *IVe lettre à Gaïos* où il parle d'une « nouvelle énergie théandrique », et comme celle de Cyrille qui dit que le Christ « manifestait une énergie apparentée par ses deux natures » [90] font intervenir les relations entre les deux énergies, relations dans lesquelles il y a une harmonie et une « coopération » des deux énergies distinctes essentiellement.

3. Présupposés et conséquences théologiques de l'union des deux natures en Christ.

1. Une grande partie de la théologie de saint Maxime se réfère à l'incarnation du Verbe de Dieu, Jésus-Christ, ainsi qu'aux présupposés et aux conséquences théologiques, sotériologiques et anthropologiques de l'union de la nature divine et de la nature humaine en la Personne de Jésus-Christ. Cette théologie a été largement influencée par la théologie alexandrine de Cyrille, celle des Pères cappadociens et de l'Aréopagite. Ces différentes influences sont à la base de son interprétation et de la recherche christologique du Nouveau Testament. Il ne rejette pas cette influence qui ne va pas à l'encontre de son génie théologique. La connaisance de la théologie de ces Pères ainsi que celle d'autres Pères de l'Église marque l'« orthodoxie » de son enseignement et se trouve être la source de son originalité.

Le Fils et Verbe de Dieu assume la nature humaine de la Vierge, Mère de Dieu. Par l'incarnation « les lois naturelles sont renversées ; il fallait que le monde céleste fut accompli. C'est Christ qui ordonne, ne nous opposons pas » [91]. Pour

---

89. Cf. *Ambigua II, 15*, PG 91, 1217ABC.

90. Cf. *Opuscula Theologica et Polemica 7*, PG 91, 84D-88A ; *Opuscula Theologica et Polemica 8*, PG 91, 100B-104C ; *Disputatio cum Pyrrho*, PG 91, 344A-348C.

91. Saint Grégoire de Nazianze, Discours *In Theophania* II, PG 36, 313B.

l'exégète saint Maxime, cela signifie le renversement des lois de la naissance, c'est-à-dire, de la relation entre l'homme et la femme, et de la naissance du Verbe par la Vierge [92]. Cette naissance n'a pas rompu la virginité de la Mère de Dieu, comme c'est le cas dans une fécondation biologique, car la conception a été effectuée par la puissance du Saint-Esprit. La virginité de la Mère de Dieu est préservée lors de l'accouchement et après la naissance du Christ. Le choix de cette naissance est fait par le Verbe de Dieu pour que les lois naturelles, qui étaient mêlées au péché, soient renversées. Ainsi « s'accomplit le monde d'en-haut » par le nouvel Adam qui remplit ce monde en conduisant l'homme à l'incorruptibilité. Car Il est devenu Lui-même le premier-né de ceux qui naissent en l'Esprit-Saint.

L'accomplissement du monde d'en-haut s'effectue à l'image des paraboles évangéliques de la drachme perdue, de la brebis perdue, et du Fils prodigue. « L'apocatastase » est réalisée dans la dizaine de drachmes, la centaine de brebis,

---

92. Selon saint Maxime, l'accroissement biologique du genre humain par le rapport sexuel entre l'homme et la femme, est le résultat de la chute et du péché, et il indique l'opposition qui s'est immiscée entre l'homme et la femme à cause du péché. Par conséquent la naissance surnaturelle du Christ corrige cette altération de la nature. Cf. *Ambigua II, 41*, PG 91, 1309A : « ὁμοῦ τε καὶ κατὰ τὸ αὐτὸ δεικνύς, ὡς οἶμαι, τυχὸν ὡς ἦν καὶ ἄλλος τρόπος τῆς εἰς πλῆθος τῶν ἀνθρώπων αὐξήσεως προεγνωσμένος Θεῷ» Cf. également *Ambigua II, 42*, ibid., 1340C et suivant ; *Quaestiones ad Thalasium 61*, PG 90, 639B ; cf. saint Grégoire de Nysse, « *De la construction de l'homme 16-18*, PG 44, 177 et suivant. Jean ZIZIOULAS, *L'Être Ecclésial*, Éd. Labor et Fides, Genève 1981, p. 44, note 36, écrit à ce sujet : « *Ceux qui attribuent cette thèse de Maxime à un préjugé monastique et ascétique, ignorent qu'il ne s'agit pas d'un penseur ordinaire. Maxime est sans doute un des esprits les plus grands et les plus créatifs de l'Histoire et ne se permettrait pas de tenir un propos qui ne ferait pas partie organique et intégrante de sa pensée globale. Sa position s'inspire ici du verset Mt 22, 30 signifiant que « l'être véritable » de l'homme réside en son état eschatologique. La victoire sur la mort et la survie de la personne sont inconcevables sans changement du mode constitutif de l'hypostase humaine, sans transcender l'hypostase biologique. Ce n'est pas du manichéisme : les deux hypostases (biologique et eschatologique) ne s'excluent pas mutuellement* ».
Saint Maxime se réfère ici à la personne du Verbe de Dieu incarné, ce qui signifie que par l'union de l'incréé au créé s'est effectué le dépassement des normes naturelles ; en même temps « le créé », à savoir la nature humaine, est devenue personne par excellence, car elle est enhypostasiée dans la divine hypostase du Christ. J. ZIZIOULAS a raison jusqu'à un certain point en écrivant que le changement d'évaluation des différentes valeurs diminue cet aspect important de la personne humaine et accentue l'aspect érotique non comme un mode de communion, mais comme « *une nécessité biologique* » (ibid., p. 44).

et de la dyade des fils retrouvés, c'est le salut du monde par le Christ. Il est évident que la destruction de l'harmonie de la création est le résultat de la chute de l'homme. Il a entraîné avec lui toute la création qui « soupire et souffre » (Rm 8, 22) avec l'homme. La chute donc n'a pas été un simple événement personnel de l'homme, mais un événement général entraînant toute la création dans toutes les conséquences de la chute. Ceci manifeste le lien étroit entre l'homme et toute la création ; en effet l'homme peut, soit l'entraîner dans sa chute, soit la mener à la perfection. Jésus-Christ donc, relevant l'homme de sa chute, attire à Lui toute Sa création, et Il leur offre, à lui comme à elle, toute sa perfection. Les lois naturelles sont renversées du fait que le Verbe de Dieu, complètement différent par son essence, se soit uni à la nature humaine, celle-ci étant créée, et l'autre incréée. Bien que les deux natures restent sans confusion et sans altération, Dieu devient homme, et l'homme devient dieu.

2. En vérité, l'incarnation du Verbe de Dieu ne signifie pas le renversement des lois naturelles, mais quelque chose de plus, leur renouvellement : « les lois naturelles sont renouvelées et Dieu devient homme » [93]. La nature n'avait pas besoin d'un renversement, mais d'une renaissance, de la libération des oppositions que le péché avait provoqué. Jésus-Christ récapitule toute la création, « or Il a uni en Lui-même les déchirures naturelles de la nature universelle en sa totalité et les raisons universelles de ce qui se dilate vers le particulier, raisons qui rendent possible l'union de ce qui était divisé » [94], pour abolir les oppositions entre la nature créée et incréée, entre l'intelligible et le sensible, entre le Ciel et la terre, entre le Paradis et l'Univers et entre le mâle et la femelle [95].

La récapitulation est devenue possible puisque en la Personne du Christ il n'existait aucune opposition, malgré l'union en la même Personne (en la même Hypostase) du

---

93. Saint Grégoire de Nazianze, Discours *In Sancta Lumina III*, PG 36, 348D.
94. *Ambigua II, 41*, PG 91, 1308D.
95. Ibid.

Christ, du créé et de l'incréé. Ceux-ci ne s'opposent pas mutuellement, la nature étant en elle-même bonne. Par l'absence de péché, source de l'opposition entre Dieu et Sa création, et aussi entre les êtres créés, la nature créée coopère avec l'incréé pour la récapitulation de tous en l'unique Personne du Christ.

3. La question comment la nature humaine du Christ est-elle libre de tout péché, est traitée dans les *Quaestiones ad Thalassium 42* [96]. Le résultat de la chute a été la double corruption de la faculté du libre-choix ($προαίρεσις$) et de la nature de l'homme : *(a)* La déviation du libre-choix du bien vers le mal. Cette corruption est blâmable ($εὐδιάβλητος$) [97] puisqu'elle est due au libre-choix et à la volonté de l'homme. Par son libre vouloir, l'homme a agi contre la volonté divine et a introduit la rupture et l'opposition contre-nature entre Dieu et l'homme. L'homme a l'entière responsabilité de cette première rupture. *(b)* La deuxième corruption, étroitement liée à la première, est irréprochable ($ἀδιάβλητος$) [98], puisqu'elle est le résultat de la première, l'homme n'étant qu'indirectement responsable. Malgré cela, ce deuxième degré de corruption est également une « altération » de la nature humaine, dans la mort.

C'est la situation dans laquelle se trouve l'homme après sa chute ; son choix volontaire du mal, et le rejet du bien, le conduit à la perte involontaire de son immortalité. Le libre-choix joue ici un rôle crucial qui mène l'homme à la perte de son état antérieur à la chute. Puisque le libre-choix est en quelque sorte le déterminant de l'objet voulu « car nous choisissons ce que nous avons délibéré ($ἐκεῖνα$ $γὰρ$ $προαιρούμεθα,$ $περὶ$ $ὧν$ $βουλευόμεθα$) » [99], le choix préférentiel est le responsable immédiat de la chute et il est en retour directement touché par le péché.

Pour guérir la nature humaine, il était nécessaire que le Christ l'assume entièrement. « Notre Seigneur et Dieu, corrigeant cette double corruption et altération de la nature,

---

96. PG 90, 405-409.
97. Ibid., 405C.
98. Ibid.
99. *Opuscula Theologica et Polemica 1*, PG 91, 16C.

l'a assumée entièrement, et Il avait assumé Lui aussi le corruptible dans sa nature humaine, mais Il était orné de l'incorruptibilité selon le libre-choix (προαίρεσις) ; et Il est devenu péché pour nous selon la nature, par la corruptibilité, mais Il n'a pas connu le péché gnomique à cause de la non-altération de son libre-choix ; or Il a corrigé la souffrance (τὸ παθητόν) de la nature par l'incorruptibilité du libre-choix ; et Il a fait de la mort, qui est la fin de la souffrance de la nature, un principe d'immortalité selon la nature » [100].

Christ donc, en assumant la nature humaine, était libre de toute déviation « volontaire » et du libre choix vers le mal, c'est-à-dire du péché, à cause de Sa naissance surnaturelle, « puisque celle-ci ne nécessitait pas du tout de rapport sexuel » [101]. La nature humaine du Christ portait en elle-même la corruptibilité, à savoir le deuxième péché, « irréprochable », qui est l'altération de l'immortalité en mortalité. En n'assumant pas le péché, Il en a guéri son origine, et en assumant la conséquence du péché, Christ subit la mort pour l'abolir, et rendre à l'homme l'immortalité. La mort est due au blâme pour le péché et la désobéissance d'Adam. Christ a assumé ce blâme pour le guérir.

En n'assumant pas le premier degré du péché, on pourrait imaginer que Christ n'ait pas assumé toute la nature humaine, et que Sa nature humaine n'ait pas été parfaite puisque Il n'a assumé « que » le résultat du péché volontaire. Saint Maxime traite cette question comme suit : l'altération et la déviation de la nature humaine vers la passion (πάθος), la corruptibilité et la mort sont étrangères à la nature de l'homme créée par Dieu libre de toute altération et apte au bien. Cette structure de la nature humaine antérieure à la chute lui donnait diverses qualités persistant même après la chute. Le premier péché a eu comme résultat le deuxième. Bien que le premier soit la cause et le deuxième le résultat, le premier se trouve en dehors de l'existence humaine, car il n'a pas d'être ontologique. Mais le deuxième est inhérent

---

100. *Quaestiones ad Thalasium 42*, *Corpus Christianorum 7*, 285,18-28. PG 90, 405CD.
101. *Ambigua II, 41*, PG 91, 1309A.

à l'existence humaine par l'irruption en elle de la passion et de la mort.

La cause donc a été guérie par la naissance surnaturelle du Christ, mais il fallait aussi guérir le résultat. Cette guérison est fondée sur « l'immuabilité » (ἄτρεπτον) du choix libre de la nature humaine du Christ. L'immuabilité signifie que la nature humaine du Christ est dès Sa conception libre du premier péché, condition nécessaire pour la guérison du résultat involontaire, qui est guéri par la Mort et la Résurrection du Christ. Christ subit la mort, mais Il relève l'homme de sa chute et restaure en lui l'immortalité par la résurrection qui anéantit la mort. Christ a corrigé notre « double corruption et altération de la nature » et toute la création est régénérée en la nouvelle création en Christ [102]. C'est ainsi que saint Maxime interprète la théologie paulinienne de l'irruption du péché dans tout le genre humain par le premier Adam et de sa guérison par le nouvel Adam, Jésus-Christ (cf. Rm 5, 12).

4. Comment le Christ peut-il être parfaitement homme puisque Sa nature humaine n'a pas d'hypostase, et pourquoi n'est-elle pas hypostasiée ? La réponse à ce problème est multiple, car elle touche l'aspect ontologique du sujet et va jusqu'à l'interprétation et l'approche morales du mystère de l'incarnation.

La nature divine du Christ, Fils et Verbe de Dieu qui existe éternellement avec le Père, est antérieure à Sa nature humaine. Le Verbe de Dieu en tant que deuxième Personne de la Trinité a Son essence divine hypostasiée. Rappelons ici le terme utilisé pour les deux natures du Christ comme « ἑτερόχρονοι ». Si la nature temporelle humaine du Christ était hypostasiée, ceci entraînerait : *(a)* l'existence en Christ de deux personnes ou deux hypostases ; *(b)* l'impossibilité de l'union des deux natures, étant donné que chaque nature voudrait opérer par sa propre hypostase sans aucune « synergie », et rendrait, *(c)* le salut inaccessible, puisque la désobéissance de la volonté et de l'énergie humaines à la

---

102. Cf. *Quaestiones ad Thalasium 42, Corpus Christianorum 7*, 287,35-289,76. PG 90, 408A-D. Cf. également *Opuscula Theologica et Polemica 9*, PG 91, 128BC.

volonté et à l'énergie divines serait perpétuée avec comme effet, *(d)* la transformation par l'union en Christ d'une deuxième nature hypostasiée, de la Trinité en tétrade [103].

La distinction entre le « λόγος τοῦ εἶναι » et le « τρόπος τῆς ὑπάρξεως », entre l'essence et l'hypostase, entre l'essence, la volonté et l'énergie, a permis l'union hypostatique des deux natures en Christ sans confusion, sans altération, sans division et sans séparation. Alors que les natures avec une raison d'être différente sont incommunicables, les natures en Christ ont communiqué en l'unique hypostase divine.

Le fait que Christ n'a pas eu d'hypostase humaine propre signifie donc qu'Il n'est pas quelqu'un en particulier, mais que toute la nature humaine est représentée par Sa nature humaine, et que tout le genre humain est divinisé et sauvé. Ce qui veut dire que la nature humaine du Christ assume toute l'humanité.

---

103. Cf. *Lettre 15*, PG 91, 565D.

Deuxième partie

LA CONNAISSANCE DE DIEU

LA CONNAISSANCE DE DIEU

INTRODUCTION GÉNÉRALE

La connaissance de Dieu est un des problèmes les plus complexes de la recherche théologique de chaque époque. Saint Maxime ne se dérobe pas devant cette complexité. Au contraire, dans tout son système cosmologique, sa recherche philosophique et théologique et dans sa spiritualité monastique, il se penche sur cette question complexe et extrêmement intéressante. L'homme a été créé pour être en relation continuelle et en communion avec Dieu. Cette communion a une forme particulière, car la nature créée de l'homme est bien sûr ontologiquement différente de la nature incréée de Dieu. A cause de cette différence ontologique entre l'être créé et incréé, les catégories ontologiques de la connaissance de chacun d'eux sont différentes. L'être divin et incréé n'entre pas dans la sphère des catégories créées de la connaissance et, par conséquent, l'homme ne peut connaître ce qui se rapporte à l'être divin en soi-même.

L'être divin en relation avec la création se distingue par sa transcendance. La transcendance divine a deux aspects : elle caractérise, comme origine, la différence ontologique entre le créé et l'incréé, et elle constitue le centre de référence du créé. Les êtres créés ont une orientation et une propension innées et naturelles à se tourner continuellement vers leur Créateur, qui leur a donné l'être. A l'intérieur de la création existent différents « modes » (τρόποι) de connaissance de l'être divin, car Dieu s'est révélé à la création par la loi naturelle, par la loi écrite, et à travers la loi de grâce. Quel genre de révélation et de connaissance nous est offert, soit à l'intérieur de la création, soit dans l'Ecriture, soit par la Personne de Jésus-Christ, étant donné, bien sûr, la différence ontologique entre le créé et l'incréé ?

La « connaissance » de Dieu est liée à la notion de la « révélation ». En effet, la révélation de Dieu, dans toutes ses formes possibles, est la voie de la connaissance de Dieu. Dans cette partie de notre étude, la question de l'énergie divine sort du cadre philosophique et trouve sa dimension spirituelle et ecclésiale. Car c'est dans l'Église et par l'Église, au moyen de la grâce sacramentelle, que l'on reçoit les énergies divines et que l'on participe à elles. L'Église est le candélabre qui porte la flamme des énergies divines.

Un autre aspect de la connaissance de Dieu est celui de la divinisation de l'homme. Ce sujet sera traité dans le dernier chapitre. La connaissance sacramentelle est liée à la participation aux saints sacrements. Celle-ci présuppose une éducation morale, définie comme l'accroissement de la vertu, de la foi et de l'éthos. Ainsi la participation aux sacrements est un mode d'accès à la connaissance ; cette connaissance progressive est offerte par le sacrement de la Divine Eucharistie. Les vertus, tout comme l'éthos chrétien, n'ont pas dans ce contexte une signification morale, mais ils touchent comme nous allons le constater à l'être de l'homme.

Puisque l'homme tout particulièrement, et plus générale-ment la création, reçoivent la révélation divine par les divines énergies, non passivement, il nous faut examiner les facultés de connaissance de l'âme et les capacités humaines. La connaissance de Dieu selon la loi naturelle implique une série de questions : par quel mode la création elle-même offre-t-elle la connaissance de Dieu à l'homme ? Si l'homme connaît Dieu à travers la création, alors quelle est la nature du bien et du mal, et comment utiliser en bien ou en mal la nature ? Par ailleurs, l'homme qui connaît la nature peut-il par elle, connaître Dieu ? Assurément l'homme lui-même n'est pas séparé de la nature créée, puisque son être est créé. Est-ce que cette connaissance acquise est une connaissance sensible, raisonnable ou transcendante ?

La connaissance de Dieu est un des présupposés théologiques fondamentaux pour l'enseignement de la distinction entre l'essence et les énergies. Les Pères ont affirmé unanimement que l'essence divine se trouve au-dessus des catégories gnostiques et des capacités humaines, et que le « lieu » où l'on peut entrer en relation avec la connaissance de Dieu est le « lieu » de Ses énergies. Malgré le fait que l'homme est la créature de Dieu par excellence, qui porte en elle-même le « selon l'image », il ne peut connaître que la divine énergie. La connaissance signifie l'union de l'homme avec Dieu et la divinisation de l'homme ; la connaissance n'est pas une simple interaction intellectuelle, car tout l'homme peut être uni à Dieu et être divinisé. Cette relation est une « connaissance empirique », laquelle est acquise par les facultés gnostiques de l'âme et par l'application d'une certaine « méthode de connaissance ».

Ce présupposé théologique conduit à une recherche méthodologique du problème de la distinction de l'essence et des énergies. Cette méthodologie impose l'examen de la relation et de la différence ontologique entre l'être divin incréé et l'être créé des êtres déjà traité dans le premier chapitre. Dans cette partie nous examinerons dans un premier temps les facultés gnostiques de l'homme, c'est-à-dire la connaissance selon les sens ($\alpha\check{\iota}\sigma\theta\eta\sigma\iota\varsigma$), selon la raison ($\lambda\acute{o}\gamma o\varsigma$) et selon l'esprit ($vo\tilde{v}\varsigma$). Selon saint Maxime, ce sont les facultés gnostiques de l'âme qui la conduisent à la connaissance de Dieu. Ensuite nous verrons comment la loi naturelle, la loi écrite et la loi de grâce apportent à l'homme la connaissance de Dieu, et finalement nous étudierons les modes de connaissance de Dieu.

La connaissance de Dieu par l'homme peut être représentée par deux schémas qui sont parallèles et interdépendants :

1. La connaissance par les sens, la raison et l'esprit.

2. La connaissance par la loi naturelle, la loi écrite et la loi de grâce.

Cette interdépendance consiste en le fait que les sens et

la raison sont parallèles à la loi naturelle et à la loi écrite, et l'esprit à la loi de grâce.

L'anthropologie de saint Maxime est en accord avec l'enseignement biblique de la dualité de la nature de l'homme, de l'âme et du corps [1]. Il est également influencé par l'anthropologie grecque et son partage trichotomique de l'homme en raisonnable (λογιστικός), en concupiscible (ἐπιθυμητικός) et en irrascible (θυμοειδής) [2]. Il existe une intrication entre ces deux enseignements pour intégrer ces distinctions et les transformer en facultés de l'âme jusqu'à ce que l'âme acquiert la « connaissance » salvifique de Dieu. Les facultés naturelles qui caractérisent l'homme sont le sensible, la raison et l'esprit. Ces facultés gnostiques de l'âme de l'homme sont en accord avec sa structure anthropologique et démontrent sa relation harmonieuse avec son environnement, soit physique, soit métaphysique. Ainsi les facultés gnostiques de l'âme sont par analogie apparentées à tous les autres genres d'êtres. Ces « mouvements » de l'âme constituent la structure harmonieuse de l'homme, parce qu'ils ne le divisent pas en trois parties différentes, mais s'enrichissent mutuellement et font apparaître l'unité de l'être humain. Dans le texte des *Ambigua, II, 10* [3], saint Maxime tente une classification des facultés de l'âme et une répartition dans le travail du cheminement vers la connaissance de Dieu.

---

1. Cf. *Lettre 14*, PG 91, 553ABC.
2. Cf. *Quaestiones ad Thalassium 22*, Scholia, *Corpus Christianorum 7*, 145,42-147,53. PG 90, 324C. Cf. M. Th. DISDIER, « *Les fondements dogmatiques de la spiritualité de Saint Maxime le Confesseur* », in : *Échos d'Orient 29*, (1930), p. 297.
3. PG 91, 1112D-1113AB. Ce texte sera cité et commenté par la suite.

Quatrième chapitre

L'HOMME ET LA CONNAISSANCE DE DIEU
FACULTÉS DE CONNAISSANCE

A. Le sensible (Αἴσθησις)

1. La signification du sensible.

Le sensible comme mouvement de l'âme est finalement un mouvement composé en comparaison avec la simplicité du mouvement de la raison et de l'esprit. Par ce mouvement, l'âme « se rattache aux choses extérieures et, comme si c'était des symboles, elle façonne en elle-même les raisons des choses visibles. C'est par ces symboles qu'ils (l'esprit, la raison et le sensible) ont merveilleusement traversé le siècle présent, ses précipices, selon le mode vrai et infaillible du mouvement naturel »[4]. L'œuvre du sensible est une œuvre composée. Sans risquer une définition simpliste du sensible, les sens sont apparentés d'une part au sensible, d'autre part au spirituel. Les êtres visibles sont d'une certaine façon les symboles par lesquels les sens laissent l'empreinte des raisons des êtres visibles sur l'âme, en tant que connaissance. Les sens sont les instruments du « mouvement naturel » pour la connaissance du transcendant par l'intermédiaire de la création, par le dépassement du temps et de l'espace. Par ces remarques préliminaires on voit comment l'homme est en harmonie avec son environnement naturel et surnaturel. Et cette composition en âme et corps est la confirmation de

---

4. Ibid., 1113A.

sa relation avec la création et le transcendant, entre le matériel et le spirituel.

Par la dualité de sa nature l'homme participe au sensible et à l'intelligible, deux aspects de la création. Par cette participation l'homme est participable et participant, connaissable et connaissant, descriptible et décrivant ; participable soit par les êtres sensibles soit par les êtres spirituels ; et participant soit à la matière, soit à l'esprit ; de même il est connaissable et connaissant ; et descriptible et décrivant. Les êtres en relation avec l'intellect de l'homme sont des objets « extérieurs » à l'esprit ($νοῦς$), liés à lui à travers « les pensées ». Cette objectivité des êtres indépendamment de l'esprit est en même temps assujettie à la matière à cause de cette double composition de l'homme. L'intellect et le sensible sont deux formes de faculté de connaissance de l'homme qui interagissent, car les deux procurent une élévation de l'esprit ($νοῦς$) pour la connaissance soit du monde sensible soit du monde intelligible. Il est concevable que les pensées aient un rapport avec le monde sensible et intelligible. Or pour le monde sensible l'esprit utilise les sens corporels, et pour le monde intelligible il utilise les facultés de l'âme, les sens de l'âme, comme les nomme saint Maxime. Cela, sans cassure dans la composition de l'homme ni rupture entre le corps et l'âme, car les sens corporels sont en outre des instruments de l'âme elle-même. Il y a par conséquent une interpénétration de toutes les facultés de l'homme dans la connaissance du monde pour accéder à la connaissance de Dieu [5].

Les sens, sans trahir la pensée de saint Maxime, font partie des facultés essentielles par lesquelles l'homme est conduit à sa perfection. Leur utilisation par l'âme est certaine, comme quelque chose de naturel. Le résultat de cette utilisation n'est pas évident, car ceci dépend du moyen et du but de l'utilisation des sens corporels : « Si l'âme

---

5. Cf. *Ambigua II*, 21, PG 91, 1248A suiv. Saint Maxime écrit précisément pour les sens et les facultés de connaissance de l'âme ceci : « Ὅθεν καὶ παραδειγματικὰς τῶν ψυχικῶν δυνάμεων εἰκόνας τὰς αἰσθήσεις ἐκάλεσαν, ὡς ἑκάστης αἰσθήσεως μετὰ τοῦ αὐτῆς ὀργάνου, ἤγουν αἰσθητηρίου, προηγουμένως ἑκάστη δυνάμει τῆς ψυχῆς ἀναλόγως μυστικωτέρῳ τινὶ λόγῳ κατὰ φύσιν νενεμημένης » (ibid., 1248B).

pouvait utiliser d'une manière bonne les sens, par ses propres forces, en collectant les multiples raisons des êtres (τοὺς παντοδαποὺς τῶν ὄντων λόγους ἀναλεγομένη), et si elle pouvait transférer en elle-même sagement tout ce qu'elle contemple et dans lequel Dieu se cache, prêché par le silence, alors elle pourrait créer elle aussi un meilleur monde spirituel dans la pensée selon le libre choix (κατὰ προαίρεσιν)»[6]. Par ce bon usage des sens corporels, l'âme est conduite à la connaissance des phénomènes[7]. Le «*bon usage*» est ici synonyme de «*naturel*», usage qui manifeste le but des sens dans le fonctionnement psychosomatique de l'homme. L'usage contre nature est une altération de l'usage naturel, due à la chute. Pour saint Maxime, c'est par les sens que l'on acquiert la connaissance de ce qui est observé. Cependant, malgré la familiarité des êtres observés, la connaissance est réalisée par les raisons des êtres que l'âme « rassemble » (συλλέγει)[8] par les sens, soit corporels soit ceux de l'âme, par le fonctionnement gnostique des facultés psychosomatiques.

---

6. Ibid., 1248C. En ce qui concerne le sens du terme « χρῆσις » (usage), en relation avec les sens et en général l'usage de toute chose, saint Maxime est influencé par la philosophie d'Epictète (IIe s. après J.C.), comme le prouve R.-A. GAUTHIER, « *Saint Maxime le Confesseur et la psychologie de l'acte humain* », in : *Recherches de Théologie Ancienne et Médiévale*, 21 (1954), pp. 74-75. Néanmoins, il faut noter que la notion de l'« usage » qui a son origine chez Aristote, arrive chez Epictète à travers les Stoïciens. Saint Maxime n'en fait pas une simple répétition, mais il l'adapte au système de pensée chrétienne.

7. A première vue il y a un accord entre saint Maxime et Kant, à savoir, que ce que nous connaissons n'est pas l'essence des êtres mais leur apparence. Mais la connaissance des raisons des êtres, proposée par saint Maxime, le différencie de Kant, car ainsi la connaissance n'est pas seulement *a posteriori*, empirique et sensible, mais aussi transcendante. L'homme l'acquiert indépendamment de l'espace et du temps, dans sa relation avec Dieu, qui est au-delà de ces catégories. Certes, la connaissance empirique et temporelle ne peut pas être séparée de la connaissance transcendante et intuitive, car l'âme arrive à ce deuxième genre de connaissance à travers le premier. Le dépassememt de la connaissance empirique est effectué par la participation de l'homme au genre intelligible, participation qui rend ce genre de connaissance indépendant de l'empirique. En fait, la connaissance de l'essence des êtres créés pour la pensée chrétienne n'est pas une finalité. Le but est de connaître Dieu à travers les êtres.

8. Voir la discussion étymologique du mot « λόγος » au paragraphe C. de ce même chapître.

2. La connaissance de Dieu et les sens.

C'est une donnée de la pensée de saint Maxime que les êtres sensibles ont en eux-mêmes des « raisons spirituelles » auxquelles l'âme est liée par les sens. La matière donc constitue une synthèse avec le spirituel et devient de ce fait l'instrument de l'âme pour la connaissance d'abord de l'esprit dans la matière et ensuite pour la connaissance de Dieu qui est caché dans les raisons spirituelles. « Ainsi donc, d'une part, l'âme, se mouvant et opérant avec sagesse selon la raison divine (λόγον θεοτελῆ) de laquelle elle tire l'être et le devenir, saisit le sensible par les sens pour son bien (χρησίμως) et en reçoit les raisons spirituelles (πνευματι-κούς) [9]. D'autre part, ces mêmes sens, considérés déjà comme la richesse (περιουσία) du λόγος, elle (l'âme) les admet comme des véhicules raisonnables de ses propres puissances, or elle joint ces puissances aux vertus, et elle-même par les vertus se joint aux raisons les plus divines qui sont en elles (en les vertus) ; les raisons les plus divines des vertus se joignent à l'esprit (νοῦς) spirituel caché et non manifesté en elles ; et l'esprit spirituel des raisons des vertus les plus divines, repoussant toute disposition naturelle et libre que l'âme a pour ce qui est présent (πρὸς τὰ παρόντα), donne l'âme toute entière dans sa simplicité à Dieu tout entier ; et Dieu, ayant pris celle-ci entièrement avec le corps qui lui est inhérent, les rend (âme et corps) analogiquement semblables à Lui, de sorte qu'à travers elle toute entière, Dieu peut se manifester tout entier de façon indescriptible, Celui qui par aucun des êtres ne peut manifester sa nature de quelque mode que ce soit » [10].

L'âme se meut vers la connaissance de Dieu par les sens et à travers les sens. Le texte cité rappelle la relation de l'âme avec ces trois facultés gnostiques, celle du sens, celle de l'esprit et celle de la raison. Ici, leur relation harmonieuse, leur connexion, leur interaction et leur interdépendance

---

9. Nous corrigeons le texte de Migne puisque la forme « πνευματική » n'a pas de sens dans ce contexte.

10. *Ambigua II, 21*, PG 91, 1249BC.

deviennent évidentes. Ceci manifeste en outre l'harmonie de l'existence de l'être humain, la matière et l'esprit œuvrant à la connaissance de Dieu. L'opinion de saint Maxime selon laquelle chaque être a sa propre raison spirituelle qui est la cause de son énergie et de son mouvement est ici répétée. Ainsi l'âme se meut par la « raison parfaite en Dieu » (θεοτελοῦς λόγου). Cependant le mouvement de l'âme ne peut pas être compris indépendamment de l'être humain dans son ensemble, corporel et spirituel. Par conséquent l'âme se meut au moyen des sens par lesquels elle perçoit les raisons spirituelles des êtres.

Ces sens, initialement organes du corps, deviennent aussi propriété du λόγος, « comme véhicules raisonnables » et sont ainsi compris parmi les facultés de l'âme. De cette manière l'âme, munie des facultés des sens, lesquels sont matériels et raisonnables, s'engage en la découverte des raisons qui se trouvent derrière n'importe quel être ou n'importe quelle situation.

La relation sens, raison et esprit avec les vertus est une relation de purification et d'offrande à Dieu. Nous confirmons ici comme ailleurs que la vertu est une voie de connaissance non pas à un niveau moral mais ontologique, et que l'essence de la vertu est Dieu Lui-même. Les sens, comme facultés de l'âme, s'apparentent aux vertus, alors un état de l'âme succède au précédent, jusqu'à ce que l'existence psychosomatique de l'homme soit unifiée à Dieu. C'est-à-dire que l'âme, par les vertus, est unie aux « raisons divines parfaites » des vertus ; les « raisons divines parfaites » des vertus sont unies à « l'esprit spirituel caché ». « L'esprit spirituel » finalement est celui qui stimule l'âme vers la connaissance parfaite et simple, vers Dieu. Par cette analyse nous découvrons un aspect de la pensée de saint Maxime concernant les raisons spirituelles des êtres. Il ne faut pas entendre par cela le monde des idées platoniciennes dont les êtres sensibles sont les images, mais les « volontés » divines selon lesquelles les êtres sont créés.

La connaissance de Dieu par les sens est en même temps l'usage et le dépassement des sens. La synthèse des sens, du temps et de l'espace peut être dépassée, car Dieu n'est pas soumis à ces catégories. Malgré cela les sens ne sont pas rejetés, au contraire, le corps et les sens suivent avec l'âme ce chemin du progrès vers la perfection. Le sens donc n'est pas un organe aveugle qui est épuisé et détruit par l'exploitation de sa capacité. Chaque être soit matériel, soit intelligible soit raisonnable a le « θειότερον λόγον » derrière son apparence, tout comme le corps de l'homme. L'homme n'est pas accompli seulement en une partie de son hypostase, son âme, mais aussi dans son corps. Dieu assume l'âme avec « le corps qui lui est lié » et, par analogie, les rend semblables à Lui.

En conclusion, chaque être cache et révèle le « divin » que l'homme doit approfondir par ses facultés de connaissance. Ainsi l'homme, au fur et à mesure qu'il ressemble à Dieu devient lui-même révélation de Dieu. Le sujet de la ressemblance sera traité plus largement dans un autre paragraphe. Nous attirons l'attention ici sur l'insistance de saint Maxime au sujet de la « ressemblance » à Dieu de l'âme et du corps. Ceci d'ailleurs concorde avec l'enseignement chrétien de la sanctification de tout l'homme ; que l'on se réfère à l'honneur réservé aux corps des saints dans l'Eglise. Ceci est en accord avec le dogme de la résurrection avec la participation du corps ; par ailleurs, la communion au Corps et au Sang du Christ, lors de la divine Eucharistie, sanctifie et le corps et l'âme. La ressemblance à Dieu se transforme en source de grâce sanctificatrice de Dieu [11]. La relation de Dieu à l'homme par la divinisation est attestée par l'exemple de l'Incarnation de Jésus-Christ. Par elle il devient évident que « Dieu et l'homme se servent mutuellement de modèles, et autant Dieu s'humanise pour l'homme par sa philanthropie, autant l'homme a pu se déifier par l'amour de

---

11. Cf. ibid., II, 5, PG 91, 1113C, où saint Maxime note : « Ὑπὸ ταύτης τοίνυν τῆς κατὰ λόγον καὶ θεωρίαν συνισταμένης φιλοσοφίας, καθ'ἥν καὶ ἡ τοῦ σώματος ἐξ ἀνάγκης εὐγενίζεται φύσις, ἀπλανῶς πρὸς τὸν τοῦ Θεοῦ πόθον τρωθέντες οἱ ἅγιοι διὰ τῶν ἐνουσῶν αὐτοῖς πρὸς τὰ θεῖα φυσικῶν ἐμφάσεων ἀξιοπρεπῶς πρὸς τὸν Θεὸν παρεγένοντο, σῶμα καὶ κόσμον ἀθλητικῶς διασχόντες, ἀλλήλοις ταῦτα περιεχόμενα θεώμενοι, τὸν μὲν φύσει, τὸ δὲ αἰσθήσει, καὶ θατέρῳ θάτερον ὑποπίπτον, τῇ κατ'ἐπαλλαγὴν θατέρου πρὸς τὸ ἕτερον ποιᾷ ἰδιότητι, καὶ μηδὲν τούτων τῷ καθ'ἑαυτὸν λόγῳ περιγραφῆς ὑπάρχων ἐλεύθερον. »

Dieu ; et autant l'homme est ravi (ἁρπάζεσθαι) en son esprit (νοῦς) par Dieu vers le connu, autant l'homme par ses vertus a manifesté le Dieu naturellement invisible » [12].

L'Incarnation de Jésus-Christ est une connaissance réciproque de Dieu et de l'homme. Ainsi la révélation de Dieu par Jésus-Christ est une connaissance de Dieu. Dans ce texte, la relation entre les termes révélation, divinisation et connaissance devient évidente.

Un autre texte de saint Maxime traite de la connaissance de Dieu par les sens : « (les saints hommes) ont enseigné que le sens, ennobli par la raison (λόγος), manifestant les diverses puissances et énergies dans l'univers, annonce à l'âme, autant qu'elle en est capable, les raisons (λόγους) qui sont dans les êtres. Ainsi, ayant gouverné l'âme avec sagesse comme un vaisseau par l'esprit et la raison, ils ont pu traverser, les traces des pieds non mouillés, ce chemin humide et instable de la vie et qui ballote de-ci de-là et qui inonde les sens » [13].

Plusieurs aspects sont soulignés par ce texte. Au sujet des relations entre le « λόγος » et l'« αἴσθησις », celui-ci est « rendu noble par le λόγος », ce qui signifie que le sens privé de « λόγος » ne remplit pas sa fonction naturelle. Ces trois facultés de connaissance − l'esprit, la raison, le sens − sont à l'origine de la connaissance des raisons des êtres par l'âme, toujours selon sa capacité. Saint Maxime est ici très descriptif ; il décrit la relation de l'âme avec les trois facultés par des images frappantes (est-ce qu'il se rappelle une aventure personnelle lors d'un voyage en mer ? C'est probable, à la lecture de la vivacité de la description) par lesquelles il veut souligner le danger de se laisser emporter par le monde hors de la raison et de l'esprit, seulement par le sens irraisonnable.

Il faut encore souligner que chez saint Maxime, les sens

---

12. Ibid., 1113BC. H.-U. von BALTHASAR lit « ἄγνωστον » à la place de « γνωστόν », suivant la traduction latine, dans sa *Liturgie Cosmique* p. 212. J.-M. GARRIGUES adopte la même version dans *Maxime le Confesseur. La charité, avenir divin de l'homme* p. 126. Il nous semble que le mot « γνωστόν » est plus correct, car saint Maxime veut ainsi indiquer le connaissable des énergies divines, contrairement à l'essence invisible de Dieu.

13. Ibid., 1116D.

ont une seconde signification, à savoir spirituelle. C'est le dépassement du « λόγος» au sujet de Dieu, en tant que parole qui cherche à connaître Dieu. Lors de l'union de l'énergie humaine de la parole avec l'énergie divine, la parole cesse son énergie et cède sa place à l'énergie des sens, c'est-à-dire à l'expérience de la participation à l'énergie divine dont on parlera par la suite.

B. LA RAISON (Λόγος)

1. La signification de la raison.

La raison, elle, comme un autre mouvement général de l'âme, se meut « afin de définir l'inconnu (κατ᾽αἰτίαν ὁριστικὴν τοῦ ἀγνώστου) ; (l'âme), se mouvant naturellement selon ce mouvement raisonnable, impose sciemment en elle toutes les raisons (λόγους) naturelles de celui qui est connu seulement comme cause, (raisons) instructives pour elle (l'âme) par l'énergie » [14]. La raison se meut sur un autre niveau. Son œuvre est la définition de l'inconnu. La raison est apparentée aux raisons des êtres qui se trouvent en Dieu. Elle est de même apparentée aux raisons spirituelles qui se cachent en chaque être. Par le biais de ces raisons, elle connaît les êtres et est conduite par eux vers la raison unique de Dieu. Ainsi la raison établit dans l'âme ce qu'elle connaît naturellement.

L'esprit (νοῦς) et la raison (λόγος), en tant que deux mouvements de connaissance de l'âme, ne sont pas étrangers l'un à l'autre, car la raison est considérée comme une énergie et une manifestation de l'esprit [15]. En comparaison avec les êtres non raisonnables, les raisonnables ont comme bonté naturelle la raison par laquelle ils accèdent consciemment

---

14. *Ambigua II, 10*, PG 91, 1113A.
15. Cf. *Mystagogie*, PG 91, 680B. Cette relation entre l'esprit et la parole, est souvent transposée à la relation de Dieu le Père et du Verbe de Dieu ainsi qu'à la relation entre Dieu et l'homme. Dieu le Père est l'unique *Νοῦς* et le Christ, le Verbe qui révèle le Père. Par ailleurs l'homme est créé à l'image de Dieu puisque dans sa structure il y a cette même relation *νοῦς-λόγος*.

à la connaissance et à la participation de Dieu. En revanche les êtres non raisonnables, malgré leur participation à l'être ne sont pas aptes à comprendre la bonté divine. Ainsi la connaissance de Dieu conduit les êtres raisonnables à la jouissance consciente de Dieu, tandis que les êtres non-raisonnables participent à l'être instinctivement.

La raison, par conséquent, est la caractéristique propre des êtres raisonnables par laquelle ils ont la capacité de juger et de mesurer les choses et les diverses situations qui leur sont présentées. « Λόγος » signifie la collection des choses et leur placement l'une à côté de l'autre dans un ordre logique. Cette définition du « λόγος » montre l'influence de la pensée grecque sur la théologie de saint Maxime. Cette influence n'est pas négative et ne l'oppose pas à la définition biblique du « λόγος ». Le « λόγος » en tant que notion biblique est examiné dans le contexte de la divine révélation, mode de la connaissance de Dieu par l'homme. La pensée grecque examine le « λόγος » comme la faculté de l'homme par laquelle il ordonne les êtres de la création perçus par les sens. Mais les deux aspects du « λόγος » constituent une seule unité, car dans la définition grecque l'homme est lié à la création, au sensible, tandis que dans la définition biblique il est lié au transcendant.

Le lien du « λόγος » avec ses propriétés par lesquelles il arrive à la connaissance de la bonté divine est exposé dans le texte de la *Mystagogie* par le tableau suivant:

Λόγος-φρόνησις-πρᾶξις-ἀρετή-πίστις-ἀγαθόν: ΘΕΟΣ.

Le texte de la *Mystagogie* sur lequel est basée la discussion est le suivant : « Quant à la raison, il disait qu'elle est mue d'une manière analogue par la prudence et qu'elle se porte à l'action : que par l'action, elle se porte à la vertu ; par la vertu, à la foi qui est réellement la connaissance certaine, sûre et infaillible des choses de Dieu. D'abord la raison la possède en puissance (δυνάμει), et plus tard elle la révèle dans une énergie (ἐνεργείᾳ) conforme à la vertu par la manifestation des œuvres. Car, selon qu'il est écrit, *'la foi sans les œuvres est une foi morte'*. Or tout ce qui est mort est sans vertu et sans énergie (ἀνενεργήτου), et il n'est pas d'homme sensé qui ait le courage de dire que cela doit être compté au nombre des choses belles. Par la foi, parvenue au bien où elle trouve son terme, la raison met fin à ses activités propres, la puissance (δυνάμεως), son habitus (ἕξεως) et son énergie (ἐνεργείας) étant circonscrites » [16].

La raison (λόγος) est comparée à l'esprit (νοῦς) ; ce texte est la suite de celui qui traite la question du « νοῦς ». La raison, en relation avec toutes ses propriétés, réalise ce qu'elle est elle-même potentiellement (δυνάμει). Parcourant ce texte, on a l'impression que les différentes propriétés de la raison sont des étapes successives à travers lesquelles elle arrive à la parfaite connaissance de l'être véritable. Mais il faut l'interpréter d'une part comme l'accroissement continuel de la connaissance et d'autre part comme le progrès dynamique de la raison dans sa démarche vers la connaissance de Dieu. Par chacune de ses propriétés la raison connaît un nouvel aspect de la vérité révélée.

Les diverses définitions de quelques-unes des propriétés présentent un intérêt particulier. Elles peuvent être caractérisées comme des « catégories de connaissance », absolument différentes de celles de l'art de parler. Or, pour la connaissance de Dieu, la raison applique ses propres « catégories », apparentées à la « raison pieuse » (φιλόθεος λόγος). La foi « est naturellement la connaissance certaine, sûre et infaillible des choses de Dieu ». Cela signifie que la foi est une source de connaissance de Dieu, infaillible et certaine, puisque la foi, n'ayant pas les « catégories » logiques, informe la raison (λόγος) sur la vraie nature de Dieu et sur son mode (τρόπος) d'existence. Le « φιλόθεος λόγος », naturel et intérieur, a potentiellement en lui la foi qui le conduit à la connaissance des choses divines. Le « λόγος » transforme en acte (ἐνεργείᾳ) sa potentialité et sa foi inhérente, par l'exercice de la vertu. La foi donc est activée par la vertu et c'est ainsi que le « λόγος » arrive à son aboutissement, la connaissance du bien. La foi par conséquent peut être considérée comme « raisonnable » puisqu'elle est potentiellement dans le « λόγος » et qu'elle est activée par la prudence

---

16. *Mystagogie V*, PG 91, 677B. Trad. *IRENIKON 14 (1937) 2*, avec quelques modifications. Ce point est une référence à l'Aréopagite.

(φρόνησις), l'énergie (ἐνέργεια) et la vertu (ἀρετή), propriétés du « λόγος ».

Selon la suite du texte de la *Mystagogie*, le « λόγος » est également potentiellement prudence (φρόνησις), et la « φρόνησις » puissance du « λόγος ». La « πρᾶξις » est l'habitus (ἕξις) du « λόγος », et, en tant qu'« ἕξις » elle tire le « λόγος » vers la connaissance empirique. La vertu est encore l'énergie du « λόγος » ; « or la foi était la concrétion intime et invariable (ἐνδιάθετον πῆξιν καὶ ἀναλλοίωτον) de la prudence de l'action et de la vertu ou bien de la puissance, de l'habitus et de l'énergie » [17]. Cela démontre la relation entre le « λόγος » et ses propriétés par lesquelles il opère pour accéder à la connaissance de Dieu. Ces propriétés sont naturelles, car la foi est la concrétion intime et invariable de ces propriétés.

2. *La raison (λόγος) et la connaissance de Dieu.*

Le « λόγος », en tant qu'art du discours, n'a pas besoin de ces données, car il s'adresse au plaisir de l'ouïe et non pas à l'édification de l'âme humaine. Tandis que le « λόγος » intérieur, instrument du « rassemblement intelligible » des diverses images de la bonté divine, traverse tous ces moyens pour conduire l'âme à la connaissance du bien « où, cessant son mouvement, la raison se repose. En effet, Dieu est le bien auquel aboutit naturellement toute la puissance de toute raison » [18]. Une telle affirmation rappelle le « bienheureux silence » de la raison, qui, après avoir acquis l'expérience de la divine bonté, « se tait », à une nouvelle situation où elle met fin à ses activités propres, « sa puissance, son habitus et son énergie » [19]. Elle commence, par conséquent, à vivre l'expérience de la vision face à face avec Dieu.

La différence entre le « λόγος » en opération et l'« ἐμπειρίας » (expérience) est démontrée dans un passage des *Quaestiones ad Thalassium* : « Les sages disent en effet qu'il

---

17. Ibid., 677C. Trad. IRENIKON, avec modifications.
18. Ibid.
19. Ibid., 677B.

est impossible que coexiste avec l'expérience de Dieu le *λόγος* sur Dieu, ou avec la perception (*τῇ αἰσθήσει*) de Dieu la pensée sur Dieu (*τὴν περὶ αὐτοῦ νόησιν*). J'appelle *λόγος* sur Dieu l'analogie (*ἀναλογίαν*) à partir des êtres de la contemplation gnostique de Dieu (*τῆς περὶ αὐτὸν γνωστικῆς θεωρίας*) ; j'appelle perception l'expérience des liens surnaturels dans la participation (*τὴν ἐπὶ τῇ μεθέξει πεῖραν τῶν ὑπὲρ φύσιν ἀγαθῶν*) ; j'appelle pensée la connaissance simple et singulière sur Dieu à partir des êtres (*τὴν ἐκ τῶν ὄντων περὶ αὐτοῦ ἁπλῆν καὶ ἑνιαίαν γνῶσιν*). Et sans doute sur toute autre chose, on apprend aussi ceci : que l'expérience d'une chose fait cesser le *λόγος* sur elle ; que la perception de cette chose rend vacante la pensée sur elle (*τὴν περὶ αὐτοῦ σχολάζουσαν ἐργάζεται νόησιν*). J'appelle expérience cette connaissance selon l'énergie, celle qui advient au-delà de tout *λόγος* ; j'appelle perception (*αἴσθησιν*) cette participation à ce qui est connu, celle qui est manifestée au-delà de toute pensée. Et c'est peut-être ce qu'enseigne le grand Apôtre en disant : *'Les prophéties ? Elles disparaîtront. Les langues ? Elles cesseront. Les connaissances ? Elles disparaîtront'* (Cor. 13, 6). Il est évident qu'il parle ici de la connaissance qui repose dans le *λόγος* et les réflexions »[20].

Ce texte est révélateur de la pensée de saint Maxime sur la connaissance de Dieu. On retrouve les trois fonctions de l'âme qui la conduisent à la connaissance : l'esprit (*νοῦς*), la raison (*λόγος*) et le sens (*αἴσθησις*). Le sens, certes, ici, n'est pas la fonction corporelle, mais il a un caractère transcendant, car il constitue le perfectionnement de la connaissance au-delà du « *νοῦς* » et du « *λόγος* ». Le « *λόγος* sur Dieu » est la « *Théologie* » dans son sens large, or la connaissance offerte par la « *Théologie* » est limitée, étant donné qu'on peut la dépasser par l'expérience et la participation[21].

Le « *λόγος* sur Dieu » est l'analogie à partir des êtres de

---

20. *Quaestionnes ad Thalassium* 60, Corpus Christianorum 22, 77, 77-79, 93. PG 90, 624A. Trad. A. Riou, p. 100, avec des modifications.

21. Cf. Alain Riou, *Le monde et l'Église selon Maxime le Confesseur*, op. cit. pp. 98-101.

la contemplation gnostique de Dieu. Le but du « λόγος *sur Dieu* » est certainement la connaissance de Dieu, mais il ne signifie pas l'objectivation de Dieu et l'application des fonctions de connaissance à la recherche d'un objet indépendamment de l'homme. Et l'homme ne peut pas vivre l'expérience de la présence divine indépendamment de son environnement naturel et surnaturel. La définition « λόγος *sur Dieu* » n'est pas la seule donnée par le texte, mais elle est plus complexe, car elle établit la relation personnelle entre Dieu et l'homme. La science du « λόγος *sur Dieu* » doit chercher la vérité intégrale avec tous ses aspects possibles, soit les relations personnelles entre Dieu et l'homme, soit les images (ἐκφάνσεις) divines à partir des êtres, soit la révélation divine à travers le « λόγος » etc... Le « λόγος *sur Dieu* » agit donc aussi bien par des images que par des analogies à partir des êtres, pour qu'il puisse s'élever à une compréhension divine analogue à la connaissance offerte à partir des êtres.

Le fait que la connaissance par le « λόγος sur Dieu » n'est jamais parfaite et ne satisfasse pas l'homme est prouvé par son dépassement par d'autres aspects plus parfaits de connaissance, tels que la participation empirique au divin et la communion des personnes face à face.

Par ailleurs, la pensée est « la connaissance simple et singulière sur Dieu ». Cette définition est en accord avec la connaissance par l'esprit (νοῦς) que nous développerons par la suite. Il est particulièrement intéressant de comparer la connaissance par le « λόγος », qui est la « *synthèse* » des « *images* » que le « λόγος » rassemble à partir des êtres, à celle par la pensée (νόησις) qui est simple et singulière. Néanmoins, toutes les deux sont dépassées par l'expérience (πεῖρα) et la perception empirique si « l'expérience d'une chose fait cesser le λόγος sur elle, et que la perception (αἴσθησις) de cette chose rend vacante la pensée sur elle » [22]. Il est évident par l'analogie de l'expérience des choses du monde que l'« expérience » d'une chose signifie la fin du

---

22. *Cf. Quaestionnes ad Thalassium 60, Corpus Christianorum 22,* 77, 77-79, 93. PG 90, 624A.

« λόγος » sur elle, le « λόγος » compris comme la dynamique de la recherche vers la connaissance. Il est, par conséquent, impensable que coexiste l'expérience avec le « λόγος sur Dieu ». Ainsi, par le dépassement du « λόγος sur Dieu » et l'établissement de la « πεῖρα », est introduite la notion de silence, qui n'est ni agnosticisme ni ignorance, mais un « silence » étonné et la jouissance de la bonté divine dont le participant a l'expérience. Le « λόγος » par analogie à partir des êtres ou bien par n'importe quel autre moyen est incapable d'extérioriser cette expérience. La pensée de l'apôtre Paul trouve ainsi son application parfaite : « Les prophéties seront abolies, les langues cesseront, la connaissance sera abolie. Car nous connaissons en partie, mais quand ce qui est parfait sera venu, ce qui est partiel sera aboli » (I Cor. 13, 8-10).

L'expérience (πεῖρα) est la connaissance « κατ᾽ἐνέργει-αν » et elle suit celle à travers le « λόγος ». L'« αἴσθησις », d'autre part, est la participation du connu (τοῦ γνωσθέντος μέθεξις) et elle suit la connaissance intelligible. On pourrait donc considérer la « théologie » non pas comme la simple parole sur Dieu, mais comme l'ensemble de la démarche de l'homme, par l'esprit, la raison et les sens, vers la connaissance de Dieu. Et, enfin, par le dépassement de ces trois « méthodes » théologiques débute le temps de la connaissance empirique. La raison et l'esprit peuvent être considérés comme les méthodes d'une connaissance « intui-tive » (contemplative), tandis que celle par le sens trans-cendant est une connaissance empirique [23]. La connaissance intuitive, « qui repose seulement sur la parole et les

---

23. Cf. *Quaestionnes ad Thalassium 60*, *Corpus Christianorum 22*, 79, 94-114. PG 90, 621CD : « Διττὴν γὰρ οἶδε τὴν τῶν θείων γνῶσιν ὁ λόγος· τὴν μὲν σχετικήν, ὡς ἐν μόνῳ λόγῳ κειμένην καὶ νοήμασι· καὶ τὴν κατ᾽ἐνέργειαν τοῦ γνωσθέντος διὰ πείρας οὐκ ἔχουσαν αἴσθησιν, δι᾽ἧς κατὰ τὴν παροῦσαν ζωὴν οἰκονομούμεθα. Τὴν δὲ κυρίως ἀληθῆ ἐν μόνῃ τῇ πείρᾳ κατ᾽ἐνέργειαν δίχα λόγου καὶ νοημάτων, ὅλην τοῦ γνωσθέντος κατὰ χάριν μεθέξει παρεχομένην τὴν αἴσθησιν· δι᾽ἧς κατὰ τὴν μέλλουσαν λῆξιν τὴν ὑπὲρ φύσιν ὑποδεχόμεθα θέωσιν ἀπαύστως ἐνεργουμένην· καὶ τὴν μὲν σχετικὴν ὡς ἐν λόγῳ κειμένην καὶ τοῖς νοήμασι, κινητικὴν εἶναί φασι τῆς πρὸς τὴν μεθέξει κατ᾽ἐνέργειαν γνῶσιν ἐφέσεως· τὴν δὲ κατ᾽ἐνέργειαν, διὰ τῆς πείρας μεθέξει παρεχομένην τοῦ γνωσθέντος τὴν αἴσθησιν, ἀφαιρετικὴν εἶναι τῆς ἐν λόγῳ κειμένης καὶ νοήμασι γνώσεως ».

concepts » est « relative », car elle est privée d'expérience. La connaissance empirique, en revanche, est « proprement vraie » et elle se base sur la seule expérience « κατ'ἐνέργειαν », sans la parole et les concepts [24]. La première est « relative » puisqu'elle se base sur des images analogiques ; or la seconde est « proprement vraie » puisqu'elle se base sur l'expérience personnelle acquise par la « participation » à la divine énergie de l'énergie humaine.

Effectivement, le « λόγος » et le « νοῦς », propriétés propres à l'homme, ne sont pas abolis par la connaissance empirique, car l'expérience permet de dépasser l'expression de ces deux propriétés et non les propriétés elle-mêmes. Le « λόγος » et le « νοῦς », après la connaissance acquise par elles et leur dépassement par la connaissance empirique, participent à Dieu et elles sont divinisées tout comme l'homme dans son ensemble. Le « λόγος », par sa présence active et le martèlement des vertus comme ornement de l'âme, dépasse la nécessité naturelle des « objets » dont il rassemble les raisons (λόγους) spirituelles. Le « νοῦς » dépasse également son énergie naturelle de « synthèse » des concepts et parvient à la connaissance de la cause des êtres. Les concepts donc et les raisons spirituelles font la « synthèse » de la connaissance de la cause des êtres, connaissance qui dépasse les catégories de l'intelligence. Le dépassement des catégories intelligibles et logiques est la déification par la grâce ; or dorénavant la connaissance n'est plus objective, mais « participation » au divin ; et par cette participation est acquise la déification. Le dépassement des catégories du « λόγος » et du « νοῦς », ainsi que l'expérience par la connaissance et la participation sont le temps du « silence loquace et très sonore » [25]. La relation est désormais une relation de silence érotique, participation empirique, jouissance de la contemplation divine au-delà du « λόγος » et du « νοῦς » [26].

---

24. Ibid.
25. *Mystagogie*, *IV*, PG 91.
26. Cf. : *Quaestiones ad Thalassium 47*, *Corpus Christianorum 7*, 325,211-227. PG 90, 429BC. *Chapitres Théologiques et Économiques III*, PG 90, 1277AB. *Mystagogie 4*, PG 91, 672BC. Le texte de la *Mystagogie* est intéressant car le silence devant le mystère divin est défini comme « πολύθογγος ».

3. Connaissance morale ou transcendante ?

La connaissance de Dieu n'est pas soumise à une méthode de catégories et de syllogismes, mais à d'autres « catégories » relatives à l'objet de connaissance. La « méthode » de connaissance de Dieu exige la communion entre deux personnes, et entre « toi » et « moi ». Une des « catégories » de la connaissance de Dieu est la « vertu ». L'esprit et le corps utilisent les vertus pour leur purification, condition *sine qua non* pour connaître Dieu. « De même que le corps pèche par les choses et que les vertus corporelles lui apprennent à devenir chaste, de même l'esprit (*νοῦς*) pèche par les pensées passionnées, et les vertus de l'âme lui apprennent à devenir chaste en regardant les choses en toute pureté et en toute impassibilité » [27].

L'exercice des vertus a donc une répercussion sur l'esprit humain. On peut considérer cette méthode de purification du corps et de l'esprit comme une purification morale, aboutissant à la libération du corps de toutes les passions et de l'esprit des « pensées passionnées » [28]. Par la purification, l'esprit devient capable de regarder la présence de Dieu, car « seulement l'esprit pur peut devenir la demeure de Dieu » [29]. L'esprit offre à l'âme la connaissance par les pensées, et il a comme pédagogues les vertus de l'âme qui lui sont nécessaires pour regarder de façon pure et sans passion les choses.

(a) Signification des vertus.

---

27. *Chapitres Théologiques et Économiques II*, 64, PG 90, 1005A. Trad. J. TOURAILLE. Nous remplaçons le mot « intelligence » par le mot « esprit ».

28. Cf. ibid., 1004A : « Τῶν μὲν ἀρετῶν, αἱ μέν εἰσι σωματικαί· αἱ δὲ ψυχικαί. Καὶ σωματικαὶ μέν εἰσιν, οἷον νηστεία, ἀγρυπνία, χαμευνία, διακονία, ἐργόχειρον πρὸς τὸ μὴ ἐπιβαρῆσαί τινα, ἢ πρὸς μετάδοσιν, καὶ τὰ ἑξῆς· Ψυχικαὶ δέ εἰσιν, οἷον ἀγάπη, μακροθυμία, πραότης, ἐγκράτεια, προσευχή, καὶ τὰ ἑξῆς. Ἐὰν οὖν ἔκ τινος ἀνάγκης, ἢ περιστάσεως σωματικῆς, οἷον ἀρρωστίας, ἢ τινος τῶν τοιούτων, συμβῆ ἡμῖν μὴ ἐκτελέσαι δυνηθῆναι τὰς προειρημένας σωματικὰς ἀρετάς, συγγνώμην ἔχομεν παρὰ Κυρίου, τοῦ καὶ τὰς αἰτίας εἰδότος· τὰς δὲ ψυχικὰς μὴ ἐκτελοῦντες οὐδεμίαν ἕξομεν ἀπολογίαν. Οὐ γάρ εἰσιν ὑπὸ ἀνάγκην ». Notons l'aspect ascétique des vertus décrites ici par saint Maxime.

29. *Quaestiones ad Thalassium 31, Corpus Christianorum* 7, 223,13-14. PG 90, 369D.

Selon la voie raisonnable de la connaissance de Dieu, l'homme procède par la raison à la prudence, ensuite à l'acte, à la vertu, à la foi et, enfin, à la bonté divine pour aboutir à l'expérience de la connaissance de Dieu. On verra par la suite que par la voie intelligible, l'homme aboutit à la même connaissance de Dieu. Les vertus occupent une place extraordinaire dans la théologie de saint Maxime. Ainsi dans le progrès vers la connaissance de Dieu, la vertu est un présupposé de la foi. Les deux voies (voie raisonnable et voie intelligible) de la connaissance de Dieu sont les énergies humaines par lesquelles l'homme se meut afin de s'unir avec l'énergie divine.

Le sens de la vertu est le suivant : « On appelle vertu l'habitus ($\H{\epsilon}\xi\iota\varsigma$) tout à fait impassible et ferme du bien. Rien ne vient se mettre de part et d'autre de cet habitus, car celui-ci porte la marque de Dieu, à laquelle rien ne s'oppose. Dieu est la cause des vertus. Et la connaissance de Dieu selon l'énergie ($\kappa\alpha\tau'\,\grave{\epsilon}\nu\acute{\epsilon}\varrho\gamma\epsilon\iota\alpha\nu\ \gamma\nu\tilde{\omega}\sigma\iota\varsigma$) est le changement qui mène vers l'Esprit, selon son état, celui qui a vraiment connu Dieu » [30]. Malgré le caractère en quelque sorte moral des vertus et l'exercice ascétique du corps et de l'esprit qu'elles engendrent, les vertus ont aussi une relation transcendante avec Dieu et avec la connaissance de Dieu par la voie raisonnable. Il n'y a pas une distinction imperméable entre la morale et le transcendant, puisque ces deux réalités touchent la personne humaine dont nous cherchons l'unité ontologique et non pas la rupture. La définition de la vertu comme « l'habitus ($\H{\epsilon}\xi\iota\varsigma$), tout à fait impassible et ferme du bien » n'est pas étranger à sa parenté avec Dieu, étant donné que Dieu est l'immutabilité et la non-altération du bien, qu'Il est Lui-même la bonté ($\grave{\alpha}\gamma\alpha\theta\acute{o}\nu$). Par conséquent, les vertus sont le reflet des qualités divines. Dans cette optique les vertus peuvent être nommées divines énergies. Quand l'homme exerce les vertus cela signifie pour lui qu'il connaît les énergies de Dieu et qu'il est uni à elles. « La limite des êtres, c'est donc la connaissance désirée de la

---

30. *Chapitres Théologiques et Economiques V, 2*, PG 90, 1349A. Trad. J. TOURAILLE.

cause. Et leur mesure, c'est l'imitation selon l'énergie (*κατ' ἐνέργειαν ἐκμίμησις*) de la cause, autant qu'il leur est possible »[31]. L'imitation de Dieu « selon l'énergie » signifie que l'homme imite ce qu'il connaît de Dieu, c'est-à-dire son énergie. Le « *κατ'ἐνέργειαν* », expression courante chez saint Maxime, signifie le mouvement réciproque des deux énergies, divine et humaine, l'une vers l'autre. Or en l'homme existe le désir de la connaissance de la cause, et Dieu est la cause de la réciprocité de l'énergie de l'homme vers Dieu, et de l'énergie divine vers l'homme. Ici la divine énergie est identifiée à la vertu. Ainsi l'homme, en exerçant les vertus, imite Dieu Lui-même dont il connaît l'énergie selon ses propres capacités de connaissance. Nous soulignons le terme « connaître » pour dire encore une fois qu'il ne signifie pas une connaissance par syllogismes, mais la connaissance empirique par « l'acte », la contemplation et la participation.

(b) Relation des vertus à l'esprit.

Voyons maintenant comment l'esprit (*νοῦς*) par les vertus connaît Dieu : « Tout esprit convenablement couronné par la vertu et la connaissance (...) a toute la création soumise à lui par les espèces (*εἴδη*) qui accomplissent la nature. Or, par l'intermédiaire de l'esprit, la création offre à Dieu comme dons les raisons (*λόγους*) spirituelles de la connaissance qui se trouvent en elle ; et à lui (l'esprit) elle donne en offrande les modes d'exercice de la vertu qui sont en elle selon la loi naturelle. Enfin, par les deux (les raisons spirituelles et les modes des vertus), la création accueille l'esprit qui, par eux, peut être estimé (*εὐδοκιμεῖν*) de manière plus parfaite. En fait je parle de l'esprit philosophe, qui est devenu parfait selon la raison (*λόγος*), la vie (*βίος*), l'acte (*πρᾶξις*) et la contemplation (*θεωρία*) »[32].

Pour acquérir les deux « catégories » de la connaissance de Dieu, on présuppose la purification de l'esprit de tout autre habitus (*ἕξις*) et l'acquisition de l'habitus (*ἕξις*) vers Dieu. La connaissance de Dieu est ici étroitement liée à la

---

31. Ibid., 1349B.
32. *Quaestiones ad Thalassium 51, Corpus Christianorum* 7, 397,36-50. PG 90, 477AB.

connaissance de la création, mais en réalité la création est un moyen, dépassé par les raisons spirituelles que Dieu a « semées en chaque espèce qui accomplit la nature » [33]. Elles sont en fait « des échos (ἀπηχήματα) de la magnificence » divine que Dieu lui-même a « mêlées » (ἐγκαταμίξαι) [34] à la nature des êtres sensibles et spirituels. Les « échos » de la magnificence divine guident l'esprit vers Dieu comme un navire. L'esprit donc, par la vertu et la connaissance, peut scruter la création et, selon l'expression maximienne, peut « soumettre » à lui toute la création, en contemplant le reflet de la gloire et de la magnificence divine qui se trouvent semées en elle. Ce double mouvement de la création est très caractéristique : d'une part le mouvement vers Dieu pour lui offrir les raisons spirituelles par l'intermédiaire de l'esprit. C'est une offrande liturgique, car la création fait comme l'homme pendant la célébration liturgique, elle offre à Dieu ce qui Lui est propre. Les raisons spirituelles appartiennent à Dieu et la création qui les reçoit les rend au donateur comme une offrande de reconnaissance, devant l'autel de la connaissance. D'autre part, le « νοῦς » reçoit de Dieu, à travers la création, comme charismes, les modes de l'exercice de la vertu, modes qui découlent des raisons spirituelles. Celles-ci, étant les « échos » (ἀπηχήματα) de la magnificence divine, guident l'esprit pour que « sans erreurs se fasse le chemin vers Dieu en arrivant au-delà de tout ce qui est visible » [35]. Ainsi, alors que la connaissance apparaît comme étant naturelle, il y a un dépassement de la nature et l'entrée sans intermédiaire dans la connaissance transcendante [36].

Le texte des *Quaestiones ad Thalassium 46* traite deux termes pauliniens : « ἔσοπτρον » (miroir) et « αἴνιγμα » (énigme) (I Cor. 13, 12). Saint Maxime utilise l'allégorie pour l'exégèse des Saintes Ecritures, méthode héritée de Philon d'Alexandrie et d'Origène. Mais saint Maxime, à

33. Ibid., *Corpus Christianorum 7*, 395,9-10. PG 90, 476C.
34. Ibid., *Corpus Christianorum 7*, 395,23-24. PG 90, 476D.
35. Ibid.
36. Cf. Irénée-Henri Dalmais, « *Mystère liturgique et Divinisation dans la Mystagogie de Saint Maxime le Confesseur* ». in : *Epectasis*, p. 61.

travers ses allégories, laisse apparaître son enseignement concernant la relation du « νοῦς » avec les vertus et la connaissance de Dieu : « Le miroir (ἔσοπτρον), est défini comme une conscience qui a la forme de ce qui, selon l'acte (πρᾶξις), est constamment bien. Par cette conscience le pur en intelligence (διάνοια) peut contempler Dieu ; ou bien, le miroir est l'habitus (ἕξις) pratique qui circonscrit la composition de toutes les vertus les unes avec les autres, en une forme unique (ἐνοειδῶς), comme une synthèse qui décrit une personne divine. L'énigme (αἴνιγμα), elle, est une connaissance accessible à l'espace de la nature, selon la contemplation totale des raisons divines (τῶν θείων λόγων), connaissance qui est le reflet de ce qui est au-dessus de l'intelligence (νόησις). Plus simplement, le miroir est l'habitus (ἕξις) qui indique (ἐνδεικτική) la forme originale des vertus (πρωτοτύπου μορφῆς τῶν ἀρετῶν) qui sera manifestée à ceux qui en sont dignes à l'avenir. Car le miroir indique à celui qui le possède la fin à venir de la philosophie pratique. L'énigme indique l'originalité (ἀρχετυπίας) de ce qui est pensé en vue de la connaissance (τῶν νοουμένων περὶ γνῶσιν) » [37].

(a) La conscience est analogue à l'« ἔσοπτρον », qui, selon l'apôtre Paul, symbolise un degré de la connaissance de Dieu. La conscience donc est la forme précise, ou bien le reflet de tous les biens divins « selon l'acte » (κατὰ πρᾶξιν), et le pur en intelligence devient apte à contempler Dieu à travers les biens divins.

(b) L'« ἔσοπτρον » est identique à l'habitus actif (πρακτικὴν ἕξιν) par lequel s'exerce la synthèse des vertus entre elles, pour que l'esprit arrive à l'unicité divine. *Ainsi le sens de la vertu est défini comme l'habitus impassible et immuable vers le bien* [38].

(c) L'« ἔσοπτρον », dans sa deuxième définition, est l'habitus qui manifeste « *la forme originelle des vertus qui appa-*

---

37. *Quaestiones ad Thalassium 46, Corpus Christianorum* 7, 309,3-15. PG 90, 420BC.
38. Cf. *Chapitres Théologiques et Economiques V, 2*, PG 90, 1349A.

raîtront à ceux qui en sont dignes dans l'avenir »[39]. Cette forme originelle des vertus est Dieu lui-même, la cause des vertus. Par conséquent l'habitus psychique de l'exercice des vertus signifie la perfection morale, mais aussi la propension naturelle de l'esprit à imiter Dieu. C'est la raison pour laquelle la « fin » (*τέλος*), en son sens eschatologique et de perfectionnement de la « philosophie pratique »[40], démontre ceux qui possèdent l'« *ἔσοπτρον* » comme instrument de la connaissance de Dieu.

(a) L'autre terme paulinien de « *αἴνιγμα* » est pour saint Maxime la connaissance des raisons divines acquises par la contemplation, mais qui dépasse le niveau de l'intelligence. Ce parallélisme concorde avec la relation exprimée par le couple de « *θεωρία-πρᾶξις* ». La « *πρᾶξις* » est possible par l'exercice des vertus et la connaissance l'est par la contemplation des raisons divines, accessibles dans la création. Les raisons divines dépassent la capacité de l'intelligence et leur connaissance ne peut pas être soumise aux catégories de la raison, mais elle est transcendante.

(b) L'« *αἴνιγμα* », est seulement une indication de la forme originelle des raisons divines, il est, comme le dit ailleurs saint Maxime, le reflet de la gloire divine semée dans la nature des êtres[41]. Comparant donc ces deux termes allégoriques de « *ἔσοπτρον* » et de « *αἴνιγμα* », le premier est une des énergies humaines par lesquelles on procède à la connaissance de Dieu — en tant que conscience qui manifeste l'habitus immuable vers Dieu —, et le deuxième signifie la connaissance analogique offerte par Dieu à l'homme qui, par son habitus naturel, est apte à recevoir les raisons divines.

(c) Le Christ et les vertus.

Dans les *Ambigua II, 7*, saint Maxime examine la relation de la vertu avec Dieu et avec l'homme. Nous avons déjà

---

39. *Quaestiones ad Thalassium 46*, *Corpus Christianorum* 7, 309, 11-12. PG 90, 420C.

40. Dans la pensée patristique, la *philosophie pratique* signifie la vie parfaite. Dans cette optique donc la *philosophie pratique* est synonyme des vertus.

41. Cf. la connaissance par la vertu, *Quaestiones ad Thalassium 8*, *Corpus Christianorum* 7, 77,6-18. PG 90, 285A.

signalé que pour l'homme, la vertu signifie son habitus immuable et impassible vers le bien. Pour Dieu les vertus ne sont pas un habitus (ἕξις), puisque Dieu, plus précisément la personne même du Verbe de Dieu est la vertu elle-même : « Car notre Seigneur Jésus-Christ Lui-même est l'essence de toutes les vertus » [42]. L'homme participe à la vertu, tandis que le Verbe de Dieu est la vertu, puisqu'Il « a été fait pour nous sagesse, justice, sanctification et rédemption (I Cor. 1, 30). Tout cela est dit pour Lui de façon absolue, étant sagesse en Lui-même, justice et sainteté » [43]. Comme auparavant, saint Maxime se fait l'exégète de l'apôtre Paul, et considère que par Son incarnation, le Verbe de Dieu nous a révélé les vertus divines.

Les vertus peuvent donc être considérées comme des divines énergies par lesquelles l'homme connaît Dieu par leur exercice et leur « participabilité ». La sagesse, la justice, la sainteté etc. ne sont pas l'essence de Dieu, mais le Christ est l'essence des vertus qui font que l'homme participe à Dieu, et que Dieu puisse être connu de l'homme. Ce mode de connaissance dépasse le niveau moral vers une connaissance transcendante qui se détache de la nature créée pour entrer dans la connaissance divine. Pour Dieu donc, nous parlons de l'« absolu », tandis que pour l'homme, du « déterminé », « comme l'homme sage, l'homme juste, c'est-à-dire chaque homme participant à la vertu selon son habitus immuable, participe indubitablement à Dieu, l'essence des vertus » [44].

Il peut paraître surprenant que saint Maxime octroie une telle importance aux vertus. En effet, la vertu occupe une place exceptionnelle dans le tableau de la voie de la connaissance raisonnable en tant que puissance de l'âme :

raisonnable : raison-prudence-acte-vertu-foi-bonté-DIEU.

Dans cette succession de qualités et de forces de l'âme, la vertu occupe une place centrale. On verra que la vertu constitue un couple avec la connaissance, et nous compren-

---

42. *Ambigua II*, 7, PG 91, 1081D.
43. Ibid.
44. Ibid.

drons mieux l'importance donnée à la vertu dans le procédé de la connaissance de Dieu [45].

C. L'ESPRIT (*Noῦς*)

1. Mouvement simple et mouvement composé de l'esprit.

Dans le texte des *Ambigua II, 10* sont énumérés les trois mouvements universels de l'âme qui l'amènent à la connaissance de Dieu : le mouvement selon l'esprit, le mouvement selon la raison et le mouvement selon les sens. Le mouvement selon l'esprit « est simple et ininterprétable, mouvement selon lequel l'âme se mouvant vers Dieu ne Le connaît par aucun mode, ni par aucun être à cause de Sa supériorité » [46]. Cette définition décrit l'esprit comme simple et unique, qui offre une connaissance simple et qui se meut vers la connaissance de la simplicité divine. La simplicité et le mode de mouvement de l'esprit sont mis en parallèle avec la simplicité divine et l'omniprésence de Dieu.

Mais quand l'esprit se meut vers les êtres créés et composés, son mouvement est composé. « Toute pensée signifie de toute manière une multitude, ou tout au moins une dualité. Elle est, en effet, une relation qui tient le milieu entre des extrêmes qu'elle réunit entre eux : ce qui pense et ce qui est pensé. Et ni l'un ni l'autre ne garde naturellement tout à fait la simplicité. En effet, ce qui pense est un sujet qui a la puissance de penser tout à fait comprise en lui-même. Ce qui est pensé est absolument sujet, ou il est dans le sujet : il a la puissance d'être pensé comprise en lui-même, ou bien l'essence dont il a la puissance était sujet auparavant » [47].

L'esprit (*voῦς*) peut être défini comme la puissance qui lie l'homme aux êtres par l'intermédiaire de l'intelligence ;

---

45. Au sujet des couples cf. *Mystagogie*, PG 91, 676A.

46. *Ambigua II, 10*, PG 91, 1112D-1113A.

47. *Chapitres Théologiques et Économiques, I, 82*, PG 90, 1116C-1117A. Trad. J. TOURAILLE, Philocalie, op. cit. p. 97. Cf. *Chapitre sur la Charité III, 97*, CERESA-GASTALDO, 190. PG 90, 1045D, cité p. 34.

ainsi l'homme acquiert la connaissance des êtres par l'esprit. Comme êtres nous comprenons les êtres créés et incréés, le créé et le transcendantal. Entre l'esprit qui pense et ce qui est pensé s'intègre l'intelligence qui lie l'esprit et l'être pensé. Ce qui est pensé est donc soumis à la faculté de connaissance de l'esprit, à savoir l'intelligence ; ainsi autre est l'esprit (*νοῦς*), autre l'intelligence (*νόησις*) et autre le pensé (*νοούμενον*). On peut distinguer deux aspects du mouvement de l'esprit : un mouvement simple lors de la connaissance spirituelle de Dieu et un mouvement composé. L'unité et la simplicité divine caractérisent aussi la nature du mouvement de l'esprit. La relation qui se développe entre le « *νοῦς* », la « *νόησις* » et le « *νοούμενον* » manifeste la nature composée du mouvement du « *νοῦς* ». Cela veut dire que la « *νόησις* » est composée au moins de deux parties : Ce qui pense et ce qui est pensé. La composition de la pensée conditionne aussi la nature du mouvement de l'esprit vers les pensées.

L'état du « *νοῦς* » (esprit) en tant que centre de la connaissance dépend de l'état des pensées des choses : « Quand l'esprit (*νοῦς*) reçoit les pensées des choses, il prend naturellement la forme de chacune de ces pensées. Quand il les contemple spirituellement, il se transfigure de diverses manières selon chacune des contemplations. Mais quand il est en Dieu, il devient complètement sans figure et sans forme. Car en contemplant l'unique (*μονοειδής*), il devient unique et entièrement lumineux » [48]. La transformation de l'état de l'esprit survient en deux modes, soit vers le composé, soit vers le simple. Le composé représente la connaissance des êtres créés qui sont par eux-mêmes composés, et le simple représente la connaissance de Dieu, étant Lui-même simple et incréé. Lors de la connaissance de Dieu transcendant, simple et unique, l'esprit devient aussi simple et unique, tandis que lors de la connaissance des êtres créés, l'esprit se transforme selon leurs pensées composées.

---

48. *Chapitres sur la Charité III, 97*, Ceresa-Gastaldo, 190. PG 90, 1045D. Trad. d'après J. Touraille, op. cit. p. 63.

L'esprit garde en lui-même les pensées des choses, c'est-à-dire leur forme et leur manière d'être. A ce propos, il faut souligner le rôle du fonctionnement de la « mémoire » (μνήμη) comme une énergie de l'esprit pour garder en lui les pensées des choses. Ainsi l'esprit reconnaît dans les objets les idiomes propres au genre et les garde en lui. Ce genre de connaissance concerne la morphologie des choses par lesquelles l'esprit acquiert une connaissance expérimentale. Mais la connaissance ne se limite pas à la connaissance empirique seule qui est une connaissance *a posteriori*, l'esprit a la possibilité et la force de travailler par abstraction (ἀφαίρεσις) en formant des pensées non pas abstraites mais spirituelles qui n'ont pas moins de valeur que les pensées concrètes des choses. C'est la connaissance que Kant nommerait intuitive, qui n'est point *a posteriori* mais *a priori* [49]. Par ce genre de connaissance certes, l'esprit subit une « altération », car en elle l'esprit se transforme selon les « pensées » qui sont multiples et composées.

L'esprit prend une distance objective par rapport à ce qui est pensé puisque « les choses sont en dehors de l'esprit » [50]. La nature donc de la connaissance des êtres n'est pas la même que la nature des êtres eux-mêmes. L'esprit connaît les pensées (νοήματα) des choses, or les pensées des choses « sont au-dedans » de l'esprit. « Les choses sont en dehors de l'esprit (νοῦς), mais leurs pensées sont au-dedans. C'est donc dans l'esprit qu'il nous est donné d'user en bien ou en mal des unes et des autres. Car le mauvais usage des choses suit l'usage erroné des pensées » [51].

Le mouvement de l'esprit vers Dieu pour Le connaître induit, pour l'esprit, une situation totalement différente, mais qui n'est pas contre-nature. L'esprit, dans cette voie de la connaissance, s'accomplit lui-même, puisque « simple et indivisible », il connaît Dieu qui est également simple et indivisible. La relation de l'esprit avec la simplicité et l'indivi-

---

49. *Critique de la raison pure*, « *Logique Transcendantale* » (Trad. De Jules Barni, revue par P. Archambault. Ed. FLAMMARION, 1976 Paris, pp. 107 et suiv.

50. *Chapitres sur la Charité, II*, 73, CERESA-GASTALDO, 128. PG 90, 1008A.

51. Ibid. Trad. J. TOURAILLE, Philocalie, op. cit. p. 43. Nous changeons le mot « *intelligence* » par le mot « *esprit* ».

sibilité divines crée les conditions gnostiques pour que celui-ci reçoive le « rayon » (ἀχτίς) de la connaissance divine. Il est probable que saint Maxime emprunte les termes « ἀχτίς » (rayon) et « ἔχστασις » (extase) à l'Aréopagite [52]. Situé dans l'ensemble de son enseignement, le terme « ἀχτίς » reflète sa théologie de la relation de l'homme avec Dieu, et de l'union de l'énergie divine avec celle de l'homme, union dans laquelle l'énergie humaine « cesse » son cheminement vers la connaissance de Dieu, puisqu'alors l'homme a acquis l'expérience (πεῖρα) [53].

Les racines du mot « extase » (ἔχστασις) se situent chez les néoplatoniciens. Sans en faire un terme technique, les Pères de l'Église l'utilisent aussi dans un sens moral. Pour le néoplatonisme, l'extase signifie sortir et abandonner la matière qui est en soi mauvaise ; l'esprit donc, ou l'âme, doivent sortir de cette matière pour s'unir à l'âme universelle dont ils sont l'émanation [54]. Pour l'Aréopagite [55] et pour saint Maxime, l'extase est la sortie du sensible et de l'intelligible, non pas comme abandon d'une matière qui serait mauvaise, mais comme entrée dans l'espace de l'énergie divine qui sanctifie matière et esprit. Pour saint Maxime, la nature est bonne en tant qu'elle est création de Dieu ; et le monde n'est ni l'émanation néoplatonicienne, ni le résultat de la chute selon la conception d'Origène, mais la création libre de Dieu selon les raisons des êtres qui se trouvent en Lui.

Il y a ainsi deux sortes de connaissance par l'esprit, celle de la création et celle du divin. Pour l'homme, la relation entre celui qui pense et ce qui est pensé est déterminée par sa constitution même en âme et en corps, qui le fait participer au sensible et à l'intelligible. Les deux types de connaissance sont donc « naturels » et correspondent à cette double constitution de l'être humain [56]. L'esprit, libre de son

---

52. Pour la notion du « *rayon* » chez l'Aréopagite cf. : *Théologie Mystique I*, PG 3, 997B. *Hiérarchie Céleste 9, 3*. PG 3, 260CD. Ibid., 15, 8. PG 3, 337AB.

53. Cf. *Chapitres Théologiques et Économiques, I, 47*, PG 90, 1100BC ; *Opuscula Theologica et Polemica II*, PG 91, 29ABC ; *Ambigua, II, 7*, PG 91, 1076C.

54. Voir notre analyse dans le chapitre II.

55. *Théologie Mystique 1, 1*, PG 3, 997B-1000A.

56. Nous pouvons aussi parler de la nature de la connaissance des êtres

mouvement et de son énergie naturelle vers les êtres sensibles et intelligibles s'élève vers Dieu et offre sa connaissance à l'âme. Cette connaissance n'est pas le résultat d'un simple procédé noétique, car, malgré la connaissance par l'esprit, celle-ci est acquise par la participation totale de l'âme et du corps à tout le processus de connaissance ; l'esprit connaît finalement Dieu non par des catégories de la pensée, mais par sa pleine union avec Lui. Les sens (αἰσθήσεις), la raison (λόγος) et l'esprit (νοῦς) « ayant revêtu l'image complète du céleste selon la capacité humaine » reçoivent le rayonnement divin par lequel ils illuminent l'âme [57].

2. Relation de l'esprit et de la raison avec l'âme.

Dans la *Mystagogie*, l'esprit (νοῦς) est défini comme l'aspect « contemplatif » (θεωρητικόν) et la raison (λόγος) comme l'aspect « pratique » (actif : πρακτικόν), or tous deux constituent les premières puissances de l'âme. Si nous identifions l'esprit à la sagesse (σοφία) et la raison à la prudence (φρόνησις), alors ces dernières deviennent les premières énergies de l'âme. Ainsi s'établit clairement une relation étroite entre esprit, raison et âme. « Il disait qu'à l'âme

---

par Dieu Lui-même et de son autoconnaissance. Du point de vue philosophique, l'autoconnaissance de Dieu est impossible, car la connaissance est considérée comme une fonction extatique. Or Dieu ne peut pas sortir de Lui-même pour devenir son objet de connaissance. Aristote examine ce point dans le cadre du « καθ'ὅλου » et du « καθ'ἕκαστον » : « τῶν καθ'ἕκαστά τινος ἢ αἰσθητοῦ ἢ νοητοῦ – λέγω δὲ νοητοὺς μὲν οἷον τοὺς μαθηματικούς, αἰσθητοὺς δὲ οἷον τοὺς χαλκοὺς καὶ τοὺς ξυλίνους – τούτων δὲ οὐκ ἔστιν ὁρισμός, ἀλλὰ μετὰ νοήσεως ἢ αἰσθήσεως γνωρίζονται, ἀπελθόντες δὲ ἐκ τῆς ἐντελεχείας οὐ δῆλον πότερον εἰσὶν ἢ οὐκ εἰσίν· ἀλλ'ἀεὶ λέγονται καὶ γνωρίζονται τῷ καθ'ὅλου λόγῳ» (*Métaphysique Z 10, 1036a 2 suiv.*). Pour Aristote les « καθ'ἕκαστα » correspondent à la matière (ὕλην), qui est inconnue ; ils sont, comme elle, inconnus. L'« ὕλη » des « καθ'ἕκαστα » est l'essence qu'Aristote veut définir par ces catégories. L'essence en soi-même est non signifiable, tandis qu'ici elle est signifiée par ces catégories. La connaissance est le résultat de la pensée et des sens qui prouvent l'existence ou non des « καθ'ἕκαστα ». Pour Aristote donc, la connaissance, soit sensible soit intelligible soit raisonnable, est la connaissance des êtres créés. Pour saint Maxime, les êtres, soit sensibles soit intelligibles, ont en eux-mêmes leurs raisons spirituelles qui les guident à la connaissance de Dieu. Nous avons déjà constaté ailleurs que les raisons des êtres existent en relation avec les divines énergies, que l'homme connaît par ses sens, sa raison et son esprit.

57. *Ambigua II, 10*, PG 91, 1113B.

appartiennent, selon sa partie intellectuelle, l'esprit, la sagesse, la contemplation, la connaissance, la connaissance sans oubli et leur fin est la vérité ; selon sa partie raisonnable, lui appartiennent la raison (*λόγον*), la prudence (*φρόνησιν*), l'acte (*πρᾶξιν*), la vertu (*ἀρετήν*), la foi (*πίστιν*), et leur fin est la bonté (*ἀγαθόν*). La vérité et la bonté, disait-il, indiquent (*δηλοῦν*) Dieu » [58].

La connaissance par l'esprit ne s'appuie pas simplement sur les catégories intellectuelles, mais elle est quelque chose de plus, puisque l'âme, par la voie intelligible, va à travers l'esprit, la sagesse, la contemplation et la connaissance vers la connaissance sans oubli pour aboutir à la vérité. Une démarche parallèle existe pour la connaissance par la raison, qui est aussi quelque chose de plus que la connaissance par les simples catégories logiques : l'âme parvient à la connaissance à travers la raison, la prudence, l'acte, la vertu et la foi. Et l'aboutissement de cette démarche est l'accession à la bonté. Par ces deux voies de la connaissance spirituelle et raisonnable, l'âme acquiert l'expérience et la connaissance de Dieu, car la vérité à laquelle on aboutit par l'esprit, et la bonté à laquelle on aboutit par la raison « indiquent » Dieu. Nous soulignons le mot « *δηλοῦσιν* » (indiquent) pour insister sur le fait que l'esprit et la raison n'aboutissent pas à la connaissance de l'essence de Dieu, mais que la connaissance de la vérité et de la bonté indiquent Son existence [59].

Examinons les définitions de la « vérité » et de la « bonté » que nous trouvons dans ce même texte de la Mystagogie : « Mais la vérité [60] (indique Dieu) lorsque le divin semble se manifester par son essence ; car la vérité est quelque chose

---

58. *Mystagogie*, PG 91, 673C. D'après la traduction d'*IRENIKON 1 (1937)*, vol. 14, p. 67. Dans ce texte, saint Maxime se réfère continuellement à l'Aréopagite.

59. Les deux termes, « *ἀλήθεια* » et « *ἀγαθόν* », sont parmi les noms divins chez l'Aréopagite. On se pose la question de leur sens et de leur relation avec Dieu. Pour la théologie de l'Aréopagite et de saint Maxime, les noms divins sont des divines énergies perceptibles par les facultés de connaissance de l'âme.

60. Migne à la place de « *μέν* » a « *μή* ». Nous corrigeons donc en « *μέν* », car c'est certainement une faute qui a échappé à l'impression. En effet ce « *μή* » n'a pas de sens en le comparant au « *δέ* » qui suit : « *τὴν μὲν ἀλήθειαν* », « *τὸ δὲ ἀγαθόν* ».

de simple, d'unique, d'un, d'identique à lui-même, d'indivisible, d'immuable, d'impassible, d'infaillible et totalement sans dimension (παντελῶς ἀδιάστατον). La bonté (indique Dieu lorsque le divin se manifeste) par son énergie ; car le bien est bienfaisant (εὐεργετικόν), il est la providence de tout ce qui sort de lui et il le protège ; ce mot dérivant de ἄγαν εἶναι (être en surabondance), soit de τεθεῖσθαι (être fixé) soit de θέειν (courir), selon l'avis des étymologistes, signifie être le dispensateur, pour tous les êtres, de l'être, du durer (διαμένειν) et du mouvement (κινεῖσθαι) » [61]. La connaissance de Dieu par l'esprit est simple, car la vérité à laquelle il aboutit est simple, unique, indivisible, immuable etc...

Plus loin nous constaterons que la connaissance « par l'essence » et la connaissance « par les énergies » comme elles sont conçues ici forment les deux voies de la connaissance, l'apophase et la cataphase. D'ailleurs les qualificatifs utilisés pour l'essence sont bien apophatiques, tandis que ceux utilisés pour les énergies sont cataphatiques. Il faut bien noter que le terme « ἀλήθεια » se réfère à l'essence divine, tandis que le terme « ἀγαθόν » se réfère à la divine énergie. Cela nous conduit aux conclusions suivantes :

(a) il y a une distinction ontologique réelle entre essence et énergie, car elles sont indiquées respectivement par la vérité et la bonté. Il n'y a aucune raison d'appliquer chez saint Maxime les termes scolastiques de « participation par causalité de l'Etre créateur des êtres créés » [62] pour dire que les énergies de Dieu sont essentielles, sans craindre de porter atteinte à la simplicité de l'essence divine. Or cette simplité n'est pas une situation statique, mais elle est immuable malgré l'énergie divine. En effet, la connaissance de la divine énergie inclut aussi celle de Dieu en tant que Créateur. Mais nous verrons que chez saint Maxime la connaissance s'étend aussi à d'autres manifestations de l'énergie de Dieu.

(b) L'esprit (νοῦς), en s'élevant à la connaissance de la

---

61. *Mystagogie V*, PG 91, 673CD. Trad. d'après IRENIKON, op. cit.

62. J.-M. GARRIGES, « *L'énergie divine et la grâce chez Maxime le Confesseur* », in : ISTINA 3 (1974), p. 283.

« vérité » ne connaît certainement pas l'essence en elle-même, mais ses propriétés qui sont la simplicité, l'unicité, l'unique, l'identité, l'indivisibilité, l'immuabilité, l'impassibilité, l'infaillibilité et la non-dimension. Nous reconnaissons ici les qualités attribuées à l'essence divine surtout par la théologie apophatique ; ainsi s'établit une analogie entre la « vérité » et l'essence divine qui a toutes ces qualités [63]. En s'élevant à la « vérité », l'esprit connaît ces qualités, mais non l'essence elle-même. Nous ne voyons pas en quoi l'opinion de saint Maxime diffère de celle des Cappadociens en ce qui concerne la connaissance de l'essence de Dieu. Nous ne voulons pas non plus utiliser le terme scolastique de « l'aséité » pour l'essence divine, car la question ne se pose pas au sujet du mode d'existence de l'essence, mais de son mode de relation qui, pour l'homme, est son mode de connaissance de Dieu [64].

(c) La raison (λόγος) de l'homme, par la connaissance de la bonté, connaît l'énergie divine. L'énergie divine indiquée par la bonté est la cause des êtres créés qui, étant une et unique, se manifeste comme multiple à la perception humaine, relativement à son mode de manifestation. Mais le terme « bonté » indique avec justesse son unité, or « le bien est bienfaisant, il est la providence de tout ce qui sort de lui et il le protège » (Εὐεργετικὸν γὰρ τὸ ἀγαθὸν καὶ προνοητικὸν τῶν ἐξ αὐτοῦ πάντων καὶ φρουρητικόν). Ces trois notions que l'on retrouve dans d'autres passages des écrits de saint Maxime traversent toute sa théologie et toute sa cosmologie, indiquant ainsi le mode de relation de Dieu avec la création. Nous en reparlerons ailleurs.

Revenons aux deux voies de la connaissance, intelligible et raisonnable. Le texte de la Mystagogie, selon lequel

---

63. *Mystagogie V*, PG 91, 677A. « Θεὸς γὰρ ἡ ἀλήθεια, περὶ ὅν ἀκαταλήκτως τε καὶ ἀλύστως κινούμενος ὁ νοῦς, λήγειν οὐκ ἔχει ποτὲ τῆς κινήσεως, μὴ εὑρίσκων πέρας ἔνθα μὴ ἔστι διάστημα. Τὸ γὰρ θαυμαστὸν μέγεθος τῆς θείας ἀπειρίας, ἄποσόν τί ἐστι καὶ ἀμερὲς καὶ παντελῶς ἀδιάστατον· καὶ τὴν οἱανοῦν πρὸς τὸ γνωσθῆναι, ὅ τί ποτέ ἐστι κατ' οὐσίαν, φθάνουσαν αὐτὸν οὐκ ἔχον κατάληψιν. Τὸ δὲ μὴ ἔχον διάστημα ἢ κατάληψιν καθ'ὁτιοῦν, οὐκ ἔστι τινὶ περατόν ».

64. J.-M. GARRIGES, « *L'énergie divine et la grâce chez Maxime le Confesseur* », in : *ISTINA* 3 (1974), p. 283.

l'Eglise est l'image (*εἰκών*) et la forme (*τύπος*) de l'âme, montre précisément comment l'âme connaît Dieu. Ces deux modes de connaissance peuvent être représentés ainsi :

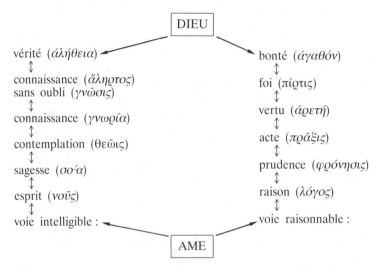

Les qualifications mises en parallèle et désignant les facultés de l'âme ne sont pas étrangères les unes aux autres, mais elles se complètent mutuellement et décrivent un même état de l'âme, mais d'un mode différent. L'esprit (*νοῦς*) et la raison (*λόγος*) sont deux facultés de connaissance de l'âme. L'esprit acquiert la sagesse, et la raison la prudence. La sagesse et la prudence sont des notions interdépendantes, puisque la prudence peut être considérée comme la vertu de la vraie sagesse. Ceci manifeste leur interpénétration. De même la contemplation ne peut exister indépendamment de l'acte, et c'est par cette voie de la connaissance que l'âme atteint sa perfection ; tout comme par les deux facultés suivantes, la connaissance et la vertu. La vertu, comme nous l'avons constaté auparavant, est l'imitation de Jésus-Christ qui est l'essence de la vertu. La connaissance sans oubli est l'aboutissement de l'énergie contemplative de l'âme, tandis que la foi est celui de la raison, formant ainsi un nouveau couple. La connaissance sans oubli est la situation dans laquelle l'âme, libérée de l'oubli causé par la chute, est purifiée du péché et reçoit le rayon divin, la connaissance de Dieu. Ainsi la connaissance sans oubli est synonyme de foi, qui est la connaissance acquise par la voie raisonnable [65]. Les deux modes de connaissance, l'intelligible et le raisonnable, aboutissent chacun à la connaissance de la vérité. L'âme, à travers toutes les étapes que les cinq couples décrivent, « mue par eux de progrès en progrès, s'unit au Dieu de toutes choses et imite l'immuabilité et la bienfaisance de son essence et de son énergie par son habitus stable et immuable tourné vers le bien, selon son libre choix (προαίρεσις) » [66]. L'essence et l'énergie sont deux réalités différentes et distinctes en Dieu. Or l'essence est immuable, et l'énergie bienfaisante. Ces deux qualificatifs montrent la différence entre l'être de Dieu dont l'essence reste immuable en soi, tandis que la bienfaisance démontre un mouvement ; donc, contrairement à l'immuabilité de l'essence, l'énergie divine se meut vers la création en tant qu'énergie providentielle qui donne l'être ; elle conserve les êtres et leur donne le mouvement.

L'âme, à travers les deux modes de connaissance, parvient à sa perfection en imitant ces qualités divines ; l'imitation est une sorte de connaissance acquise par l'âme à cause de sa parenté avec Dieu [67]. L'imitation de Dieu constitue la

---

65. Cf. *Mystagogie V*, PG 91, 676A : « *Τὰς οὖν περὶ τὴν ψυχὴν νοουμένας πέντε συζυγίας περὶ τὴν μίαν τὴν τοῦ Θεοῦ σημαντικὴν συζυγίαν ἔλεγε καταγίνεσθαι. Συζυγίαν δέ φημι νῦν τὸν νοῦν καὶ τὸν λόγον· τὴν σοφίαν καὶ τὴν φρόνησιν· τὴν θεωρίαν καὶ τὴν πρᾶξιν· τὴν γνῶσιν καὶ τὴν ἀρετήν· τὴν ἄληστον γνῶσιν καὶ τὴν πίστιν. Τὴν δὲ τοῦ θείου σημαντικήν, τὴν ἀλήθειαν καὶ τὸ ἀγαθόν· αἷς κατὰ πρόοδον ἡ ψυχὴ κινουμένη, τῷ Θεῷ τῶν ὅλων ἑνοῦται, μιμουμένη αὐτοῦ τῆς οὐσίας καὶ τῆς ἐνεργείας τὸ ἄτρεπτον καὶ τὸ εὐεργετικόν, διὰ τῆς ἐν τῷ καλῷ παγίας καὶ ἀμεταθέτου κατὰ τὴν προαίρεσιν ἕξεως* ». Cf. également, Alain RIOU, *Le Monde et l'Eglise selon Maxime le Confesseur*, op. cit. pp. 151-153. Georges Dion. DRAGAS, « *The Church in St. Maximus' Mystagogy* », in : THEOLOGIA, vol. 56 (1985), pp. 385-403. Le même article tiré à part, Athènes, p. 16-17.

66. Ibid.

67. Dans ce texte, la troisième dimension de la connaissance, celle par les sens, est absente. En fait l'âme dépasse le sensible, le temps et l'espace par la contemplation de la réalité transcendante. La connaissance sensible, même au niveau moral, a joué son rôle et a cédé sa place au perfectionnement par la vertu et l'expérience. Cela ne signifie pas que saint Maxime minimise la connaissance sensible ; pour lui, l'homme connaît Dieu par les sens, la raison

perfection de l'âme, car le libre choix (προαίρεσις) ne se fait plus vers le péché, mais elle acquiert un habitus immuable vers le bien [68]. L'âme participe donc à la puissance et à la grâce divinisantes de Dieu par son mouvement « progressif » à travers les couples décrits. De plus, en ce qui concerne les cinq couples, la raison (λόγος) constitue l'énergie et la manifestation de l'esprit (νοῦς) qui est la cause, le premier étant causé. Parallèlement, la prudence (φρόνησις) est l'énergie et la manifestation de la sagesse (σοφία) ; l'acte (πρᾶξις) celle de la contemplation (θεωρία) ; la vertu (ἀρετή), celle de la connaissance (γνῶσις) ; et la foi (πίστις), celle de la connaissance sans oubli (ἄληστος γνῶσις), celles-ci étant la cause de celles-là. Ces cinq couples décrivent chacun une situation particulière de l'âme, et il s'établit entre eux une « relation et une disposition intérieure » (ἐνδιάθετος σχέσις) de l'âme vers la vérité et le bien, c'est-à-dire Dieu [69].

La systématisation que saint Maxime effectue à propos des couples de qualités et de facultés de l'âme peut donner la fausse impression d'une systématisation gnostique. Ce qui est remarquable, c'est que la connaissance proposée n'est justement ni gnostique, ni intellectuelle au sens strict du terme, mais une connaissance à partir de la parole de Dieu ; en effet, les cinq couples qui sont dix propriétés de la raison et de l'esprit correspondent, d'une façon allégorique, aux dix commandements de l'Ancien Testament. Ainsi l'âme, par la raison (λόγος) et par l'esprit (νοῦς) se met en relation harmonieuse avec la parole de Dieu « pour que moi-même j'apprenne quelle est la raison (λόγος) de la dizaine qui chante et de celle qui est chantée, et comment la dizaine, mystiquement unie et rattachée à la dizaine, réunit d'une part à Lui-même Jésus mon Dieu et Sauveur complété par

---

et l'esprit. Dans ce même contexte l'âme est comparée à l'Église, et c'est la raison pour laquelle saint Maxime ne parle plus du sensible. Par contre, ailleurs, le corps humain est aussi l'image de l'Église. Cf. *Mystagogie, VI*, PG 91, 684ABCD.

68. Rappelons que pour saint Maxime la chute est due au libre choix du mal par l'homme. C'est ainsi que la « προαίρεσις » a perdu son immuabilité dans le choix du bien. La guérison donc consiste à ce que la « προαίρεσις » acquiert de nouveau son immuabilité dans le choix du bien. Cf. *Quaestiones ad Thalassium 42*.

69. Cf. *Mystagogie V*, PG 91, 680B.

moi qui suis sauvé, Lui qui est toujours en totale plénitude et qui ne peut jamais sortir de Lui-même, et d'autre part me rétablir (ἀποκαθίστησι) merveilleusement moi-même à moi-même comme homme, ou plutôt à Dieu de qui j'ai reçu l'être, et vers qui je me hâte, tendant à recevoir de loin (πόρρωθεν) le bien-être » [70].

3. Connaissance de Dieu par l'esprit et la raison et divinisation de l'homme.

La « disposition intérieure » de la relation de l'âme avec la vérité (ἀλήθεια) et la bonté (ἀγαθόν), c'est-à-dire Dieu, est sa divinisation. La divinisation est réussie par et à travers la « science divine » (θείαν ἐπιστήμην), la « connaissance infaillible », l'« amour et la « paix » [71]. La connaissance de Dieu n'est pas une connaissance purement et simplement « scientifique » où Dieu deviendrait l'objet d'une recherche intellectuelle ; l'âme, par sa « disposition intérieure », manifeste son état naturel et avance vers la connaissance de Dieu et vers sa divinisation.

Mais peut-on dire que la divinisation est le résultat de la connaissance de Dieu ? L'usage des termes : « science divine », « connaissance infaillible », « amour », « paix » n'est pas dû au hasard, mais ils sont significatifs du degré de connaissance et d'union de l'âme avec Dieu. A travers les cinq premiers degrés progressant vers la connaissance, exprimés par les cinq couples lors des différentes étapes des voies intelligible et raisonnable, l'âme active d'autres qualités de connaissance qui créent en elle la « disposition intérieure » de sa relation avec Dieu. Ces nouvelles qualités sont la « science » (ἐπιστήμη), la « connaissance » (γνῶσις), l'« amour » (ἀγάπη) et la « paix » (εἰρήνη). Cette « disposition intérieure » dans la relation avec Dieu est « science divine, connaissance infaillible et paix, ce en quoi se réalise la

---

70. *Mystagogie V*, PG 91, 676B. Trad. Riou, p. 154. Nous traduisons λόγος par raison, comme Riou ; mais (πόρρωθεν) par « de loin », car Maxime veut ici montrer une « distance » entre Dieu et l'homme, et non pas la durée du processus de connaissance de Dieu par l'homme.

71. Cf. *Ibid.*, 680BC.

divinisation. Cette convenance est science en tant qu'achèvement de toute connaisance concernant Dieu et les choses divines (περὶ Θεοῦ καὶ θείων) et accessibles aux hommes ; elle est connaissance en tant qu'elle a atteint réellement la vérité et elle procure l'expérience (πεῖραν) durable (διαρκῆ) du divin ; elle est amour puisqu'elle participe pleinement selon la disposition de l'âme (κατὰ διάθεσιν) au plein bonheur de Dieu ; elle est paix parce qu'elle éprouve (πάσχουσαν) les mêmes choses que Dieu et qu'elle prépare à les éprouver ceux qui sont devenus dignes de sa participation » (c'est-à-dire de la paix) [72].

La divinisation est précisée dans le fait que la connaissance est accessible à l'homme « concernant Dieu et les choses divines ». La science a donc deux lieux importants où elle accomplit la connaissance : les « τὰ περὶ Θεοῦ καὶ θεῖα » (concernant Dieu et les choses divines) qui est la connaissance proprement dite de Dieu, toujours dans les possibilités de l'homme, et qu'on pourrait appeler connaissance transcendante. En ce qui concerne l'aspect transcendant de la connaissance limité aux capacités humaines, il ne peut exister indépendamment de l'expérience de la vertu qui est justement le lieu où l'âme est forgée à la connaissance des « τὰ περὶ Θεοῦ καὶ θεῖα ». La science divine, donc, est l'ensemble des opérations de l'âme vers la connaissance de Dieu ; elle est analogue à l'homme qui effectue dans son laboratoire scientifique des expériences pour dévoiler une vérité sous l'apparence des éléments.

Les résultats de l'expérience sont inclus dans la connaissance acquise, car, par l'étude des choses divines à travers la « science divine », l'âme accède à la vérité. Ainsi la connaissance offre à l'âme une expérience continue et durable des choses divines, qui la satisfait. L'amour transforme toute connaissance objective en subjective, et ainsi l'âme ne connaît pas Dieu de façon objective, mais elle participe à son amour [73]. Enfin, par la paix, l'âme acquiert les qualités divines, à savoir l'immuabilité vers le bien [74] ; le « πάθος »

---

72. *Mystagogie*, Ibid., 680C.
73. Saint Maxime exprime ici tout son mysticisme et la profondeur du sens de l'amour de Dieu.
74. Cf. *Mystagogie V*, PG 91, 680CD : La paix « σταθερότης ἐστὶν ἀκλόνητός

(passion) de Dieu ne signifie pas une altération de son essence ou de son énergie, mais son immuabilité vers le bien. Ainsi, l'âme, délivrée de l'agitation provoquée par les passions, participe à l'immuabilité vers le bien et éprouve ce que Dieu a par nature.

4. L'esprit, image de Dieu.

Il y a une relation étroite entre ce mode de connaissance et celui acquis par les cinq couples. Dans le passage de la *Mystagogie* précédemment examiné [75], il est dit que l'âme se meut « progressivement » (κατὰ πρόοδον) vers la connaissance de Dieu. Le « κατὰ πρόοδον » indique la relation entre les cinq couples. Cette relation est décrite ailleurs : « et en vérité, il disait que la sagesse est la puissance de l'esprit (νοῦς), et que l'esprit même est sagesse en puissance ; que la contemplation est habitus (ἕξιν) ; que la connaissance est énergie ; que la connaissance sans oubli est (la puissance) de la sagesse, de la contemplation et de la connaissance, c'est-à-dire de la puissance de l'habitus et de l'énergie, c'est le mouvement perpétuel, incessant et habituel (ἑκτικὴν ἀεικινησίαν) vers le connu et qui dépasse toute connaissance. L'aboutissement (de ce mouvement) est la vérité, connaissance infaillible » [76]. Au centre de ces notions se trouve le « νοῦς », qui par toutes ces facultés gnostiques, parvient à la connaissance de la vérité. Il s'agit de la première voie de la connaissance, l'intellectuelle. On peut schématiser la relation des puissances du « νοῦς » comme suit :

τε καὶ ἀκίνητος· πρὸς δὲ καὶ ἀνενόχλητος εὐφροσύνη· ἆρα τὰ θεῖα οὐ πάσχει καὶ πᾶσα ψυχή, ἡ τὴν θείαν καταξιωθεῖσα κομίσασθαι εἰρήνην, ὡς μὴ μόνον κακίας καὶ ἀγνωσίας, ψεύδους τε καὶ πονηρίας, τῶν τῇ ἀρετῇ καὶ γνώσει, τῇ τε ἀληθείᾳ καὶ τῷ ἀγαθῷ ἀντικειμένων κακῶν, αἵ ταῖς παρὰ φύσιν τῆς ψυχῆς κινήσεις παρυφίστανται, ἀλλ' ἤδη καὶ ἀρετῆς αὐτῆς καὶ γνώσεως ἀληθείας τε αὖ καὶ ἀγαθότητος τῶν ἡμῖν διεγνωσμένων τοὺς ὅρους, εἰ θέμις εἰπεῖν, ὑπερβᾶσα καὶ τῇ ὑπεραληθεστάτῃ καὶ ὑπεραγάθῳ κοίτῃ τοῦ Θεοῦ κατὰ τὴν ἀψευδεστάτην αὐτοῦ ἐπαγγελίαν ἀρρήτως τε καὶ ἀγνώστως ἑαυτὴν κατευνάσασα, ὡς μηδὲν τῶν διοχλεῖν αὐτῇ πεφυκότων λοιπὸν ἔχουσα φθάνον αὐτῆς τὴν ἐν Θεῷ κρυφιότητα».

75. Cf. PG 91, 676A.
76. Ibid., 676D.

Les relations proposées entre la sagesse, la contemplation, la connaissance et le « *νοῦς* » sont très intéressantes, car elles sont définies par rapport au « *νοῦς* » et elles sont distinctes de lui. Nous rappelons que pour saint Maxime, le « *νοῦς* » constitue l'image de son archétype, Dieu. Les facultés de connaissance de l'esprit (*νοῦς*) le mènent par conséquent à la vérité qu'est la connaissance de Dieu [77].

Nous voulons encore souligner *(a)* la sagesse comme puissance de l'esprit. Cette relation détermine l'essence de la sagesse, l'esprit (*νοῦς*) n'étant pas identique à elle ; elle est distincte de l'esprit, mais elle ne peut exister sans lui. *(b)* De même la contemplation comme habitus de l'esprit. La contemplation est ainsi plus que le résultat de la vision de Dieu, elle est l'habitus naturel, la puissance qui tourne l'esprit vers une contemplation perpétuelle de Dieu. Le « *νοῦς* » est donc par nature contemplatif, et cette force l'oriente vers la vérité divine. *(c)* La connaissance est l'énergie proprement dite de l'esprit. La définition de la connaissance

---

77. Cf. ibid., 677A : « Τὴν περὶ τὸ γνωστὸν τὸ ὑπὲρ πᾶσαν τὴν γνῶσιν ἀκατάληκτον καὶ ἑκτικὴν ἀεικινησίαν· ἧς πέρας ἐστιν, ὡς ἀλάθητον γνωστόν, ἡ ἀλήθεια· ὃ καὶ θαυμάζειν ἄξιον· πῶς τὸ ἄληστον λήγει περιγραφόμενον, ἢ δηλονότι ὡς Θεῷ τῇ ἀληθείᾳ περατούμενον; Θεὸς γὰρ ἡ ἀλήθεια, περὶ ὃν ἀκαταλήκτως τε καὶ ἀλήστως κινούμενος ὁ νοῦς, λήγειν οὐκ ἔχει ποτὲ τῆς κινήσεως, μὴ εὑρίσκων πέρας ἔνθα μὴ ἔστι διάστημα. Τὸ γὰρ θαυμαστὸν μέγεθος τῆς θείας ἀπειρίας, ἀποσόν τί ἐστι καὶ ἀμερὲς καὶ παντελῶς ἀδιάστατον· καὶ τὴν οἱανοῦν πρὸς τὸ γνωσθῆναι, ὅ τί ποτέ ἐστι κατ'οὐσίαν, φθάνουσαν αὐτὸν οὐκ ἔχον κατάληψιν. Τὸ δὲ μὴ ἔχον διάστημα ἢ κατάληψιν καθ'ὁτιοῦν, οὐκ ἔστι τινὶ περατόν ».

(γνῶσις) comme énergie (ἐνέργεια) de l'esprit peut paraître surprenante puisque nous avons tendance à définir la connaissance comme l'acquisition résultant de tous les efforts des autres puissances gnostiques, soit raisonnables, soit spirituelles, donc comme une réalité hors de l'esprit vers laquelle ce dernier se tourne pour la scruter. Au contraire, la connaissance est une énergie intellectuelle par laquelle l'esprit exprime l'aboutissement de toutes ses capacités à connaître la vérité divine.

La structure et le mode de procéder de la connaissance de Dieu n'est pas une structure où l'esprit constitue le sujet, et la vérité l'objet, mais l'esprit, par ses facultés gnostiques, s'engage vers la connaissance de la vérité qui est sa pleine participation au contenu de la connaissance. La sagesse, la contemplation et la connaissance sont des qualités naturelles ou énergies de l'esprit qui le placent dans le monde pour sa compréhension, mais par ces mêmes énergies, il dépasse le monde sensible ou intelligible pour arriver à la connaissance du « περὶ Θεοῦ καὶ θείων ». L'esprit a comme puissance naturelle la sagesse, c'est pourquoi il est lui-même sagesse en puissance. Celle-ci se transforme en un habitus naturel qui oriente immuablement l'esprit vers la vérité et vers son incessante contemplation. Ainsi, la connaissance n'est pas un présupposé, mais l'aboutissement où l'esprit se trouve en union totale avec la vérité vers laquelle tend la connaissance. C'est ce que signifie le mouvement « κατὰ πρόοδον » (progressif) de l'esprit vers la connaissance de Dieu.

La « connaissance sans oubli » (nous suivons la traduction faite jusqu'à maintenant de « ἄληστος γνῶσις » par la plupart des chercheurs ; mais cette expression peut aussi signifier la « connaissance sans terme » qui est aussi en accord avec la pensée maximienne, surtout en ce qui concerne la connaissance de Dieu qui est l'entrée dans l'infinitude de Dieu. Ainsi, par la connaissance sans terme, l'esprit dépasse les limites du temps, de l'espace, de la quantité et de la qualité, et il entre dans l'infini divin) constitue la puissance des trois facultés précédentes de la connaissance de l'esprit : de la sagesse, de la contemplation et de la connaissance. Ainsi l'esprit, par la connaissance sans oubli manifeste son mouvement immuable vers la vérité et n'est plus désorienté par les passions.

5. L'esprit et la connaissance de Dieu par la foi et par la création.

La forme unique (ἐνοείδεια) de l'esprit (νοῦς) est une de ses qualités naturelles. Ainsi sa sortie hors du formel et du figuré lors de la connaissance transcendante de Dieu constitue son état naturel et sa perfection. De toute évidence le principe général selon lequel l'esprit dépend de la conceptualisation des pensées des objets à connaître est aussi valable pour la connaissance de Dieu. L'esprit est « parfait » lors de son arrivée à la connaissance de Dieu dont il imite le mode d'existence : « Parfait esprit est celui qui, *par la vraie foi connaît*, au-delà de toute connaissance, le plus qu'inconnu dans une ignorance qui dépasse toute ignorance ; et qui, en contemplant l'universel (des raisons) de ses créatures et la Providence et le jugement en eux, reçoit de Dieu la connaissance décrite ; je veux dire selon les capacités des hommes » [78].

Dans ce texte, la connaissance de Dieu est classée en deux catégories, celle par la foi et celle par la création. Cette connaissance concerne l'esprit humain et ses capacités de connaître Dieu. Les deux aspects de connaissance sont fondamentaux dans la théologie de Maxime ; il s'agit de la révélation soit naturelle soit par la grâce, sachant que la connaissance par la foi est la voie apophatique, et la connaissance par la création est la voie cataphatique. Or les deux voies sont étroitement liées à la connaissance de Dieu par ses énergies.

(a) La connaissance par la vraie foi : l'esprit, en tant que faculté spirituelle de l'âme, accède à la connaissance par les pensées et les raisonnements, puisque selon le principe

---

78. *Chapitres sur la Charité III, 99*, CERESA-GASTALDO, 190. PG 90, 1048A. Dans la traduction de Jacques TOURAILLE on constate une différence par rapport au texte de Migne. Nous adoptons le texte de Migne, plus fidèle à la pensée de Maxime. Cf. *Philocalie des Pères Neptiques, Fascicule 6, Maxime le Confesseur*, Abbaye de Bellefontaine 1985, p. 63.

théologique « la raison (λόγος) est l'énergie et la manifestation de l'esprit (νοῦς) en tant qu'effet de la cause » [79].
Mais dans la relation de l'esprit avec Dieu est contenue à
partir de la raison, et comme élément de la connaissance
sans oubli, la foi, élément qui caractérise aussi le fonctionnement naturel de l'esprit. Par son fonctionnement naturel
et ses catégories intellectuelles, l'esprit acquiert la connaissance selon ses propres catégories ; mais la foi offre une
dimension différente à la connaissance, c'est-à-dire celle du
dépassement de ses limites naturelles et la connaissance
transcendante. La foi est inclue dans les facultés de l'âme
qui forment les cinq couples et à travers lesquelles l'âme
connaît la vérité et la bonté.

(b) *La connaissance par la création* : la foi donc est la
relation « immédiate » de l'esprit, et donc de l'homme entier
avec Dieu, la relation « médiate » étant la connaissance à
travers les créatures. Nous voyons comment, dans le système
de pensée maximien, les divines énergies sont contemplées
dans les êtres créés. Par la contemplation universelle des
« logoi » des êtres créés, l'esprit reçoit la connaissance de
Dieu en tant que Créateur, Providence et Juge, connaissance
décrite par l'homme selon ses capacités. Le divin est
« connaissable » et « inconnaissable », « descriptible » et
« infini », car la divine essence reste inconnaissable et infinie,
alors que l'homme peut connaître les divines énergies. Saint
Maxime, dans ce texte, précise que l'esprit reçoit la « révélation » de la Providence et du Jugement à travers les
créatures par les énergies divines. Nous nous contentons
pour le moment de les nommer énergies divines, sans analyse
plus détaillée. En soulignant le mot « révélation » nous
voulons montrer que c'est l'esprit (νοῦς) qui « reçoit de
Dieu la connaissance écrite ».

---

79. *Mystagogie V*, PG 91, 680B. Pour une analyse plus détaillée, voir plus
haut et le tableau à la p. 313.

6. La connaissance de Dieu
et la connaissance des êtres créés par l'esprit.

Par ces deux voies de connaissance, par la foi et par la création, l'esprit connaît Dieu et il s'unit à Lui. Ensuite nous allons voir quel est l'état de l'esprit en union avec Dieu : « L'esprit qui s'attache à Dieu et qui reste avec Lui tout le temps par la prière et l'amour devient sage, bon, fort, philanthropique, compatissant et patient ; et, pour dire tout simplement, il porte en lui-même presque toutes les propriétés divines. Mais en s'éloignant de Lui, et en s'attachant aux choses matérielles, il devient soit comme un animal puisqu'il aime le plaisir, soit comme une bête sauvage, car pour (obtenir) les choses matérielles, il combat les hommes » [80].

Ce texte est comparable à celui des *Chapitres sur la Charité III, 97* [81], selon lequel l'esprit se transforme selon la nature des pensées. En réalité, l'esprit, lors de la connaissance progressive de Dieu, acquiert des « catégories » et des facultés particulières. L'esprit a par nature la puissance et l'énergie de penser, et le contenu des pensées dépend de l'objet pensé. Si par exemple l'esprit a comme objet de connaissance la lumière, alors la connaissance, la sagesse et la vérité ont un contenu relatif à la lumière. (Nous pouvons donc considérer que les autres qualités, hormis la puissance et l'énergie, sont acquises par l'éducation et l'exercice spirituel de l'esprit. D'ailleurs la sagesse a aussi son opposé, l'ignorance, l'imprudence, vers lesquelles l'esprit peut se tourner). Il y a une relation étroite entre l'esprit ($vo\tilde{v}\varsigma$), la pensée ($vó\eta\sigma\iota\varsigma$) et l'objet pensé ($voo\acute{v}\mu\varepsilon va$). Ce dernier est déterminant pour la structuration de la pensée. L'objet de la pensée transforme la puissance connaissante de l'esprit de « $\delta v v\acute{a}\mu\varepsilon\iota$ » (en puissance) en « $\dot{\varepsilon}v\varepsilon\varrho\gamma\varepsilon\acute{\iota}\alpha$ » (en énergie).

Cette relation concerne non seulement l'esprit et les êtres créés, mais aussi l'esprit et Dieu même. La différence réside dans le fait que, pour la connaissance de Dieu, les facultés

---

80. *Chapitres sur la charité II, 52*, Ceresa-Gastaldo, 118. PG 90, 1001B.
81. Cf. Ceresa-Gastaldo, 142. PG 90, 1045D.

de connaissance sont différentes de celles de la connaissance en tant que pure science. L'adaptation de l'esprit selon l'objet pensé peut être considérée comme une qualité naturelle qui montre la mobilité de la nature de l'esprit et la participation de l'homme au monde sensible et intelligible et sa parenté avec la création et avec l'incréé. Ainsi l'adaptation est salutaire, car, à travers cette qualité, l'esprit a la possibilité de communier avec Dieu. En ce cas, le rapprochement vers Dieu pour le connaître ne se fait point par une connaissance purement scientifique entre un objet et un sujet, et l'esprit ne suit pas une méthode « logique », mais celle qui lui est propre et qui peut conduire à la connaissance divine.

Le mode de connaissance de Dieu montre le dépassemnent du mode « naturel » de connaissance et l'usage d'autres « catégories » de connaissance. L'esprit commence à se rapprocher de Dieu par la prière et l'amour. Ainsi la méthode de connaissance de Dieu a un tout autre caractère, et l'esprit se libère de la démarche dure et impersonnelle qu'exige l'examen de l'objet de connaissance, comme c'est le cas dans la « logique ». Entre l'esprit et Dieu se développe une relation personnelle, car, par les deux « catégories » de la « prière » et de l'« amour », se rapprochent mutuellement le connu et celui qui connaît. Plus correctement, nous pourrions dire que l'homme participe à la prière et à l'amour que Dieu possède naturellement. Par cette participation Dieu se révèle à l'homme et l'homme devient lui-même dieu [82].

L'amour réciproque de Dieu pour l'homme et de l'homme pour Dieu fait que l'Un devient l'exemple de l'autre. Effectivement, puisque entre Dieu et l'homme il y a une inégalité naturelle, Dieu se révèle et se fait connaître à l'esprit humain selon les capacités de ce dernier ; et l'esprit, ravi par son amour pour Dieu, L'imite selon ses propres capacités. Ainsi l'esprit humain acquiert par grâce les qualités naturelles du Dieu révélé. La sagesse, la bonté, la puissance, l'amour pour

---

82. Cf. *Ambigua II, 10*, PG 91, 1113BC. Voir J.-M. GARRIGUES, « *Le Dessein d'adoption* », op. cit. p. 189.

les hommes, la miséricorde, la longanimité, sont des qualités naturelles de Dieu que l'esprit humain reçoit par la grâce du Saint-Esprit [83]. Nous parlerons plus en détail de cet aspect de la divinisation par la grâce dans un autre chapitre.

7. La connaissance contre-nature et l'altération du νοῦς.

L'adaptation de l'esprit selon les pensées qui correspondent aux objets pensés peut aussi se faire de façon négative si l'esprit, abandonnant la voie naturelle de la connaissance de la vérité, se tourne vers la matière seule et que celle-ci soit porteuse des plaisirs [84]. En réalité, cette situation est une anomalie spirituelle et psychique, car l'esprit ne peut alors accomplir sa perfection naturelle. Comme l'esprit se

---

83. Cf. *Chapitres sur la charité*, *II, 52*, CERESA-GASTALDO, 118. PG 90, 1001B, op. cit. Rudolf BULTMANN détermine comme suit le lien entre Dieu et l'amour : « *On ne peut pas plus parler avec sens 'sur Dieu' qu'on ne peut parler avec sens 'sur l'amour'. On ne peut pas en effet parler 'sur l'amour', à moins que ce discours 'sur l'amour' même ne soit un acte de celui qui aime. Toute autre manière de parler de l'amour, parce qu'on se situe en-dehors de l'amour. C'est ainsi que de toute façon une psychologie de l'amour parlerait de toute autre chose que de l'amour. L'amour n'est pas une donnée en raison de laquelle il serait possible d'agir et de parler, de ne pas agir ou de ne pas parler. Il ne peut être qu'une détermination de la vie elle-même ; il n'existe que lorsque j'aime ou lorsque je suis aimé, et non à côté ou en arrière ». Foi et Compréhension. L'Histoire de l'Homme et de la Révélation. « Quel sens y a-t-il de parler de Dieu ?* » Ed. SEUIL, Paris 1970. Trad. du texte allemand par André Malet, pp. 35-36. R. BULTMANN souligne cela pour arriver à la conclusion suivante concernant la connaissance de Dieu : « *Si cela est exact, l'éventuel athéisme d'une science, par exemple ne consistera pas à nier la réalité de Dieu : elle serait tout aussi athée si, comme science, elle l'affirmait. Car parler de Dieu par énoncés scientifiques, c'est-à-dire sous forme de vérités générales, signifie justement parler sous forme d'affirmations qui prennent leur sens de l'universalité de leur valeur, du fait qu'elles font abstraction de la situation concrète de celui qui parle. Mais ce faisant celui qui parle se situe à l'extérieur de la réalité effective de son existence, en dehors de Dieu par conséquent, et il parle de tout autre chose que de Dieu* » (Ibid. p. 36). Notons que pour saint Maxime, comme pour BULTMANN, la connaissance de Dieu n'est par une connaissance scientifique objective, mais elle concerne directement celui qui connaît. Tous les deux interprètent I Jean 2, 4 et suiv.

84. Voir : Christoph von SCHÖNBORN, « *Plaisir et douleur dans l'analyse de S. Maxime, d'après les Quaestiones ad Thalassium* », in : Maximus Confessor, Paradosis XXVII, op. cit. pp. 273-284. Irénée HAUSCHERR S.I., *Philautie. De la tendresse pour soi à la charité selon Maxime le Confesseur*, Ed. Orientalis Christiana Analecta 137. Roma 1952.

meut et s'active vers la connaissance de Dieu à travers ses facultés et ses puissances de connaissance, de même il s'active vers la « connaissance » du péché. Le mécanisme du péché est très complexe et indique les pièges dans lesquels l'esprit tombe en acceptant les différentes tentations [85]. L'esprit, et par conséquent l'homme entier, peut utiliser ses puissances naturelles soit pour sa perfection, soit pour commettre le péché, comme l'a fait le premier homme, contre le commandement de Dieu.

Le péché, dans les « Scholia » des Noms Divins de l'Aréopagite, est défini comme suit : « Ne pense pas que le péché soit ce qui est commis en nous, c'est-à-dire l'adultère, l'injustice, ou bien quelque chose de similaire ; mais il signifie ceci : ayant échoué en ce qui concerne le bien et le mouvement selon la nature, c'est-à-dire l'ordre, nous nous tournons vers l'inexistence contre-nature, sans raison, totale et sans substance » [86]. Le choix du péché est contre-nature, et par conséquent la transformation de l'esprit ne se fait pas vers le bien, ni vers la connaissance de l'être véritable, mais vers la connaissance du non-être. Le péché ne participe pas à l'être, donc l'esprit qui connaît le péché se tourne vers le non-être [87]. Les « pensées passionnées » (ἐμπαθεῖς λογι-

---

85. Cf. *Chapitres sur la charité*, II, 31, CERESA-GASTALDO, 106. PG 90, 993BC : « Ἐκ τῶν ὑποκειμένων ἐν τῇ ψυχῇ παθῶν λαμβάνουσιν οἱ δαίμονες τὰς ἀφορμὰς τοῦ κινεῖν ἐν ὑμῖν τοὺς ἐμπαθεῖς λογισμούς. Εἶτα διὰ τούτων πολεμοῦντες τὸν νοῦν, ἐκβιάζονται αὐτὸν εἰς συγκατάθεσιν ἐλθεῖν τῆς ἁμαρτίας. Ἡττηθέντος δὲ αὐτοῦ ἄγουσιν εἰς τὴν κατὰ διάνοιαν ἁμαρτίαν. Καὶ ταύτης ἀποτελεσθείσης, φέρουσιν αὐτὸν λοιπὸν αἰχμάλωτον εἰς τὴν πρᾶξιν. Μετὰ δὲ ταύτην λοιπόν, οἱ τὴν ψυχὴν διὰ τῶν λογισμῶν ἐρημώσαντες, σὺν αὐτοῖς ὑποχωροῦσι. Μένει δὲ μόνον ἐν τῷ νῷ τὸ εἴδωλον τῆς ἁμαρτίας, περὶ οὗ φησιν ὁ Κύριος· Ὅταν ἴδητε τὸ βδέλυγμα τῆς ἐρημώσεως ἑστὼς ἐν τόπῳ ἁγίῳ, ὁ ἀναγινώσκων νοείτω· ὅτι τόπος ἅγιος καὶ ναὸς Θεοῦ, ὁ νοῦς ὑπάρχει τοῦ ἀνθρώπου, ἐν ᾧ οἱ δαίμονες διὰ τῶν ἐμπαθῶν λογισμῶν τὴν ψυχὴν ἐρημώσαντες, τὸ εἴδωλον τῆς ἁμαρτίας ἔστησαν ». Saint Maxime, pour interpréter Mt. 24, 15 et I Co. 3, 16, utilise la méthode allégorique. Cf. également II Co. 6, 16. À part leur signification théologique, ces textes de saint Maxime ont aussi une signification psychologique très importante.

86. Saint Maxime, *Scholia in Lib. de Divinis Nominibus*, PG 4, 305BC.

87. Saint Maxime adopte la position de l'Aréopagite pour ce qui est de la non-existence substantielle du péché. Mais cette opinion se trouve déjà dans le néoplatonisme de Plotin qui affirme que la matière (ὕλη) est sans existence, puisqu'elle est mauvaise. Cf. Ennéades II, 5, 4. Ibid., I, 8, 5. cf. K.Δ.

ὁμοί) remplacent la prière, détournant l'esprit de la véritable connaissance. L'esprit, ayant accepté le sens du péché, le commet finalement par les pensées. Ainsi la connaissance de la personne de Dieu, la « connaissance sans oubli », la « vérité » et la « bonté » sont remplacées par « l'idole du péché »[88].

Les fonctions de l'esprit pour la « connaissance » du péché sont les « sens » (αἴσθησις), la « complexion » (κράσις) et la « mémoire » (μνήμη). Effectivement, la méthode que l'esprit applique pour acquérir la connaissance ne peut être séparée du mode d'existence de l'homme, car ces trois fonctions, « αἴσθησις », « κράσις », et « μνήμη », sont des fonctions qui manifestent d'une part l'homme en soi-même, et d'autre part sa relation avec son environnement sensible (matériel) dans le présent, le passé et le futur. « L'esprit reçoit les pensées passionnées par ces trois voies : par la sensation (διὰ τῆς αἰσθήσεως), par la complexion du corps (διὰ τῆς κράσεως), par la mémoire (διὰ τῆς μνήμης). Par la sensation, quand, affectant celle-ci, les choses pour lesquelles nous nous passionnons portent l'intelligence (l'esprit : νοῦς) aux pensées passionnées »[89]. Nous avons constaté que lorsque le sens est « raisonnable » (ἔλλογος), il porte l'esprit vers la connaissance des raisons (λόγοι) spirituelles. Le sens, qui a comme support la matière, tient lieu de lien entre l'esprit et la matière. Mais le sens, comme force naturelle, peut conduire à la connaissance déraisonnable (ἄλογος) à travers les « pensées passionnées », puisqu'ainsi il ne cherche pas les raisons spirituelles des êtres, mais agit instinctivement : « les choses sont en dehors de l'esprit, mais leurs pensées sont au-dedans. C'est donc dans l'esprit qu'il nous est donné d'user en bien ou en mal des unes et des autres »[90]. Il dépend de l'esprit, porteur des pensées, de les utiliser en bien ou en mal. La connaissance n'est pas séparée en

---

ΓΕΩΡΓΟΥΛΗ, *Histoire de la Philosophie grecque*, vol. II, Athènes 1975, pp. 541-547, (en grec).

88. Saint Maxime, *Scholia in Lib. de Divinis Nominibus*, PG 4, 305BC.

89. *Chapitres sur la charité II, 74*, CERESA-GASTALDO, 128. PG 90, 1008B.

90. Ibid., 73, CERESA-GASTALDO, 128. PG 90, 1008A. Trad. Jacques TOU-RAILLE. Nous remplaçons le mot intelligence par esprit.

« bonne » ou « mauvaise » connaissance, car elle « est naturellement bonne »[91], mais elle devient bonne ou mauvaise selon l'orientation du sens de la complexion et de la mémoire[92].

De même, la « complexion » (κρᾶσις) du corps, lorsqu'elle est altérée à cause d'un régime déréglé, ou de l'action des démons, ou d'une maladie, porte de nouveau l'esprit aux pensées passionnées, ou contre la Providence[93]. La situation décrite ici se reflète dans le comportement et le mode de vie du corps humain. Il y a ainsi une interdépendance et une influence mutuelle entre la matière et l'esprit en l'homme, comme aussi la possibilité et la force du corps à devenir le régulateur de toute l'existence humaine. Ainsi,

---

91. Ibid., 77, PG 90, 1009A.

92. L'analyse faite par saint Maxime des situations naturelles de l'âme et du corps est très importante à suivre : « Τῶν εἰς χρῆσιν παρὰ Θεοῦ δοθέντων ἡμῖν πραγμάτων, τὰ μέν, ἐν τῇ ψυχῇ, τὰ δέ, ἐν τῷ υώμαιι, ιὰ δέ περὶ τὸ σῶμα εὑρίσκεται, οἷον ἐν μὲν τῇ ψυχῇ, αἱ δυνάμεις αὐτῆς· ἐν δὲ τῷ σώματι, τὰ αἰσθητήρια καὶ τὰ λοιπὰ μέλη· περὶ δὲ τὸ σῶμα, βρώματα, κτήματα, καὶ τὰ ἑξῆς. Τὸ οὖν εὖ τούτοις χρήσασθαι ἢ κακῶς, ἢ τοῖς περὶ ταῦτα συμβεβηκόσιν, ἢ ἐναρέτους ἢ φαύλους ἡμᾶς ἀποφαίνει. »

« Τῶν ἐν τοῖς πράγμασι συμβεβηκότων, τὰ μὲν εἰσι τῶν ἐν τῇ ψυχῇ, τὰ δέ, τῶν ἐν τῷ σώματι, τὰ δέ, τῶν περὶ τὸ σῶμα πραγμάτων. Καὶ τῶν μὲν ἐν τῇ ψυχῇ, οἷον γνῶσις καὶ ἄγνοια, λήθη καὶ μνήμη, ἀγάπη καὶ μῖσος, φόβος καὶ θάρσος, λύπη καὶ χαρά, καὶ τὰ ἑξῆς· τῶν δὲ ἐν τῷ σώματι, οἷον, ἡδονὴ καὶ πόνος, αἴσθησις καὶ πήρωσις, ὑγεία καὶ νόσος, ζωὴ καὶ θάνατος, καὶ τὰ τοιαῦτα. Τῶν δὲ περὶ τὸ σῶμα, οἷον, εὐτεκνία καὶ ἀτεκνία, πλοῦτος καὶ πενία, δόξα καὶ ἀδοξία, καὶ τὰ ἑξῆς. Τούτων δέ, τὰ μὲν καλά, τὰ δὲ κακὰ τοῖς ἀνθρώποις νομίζεται, οὐδὲν αὐτῶν κακὸν ὄν τῷ ἰδίῳ λόγῳ· παρὰ δὲ τὴν χρῆσιν, εἴτε κακὰ κυρίως, εἴτε ἀγαθὰ εὑρίσκεται. »

93. Ibid., 74, Ceresa-Gastaldo, 128. PG 90, 1008B. Il faut relever que J. Touraille, au lieu de « contre la Providence », adopte la version de la Philocalie qui écrit πορνείας au lieu de προνοίας, un lapsus qui peut être possible en grec pour les copistes. Le terme « κρᾶσις » en grec signifie l'union de deux choses. De cette union provient une troisième entité, composée, comme par exemple l'union du vin et de l'eau. En latin le terme est traduit par « complexio ». Ce terme est rentré dans les traductions latines. Dans le Vocabulaire Technique et Critique de la Philosophie (par André Lalande, éd. Presses Universitaires de France, 1983, 14ᵉ édition) le terme « complexe » est déterminé ainsi : « Système physique ou logique composé d'éléments distincts, organisés par des relations définies » (pp. 155-156). Saint Maxime touche ce problème important, et fait une analyse avec une distinction psychologique et très subtile de ces deux aspects. Jung introduit dans la psychanalyse moderne ce terme (Psychanalyse : terme créé par lui avec le sens « eine Gruppe von zusammengehörigen, mit Affekt besetzten Vorstellungselementen » qui par le refoulement, prend une sorte d'autonomie et détermine des rêves, des névroses etc. S. Freud, über Psychoanalyse, p. 30 (cit. dans Vocabulaire, op. cit. p. 156).

l'homme, en se soumettant aux incitations de l'instinct et vivant dans la débauche, sous l'influence démoniaque, chasse l'esprit. Certes, il est curieux que la maladie soit classée au même niveau que le « régime déréglé » et « l'action des démons » qui altèrent la « complexion » (*κρᾶσις*) du corps. Effectivement, la maladie altère la complexion du corps, mais elle est parmi les situations qui manifestent la présence du péché, cause du mal et de la souffrance. Cela veut dire que la maladie est due à la chute [94].

L'obscurcissement de l'esprit et son orientation vers les « pensées passionnées » sont provoqués par ces trois causes : « le régime déréglé » (*ἀκολάστου διαίτης*), « l'action des démons » (*ἐνεργείας τῶν δαιμόνων*) et la « maladie » (*ἀσθενείας*), situations qui amènent à la rebellion de l'esprit contre la divine Providence. Le « régime déréglé » indique toutes les choses qui concernent directement le corps, et signifie un mauvais usage par le corps lui-même pour aboutir à une altération de la « *κρᾶσις* » corporelle. La « complexion » du corps comprend : le désir (*ἡδονή*), la souffrance (*πόνος*), le sens (*αἴσθησις*), la privation des sens (*πήρωσις*), la santé (*ὑγεία*), la maladie (*ἀσθένεια*), la vie (*ζωή*), la mort (*θάνατος*), qui décrivent la situation naturelle ou l'altération de la complexité du corps [95]. Pour ce qui est de l'influence démoniaque, nous rappelons le texte des *Chapitres sur la Charité II, 32* [96] par lequel saint Maxime expose les procédés qu'utilisent les démons pour devenir maîtres de l'esprit humain.

Enfin, par la « mémoire » peut survenir aussi une altération de la « *κρᾶσις* » corporelle « quand celle-ci fait remonter les

---

94. Saint Maxime prend la maladie comme l'opposé de la santé, la pauvreté comme l'opposé de la richesse et la tristesse comme l'opposé de la joie. Mais ces situations sont des moyens éducatifs : « *Τοῖς γὰρ φαύλοις οὐκ εἰς καλὸν ἡ γνῶσις συμβαίνει, εἰ καὶ τῇ φύσει, ὡς εἴρηται, ἐστὶ καλή· ὁμοίως δὲ οὐδὲ ὑγεία, οὐδὲ πλοῦτος, οὐδὲ χαρά. Οὐ γὰρ συμφερόντως τούτοις κέχρηνται. Ἆρα οὖν τἀναντία τούτοις συμφέρει. Οὐκοῦν οὐδὲ ἐκεῖνα κακὰ τῷ ἰδίῳ λόγῳ τυγχάνει, εἰ καὶ δοκεῖ κακὰ εἶναι* » (Chapitres sur la charité II, 77, CERESA-GASTALDO, 130. PG 90, 1009A).
95. Cf. ibid., 75-76, CERESA-GASTALDO, 130. PG 90, 1008CD, op. cit. note 92.
96. CERESA-GASTALDO, 108. PG 90, 993CD. Cf. également la note 85 de ce chapitre.

souvenirs des choses qui nous ont tourmentés et porte également l'esprit aux pensées passionnées » [97]. La connaissance, ainsi que l'ignorance sont intimement liées à la mémoire, car cette dernière est la puissance spirituelle par l'intermédiaire de laquelle l'esprit garde en lui-même les pensées des choses. Comme les autres puissances, la mémoire peut avoir une double direction, soit mouvoir l'esprit vers les « pensées passionnées », soit vers la « connaissance inoubliable » [98]. La mémoire est classée parmi les fonctions psychiques, mais aucune d'elles « n'est un mal. C'est par l'usage qu'elles se trouvent être précisément soit des maux, soit des biens » [99]. Par conséquent, la mémoire peut être aussi la mémoire perpétuelle de Dieu, puisque l'âme en a l'expérience. En ce cas, la mémoire ne se réfère pas aux catégories temporelles, mais à la transcendance divine. Elle est donc le dépassememnt du temps, de l'espace et de la matière. Par contre, quand l'esprit « s'attarde sur une chose sensible, il éprouve assurément pour cette chose une passion, comme la convoitise, ou la tristesse, ou la colère, ou le ressentiment ($\mu\nu\eta\sigma\iota\varkappa\alpha\kappa\acute\iota\alpha$). Et s'il ne méprise pas la chose, il ne peut pas se délivrer d'une telle passion » [100]. La passion devient telle pour l'esprit quand celui-ci « s'attarde » sur une chose sensible, ou bien sur une situation maladive physique qui rend l'âme malade. Par cela nous comprenons mieux la pensée de saint Maxime quand il dit que la mémoire emporte l'esprit vers les choses que nous avons

---

97. Ibid., 74, CERESA-GASTALDO, 128. PG 90, 1008B. Trad. J. TOURAILLE. A la place d'« esprit » le traducteur met « intelligence ».

98. On remarque de nouveau la profondeur de la pensée de saint Maxime pour ce qui est de la psychologie de la personne. Si nous acceptons la définition de la mémoire d'André LALANDE, *Vocabulaire*, op. cit. p. 606, celle-ci est la « *fonction psychique consistant dans la reproduction d'un état de conscience passé avec ce caractère qu'il est reconnu pour tel par le sujet* ». N'importe quelle situation expérimentée est conservée dans le monde psychique de l'homme et remonte au niveau de la conscience par la mémoire. Aristote et, plus tard, la philosophie scolastique distinguent la mémoire (*memoria*) du souvenir (*reminiscentia*), mais la philosophie moderne ne fait plus cette distinction. Nous constatons le génie de la pensée de saint Maxime dans le fonctionnement de la mémoire comme conduisant l'individu à revivre une situation du passé.

99. Ibid., II, 76, CERESA-GASTALDO, 130. PG 90, 1008D-1009A. Trad. J. TOURAILLE.

100. Ibid., II, 2, CERESA-GASTALDO, 90. PG 90, 984BC. Trad. J. TOURAILLE.

subies. Les mécanismes de la liberté de l'esprit, de la mémoire, de l'âme et, en général, de toute l'existence humaine et leur réussite sont ici explicites [101].

Le mépris des passions libère l'esprit de la « matière » déraisonnable qui le prive de sa spiritualité et le sépare de Dieu. L'antidote des passions est l'amour de Dieu qui détache l'esprit des situations passionnées. Cette libération est réussie par « l'acte » ($\pi\varrho\tilde{\alpha}\xi\iota\varsigma$) et la « contemplation » ($\theta\varepsilon\omega\varrho\iota\alpha$). « En effet, la voie active ($\pi\varrho\tilde{\alpha}\xi\iota\varsigma$) ne délivre l'esprit que de l'intempérance ($\dot{\alpha}\varkappa\varrho\alpha\sigma\iota\alpha\varsigma$) et de la haine ($\mu\iota\sigma\upsilon\varsigma$). Mais les contemplations spirituelles le dégagent également de l'oubli ($\lambda\eta\theta\eta\varsigma$) et de l'ignorance ($\dot{\alpha}\gamma\nu\upsilon\iota\alpha\varsigma$) » [102]. Nous rappelons que la « $\pi\varrho\tilde{\alpha}\xi\iota\varsigma$ » et la « $\theta\varepsilon\omega\varrho\iota\alpha$ » dans la *Mystagogie* constituent un couple [103], or la « $\pi\varrho\tilde{\alpha}\xi\iota\varsigma$ » est l'énergie et la manifestation de la contemplation ($\theta\varepsilon\omega\varrho\iota\alpha$) [104]. Dans le texte cité l'une est l'accomplissement de l'autre et les deux ensemble luttent contre les passions et aident l'esprit à passer de la matière déraisonnable à la connaissance raisonnable de Dieu. Etre libéré des passions est une condition *sine qua non* pour que la prière, une des « catégories » de la connaissance de Dieu, soit exercée selon le mode convenable. Cette « technique » de libérer des passions et de guérir l'esprit montre l'importance de l'influence négative du péché sur le libre choix de l'homme, ainsi que la grandeur des difficultés que ce dernier éprouve dans sa lutte spirituelle. Le péché est très complexe, influence tout le comportement psychique de l'homme, et a des conséquences pathologiques [105]. L'homme doit mettre en fonction toutes

---

101. Cf. également ibid. II, 3, CERESA-GASTALDO, 90. PG 90, 984C : « $T\grave{\alpha}$ $\mu\grave{\varepsilon}\nu$ $\pi\acute{\alpha}\theta\eta$ $\tau o\tilde{\upsilon}$ $\nu o\tilde{\upsilon}$ $\varkappa\varrho\alpha\tau o\tilde{\upsilon}\nu\tau\alpha$ $\sigma\upsilon\nu\delta\varepsilon\sigma\mu o\tilde{\upsilon}\sigma\iota\nu$ $\alpha\dot{\upsilon}\tau\grave{o}\nu$ $\tau o\tilde{\iota}\varsigma$ $\pi\varrho\acute{\alpha}\gamma\mu\alpha\sigma\iota$ $\tau o\tilde{\iota}\varsigma$ $\dot{\upsilon}\lambda\iota\varkappa o\tilde{\iota}\varsigma$ $\varkappa\alpha\grave{\iota}$ $\Theta\varepsilon o\tilde{\upsilon}$ $\chi\omega\varrho\iota\sigma\alpha\nu\tau\alpha$, $\alpha\dot{\upsilon}\tau o\tilde{\iota}\varsigma$ $\dot{\varepsilon}\nu\alpha\sigma\chi o\lambda\varepsilon\tilde{\iota}\sigma\theta\alpha\iota$ $\pi o\iota o\tilde{\upsilon}\sigma\iota\nu$. `H $\delta\grave{\varepsilon}$ $\tau o\tilde{\upsilon}$ $\Theta\varepsilon o\tilde{\upsilon}$ $\dot{\alpha}\gamma\acute{\alpha}\pi\eta$ $\varkappa\varrho\alpha\tau\acute{\eta}\sigma\alpha\sigma\alpha$, $\lambda\acute{\upsilon}\varepsilon\iota$ $\alpha\dot{\upsilon}\tau\grave{o}\nu$ $\tau\tilde{\omega}\nu$ $\delta\varepsilon\sigma\mu\tilde{\omega}\nu$· $\pi\alpha\varrho\alpha\varphi\varrho o\nu\varepsilon\tilde{\iota}\nu$ $\pi\varepsilon\acute{\iota}\theta o\upsilon\sigma\alpha$ $o\dot{\upsilon}$ $\mu\acute{o}\nu o\nu$ $\tau\tilde{\omega}\nu$ $\alpha\dot{\iota}\sigma\theta\eta\tau\tilde{\omega}\nu$ $\pi\varrho\alpha\gamma\mu\acute{\alpha}\tau\omega\nu$, $\dot{\alpha}\lambda\lambda\grave{\alpha}$ $\varkappa\alpha\grave{\iota}$ $\alpha\dot{\upsilon}\tau\tilde{\eta}\varsigma$ $\dot{\eta}\mu\tilde{\omega}\nu$ $\tau\tilde{\eta}\varsigma$ $\pi\varrho o\sigma\varkappa\alpha\iota\varrho o\upsilon$ $\zeta\omega\tilde{\eta}\varsigma$ ».
102. Ibid. II, 5, CERESA-GASTALDO, 90. PG 90, 985A. Trad. J. TOURAILLE.
103. Cf. *Mystagogie*, PG 91, 676A.
104. Ibid., 680B.
105. Le texte suivant des *Chapitres sur la charité, III, 56*, PG 90, 1033BC, énumère les passions dont l'esprit doit se libérer : « `H $\varphi\iota\lambda\alpha\upsilon\tau\iota\alpha$, $\pi o\lambda\lambda\acute{\alpha}\varkappa\iota\varsigma$ $\varepsilon\check{\iota}\varrho\eta\tau\alpha\iota$, $\pi\acute{\alpha}\nu\tau\omega\nu$ $\tau\tilde{\omega}\nu$ $\dot{\varepsilon}\mu\pi\alpha\theta\tilde{\omega}\nu$ $\lambda o\gamma\iota\sigma\mu\tilde{\omega}\nu$ $\alpha\dot{\iota}\tau\iota\alpha$ $\varkappa\alpha\theta\iota\sigma\tau\alpha\tau\alpha\iota$. $\dot{E}\varkappa$ $\gamma\grave{\alpha}\varrho$ $\tau\alpha\upsilon\tau\eta\varsigma$ $\gamma\varepsilon\nu\nu\tilde{\omega}\nu\tau\alpha\iota$ $\tau\varrho\varepsilon\tilde{\iota}\varsigma$ $\gamma\varepsilon\nu\iota\varkappa\acute{\omega}\tau\alpha\tau o\iota$ $\tau\tilde{\eta}\varsigma$ $\dot{\varepsilon}\pi\iota\theta\upsilon\mu\iota\alpha\varsigma$ $\lambda o\gamma\iota\sigma\mu o\iota$ $\acute{o}$ $\tau\tilde{\eta}\varsigma$ $\gamma\alpha\sigma\tau\varrho\iota\mu\alpha\varrho\gamma\iota\alpha\varsigma$, $\varkappa\alpha\grave{\iota}$ $\tau\tilde{\eta}\varsigma$ $\varphi\iota\lambda\alpha\varrho\gamma\upsilon\varrho\iota\alpha\varsigma$ $\varkappa\alpha\grave{\iota}$ $\tau\tilde{\eta}\varsigma$ $\varkappa\varepsilon\nu o\delta o\xi\iota\alpha\varsigma$. $\dot{E}\varkappa$ $\delta\grave{\varepsilon}$ $\tau\tilde{\eta}\varsigma$ $\gamma\alpha\sigma\tau\varrho\iota\mu\alpha\varrho\gamma\iota\alpha\varsigma$

ses forces psychiques et corporelles pour les libérer de l'usage (χρῆσις) contre-nature, et pour qu'elles fonctionnent selon leur but naturel.

L'usage (χρῆσις) de la matière elle-même n'est pas condamné, mais seulement son mauvais usage, car on ne condamne pas la nourriture, mais son abus ; on ne condamne pas l'argent, mais l'amour effréné de l'argent ; on ne condamne pas la gloire de l'homme en tant que créature de Dieu, mais la vanité de la gloire. Les passions, par le mauvais usage de la matière, obscurcissent l'esprit et développent une série d'autres passions qui ne le laissent pas acquérir la vraie connaissance de Dieu par la « πρᾶξις » et la « θεωρία ». Les passions sont l'altération de la nature de l'esprit et de ses énergies, tandis que l'esprit est naturellement « plus léger et plus vif que le feu » [106].

A plusieurs reprises, l'esprit est éprouvé dans son combat contre le malin. Mais les épreuves peuvent le fortifier spirituellement à travers ce combat. « Après avoir été combattus, après avoir lutté nous-même, nous nous retrouvons plus éprouvés, plus vrais dans l'amour de Dieu » [107].

γεννᾶται ὁ τῆς πορνείας ἐκ δὲ τῆς φιλαργυρίας, ὁ τῆς πλεονεξίας ἐκ δὲ τῆς κενοδοξίας, ὁ τῆς ὑπερηφανίας. Οἱ δὲ λοιποὶ πάντες, ἑκάστῳ τῶν τριῶν ἀκολουθοῦσιν ὅ τε τῆς ὀργῆς, καὶ ὁ τῆς λύπης καὶ τῆς μνησικακίας καὶ ὁ τῆς ἀκηδίας καὶ φθόνου καὶ καταλαλιᾶς, καὶ οἱ λοιποί. Ταῦτα οὖν τὰ πάθη, συνδεσμοῦσι τὸν νοῦν τοῖς ὑλικοῖς πράγμασι, καὶ κατέχουσιν αὐτὸν εἰς τὴν γῆν, λίθου δίκην βαρυτάτου αὐτῷ ἐπικείμενα φύσει ὄντα αὐτὸν πυρὸς κουφότερον καὶ ὀξύτερον».

106. Ibid. Pour la notion de « χρῆσις » chez saint Maxime cf. R.-A. GAUTHIER, « Saint Maxime le Confesseur et la psychologie de l'acte humain », in : Recherches de Théologie Ancienne et Médiévale, 21 (1954), pp. 75-77.

107. Chapitres sur la charité II, 14, CERESA-GASTALDO, 96. PG 90, 988C. Trad. J. TOURAILLE. Cf. également Divers Chapitres Théologiques et Economiques I, PG 90, 1216C.

Cinquième chapitre

LA RÉVÉLATION DIVINE
ET LA CONNAISSANCE DE DIEU

A. LA LOI NATURELLE

Introduction

La question examinée jusqu'ici a été centrée autour des qualités de la connaissance de l'homme et des modes utilisés pour la connaissance de Dieu. Une autre question se pose, à savoir quelle est la nature de cette connaissance objective, et, s'il y a une telle connaissance, quel est son degré de perception et de quelle manière est-elle donnée [1]. Il a été démontré que les sens, la raison et l'esprit mènent à la connaissance et sont étroitement liées aux raisons spirituelles des êtres. Dieu a mis celles-ci comme points de référence pour la raison (λόγος), pour qu'en ces raisons spirituelles

---

1. Rudolf BULTMANN rejette une connaissance objective de Dieu, car, selon ses principes protestants, la connaissance est toujours liée à la foi : « *Il est donc clair que si l'on veut parler de Dieu il faut nécessairement parler de soi-même. Mais comment ? Si en effet je parle de moi-même, est-ce que je ne parle pas de l'homme et est-ce que l'idée de Dieu n'implique pas tout aussi certainement celle que Dieu est le « Tout-Autre », la suppression de l'homme ? Ne nous trouvons-nous pas ainsi entre deux interdictions entre lesquelles semble seule possible l'attitude de la résignation, du silence ? D'un côté nous avons la claire vision que toute manière de parler qui nous fait quitter notre propre existence concrète n'est pas une manière de parler de Dieu : cette dernière ne pourrait-elle donc être qu'un énoncé sur notre propre existence ? D'autre part nous avons la non moins claire vision que toute manière de parler de nous ne peut jamais être une manière de parler de Dieu : est-ce parce qu'elle parle seulement de l'homme ?* » (op. cit. pp. 37-38).

la raison découvre la cause première et divine. Par les catégories sensibles, raisonnables et intelligibles, l'homme transforme la connaissance « intuitive » en une connaissance empirique et il dépasse la première. En examinant les êtres sensibles et leurs raisons spirituelles (λόγους πνευματικούς), l'homme découvre la présence divine dans la nature en tant qu'énergie créatrice, providentielle et conservatrice de la création. Dans ce cas nous parlons d'une « révélation naturelle », et de la connaissance de Dieu à travers la « loi naturelle ».

Néanmoins, la révélation divine et sa connaissance ne se limitent pas à la seule loi naturelle. Dans l'histoire de l'économie divine figurent des manifestations divines, les théophanies, et la révélation de la « loi écrite », qui constituent un autre mode de la connaissance de Dieu. Les lois naturelle et écrite sont dépassées par la loi de grâce, dans la personne même de Jésus-Christ, par Lequel nous possédons la révélation parfaite de Dieu et sa connaissance au plus haut degré, car Dieu est devenu homme et l'homme a été divinisé [2]. « J'appelle ici lois universelles, la loi naturelle, la loi écrite et la loi de grâce. En effet, chacune d'elles implique une conduite (ἀναστροφήν) de vie appropriée et un chemin qui lui convient (πρόσφορον), parce que chacune a une disposition intérieure (διάθεσιν) différente pour ceux qui en dépendent, selon son propre choix (κατὰ τὴν γνώμην). Car chacune d'elles oriente ceux qui la suivent vers une disposition différente »[3]. Ces préliminaires introduisent les

---

2. Cf. *Ambigua II, 10*, PG 91, 1113BC.

3. *Quaestiones ad Thalassium, 64, Corpus Christianorum 22*, 233, 732-737. PG 90, 724C. Le vocabulaire de ce texte est influencé par l'exégèse allégorique de Jonas 3, 3b : « Ἡ δὲ Νινευὴ ἦν ἡόλις μεγάλη τῷ Θεῷ ὡσεὶ πορείας ὁδοῦ ἡμερῶν τριῶν ». Hans Urs von BALTHASAR, *Liturgie Cosmique*, « La synthèse des trois lois », op. cit. p. 221, commente ainsi l'enseignement des trois lois chez saint Maxime : « *Nous n'avons regardé jusqu'ici l'unification des antinomies du monde que sous leur aspect subjectif, en tant que tension et compénétration de la sensation et de l'esprit. Cet aspect appelle un complément objectif, celui des diverses représentations de Dieu dans le monde de la nature et de l'histoire. C'est l'aspect auquel Maxime s'arrête avec le plus de complaisance et où se manifeste le plus profondément son esprit ouvert à tout ce qui est riche de sens et à toute beauté. Par delà une mystique et une théologie devenues trop étrangères au monde, il retrouve la tradition du véritable humanisme grec* ». Cf. Irenée-Henri DALMAIS, « *La fonction unificatrice du Verbe Incarné d'après les*

trois lois qui, selon saint Maxime, établissent la relation de l'homme avec la création, qui lui révèle le Créateur et avec Dieu-même, qui se manifeste à travers la création, à travers l'Écriture et à travers la personne du Christ. Les trois lois ne sont autres que la révélation ininterrompue de Dieu respectivement dans la création, comme révélation « *naturelle* », dans l'histoire, comme révélation « écrite », et dans l'économie du salut, comme révélation de la « *grâce* » de Dieu en la personne du Christ. Cette triple révélation rejoint l'autre mode de révélation selon lequel Dieu a divisé les siècles en deux : d'une part pour que Dieu devienne homme et d'autre part pour que l'homme soit divinisé *(Cf. Quaestiones ad Thalassium* 22). La révélation divine quelle qu'elle soit ne révèle pas l'essence divine, mais les énergies de Dieu, ainsi les trois lois sont une manifestation des énergies et des opérations de Dieu. La recherche des lois naturelle et écrite doit viser à la recherche des énergies divines et des manifestations de Dieu dans la création et dans la révélation écrite de Dieu. La création enseigne que Dieu est le Créateur, la Providence et le Juge. La loi écrite révèle Dieu comme le Législateur. La loi de grâce finalement est la manifestation *ad personnis* du Verbe ($\Lambda \acute{o} \gamma o \varsigma$) de Dieu, la cause des « $\lambda \acute{o} \gamma o \iota$ » divins dans la création et dans l'Écriture. Ce sont ces trois modes de révélation que nous allons examiner.

1. Signification de la loi naturelle

La création est un prédicateur et un enseignant pour l'homme, car ce dernier découvre Dieu à travers elle. Ceci présuppose que la création en elle-même est bonne et qu'elle ne va pas à l'encontre de son Créateur. La création n'est pas seulement constituée de la matière, mais du sensible et du spirituel. En effet, l'acte créateur de Dieu ne visait pas à la création de la matière sans l'esprit. Dieu imprime à la création sa nature spirituelle. La dimension spirituelle de la

---

œuvres spirituelles de Saint Maxime le Confesseur », in : *Sciences Ecclésiastiques* *14* (1962) pp. 445-459.

création est inhérente à la révélation naturelle, « parce que le Créateur des êtres est célébré à voix haute non seulement par les créatures muettes, et révélé par les raisons des êtres » [4], mais l'homme aussi, éduqué par « les lois (θεσμοῖς) et les modes (τρόποις) naturels des êtres visibles » [5], arrive à la connaissance de Dieu à travers la création.

La loi naturelle est définie ainsi dans les *Ambigua II, 10* : « J'entends la loi naturelle comme un livre puisqu'elle est certes uniformément gouvernée par les contemplations qui lui sont intérieures selon la raison, et elle a comme tissu harmonieux l'univers, et comme lettres et syllabes les premiers corps perçus par nous, immédiats et particuliers, et qui se condensent (παχυνόμενα) par la conjonction des multiples qualités. Elle a encore comme verbes les corps les plus universels qui sont lointains et plus fins (πόρρω τε ὄντα καὶ λεπτότερα). Ils (les corps) constituent le λόγος, lisible, (λόγος) qui les a sagement gravé et qui est ineffablement gravé en eux. La loi naturelle nous procure ainsi seulement la notion que Dieu existe, mais non pas une notion quelconque de la façon dont Il existe. Et par la réunion pieuse des différentes visions, elle amène à l'image unique du véritable qui, de façon analogue, peut être contemplé par les êtres visibles en tant que Créateur » [6].

---

4. *Quaestiones ad Thalassium 51, Corpus Christianorum 7*, 395, 11-14. PG 90, 476C.

5. Ibid. *Corpus Christianorum 7*, 395, 14-15.

6. *Ambigua II, 10*, PG 91, 1128D-1129A. Le texte en grec est le suivant : « Νοῶ τὸν μὲν ὁμαλῶς ὅτι μάλιστα διευθυνόμενον διὰ τῶν ἐν αὐτῷ συμφυῶν θεαμάτων βίβλου τρόπον τὸ ἐναρμόνιον τοῦ παντὸς ὕφασμα ἔχοντα, γράμματα μὲν καὶ συλλαβὰς ἐχούσης, τὰ πρὸς ἡμᾶς πρῶτα, προσεχῆ τε καὶ μερικά, καὶ πολλαῖς παχυνόμενα κατὰ σύνοδον ποιότησι σώματα, ῥήματα δὲ, τὰ τούτων καθολικώτερα, πόρρω τε ὄντα καὶ λεπτότερα, ἐξ ὧν ὁ σοφῶς διαχαράξας καὶ ἀρρήτως αὐτοῖς ἐγκεχαραγμένος λόγος ἀναγινωσκόμενος ἀπαρτίζεται, τὴν ὅτι μόνον ἐστίν, οὐχ ὅτι ποτὲ δέ ἐστιν οἱανοῦν παρεχόμενος ἔννοιαν, καὶ διὰ τῆς εὐσεβοῦς τῶν διαφόρων φαντασιῶν συλλογῆς εἰς μίαν τοῦ ἀληθοῦς εἰκασίαν ἐνάγων, ἀναλόγως ἑαυτὸν διὰ τῶν ὁρατῶν ὡς γενεσιουργὸς ἐνορᾶσθαι διδούς ». Il faut situer ce passage dans son contexte, ce qui va nous aider dans la compréhension de l'importance de la loi naturelle comme mode de connaissance de Dieu : dans le paragraphe précédent des *Ambigua II, 10* est développée « *La théorie de la Transfiguration du Seigneur* ». Le thème de deux « *lois* », naturelle et écrite, est déjà introduit dans ce paragraphe, lequel suit la « *Théorie de la loi naturelle et écrite* ». Le paragraphe suivant est celui des cinq modes de la vision naturelle dont on parlera plus loin.

L'idée centrale du texte se trouve dans la dernière phrase où est exposée la vision de Dieu à travers les êtres visibles. Il faut souligner que Dieu offre la possibilité de Le contempler « de façon analogue », à travers la loi naturelle qui démontre que Dieu est le Créateur des êtres.

La loi naturelle est mise en parallèle avec la loi écrite, or, comme on le verra plus loin, ces deux lois, dans la pensée de saint Maxime, constituent une seule entité, l'une complétant l'autre. C'est ainsi que des images analogues sont utilisées pour déterminer le contenu soit de l'une soit de l'autre. En effet, la conception de la création qui offre une « liturgie cosmique » à son Créateur, et qui révèle en même temps le Créateur à l'homme, est grandiose. Comme la loi écrite révèle Dieu par les lettres et les syllabes, ainsi la loi naturelle offre comme un livre ouvert le spectacle de l'harmonie de l'univers, et elle invite son lecteur à en approfondir le contenu. Ce livre de la création n'est pas en soi un objet de recherche, mais selon la pensée de l'auteur, le lecteur, par ce livre, est en contact et dialogue avec la création. Les corps élémentaires et particuliers — les lettres et les syllabes —, ainsi que les corps universels, — les verbes —, du livre de la création révèlent le « λόγος » divin qui est gravé en eux.

Les « lettres » et les « syllabes » naturelles révèlent deux raisons (λόγους) : le « λόγος » divin, — cause — et le « λόγος » des êtres. Le « λόγος » divin est celui qui a gravé dans les êtres leur propre « λόγος », l'un étant celui qui a gravé et l'autre celui qui est gravé. Le « λόγος » divin est en étroite relation avec les « λόγοι » des êtres, et les « λόγοι » des êtres manifestent les « λόγοι » divins qui ne sont que les énergies divines. On retrouve ici la cosmologie de saint Maxime selon laquelle les êtres sont créés selon leurs raisons qui sont en Dieu. Ces raisons sont également en étroite relation avec le « λόγος » divin, leur créateur, qui est la divine et éternelle énergie créatrice. La lecture, par les lettres et les syllabes naturelles, du livre cosmique, est une connaissance de Dieu, car le « λόγος », « qui a gravé et qui a été gravé » et lu, se fait connaître. L'« ἀνάγνωσις » est la connaissance à travers la loi naturelle.

Ce n'est pas la simple contemplation des êtres qui nous convainc du Dieu « Créateur » (γενεσιουργοῦ), mais la connaissance des raisons des êtres ainsi que le « λόγος » divin et créateur. Le « λόγος » divin et créateur est identifié à l'énergie divine cause de la création. Bien sûr, la connaissance à travers les raisons des êtres est la certitude de l'existence de la cause « créatrice » dont nous connaissons les divines énergies dans la création. Or la loi naturelle fait connaître la notion du Dieu véritable « par la réunion pieuse des différentes visions ». Cette observation permet de découvrir que la loi naturelle n'est pas une préoccupation « physique » puisqu'elle présuppose une approche « pieuse », à savoir la foi comme condition de la connaissance à travers la loi naturelle. La « réunion pieuse » des « images » divines dans la nature n'est autre que la connaissance de Dieu et sa manifestation par ses divines énergies. La raison (λόγος) humaine fonctionne ainsi comme faculté de connaissance de l'âme et elle réunit les raisons des êtres à travers lesquelles elle connaît le « λόγος » créateur de Dieu [7].

2. Modes de la vision naturelle

Les idées de ce texte se rapprochent du texte des *Ambigua II, 10*, plus précisément du paragraphe sur les cinq modes de la vision naturelle. Nous étudierons étape par étape ce texte, vu la grande importance qu'il a pour notre sujet, mais aussi parce qu'il manifeste la profondeur de la pensée théologique et le génie de l'esprit du Confesseur.

« À cela, nous connaîtrons aussi les « λόγοι », à savoir les derniers qui nous sont accessibles, que la création, comme maître, nous offre ainsi que les cinq modes de la vision qui

---

7. Sur le plan moral, la loi naturelle nous enseigne ce qu'il faut faire, car le Créateur a mis dans la nature des créatures cette disposition. Cette aptitude vers l'utile conditionne aussi le comportement extérieur. Cf. *Quaestiones ad Thalassium 64*, PG 90, 724CD-725A. L'homme en tant que créature selon Mt 7,12 et Lc 6,31, possède également la loi naturelle, à savoir la disposition de l'ordre naturel ainsi que le « τὸν κατ'ἦθος τρόπον » et « βίου δρόμον ».

leur sont liés. Les saints, en divisant par ces modes la création, ont réuni avec piété les « λόγοι » qui sont mystiquement en la création, la divisant en parties par les modes, en essence (οὐσία), mouvement (κίνησις), différence (διαφορά), complexion (κρᾶσις) et position (θέσις). Trois d'entre eux, dit-on, sont préalablement destinés à la connaissance de Dieu et appropriés comme guides (Ὧν τρεῖς μὲν ἔφασαν εἶναί τε πρὸς ἐπίγνωσιν τοῦ Θεοῦ προηγουμένως καί προβεβλεῖσθαι χειραγωγικούς) : le mode selon l'essence, celui selon le mouvement et celui selon la différence, par lesquels Dieu se fait connaître aux hommes qui rassemblent les manifestations (ἐμφάσεις) de Dieu à partir des êtres comme Créateur, Providence et Juge. Deux autres modes enseignent la vertu et l'appropriation (οἰκείωσις) de Dieu : celui selon la complexion et celui selon la position, lorsque l'homme, étant formé (τυπούμενος) par eux, devient dieu. L'homme à partir des êtres *"subit"* le changement d'être dieu (τὸ θεὸς εἶναι παθὼν ἐκ τῶν ὄντων) parce qu'il contemple avec l'esprit (κατὰ νοῦν ὥσπερ ὁρῶν) toute la manifestation de Dieu selon la bonté (ὅλην τὴν κατ'ἀγαθότητα ἔμφασιν) et qu'il forme en soi-même, selon la raison, cette image très pure (καὶ ἑαυτῷ κατὰ λόγον ταύτην εἰλικρινεστάτην μορφούμενος) » [8].

Ici, de nouveau la création enseigne la présence divine, que la connaissance à travers la loi naturelle est celle du « λόγος » divin, accessible à notre faculté de connaissance à cause de sa proximité des « λόγοι » des êtres. L'originalité du texte consiste en l'examen de la nature des « λόγοι » divins, car les cinq modes de la vision naturelle peuvent être les modes de connaissance de Dieu et les « λόγοι » que les saints « ont réunis avec piété » dans la création. Il faut répéter, et c'est très important, que la recherche à travers la nature de la connaissance de Dieu n'est pas une simple préoccupation philosophique qui peut être réalisée même par un non-croyant, mais c'est la « réunion des images divines » effectuée par les « saints » avec « piété », à savoir

---

8. *Ambigua II, 10*, PG 91, 1133AB.

avec foi. Toute tentative d'un parallélisme entre la démonstration scolastique de l'existence de Dieu par la nature et
de l'enseignement de saint Maxime altère le sens de la loi
naturelle. D'ailleurs, comme on le verra plus loin, la connaissance de Dieu par les cinq modes de la vision naturelle est
l'œuvre de la « théologie ». Or, une telle approche présuppose l'« εὐσέβεια » qui n'est autre que l'approche dans la
foi de la révélation divine à travers la création.

Les cinq modes de la vision naturelle sont classés en deux
catégories : les trois premiers, selon l'essence, le mouvement
et la différence, sont les modes par excellence de la connaissance de Dieu. Ce sont les « catégories » qui guident vers
la connaissance de Dieu et « par lesquelles Dieu se fait
connaître aux hommes qui réunissent Ses manifestations par
les êtres en tant que Créateur, Providence et Juge ». Dans
le texte précédent des *Ambigua II, 10*, il est dit que nous
arrivons à la contemplation de Dieu « γενϵιουργοῦ » par
la réunion pieuse des différentes images (φαντασίαι). Les
« φαντασίαι » divines sont ici appelées « ἐμφάσεις ». En
réalité, il est dit qu'on découvre les divines « φαντασίας »
ou « ἐμφάσεις », à savoir les énergies divines, par l'observation de la création au moyen des cinq modes, et non pas
par une simple recherche intellectuelle. La matière créée
ne manifeste donc pas automatiquement les énergies divines,
mais cela présuppose la « contemplation pieuse » pour pouvoir découvrir les raisons spirituelles des êtres et, à travers
elles, les divines énergies. Les divines énergies que la création
révèle sont : celles de la création, de la providence et du
jugement [9].

Les deux modes suivants de la vision naturelle − selon
la « complexion » (κρᾶσις) et selon la « position » (θέσις) −
concernent directement l'homme. Ils le préparent à la
connaissance de Dieu et à Son imitation. Ces deux modes
explicitent plus clairement que la connaissance par la loi

---

9. Cf. *Ambigua II, 10*, PG 91, 1128D-1129A. Voir le texte d'Origène cité
dans le deuxième chapitre pour les notions de Providence, de la Création et
du Jugement. Cf. également dans le même chapitre le texte de saint Maxime
qui montre la relation des λόγοι des êtres avec les énergies divines.

naturelle ne se fait pas par la pure intelligence, mais par une participation empirique. Pour que l'homme réussisse sa divinisation, il faut qu'il subisse les « altérations divines » par les modes selon la « complexion » (κρᾶσις) et selon la « position » (θέσις) qui le rendent semblable à Dieu. Bien sûr, la connaissance de Dieu est celle acquise à travers les êtres, mais celui qui est éduqué par la « κρᾶσις » et la « θέσις » à la vertu et à l'imitation de Dieu reçoit l'image (ἔμφασιν) de la bonté divine, contemplant (ὁρῶν) par l'esprit et imitant (μορφούμενος) cette image par le « λόγος ». Par conséquent, par les qualités de connaissance de l'âme (λόγος, νοῦς) nous connaissons les « λόγοι » divins, révélés par et à travers la création.

Entrons dans une analyse détaillée des cinq modes de la vision naturelle :

(a) Οὐσία : « L'essence est le maître de la théologie. Par elle nous cherchons la cause des êtres par lesquels on est informé qu'elle (la cause) est, mais nous ne pouvons pas prétendre savoir ce qu'elle est, puisqu'il n'y a pas non plus de manifestation de son image dans les êtres (μηδὲ ἔστιν ἐμφάσεως ἐν τοῖς οὖσι τούτου προβολή) par laquelle nous puissions au moins nous élever de la sorte du causé à la cause » [10]. Le terme « οὐσία », dans ce contexte, prend un autre sens, différent de celui qui signifie l'essence des êtres. Ici « οὐσία » indique premièrement le mode de la vision naturelle qui est « maître de la théologie » (θεολογίας διδάσκαλος). Le terme « théologie » signifie la connaissance de Dieu et plus spécifiquement celle de la Sainte Trinité.

10. Ibid., 1133C. M. VILLER, « *Aux sources de la spiritualité de S. Maxime. Les œuvres d'Évagre le Pontique* », in : *Revue d'Ascétique et de Mystique 11 (1930)*, p. 165, écrit que saint Maxime utilise la définition « θεολογία » dans le même sens qu'Évagre le Pontique. Nous croyons par contre que saint Maxime, connaissant la théologie des Pères cappadociens sur ce point, emprunte leur sens de la « θεολογία » avec une minime nuance évagrienne. D'ailleurs H.U. von BALTHASAR, en réfutant la position de M. VILLER, écrit : « *Les définitions d'Evagre en sont complètement bouleversées. Tout ce qui était châtiment du péché et restauration par la Providence est éliminé. Il s'y subsitue une ordonnance qui maintient immuablement la nature dans ses limites. Dans ce cadre nouveau, les concepts ascétiques et mystiques prennent une couleur nouvelle* ». Op. cit. pp. 30-31.

La « théologie » donc, comme terme « technique », est gardé dans ce but particulier ; d'ailleurs étymologiquement il signifie aussi « la parole sur Dieu ». On s'attendrait à ce que, par le terme « *οὐσία* », en tant que mode de la vision naturelle, on parle aussi de la connaissance de l'essence divine. Mais saint Maxime, fidèle à sa position théologique selon laquelle l'essence divine est inaccessible à notre connaissance, lie le terme « *οὐσία* » au terme de « *θεολογία* » par laquelle nous connaissons le mode d'existence de Dieu (*τρόπος τῆς ὑπάρ-ξεως*), mais non pas la raison de son essence (*λόγος τῆς οὐσίας*). Le mode selon l'essence doit être l'objet de la « recherche » de l'homme aboutissant à la certitude de l'existence de la cause des êtres, mais non à la connaissance de l'essence de la cause. Nous répétons que ce principe de l'incapacité humaine de connaître l'essence de Dieu domine la pensée théologique de saint Maxime. L'homme non seulement ne dispose pas des capacités nécessaires pour connaître l'essence de Dieu, mais il n'y a pas de « manifestations » (*προβολή*) ni dans les êtres visibles, ni dans leurs raisons « de ce que Dieu est selon l'essence ». Malgré l'approche apophatique de l'essence divine, notons, et c'est important, que l'homme, au moyen de la création, peut connaître la cause de celle-ci, non pas dans un sens philosophique de la connaissance de la cause et de l'effet, mais dans un sens chrétien, signifiant une participation et une divinisation empirique. Par conséquent, une des multiples raisons (*λόγοι*) que la recherche pieuse réunit à travers la création est la théologie dont l'essence, en tant que mode de la vision naturelle, devient le maître qui enseigne l'existence de Dieu.

(b) *Κίνησις* : « Le mouvement indique la providence pour les êtres. Par le mouvement, en contemplant l'identité immuable de l'essence selon l'espèce de chacune des créatures, ainsi que leur finalité parfaite (*διεξαγωγήν ἀπαρε-γχείρητον*), nous apercevons Celui qui tient tout ensemble (*συνέχοντα*) et qui conserve les créatures d'une union inef-

fable, clairement distinctes entre elles selon les raisons dont
chacune a été constituée » [11].

Pour la compréhension du terme « *κίνησις* » voir au premier chapitre. Remarquons aussi que le terme « *πρόνοια* »
est mis en parallèle avec le terme « *κίνησις* » et que l'un
éclaire le sens de l'autre. En plus du mouvement de la
nature des êtres créés, le mot « *κίνησις* » signifie aussi le
mouvement du divin vers la création. La manifestation de
Dieu dans la création en est la preuve. Cette révélation
divine dans la création est définie comme « Providence ».
La Providence de Dieu pour la création est dans ses divines
énergies que l'homme a la capacité de percevoir. Nous
pouvons comparer l'énergie créatrice de Dieu à la divine
Providence et dire que la première a une priorité, car la
divine énergie créatrice est la cause du mouvement des êtres
tandis que la Providence divine est l'énergie qui conserve
et maintient les êtres. La priorité donc de l'énergie créatrice
doit se situer dans l'ordre de la révélation, car Dieu est
provident pour ce qui a créé premièrement. Par le mode
selon l'essence on connaît l'énergie créatrice, tandis que par
le mode selon le mouvement, la divine Providence, qui unit
les créatures malgré la multiplicité et la spécificité des
espèces. On sous-entend de nouveau, dans le texte cité, le
système cosmologique de saint Maxime, système qui n'est
pas une simple spéculation métaphysique, mais la connaissance de Dieu. Ainsi, le mode selon le mouvement détermine
la nature de cette connaissance.

(c) Δ*ιαφορά* : La différence est le troisième des cinq
modes de la vision naturelle : « La différence indique le
jugement (*κρίσεως*) qui nous enseigne que Dieu est le sage
dispensateur (*διανομέα σοφόν*) des raisons (*λόγων*) de chaque
être, grâce à la puissance naturelle proportionnelle à l'essence
subsistant en chacun des êtres » [12]. Pour mieux comprendre

---

11. Ibid.
12. Ibid., 1133CD. On peut se demander pourquoi le choix du terme
« *διαφορά* » pour indiquer un des cinq modes de la vision naturelle. Les deux
termes précédents, « *οὐσία* » et « *κίνησις* », sont fondamentaux dans le système
théologique et cosmologique de saint Maxime. Le terme « *διαφορά* » est
compréhensible à cause de sa relation avec le terme de « *κρίσις* », et il est
en quelque sorte son explication. Dans la christologie, le terme « *διαφορά* »

le terme de la différence, il faut se référer au chapitre du mouvement. Là, il est dit que le mouvement des êtres est effectué à partir des genres généraux vers les espèces comme « diastole », et à partir des espèces vers les genres généraux comme mouvement de la « systole ». Malgré ce mouvement, l'unité de la création est conservée, ainsi que son harmonie, sans que la particularité des êtres ne soit ni perdue ni confuse. Cette immuabilité des genres et des espèces s'explique par les « λόγοι » selon lesquels ils ont été créés. Mais la raison fondamentale en est bien sûr la « κρίσις » (jugement) de Dieu, qui, connaissant l'utilité (τὰ συμφέροντα) de chaque être particulier, ainsi que de la création entière, car « Il a jugé (ἔκρινε) et Il a institué (ὑπεστήσατο) l'être, le quoi-être, le comment-être et le qui-être pour chaque être » (περὶ τοῦ εἶναι καὶ τὶ εἶναι καὶ πῶς καὶ ὁποῖον ἕκαστον ἔκρινέ τε καὶ ὑπεστήσατο) [13], à savoir : l'essence, la substance, le mode et la qualité de chaque être. Dieu, en tant que puissance et énergie créatrice et Providence, est également la cause de la puissance naturelle de chaque être. Par la « différence », en tant que mode naturel, se manifeste la sagesse du Créateur qui a jugé et disposé de façon harmonieuse la puissance naturelle par les raisons des êtres. L'homme, composé d'esprit et de matière connaît empiriquement la distinction des êtres sensibles et noétiques, ainsi que l'harmonie du « cosmos », établie par le « jugement » divin. Par conséquent, la « κρίσις » est une qualité divine qui joue un rôle dans l'établissement de la « τάξις » à l'intérieur de la création. La différence, en tant que mode

---

a un sens particulier pour saint Maxime ; il montre la sauvegarde de la particularité des deux natures en Christ et non pas une division. Ainsi dans la *Lettre 12* la « διαφορά » est définie comme suit : « Διαφορὰ μὲν γάρ ἐστι λόγος, καθ᾽ ὅν ἀλλήλων διαφέρει τὰ ὑποκείμενα· καὶ τοῦ, πῶς εἶναι δηλωτικός· τουτέστι, τὸ εἶναι τὴν σάρκα τῇ φύσει καὶ τῇ οὐσίᾳ, ὅπερ ἐστί· καὶ τὸ εἶναι πάλιν τὸν Θεὸν Λόγον τῇ φύσει καὶ τῇ οὐσίᾳ, ὅπερ ἐστίν » (PG 91, 469AB). Plus loin encore on trouve la définition suivante : « Ὥσπερ γὰρ πᾶσα διαφορὰ ποσοῦ τινος ἀριθμὸν ἐπιδεχομένου ἐστὶ δηλωτική, τὸν τοῦ πῶς εἶναι λόγον εἰσάγουσα· τὸ γὰρ ἄποσον, καὶ ἀδιάφορον πάντως, ὡς ἁπλοῦν τῇ οὐσίᾳ καὶ τῇ ποιότητι· οὕτω καὶ πᾶς ἀριθμὸς ποσοῦ τινων διαφερόντων, κατὰ τὸν τοῦ πῶς εἶναι, ἤ τὸν τοῦ πῶς ὑφεστάναι λόγον ὑπάρχων δηλωτικός ; τῆς διαφορᾶς τῶν ὑποκειμένων, καὶ οὐ τῆς σχέσεώς ἐστιν εἰσαγωγικός » (ibid., 477A).

13. *Ambigua II, 10*, PG 91, 1136A.

de la connaissance naturelle, permet cette constatation au sujet du jugement divin.

À partir des trois premiers modes de la vision naturelle, saint Maxime démontre que la création est un maître qui enseigne (διδάσκαλος) l'existence de Dieu et la Providence divine à la création, pour sa conservation. Cette connaissance résulte de la présence dans la création de la divine énergie qui est multiple, analogue à la multiplicité des êtres. « Or je connais une seule et unique (Providence) selon la puissance (divine) et ayant envers nous une énergie différente et multiple » [14]. Cette énergie divine est identique à la Providence divine. En résumé, par les trois premiers modes de la vision naturelle (οὐσία, κίνησις, διαφορά) il y a un double effet : *(a)* ces trois modes révèlent trois aspects de l'unique énergie créatrice, l'énergie de la Providence divine pour la création et l'énergie du jugement divin, énergies considérées comme des « λόγοι » divins qui se trouvent dans les êtres en relation avec les « λόγοι » des êtres créés. *(b)* C'est à travers ces trois modes de la vision naturelle que l'homme connaît ces énergies divines. La création se déploie comme un livre devant l'homme pour lui enseigner les raisons divines et les raisons des êtres.

Les deux derniers des cinq modes de la vision naturelle ont leur caractère, leur contenu et leur but, qui diffèrent des trois premiers : « Ils disent (...) que deux autres modes sont éducatifs pour la vertu et pour se familiariser (οἰκείωσιν) avec Dieu : le mode selon la complexion (τὸν κατὰ κρᾶσιν) et le mode selon la position (τὸν κατὰ θέσιν) ; l'homme, étant façonné (τυπούμενος) par eux (les deux modes), devient dieu. L'homme a éprouvé sa divinisation à partir des êtres (πάσχων ἐκ τῶν ὄντων), en contemplant, pour ainsi dire, par l'esprit (κατὰ νοῦν ὥσπερ ὁρῶν), toute l'image de Dieu selon Sa bonté et en formant en lui-même cette image très pure selon la raison (καὶ ἑαυτῷ κατὰ λόγον ταύτην εἰλικρινεστάτην μορφούμενος) » [15].

Si les trois premiers modes constituent la révélation et la

---

14. Ibid.
15. Ibid., 1133B.

connaissance de Dieu à travers la création, les deux autres constituent le mouvement de l'homme vers Dieu pour recevoir cette révélation divine à travers la création. Le mouvement de l'homme consiste en une préparation vertueuse, naturelle et transcendante pour l'établissement de la synergie indispensable pour acquérir la connaissance révélée. Cet aspect est important car la connaissance de Dieu à travers la création n'est pas acquise par une pure recherche scientifique. Les deux modes sont non seulement éducatifs, mais ils modèlent aussi l'homme et ils le rendent semblable à l'image de Dieu. L'image de Dieu que l'homme imite et forme en lui-même est la bonté divine.

(d) Κράσις: La « κράσις » en relation avec l'homme est définie ainsi : « Or la complexion, à savoir la composition des êtres, est un symbole de notre *γνώμη* [16]. Celle-ci étant mêlée (*κραθεῖσα*) aux vertus, mais également les faisant se mêler à elle, constitue, elle aussi, selon l'intelligence (*διάνοια*), le monde digne de Dieu (*θεοπρεπέστατον*) » [17]. La « *γνώμη* » peut être la faculté de connaître, ou bien le jugement, la pensée, l'intelligence, l'opinion, et on ne peut pas adopter une signification en ignorant les autres. La « κράσις » ici est le contraire de la « κράσις » examinée au paragraphe de la connaissance contre nature, qui altère l'esprit. La « κράσις » peut être considérée comme une fonction naturelle, mais elle prend un caractère et un contenu différents, analogues au genre des choses composées. En ce qui concerne la « κράσις » dans son sens négatif, elle consiste en une complexion de la « *γνώμη* » avec le péché et les passions. La « κράσις » au sens positif est en revanche la composition de la « *γνώμη* » avec les vertus. Les vertus, contrairement aux passions, purifient la « *γνώμη* » et l'intelligence et rendent l'homme apte à recevoir l'image de Dieu révélée dans la création et à l'imiter.

(e) Θέσις: La « *θέσις* » est également en relation avec la « *γνώμη* » : « La *θέσις*, d'autre part, enseigne le caractère selon la *γνώμη* (*τοῦ κατὰ γνώμην ἤθους*), puisqu'elle est

---

16. On garde le terme grec vu l'importance qu'il a chez saint Maxime et également sa multiple signification.
17. Ibid., 1136AB.

ferme dans ce qu'elle doit régler, afin que les oppositions s'orientent vers le choix du bien (ὡς παγίως ἔχειν περὶ τὸ εὖ δόξαν τῷ ῥυθμίζειν ἀντιλόγῳ ὀφείλοντος), ne subissant pas la moindre altération (ἀλλοίωσιν τὴν οἱανοῦν δεχομένου) de ce qui survient en même temps (τοῖς συμπίπτουσιν) selon la raison »[18]. En comparant les deux modes, celui de la « κρᾶσις » à celui de la « θέσις » nous pouvons considérer celui-là comme la première étape du choix et de la complexion avec les vertus, et le second comme la disposition ferme du choix du bien. Le « κατὰ γνώμην ἦθος » est la fonction par laquelle l'homme fait le choix soit du bien soit du mal. La position (θέσις) indique donc la stabilité et la fermeté de l'opinion au sujet du bien (ὡς παγίως ἔχειν περὶ τὸ εὖ δόξαν).

Ces deux modes de la vision naturelle sont des présupposés indispensables pour l'acquisition de la connaissance et de la révélation de Dieu à travers la création et au moyen des trois premiers modes. Le lien entre les cinq modes de la vision naturelle conduit saint Maxime à la conclusion suivante : « Unissant de nouveau la position au mouvement, et la complexion à la différence, ils (les saints) ont distingué de façon indissoluble l'existence (ὑπόστασιν) de l'univers en essence, en différence et en mouvement ; aussi, en la raison selon la pensée (καὶ τῷ κατ'ἐπίνοιαν λόγῳ), ils ont observé que la cause est contemplée habilement (τεχνικῶς) de façon différente des causes et ils ont perçu pieusement qu'elle est, et qu'elle est sage et qu'elle est vivante. À partir de cela, ils ont été également instruits au sujet de la parole divine parfaite et salvifique (θεοτελῆ καὶ σωτήριον), celle au sujet du Père et du Fils et du Saint-Esprit, selon laquelle ils ont été illuminés mystiquement non seulement sur la raison (λόγος) simplement de l'être de la cause, mais elle les a aussi initiés pieusement sur son mode d'existence (τὸν τῆς ὑπάρξεως τρόπον εὐσεβῶς ἐμυήθησαν) »[19].

Les termes de « κίνησις » et de « διαστολή » indiquent deux situations différentes et contraires dans la création.

---

18. Ibid., 1136B.
19. Ibid., 1136BC.

Par le mouvement en « diastole » et en « systole », et par le jugement divin, l'ordre et l'harmonie s'établissent dans la création. Par ailleurs, par la position (θέσις), l'ordre et l'harmonie sont conservés et les êtres affermis dans leur genre et leur espèce ne sont pas altérés à cause de leur mouvement.

Le couple « κρᾶσις » et « διαφορά » indique également deux situations opposées dans la création. Par la « complexion » on décrit la composition des êtres de différents éléments : l'homme par exemple est composé de l'âme et du corps. En revanche, la « différence » certifie que malgré la nature composée des êtres, il n'y a pas de confusion entre les différents éléments de composition, ni de rupture quelconque. La « différence », donc, montre la composition et la coexistence harmonieuses des différentes essences, ce qui est aussi en accord avec le principe général de saint Maxime, à savoir que les choses naturelles ne sont pas opposées l'une à l'autre.

Dans cette analyse, on comprend pourquoi saint Maxime unifie le couple « mouvement-position » en une seule notion : le mouvement, ainsi que le couple « complexion-différence » en une autre notion : celle de la différence, indiquant ainsi le lien entre ces catégories cosmologiques. Il ressort de cette unification que la vision naturelle du monde s'effectue à travers seulement trois modes : l'essence, la différence et le mouvement, incluant aussi les deux autres, la complexion et la position. Cela montre comment saint Maxime voit le dépassement de cinq modes de la vision naturelle qui, en quelque sorte, créent des distinctions qui ne sont pas conformes à l'unicité de Dieu. L'homme, d'ailleurs, à qui se réfèrent les deux derniers modes de la vision naturelle, celui selon la complexion et celui selon la différence, est inclu également dans l'ensemble du système cosmologique et dans la création qui révèle son Créateur. La création donc, examinée non seulement du point de vue ontologique, mais aussi de façon intelligible et habilement (τεχνικῶς), offre la compréhension de la différence entre la cause et le causé, entre l'incréé et le créé. La cause incréée révèle qu'elle « est », qu'elle est « sage » et qu'elle est « vivante ».

Ces trois qualités correspondent aux trois modes de l'essence, de la différence et du mouvement.

Par ces trois « qualités », on se rapproche de la révélation trinitaire, car l'« être », la « sagesse » et la « vie » sont en même temps une révélation trinitaire, l'« être » signifiant le Père, la « sagesse » le Fils et la « vie » le Saint-Esprit. Ainsi saint Maxime aboutit à la distinction du « λόγος τοῦ εἶναι » et du « τρόπος τῆς ὑπάρξεως » : « οὐ τὸν τοῦ εἶναι μόνον ἁπλῶς τοῦ αἰτίου λόγον μυστικῶς ἐφωτίσθησαν, ἀλλά καὶ τὸν τῆς ὑπάρξεως τρόπον εὐσεβῶς ἐμυήθησαν ». De nouveau, à travers les modes de la vision naturelle se révèlent à l'homme le « λόγος τοῦ εἶναι » et le « τρόπος τῆς ὑπάρξεως » du Dieu trinitaire. Seule la pensée chrétienne peut utiliser un langage pareil à propos de la révélation naturelle, complètement étranger à la philosophie. Une telle approche présuppose la « piété » (εὐσέβειαν), à savoir la foi qui guide la recherche pour la compréhension de la présence divine dans la création.

Le lien indissoluble entre les cinq modes de la vision naturelle est démontré également en les examinant d'un autre point de vue, celui de la « position » (θέσις). En effet saint Maxime écrit : « En outre, en rassemblant toute la création sur la seule position (θέσις), les cinq modes énumérés de la vision naturelle sont réduits (συνέστειλαν) à trois. Ainsi (les saints) ont reconnu que la création, de par sa propre raison enseigne (διδάσκαλον τὴν κτίσιν εἶναι τῷ καθ᾽ἑαυτὴν λόγῳ ἐπεγνωκότες) qu'elle est du ciel, de la terre et de leur intervalle, (à savoir) la philosophie éthique (ἠθικῆς), naturelle (φυσικῆς) et théologique (θεολογικῆς) » [20]. Saint Maxime veut systématiser la connaissance, incluant dans son système tous ses aspects possibles, dans des définitions importantes qu'il choisit pour exprimer le contenu de sa pensée théologique. Le niveau de connaissance ainsi, à ce point de vue, est différent de celui de la réduction précédente des cinq modes de la vision naturelle. Par les deux nouveaux termes qui sont introduits ici, le « ciel » et la « terre », est décrite la connaissance offerte par les êtres

---

20. Ibid., 1136C.

sensibles ou intelligibles, tandis que par la « philosophie éthique, théologique et naturelle » est décrite la connaissance intuitive qui agit sur le « comportement » moral de l'homme, naturellement et théologiquement. Il est intéressant que saint Maxime parle ici de ces trois aspects de la connaissance, « ἠθική », « φυσική » et « θεολογική ». Chaque notion est chargée d'un contenu différent. En effet, la connaissance selon l'éthique peut correspondre à celle à travers les vertus ; la connaissance « naturelle » à celle à travers les cinq modes de la vision naturelle, et la connaissance théologique est la connaissance du « λόγος » de l'être et du mode d'existence de la Sainte Trinité.

De la même manière, l'approche de la connaissance naturelle peut être réalisée à travers la « différence ». Cette approche est identique à l'examen des « contenants et du contenu », à savoir « du ciel, de la terre et de leur intervalle » [21]. Dans cette perspective les trois modes précédents, « ciel », « terre » et « leur intervalle », sont unifiés en deux seulement, celui de la « sagesse » et celui de la « philosophie » : « La première contenant et comprenant tous les modes pieux (εὐσεβεῖς) qui lui (à la sagesse) sont attribués de façon digne de Dieu (θεοπρεπῶς). Elle inclut aussi toutes les raisons mystiques et naturelles (λόγους μυστικούς τε καὶ φυσικούς) qui sont en elle et qui sont attribuées aux autres. La seconde comprend en soi l'éthique (ἤθους) et le caractère (γνώμης), l'acte (πράξεως) et la contemplation (θεωρία), et la vertu (ἀρετῆς) et la connaissance (γνώσεως). Elle se rapproche, par conséquent, de la sagesse en tant que cause, car elle lui est relativement familière (καὶ οἰκειότητι σχετικῇ πρὸς τὴν σοφίαν ὡς αἰτίαν ἀναφερομένην) » [22].

Plus haut, la « sagesse » est identifiée à la personne du Fils. Dans ce paragraphe la « sagesse » tend à cette identification. Le Fils, en tant que Verbe de Dieu le Père et Créateur, est la « sagesse » qui a toutes les qualités et qui inclut toutes les raisons des êtres [23]. La sagesse ainsi n'est

---

21. Ibid.
22. Ibid., 1136CD.
23. Ici est approché le problème « sophiologique » ; mais saint Maxime est

pas le pur produit de la pensée de l'homme, mais elle a comme source le Fils et Verbe de Dieu. Certes saint Maxime n'exige pas de la philosophie qu'elle soit la « servante » de la « théologie », mais la sagesse, en tant que « connaissance » n'est pas indépendante de la question de la connaissance de Dieu ; elle est la connaissance de Dieu. D'ailleurs la pensée humaine, comme fonction et puissance de l'âme, contribue à la connaissance de Dieu. D'autre part, la « philosophie » a comme cause et source la sagesse elle-même. C'est ainsi qu'elle a toutes les qualités qui instruisent l'éthique et établissent les présupposés pour la sagesse et la connaissance de Dieu.

La réduction des cinq modes de la vision naturelle vise, en réalité, leur dépassement, pour que l'homme, après avoir reçu la connaissance étonnante du « κόσμος » comme un ensemble harmonieux, ne reste pas à un niveau cosmique, mais qu'il s'élève au divin. Pour une nouvelle vision de la création, sous l'aspect de la « complexion », « à savoir la composition harmonieuse de l'univers » sont dépassés tous les modes, y compris la « sagesse » et la « philosophie ». La connaissance de Dieu est centrée sur la compréhension du « νοῦς » comme créateur et cause de la création. C'est l'être véritable et la cause de l'essence, du mouvement, de la différence, de la complexion et de la position des êtres [24].

3. Dieu Créateur, Juge, et Providence

Ces trois qualités divines établissent la relation de Dieu avec la création, et de l'homme avec Dieu qui est le Créateur, la Providence et le Juge. Le texte des *Ambigua II, 10* montre la compréhension de ces trois notions par saint Maxime : « Les saints, ayant donc compris la création, ont aussi été enseignés par le Créateur à partir de ses créatures, et du bon ordre (εὐκοσμίαν), et de l'analogie et de l'utilité (χρείαν) que chacun (des êtres) offre au tout (ἥν ἕκαστον παρέχεται τῷ παντί). Il leur a également été enseigné par quelle raison

clair sur ce point, il identifie la sagesse à la personne du Fils et il ne transforme pas les trois personnes de la Trinité en quatre.

24. Cf. ibid., 1136D-1137C.

toutes les créatures sont créées (*καθ'ὅν δεδημιούργηνται λόγον δεδημιουργημένα*) sagement (*σοφῶς*) et providentiellement (*προνοητικῶς*) parfaites, et comment les créés (*τὰ γενόμενα*) ne pouvaient pas être bons autrement (*καλῶς ἔχειν*) que ce qu'ils sont maintenant et qu'ils n'ont pas besoin d'un ajout ou d'une omission pour qu'ils soient autrement bons que ce qu'ils sont maintenant. Ainsi donc les saints ont appris que le Créateur est la Providence de tous les êtres et ils L'ont connu comme Dieu et Créateur de tous, par la pérennité (*διαμονήν*), l'ordre (*τάξιν*), la position (*θέσιν*) des êtres et leur institution (*διεξαγωγήν*) par laquelle tous les êtres restent inconfondus selon le genre propre à chacun et également libres de toute confusion : la rotation des étoiles s'effectue de la même façon et jamais rien ne diffère ; le cercle de l'année se fait dans un bon ordre pour le rétablissement (*ἀποκατάστασιν*) des mêmes choses à partir du même lieu au même lieu, à savoir l'égalité du nombre des nuits et des jours pendant l'année, et chacun des jours se rallongeant ou se raccourcissant en partie, sans que ce rallongement ou ce raccourcissement ne détruise l'ordre. Par tout cela les saints ont su que Dieu est la Providence des êtres et ils L'ont reconnu en tant que Dieu et Créateur de tous » [25].

Créateur et Juge : Normalement, quand saint Maxime traite de la question de la relation de Dieu avec la création, il parle des trois « qualités » que nous pouvons nommer énergies divines, à savoir celle de Créateur, de Providence et de Juge. Dans le texte cité la troisième notion n'est pas mentionnée expressis verbis, mais elle est sous-entendue, car c'est le jugement divin qui garde les êtres sans confusion entre eux, soit dans leur genre général, soit dans les espèces. Dans le même passage, il y a une référence indirecte au récit de la Genèse. En effet l'expression « *καλῶς ἔχειν* » sous-entend justement le constat divin que les créatures issues de son acte créateur « étaient bonnes ». Quand Dieu « *vit que cela était bon* » (Ge 1, 18), n'est pas une observation, mais la volonté divine, que saint Maxime nomme Jugement

---

25. PG 91, 1176BC.

divin, que cette relation harmonieuse entre les créatures et leur Créateur et entre les créatures elles-mêmes se conserve sans confusion du créé à l'incréé, et que les différences des genres et des espèces soient maintenues. C'est ainsi que « les saints ont été enseigné, par le Créateur à partir de ses créatures ».

Si l'on suit l'ordre de la révélation divine dans l'économie, alors l'énergie créatrice de Dieu, pourrait-on dire, est la première énergie parmi ces trois énergies — créatrice, providence, juge — à rendre en énergie ce qui existe potentiellement dans la volonté divine. La connaissance à partir des êtres du Dieu Créateur est une connaissance de son énergie créatrice, car son essence est au-dessus de la capacité humaine de connaissance. C'est seulement par la foi et à partir de ses créatures que l'on peut connaître Dieu comme Créateur [26].

Lors de l'examen des modes de la vision naturelle, on a constaté qu'à partir des trois premiers modes, ceux selon l'essence, le mouvement et la différence, on accède à la connaissance de Dieu en tant que Créateur, Providence et Juge [27]. Mais par ces trois lois — naturelle, écrite et de grâce — on parvient aussi à la même connaissance de Dieu en tant que Créateur, Providence et Juge. Cette conviction pénètre la pensée théologique de saint Maxime, et c'est ainsi qu'il fait une exégèse allégorique des noces de Cana où il voit une succession des trois lois. Les serviteurs, par exemple, indiquent les prophètes qui, par leur enseignement passent de la loi naturelle à la loi écrite. Mais Christ, Lui-même, transforme la connaissance des lois naturelle et écrite en une connaissance spirituelle par la foi. La foi dans ce cas du miracle de Cana est symbolisée par la Mère de Dieu ; or de la foi provient la parole, comme de la Mère de Dieu est né le Christ. Christ donc est le Créateur, car c'est par sa parole que ce changement est effectué comme l'eau qui est changée en vin. Les six jares symbolisent les six jours de la création, et le maître du repas, la loi de

---

26. Cf. *Ambigua II, 10*, PG 91, 1188AB.
27. Cf. *Ambigua II, 10*, PG 91, 1133B.

« discernement » [28]. Cette « loi de discernement » correspond à l'énergie divine du jugement, responsable du choix des différences des êtres, de leur genre général, de leurs espèces, de leur essence, ainsi que de la sauvegarde de l'harmonie de la création, sans confusion, ni mélange, ni dispersion par la multiplicité des espèces, ni absorbtion par l'unicité de Dieu en qui les êtres ont leurs raisons d'être et de création.

Ainsi la question est aussi examinée d'un point de vue christologique : « Le Verbe de Dieu, Jésus-Christ, en tant que Créateur de tout, est aussi l'auteur ($\pi o\iota\eta\tau\eta\varsigma$) de la loi naturelle ; en tant que Providence et Législateur, Il est clairement le donateur de la loi écrite ainsi que de la loi spirituelle, à savoir la loi de grâce » [29]. Saint Maxime intègre ainsi dans son enseignement des trois lois la théologie du Verbe de Dieu, selon laquelle le Christ est le Créateur du monde. C'est par l'énergie créatrice du Verbe que tout a été créé. Mais l'œuvre de la création ne se limite pas à la création des « six jours » ; car par les trois lois Christ continue l'œuvre créatrice jusqu'à la consommation des temps et à la divinisation de l'homme et de la création entière.

$\Pi\rho o\nu o\iota\alpha$: La Providence est examinée avec les cinq modes de la vision naturelle, qui attestent la connaissance de Dieu à travers la création, ainsi que dans sa relation avec les modes de la vision naturelle. Dans le même texte la Providence est définie ainsi : « J'entends par Providence de l'esprit ($\pi\rho\acute{o}\nuo\iota\alpha\nu$ $\delta\acute{e}$ $\phi\eta\mu\iota$ $\nuo\tilde{\nu}$), non pas celle qui mène à la conversion ($\dot{e}\pi\iota\sigma\tau\rho\epsilon\pi\tau\iota\varkappa\acute{\eta}\nu$), et qui est, pour ainsi dire, apte à guider ($o\dot{\iota}\varkappa o\nuo\mu\iota\varkappa\acute{\eta}\nu$) les êtres qu'elle pourvoit à retourner de ce qu'ils ne doivent pas vers ce qu'ils doivent ($\dot{\alpha}\phi$'$\tilde{\omega}\nu$ $o\dot{\upsilon}$ $\delta\epsilon\tilde{\iota}$ $\dot{e}\phi$'$\tilde{\alpha}$ $\delta\epsilon\tilde{\iota}$ $\dot{e}\pi\alpha\nu\alpha\gamma\omega\gamma\tilde{\eta}\varsigma$), mais celle qui maintient ensemble l'univers ($\sigma\upsilon\nu\epsilon\varkappa\tau\iota\varkappa\dot{\eta}\nu$ $\tauo\tilde{\upsilon}$ $\pi\alpha\nu\tau\acute{o}\varsigma$) et qui conserve ($\sigma\upsilon\nu\tau\eta\rho\eta\tau\iota\varkappa\acute{\eta}\nu$) les raisons selon lesquelles au commencement ($\pi\rhoo\eta\gamma o\upsilon\mu\acute{e}\nu\omega\varsigma$) tout a été créé » [30]. Notons ici, comme une suite de la théologie sur l'énergie, la multiplicité de cette

---

28. Cf. *Quaestiones et Dubia 35*, *Corpus Christianorum 10*, p. 28-29.

29. *Quaestiones ad Thalassium 19*, *Corpus Christianorum 7*, 119, 7-11. PG 90, 308B.

30. *Ambigua II, 10*, PG 91, 1133D. Cf. Vittorio CROCE et Bruno VALENTE, « *Provvidenza e Pedagogia Divina Nella Storia* », in : *Maximus Confessor*, coll. *Paradosis XXVII*, op. cit. pp. 247-259.

énergie signifiée par la multiplicité de sens de la Providence divine. Dieu le Créateur pourvoit à la conservation et au maintien de l'univers, et plus particulièrement de chaque raison de chaque être. D'autre part la Providence divine pourvoit au retour des êtres vers le lieu où « ils doivent » retourner. À notre sens, saint Maxime entend ici le mouvement des êtres d'abord vers la « diastole » et ensuite vers la « systole », mouvement dû à la Providence de Dieu [31]. La Providence divine est encore « *οἰκονομική* » (nous traduisons : apte à guider les êtres), car c'est par la divine Providence que les êtres ne sont pas confondus, et que leur retour est effectué dans le bon ordre naturel, établi par la divine Providence. La magnificence de la création est due au fait qu'elle arrive à son perfectionnement et à sa liberté transcendente et métaphysique en synergie avec la Providence divine. Or, la divine Providence ouvre à la création les chemins de son perfectionnement. L'enseignement sur le mouvement, examiné dans le premier chapitre, explicite cet aspect. Mais la relation entre « *κίνησις* » et « *πρόνοια* » donne aussi le sens exact de la relation entre le Créateur et la création, la Providence étant comprise comme la divine énergie qui rend la création apte à réaliser le but de sa création [32].

Ailleurs, la Providence est définie comme « le soin (*ἐπιμέλεια*) que Dieu prend des êtres » [33]. L'« *ἐπιμέλεια* » divine a plusieurs sens et elle signifie aussi la multiplicité de la Providence divine opérante. Par ailleurs, la création enseigne que Dieu « est le Provident » des êtres. Par eux « il a été enseigné que Dieu existe, jugeant qu'Il est juste et raisonnable que personne d'autre ne soit le gardien (*φύλαξ*) et celui qui prend soin (*ἐπιμελητής*) des êtres, si ce n'est le Créateur seul des êtres » [34]. Le terme « *ἐπιμέλεια* » précise le sens de la « *πρόνοια* » comme la « pérennité (*διαμονή*) et l'ordre (*τάξις*) et la position (*θέσις*) et le mouvement

---

31. Cf. le premier chapitre, particulièrement le paragraphe traitant du mouvement des êtres.
32. Cf. *Ambigua II, 10*, PG 91, 1188D-1189A.
33. Ibid., 1189B.
34. Ibid., 1188CD.

(*κίνησις*)» des êtres «et la conjonction (*συνοχή*) mutuelle des extrêmes par les moyens (*καὶ ἡ ἐν ἀλλήλοις τῶν ἄκρων διὰ τῶν μέσων συνοχή*)»[35]. Tout cela est l'œuvre de la Providence divine qui se manifeste comme l'«*ἐπιμέλεια*» du monde créé par la divine énergie créatrice. Sans doute, ici c'est l'harmonie du «cosmos» qui est décrite, et qui, selon l'opinion scientifique, est le résultat des forces qui se développent entre les différents corps cosmiques. Mais cela ne doit pas exclure une vision métaphysique du cosmos et l'élévation par la foi à la cause première créatrice et providente. D'ailleurs, selon saint Maxime, le développement des forces naturelles et la conservation par chaque être «de sa propre raison naturelle», «montre clairement que tout est maintenu par la Providence du Dieu Créateur»[36].

Le «*κόσμος*», dans le sens étymologique du terme, indique l'ordre qui règne dans la création et précisément dans les relations entre les êtres homogènes ou hétérogènes, ainsi que l'utilité de chaque être pour le tout et du tout pour chaque être. La position de chaque être particulier contribue à l'harmonie de la création et le caractère particulier de chaque être est le résultat de l'ensemble des êtres de la création. Et toute forme de mouvement, soit extérieur, soit intérieur à l'essence des êtres, est l'œuvre de la Providence et de l'«*ἐπιμελείας*» divines. Dans la création, il y a une unité des êtres et non pas une opposition des espèces, ni des genres ; il n'y a pas non plus de confusion entre eux. Cela n'est pas une simple soumission à une nécessité naturelle, mais le chemin libre vers le perfectionnement. La loi

---

35. Ibid., 1188D. Nous citons le texte entier qui explicite la pensée de saint Maxime à ce propos : «*Αὕτη γὰρ ἡ τῶν ὄντων διαμονὴ καὶ ἡ τάξις καὶ ἡ θέσις καὶ ἡ κίνησις, καὶ ἡ ἐν ἀλλήλοις τῶν ἄκρων διὰ τῶν μέσων συνοχή, μηδὲν κατὰ τὴν ἐναντιότητα λυμαινομένων ἀλλήλοις, ἥ τε τῶν μερῶν πρὸς τὰ ὅλα σύννευσις, καὶ τῶν ὅλων πρὸς τὰ μέρη δι'ὅλου ἕνωσις, καὶ αὐτῶν πρὸς ἄλληλα τῶν μερῶν ἡ ἄμικτος διάκρισις κατὰ τὴν ἰδιάζουσαν ἑκάστου διαφοράν, καὶ ἀσύγχυτος ἕνωσις κατὰ τὴν ἀπαράλλακτον ἐν ἀλλήλοις ταυτότητα, καὶ ἡ πάντων πρὸς πάντα, ἵνα μὴ τὰ καθ'ἕκαστον λέγω, σύγκρισίς τε καὶ διάκρισις, καὶ ἡ πάντων καὶ ἑκάστου κατ'εἶδος διαδοχὴ ἀεὶ φυλαττομένη, μηδενὸς τὸ παράπαν τοῦ οἰκείου τῆς φύσεως λόγου παραφθειρομένου καὶ πρὸς ἄλλο συγχεομένου τε καὶ συγχέοντος, δείκνυσι σαφῶς τὰ πάντα τῇ προνοίᾳ συνέχεσθαι τοῦ πεποιηκότος Θεοῦ*» (ibid., 1188D-1189A).
36. Ibid., 1189A.

naturelle est un moyen et non pas une nécessité naturelle. La relation des êtres avec Dieu établit la liberté vers le perfectionnement, car Dieu n'est pas soumis à une nécessité, mais, étant l'être « véritable » et libre (αὐτεξούσιον), Il caractérise aussi les êtres par Sa liberté. La Providence et l'« ἐπιμέλεια » divine de la création ne signifient pas une soumission de la nature à une nécessité métaphysique. Par contre, si nous rejetons l'union du tout par la Providence divine, on aboutit alors aux théories épistémologiques à propos de la création et du fonctionnement de l'univers [37], et la théologie se transforme en une vision cosmique de la création, sans qu'elle soit ni science, ni « théo-logie ».

La Providence est encore définie ainsi : « La Providence est la volonté de Dieu par laquelle tous les êtres reçoivent la conduite convenable » (Πρόνοιά ἐστι βούλησις Θεοῦ δι᾽ἥν πάντα τὰ ὄντα τὴν πρόσφορον διεξαγωγὴν λαμβάνει) [38]. La définition de la Providence est, pour saint Maxime, une citation patristique. À la suite, il fait son propre commentaire de cette définition, selon laquelle la Providence est identifiée à la volonté (βούλησις) de Dieu. Si donc la Providence est la volonté de Dieu, Il « a produit nécessairement les êtres (γίνεσθαι τὰ γινόμενα), selon la parole juste et il n'y a pas un autre ordre meilleur que ceci (τὴν κρείττω μὴ ἐπιδεχόμενα τάξιν). Celui donc qui a la vérité comme guide est conduit (ἑλόμενος) à dire que, selon ce qui ressort de tout mode, (Dieu) est provident, et Le reconnaît véritablement comme le Créateur des êtres » [39]. La nécessité, soulignée par le texte, est une nécessité du raisonnement selon lequel Dieu a créé les êtres. La volonté de Dieu n'est pas une nécessité naturelle, ontologique ou métaphysique, à laquelle les êtres

---

37. John POLKINGHORNE, *One World, the interaction of science and theology*, systématise en dix les théories scientifiques concernant l'existence du monde. Cf. le chapitre « *The Nature of the Physical World* », pp. 43-61. Selon l'auteur la science ne peut pas éviter la question du Dieu créateur, et la science et la théologie ne sont pas en contradiction, mais elles se complètent mutuellement. Une étude sur les théories scientifiques en relation avec le sujet que nous traitons ici serait d'un intérêt particulier. Mais cela sortirait du cadre de notre étude. Notons que la science cherche à définir l'« énergie » qui a mis en mouvement la création. Cf. ibid. pp. 66-67.

38. *Ambigua II, 10*, PG 91, 1189B.

39. Ibid., 1189B.

seraient soumis. D'ailleurs, une telle hypothèse irait à l'encontre de la pensée théologique de saint Maxime qui considère la volonté divine libre de toute nécessité naturelle. L'attestation que par la volonté divine tout a été créé est la conclusion de « la parole juste » ; ceci ne signifie pas que cette conclusion est le fruit des schèmes de la logique, car la « parole juste » est synonyme de la vérité. La vérité de la « parole juste », par conséquent, aboutit à la connaissance que Dieu, par sa Providence efficiente et sa volonté libre a tout créé. Si donc la vérité n'est pas le résultat de syllogismes, et que la « parole juste » coïncide avec la vérité, alors la vérité elle-même est une connaissance empirique qui, une fois acquise, est le dépassement de la parole. Dans la théologie mystique, on procède par la parole à l'acquisition de la connaissance par les notions, mais ensuite, par l'union avec Dieu on acquiert la connaissance empirique ; celle-ci étant acquise, suivent la contemplation et la jouissance silencieuse de Celui qui est contemplé.

Le texte suivant définit le mode de relation de Dieu avec le monde : « Mais en effet, selon les notions communes à tous, Dieu étant bon (ἀγαθός) et au-delà de la bonté (ὑπεράγαθος), Il veut (βούλεται) certainement toujours le bien et pour tout ; et étant sage et au-delà de la sagesse (σοφὸς ὑπάρχων καὶ ὑπέρσοφος), ou plutôt source de toute sagesse, Il connaît certainement ce qui est utile (γινώσκει πάντως τὰ συμφέροντα) ; et étant puissant, ou plutôt infiniment puissant (ἀπειροδύναμος), Il opère certainement par un mode divin (θεοπρεπῶς) en tout ce qui est connu de Lui, bien voulu et utile, en tant que bon, sage et puissant ; Il pénètre à travers tous les visibles et les invisibles, les universels et les particuliers, les petits et les grands, et à travers tous ceux qui ont l'être selon toute essence quelle qu'elle soit. Il ne relâche rien (μηδὲν ὑφιείς) de son infinité selon la bonté, la sagesse et la puissance, et Il conserve tout selon la raison d'être de chacun en eux-mêmes et des uns aux autres (πρός τε ἑαυτὰ καὶ ἄλληλα) selon le lien indissoluble de tous, relatif à l'harmonie et à la pérennité » [40].

---

40. Ibid., 1192AB.

Les trois qualités divines, celles de la bonté, de la sagesse et de la puissance, définissent plus clairement la Providence divine ainsi que le mode selon lequel Dieu communique avec le monde. D'ailleurs, ces qualités divines démontrent également que la Providence divine est la cause de la création :

La bonté est intimement liée à la volonté divine. Elle est également le présupposé de la volonté divine et elle caractérise le contenu et la nature de la volonté, car Dieu, « étant bon et au-delà de la bonté, veut certainement toujours le bien ». La relation entre la bonté et la volonté divine exclut l'hypothèse que Dieu soit la cause non seulement du bien, mais aussi du mal. Saint Maxime se rapproche de l'Aréopagite qui affirme que « le mal ne procède pas du Bien, ou du moins s'il procède du Bien, ce n'est pas en tant que mal » [41]. C'est la base théologique qui amène saint Maxime à la conclusion que la nature comme telle est bonne. La connaissance du monde par Dieu est absolue. La connaissance de ce qui est utile pour les êtres [42] n'est pas morale, mais ontologique ; or par cette connaissance les êtres sont conduits à l'être, au bien-être et au toujours-être. Le présupposé de la connaissance divine est la sagesse de Dieu. La puissance divine est le présupposé selon lequel Dieu

---

41. Les Noms Divins IV, 19.

42. Cf. *Ambigua II, 10*, PG 91, 1193AB. La détermination de ce qui est bon pour la création est aussi l'œuvre du jugement divin : « κρίσιν, οὐ τὴν παιδευτικὴν καὶ οἷον κολαστικὴν τῶν ἁμαρτανόντων, ἀλλὰ τὴν σωστικὴν καὶ ἀφοριστικὴν τῶν ὄντων διανομήν, καθ'ἥν τῶν γεγονότων ἕκαστα τοῖς καθ'οὕς γεγένηται συνημμένα λόγοις ἀπαράβατον ἔχει τὴν ἐν τῇ φυσικῇ ταυτότητι ἀναλλοίωτον νομιμότητα, καθὼς ἐξ ἀρχῆς ὁ δημιουργὸς περὶ τοῦ εἶναι καὶ τὶ εἶναι καὶ πῶς καὶ ὁποῖον ἕκαστον ἔκρινέ τε καὶ ὑπεστήσατο· ἐπεί τοιγε ἡ ἄλλως λεγομένη πρόνοια καὶ κρίσις ταῖς ἡμῶν προαιρετικαῖς ὁρμαῖς παραπεπήγασι, τῶν μὲν φαύλων πολυτρόπως ἀπείργουσαι, πρὸς δὲ τὰ καλὰ σοφῶς ἐπιστρέφουσαι, καὶ τῷ διευθύνειν τὰ οὐκ ἐφ'ἡμῖν ἐναντίως τοῖς ἐφ'ἡμῖν καὶ παροῦσαν καὶ μέλλουσαν καὶ παρελθοῦσαν κακίαν ἐκτέμνουσαι. Οὐκ ἄλλην δὲ καὶ ἄλλην πρόνοιαν διὰ τούτων εἶναι λέγω καὶ κρίσιν. Μίαν γὰρ καὶ τὴν αὐτὴν οἶδα κατὰ τὴν δύναμιν, διάφορον δὲ ὡς πρὸς ἡμᾶς καὶ πολύτροπον τὴν ἐνέργειαν ἔχουσαν » (ibid., PG 91, 1133D-1136A). Le « jugement » est une connaissance offerte par la loi naturelle. Il n'a donc pas un sens juridique de châtiment des pécheurs. Le jugement manifeste la différence choisie par Dieu dans l'ordre de la création, entre les êtres, les genres et les espèces selon ce qui est bon pour la création. Cet ordre reste immuable grâce à la divine Providence qui conserve l'ordre mis dans la création.

opère selon un mode divin (*ἐνεργεῖ θεοπρεπῶς*). Dieu opère selon un mode divin car sa divine énergie est en même temps bonté, sagesse et puissance. Ces trois qualités divines donc constituent l'expression de la même et unique Providence divine. Cela montre encore comment Dieu pénètre tout être ; les êtres participent à l'unique bonté, à la sagesse et à la puissance de Dieu. Dieu conserve ainsi les êtres dans l'harmonie de la création et dans leur pérennité.

B. LA LOI ÉCRITE

Introduction

Dans cette partie nous examinons la question de la révélation divine dans les Saintes Écritures, ainsi que la méthode qui doit être appliquée lors de l'herméneutique des textes scripturaires. Le problème devient encore plus aigu si nous tenons compte du fait qu'en dehors de la révélation scripturaire il y en a une autre, la révélation « naturelle ». Cela nous conduit à accepter que non seulement le peuple d'Israël a reçu la révélation soit par des « théophanies » soit par les anges soit par les prophètes, mais que toute nation, à travers la révélation naturelle, a connu la volonté de Dieu. Ainsi se pose la question de la différence et de la spécificité de la révélation écrite face aux autres religions, et de savoir si, à l'intérieur de ces religions, il y a une révélation [43].

---

43. Panayotis Trempelas, *Dogmatique, vol. 1, seconde édition*, Athènes 1978 (en grec), distingue la révélation divine en *naturelle* et *surnaturelle*, ainsi qu'en révélation *extérieure* et *intérieure*. La Révélation « *est bien sûr une, mais selon ses formes diverses et les modes selon lesquels elle se réalise, elle peut être classée en révélation divine naturelle et surnaturelle, ainsi qu'en extérieure et intérieure. Or la révélation divine naturelle est celle qui est donnée dès le début à l'homme d'une part dans le miracle de la création, et d'autre part dans le microcosme intérieur de l'homme même, mais également au cours du développement de l'histoire. (...) Le soleil entier de la révélation divine se révèle par la révélation surnaturelle dans laquelle Dieu parle directement à ses instruments élus et appelés pour cela précisément. Alors qu'ils obéissent à leur vocation, ils ne se transforment pas en instruments passifs, mais en instruments conscients de la volonté divine, et ils*

La réponse orthodoxe à la question, au-delà du cadre des discussions actuelles et de l'acception ou du rejet de la révélation naturelle et des démonstrations de l'existence de Dieu [44], se situe dans le cadre de l'enseignement sur les énergies divines. Le Confesseur, dans sa théologie, ne pouvait renier sa position fondamentale selon laquelle Dieu est en dehors des limites temporelles. Dieu a sa divine énergie éternellement et infiniment. Certes, l'homme, avant sa création, ne pouvait pas avoir une expérience personnelle de la révélation divine, mais cela ne signifie pas qu'avant la création du monde ou bien avant la révélation par la loi écrite, Dieu soit absent par son énergie. Une telle acception nous conduirait à la conclusion absurde qu'avant la création, Dieu fût sans opération, — pour saint Maxime cela signifie sans existence [45] —, et qu'après la création jusqu'au moment de la révélation au Mont Sinaï Dieu ait abandonné la création.

---

disposent de toutes leurs forces à la compréhension et à la réception des mystères révélés. Les Patriarches et les Prophètes sont de tels instruments choisis et utilisés par Dieu. Mais Dieu s'est avant tout révélé par son Fils qui (...) durant toute sa vie terrestre se trouvait en communion continuelle avec Dieu le Père. Ainsi donc Il est devenu l'unique Maître, sans être auparavant disciple de quelqu'un d'autre » (p. 78). La Révélation divine est définie ainsi : *« On peut définir la Révélation divine comme l'énergie du Dieu vivant, par laquelle Il communique à ses créatures intelligibles les mystères de l'existence, de la nature et de ses volontés selon la mesure de leur intelligence limitée »* (ibid., p. 79). Karl RAHNER, *Traité fondamental de la foi,* éd. CENTURION, Paris 1983, p. 163, écrit au sujet de la révélation divine : *« Le christianisme n'est pas un endoctrinement portant sur des situations, des faits, des réalités, toujours les mêmes, mais il tient dans l'annonce d'une histoire de salut, d'un agir salvifique et d'un agir de révélation de Dieu en l'homme et avec l'homme ; et en même temps (parce que cet agir de Dieu s'adresse à l'homme comme sujet de liberté), il est aussi l'annonce d'une histoire du salut et de la perdition, de la Révélation et de son interprétation, qui se trouve faite aussi par l'homme lui-même, de telle sorte que cette histoire une de la Révélation et du salut — portée tout à la fois par la liberté de Dieu et par celle de l'homme — constitue une unité ».* Rudolf BULTMANN, enfin, op. cit. pp. 13-14, distingue la révélation en deux catégories : *« 1. La révélation est la communication d'un savoir grâce à la parole, à l'information par lesquelles on fait connaître ce qui était jusqu'alors inconnu, en sorte que c'est désormais chose sue. (...) 2. La révélation est un événement qui met dans une situation nouvelle ; assurément cette situation fonde aussi la possibilité d'un savoir (...), mais sans que l'on considère si ce savoir est explicite ».* Il faut souligner que les deux premiers théologiens cités parlent de la révélation en dehors des Saintes Écritures tandis que BULTMANN rejette la « révélation naturelle » et reste dans le cadre de la révélation écrite.

44. Cf. Hans KUNG, *Être chrétien,* SEUIL, Paris 1978, pp.61-66.
45. Cf. *Disputatio cum Pyrrho,* PG 91, 341CD.

La loi écrite, l'Écriture Sainte, est l'œuvre de l'énergie divine, car c'est par la divine énergie du Saint-Esprit que les auteurs des Écritures ont été inspirés et guidés pour décrire la révélation divine. C'est dans cette optique que la loi écrite va être examinée.

1. Signification de la loi écrite

Saint Maxime unit la loi écrite à la loi naturelle, les considérant comme la révélation divine continue et ininterrompue dans la création ; chacune donne un sens et complète l'autre, et les deux sont liées par une sorte de connaissance offerte en elles-mêmes à l'homme. « Or la loi de la nature est la raison naturelle, qui, par les modes a réduit la vie des sens à la soumission (λόγος φυσικὸς τοῖς τρόποις τὴν αἴσθησιν λαβὼν ὑποχείριον). La loi écrite, à savoir la plénitude de la loi écrite, c'est la loi naturelle à laquelle s'est ajoutée une raison (λόγος) spirituelle comme contribution à leur réciprocité familière (τῆς πρὸς τὸ συγγενὲς ἀλληλουχίας ἐπίκουρον) » [46]. La loi naturelle constitue la connaissance sensible qui acquiert le « λόγος » ; la matière (ὕλη) et la raison (λόγος) sont unies pour l'accomplissement de la connaissance sensible. De façon analogue, la loi écrite est aussi la loi naturelle composée du « λόγος πνευματικός ». En d'autres mots, la loi naturelle avec l'esprit aboutissent à l'accomplissement de la loi écrite. Il y a une cohérence et un accomplissement mutuel entre les deux lois, ainsi qu'une succession historique visant le perfectionnement. Ainsi, il y a bien une révélation naturelle, mais elle prend

---

46. *Quaestiones ad Thalassium 64*, PG 90, 725B. Trad. d'après H.-U. von BALTHASAR, p. 228. Dans le même esprit les *Ambigua II, 10*, PG 91, 1128CD, comparent les deux lois : « Ἄμφω γὰρ ἐπὶ τοῦ λόγου ἁρμόσει τὰ λεγόμενα, ἐπεὶ καὶ ἀμφοῖν δι'ἀσαφείας κεκάλυπται δι'ἡμᾶς εἰκότως, πρὸς τὸ μὴ τολμᾶν τοῖς ἀχωρήτοις ἀναξίως προσβάλλειν, τῷ μὲν ῥητῷ τῆς ἁγίας Γραφῆς, ὡς λόγος, τῇ δὲ κτίσει, ὡς κτίστης καὶ ποιητὴς καὶ τεχνίτης. Ὅθεν ἀναγκαίως ἀμφοτέρων ἐπιδεῖσθαί φημι τὸν πρὸς Θεὸν ἀμέμπτως εὐθυπορεῖν βουλόμενον, τῆς τε γραφικῆς ἐν πνεύματι γνώσεως, καὶ τῆς τῶν ὄντων κατὰ πνεῦμα φυσικῆς θεωρίας· ὥστε ἰσοτίμους καὶ τὰ αὐτὰ ἀλλήλοις παιδεύοντας τοὺς δύο νόμους, τόν τε φυσικὸν καὶ τὸν γραπτόν, καὶ μηδέτερον θατέρου ἔχοντα πλέον ἢ ἔλαττον, δύνασθαι δεῖξαι, ὡς εἰκός, τὸν τελείας ἐργάτην γενέσθαι τῆς σοφίας τέλειον ἐπιθυμοῦντα ».

son vrai sens et sa valeur à la lumière de la loi écrite,
comme par la suite la loi écrite sera mise en valeur par la
loi de grâce et la loi de grâce par l'eschatologie. Les étapes
successives continuelles de la révélation divine par les différentes lois, démontrent la révélation de Dieu dans l'histoire
de la création ; ainsi l'histoire de la création et l'histoire de
la révélation coïncident, sinon l'histoire de la révélation
divine ne serait qu'une partie de l'histoire de la création.
D'ailleurs, c'est seulement dans ce sens que l'on peut définir
la particularité de la loi écrite révélée au peuple de Dieu
par rapport à la révélation naturelle. Ailleurs, saint Maxime,
en comparant les deux lois, conclut que la loi naturelle
révèle Dieu comme « créateur et fabricant et artisan »
(κτίστην καὶ ποιητὴν καὶ τεχνίτην), et que la loi écrite le
révèle comme « λόγον » à travers les paroles des Saintes
Écritures [47].
    La nature, les sens, ainsi que les critères d'application
des deux lois sont différents, mais, comme la loi naturelle,
la loi écrite est également un moyen de révélation et de
connaissance de Dieu. La loi écrite « étant maintenue par
l'instruction, par ce qui est sagement prescrit par elle, est
constituée, comme un autre mode, du ciel, de la terre et
de leur intervalle, je veux dire, de la philosophie de l'éthique
(ἠθικῆς), de la philosophie naturelle (φυσικῆς) et théologique
(θεολογικῆς) ; elle proclame la puissance ineffable de celui
qui a ordonné (τοῦ ὑπαγορεύσαντος), elle montre également
que les deux (lois écrite et naturelle) sont pareilles l'une à
l'autre réciproquement : la loi écrite à la loi naturelle selon
la puissance, et inversément, la loi naturelle à la loi écrite
selon l'habitus ; elles révèlent et voilent le même λόγον,
d'une part par la parole (λέξει) et le dévoilement (φαινο-
μένῳ), d'autre part par la pensée (νοήσει) et le voilement.
Or, comme nous appelons les mots (ῥήματα) de la Sainte
Écriture vêtements et que nous comprenons les concepts
comme chair de la parole (τὰ δὲ νοήματα σάρκας τοῦ
λόγου νοοῦντες), et que par les premiers nous voilons et

---

47. *Ambigua II, 10*, PG 91, 1128C. Ceci atteste une fois de plus le lien que
saint Maxime établit entre les sens, la raison et l'esprit d'une part, et les lois
naturelle, écrite et de grâce d'autre part.

par les deuxièmes nous dévoilons, ainsi les genres et les
formes des êtres créés, qui sont projetés pour être observés,
nous les nommons vêtements, et les raisons (λόγους) selon
lesquelles ils ont été créés nous les comprenons comme
chair, et, de même, par les premiers nous voilons et par
les deuxièmes nous dévoilons. Car le λόγος créateur et
législateur (δημιουργὸς καὶ νομοθέτης) de l'univers se cache
en se révélant (κρύπτεται φαινόμενος) et se révèle en se
cachant (ἐμφαίνεται κρυπτόμενος) étant invisible selon la
nature ; mais les sages croient qu'il n'est pas ténu selon la
nature (μὴ λεπτὸς εἶναι φύσει τοῖς σοφοῖς πιστευόμενος) » [48].

i. La loi écrite est maintenue et appliquée par l'instruction.
Cela veut dire qu'elle présuppose un système éducatif en
vue de la préparation à son application ; la loi écrite elle-
même est une loi éducative. La structure de la loi écrite
ressemble au monde (κόσμος), composé du ciel, de la terre
et de tous les êtres qui y sont contenus. Pour cette raison
le texte ici est à mettre en parallèle avec le texte des cinq
modes de la vision naturelle, où la création, examinée du
point de vue du mode selon la « position » (θέσις), aboutit
à l'examen « du ciel, de la terre et de leur intervalle, de
la philosophie de l'éthique (ἠθικῆς), naturelle (φυσικῆς) et
théologique (θεολογικῆς) [49]. Le texte est littéralement le
même. Ainsi est démontré le lien indissoluble qui existe
entre les deux lois. Le but de ce rapprochement est la
connaissance de Dieu, or nous constatons que par la loi
écrite est « dénoncée la puissance ineffable de Celui qui
prescrit ». Par la loi écrite se manifeste la puissance et
l'énergie du Législateur.

ii. Dans la deuxième partie du texte cité revient la
comparaison entre les deux types d'une unique révélation,
naturelle et écrite. Les deux lois se complètent mutuellement
au cours de l'histoire de la révélation de Dieu. La loi écrite
« révèle » Dieu par la loi naturelle, ayant comme fondement
de la révélation la puissance divine, et la loi naturelle dévoile
Dieu par la loi écrite à travers l'habitus (ἕξις). Cela montre

---

48. Ibid., 1129ABC.
49. Ibid., 1136C.

également la nature des deux lois, puisque la loi écrite révèle la puissance du Législateur et que la loi naturelle dévoile Dieu par l'habitus, qui est sa fonction naturelle sans le besoin d'une éducation particulière pour appliquer les normes de la loi naturelle. La loi écrite par contre nécessite une éducation pour l'application de ses normes. La complémentarité des deux lois est encore plus évidente par la révélation du même « λόγος », créateur et législateur.

Le texte, caractérisé par H.-U von BALTHASAR comme « un passage assez hardi »[50] recourt à des images et à des allégories pour mettre en évidence la « liturgie » de deux lois dans la révélation. Dans la loi écrite, qui est l'Écriture Sainte, la lettre est comparée aux vêtements et les concepts à la chair. Le « λόγος » donc des Écritures a comme vêtements les « lettres » et comme chair les « concepts », les premières cachant le « λόγος » et les deuxièmes le révélant. De façon analogue, en ce qui concerne le « λόγος » de la nature, les genres et les formes des êtres sont considérés comme des vêtements, et les raisons selon lesquelles ils ont été créés sont considérées comme la chair. Ainsi les vêtements cachent le « λόγος » et la chair le révèle. Sur ce point, saint Maxime touche au centre de son enseignement et cosmologique et de la révélation, et montre sa pensée théologique profonde, car la loi naturelle et la loi écrite s'unissent dans son système cosmologique. Tout se met au service de la révélation de Dieu et de la connaissance de cette révélation par l'homme. Par le lien indiscutable entre Dieu Créateur et Législateur, entre la loi naturelle et écrite, on ne peut pas ne pas accepter la révélation des deux lois comme une continuité ininterrompue dans l'histoire de la révélation de Dieu. Par conséquent, la révélation divine est la divine énergie qui révèle Dieu opérant pour le salut de l'homme et de la création entière.

iii. Ce texte confirme que le « λόγος » créateur de l'univers et législateur « se cache en se révélant » et « se révèle en se cachant ». L'aspect connaissable et inconnaissable de Dieu

---

50. *Liturgie Cosmique*, op. cit. p. 225.

a comme cause l'invisible et l'inconnaissable de son essence, au-delà des capacités de connaissance de l'homme.

Par la loi écrite Dieu se révèle comme « Λόγος » Légis-lateur, tandis que par la loi naturelle c'est Dieu en tant que Créateur qui se révèle. Bien sûr, la révélation, soit par l'une soit par l'autre des deux lois, n'est pas évidente au premier abord, car elle nécessite de la part de l'homme une préparation complète et un mouvement réciproque à la rencontre de la révélation divine. Celle-ci peut rester cachée sous les formes des êtres et sous la lettre de la loi s'il n'y a pas un réceptacle convenable. Avant d'aborder le problème de la lettre et des concepts des Écritures, nous allons examiner l'opinion de saint Maxime selon laquelle la loi écrite « est maintenue par l'instruction », à savoir une éducation pour pouvoir appliquer la loi écrite.

2. La loi écrite, loi éducative pour la connaissance de Dieu

Dans les *Quaestiones ad Thalassium 64*, la question est abordée ainsi : « La loi écrite, tenant, par la crainte des châtiments, les désirs désordonnés les plus insensés, les accoutume par l'éducation à regarder à la seule distribution à égalité, selon laquelle la vigueur de la justice étant affirmée par le temps, devient naturelle ; la loi écrite transforme ainsi, d'une part, la crainte en disposition (διάθεσιν), qui, peu à peu, devient doucement une règle pour le choix du bien ; d'autre part elle (la loi écrite) transforme les us (συνήθειαν) en habitus (ἕξιν), purifié (l'habitus) du passé par l'oubli, en engendrant en même temps pour elle-même l'affection mutuelle, selon laquelle (l'affection) réalise natu-rellement la plénitude de la loi, tout en étant liée l'une à l'autre selon l'amour. Car l'union mutuelle de tout ce qui participe à la nature sur le principe de l'amour est devenue la plénitude de la loi ; cette union porte la raison de la nature prise dans le désir selon l'amour ; ainsi, par l'ad-jonction du désir, elle fait aussi briller la loi de la nature » [51].

---

51. *Corpus Christianorum 22*, 235, 755-768. PG 90, 725AB. Le texte grec est

La loi écrite est applicable après une éducation, en comparaison à la loi naturelle qui « naturellement (ἀδι-δάκτως) convainc d'embrasser son semblable et celui de la même famille (ἀσπάζεσθαι πάντας πείθει τὸ συγγενὲς καὶ ὁμόφυλον), ayant la nature elle-même comme pédagogue pour ceux qui ont besoin d'assistance » [52]. Les bases de l'éducation pour l'application de la loi écrite sont fondées sur le développement et le comportement psychologique de l'homme. Le but final est que l'homme passe des us (συν-ήθειαν) à l'habitude naturelle. La première situation psychologique sur laquelle se base l'éducation est la « crainte » à travers la loi écrite [53]. La crainte est provoquée par l'idée du « châtiment » (ἐπιτίμια) chaque fois qu'il y a violation

le suivant : « Ὁ δὲ γραπτὸς νόμος, φόβῳ τῶν ἐπιτιμίων ἐπέχων τὰς ἀτάκτους τῶν ἀφρονεστέρων ὁρμάς, ἐθίζει διδάσκων πρὸς μόνην αὐτοὺς ὁρᾶν τὴν τοῦ ἴσου διανομήν, καθ᾽ἥν τῆς δικαιοσύνης τὸ κράτος χρόνῳ βεβαιωθὲν εἰς φύσιν μεθίσταται· ποιοῦν τὸν μὲν φόβον, διάθεσιν ἠρέμα κατὰ μικρὸν τῇ περὶ τὸ καλὸν γνώμῃ κρατουμένην· ἕξιν δὲ τὴν συνήθειαν τῇ λήθῃ τῶν προτέρων καθαιρομένην, καὶ τὸ φιλάλληλον ἑαυτῇ συνα-ποτίκτουσαν, καθ᾽ὅ τοῦ νόμου γίνεσθαι τὸ πλήρωμα πέφυκε, πάντων ἀλλήλοις κατὰ τὴν ἀγάπην συναρμοσθέντων. Πλήρωμα γὰρ νόμου καθέστη-κεν ἡ κατ᾽ἀγάπην διάλληλος συνοχὴ πάντων τῶν μετειληφότων τῆς φύσεως, φέρουσα τῷ κατ᾽ἀγάπην πόθῳ κατεστεμμένον τὸν λόγον τῆς φύσεως· καὶ τῇ προσθήκῃ τοῦ πόθου, τὸν τῆς φύσεως καταφαιδρύνουσα νόμον.» Sur la crainte cf. également Chapitre sur la Charité I, 81-82, PG 90, 977C-980A. Ibid., II, 6, PG 90, 985AB.

52. Ibid., Corpus Christianorum 22, 233, 738-741. PG 90, 724C.

53. La notion de la « crainte » (φόβος) est importante du point de vue théologique vu sa signification dans l'Ancien et le Nouveau Testaments. Elle devient le point qui règle les relations de l'homme avec Dieu. Saint Maxime à partir de cette signification considère le « φόβος » comme un moyen pédagogique et non pas comme un but en soi-même. Dans la Mystagogie, 24, PG 91, 709D-712A, on trouve la classification suivante des hommes : « Πιστοὺς δὲ καὶ ἐναρέτους καὶ γνωστικοὺς ἐκάλει, τοὺς εἰσαγομένους καὶ τοὺς προκόπτοντας καὶ τοὺς τελείους, ἤγουν δούλους καὶ μισθίους καὶ υἱούς· τὰς τρεῖς τάξεις τῶν σῳζομένων. Δοῦλοι γάρ εἰσι, πιστοὶ οἱ φόβῳ τῶν ἠπειλημένων ἐκπληροῦντες τοῦ δεσπότου τὰς ἐντολάς, καὶ τοῖς πι-στευθεῖσιν εὐνοϊκῶς ἐπεργαζόμενοι· μίσθιοι δέ, οἱ πόθῳ τῶν ἐπηγγελμένων ἀγαθῶν βαστάζοντες μεθ᾽ὑπομονῆς τὸ βάρος τῆς ἡμέρας καὶ τὸν καύσωνα· τουτέστι, τὴν ἔμφυτον καὶ συνεζευγμένην τῇ παρούσῃ ζωῇ ἐκ τῆς προ-πατορικῆς καταδίκης θλίψιν, καὶ τοὺς ἐπ᾽αὐτῇ ὑπὲρ τῆς ἀρετῆς πει-ρασμούς· καὶ ζωῆς ζωὴν σοφῶς κατ᾽αὐθαίρετον γνώμην ἀνταλλάσσοντας, τῆς παρούσης τὴν μέλλουσαν. Υἱοὶ δέ, οἱ μήτε φόβῳ τῶν ἠπειλημένων, μήτε πόθῳ τῶν ἐπηγγελμένων, ἀλλὰ τρόπῳ καὶ ἕξει τῆς πρὸς τὸ καλὸν κατὰ γνώμην τῆς ψυχῆς ῥοπῆς καὶ διαθέσεως, μηδέποτε Θεοῦ χωριζό-μενοι». Cf. Irénée-Henri DALMAIS, « Un Traité de Théologie Contemplative. Le Commentaire du Pater de S. Maxime le Confesseur », in : Revue d'Ascétique et de Mystique 29 (1953), pp. 125-128.

de la loi. En réalité, la crainte est un moyen éducatif par lequel on réfrène les passions qui ont comme source l'instinct déraisonné. Le dynamisme de la nature se canalise et se centralise sur le choix et sur l'application des règles de la loi naturelle. Le rôle attribué à la crainte et aux règles imposées par la loi donnent l'impression d'une soumission de la liberté de choix. Mais la liberté n'est pas soumise aux indications de l'instinct, bien au contraire, la liberté est la réalisation de l'équilibre entre les forces naturelles et le « λόγος ». Et c'est justement le rôle de la crainte utilisée comme moyen éducatif par la loi écrite. La crainte n'est absolument pas un but en soi de la loi écrite ; elle est dépassée au cours de l'application de la loi. D'ailleurs, la crainte n'a pas une dimension cosmique, mais transcendante, car elle est l'état qui règle la relation de l'homme avec Dieu. Il peut y avoir une confusion entre la crainte provoquée par les peines de la loi humaine, et la crainte « religieuse ». Celle-ci est une notion différente. Elle est la puissance qui réfrène les incitations de l'instinct et les transforme en puissance salutaire pour l'homme. Ainsi la crainte devient la cause du choix du bien et non pas du péché, elle est donc une des armes spirituelles que l'homme a acquise après la chute pour pouvoir se défaire du lien du péché et des passions.

Dans le Commentaire du Notre Père la question de la crainte est abordée ainsi : « Comment la charité bannit-elle la crainte si celle-ci demeure dans les siècles des siècles ? et comment Dieu sera-t-Il craint à jamais plus que tous ceux qui l'entourent ? (Ps. 88, 8) ou plutôt puisque, comme on a dit, il y a une double crainte, l'une qui est chaste et l'autre qui ne l'est pas (soit, comme exemple, craindre de défaillir en raison des châtiments attendus, crainte qui trouve son origine dans le péché). Celle qui n'est pas chaste ne demeurera pas, mais sera évacuée par la pénitence en même temps que le péché ; quant à la crainte chaste, celle qui subsiste toujours en dehors du souvenir des défaillances, elle ne sera jamais bannie. Elle est en effet essentielle pour Dieu au regard de la créature ; elle rend manifeste à tous cette majesté naturelle qui l'élève au-dessus de tout royaume et de toute puissance. Celui donc qui ne craint pas Dieu comme un juge mais le vénère en raison de la surexcellente abondance de la puissance infinie, n'a véritablement plus rien a acquérir, parfait qu'il est en charité, aimant Dieu avec la révérence et la vénération qui conviennent. Celui-là a acquis la crainte qui demeure dans les siècles des siècles et il ne lui reste absolument plus rien à acquérir » [54].

Par le dépassement de la crainte on passe à une autre situation psychologique, celle de la « disposition » ($\delta\iota\acute{\alpha}\theta\varepsilon\sigma\iota\nu$) à la volonté et au choix du bien. L'application de la loi écrite n'a plus comme cause la crainte, mais la loi écrite devient elle-même une disposition intérieure au bien. La disposition du bien qui succède à la crainte est ce changement psychologique. C'est ainsi que les puissances naturelles, auparavant dominées par les passions sont désormais mises au service du bien. Ainsi sont démontrés l'utilité de l'éducation inclue dans la loi écrite et le but à atteindre par la loi. La loi écrite aide et guide l'homme, éclaire le contenu de la loi naturelle. Les us ($\sigma\upsilon\nu\acute{\eta}\theta\varepsilon\iota\alpha$) se transforment ensuite en « habitus naturel » ($\phi\upsilon\sigma\iota\varkappa\grave{\eta}\nu$ $\ddot{\varepsilon}\xi\iota\nu$), ce qui signifie que le choix du bien et de la vertu s'affermit. L'oubli du passé est un signe que le comportement de l'homme est guidé par l'habitude naturelle du choix du bien et de sa libération des passions. La succession des états psychologiques, qui est la caractéristique de l'éducation par la loi écrite, se poursuit en l'homme par la naissance en lui de l'amour pour l'autre. Ainsi l'homme est préparé à une saine application de la loi écrite et à porter aussi des fruits spirituels. Le choix du bien ne se fait plus à cause de la crainte des châtiments, ni des us, ni de l'habitude naturelle, mais le choix devient conscient pour le bien de l'autre. Par la charité, la disposition égoïste est exclue et l'application du bien est dominée par l'esprit de sacrifice. La loi écrite, par conséquent, peut être dépassée par la loi de grâce dont on parlera plus loin.

---

54. *Le Commentaire du Pater*, PG 90, 873ABC. Trad. I.-H. DALMAIS, « *Le Commentaire du Pater* », in : *Revue d'Ascétique et de Mystique 113 (1953)*, p. 127.

3. La Loi écrite et la connaissance de Dieu

La loi écrite, en tant que révélation objective, offre à l'homme une certaine connaissance de Dieu. La distinction entre la loi naturelle, la loi écrite et la loi de grâce est clairement liée à la révélation divine au cours de l'histoire du plan divin pour le salut, révélation qui continue d'ailleurs jusqu'à la consommation des temps. Ainsi les trois « lois » représentent trois périodes successives de l'histoire du plan de l'économie divine et montrent la présence continue et ininterrompue de la révélation divine dans le monde. L'octroi de la loi écrite par Dieu à Moïse a un sens particulier, car la loi écrite a complété la loi naturelle et accru le degré de la connaissance de Dieu. À la révélation naturelle succède la révélation « surnaturelle » qui devient désormais une révélation spirituelle. Le passage de la loi naturelle à la loi écrite et à la loi de grâce a été révélé aux apôtres lors de la Transfiguration du Christ au Mont Thabor. En effet, le prophète Élie représente la loi naturelle devant le Christ, le prophète Moïse la loi écrite, et le Christ la loi de grâce. Le Christ est donc le Créateur, qui a mis la loi naturelle dans les créatures, le Législateur au Mont Sinaï, et la loi de grâce [55].

La question de la présence continuelle de la révélation divine dans l'histoire est fondamentale pour la théologie de saint Maxime, car elle éclaire la question de la présence de l'énergie divine à travers l'histoire, ainsi que son aboutissement dans l'eschaton pour le salut de l'homme et la connaissance de la vérité. La relation de la loi écrite avec cette question fondamentale est traitée ainsi dans les *Ambigua II, 21* : « Car toute parole qui, en cet âge, vient de Dieu aux hommes par écrit est le précurseur de la parole qui, non écrite, est indiquée par lui par l'Esprit à l'intelligence ($vo\tilde{v}\varsigma$) et qui plus tard sera manifestée plus parfaite, comme portant la vérité indiquée en elle, mais sans montrer pourtant

---

55. Cf. « *Théorie sur la Transfiguration du Seigneur* », *Ambigua II, 10*, PG 91, 1125D-1128D. Également « *Théorie plus large sur la Transfiguration* », ibid., 1160B-1165A.

cette vérité nue et sans voile. Ainsi donc, il me semble que, l'esprit (*νοῦς*) de toute la Sainte Écriture étant adouci (*ὁμαλιζόμενος*) par la piété, il n'y aura rien de difficile ni d'anormal (*δυσχερὲς καὶ ἀνώμαλον*) à démontrer par ce qui semble être des contrariétés de l'histoire (*διὰ τῶν καθ'ἱστορίαν δοκουσῶν ἐναντιώσεων*). Puisque chacun des saints dès l'origine, selon la vraie parole, était précurseur du mystère qui était annoncé et préfiguré par lui, par ce qu'il souffrait et selon ses actions et ses paroles (*δι'ὧν ἔπασχέ τε καὶ ἔδρα καὶ ἔλεγε*) en annonçant leurs archétypes. C'est pourquoi ils sont pris les uns pour les autres, sans que ce soit répréhensible, tous pour tous et chacun pour lui-même, et à la place des livres qu'ils ont écrits, selon la coutume de l'Écriture, livres nommés à leur place » [56].

(a) L'inspiration divine des Écritures

Le texte introduit une série de questions qui montrent la position de Saint Maxime vis-à-vis des Saintes Écritures. La première question se réfère à l'« inspiration divine » des Saintes Écritures. Il est clair que les Écritures sont considérées comme un texte d'inspiration divine ; néanmoins comment cette inspiration divine est-elle comprise ? [57] La réponse dépend de la relation entre les Écritures et la Révélation divine. On a pu constater que le texte des Saintes Écritures est examiné à deux niveaux différents, celui de la lettre et celui de l'esprit du texte ; le premier cache et le second dévoile le « *λόγος* » des Écritures [58]. Cette distinction montre également la préoccupation de saint Maxime concernant le degré de l'inspiration divine, la nature du texte des Saintes Écritures, et le dépassement de la lettre. Elle montre

---

56. PG 91, 1252CD-1253A. Cf. également *Ambigua II, 10*, PG 91, 1149D-1152A.

57. Panagiotis TREMPELAS, op. cit. systématise ainsi les diverses théories de l'inspiration divine des Saintes Écritures : (a) la théorie mécanique, (b) naturelle (c) morale et (d) dynamique. La dernière, selon lui, « incorpore l'enseignement de l'Église orthodoxe ». De plus il nomme une autre théorie, celle de la « surveillance » du Saint-Esprit pour la composition des livres des Écritures.

58. Cf. *Ambigua II, 10*, PG 91, 1129ABC.

aussi la relation de l'auteur avec la révélation divine et avec
son propre texte.

Dans les *Quaestiones ad Thalassium 50*, saint Maxime
applique la méthode allégorique ou « spirituelle » (*πνευματική*) pour l'exégèse de II Chron. 32, 20-21, en écrivant
ainsi : « Admirons la sagesse du Saint-Esprit qui a écrit ;
comment chaque être qui participe à la nature humaine a
reçu l'esprit (*διάνοιαν*) qui convient à ce qui est écrit ; pour
que celui qui désirerait étudier la Parole divine, ce qui ne
trouve son équivalent ni dans les affaires présentes, ni dans
ce qui est périssable (*λυομένων*) face aux vertus, puisse
devenir un autre Ezéchias ; qu'il puisse être aussi un autre
Esaïe empêché par personne de prier, ni de crier au ciel,
ni d'être écouté (*εἰσακουσθῆναι*), ni que lui soient accordées
par l'ange du Seigneur la destruction et la perte de ceux
qui le combattent spirituellement » [59]. Les Saintes Écritures
sont l'œuvre du Saint-Esprit. Cela ne signifie certainement
pas que l'énergie du Saint-Esprit ait transformé les écrivains
inspirés en des organes aveugles et passifs, car en chacun
« Il a mis l'esprit qui convient à propos de ce qui est écrit ».
On peut interpréter cela en disant que le Saint-Esprit a
illuminé l'esprit des auteurs des Écritures pour qu'ils puissent
discerner les révélations divines ; ils sont devenus capables
de communiquer avec Dieu qui se révèle et de communiquer
le message révélé à travers leurs écrits. Ce texte des *Quaestiones ad Thalassium* clarifie le sens de l'exégèse « spirituelle »
des Saintes Écritures. Et celui qui étudie la Parole divine
passe du récit historique à un niveau spirituel pour son
profit, et renforce son combat pour son perfectionnement.
Toute la question de la problématique de la méthode
« allégorique » et « historique » de l'éxégèse des Saintes
Écritures est ainsi posée.

Dans le texte des *Ambigua* cette problématique est introduite ainsi : « Ainsi donc, il me semble que, l'esprit (*νοῦς*)
de toute la Sainte Écriture étant adouci (*ὁμαλιζόμενος*) par
la piété, il n'y aura rien de difficile ni d'anormal (*δυσχερὲς*

---

59. PG 90, 465C. Cf. le texte entier de *Quaestiones ad Thalassium 59*, ibid.,
604A-617A, qui traite de la question de la relation des Prophètes et de
l'illumination du Saint-Esprit.

καὶ ἀνώμαλον) à démontrer par ce qui semble être des contrariétés de l'histoire (διὰ τῶν καθ'ἱστορίαν δοκουσῶν ἐναντιώσεων) »[60]. Saint Maxime est conscient des contradictions présentes dans les Saintes Écritures, mais celles-ci n'altèrent pas l'unité et la cohésion de leur contenu spirituel. Il dit ailleurs, sur le même problème : « si nous examinons ce sujet du point de vue historique (κατὰ μὲν τὴν ἱστορίαν τοῦτον λαμβάνοντες τὸν τόπον), nous constatons que l'Écriture ne suit pas la réalité historique (οὐχ εὑρίσκομεν τὴν Γραφὴν ἀληθεύουσαν)(...). Mais si nous réfléchissons selon la vision naturelle, nous découvrons certainement, qu'à travers la contemplation naturelle, la loi écrite, à savoir la loi charnelle dans les symboles du culte (ὁ σωματικὸς ἐν τοῖς συμβόλοις κατὰ τὴν λατρείαν θεσμός), aboutit en totalité à la hauteur de la connaissance »[61]. Ces contradictions sont certainement le résultat de la rédaction des Saintes Écritures par différentes personnes à différentes époques, et elles reflètent ainsi des différences de mentalité, sociales, morales, religieuses et scientifiques. La connaissance historique n'est pas rejetée, elle peut au contraire mener à reconnaître le degré de la révélation divine lors des différentes étapes du plan du salut. Mais l'histoire est l'étape propédeutique qui introduit la nature de la révélation et sa connaissance, et les apparences historiques revêtent des notions spirituelles[62].

---

60. Op. cit., PG 91, 1252D.

61. Quaestiones ad Thalassium 65, Corpus Christianorum 22, 277, 439-279, 247. PG 90, 756A. Effectivement, cette considération de saint Maxime va pour le culte de l'Ancienne Alliance, basée sur la loi écrite. Cf. Ambigua II, 21, PG 91, 1244B : Οἶμαι τοίνυν τὸ παρ'ἱστορίαν εἰρημένον τῷ θεοφόρῳ τούτῳ διδασκάλῳ, παρατιθεμένῳ τὸν τοῦ Χριστοῦ πρόδρομον ἀντὶ τοῦ τῆς βροντῆς υἱοῦ, μὴ δύνασθαι ἄλλως ἢ κατὰ θεωρίαν ὁμαλίζεσθαι. Μόνη γὰρ αὕτη τῶν κατὰ τὴν ἱστορίαν ἀλλήλοις ἀντικεῖσθαι δοκούντων ἐστὶν ὁμαλισμός, ὡς τὴν ἐν ὅλοις ἀλήθειαν ἁπλῆν οὖσαν κατὰ τὴν φύσιν ἀσωμάτως ἐμφαίνουσα, μὴ συμπαχυνομένη ταῖς φωναῖς ἢ τοῖς σώμασιν ». Cf. également : Quaestiones ad Thalassium 52, Corpus Christianorum 7, 417, 38-50. PG 90, 492B ; ibid., 63, Corpus Christianorum 22, 151, 111-155, 155. PG 90, 669CD-672AB ; ibid., 65, Corpus Christianorum 22, 267, 253-271, 328. PG 90, 745D-748A. On peut dire qu'en général toutes les Quaestiones ad Thalassium suivent ce même principe exégétique des Écritures. Ce texte montre la profonde connaissance des Écritures de saint Maxime et leur usage non en tant qu'un livre ordinaire, mais inspiré par le Saint-Esprit. Fidèle à sa position selon laquelle la lettre des Écritures cache, tandis que l'esprit révèle Dieu, il cherche derrière la « lettre » et l'« histoire » la raison spirituelle.

62. Le texte suivant des Ambigua II, 21, PG 91, 1245D-1248A nous fournit

Le passage de l'histoire à l'esprit des Écritures est fait « pour que, si cela est possible, nous transposions toute l'Écriture dans notre esprit, et qu'ainsi nous l'illuminions par les concepts divins (τοῖς θείοις νοήμασι) ; et pour que nous fassions briller le corps par les modes des raisons conçues les plus divines (τὸ δὲ σῶμα, τοῖς τῶν νοηθέντων θειοτέρων λόγων τρόποις φαιδρύνωμεν) ; nous en faisons ainsi l'atelier de la vertu en rejetant (τῇ ἀποβολῇ) les passions innées »[63]. La distinction en exégèse historique et spirituelle est identique à la distinction de l'exégèse à la lettre et en esprit du texte des Écritures[64]. Du point de vue de la lettre,

---

un exemple d'une telle exégèse et d'une recherche spirituelle des Quatre Évangiles : « Φασὶ δὲ καὶ ἄλλως σύμβολον εἶναι τὴν τῶν ἁγίων Εὐαγγελίων τετράδα, πίστεως, καὶ πρακτικῆς, καὶ φυσικῆς, καὶ θεολογικῆς φιλοσοφίας· καὶ τῆς μὲν πίστεως σύμβολον εἶναι τὸ κατὰ Ματθαῖον, ὡς ἀπίστους μετὰ δώρων προσκυνοῦντας εἰσάγον τοὺς Μάγους, τῆς δὲ πρακτικῆς τὸ κατὰ Μαρκον, ὡς ἐκ τῆς μετανοίας, καθ'ἥν πᾶυα ιμᾶξίς ἐστιν ἐνάρετος, τῆς διδασκαλίας ἀρχόμενον, τῆς δὲ φυσικῆς τὸ κατὰ Λουκᾶν, ὡς περιοδικω-τέραν τοῦ λόγου τὴν ἐξήγησιν ἔχον, καὶ τὴν τῆς διδασκαλίας ἱστορίαν τοῖς τρόποις κατάλληλον, τῆς δὲ θεολογίας τὸ κατὰ Ἰωάννην, ἐξ ἧς καὶ εἰς ἥν θεοπρεπῶς ἤρξατό τε καὶ ἔληξεν ».

63. *Quaestiones ad Thalassium 52, Corpus Christianorum 7*, 425,176-181. PG 90, 497AB. Cf. ibid., 63, PG 90, 669CD : « Τὸ γὰρ γράμμα μὴ νοούμενον πνευματικῶς, μόνην ἔχει τὴν αἴσθησιν περιγράφουσαν αὐτοῦ τὴν ἐκφώνησιν, καὶ μὴ συγχωροῦσαν πρὸς τὸν νοῦν διαβῆναι τῶν γεγραμμένων τὴν δύναμιν. Εἰ δὲ πρὸς μόνην τὴν αἴσθησιν ἔχει τὸ γράμμα τὴν οἰκειότητα, πᾶς ὁ καθ'ἱστορίαν μόνην Ἰουδαϊκῶς τὸ γράμμα δεχόμενος, κατὰ σάρκα ζῇ, τῆς ἁμαρτίας καθ'ἑκάστην ἡμέραν, διὰ τὴν ζῶσαν αἴσθησιν, γνωμικῶς ἀποθνήσκων τὸν θάνατον· μὴ δυνάμενος πνεύματι τὰς πράξεις θανατῶσαι τοῦ σώματος, ἵνα ζῇ τὴν ἐν πνεύματι μακαρίαν ζωήν ». Saint Maxime se réfère ici à Rm 8,13, où l'apôtre exhorte à la mortification des actions du corps. Cf. aussi *Quaestiones ad Thalassium 65, Corpus Christianorum 22*, 265, 247-267, 251. PG 90, 745D.

64. Pour Hans-Urs von BALTHASAR, op. cit. p. 239, ces distinctions montrent l'esprit grec de saint Maxime et l'interprétation de l'histoire selon cet esprit : « *Une fois encore nous ne méconnaîtrons pas le grand danger de cette doctrine. Seul l'absence de sens historique des Grecs a pu empêcher ici de passer à une division de l'histoire elle-même en trois périodes qui seraient successivement l'ombre, l'image et la vérité, un règne du Père, un règne du Fils et un règne du Saint-Esprit. Il serait réservé au Moyen Âge et au grand disciple des Alexandrins, Joachim de Flore, d'aller jusque-là. Pour Maxime, comme pour Origène, le troisième règne reste transcendant, eschatologique. Ce troisième règne est déjà totalement un « présent » encore que voilé, disons même qu'il dépend du règne de perfection de chaque individu et de sa mort au monde* ». H.-U. von BALTHASAR semble ignorer l'interprétation de l'histoire à travers les trois lois de la révélation divine. La pensée de saint Maxime est profondément marquée par cette division de l'histoire en la période de la loi naturelle, de la loi écrite, et celle de grâce. La période de la loi de grâce n'est pas seulement transcendante et

l'Écriture peut être décrite et connue par l'homme, car la lettre de l'Écriture est décrite par l'histoire dans laquelle est écrite. Selon l'esprit, elle est indescriptible, car sous la lettre est voilée la révélation de Dieu qui reste indescriptible selon l'essence [65].

Dans le texte des *Ambigua II, 21*, cité ci-dessus, est posée la question du genre, de la nature et de la grandeur de la vérité révélée par la loi écrite. Ainsi la loi écrite est le « précurseur » de la manifestation eschatologique de la vérité parfaite qui, dans la loi écrite, n'est pas manifestée parfaitement. La révélation de la vérité parfaite suit les étapes du plan du salut qui sont la loi naturelle, la loi écrite, et la loi de grâce qui conduit au perfectionnement eschatologique : « la loi figure l'ombre de l'Évangile ; et l'Évangile est une image des biens à venir [66]. Influencé par l'Aréopagite, saint Maxime considère l'Evangile comme le moyen terme entre la loi et l'eschaton. Néanmoins, il est intéressant de voir ce que saint Maxime entend par le terme « image » ($εἰκών$) [67]. L'influence de l'Aréopagite consiste en ce que nous avons l'expérience de la révélation divine eschatologique

---

eschatologique, mais elle est bien intégrée dans l'histoire en la conduisant à son perfectionnement eschatologique. Un autre point de la théologie de saint Maxime, qui montre l'importance du royaume du Saint-Esprit, est l'*Interprétation du Notre Père*, où le Nom du Père est identifié au Fils et le Royaume du Père à l'Esprit-Saint. Ce Royaume n'est pas seulement eschatologique, car l'Église réalise ce Royaume par le sacrement de l'Eucharistie qui est le sacrement par excellence du Royaume. La question christologique en relation avec l'histoire ne pouvait pas laisser indifférent saint Maxime, le théologien par excellence de l'Incarnation. Ainsi, à partir de la christologie, il distingue l'histoire en deux périodes : celle avant l'Incarnation et celle après l'Incarnation. Cf. *Quaestiones ad Thalassium 22, Corpus Christianorum 7*, 137, 4-27. PG 90, 317BC, qu'on examinera dans le VIe chapitre.

65. Cf. *Quaestiones ad Thalassium 50, Corpus Christianorum 7*, 379, 9-19. PG 90, 465B. Même si la révélation de Dieu reste indescriptible selon l'essence, l'homme connaît la révélation divine par sa participation à elle. Cette participation correspond finalement à la participation aux énergies divines.

66. *Chapitres Théologiques et Économiques I, 90*, PG 90, 1120C. Cf. également, scholies sur la *Hiérarchie Ecclésiastique III, III, 2*, PG 4, 137D : « $Σκιὰ γὰρ τὰ τῆς Παλαιᾶς· εἰκὼν δὲ τὰ τῆς Νέας Διαθήκης· ἀλήθεια δὲ ἡ τῶν μελλόντων κατάστασις$ ».

67. « *Pour tous les Pères grecs à l'exception de la tradition origéniste, $εἰκών$ signifie toujours quelque chose de réel et aussi vrai que $ἀλήθεια$* ». Jean ZIZIOULAS, *L'Être Ecclésial*, « *Vérité et Communion* », éd. *Labor et Fides-Perspective Orthodoxe*, Genève 1981, p. 87.

lors de la célébration de la Divine Liturgie [68], mais « l'image des biens à venir » n'est pas une image intérieure à celle de l'eschaton. Le Fils est l'image du Père car en le Fils se révèle le Père. Dans les *Chapitres Théologiques et Économiques* saint Maxime dit : « La Loi figure l'ombre, et les Prophètes sont l'image des biens divins et spirituels que porte l'Évangile. Mais c'est l'Évangile qui nous a montré la vérité elle-même, présente par la lettre (διὰ τῶν γραμμάτων) [69], auparavant couverte d'ombre par la Loi, et préfigurée par les Prophètes » [70]. Par conséquent « l'image des biens à venir » est la vérité révélée par l'Évangile. Certes, cette vérité est analogue aux capacités de connaissance de l'homme ainsi qu'aux moyens utilisés pour accéder à cette connaissance. Saint Maxime est conscient des capacités limitées du langage écrit ou oral à révéler l'infinité divine comme aussi la grandeur de l'esprit humain et les images divines contemplées par lui. La Loi écrite révèle donc la vérité de la parole divine, mais elle ne dévoile pas toute la vérité. Celle-ci est voilée par la lettre de la loi qui est pour elle comme un vêtement.

Cet examen nous aide à mieux comprendre la notion de l'« inspiration divine » des Saintes Écritures et la relation de l'auteur avec le texte écrit par lui. Selon les *Ambigua II, 21* : « Chacun des saints dès l'origine, selon la vraie parole, était précurseur du mystère qui était annoncé et préfiguré par lui » [71]. Cela montre le lien étroit entre l'auteur et son texte, car même s'il recevait l'inspiration du Saint-Esprit, il utilisait lui-même ses propres forces spirituelles pour structurer et transmettre les réalités révélées. Ainsi « il (...) traitait et agissait et parlait en annonçant leurs archétypes » [72]. Cela explique pourquoi une fois nous nous référons à l'auteur lui-même et une autre fois à son ouvrage, car son ouvrage est le fruit de l'inspiration et de l'énergie du Saint-Esprit. L'auteur reçoit donc l'inspiration et l'énergie du Saint-Esprit [73].

---

68. Cf. *Hiérarchie Ecclésiastique, III, 3*, PG 3, 428D-429AB.
69. La Philocalie lit : « διὰ τῶν πραγμάτων », mais la version « γραμμάτων » est plus correcte.
70. *Chapitres Théologiques et Économiques I, 93*, PG 90, 1121AB.
71. Op. cit.
72. ibid.
73. Cf. *Ambigua II, 10*, PG 91, 1149D-1152A : « Πρὸς μὲν τοὺς πάλαι πρὸ

Les questions examinées pourraient être considérées comme marginales. Néanmoins, elles constituent des aspects de la loi écrite qui est identique aux Saintes Écritures. À travers tous ces aspects ressort le type de connaissance offerte par la loi écrite. La relation entre les deux Testaments, l'Ancien et le Nouveau est abordée, ainsi que la connaissance à travers les deux Testaments.

(b) Relation des deux Testaments
    et connaissance de Dieu

La relation entre les deux Testaments est un des problèmes les plus sérieux qui préoccupent la théologie chrétienne, car sa réponse détermine en même temps la relation de la prédication du Christ avec l'Ancien Testament ainsi que la nature du Christianisme comme « religion » par rapport au Judaïsme. Est-ce que le Christianisme est une conséquence et une suite historique de la religion du Mont Sinaï ? Est-ce que la prédication de Jésus-Christ est le renouvellement de la prédication des Prophètes de l'Ancien Testament ? Est-elle la purification des normes légales tardives de la tradition judaïque qui avaient obscurci le caractère de la révélation divine ? Si la réponse à ces questions est positive, alors, quelle est la particularité de la personne du Christ, de sa prédication et du Christianisme en général ? [74]. Selon le raisonnement théologique de saint Maxime, la loi naturelle, endommagée par la chute, nécessite une nouvelle loi éducative pour l'accomplissement de la finalité de la création et de l'homme. La loi écrite donc de l'Ancien Testament avait ce rôle d'éduquer l'homme à choisir le bien à la place du mal. La loi de grâce est l'accomplissement du plan divin

---

νόμου ἁγίους, ἀπὸ κτίσεως κόσμου τὴν περὶ Θεοῦ γνῶσιν εὐσεβῶς ποριζόμενος, ἀπὸ δὲ τῆς τὸ πᾶν σοφῶς διοικούσης Προνοίας τὰς ἀρετὰς κατορθοῦν διδασκόμενος, κατ' αὐτοὺς ἐκείνους τοὺς πρὸ τοῦ νόμου ἁγίους, οἵ διὰ πάντων φυσικῶς ἐν ἑαυτοῖς τὸν γραπτὸν ἐν πνεύματι προχαράξαντες νόμον εὐσεβείας καὶ ἀρετῆς τοῖς κατὰ νόμον εἰκότως προεβλήθησαν ἐξεμπλάριον..., πρὸς δὲ τοὺς κατὰ νόμον διὰ τῶν ἐντολῶν εἰς ἐπίγνωσιν τοῦ ἐν αὐταῖς ὑπηγορευμένου Θεοῦ δι'εὐσεβοῦς ἐννοίας ἀναγόμενος».

74. Cf. Rudolf BULTMANN, op. cit. « *La signification de l'Ancien Testament pour la foi chrétienne* », pp. 349-374.

pour que Dieu devienne homme. L'incarnation du Christ, inclut des modes nouveaux pour l'accomplissement du but de la divinisation de l'homme. Toutes les lois manifestent l'énergie et les opérations divines dans le plan de l'économie divine.

Examinant la nature de la révélation divine selon la loi écrite, nous avons constaté que la loi de l'Ancien Testament figure « l'ombre de l'Évangile » [75]. Il ne faut pas oublier non plus que la révélation divine existe en dehors de la loi écrite, dans la loi naturelle. L'apôtre Paul écrit également à propos des nations en dehors de la loi écrite qu'elles *« montrent que l'œuvre de la loi est écrite dans leur cœur »* (Rm 2, 15). Avec une telle position, on pourrait défendre l'opinion selon laquelle non seulement la loi écrite du Mont Sinaï, mais aussi les autres religions sont les précurseurs historiques du Christianisme, étant donné qu'elles ont des normes semblables à la loi écrite guidant la conduite morale de la personne vis-à-vis de l'autre. Quelle donc peut être la relation spécifique entre l'Ancien et le Nouveau Testaments et quelle est la particularité du Nouveau Testament vis-à-vis de l'Ancien ?

Dans les écrits de saint Maxime, l'Ancien Testament occupe une place privilégiée par rapport à la loi naturelle. Néanmoins, il est aussi certain qu'il n'est pas considéré comme égal au Nouveau Testament. L'approche du problème est assez complexe, car dans la pensée théologique de saint Maxime, et dans la position aussi de l'Église, il y a un développement successif manifesté par le plan de la divine économie. Nous l'avons d'ailleurs constaté par la révélation dans la loi naturelle et la loi écrite et nous le verrons dans la loi de grâce. L'apôtre Paul prêche le dépassement de la lettre de la loi et le vécu de l'expérience de la grâce par Jésus-Christ et l'accomplissement de la loi. Cette position est aussi celle de saint Maxime.

Dans les *Chapitres Théologiques et Économiques* saint Maxime parle de la relation entre les deux Testaments. Sa position est représentative de toute son œuvre : « La grâce

---

75. *Chapitres Théologiques et Économiques I, 90*, PG 90, 1120C.

du Nouveau Testament a été mystérieusement cachée par la lettre de l'Ancien. C'est pourquoi l'Apôtre dit que la loi est spirituelle ($\pi\nu\varepsilon\nu\mu\alpha\tau\iota\varkappa\acute{o}\varsigma$) [76]. Donc, par la lettre, la loi passe et vieillit, vouée ($\varkappa\alpha\tau\alpha\varrho\gamma o\acute{v}\mu\varepsilon\nu o\varsigma$) à l'inaction. Mais par l'Esprit elle rajeunit, toujours activée ($\dot{\varepsilon}\nu\varepsilon\varrho\gamma o\acute{v}\mu\varepsilon\nu o\varsigma$). Car la grâce ne peut absolument pas vieillir » [77]. Si la loi est rajeunie et toujours activée par l'esprit, cela signifie que la validité de la loi est continuelle, même en dehors du cadre historique dans lequel elle a été donnée au peuple d'Israël. La validité continue de la loi n'est pas inconditionnelle ; et, sous la lettre de la loi ayant été cachée la grâce du Nouveau Testament, cela montre leur étroite relation. Mais la loi est considérée comme telle à la lumière de la grâce du Nouveau Testament, autrement elle reste inactive et sans aucun sens pour le Nouveau Testament.

Sans ce lien avec la grâce du Nouveau Testament, la loi passe, vieillit et reste inactive (Cf. Rm 7, 6 ; He 8, 13 ; Eph 2, 15). L'apôtre Paul était nourri de la loi ; une telle position donc vis-à-vis de la loi écrite est révélatrice du profond changement apporté par la loi de grâce du Nouveau Testament. Nous allons examiner ce passage de la loi écrite à la loi de grâce.

Aux *Quaestiones ad Thalassium 50*, saint Maxime répète II Co. 3, 6 : « *car la lettre tue, mais l'Esprit vivifie* » [78]. L'apôtre Paul arrive à cette conclusion en comparant les conséquences du choix des normes de la loi ou de la vie en Christ. Saint Maxime fait sa propre interprétation : « Dieu est venu et s'est fait homme pour ceci : pour accomplir spirituellement la loi par l'abolition de la lettre et pour stimuler et rendre manifeste sa force vivifiante, je veux dire de la loi, par l'enlèvement de ce qui tue ($\tau\tilde{\eta}\ \pi\varepsilon\varrho\iota\alpha\iota\varrho\acute{\varepsilon}\sigma\varepsilon\iota\ \tau o\tilde{v}\ \dot{\alpha}\pi o\varkappa\tau\varepsilon\acute{\iota}-\nu o\nu\tau o\varsigma$) ; or ce qui tue dans la loi, selon le divin Apôtre,

---

76. Dans l'édition de Migne il est écrit « $\pi\nu\varepsilon\nu\mu\alpha\tau\iota\varkappa\tilde{\omega}\varsigma$ », mais cela semble être une faute d'impression ; ainsi nous corrigeons en « $\pi\nu\varepsilon\nu\mu\alpha\tau\iota\varkappa\acute{o}\varsigma$ ».

77. *Chapitres Théologiques et Économiques I, 89*, PG 90, 1120C. Trad. Jacques TOURAILLES, Philocalie, fasc. 6, p. 98.

78. Ici c'est la théologie paulinienne latente qui considère la loi comme charnelle et la grâce comme spirituelle. Cf. Rm 7, 7-8, 17 où il y a une forte comparaison entre la loi charnelle et la grâce par Jésus-Christ avec toutes les conséquences l'une ou de l'autre sur le mode de vie.

c'est la lettre, comme ce qui vivifie dans la loi, selon le
même Apôtre, c'est l'Esprit »[79]. L'ombre de l'Évangile dans
la loi écrite devient réalité révélée par la grâce du Nouveau
Testament. La loi est distinguée en esprit et en lettre ;
l'accomplissement de la loi est donc la libération de l'esprit
de l'esclavage de la lettre. Ainsi s'établit le lien entre le
Nouveau Testament et la loi de l'Ancien Testament. La
validité continue de la loi écrite pour le Christianisme ne
signifie pas la soumission aux normes de la loi, mais sa
valorisation par l'esprit qui vivifie. La soumission à la lettre
de la loi était une obligation et une nécessité historique
pour le peuple d'Israël qui avait reçu la loi. Pour le
Christianisme, qui n'est pas une continuation religieuse et
historique du développement national judaïque, cette soumission n'est ni une obligation ni une nécessité. Or la
relation divine n'est pas basée sur des critères nationaux
(cf. Mt 3, 9), mais sur les fruits que la parole de Dieu
produit dans les cœurs des hommes. « Or si la lettre a une
relation seulement avec le sensible (αἴσθησιν), chacun de
ceux qui adoptent la lettre de façon judaïque seulement
selon l'histoire, vit selon la chair, et il subit de son propre
choix (γνωμικῶς) la mort du péché, chaque jour, à cause
des sens qui restent vivants ; il ne peut donc pas de même
façon faire mourir les actes de la chair par l'esprit, pour
vivre la vie bienheureuse en l'Esprit »[80]. La lettre de la loi
est liée aux événements de l'histoire d'Israël contenus dans
la lettre ; mais puisque l'histoire de la révélation de Dieu
n'est pas conditionnée par l'histoire, il faut dépasser la lettre
et suivre l'esprit pour éviter toutes les conséquences de
l'attachement à la lettre.

La distinction entre la lettre et l'esprit est à la base de
la comparaison entre, d'une part, l'Ancien et le Nouveau

---

79. *Corpus Christianorum* 7, 381, 41-53. PG 90, 468A. Origène écrit à ce
propos : « τὸ γὰρ γράμμα ἀποκτείνει, τὸ δὲ πνεῦμα ζωοποιεῖ, γράμμα μὲν
τὴν αἰσθητὴν ὠνόμασεν ἐκδοχὴν τῶν θείων γραμμάτων, πνεῦμα δέ, τὴν
νοητήν». *Contre Celse*, VI, LXX, ΒΕΠΕΣ, vol. 10, 113, 39, 40-114, 1, 2. Ibid.,
LXXVII, ΒΕΠΕΣ, vol. 10, 119, 117-118.

80. *Quaestiones ad Thalassium 63, Corpus Christianorum 22*, 151, 117-153,
123. PG 90, 669CD. Cf. Rm 8, 13. Cf. aussi *Quaestiones ad Thalassium 65*,
PG 90, 745D.

Testaments et, d'autre part, l'existence de l'homme : « L'Ancien Testament a le corps (σῶμα) et le Nouveau a l'âme (ψυχήν) et l'esprit (πνεῦμα) et l'intelligence (νοῦν) »[81]. Cette comparaison ne signifie point qu'il faille négliger le corps de l'homme, car ce n'est pas la mort du corps qui est demandée, mais que les actes charnels ne soumettent pas l'esprit à la chair, puisque c'est le corps qui doit se soumettre à l'esprit. Par cette anthropologie qui donne la priorité à l'âme, le Nouveau Testament, identifié à l'âme, à l'esprit et à l'intelligence, a une priorité sur l'Ancien Testament. La considération du Nouveau Testament comme âme, esprit et intelligence ne supprime pas son caractère historique, puisque « je dis que, selon l'histoire, la lettre tout aussi bien de l'Ancien que du Nouveau Testament, est corps »[82]. La lettre de la loi écrite est corruptible, tandis que l'âme est immortelle, car c'est l'âme qui révèle Dieu. La comparaison de l'Écriture au corps, à l'âme, à l'esprit et à l'intelligence est également liée aux trois facultés de connaissance de l'âme : les sens, l'esprit et la raison[83]. La Sainte Écriture offre une connaissance certaine de Dieu, mais pour pouvoir approcher cette connaissance, il faut utiliser la lettre qui constitue l'aspect historique de l'Écriture. Ensuite il faut dépasser la lettre et arriver à son intelligence, à son esprit et à son âme. Ainsi le chercheur ne reste pas lié à l'aspect historique seulement, mais il examine la loi écrite du point de vue spirituel. La révélation de Dieu est connue spirituellement.

Les deux Testaments révèlent Dieu, même si les niveaux de révélation sont différents ; or l'Ancien Testament « pourvoit plutôt à la philosophie pratique » (τῆς πρακτικῆς μᾶλλον προνοουμένην φιλοσοφίας), et le Nouveau Testament « enseigne le nouveau mystère, et produit en chacun des fidèles l'habitude contemplative » (ὡς καινοῦ μυστηρίου διδάσκαλον, καὶ τῆς ἐν ἑκάστῳ τῶν πιστῶν θεωρητικῆς ἕξεως ποιητικήν)[84]. L'Ancien Testament est ainsi considéré comme

---

81. *Mystagogie VI*, PG 91, 684A. Cf. aussi *Chapitres Théologiques et Économiques I*, 92, PG 90, 1121A.
82. *Mystagogie VI*, PG 91, 684B.
83. Ibid., 684BCD.
84. *Quaestiones ad Thalassium 63*, PG 90, 677C. Cf. *Chapitres Théologiques et Économiques IV*, 72-91, PG 90, 1336C-1344C.

un guide enseignant des normes morales, tandis que le Nouveau Testament est la révélation en soi, qui enseigne le « nouveau mystère » (*καινὸν μυστήριον*) liant Dieu et l'homme en la personne de Jésus-Christ. Dans une allégorie, l'Église est comparée au « *chandelier en or* » et les deux Testaments aux deux oliviers desquels provient l'huile brûlée dans le « chandelier [85]. Cette allégorie de l'Église comme « chandelier » sera développée plus loin. Ici nous nous bornerons à l'aspect important de la relation des deux Testaments avec l'Église. Ils sont la source à laquelle l'Eglise puise son illumination spirituelle. En réalité, il y a une interpénétration entre les Écritures et l'Église : « Car, comme il est en vérité tout à fait impossible d'avoir de l'huile pure sans l'olivier, et, sans avoir un vase, celui qui reçoit l'huile ne peut la contenir, et sans être nourrie par l'huile, la lumière du chandelier sera certainement éteinte ; de même, sans les Saintes Écritures, il n'y a pas véritablement la puissance des concepts convenables à Dieu » [86]. Église et Écriture sont interdépendantes et elles servent le même et unique mystère de la révélation. Par conséquent « les deux Testaments sont en accord en tout, même pour l'accomplissement de l'unique mystère selon la grâce » [87].

Pour une telle élévation et une telle comparaison de l'Ancien au Nouveau Testament, ainsi que pour la confirmation qu'il est en accord parfait avec la révélation divine par Jésus-Christ, il y a un présupposé fondamental. Ce même présupposé détermine la spécificité du Christianisme vis-à-vis de la religion judaïque. Ainsi « celui qui reçoit au nom du Christ la Sainte Écriture dans son âme de façon à la connaître (*γνωστικῶς*), doit s'exercer laborieusement et de là il peut avoir l'interprétation des noms et clarifier tout le sens de ce qui est écrit, s'il s'intéresse à la compréhension exacte de l'Écriture et ne fait pas descendre de façon judaïque la hauteur de l'esprit vers le corps terrestre » [88].

---

85. Ibid., *Corpus Christianorum 22*, 161, 260-163, 286. PG 90, 676CD-677A.
86. Ibid., *Corpus Christianorum 22*, 163, 278-283. PG 90, 676D-677A.
87. Ibid., *Corpus Christianorum 22*, 171, 397-399. PG 90, 681A.
88. *Quaestiones ad Thalassium 50*, *Corpus Christianorum 7*, 379,33-381-38. PG 90, 465D.

Le présupposé donc de l'interprétation de l'Écriture est de la mettre à la lumière du nom du Christ. Le mystère de la personne du Christ illumine tout le contenu des Écritures. L'approche de l'Écriture pour connaître Dieu, la révélation divine, et assimiler le salut doit se faire « christologiquement ». Dans le cas contraire, l'interprétation « historique » (καθ'ἱστορίαν), dépourvue des critères christologiques, prive les Écritures de l'Esprit, et elle les borne à la « loi écrite » dont « la lettre tue » ; or l'Ancien Testament sans la lumière de la christologie est un simple livre de normes morales, tandis que la loi écrite à la lumière de la christologie parvient à son accomplissement.

Par ces présupposés, l'interprétation de la loi écrite conduit à la connaissance de Dieu : « Celui qui contemple non selon les sens (μὴ κατ'αἴσθησιν ὁρῶν) tout le culte corporel et visible de la loi, mais qui observe chacun des symboles visibles selon les accès de l'esprit (ταῖς κατὰ νοῦν ἐφόδοις), et qui est instruit de la raison (λόγον) divine (θεοτελῆ) cachée en chaque être, trouve Dieu dans la raison (ἐν τῷ λόγῳ τὸν Θεὸν εὑρίσκει) ; et s'il palpe attentivement par la puissance spirituelle la matière des normes de la loi comme quelque chose de très varié (ὡς ἐν φορυτῷ = complexion de toute sortes de choses), il pourra en quelque façon trouver cachée dans la chair de la loi la raison (λόγον) précieuse comme une perle qui échappe complètement aux sens » [89]. Nous rappelons que pour la connaissance de Dieu selon la loi naturelle, l'esprit doit chercher les raisons spirituelles des êtres à travers lesquelles il connaît Dieu. De même, ici, dans la loi écrite on cherche le « λόγος » qui révèle Dieu. Cette recherche n'est pas évidente, car le « λόγος » se cache sous les symboles et la lettre de la loi. C'est donc par l'esprit qu'il faut dépasser soit les symboles, soit la lettre, pour arriver au « θεοτελὴς λόγος » et à la connaissance de Dieu annoncée par la loi écrite.

---

89. Ibid., 32, *Corpus Christianorum* 7, 225, 4-11. PG 90, 372B.

C. LA LOI DE GRÂCE

Introduction

La grâce, une notion théologique polyvalente, manifeste le mode selon lequel Dieu opère envers l'homme, et ce que l'homme doit faire pour recevoir et assimiler la grâce divine. La grâce est étroitement liée à la personne de Jésus-Christ, qui, par Sa prédication et Sa mort sur la Croix a établi les présupposés régissant les relations entre Dieu et les hommes. Christ a ainsi déterminé le sens et le contenu de la grâce, et Il a souligné la spécificité de l'Évangile en rapport avec la loi de grâce. Cette particularité transparaît dans le Prologue de l'Évangile de Saint Jean : « *La loi a été donnée par Moïse, la grâce et la vérité sont venues par Jésus-Christ* » (Jn 1, 17). Le choix des termes « ἐδόθη » pour la loi et « ἐγένετο » pour la grâce et la vérité montre la nature de l'une et de l'autre, ainsi que l'abîme qui sépare la loi de grâce de la loi écrite. La Loi a été donnée par Dieu aux hommes par l'intermédiaire de Moïse, et elle consiste en normes morales que le peuple de Dieu doit appliquer pour sa justification et sa rétribution. La grâce dépasse ces limites de la loi, car elle n'a pas été donnée par Dieu commme une exigence, mais elle « est venue » et elle a été appliquée par Jésus-Christ sans aucune condition. La grâce est le don inconditionnel de Dieu. Le Christ accomplit la loi car, tandis que la loi exige son application pour être justifiée, la grâce évangélique décrit l'espace dans lequel on expérimente l'amour de Dieu. C'est dans ce contexte que le Christ critique l'application erronée de la loi ; or Lui-même dit : « *Je suis venu non pour abolir, mais pour acccomplir la loi* » (Mat 5, 17). Paul interprète cette affirmation du Christ en disant : « *car Christ est la fin de la loi pour la justification de tous ceux qui croient* » (Rm 10, 4).

1. Signification de la Loi de Grâce

Par la suite, l'Église a vécu l'expérience de la grâce non seulement comme don salvifique par le Christ, mais aussi comme grâce opérée par l'Esprit-Saint à travers les sacrements et tout particulièrement à travers le Baptême. L'enseignement biblique concernant la grâce, ainsi que la grâce en tant qu'expérience ecclésiale imprègne la théologie de Saint Maxime[90]. L'accomplissement effectué par Jésus-Christ concerne toute la loi antérieure à l'Évangile : « Le Verbe de Dieu, Jésus-Christ, en tant que Créateur de tout, est aussi l'auteur (ποιητής) de la loi naturelle ; en tant que Providence et Législateur, Il est clairement le donateur de la loi écrite ainsi que de la loi spirituelle, à savoir la loi de grâce. Car le Christ est la fin de la loi, c'est-à-dire de la loi écrite comprise spirituellement »[91]. Par les données théologiques qui concernent la personne du Christ comme Verbe de Dieu et Créateur de toute la création est définie la notion de l'accomplissement de la loi. Christ est le Créateur, par conséquent Il est le Créateur de la loi naturelle, et aussi le Législateur de la loi écrite. Par ces deux lois, Il manifeste Sa Providence divine pour Sa création. Le Christ est donc la source et la cause de la loi de grâce, à savoir de l'accomplissement de la loi écrite[92]. C'est ainsi que

---

90. Cf. *Quaestiones et Dubia 31, 26, Corpus Christianorum 10* : Concerne la grâce donnée par Jésus-Christ. Celle-ci est effectivement liée à la grâce du Saint-Esprit. *Quaestiones et Dubia II, 7, Corpus Christianorum 166* : Concerne la grâce sanctifiante du Saint-Esprit. *Quaestiones et Dubia II, 9, Corpus Christianorum 167* : La grâce donnée par le Baptême par laquelle « μέτοχοι γενοίμεθα χάριτι τοῦ κυρίου ἡμῶν Ἰησοῦ Χριστοῦ ». Cf. également : *Quaestiones ad Thalassium 37, Corpus Christianorum 7*, 249, 35-48. PG 90, 384D-385A : C'est la grâce du Saint-Esprit manifestée sous diverses formes à la vie des hommes. Ibid. *40, Corpus Christianorum 7*, 273, 103-120. PG 90, 400AB : La grâce qui déifie l'homme. *Ambigua II, 42*, PG 91, 1345D : La grâce de filiation. *Interprétation du Notre Père*, PG 90, 884D-885A et 905D : La grâce de filiation. *Mystagogie, 20*, PG 91, 696CD : La grâce de la filiation. Cf. également, J.-M. GARRIGUES, *Maxime le Confesseur, la charité, avenir divin de l'homme*. Plus particulièrement « *La compénétration de l'agir humain et divin dans la liberté filiale* » pp. 116-138.

91. *Quaestiones ad Thalassium 19, Corpus Christianorum 7*, 119,7-12. PG 90, 308B.

92. Cf. *Quaestiones ad Thalassium 50, Corpus Christianorum 7*, 381,46-383,71. PG 90, 468ABC. La présence de Moïse et d'Élie lors de la Transfiguration

lorsque l'apôtre Paul dit : « *le Christ est la fin de la loi* » cela ne signifie pas l'abolissement de la loi, mais son accomplissement, son perfectionnement. Le Christ est la finalité de la loi. Il récapitule en Lui les trois lois et Il manifeste par elles la volonté divine, et Il conduit l'homme à la perfection par cet accomplissement de la loi. Dans les *Ambigua II, 42*, saint Maxime interprète comme suit la triple naissance du Verbe selon saint Grégoire *(Homélie sur le saint Baptême, 2)*. Mais saint Maxime porte à quatre les manifestations du Verbe en disant pour saint Grégoire qu'« il parle d'une triple naissance : corporelle, celle par le baptême et celle par la résurrection » ; et il ajoute, « comme s'il avait oublié une quatrième en disant : *"l'une par insufflation (τῷ ἐμφυσήματι) première et vivifiante"* ». Les quatre manifestations du Verbe sont donc : celle lors de la création du monde et particulièrement de l'homme. Cette première manifestation du Verbe par la « γένεσις » (création) d'Adam est en étroite relation avec la seconde, à savoir la « γέννησις » du « Λόγος » comme le nouvel Adam. Le Baptême est la troisième manifestation du Verbe, car, par la purification par l'eau de la nature humaine déchue, le Verbe lui donne de nouveau « *l'énergie naturelle* » vers le bien. Enfin, la Résurrection est la quatrième manifestation du Verbe, car, si par le Baptême il purifie la nature du péché, par la Résurrection il la libère de la corruptibilité et de la mort. C'est ainsi que le Christ conduit l'homme à sa finalité, à savoir sa divinisation et son union avec Dieu. Cette naissance multiple du Verbe amène saint Maxime à faire la comparaison et la relation entre le premier Adam et le nouvel Adam [93].

---

du Christ au mont Thabor est significative de ce lien étroit de la parole de la loi et des Prophètes avec le Christ : *Ambigua II, 10*, PG 91, 1161A : « Καὶ πρῶτον μὲν *(les disciples accueillaient)* τὴν περὶ τοῦ δεῖν πάντως συνεῖναι τῷ Λόγῳ καὶ Θεῷ τόν τε νομικὸν καὶ τὸν προφητικὸν λόγον διὰ Μωϋσέως καὶ Ἠλιοὺ εὐσεβῶς ἐλάμβανον ἔννοιαν ». Par l'expérience de la lumière divine qui émane du Christ les disciples comprennent qu'Il est Dieu Lui-même, « καὶ πρὸς τὴν τοῦ Μονογενοῦς παρὰ Πατρὸς πλήρη χάριτος καὶ ἀληθείας δόξαν διὰ τῆς παντελῶς πᾶσιν ἀχώρητον αὐτὸν ἀνυμνούσης θεολογικῆς ἀποφάσεως γνωστικῶς ἀναγόμενοι » (ibid., PG 91, 1128B).

93. *Cf. Ambigua II, 42*, PG 91, 1316B-1321B. Cf. *Quaestiones ad Thalassium 42*, PG 90, 405B-409A.

Le Fils de Dieu a donc assumé la première situation d'Adam, dans sa chute, mais sans le péché ; Il est devenu ainsi le Nouvel Adam qui a renouvelé et récapitulé en lui la vieille nature. Cela constitue l'incarnation dans la chair du Logos ; or, selon saint Maxime, le « λόγος » a daigné prendre corps pour nous et avoir l'empreinte (τυπωθῆναι) des lettres et des syllabes et des mots (γράμμασι καὶ συλλαβαῖς καὶ φωναῖς), pour que par tout cela nous soyons rassemblés peu à peu autour de lui, nous qui Le suivons, unis en l'Esprit » (ἵνα ἐκ πάντων τούτων ἡμᾶς ἑπομένους αὐτῷ κατὰ βραχὺ πρὸς ἑαυτὸν συναγάγῃ, ἑνοποιηθέντας τῷ πνεύματι) [94]. Le « Λόγος » de Dieu traverse toute la création et la guide dès le fondement du monde vers son salut et sa déification. Les deux lois, naturelle et écrite, constituent les premières étapes du plan divin de l'économie du salut. Jésus-Christ, en tant que loi de grâce, accomplit et perfectionne ces deux lois. « Or le Verbe de Dieu est Créateur de toute nature, de toute loi et de toute institution et ordre ; Il est également Juge de ce qui est dans la nature, dans la loi, dans les institutions et dans l'ordre ; car sans le λόγος divin qui promulgue, il n'y a pas de loi » [95]. Le sens de la loi dans ce contexte est différent de la loi naturelle ou écrite ; elle est en relation avec les deux lois sans avoir pourtant le même sens. Elle est appelée « loi de grâce » et « loi spirituelle » [96], fait qui donne une dimension particulière à la réalité décrite. Rappelons que la grâce chez saint Maxime n'est pas limitée à l'œuvre salvifique du Christ, mais le fidèle participe à la grâce du Saint-Esprit dans l'Eglise par les sacrements. La grâce de la filiation est l'effet de la synergie du Fils et du Saint-Esprit. Le temps de la grâce, qui a commencé et a été mis en vigueur par le Christ,

---

94. Ibid. *33*, PG 91, 1285D-1288A.

95. *Quaestiones ad Thalassium 19, Corpus Christianorum 7*, 119,22-26. PG 90, 308C. Dans ce même texte, saint Maxime fait la comparaison entre la Loi et l'Évangile. L'Évangile constitue le critère du Jugement de Dieu puisque Dieu « μέλλει κρίνειν κατὰ τὸ εὐαγγέλιον αὐτοῦ » (Rm 2,16). Selon saint Maxime, Dieu donc jugera même ceux qui n'ont pas reçu l'Évangile en appliquant comme critère sa « grâce » divine.

96. Cf. ibid., 39, *Corpus Christianorum 7*, 259,14-261, 58. PG 90, 392CD-393AB.

est aussi celui du Saint-Esprit, puisque le Christ octroie « les énergies du Saint-Esprit ; à savoir les charismes de l'Esprit, que le Verbe a dispensés pour être offertes à l'Église, en tant que tête de tout le corps » [97].

2. La Loi de Grâce, accomplissement des autres Lois

Examinons ensuite comment la loi de grâce est définie et quelle est sa spécificité par rapport aux deux lois précédentes. Il ne faut pas perdre de vue que cette examen vise à clarifier la question de la connaissance de Dieu au moyen des trois lois. « La loi de grâce enseigne ceux qui sont guidés par elle à imiter immédiatement Dieu, qui nous a tant aimés, plus que Lui-même, s'il est permis de le dire ainsi ; et cela, alors même que nous étions ennemis à cause du péché, pour qu'Il assume notre nature immuablement, Celui qui est supérieur à toute essence et qui accepte notre nature de façon suressentielle, et qui est devenu homme et qui a voulu se comporter comme un homme, et qui n'a pas refusé de faire sienne notre condamnation. Il nous a autant divinisé selon la grâce que Lui est devenu naturellement homme par économie, pour que nous apprenions non seulement à nous soutenir naturellement les uns les autres, et à nous aimer spirituellement les autres comme nous-mêmes, mais à prendre soin divinement des autres plus que de nous-mêmes. Et qu'il faut faire preuve de notre amour pour les autres, de notre empressement à mourir volontairement et vertueusement pour les autres » [98].

Le proverbe « ἀμέσως » (immédiatement) compare la connaissance de Dieu par la loi de grâce à celle par les lois naturelle et écrite. La loi naturelle convainc « ἀδιδά-κτως » (sans enseignement) chacun de faire ce qui est convenable, tandis que pour la loi écrite, c'est l'enseignement qui conduit à son application. La connaissance par ces deux lois peut être caractérisée comme « ἔμμεσος » (médiate), car

---

97. Ibid., 63, *Corpus Christianorum* 22, 153, 149-155, 151. PG 90, 672B. La question de la relation des énergies divines du Saint-Esprit évoquée ici sera traitée dans le dernier chapitre.
98. Ibid., 64, *Corpus Christianorum* 22, 235, 777-237, 791. PG 90, 725BC.

les deux utilisent un moyen de connaissance, la première la nature et la deuxième la lettre de la loi. En revanche, la connaissance par la loi de grâce est « ἄμεσος » (immédiate), car on est en relation sans intermédiaire avec Dieu, et il ne s'agit pas d'une simple relation *en pensée* (κατ'ἐπίνοιαν), mais de *l'union réelle* avec Dieu, car la loi de grâce « enseigne ceux qu'elle guide à imiter Dieu ».

Le texte introduit ensuite toute la dimension de l'œuvre salvifique du Christ. Inspiré par Rm 5, 10 et Col. 1, 21-22, saint Maxime souligne l'amour de Dieu qui se donne en sacrifice pour le salut de l'homme. Ainsi nous retrouvons le thème qui passionne saint Maxime, à savoir l'Incarnation réelle du Verbe de Dieu. En effet, l'enseignement biblique concorde avec celui de la dogmatique au sujet de la personne et de l'œuvre salvifique du Christ. Le but de cette œuvre est de « nous diviniser autant selon la grâce que Lui est devenu naturellement homme par économie » [99]. La relation entre l'enseignement biblique et dogmatique reflète le lien entre la grâce divine donnée aux hommes et l'économie divine qui montre la condescendance de Dieu pour le salut. D'ailleurs, l'enseignement dogmatique sur l'incarnation du Verbe de Dieu n'est pas étranger à l'enseignement biblique (Cf. Jn 1, 14 ; Ph 2, 6-11). Les deux pivots centraux de la pensée théologique de saint Maxime, sur ce sujet, sont la « χάρις » et l'« οἰκονομία ». Par la « χάρις » sont caractérisées la nature et la dimension de l'offrande du Christ à l'homme, en traçant en même temps le cadre qui distingue le don de la loi de grâce de celui des lois naturelle et écrite. Par l'œuvre salvifique dans son ensemble, mais aussi, de façon supérieure, par Sa personne même, Jésus-Christ, qui a uni à son hypostase divine la nature humaine, divinise l'homme « par grâce » (κατὰ χάριν). La connaissance n'est plus médiate, par la loi de la nature et la loi écrite, mais l'imitation immédiate de Dieu, la divinisation. Cela présuppose, bien sûr, l'économie du Verbe de Dieu dans laquelle le Fils de Dieu est devenu homme parfait. L'« humanisation » du Fils de Dieu et la « divinisation » de l'homme montrent

---

99. Ibid. *Corpus Christianorum 22*, 237, 784-786.

le grand honneur fait à l'homme et la grâce que Dieu lui accorde. C'est le cœur du mystère de l'Incarnation selon lequel le Fils de Dieu montre sa condescendance et son humilité.

Comment la divinisation « selon la grâce » est-elle entendue et qu'est-ce que la loi de grâce enseigne à l'homme ? La façon d'aborder le problème montre également comment Christ est l'accomplissement de la loi. La phrase « pour que nous apprenions non seulement à nous soutenir naturelle-ment », se réfère sans doute à la loi naturelle qui enseigne un comportement naturellement juste et la tolérance vis-à-vis des autres [100]. Le texte ensuite se réfère à la loi écrite qui nous incite à nous « aimer les uns les autres spirituel-lement comme nous nous aimons nous-mêmes ». L'amour pour l'autre, enseigné par la loi écrite [101], constitue une étape plus élevée que celle de la loi naturelle. L'accom-plissement de cette loi est réalisé par l'imitation de Dieu en « prenant soin divinement des autres plus que de nous-mêmes ». Cette définition est intéressante de deux points de vue : (a) L'accomplissement de la loi n'est pas une situation objective réalisée seulement par Dieu et des fruits de laquelle l'homme jouirait. Jésus-Christ a accompli la loi par son œuvre salvifique, mais, (b) cet accomplissement présuppose un comportement analogue de l'homme, à savoir l'imitation du comportement de Dieu. Le terme « κήδομαι », traduit ici par « pourvoyant », signifie l'intérêt de Dieu pour sa création par sa Providence. Ailleurs la Providence divine pour la création est justement définie comme « κηδεμονία » [102]. Le soin que nous avons des autres montre un comportement libre des liens naturels et légaux, il est l'expression de l'amour divin pour les autres, amour qui est prêt au sacrifice [103].

---

100. Ibid., *Corpus Christianorum 22,* 233, 738-235, 754. PG 90, 724CD.
101. Ibid., *Corpus Christianorum 22,* 235, 764-776. PG 90, 725A.
102. *Ambigua II, 10,* PG 91, 1189A.
103. Cf. Hans-Urs von BALTHASAR, *Liturgie Cosmique,* op. cit., pp. 223-224 : « *La supériorité d'immanence et de transcendance de la loi de la grâce sur la nature et sur l'Écriture n'est guère perceptible que dans le passage de l'une à l'autre. Dès que la grâce s'est révélée comme leur sens et leur accomplissement,*

L'accomplissement de la loi par la grâce est défini dans les *Quaestiones ad Thalassium 39*. Le vocabulaire de ce texte est influencé par une interprétation allégorique de Mt 15, 32 : « *Jésus, ayant appelé ses disciples, dit : Je suis ému de compassion pour cette foule ; car voilà trois jours qu'ils sont près de moi, et ils n'ont rien à manger. Je ne veux pas les renvoyer à jeun, de peur que les forces ne leur manquent en chemin* ». Les trois jours pendant lesquels la foule reste auprès du Christ sont pour l'allégoriste saint Maxime, les trois lois, naturelle, écrite et de grâce. Chacune nourrit de façon différente ceux qui leur sont soumis. Ceux qui ont faim de salut ne sont pas renvoyés « à jeun », mais ils reçoivent une nourriture céleste. La nourriture de la loi écrite « est de libérer des passions contre-nature. La nourriture de la loi naturelle est l'opération ($\dot{\varepsilon}\nu\dot{\varepsilon}\varrho\gamma\varepsilon\iota\alpha$) infaillible ($\ddot{\alpha}\pi\tau\alpha\iota\sigma\tau o\nu$) de tout ce qui est selon la nature. Cette opération crée le lien mutuel chassant la diversité et la division qui dispersent la nature. La nourriture enfin de la loi spirituelle (= la loi de grâce) est l'union avec Dieu même. Par cette union, ceux qui la reçoivent, s'élèvent au-dessus des êtres créés et ils perçoivent la gloire surnaturelle par laquelle Dieu seul rayonne et se fait connaître à eux » [104]. La comparaison entre les trois lois est très intéressante, car on voit le développement spirituel progressif d'une loi à l'autre. La loi écrite conduit à une amélioration « morale », tandis que la loi naturelle concerne l'usage correct de la nature. La contribution de ces deux lois montre également leur relation, car c'est par elles que toute diversité ou division naturelles, conduit à l'union et à la connaissance de Dieu. En comparaison avec la « divinisation » proposée par les *Quaestiones ad Thalassium 64*, l'union avec Dieu, telle qu'elle est définie ici, signifie la relation immédiate et l'union de l'homme avec Dieu. Cette union montre le caractère transcendant de la loi de grâce, étant donné le dépassement des êtres créés et l'élévation au « surnaturel » et à la gloire de Dieu.

En ce qui concerne plus particulièrement l'accomplisse-

---

il est impossible à la loi naturelle et à la loi écrite de demeurer dans un équilibre tranquille. Faire abstraction de la synthèse serait déjà l'écarter positivement ».
104. *Corpus Christianorum 22*, 261, 49-88. PG 90, 393AB.

ment de la loi naturelle, effectué par la loi de grâce, il faut le comprendre comme le renouvellement de la nature vieillie à cause du péché. Les *Quaestiones ad Thalassium 64* traitent aussi la question de la loi de grâce. Cette fois un autre passage biblique sert d'allégorie, celui de Jonas prêchant à Ninive la destruction de la cité après trois jours. Ce passage contient toute la thématique de la pensée maximienne, à savoir les trois jours comparables aux trois lois, et Jonas qui est une préfiguration christologique. « Le Seigneur après son Ensevelissement de trois jours et sa Résurrection a détruit l'erreur souillant et noircissant la nature par la transgression. Et Il a renouvelé la beauté très douce de la nature due à l'obéissance de la loi ; de nouveau, par la Résurrection, Il a démontré la beauté naturelle beaucoup plus douce que l'immortalité, ne s'endurcissant pas par la matière. Il convient aussi d'adapter cela à la nature ordinaire, et à l'Église, et à l'âme de chacun, qui par la foi et la bonne conscience a déposé l'image du vieil Adam terrestre (χοϊκόν), et revêtu l'image de l'Adam céleste » [105]. Ainsi est interprété le renouvellement « ontologique » de la nature effectué par Christ. L'œuvre du Christ n'est pas un simple renouvellement moral, mais la nouvelle création « ontologique » ; la Résurrection est l'événement, le centre et l'acte de cette nouvelle création. Ainsi la Résurrection constitue le contre-poids qui efface les résultats de la chute contre la création et renouvelle la « beauté » (κάλλος) naturelle obscurcie par le péché. Ce renouvellement est apporté non seulement à la création en général, mais aussi à la nature « ordinaire », à l'Église qui, — selon saint Maxime, existe depuis le fondement de la création, — ainsi qu'à l'âme de chacun, renouvelée par l'image du nouvel Adam [106].

---

105. *Quaestiones ad Thalassium 64*, *Corpus Christianorum 22*, 231, 695-705. PG 90, 721C-724A.

106. Dans le premier chapitre on a parlé de l'accomplissement des lois naturelles ainsi que de l'abolition des divisions entre l'incréé et le créé, l'intelligible et le sensible, le ciel et la terre, le paradis et l'univers, le mâle et la femelle. Cela signifie non seulement le renouvellement et la nouvelle création, mais davantage, l'unification de la création et son union avec Dieu. Ailleurs, saint Maxime parle aussi de l'abolition des lois naturelles que la naissance surnaturelle du Christ effectue. Cf. *Ambigua II, 31*, PG 91, 1273D-1276A : « Κατὰ ἀλήθειαν οἱ νόμοι τῆς φύσεως καταλυθέντες τὴν τοῦ

Un autre passage des *Quaestiones ad Thalassium 64*, définit ainsi la grâce : « La loi de grâce est le *λόγος* au-delà de la nature, qui transforme la nature vers la divinisation sans l'altérer, et qui manifeste de façon incompréhensible, comme une sorte d'image, l'archétype qui est au-delà de la nature à la nature humaine ; elle confère également la demeure au toujours-bien-être » [107]. Cet « *ὑπὲρ φύσιν λόγος* », égal à la loi de grâce, peut être identifié à la personne du Christ, conformément aussi à tout ce qui a été dit jusqu'ici. D'ailleurs, ce « *λόγος* » qui « transforme » la nature, la préparant à la divinisation, n'est autre que le Fils et Verbe (*Λόγος*) de Dieu. En sa personne se manifeste l'archétype du Père, le Fils étant Son image. Il se manifeste pour être imité par l'homme appelé à la divinisation. L'image de l'archétype confère à ceux qui l'imitent la divinisation ; or la divinisation n'est autre que le « *ἀεὶ εὖ εἶναι* » dont on a parlé ailleurs. La relation entre le « toujours-bien-être », comme une ontologie de l'être des êtres créés, la loi de grâce et enfin la divinisation montrent l'unité intérieure de la théologie de saint Maxime.

Concluons ce chapitre en soulignant d'abord l'importance des trois lois comme procédé de la connaissance de Dieu. L'une ne supprime pas l'autre, mais l'accomplissement apporté par Jésus-Christ donne son sens correct à chacune des trois lois, en les perfectionnant. Les trois lois sont ensuite considérées comme la révélation de Dieu à travers la nature, à travers l'Écriture, et par la personne du Christ. Ce sont donc les énergies divines qui sont révélées dans l'économie divine et qui guident la création et l'homme en particulier vers leur finalité, c'est-à-dire vers l'union avec Dieu.

ἄνω κόσμου πλήρωσιν εἰργάσαντο. Δηλονότι μὴ καταλυθέντων ἐλλιπὴς ἂν ὁ ἄνω κόσμος διέμεινε καὶ ἀπλήρωτος ». Cf. ibid., 1280CD et ibid., 41, PG 91, 1308D. L'accomplissement du monde surnaturel est compris comme « l'accomplissement », selon l'Évangile, de la « diade » des fils de la parabole du fils prodigue, de la dizaine de drachmes et de la centaine de brebis. Cf. ibid., 31, 1276D-1280A.

107. *Corpus Christianorum 22*, 237, 800-804. PG 90, 725D-728A.

SIXIÈME CHAPITRE

LA CONNAISSANCE DE DIEU

1. Origine de la question de la connaissance de Dieu

L'enseignement sur la connaissance de Dieu de l'apôtre Paul et de saint Jean l'évangéliste sont à l'origine de celui de saint Maxime. En particulier deux versets bibliques, qui introduisent en quelque sorte l'apophatisme à la question de la connaissance de Dieu : *(a)* I Co 13,9 : « *nous connaissons en partie* », et *(b)* Jn 1,14 : « *nous avons contemplé sa gloire* ». Les notions déterminantes de ces références bibliques sont le « ἐκ μέρους » (en partie) de l'apôtre Paul et le « δόξαν » (gloire) de l'évangéliste Jean. Un deuxième facteur, déterminant pour la théologie de la connaissance de Dieu, est la notion de l'« inconnaissable » de l'essence de Dieu, enseignement que saint Maxime a hérité des Pères de l'Église antérieurs à lui. La synthèse de ces deux facteurs constitue la base de l'interprétation des deux passages bibliques et de leur intégration dans le système théologique de saint Maxime. Il aboutit donc à la conclusion que « le Verbe n'est connu, en quelque sorte, qu'à partir des énergies. Car la connaissance du Verbe selon l'essence et l'hypostase est inaccessible à tous les anges comme à tous les hommes, et n'est connue de personne » [1]. La connaissance de Dieu à

---

1. *Chapitres Théologiques et Économiques II*, 79, PG 90, 1160C. Trad. J. TOURAILLE, *Philocalie*, fasc. 6, p. 118. Saint Maxime est probablement ici influencé par Origène, qui, au sujet de la connaissance de Dieu, utilise les mêmes passages scripturaires. Cf. *Contre Celse VI, LXVIII*, ΒΕΠΕΣ, VOL. 10. La question fondamentale traitée par Origène est la suivante : « πῶς οἰόμεθα

partir de ses énergies, ainsi que l'inaccessibilité à l'essence de Dieu sont des questions que nous traiterons plus loin. Nous nous bornons ici à la connaissance à partir de la loi de grâce, saint Maxime se basant sur Jn 1,14. C'est pour cela qu'il cite le verset entier : « *nous avons contemplé sa gloire, dit-il, une gloire comme la gloire du Fils unique venu du Père, pleine de grâce et de vérité* ». Le texte qui suit est inspiré textuellement de ce passage évangélique.

« Car le Fils unique n'a pas été empli de grâce parce qu'il est Dieu par essence et consubstantiel à Dieu le Père. Mais c'est parce qu'il a pris la nature de l'homme par économie et qu'il s'est fait consubstantiel à nous, qu'il a été empli de grâce pour nous qui avons besoin de la grâce et qui de sa plénitude, continuelle, à la mesure de tout notre progrès, recevons la grâce correspondante. Ainsi celui qui a gardé inviolable en lui-même la parole (τὸν λόγον) parfaite portera, pleine de grâce et de vérité, la gloire de Dieu le Verbe qui s'est incarné pour nous, et qui s'est glorifié et sanctifié lui-même pour nous dans notre nature, lors de son avènement. Il est dit en effet : *"Quand il se manifestera, nous serons pareils à lui"*(Jn 3, 2) » [2].

γνωρίζειν τὸν Θεὸν, καὶ πῶς πρὸς αὐτὸν σωθήσεσθαι » (ibid.), à laquelle il répond ainsi : « ἱκανός ἐστιν ὁ τοῦ Θεοῦ Λόγος, γενόμενος τοῖς ζητοῦσιν αὐτὸν ἢ τοῖς ἐπιφαινόμενον αὐτὸν παραδεχομένοις γνωρίσαι καὶ ἀποκαλύψαι τὸν πατέρα, πρὸ τῆς παρουσίας αὐτοῦ οὐχ ὁρώμενον » (ibid.). Le Verbe de Dieu révèle et fait connaître le Père, et il est en même temps le Sauveur : « ʺσάρξʺ οὖν ʺἐγένετοʺ καὶ γενόμενος ʺσάρξʺ ʺἐσκήνωσεν ἐν ὑμῖνʺ οὐκ ἔξω γινόμενος ἡμῶν, σκηνώσας δὲ καὶ γενόμενος ἐν ἡμῖν οὐκ ἔμεινεν ἐπὶ τῆς πρώτης μορφῆς, ἀλλ'ἀναβιβάσας ἡμᾶς ἐπὶ τὸ λογικὸν ʺὑψηλὸν ὄροςʺ ἔδειξεν ἡμῖν τὴν ἔνδοξον μορφὴν ἑαυτοῦ καὶ τὴν λαμπρότητα τῶν ἐνδυμάτων αὐτοῦ καὶ οὐχ ἑαυτοῦ γε μόνου ἀλλὰ καὶ τοῦ πνευματικοῦ γε νόμου, ὅς ἐστιν ʺἐν δόξῃʺ ὀφθεὶς μετὰ τοῦ Ἰησοῦ ʺΜωϋσῆς. ἔδειξε δ'ἡμῖν καὶ πᾶσαν προφητείαν, οὐδὲ μετὰ τὸ ἐνανθρωπῆσαι ἀποθνήσκουσαν ἀλλ' ἀναλαμβανομένην εἰς οὐρανόν, ἧς σύμβολον Ἡλίας ἦν. ὁ δὲ ταῦτα θεωρήσας εἴποι ἂν τό· ʺἐθεασάμεθα τὴν δόξαν αὐτοῦ, δόξαν ὡς μονογενοῦς παρὰ πατρός, πλήρης χάριτος καὶ ἀληθείαςʺ » (ibid.). En ce qui concerne l'influence d'Évagre le Pontique sur saint Maxime au sujet de « l'amour » et de la « connaissance » cf. Marcel VILLER, « *Aux sources de la spiritualité de S. Maxime. Les œuvres d'Évagre le Pontique* », in : *Revue d'Ascétique et de Mystique 11 (1930)*, pp. 239-243.

2. *Chapitres Théologiques et Économiques II, 76*, PG 90, 1160D-1161A. Trad. J. TOURAILLE, *Philocalie*, op. cit. p. 118. Selon l'herméneutique de saint Maxime, Jn 1,14 se réfère à la vision de la lumière divine de la Transfiguration que Jean a eue avec les autres apôtres Pierre et Jacques.

Chaque mot de l'évangéliste révèle une vérité de l'économie du salut. Cela ressort du poids et de l'importance qu'ils prennent dans l'examen effectué par saint Maxime. Le Fils unique est l'image du Père, consubstantiel à Lui ; Il a donc la même gloire que le Père. L'interprétation maximienne est nuancée par rapport à Jean l'évangéliste. Selon saint Jean, la gloire au Mont Thabor « contemplée » est la gloire du Père révélée en la personne du Fils unique, comme image du Père. Saint Maxime souligne cette révélation, la gloire manifestée dans la nature humaine du Christ [3], qui a été glorifiée et s'est manifestée pleine de grâce et de vérité lors de la réalisation de l'économie divine du salut. La révélation de la gloire et de la grâce est une manifestation divine répondant à notre besoin. Par conséquent, ce que Christ avait naturellement en sa divine nature, Il le manifeste par sa nature humaine, comme une expression de la grâce divine. C'est ainsi qu'on arrive à l'enseignement de la *« synergie »* des deux natures en Christ : la nature humaine coopère avec la nature divine pour le salut. Aucune énergie divine n'est sans but et aucune énergie ne reste sans conséquence pour la création. La manifestation de la gloire du Verbe, pleine de grâce et de vérité n'était pas une manifestation en vue de surprendre l'homme, mais elle est inclue dans le plan de l'économie divine. Le Verbe « a été empli de grâce pour nous qui avons besoin de la grâce ». La loi de grâce, fondée par le Verbe de Dieu, n'est autre que la personne du Christ.

Ensuite nous reconnaissons le caractère propre à la théologie de saint Maxime, influencé par l'Aréopagite, selon laquelle l'assimilation de la grâce est une conséquence de la capacité de chacun à recevoir la grâce. Il y a deux aspects possibles à cela : la capacité de chacun manifeste son état « moral » et sa préparation, et reflète sa capacité métaphysique [4]. L'homme « a besoin » de la grâce divine à cause de sa chute ; c'est un état plutôt moral. Mais à cause

---

3. Selon Origène le « ἐθεασάμεθα » se réfère à la vision de la gloire du Christ par les apôtres lors de la Transfiguration. Cf. *Contre Celse VI, LXVIII*, ΒΕΠΕΣ vol. 10.

4. Cf. *Des Noms Divins, VI, 1*, PG 3, 856A.

de la chute, le « λόγος » qui lie l'homme à Dieu en a subi les conséquences ; c'est l'état des relations métaphysiques. Il est difficile de dire ce que saint Maxime comprend par la phrase « ὁ τὸν λόγον τέλειον ἐν ἑαυτῷ φυλάξας ». Est-ce qu'il se réfère à un état postérieur à la chute ? Si oui, est-ce qu'il est possible que le « λόγος », après la chute, soit sauvegardé parfait ? Une interprétation possible est que le Verbe de Dieu, par son Incarnation, demeure de nouveau en nous. C'est ainsi que « celui qui a gardé inviolable en lui-même la parole parfaite portera, pleine de grâce et de vérité, la gloire de Dieu le Verbe qui s'est incarné pour nous ». La relation entre le « λόγος » et la « χάρις » est fondamentale, car celui qui garde « la parole inviolable en lui-même » reçoit aussi la grâce inviolable. Cette interprétation est conforme à la pensée théologique du Confesseur au sujet de la divinisation de l'homme, or la loi de grâce a cette fonction. L'homme qui reçoit le Verbe imite le Christ et se transforme en réceptacle de la grâce divine. Quand donc le Verbe *« paraîtra nous serons semblables à Lui »* (I Jn 3,2), dans le sens que nous nous transformons en réceptacles de la grâce et nous la révélons comme la révèle également le Verbe de Dieu.

La manifestation et la contemplation de Dieu est un des plus grands aspects de la question de la connaissance de Dieu. Non seulement les deux passages bibliques cités sont compris dans cette perspective herméneutique, mais deux autres aussi qui, selon saint Maxime, montrent deux étapes de la connaissance de Dieu. Le premier est celui d'Es 53, 2 : *« Nous l'avons vu, et il n'avait ni apparence ni beauté »*, et le second celui du Ps 44, (45 Hebr., saint Maxime utilise le texte des Septante) : *« Il est beau devant les fils des hommes »*. Ces deux passages christologiques ont beaucoup préoccupé la pensée chrétienne, car, en tant que passages christologiques, ils incluent une contrariété en ce qui concerne la personne du Christ [5]. En fait, les deux passages

---

5. Origène écrit à ce sujet : « εἴποιμεν γὰρ ἂν πολλῷ ὡραιοτέρους φαίνεσθαι τοὺς τῶν φιλοσοφούντων λόγους, ὄντας 'υἱοὺς ἀνθρώπων', παρὰ τὸν τοῖς πολλοῖς κηρυσσόμενον Θεοῦ Λόγον, ὅς ἐμφαίνει καὶ μωρίαν 'κηρύγματος' καὶ διὰ τὴν ἐμφαινομένην μωρίαν 'τοῦ κηρύγματος' λέγουσιν

vétéro-testamentaires prophétisent la manifestation du Verbe de Dieu. « À ceux qui s'appliquent avec le plus de ferveur aux divines Écritures, la parole du Seigneur apparaît sous deux formes : l'une, commune et publique, que beaucoup ont pu voir, (...) ; et l'autre, secrète et accessible à peu » [6]. Tous n'ont pas le même degré de connaissance et de contemplation du Verbe de Dieu, mais elle dépend de la prédisposition. La beauté du Verbe divin est contemplée par les parfaits dans la connaissance, tandis que la plupart contemplent seulement l'humilité du Verbe dans sa manifestation. « De ces deux formes, la première est adaptée aux novices, et la seconde correspond à ceux qui sont devenus parfaits dans la connaissance, autant qu'il est possible. L'une est l'image du premier avènement du Seigneur. C'est à elle qu'il faut rapporter ce que dit l'Évangile : elle purifie les actifs par les souffrances. L'autre est une préfiguration du second et glorieux avènement. C'est en elle que se comprend l'Esprit : elle transfigure les savants (γνωστικούς) par la sagesse, en vue de la déification. Par la transfiguration du Verbe en eux, le visage découvert, ils contemplent comme dans un miroir la gloire du Seigneur » [7].

La première étape de la connaissance et de la contemplation du Verbe, destinée à beaucoup, est la connaissance historique de la personne et de l'œuvre du Christ. La deuxième image du Verbe est la préfiguration de son second

---

οἱ τοῦτο μόνον θεωροῦντες· 'εἴδομεν αὐτόν, καὶ οὐκ εἶχεν εἶδος οὐδὲ κάλλος' τοῖς μέντοι (ἐκ τοῦ) ἀκολουθεῖν αὐτῷ δύναμιν ἀνειληφόσι πρὸς τὸ ἕπεσθαι καὶ ἀναβαίνοντι αὐτῷ 'εἰς τὸ ὑψηλὸν ὄρος' θειοτέραν μορφὴν ἔχει » (Contre Celse VI, LXXVII, ΒΕΠΕΣ, vol. 10, 119, 1-8.

6. *Chapitres Théologiques et Économiques I, 97*, PG 90, 1121CD. Saint Maxime se réfère probablement à Origène par la phrase : « τοῖς σπουδαιοτέροις τῶν θείων Γραφῶν ἐπιμεληταῖς ». Or Origène fait la distinction entre les deux étapes de la connaissance du Verbe et entre les deux formes de son apparition.

7. Trad. Jacques TOURAILLE, *Philocalie*, fasc. 6, pp. 99-100. Hans-Urs von BALTHASAR, *Liturgie Cosmique*, op. cit. p. 73, constate : *« Avec Origène, Maxime conçoit le Logos à la fois comme la seconde Personne de la Trinité, et comme le « lieu » des idées divines »*. Selon Dumitru STANILOAE, *Mystagogie de Saint Maxime le Confesseur. Introduction-Commentaires*, Éd. Apostoliki Diakonia de l'Église de Grèce, Athènes 1973, pp. 22-23 (en grec), *« saint Maxime connaît deux sens du Logos : (a) le logos ontologique, qui exprime toute l'organisation ou le sens d'une réalité, propre à chaque être, puisqu'il est un principe intérieur qui crée, organise, conserve et fait progresser chaque être ; (b) un logos qui fonctionne selon ce principe ontologique et qui est propre seulement aux êtres conscients »*.

avènement, quand Il se manifestera en toute sa gloire et toute sa beauté. Ceux qui ont progressé par la sagesse et la connaissance vers la déification, contemplent l'image du Verbe, car le « λόγος » en eux est transformé, afin qu'ils puissent, le visage dévoilé, voir la gloire du Seigneur [8]. Ceux donc qui participent à la connaissance et à la contemplation de la lumière divine ont un avant-goût du royaume eschatologique de Dieu [9]. La Transfiguration est un exemple évangélique, ainsi que la révélation et l'enseignement de ce qu'il faut faire pour ceux qui veulent vivre la même expérience que les apôtres, et recevoir aussi la grâce divine. La lumière divine est l'énergie divine qui guide vers la connaissance, car elle illumine l'homme pour comprendre les mystères de Dieu.

---

8. C'est en se basant sur cet enseignement de la lumière divine de la Transfiguration, que saint Grégoire Palamas a développé son enseignement de la lumière divine incréée. Cf. Grégoire PALAMAS, Traités, vol. III, Thessalonique 1970 : « Λόγος Ἀντιρρητικός » 6, 14. Ici Palamas cite le *Tomos Synodikos A, 46*, PG 151, 688C, et le passage des *Ambigua II, 10*, PG 91, 1168AB, passage qui parle de la lumière divine de la Transfiguration. Cf. également « Λόγος Ἀντιρρητικός » 3, 79. Par la lumière divine « θεότητα προσαγορευόντων ὡς θέωσιν ὑπάρχων, μόνοις τοῖς κατηξιωμένοις ἀπορρήτως ὁρατήν, ἔστι δ'ὧν καὶ νοητήν, ὡς οὐκ ὀφθαλμοῖς μόνον σώματος ἀλλὰ καὶ τοῖς τῆς ψυχῆς ἐγγινομένης ἀπερινοήτως τῶν ἠξιωμένων τῆς θείας ἐλλάμψεως ἐκείνης ».

9. Cf. *Ambigua II, 10*, PG 91, 1168AB : « Τὸ τοίνυν φῶς τοῦ προσώπου τοῦ Κυρίου τὸ νικῆσαν τῆς ἀνθρωπίνης μακαρίας ἀποστόλοις τῆς κατ' ἀπόφασιν μυστικῆς θεολογίας, καθ'ὅ ἡ μακαρία καὶ ἁγία θεότης κατ'οὐσίαν ἐστὶν ὑπεράρρητος καὶ ὑπεράγνωστος καὶ πάσης ἀπειρίας ἀπειράκις ἐξῃρημένη, οὐδ'ἴχνος ὅλως καταλήψεως κἂν ψιλὸν τοῖς μετ'αὐτὴν καταλείψασα, οὐδὲ τὴν πῶς κἂν πόσως ἡ αὐτὴ καὶ μονάς ἐστι καὶ τριὰς ἔννοιαν ἀφεῖσά τινι τῶν ὄντων, ἐπειδὴ μηδὲ χωρεῖσθαι κτίσει τὸ ἄκτιστον πέφυκε, μηδὲ περινοεῖσθαι τοῖς πεπερασμένοις τὸ ἄπειρον ». Non seulement l'essence de Dieu reste inconnaissable et invisible, mais aussi la lumière divine qui rayonne d'elle, même si elle est accessible aux sens corporels et spirituels. Elle manifeste la gloire de Dieu, mais elle reste inconnaissable. Ailleurs saint Maxime écrit à propos de la lumière de la Transfiguration : « Τὴν μὲν ἀκτινοφανῶς ἐκλάμπουσαν τοῦ προσώπου πανόλβιον αἴγλην, ὡς πᾶσαν ὀφθαλμῶν νικῶσαν ἐνέργειαν, τῆς ὑπὲρ νοῦν καὶ αἴσθησιν καὶ οὐσίαν καὶ γνῶσιν θεότητος αὐτοῦ σύμβολον εἶναι μυστικῶς ἐδιδάσκοντο » (ibid., 1128A). Ensuite le texte traite des deux versets bibliques, Es 53,2 et Ps 44,3. Saint Maxime conclut ainsi que les apôtres ont eu l'expérience que Christ « est le plus beau des fils des hommes ».

2. La Connaissance par la voie cataphatique et par la voie apophatique de la théologie

La distinction de la théologie en tant que mode de connaissance de Dieu en « théologie cataphatique » et « théologie apophatique » trouve sa systématisation dans les écrits de l'Aréopagite [10]. Saint Maxime, profond connaisseur de l'Aréopagite, devient l'interprète le plus représentatif de la théologie orthodoxe « cataphatique » et « apophatique », en modifiant celle de l'Aréopagite qui porte le sceau du Néoplatonisme [11]. La « théologie cataphatique » et la « théologie apophatique » sont le fruit de la distinction et de la différence entre le créé et l'incréé et aussi de la distinction de l'incréé en connaissable et inconnaissable. Jetons un regard rapide sur le développement de cet enseignement : chez Platon le monde sensible n'est rien « d'autre » que l'imitation du monde des idées. Aristote et Plotin considèrent le monde comme une émanation de la divinité. Cette inter-

---

10. Cela ne signifie pas qu'avant l'Aréopagite l'apophase et la cataphase n'existaient pas comme méthodes théologiques de la connaissance de Dieu. Les Pères de l'Église avant l'Aréopagite utilisent déjà ces deux méthodes qui peuvent être considérées comme découlant de la théologie de l'apôtre Paul et de saint Jean l'Évangéliste. L'apophase et la cataphase sont aussi le moyen d'expression de la spiritualité religieuse. Pour des exemples de la théologie apophatique et cataphatique avant et après l'Aréopagite cf : Panagiotis TREMPELAS, *Mysticisme-Apophatisme. Théologie Cataphatique*, vol. I, Athènes 1974, et vol. II, 2e édition, Athènes 1980 ; pour l'apophatisme chez saint Maxime P. TREMPELAS se base seulement sur les *Chapitres Sur la Charité* et *les Chapitres Théologiques et Économiques*, texte de la *Philocalie*. Cf. Vladimir LOSSKY, *Vision de Dieu*, éd. DELACHAUX ET NIESTLE, Neuchâtel 1962 ; plus particulièrement le chapitre : *« Saint Denys l'Aréopagite, Saint Maxime le Confesseur »*, pp. 101-112. Cf. Nikou MATSOUKA, *Monde, homme, société, selon Maxime le Confesseur*, éd. Grigoris, Athènes 1980 (en grec) ; plus particulièrement le chapitre IV, 2 : *« Voie cataphatique et apophatique »*, pp. 187-196. Cf. *Œuvres complètes du Pseudo-Denys l'Aréopagite; traduction, préface, notes et index par Maurice de* GANDILLAC, BIBLIOTHÈQUE PHILOSOPHIQUE, Éd. AUBIER MONTAIGNE 1943. Cf. Christos YANNARAS, *De l'absence et de l'inconnaissance de Dieu, d'après les écrits aréopagitiques et Martin Heidegger*. Les Éditions du Cerf, 1971.

11. Panagiotis TREMPELAS, *Mysticisme-Apophatisme. Théologie Cataphatique*, op. cit. examine cette influence avec un esprit très critique qui l'empêche de valoriser autant qu'il le faudrait l'aspect positif de la théologie de l'Aréopagite au sujet de la cataphase et de l'apophase. Cf. également Jean MEYENDORFF, *Le Christ dans la théologie byzantine*. Bibliothèque œcuménique 2, éd. CERF, Paris 1969. Particulièrement le chapitre V : *« Le Pseudo-Denys »*, pp. 121-147. Hans-Urs von BALTHASAR, *Liturgie Cosmique*, op. cit. pp. 45-87.

prétation du monde domine aussi chez Origène et chez les néoplatoniciens qui influencent l'Aréopagite de façon importante. Mais déjà à partir de Philon d'Alexandrie et des Pères cappadociens cette relation d'immanentisme est rompue et fait place à la notion de la création du monde à partir du néant (*ex nihilo*), ainsi que de la distinction entre le créé et l'incréé. Il est aussi vrai que l'Aréopagite, malgré son néoplatonisme, suit l'enseignement des Pères cappadociens et distingue le créé de l'incréé en introduisant ainsi la distinction de l'inconnaissable et du connaissable dans la divinité. Mais l'Aréopagite reste néoplatonicien pour ce qui est de son système cosmologique par la hiérarchisation des êtres terrestres et célestes. La distinction en aspect connaissable et aspect inconnaissable de l'être incréé introduit également la voie « cataphatique » et la voie « apophatique » de la connaissance de Dieu, que l'Aréopagite traite dans son œuvre sur « *La théologie Mystique* » [12]. Saint Maxime dépasse le système de l'Aréopagite influencé par le néoplatonisme ; or par son propre système cosmologique il donne la réponse orthodoxe à la relation Dieu-monde. Le système cosmologique de l'Aréopagite relativise et transforme cette hiérarchisation en étapes de la connaissance de Dieu. Rappelons que la distinction entre Dieu et le monde en être incréé (pour Dieu) et en êtres créés (pour le monde), introduite par Philon d'Alexandrie et les Pères cappadociens, avait comme conséquence la distinction entre essence et énergie en Dieu. L'essence reste inconnaissable et incompréhensible ; ce que nous connaissons c'est la divine énergie [13].

« Toute nature des êtres raisonnables (λογικῶν), selon son

---

12. Cf. PG 3, 997A-1048B. Nous citons cette œuvre puisqu'elle traite le sujet de la cataphase et de l'apophase plus particulièrement. Mais c'est à travers tout le corpus dionysianum que cette méthode théologique de la connaissance de Dieu est discutée et appliquée.

13. Cf. Basile le Grand, *Lettre 234*, PG 32, 869AB : « Ἀλλ᾽αἱ μὲν ἐνέργειαι ποικίλαι, ἡ δὲ οὐσία ἁπλῆ. Ἡμεῖς δὲ ἐκ μὲν τῶν ἐνεργειῶν γνωρίζειν λέγομεν τὸν Θεὸν ἡμῶν, τῇ δὲ οὐσίᾳ αὐτῇ προσεγγίζειν οὐχ ὑπισχνούμεθα. Αἱ μὲν γὰρ ἐνέργειαι αὐτοῦ πρὸς ἡμᾶς καταβαίνουσιν, ἡ δὲ οὐσία αὐτοῦ μένει ἀπρόσιτος ». Grégoire de Nysse, *Homélie VI sur les Béatitudes*, PG 44, 1269 : « Ὁ γὰρ τῇ οὐσίᾳ ἀόρατος, ὁρατὸς ταῖς ἐνεργείαις γίνεται, ἔν τισι τοῖς περὶ αὐτὸν καθορώμενος ».

ordre propre, et la puissance et l'ordre de l'essence qui est au-delà d'elle, est initiée et imite de façon privative (στερη-τικῶς), les habitudes gnostiques et les positions affirmatives (de l'essence qui est au-delà d'elle) par ces propres négations apophatiques (ταῖς κατ᾽αὐτὴν ἀφαιρετικαῖς ἀποφάσεσι). Ainsi, selon la connaissance, ce qui, pour les êtres qui sont au-dessus, est cataphase, est apophase pour les êtres qui sont au-dessous, et vice versa, ce qui, pour les êtres qui sont au-dessous, est apophase, selon la connaissance, est cataphase pour les êtres qui sont au-dessus. (La nature des êtres raisonnables) progresse (προοδεύουσα) de façon apophatique jusqu'à la nature supérieure et l'ordre qui sont au-delà de tout, cataphase à laquelle succède, après tout ordre et puissance, la connaisance apophatique et immédiate de Dieu ; elle ne peut point être affirmée (καταφασκομένη) par les êtres puisqu'il n'y a donc pas de limite ou de fin qui conçoive cette apophase. Or, comme les êtres intelligibles sont, selon la nature, apophase pour les êtres sensibles, de même, pour les essences et les puissances qui complètent le monde en haut, la supériorité des premières au sujet de la connaissance de Dieu, à cause de la condescendance (διὰ τὴν ὕφεσιν) (fait qu'elles) sont apophatisées par celles qui sont inférieures » [14].

Ce texte est un exemple de la relation de saint Maxime avec l'Aréopagite, et il rappelle très fortement la *Hiérarchie* de ce dernier [15]. Mais saint Maxime transforme de façon décisive ce système en une voie de la connaissance successive de Dieu. Dans cette voie, il inclut de manière étonnante la cataphase et l'apophase, qui ne sont pas en relation dialectique contradictoire, mais en une coopération harmonieuse et qui contribuent de façon égale à la connaissance de Dieu ; la connaissance de Dieu peut être cataphatique pour une étape, mais apophatique pour une autre. Alors que saint Maxime ne laisse pas ressortir la préférence de l'Aréopagite pour la voie apophatique de la connaissance de Dieu [16],

---

14. *Ambigua II, 20*, PG 91, 1240CD-1241A.
15. Cf. *Hiérarchie Céleste*, PG 3, 272D-273A. Cf. également notre analyse du chapitre « *Énergie essentielle* ».
16. Vladimir LOSSKY, *Vision de Dieu*, op. cit. p. 105, écrit à ce propos :

qui concerne les êtres créés, la connaissance de Dieu par Lui-même est pure cataphase ; Dieu est l'autoconnaissance absolue. Ainsi Il affirme Lui-même que les êtres créés Le contemplent par la voie apophatique, car ils n'ont pas les capacités d'une connaissance parfaite et absolue. L'exemple cité éclaire suffisamment la pensée de saint Maxime. En se basant sur la distinction des êtres intelligibles et sensibles, il considère les premiers comme apophase pour les seconds et les seconds comme cataphase pour les premiers. De façon analogue pour le monde céleste, les essences et les puissances qui sont près de Dieu sont des apophases pour les êtres inférieurs, et ces derniers sont des cataphases pour les supérieurs [17]. Mais tous les êtres sensibles, intelligibles et célestes, que Dieu connaît de façon cataphatique, contemplent Dieu seulement de façon apophatique, car ils ne peuvent pas avoir la connaissance de ce que Dieu est. La position « *proche* » ou « *éloignée* » de Dieu, ainsi que le degré de connaissance, montrent tout simplement l'aptitude qu'ont les êtres à connaître Dieu, possibilité qui dépend du degré de leur participation à l'être et de leur perfectionnement moral. Ainsi saint Maxime n'introduit pas la notion de l'espace entre les êtres et Dieu, espace qui serait étranger à la présence de Dieu dans les êtres, ni Son éloignement de la création.

Dans un autre passage, moins influencé par le système hiérarchique de l'Aréopagite, la cataphase et l'apophase deviennent « deux modes de la théologie ». « C'est par ces deux modes autant que le puisse l'homme, que la connaissance de Dieu et du divin, suspendue aux symboles attachés ($\pi\varrho o\sigma\varphi v\tilde{\omega}v$) à nous, nous amène à l'un et à l'autre de ces modes, nous en impartissant, par la pieuse considération des êtres, les raisons ($\lambda\acute{o}\gamma ov\varsigma$) des deux côtés ; du premier en nous enseignant que tout symbole est au-delà des sens ; du second, par les sens, que ses grandes œuvres forment

---

« *Les deux voies théologiques sont nécessaires pour la connaissance de Dieu. Mais la voie négative est la plus parfaite. Dans la connaissance symbolique, celle de la voie affirmative, Denys préfère les noms formés à partir des objets matériels, moins capables d'induire en erreur ceux qui s'élèvent à la contemplation de Dieu* ».

17. Pour les essences et les puissances qui sont autour de Dieu voir l'analyse de l'enseignement de Philon d'Alexandrie au deuxième chapitre.

un tout » [18]. À partir de ce texte nous pouvons définir la cataphase et l'apophase, nommées déjà « deux modes de la théologie » qui montrent le lien indissoluble et l'unique principe de provenance de toutes les formes de révélation, naturelle, écrite et celle de la grâce. Les deux modes théologiques utilisent le langage « symbolique », mais la cataphase emprunte les symbolismes du monde « selon le sens », tandis que l'apophase utilise les symbolismes au-delà des sens. Il est déraisonnable de comparer les deux modes, ni la supériorité ni l'infériorité de l'un vis-à-vis de l'autre ; or les deux modes constituent un ensemble et une unité nécessaire à une parfaite connaissance de Dieu dans la mesure de ce qui est possible pour l'homme. D'ailleurs chacun des deux modes de théologie conduit à un aspect de connaissance complémentaire. L'apophase, par les symboles « au-delà des sens », affirme le divin comme simple, sans cause, la vérité de Dieu qui dépasse les limites de l'esprit et de la parole. Par conséquent, l'apophase, ayant écarté toutes les propriétés qui n'appartiennent pas au divin, « affirme » enfin ses propriétés. Par cette relation dialectique et non pas contradictoire, l'affirmation de l'être divin par les « symboles » devient possible ; car par la cataphase uniquement, il ne peut y avoir de connaissance à la hauteur de nos capacités : « À partir des symboles au-delà des sens » on peut croire « que la vérité est au-delà de la parole (λόγος) et de l'esprit (νοῦς), sans oser nous hisser à l'examen de ce qu'est, du comment et laquelle, et d'où, et de quand » (est) la vérité [19]. Le langage symbolique de la cataphase est emprunté au monde sensible. Cela manifeste le lien de la cataphase à la loi naturelle en tant que révélation divine dans la création sensible. La connaissance à partir de la cataphase se limite aux « reflets » (εἰκασίας) de celle-là par lesquels nous connaissons Dieu comme Créateur et Providence du monde sensible [20].

Quel est le sens du « symbole » pour saint Maxime dans

---

18. *Ambigua II, 10*, PG 91, 1165BC. Trad. E. PONSOYE, S. Maxime le Confesseur, *Ambigua-Apories*, p. 86.

19. Ibid.

20. Cf. ibid.

ce contexte ? L'image du Christ comme « symbole » au moment de la Transfiguration est assez explicite : « En effet, (le Christ) identique à nous par l'aspect (par un incommensurable amour des hommes — φιλανθρωπία — il a accepté d'être, sans changement cependant), il est devenu type et symbole de lui-même. Il s'est montré en symbole lui-même. Il a conduit par la main la création toute entière à travers lui-même manifesté en vue de lui-même totalement caché comme ne se montrant pas. Et comme indication de l'infinité qui ne se montre pas, qui est cachée au-delà de tout et ne peut être appréhendée ni dite en absolument aucun mode des êtres, par amour des hommes il procure aux hommes les œuvres (θεουργίας) se manifestant à travers la chair » [21]. La signification du terme « symbole » n'est pas éloignée de celle du terme « image » telle qu'elle est définie plus haut, car comme elle, le symbole est la vérité de l'archétype caché et révélé en même temps. Le Christ est ainsi devenu « type et symbole de Lui-même », puisque, en tant que Dieu parfait, Il s'est révélé dans la chair humaine. Mais cette révélation était « symbolique », à savoir cachée, car la gloire de la divinité est invisible à l'homme, comme cela a été révélé lors de la Transfiguration [22]. L'usage des images et du langage symboliques par la cataphase et l'apophase montre la capacité humaine limitée de connaissance de Dieu. Par ces deux modes théologiques, l'homme s'efforce d'observer la vérité que les symboles cachent et révèlent simultanément.

Rappelons que ces modes théologiques, « cataphatique » et « apophatique », sont la conséquence de la distinction de l'essence et de l'énergie en Dieu ; or l'essence est totalement inconnaissable et incompréhensible, tandis que l'énergie est connaissable et participable [23]. C'est ainsi que le lien entre les deux modes peut être défini, non par une dialectique d'opposition, mais d'interpénétration et de complémentarité : « Les affirmations se tenant en face des négations, elles

---

21. Ibid., 1165D. Trad. A. Riou, *Le monde et l'Église*, op. cit. pp. 108-109.
22. Au sujet de symbole cf. également : *Mystagogie* PG 91, 669BCD. Ibid., 681D.
23. Cf. Jean Zizioulas, op. cit. pp. 77-81 : « *La perspective apophatique* ».

s'entrelacent et se complètent en (une sorte) d'amitié au sujet de Dieu. C'est ainsi que les négations, en signifiant non que le divin est quelque chose mais ce qu'Il n'est pas, rejoignent les affirmations au sujet de ce qu'il est quelque chose tout en n'étant pas celle-ci ; et les affirmations (en signifiant) seulement ce qui est sans jamais montrer qu'il est ceci, rejoignent les négations au sujet de ce qu'il n'est pas telle chose mais qu'il est (cependant). Elles montrent par opposition antithétique les unes avec les autres, au sujet de Dieu, leur familiarité (τὴν οἰκειότητα) par leur façon de tomber d'accord en partant des points de vue extrêmes » [24]. En tant qu'expressions linguistiques, l'apophase et la cataphase « montrent par opposition antithétique les unes avec les autres », à savoir, l'opposition en ce qui concerne la méthode du travail et le progrès de la connaissance. Mais au sujet de Dieu, puisqu'elles se réfèrent aux deux aspects de l'une et même vérité, elles ne s'opposent pas ; elles montrent au contraire le lien indissoluble de ces deux aspects. L'apophase, par exemple, parle de « ce que Dieu n'est pas » « comme : inengendré, sans principe, infini, incorporel » etc. tandis que la cataphase parle « de sa Providence et de son Jugement en lesquels le tout est sagement conduit » [25].

---

24. *Ambigua II, 34*, PG 91, 1288C.
25. Ibid., 1288B. Dans les *Ambigua II, 10*, PG 91, 1129CD, la cataphase et l'apophase sont appliquées à la loi écrite : « Εἴη δὲ ἡμῖν τοῦτο δι᾽ ἀποφάσεως ἐκφαίνειν κρυπτόμενον, καὶ πᾶσαν σχημάτων τε καὶ αἰνιγμάτων τὸ ἀληθὲς εἰκονίζουσαν δύναμιν παρελθεῖν μᾶλλον καὶ πρὸς αὐτὸν τὸν λόγον ἀπὸ τοῦ γράμματος καὶ τῶν φαινομένων κατὰ τὴν τοῦ πνεύματος δύναμιν ἀρρήτως ἀναβιβάζεσθαι, ἢ τοῦτο φαινόμενον κρύπτειν διὰ τῆς θέσεως γίνεσθαι, ἵνα μὴ καὶ ἡμεῖς φονευταὶ τοῦ λόγου γενόμενοι Ἑλληνικῶς τῇ κτίσει λατρεύσωμεν παρὰ τὸν κτίσαντα, μηδὲν ἀνώτερον τῶν ὁρωμένων εἶναι πιστεύοντες καὶ τῶν αἰσθητῶν μεγαλοπρεπέστερον, ἢ μέχρι μόνου τοῦ γράμματος διαβλέποντες τὸ σῶμα Ἰουδαϊκῶς περὶ πολλοῦ ποιησώμεθα, τὴν κοιλίαν θεοποιήσαντες, καὶ τὴν αἰσχύνην ἡγησάμενοι δόξαν, τὸν αὐτὸν τοῖς θεοκτόνοις κλῆρον ἀπενεγκώμεθα, ὡς τὸν καθ᾽ ἡμᾶς δι᾽ ἡμᾶς πρὸς ἡμᾶς γενόμενον διὰ σώματος καὶ συλλαβαῖς καὶ γράμμασι παχυνθέντα διὰ τὴν αἴσθησιν, ὅλην τοῦ ἐν ἡμῖν νοεροῦ τὴν δύναμιν πρὸς ἑαυτὴν ἐπικλίνασαν, οὐ διαγινώσκοντες λόγον ». Ce passage est assez hardi ; saint Maxime compare d'une part la connaissance chrétienne de Dieu ainsi que la relation du monde et de Dieu, et d'autre part la connaissance de Dieu du point de vue grec et judaïque, dont les méthodes de connaissance de Dieu et de relation du monde avec Dieu conduisent à la « *mort de Dieu* » et à « *l'athéisme* ». La relation de Dieu avec le monde, comme elle est déterminée du point de vue chrétien, la méthode de connaissance de Dieu par les voies

L'Aréopagite dans sa *Théologie Mystique*, après avoir exposé la méthode « cataphatique » de la connaissance de Dieu, parle du « silence » de la contemplation de Dieu [26]. Cela signifie certainement le dépassement du « *λόγος* » et du « *νοῦς* », le dépassement de la « Théologie » et de ses méthodes en tant que parole sur Dieu. Pour saint Maxime, c'est *l'expérience* qui constitue ce dépassement : « Les sages disent qu'en effet, il n'est pas possible que coexistent l'expérience de Dieu et la parole au sujet de Dieu (*τὸν περὶ Θεοῦ λόγον*), ou bien la perception de Dieu ou la pensée à Son sujet (*τῇ αἰσθήσει τοῦ Θεοῦ, τὴν περὶ αὐτοῦ νόησιν*). J'appelle parole au sujet de Dieu, l'analogie de la contemplation de la connaissance à partir des êtres (*τὴν ἐκ τῶν ὄντων ἀναλογίαν τῆς περὶ αὐτοῦ γνωστικῆς θεωρίας*) (j'appelle) ainsi perception (*αἴσθησιν*), l'expérience par participation aux biens surnaturels ; et (j'appelle) pensée (*νόησιν*) la connaissance à son sujet, simple et unique à partir des êtres. Cela est aussi reconnu pour tout autre objet, puisque l'expérience de ce dernier fait cesser toute parole à son sujet ; et sa perception (*αἴσθησις*) rend inactive la pensée (*νόησις*) à son sujet (*καὶ ἡ τοῦδε τοῦ πράγματος αἴσθησις, τήν περὶ αὐτοῦ σχολάζουσαν ἐργάζεται νόησιν*). J'appelle expérience cette même connaissance selon l'énergie (*τὴν κατ'ἐνέργειαν γνῶσιν*), qui se produit après toute parole ; et (j'appelle) perception cette participation du connaissable, qui se manifeste au-delà de toute pensée » [27]. On ne reviendra

---

cataphatique et apophatique, et surtout la distinction entre essence et énergie en Dieu, comme conséquence de la distinction entre créé et incréé, le divin incréé étant inconnaissable et connaissable, tout cela constitue la sortie de l'impasse de la philosophie grecque de la *« mort de Dieu »*, ainsi que de la typolatrie judaïque du culte de la lettre de la loi aboutissant à la « *θεοκτονία* ». Pour Vladimir LOSSKY, *Vision de Dieu*, op. cit. p. 112, la distinction entre essence inconnaissable de Dieu et ses divines énergies connaissables « *au lieu de limiter l'essor mystique en posant la personne humaine devant une porte fermée, lui ouvre, au contraire, une voie infinie au-delà de la connaissance* ». D'autres textes de saint Maxime se réfèrent à la cataphase et à l'apophase tels que les : *Quaestiones ad Thalassium* 25, PG 90, 340CD (scholies 14) et La Mystagogie, Prologue, PG 91, 664BC.

26. PG 3, 1033BC : « *Maintenant donc que nous allons pénétrer dans la Ténèbre qui est au-delà de l'intelligible, il ne s'agit même plus de concision, mais bien d'une cessation totale de la parole et de la pensée* ».

27. *Quaestiones ad Thalassium* 60, *Corpus Christianorum* 22, 77, 77-90. PG 90, 624A.

pas sur ce sujet de la parole longuement traité ailleurs. En guise de conclusion notons que l'expérience ($\pi\varepsilon\tilde{\iota}\varrho\alpha$) en tant que dépassement de la parole et de l'esprit, signifie l'union à l'énergie de Dieu et le mouvement perpétuel dans l'infinité divine.

Dans la *Mystagogie*, l'homme est comparé à l'Église de la façon suivante : « (...) par l'autel de son esprit enfin, il appelle à son secours ce silence, couvert de louanges dans les temples, le silence de la grande voix invisible et inconnaissable de la divinité, et cela, par le moyen d'un autre silence, loquace celui-là et très sonore. Et autant qu'il l'est permis à l'homme, il vit avec elle et devient tel qu'il convient que ce soit celui qui est jugé digne de la présence de Dieu et est marqué de sa fulgurante splendeur » [28]. Le silence a un double sens ; non seulement l'homme se tait car il a acquis l'expérience de Dieu, mais le silence de l'homme est l'imitation du « silence de la grande voix invisible et inconnaissable de la divinité, par le moyen d'un autre silence, loquace celui-là et très sonore ». Le mystère divin est vécu dans ce paradoxe : le silence est le prédicateur de Dieu à « *grande voix* ». Dieu ne se manifeste donc pas seulement par la parole mais aussi par le silence.

3. *Dieu connaissable et inconnaissable*

Cette question est tout aussi importante, puisqu'elle est dans la même perspective que les thèmes traitant de la relation de Dieu avec le monde, de la distinction entre monde créé et divin incréé, de la distinction entre divin connaissable et inconnaissable, entre essence et énergie. À plusieurs reprises le sens de l'inconnaissable de l'essence a été souligné. C'est le point fondamental de la compréhension chrétienne de la question divine par rapport à la philosophie grecque. Celle-ci, en effet, ne pouvait, dans son enseignement sur la création du monde, distinguer les limites entre Dieu et la création. Le christianisme par contre, avec son enseignement de la création du monde *ex nihilo*, distingue Dieu

---

28. *Mystagogie*, *IV*, PG 91, 672C. Trad. *IRENIKON*, 13 (1936), no 6, p. 719.

de sa création, mais ne Le place pas pour autant hors du
monde comme lui étant complètement étranger [29]. Par conséquent : « En un sens il est possible de connaître Dieu et
le divin, et en un sens il est impossible de Le connaître. Il
est possible de connaître Dieu par la contemplation de ce
qui l'entoure, mais il est impossible de Le connaître par ce
qu'Il est en Lui-même » [30]. La formulation du texte est
surprenante quand on le compare à l'enseignement de la
simplicité divine [31]. Mais il confirme la distinction entre
essence et énergie de Dieu, réelle et ontologique. La simplicité de l'essence divine ne la prive pas de sa divine
énergie ; or le divin est calme et opère, il est immobile et
se meut. Il est calme en soi-même, car il n'a pas besoin
d'être perfectionné par un autre être, mais il opère par
rapport à la création et se meut pour la conservation de la
création par la Providence.

Le double aspect de la vérité divine est souligné par le
texte cité : « En un sens, il est possible de connaître Dieu
et le divin (κατά τι μὲν γνωστόν), et en un sens il est
impossible de le connaître (κατά τι δὲ ἄγνωστον) ». La
simplicité de l'être divin n'empêche pas saint Maxime de
parler de « γνωστόν » et de « ἄγνωστον » de Dieu, mais il
utilise la forme plurielle pour « ce qui l'entoure » (τοῖς περὶ
αὐτὸ θεωρήμασι) et pour « ce qu'Il est en Lui-même » (τοῖς
κατ'αὐτό). La première expression se réfère à l'énergie
divine qui est multiple selon la multitude des êtres, sans
pour autant affecter son unicité. Les contemplations (θεωρή-

---

29. La position de saint Maxime sur ce sujet est résumée de la façon
suivante dans les *Chapitres sur la Charité IV, 6*, CERESA-GASTALDO, 196. PG
90, 1049A : « Τινές φασι συνυπάρχειν ἐξ ἀιδίου τῷ Θεῷ τὰ δημιουργήματα,
ὅπερ ἀμήχανον. Πῶς γὰρ τῷ πάντι ἀπείρῳ, τὰ κατὰ πάντα πεπερασμένα,
συνυπάρχειν δύναται ἐξ ἀιδίου ; ἢ πῶς κυρίως δημιουργήματα, εἰ συναΐδια
τῷ Δημιουργῷ ; Ἀλλ'οὗτος ὁ λόγος τῶν Ἑλλήνων ἐστίν· οἵτινες οὐσιῶν
μὲν οὐδαμῶς, ποιοτήτων δὲ μόνον δημιουργὸν τὸν Θεὸν εἰσάγουσιν. Ἡμεῖς
δὲ τὸν παντοδύναμον ἐγνωκότες Θεόν, οὐ ποιοτήτων, ἀλλ'οὐσιῶν πεποιη-
μένον, δημιουργὸν αὐτὸν εἶναί φαμεν. Εἰ δὲ τοῦτο, οὐκ ἐξ ἀιδίου
συνύπαρκτα τῷ Θεῷ τὰ δημιουργήματα ».
30. *Chapitres sur la Charité IV, 7*, CERESA-GASTALDO, 196. PG 90, 1049AB.
31. Cf. *Chapitres sur la Charité IV, 8*, PG 90, 1049B, où après ce passage
il est dit : « Μὴ ἕξεις καὶ ἐπιτηδειότητας ζητήσῃς ἐπὶ τῆς ἁπλῆς καὶ
ἀπείρου οὐσίας τῆς ἁγίας Τριάδος, ἵνα μὴ σύνθετον αὐτὴν ποιήσῃς,
ὥσπερ τὰ κτίσματα· ὅπερ ἄτοπον καὶ ἀθέμιτον ἐπὶ Θεοῦ ἐννοῆσαι ».

ματα) qui entourent Dieu sont par conséquent l'aspect connaissable de Dieu, c'est pourquoi le terme montre qu'elles peuvent être contemplées et connues, c'est Dieu révélé. Les contemplations sont connues par la voie cataphatique. La seconde expression « τοῖς κατ'αὐτό » se réfère à l'essence, aux hypostases, et aux personnes dont on parle par la voie apophatique : « Un est le lieu qui, au-dessus de tout, n'a pas de commencement et qui est plus que l'essence : la Sainte Monade (Μονάς) en trois Hypostases, Père, Fils et Saint-Esprit. Union infinie de trois infinis, gardant totalement inaccessible aux êtres la raison de l'être, comment il est, ce qu'il est et qui il est. Car cette raison échappe à la compréhension de ceux qui pensent : elle ne sort absolument pas de l'intériorité cachée selon la nature, et elle dépasse infiniment toute connaissance de toutes les connaissances » [32].

Pour une meilleure compréhension et interprétation du texte, il faut avoir en vue la différence entre le créé et l'incréé qui pose des limites aux possibilités de la connaissance humaine. Il faut aussi avoir présent à l'esprit le paradoxe selon lequel même si l'homme ne peut connaître l'essence de Dieu, il peut s'unir à Lui et être déifié par grâce. Si l'on ignore tous ces éléments, on court le risque de toucher à un « agnosticisme » et à un « athéisme », deux courants qui rejettent la foi en tant que dépassement des limites de la logique. L'apophatisme de saint Maxime et des autres Pères ne doit pas être comparé à l'agnosticisme religieux et philosophique. En effet, pour le divin, il ne s'agit pas d'une connaissance empirique de l'apparence et de l'ignorance de l'essence ; mais de l'ignorance du divin, non pas de son existence, mais du « comment il est, ce qu'il est et qui il est ». Le divin ne peut être ignoré en tant qu'être sensible ou intelligible, dont nous avons une connaissance empirique, mais dont l'essence divine reste ignorée, car elle ne correspond pas aux catégories de la connaissance logique. La connaissance et la participation aux énergies divines, malgré l'apophatisme rigoureux envers l'essence,

---

32. *Chapitres Théologiques et Économiques I, 1*, PG 90, 1177A. Trad. J. TOURAILLE, *Philocalie* op. cit. p.125.

constituent le dépassement des limites étroites des capacités de connaissance de la raison et de l'esprit humains. Elles permettent la pénétration dans l'infinité de Dieu où plus l'homme connaît, plus il reconnaît son ignorance de cette infinité divine. Les apparences, à savoir les êtres « sensibles » (τὰ κατ'αἴσθησιν)[33], sont des prédicateurs de Dieu. L'ignorance de l'essence de Dieu, par conséquent, indique l'impossibilité de l'homme à traverser le créé et à passer à l'incréé, c'est-à-dire à devenir dieu par nature. Il devient par contre dieu par grâce, par sa participation aux énergies divines. L'être divin est « un », à savoir : « la Sainte Monade et trois hypostases, Père et Fils et Saint-Esprit. Union infinie de trois infinis »[34]. Plus précisément, le texte que nous commentons détermine qu'il est impossible à l'homme de Le connaître « objectivement », sans pour autant exclure un autre mode de connaissance de Dieu.

La même opinion est exprimée dans les *Ambigua II, 34*, où est défini en plus le sens du « περὶ τὴν οὐσίαν : « Dieu ne peut en aucun cas être connu à partir de ce qu'Il est selon l'essence, c'est-à-dire à partir de son essence même. Il est en effet impossible et hors de portée de toute la création aussi bien visible qu'invisible de concevoir ce qu'Il est (ἡ περὶ τοῦ τί καθέστηκεν ἔννοια), mais à partir de ce qui est autour de l'essence (τῶν περὶ τὴν οὐσίαν) (on connaît) seulement qu'Il est, et ceci est accordé par Dieu (ἑαυτὸν ὑπενδίδωσι) à ceux qui Le contemplent bien et pieusement. Tout ce qui est autour de l'essence montre non ce que Dieu est, mais ce qu'Il n'est pas, comme : inengendré, sans principe, infini, incorporel. Ce qui est autour de l'essence montre donc ce qu'elle (l'essence) n'est pas, et non pas ce qu'elle est (τὸ τί μὴ εἶναι, οὐχ ὅτι δὲ τὸ τί εἶναι αὐτὴν παριστῶσιν). Cela montre également les raisons de la Providence et du Jugement selon lesquelles le tout est sagement conduit, et avec lesquelles on dit que la vision harmonieuse naturelle montre seulement par analogie que Dieu est son Créateur »[35].

---

33. Cf. *Ambigua II, 10*, PG 91, 1165BC.
34. *Chapitres Théologiques et Économiques* I, 1, PG 90, 1177A.
35. PG 91, 1288BC.

Ce qui est « selon l'essence » (κατὰ τὴν οὐσίαν) de Dieu est inconnaissable à la création aussi bien visible qu'invisible. Sur ce point, il y a égalité entre le visible et l'invisible, malgré la thèse aréopagitique selon laquelle la connaissance et la participation de Dieu dépendent de la capacité de chaque être, déterminée par sa position dans la hiérarchie. Dieu reste inconnaissable à la création inférieure en ce qu'Il est selon l'essence. Il est connaissable par contre par ce qui est autour de son essence. Ce qui est autour de l'essence divine peut être distingué en deux catégories : (a) ce qui détermine « ce que n'est pas » le divin, et (b) « les raisons de la Providence et du Jugement ». Dans la première catégorie le mode apophatique de la théologie est évident. Il faut noter encore que l'apophase n'est pas le refus de la connaissance, mais un mode de connaissance, car en certifiant que Dieu est inengendré, sans commencement, incorporel etc. on présuppose la connaissance que Dieu n'est pas tout cela [36]. Dans la deuxième catégorie, c'est la voie cataphatique qui nous élève à ce qui est autour de l'essence. Remarquons la parenté avec la vision naturelle puisque toutes deux mènent à la révélation de Dieu comme « Créateur, Providence et Juge de la création.

En conclusion, notons que ce qui est autour de l'essence ne détermine pas l'essence de Dieu, mais d'une part ce que Dieu n'est pas et d'autre part que Dieu est le Créateur, la Providence et le Juge de la création [37.]

---

36. Ce point de la théologie de saint Maxime est proche de la théologie de saint Basile le Grand qui écrit : « Ἐν τοίνυν τοῖς περὶ Θεοῦ λεγομένοις ὀνόμασι, τὰ μὲν τῶν προσόντων δηλωτικά ἐστι, τὰ δὲ τὸ ἐναντίον, τῶν μὴ προσόντων. Ἐκ δύο γὰρ τούτων οἱονεὶ χαρακτήρ τις ἡμῖν ἐγγίνεται τοῦ Θεοῦ, ἔκ τε τῆς τῶν ἀπεμφαινόντων ἀρνήσεως καὶ ἐκ τῆς τῶν ὑπαρχόντων ὁμολογίας » (Contre Eunome, Discours I, PG 29, 533C).

37. Cf. Chapitres sur la Charité IV, 3-5, CERESA-GASTALDO, 194-196. PG 90, 1048CD. Plus particulièrement ibid., 5 : « Δι'ἣν μὲν αἰτίαν ὁ Θεὸς ἐδημιούργησε, ζήτει· ἐστὶ γὰρ γνῶσις. Τὸ δὲ πῶς, καὶ διὰ τί προσφάτως, μὴ ζήτει· οὐκ ἔστι γὰρ τῷ σῷ ὑποπίπτουσα νῷ. Διότι τῶν θείων, τὰ μὲν ληπτά, τὰ δὲ ἄληπτα τοῖς ἀνθρώποις ». Cette opinion catégorique de saint Maxime est la base aussi de la distinction entre l'essence inconnaissable de Dieu et son énergie connaissable.

4. La connaissance de Dieu par les énergies divines
« Ἡ κατ'ἐνέργειαν γνῶσις »

La connaissance de Dieu est plus complexe, car elle va au-delà des catégories logiques de connaissance et elle exige la participation complète de l'être humain. La connaissance de Dieu inclut plusieurs aspects comme la participation des êtres à l'être, la relation des raisons (λόγους) des êtres qui se trouvent en Dieu avec les énergies divines et le mouvement des êtres vers leurs raisons (λόγους) et vers Dieu, la cause de leur création. En d'autres mots, la connaissance de Dieu n'est pas de nature scientifique ni un objet de recherche ; le « λόγος » inné de la nature déposé par le Créateur est le lien des êtres avec leurs raisons (λόγους) en Dieu et leur capacité de participer aux divines énergies. Néanmoins, étant donné que la connaissance de Dieu par les êtres est limitée par leur différence ontologique avec l'être incréé de Dieu et que la connaissance de l'essence divine est impossible, il faut déterminer la nature et la dimension de cette connaissance. Saint Maxime affirme par ailleurs que Dieu n'est pas connaissable « qu'à partir des énergies »[38], mais il faut examiner le sens de cette affirmation.

Saint Maxime paraît être en accord avec l'Aréopagite sur le fait que tous les êtres « participent analogiquement à Dieu puisqu'ils ont été créés par Dieu. Ils participent donc soit par l'esprit, soit par la raison, soit par les sens, soit par le mouvement vital, soit par leur propriété essentielle et habituelle d'être comme ils sont, ainsi que le voit le grand Denys l'Aréopagite »[39]. Cet accord entre l'Aréopagite

---

38. *Chapitres Théologiques et Économiques II, 79*, PG 90, 1160C. Dans le deuxième chapitre on a traité la question ontologique de la distinction entre essence et énergie. Ici on examine les conséquences théologiques d'une telle distinction, conséquences qui peuvent être considérées également comme des présupposées de cette distinction, selon le point de départ de l'examen de la question. Selon Irénée-Henri DALMAIS, « *Le Commentaire du Pater* », in : *Revue d'Ascétique et de Mystique 29 (1953)*, p. 132, ce passage des *Chapitres Théologiques et Économiques* constitue le point indiscutable de l'enseignement de saint Maxime sur la distinction de l'essence et de l'énergie.

39. *Ambigua II, 7*, PG 91, 1080B. Dans ce texte saint Maxime traite la question de la relation des êtres en tant que créatures divines avec Dieu Créateur. Or il est évident que l'auteur relie le système cosmologique de

et saint Maxime présuppose le même système cosmologique qui donne un sens complètement différent à la « participation », qui n'est plus hiérarchique, mais dynamique, une participation par grâce, indiquant ainsi la position des êtres dans la création selon l'ordre (*τάξις*) établi par le jugement divin. La participation des êtres à Dieu est le résultat de leur création par Lui. Les modes de participation sont déterminés par les genres des êtres qui participent à l'être : intelligibles, sensibles, vivants et inanimés. Leur mode de participation détermine également la relation des êtres avec Dieu et entre eux. La participation peut être statique et dynamique, car les êtres intelligibles et raisonnables par exemple, à cause de leur mouvement libre (*αὐτεξούσιος κίνησις*), se meuvent librement vers la connaissance de Dieu et leur déification. D'ailleurs la connaissance décrite est une capacité « naturelle » (*φυσική*) [40] de chaque genre d'être et elle n'indique en aucun cas la dimension et le genre de connaissance [41].

La connaissance de Dieu par les êtres comprend deux étapes : « Car la parole (*λόγος*) peut avoir une double connaissance du divin. L'une relative se situant dans la seule parole et les concepts (*ἐν μόνῳ λόγῳ κειμένην καὶ νοήμασι*) et qui n'a pas la perception empirique (*διὰ πείρας αἴσθησιν*)

---

l'Aréopagite ainsi que l'opinion de saint Grégoire de Nazianze, selon laquelle les êtres sont des « *μοῖρα Θεοῦ* » (Cf. Oratio XIV, *Sur la pauvreté VII*, PG 35, 865C) avec son propre système cosmologique des raisons des êtres (*λόγοι τῶν ὄντων*). Ainsi les trois opinions démontrent la participation des êtres en Dieu, sous l'angle du système cosmologique de saint Maxime.

40. Par le terme « *φυσική* » on n'entend pas la nécessité naturelle, car pour saint Maxime la nature comme telle est libre de toute nécessité et elle exprime la volonté créatrice libre de Dieu.

41. On a constaté aussi que la connaissance est relative aux raisons des êtres qui sont en Dieu. Père Dumitru STANILOAE *Mystagogie de Saint Maxime le Confesseur. Introduction-Commentaires*, op. cit. p. 161, note 39 (en grec), se demande si la distinction des êtres en deux catégories entraîne une distinction de leurs raisons en deux catégories, spirituelles et non-spirituelles. Il en donne la réponse suivante : « *En réalité les raisons des créatures non-spirituelles existent si profondément dans les raisons des créatures spirituelles, en Dieu, pour que toutes les raisons soient l'expression d'une seule spiritualité, mais qui est composée* ». Nous avons l'impression que le Père STANILOAE oublie dans sa .discussion que pour saint Maxime chaque être, derrière la matière, cache sa raison qui est de toute façon spirituelle, et il n'est jamais question de raisons non-spirituelles.

du connu selon l'énergie (*κατ'ἐνέργειαν*), dont on dispose dans la vie présente. L'autre, proprement vraie fondée sur la seule expérience en énergie sans la parole et les concepts, procure la perception totale du connu par la participation par grâce ; perception à travers laquelle nous recevrons la déification surnaturelle lors du repos (*λῆξιν*) à venir (*μέλλουσαν*) et qui opère sans cesse (*ἀπαύστως ἐνεργουμένην*). L'une, relative, en tant que reposant sur la seule parole et les concepts, on dit qu'elle suscite l'élan vers la connaissance en énergie par participation. L'autre, en énergie, puisqu'elle offre la perception du connu par la participation empirique, efface (*ἀφαιρετικήν*) la connaissance située dans la parole et les concepts » [42]. *Le texte des Quaestiones ad Thalassium 60*, est un commentaire sur I P 1,20 [43], et il traite de la question de l'incarnation du Verbe de Dieu, la définissant

---

42. *Quaestiones ad Thalassium 60, Corpus Christianorum 22*, 77, 63-76. PG 90, 621CD. Cf. *Ambigua II, 7*, PG 91, 1076C. *Opuscula Theologica et Polemica 1*, PG 91, 33CD-36A.

43. « *Προεγνωσμένου μὲν πρὸ καταβολῆς κόσμου φανερωθέντος δὲ ἐπ'ἐσχάτου τῶν χρόνων δι'ὑμᾶς*» (I P 1,20). Saint Maxime lie ce passage avec Col. 1,26 : « *τὸ μυστήριον τὸ ἀποκεκρυμμένον ἀπὸ τῶν αἰώνων καὶ ἀπὸ τῶν γενεῶν νῦν δὲ ἐφανερώθη τοῖς ἁγίοις αὐτοῦ*». Il interprète le mystère révélé comme l'incarnation du Christ : « *Τοῦτό ἐστι τὸ πάντας περιγράφον τοὺς αἰῶνας, καὶ τὴν ὑπεράπειρον καὶ ἀπειράκις ἀπείρως προϋπάρχουσαν τῶν αἰώνων μεγάλην τοῦ Θεοῦ βουλὴν ἐκφαῖνον μυστήριον· ἧς γέγονεν ἄγγελος αὐτὸς ὁ κατ'οὐσίαν τοῦ Θεοῦ Λόγος γενόμενος ἄνθρωπος*» (*Quaestiones ad Thalassium 60, Corpus Christianorum 22*, 75, 40-45. PG 90, 621BC). C'est sur ce passage, ainsi que sur d'autres textes similaires, que basent leur argumentation ceux qui défendent la position selon laquelle saint Maxime enseigne l'incarnation du Christ non conditionnée par la chute de l'homme, mais préconçue par le conseil éternel de Dieu avant les siècles. Cf. Georges FLOROVSKIJ, « *Cur Deus Homo ? the Motive of the Incarnation*», in : *Thèmes de la théologie orthodoxe*, Athènes 1973, pp. 33-42. Cet article a été publié d'abord en anglais dans le volume en l'honneur du Prof. Amilkar ALIVISATOS, Athènes 1958, pp. 70-79. Irénée-Henri DALMAIS, « *La fonction unificatrice du Verbe Incarné d'après les œuvres spirituelles de Saint Maxime le Confesseur*», in : *Sciences ecclésiastiques 14* (1962), pp. 445-459. Andreas THEODOROU, « *Cur Deus Homo ? 'Απροϋπόθετος ἢ 'Εμπροϋπόθετος 'Εναν-θρώπησις τοῦ Θεοῦ Λόγου; Σχόλιον εἰς τὴν θεολογίαν τοῦ 'Ιεροῦ Μαξίμου τοῦ 'Ομολογητοῦ*», in : *'Επιστημονικὴ 'Επετηρὶς τῆς Θεολογικῆς Σχολῆς τοῦ Πανεπιστημίου 'Αθηνῶν*, vol. XIX, Athènes 1972, pp. 297-340. Artemije RADOSAVLIEVIC, « *Le problème du "Présupposé" ou du "non-Présupposé" de l'incarnation de Dieu le Verbe*», in : *Maximus Confessor, Actes du Symposium sur S. Maxime le Confesseur*. Fribourg, 2-5 septembre 1980, PARADOSIS, op. cit. pp. 193-206. Juan-Miguel GARRIGUES, « *Le Dessein d'Adoption du Créateur dans son rapport au Fils d'après S. Maxime le Confesseur*», in : Ibid., pp. 173-192.

comme une « *manifestation* » du grand et éternel conseil de Dieu [44]. Par conséquent, l'incarnation du Verbe de Dieu est inclue dans les opérations de la Providence divine, et montre que les énergies divines ne sont pas liées au temps. Avec ces présupposés, l'incarnation du Verbe de Dieu éclaircit notre connaissance de Dieu et révèle les mystères divins qui sont avant les siècles.

(a) *La connaissance de Dieu par la parole et les concepts* : Cette connaissance est qualifiée de « relative », car elle se limite aux capacités de connaissance par la parole et les concepts. Néanmoins, sans avoir la perception ($αἴσθησιν$) en énergie du connaissable, elle constitue l'élan vers la connaissance empirique. La connaissance par la parole et les concepts, est une connaissance temporelle, dont « nous disposons dans la vie présente », et elle est l'avant-goût de la connaissance empirique. On retrouve I Co 13, 12 selon lequel notre connaissance temporelle est partielle, tandis que la connaissance eschatologique sera parfaite et face-à-face avec Dieu. Dans les *Chapitres Théologiques et Économiques* saint Maxime commentant le même passage biblique, considère le « $ἐϰ\ μέρους$ » de l'apôtre Paul comme indiquant l'ignorance de l'homme pour l'essence divine et sa connaissance de l'énergie divine [45]. Cela ne signifie pas que, par la connaissance eschatologique, on acquiert l'expérience de l'essence divine, car l'« expérience » est la connaissance « selon les sens » ($ϰατ'αἴσθησιν$) de l'énergie du connaissable. Dans les deux étapes, donc, la connaissance est celle de l'énergie divine, mais le mode est différent, car pour la première, elle se limite à la parole et aux concepts, tandis que pour la seconde c'est une connaissance empirique.

(b) *La connaissance empirique* [46] : Comparée à l'étape

---

44. *Quaestiones ad Thalassium 60*, Corpus Christianorum 22, 75, 40-43. PG 90, 621B. Ainsi le grand conseil éternel de Dieu avait prévu une union entre : « $ὅρου\ ϰαὶ\ ἀοριστίας,\ ϰαὶ\ μέτρου\ ϰαὶ\ ἀμετρίας,\ ϰαὶ\ πέρατος\ ϰαὶ\ ἀπειρίας,\ ϰαὶ\ ϰτίστου\ ϰαὶ\ ϰτίσεως,\ ϰαὶ\ στάσεως\ ϰαὶ\ ϰινήσεως$ » (Ibid., 621BC).

45. PG 90, 1160CD-1161A. Cf. *Quaestiones ad Thalassium 60*, *Corpus Christianorum* 22, 77-77-90. PG 90, 624A : texte cité à la note suivante.

46. Dans le paragraphe qui suit le texte cité sont expliqués les termes ici utilisés. *Quaestiones ad Thalassium 60*, PG 90, 624A : « $Ἀμήχανον\ γὰρ\ εἶναί\ φασιν\ οἱ\ σοφοί,\ συνυπάρχειν\ τῇ\ πείρᾳ\ τοῦ\ Θεοῦ,\ τὸν\ περὶ\ Θεοῦ\ λόγον·\ ἢ\ τῇ\ αἰσθήσει\ τοῦ\ Θεοῦ,\ τὴν\ περὶ\ αὐτοῦ\ νόησιν·\ λόγον\ δὲ\ περὶ\ Θεοῦ$

précédente, la connaissance empirique est « proprement vraie » (κυρίως ἀληθής), car « fondée sur la seule expérience en énergie sans la parole et les concepts, elle procure la perception totale du connu par la participation par grâce »[47]. Le « λόγος » et la « νόησις » sont les énergies humaines qui se mettent en fonction pour la connaissance de Dieu. La connaissance empirique constitue le dépassement du « λόγος » et de la « νόησις », car l'expérience (πεῖρα) d'une chose « cesse de parler à son sujet » et la perception d'une chose « rend inutile tout concept »[48]. Cela nous rappelle d'autres points de la théologie de saint Maxime[49], selon lesquels la connaissance et l'union avec Dieu sont considérées comme « l'arrêt » de l'énergie humaine et l'union avec l'énergie divine. Cette cessation est une cessation de l'énergie gnostique de l'homme, mais en même temps l'activation de l'énergie empirique. Par l'union avec l'énergie divine se manifeste le mystère de Dieu qui se révèle « afin qu'Il soit parfaitement connu et qu'il reste totalement incompréhensible »[50]. Par sa divine énergie, Dieu se révèle et est participé entièrement, car ses énergies révèlent la plénitude de la grâce de Dieu, mais Il reste parfaitement incompréhensible (ἀκατάληπτος) en ce qui concerne son essence.

Le passage suivant des *Quaestiones ad Thalassium 59*, traite du problème de la grâce du Saint-Esprit en relation avec les facultés de connaissance naturelle des Prophètes[51].

φημι, τὴν ἐκ τῶν ὄντων ἀναλογίαν τῆς περὶ αὐτοῦ γνωστικῆς θεωρίας· αἴσθησιν δέ, τὴν ἐπὶ τῇ μεθέξει πεῖραν τῶν ὑπὲρ φύσιν ἀγαθῶν· νόησιν δέ, τὴν ἐκ τῶν ὄντων περὶ αὐτοῦ ἁπλῆν καὶ ἑνιαίαν γνῶσιν. Τάχα δὲ καὶ ἐπ'ἄλλου παντὸς τοῦτο γνωρίζεται· εἴπερ ἡ τοῦδε τοῦ πράγματος πεῖρα, τὸν περὶ αὐτοῦ καταπαύει λόγον καὶ ἡ τοῦδε τοῦ πράγματος αἴσθησις, τὴν περὶ αὐτοῦ σχολάζουσαν ἐργάζεται νόησιν. Πεῖραν δὲ λέγω, αὐτὴν τὴν κατ'ἐνέργειαν γνῶσιν, τὴν μετὰ πάντα λόγον ἐπιγινομένην· αἴσθησιν δέ, αὐτὴν τὴν τοῦ γνωσθέντος μέθεξιν, τὴν μετὰ πᾶσαν νόησιν, ἐκφαινομένην ». Cf. Irénée-Henri DALMAIS, « Maxime le Confesseur », in : *Dictionnaire de la Spiritualité*, vol. 10 (1978), col. 844.

47. *Quaestiones ad Thalassium 60*, Corpus Christianorum 22, 77, 63-76. PG 90, 621CD, op. cit. pp. 358-359.

48. Ibid., *Corpus Christianorum 22*, 77, 85-86. PG 90, 624A.

49. Cf. *Ambigua II*, 7, PG 91, 1076C. *Opuscula Theologica et Polemica 1*, PG 91, 33CD-36A.

50. *Opuscula Theologica et Polemica 1*, PG 91, 33C.

51. La question se base sur I Pierre 1,10-11, pour lequel saint Maxime se

Ce passage présente un intérêt particulier pour la question traitée ici, car il offre l'occasion à saint Maxime d'examiner le mode de « synergie » entre la grâce du Saint-Esprit et celui qui la reçoit. « Donc, la grâce du Saint-Esprit n'opère pas la sagesse chez les saints sans l'esprit (νοῦς) qui la reçoit ; ni la connaissance, sans la puissance de réception de la raison (λόγος) ; ni la foi sans la persuasion (πληρο-φορίας) de l'esprit et de la raison des choses à venir et qui restent jusqu'ici cachées à tous ; ni des charismes de guérison, sans la philanthropie naturelle ; ni quelqu'autre des autres charismes sans l'habitus (ἕξεως) et la puissance réceptive de chacun ; bien que, de surcroît, l'homme ne puisse posséder un des charismes énumérés par sa puissance naturelle sans la puissance divine qui les octroie » [52]. Le problème se pose ainsi de la relation de la « liberté » de l'homme et de la grâce divine, problème résolu dans la théologie orthodoxe par le paradoxe selon lequel la liberté de l'homme « se perfectionne jour après jour » alors qu'il obéit à la volonté divine. L'obéissance ne signifie ni la soummission ni la privation de la liberté personnelle (αὐτε-ξούσιον), mais l'accroissement des capacités et des facultés naturelles, ainsi que la libération de l'usage contre-nature : « la grâce de l'Esprit ne supprime nullement la puissance de la nature ; par contre, (la puissance de la nature) abolie (καταργηθεῖσαν) par l'usage des modes contre-nature, la grâce la rend de nouveau opérationelle par l'usage des modes naturels et l'amène à la compréhension des choses divines » [53].

Les facultés de connaissance de l'esprit et de la raison telles qu'elles sont examinées, en tant que facteurs de connaissance par la parole et les concepts, deviennent donc des réceptacles de la grâce divine. Ces facultés constituent la puissance et l'énergie de la connaissance, indispensables pour recevoir la grâce ; « Car, il n'est pas permis de dire

demande comment les prophètes « ἐξεζήτησαν » et « ἐξηρεύνησαν » et si leurs prophéties sont l'œuvre du Saint-Esprit. En d'autres mots, où se trouve la contribution personnelle de l'auteur. La réponse de saint Maxime est intéressante.

52. *Corpus Christianorum 22*, 47, 55-49, 62. PG 90, 605B.
53. Ibid., *Corpus Christianorum 22*, 51, 95-99. PG 90, 608A.

que la seule grâce, par elle-même, opérait chez les saints la connaissance des mystères, sans la puissance naturelle des capacités réceptives »[54]. La réception de la grâce du Saint-Esprit est, par conséquent, l'œuvre de la « *synergie* », puisque l'homme ne peut posséder une quelconque connaissance des mystères divins sans la puissance divine qui octroie la grâce.

Par quel mode le Saint-Esprit opère-t-il pour que les puissances naturelles de connaissance de l'homme s'activent à la connaissance de Dieu ? Le texte des *Quaestiones ad Thalassium 59*, répond par une analogie. La grâce du Saint-Esprit est comparée à la lumière ; puisque l'homme a l'expérience de la lumière, ainsi, par cette connaissance empirique, il peut s'élever analogiquement à la connaissance de Dieu. Certes, le choix de l'image de la lumière en tant qu'analogie n'est pas arbitraire. Cette théologie de la lumière trouve ses sources dans les Écritures, thème cher à toute la théologie patristique. La lumière du soleil permet de comprendre les choses sensibles[55]. Cette simple constatation de saint Maxime introduit le grand problème du mode

---

54. Ibid., *Corpus Christianorum 22*, 45, 28-47, 31. PG 90, 604D. J.-M. GARRIGUES, « *Maxime le Confesseur. La charité, avenir divin de l'homme* », op. cit. p. 119, commente le texte du *Liber Asceticus* PG 90, 953B : « Ἰδοὺ ἐχαρίσατο ἡμῖν ὁ Κύριος τρόπον σωτηρίας, καὶ ἔδωκεν ἡμῖν ἐξουσίαν αἰώνιον τοῦ γενέσθαι τέκνα Θεοῦ · καὶ ἐν τῷ θελήματι ἡμῶν λοιπὸν ἡ σωτηρία ἡμῶν ». Juan-Miguel GARRIGUES écrit : « *Ce qui étonne le théologien occidental de tradition augustinienne, c'est qu'ici la grâce n'est pas définie par antithèse à la volonté de l'homme. La grâce, c'est la naissance hypostatique en l'Esprit comme enfant de Dieu, naissance qu'est venue nous rouvrir le Fils de Dieu lui-même. Le mode hypostatique de la liberté "innove" la volonté naturelle en la faisant renaître selon une manière d'exister inouïe qui cependant la respecte pleinement dans son ordre essentiel et énergétique propre. Cette modalité nouvelle que donne la renaissance baptismale dans l'Esprit, constitue d'ailleurs le caractère propre des chrétiens qui ne se distinguent en rien des autres hommes au plan de la nature* ». Ensuite GARRIGUES donne la traduction suivante du texte de *Liber Asceticus* PG 90, 953B : « *Désormais notre salut est dans notre pouvoir* ». Nous ne sommes pas d'accord avec cette traduction, car elle absolutise la participation humaine à son salut, méprisant le rôle de la grâce divine. D'ailleurs cela va à l'encontre de l'enseignement de saint Maxime. Le texte en question met en évidence le rôle de l'homme ainsi que de la grâce divine pour le salut. Seulement le « καί » que GARRIGUES ne traduit pas, doit être traduit par « également ». Voilà la traduction que nous proposons : « *Dorénavant notre salut est également (καί) dans notre volonté* ».

55. Cf. *Quaestiones ad Thalassium 59, Corpus Christianorum 22*, 51, 116-53, 121. PG 90, 608C.

d'existence des êtres en relation avec nos propres facultés de connaissance et avec la lumière du soleil. Supposons que nous ne puissions apercevoir les choses à cause de la non-existence de la lumière : l'existence des êtres est-elle ou non indépendante de facteurs extérieurs ? Ou bien, est-ce que leur existence est le résultat de facteurs objectifs qui rendent « manifeste » l'existence de l'être des êtres ? Ce problème dépasse le cadre de notre étude et ne sera pas traité ici. Notons seulement la similitude entre le problème de la lumière du soleil, qui rend les êtres sensibles perceptibles aux sens, et la lumière divine qui rend perceptibles les mystères divins. Or « la lumière sensible éclaire les sens selon la nature, afin de percevoir les corps sensibles. Et la lumière spirituelle illumine l'esprit selon la contemplation, afin de pouvoir comprendre ce qui est au-delà des sens » (τὴν πρὸς θεωρίαν τὸν νοῦν καταυγάζει πρὸς κατανόησιν τῶν ὑπὲρ αἴσθησιν) [56]. Il est certain que saint Maxime a emprunté sa théologie de la lumière à l'Aréopagite [57]. Il est également certain que saint Maxime identifie la lumière divine à l'énergie divine. On voit ainsi la signification pour l'homme de l'énergie divine dans la connaissance de Dieu.

Ailleurs, on a nommé « catégories » de la connaissance de Dieu les notions qui se réfèrent soit au contenu soit à la méthode de la connaissance. Dans le texte des *Quaestiones ad Thalassium 59*, toute une série de notions liées les unes aux autres montrent la démarche de l'homme vers la connaissance des mystères divins. Cette chaîne de notions commence par la foi et aboutit au salut [58]. Les notions successives, qui

---

56. Ibid.
57. Cf. *Les Noms Divins*, PG 3, 693B.
58. Cf. *Quaestiones ad Thalassium 59*, PG 90, 608CD-609AB : « Σωτηρία δὲ τῶν ψυχῶν κυρίως ἐστὶ τὸ τέλος τῆς πίστεως. Τέλος δὲ πίστεώς ἐστιν, ἡ τοῦ πιστευθέντος ἀληθὴς ἀποκάλυψις. Ἀληθὴς δὲ τοῦ πιστευθέντος ἐστὶν ἀποκάλυψις, ἡ κατ'ἀναλογίαν τῆς ἐν ἑκάστῳ πίστεως ἄρρητος τοῦ πεπιστευμένου περιχώρησις. Περιχώρησις δὲ τοῦ πεπιστευμένου καθέστηκεν, ἡ πρὸς τὴν οἰκείαν ἀρχὴν κατὰ τὸ τέλος τῶν πεπιστευκότων ἐπάνοδος. Ἡ δὲ πρὸς τὴν οἰκείαν ἀρχὴν κατὰ τὸ τέλος τῶν πεπιστευκότων ἐπάνοδος ἐστιν, ἡ τῆς ἐφέσεως πλήρωσις. Ἐφέσεως δὲ πλήρωσίς ἐστιν, ἡ περὶ τὸ ἐφετὸν τῶν ἐφιεμένων ἀεικίνητος στάσις. Ἀεικίνητος δὲ στάσις περὶ τὸ ἐφετὸν τῶν ἐφιεμένων ἐστίν, ἡ τοῦ ἐφετοῦ διηνεκής τε καὶ ἀδιάστατος ἀπόλαυσις, ἀπόλαυσις δὲ διηνεκὴς καὶ ἀδιάστατος τοῦ ἐφετοῦ, ἡ τῶν ὑπὲρ φύσιν θείων καθέστηκε μέθεξις. Μέθεξις δὲ τῶν ὑπὲρ φύσιν θείων

ne constituent pas nécessairement une succession ou un progrès chronologiques, sont, pourrions-nous dire, des notions de la théologie mystique de saint Maxime. Les relations entre elles sont d'une importance capitale, car elles démontrent la participation totale de l'homme à la connaissance de Dieu. La foi a deux aspects : l'un vise le salut, et cela constitue son but final. Par la foi une révélation véritable est effectuée. Dans *Quaestiones ad Thalassium 33*, la foi est encore définie ainsi : « Il est clairement démontré que la foi est une puissance relationnelle (σχετικήν) de l'union parfaite, surnaturelle et immédiate de celui qui croit et de Dieu auquel il croit » [59]. Cette définition ne s'éloigne pas de celle des *Quaestiones ad Thalassium 59*, car dans les deux cas l'union du croyant à Dieu est dans la « finalité » de la foi. Il faut encore souligner le fait que saint Maxime considère la foi comme un présupposé nécessaire à toute notion théologique transcendante à la connaissance de Dieu, or la foi présuppose également une confiance absolue entre le croyant et Dieu, ainsi que pour la grâce du salut que Dieu donne aux croyants.

La foi, par conséquent, introduit à la révélation, puisque Dieu se révèle à ceux qui croient en Lui. Les exemples d'Abraham, de Moïse, de Daniel et de Zacharie sont signi-

---

ἐστὶν ἡ πρὸς τὸ μετεχόμενον τῶν μετεχόντων ὁμοίωσις. Ἡ δὲ πρὸς τὸ μετεχόμενον τῶν μετεχόντων ὁμοίωσίς ἐστιν, ἡ κατ'ἐνέργειαν πρὸς αὐτὸ τὸ μετεχόμενον τῶν μετεχόντων δι'ὁμοιότητος ἐνδεχομένη ταυτότης. Ἡ δὲ τῶν μετεχόντων ἐνδεχομένη κατ'ἐνέργειαν δι'ὁμοιότητος πρὸς τὸ μετεχόμενον ταυτότης ἐστίν, ἡ θέωσις τῶν ἀξιουμένων θεώσεως· ἡ δὲ θέωσίς ἐστι, καθ'ὑπογραφῆς λόγον πάντων τῶν χρόνων καὶ τῶν αἰώνων, καὶ τῶν ἐν χρόνῳ καὶ αἰῶνι περιοχὴ καὶ πέρας. Περιοχὴ δὲ καὶ πέρας τῶν χρόνων καὶ τῶν αἰώνων ἐστί, καὶ πάντων τῶν ἐν αὐτοῖς, ἡ τῆς ἀκραιφνοῦς καὶ κυρίως ἀρχῆς, πρὸς τὸ κυρίως τέλος καὶ ἀκραιφνὲς ἐν τοῖς σωζομένοις ἀδιάστατος ἑνότης· ἀδιάστατος δὲ τῆς ἀκραιφνοῦς τε ἀρχῆς καὶ τέλους ἑνότης ἐν τοῖς σωζομένοις ἐστίν, ἡ κρείττων καὶ οὐσιωδῶς ἀρχή τε καὶ τέλει μεμετρημένων τῶν κατὰ φύσιν ἔκβασις. Ἔκβασις δὲ τῶν κατὰ φύσιν τῶν κατ'ἀρχὴν τε καὶ τέλος περιγεγραμμένων ἐστίν, ἡ ἄμεσος καὶ ἄπειρος, καὶ ἐπ'ἄπειρον ἐν τοῖς ἀξιωθεῖσι τῆς κατὰ τὸ κρεῖττον νοουμένης τῶν κατὰ φύσιν ἐκβάσεως, ἐνέργεια τοῦ Θεοῦ πανσθενὴς καὶ ὑπερδύναμος. Ἄμεσος δὲ καὶ ἄπειρος καὶ ἐπ'ἄπειρον ἐνέργεια τοῦ Θεοῦ πανσθενὴς ἐστι καὶ ὑπερδύναμος, ἡ κατὰ τὴν ἄφθεγκτον καὶ ὑπὲρ νόησιν ἕνωσιν, ἄρρητός τε καὶ ὑπεράρρητος ἡδονὴ καὶ χαρὰ τῶν ἐνεργουμένων· ἧς οὐκ ἔστι νοῦν ἢ λόγον παντάπασιν, ἢ νόησιν ἢ ῥῆσιν ἐν τῇ φύσει τῶν ὄντων εὑρεῖν ».

59. *Corpus Christianorum* 7, 229, 22-25. PG 90, 373C.

ficatifs de la révélation divine en tant que résultat de la foi : « Il appert de ces exemples que tous les saints recevaient des révélations par l'Esprit et qu'ils cherchaient à ce que leur fût révélées les raisons des révélations » [60]. Dans la révélation divine, la « synergie » est indispensable ; Dieu ne se révèle pas en privant l'homme de toute son initiative. C'est ainsi que saint Maxime fait une distinction hardie et qui, de plus, montre son enseignement christologique des deux énergies en Christ : « De même que le Verbe n'opérait pas divinement (θεοπρεπῶς) ce qui est selon la nature de la chair sans la chair animée et intelligible (χωρὶς σαρκὸς νοερῶς ἐμψυχωμένης), de même l'Esprit-Saint n'opère pas dans les saints les connaissances des mystères sans la puissance selon la nature qui cherche et scrute la connaissance » [61]. La révélation divine n'est pas une connaissance objective, car elle nécessite la « περιχώρησιν » (conversion) du croyant. La théologie mystique est liée ici au système cosmologique de saint Maxime ; or la « περιχώρησις » signifie « le retour des croyants à leur propre principe à la fin » [62] eschatologique. Le « retour » n'est pas étranger à la « systole » et à la « diastole » de l'essence des êtres qui ont comme fin le retour à la cause première de leur mouvement. Le « retour » (ἐπάνοδος) est une des énergies naturelles, le désir (ἔφεσις) des êtres de retourner à la cause première. Le retour est en même temps la « fin » et l'accomplissement du désir des êtres. De nouveau, il ne faut pas oublier que la foi, en tant que puissance qui détermine le but et donne leur orientation naturelle à toutes les énergies naturelles, pénètre toutes ces situations. Ce point de vue démontre la cohérence interne de l'enseignement de saint Maxime.

Par l'accomplissement du désir du retour à la cause première, les croyants entrent dans une situation nouvelle, celle du « repos en perpétuel mouvement » (ἀεικίνητος στάσις) [63]. Le terme « ἀεικίνητος » indique tout d'abord

60. *Quaestiones ad Thalassium* 59, PG 90, 608A. Trad. d'après E. Ponsoye, *Saint Maxime le Confesseur, Quaestiones ad Thalassium*. Introduction, Traduction et Notes d'E. Ponsoye. p. 166.
61. Ibid., *Corpus Christianorum 22*, 51, 104-109. PG 90, 608B.
62. Ibid., *Corpus Christianorum 22*, 53, 128-130. PG 90. 608D.
63. Ibid., *Corpus Christianorum 22*, 53, 131.

l'infinité divine dans laquelle les croyants entrent et se meuvent perpétuellement par leur participation ; le mouvement est perpétuel étant donné l'infinité divine. Par le terme « στάσις » (repos, arrêt) c'est l'« arrêt » de l'énergie naturelle vers la connaissance de Dieu qui est signifié, puisque le désir de l'union avec Dieu est accompli. Rappelons ici le schème ternaire « γένεσις-κίνησις-στάσις » qui est justement la systématisation de ce point de vue. Néanmoins, dans la situation de l'« ἀεικίνητος στάσις » d'autres énergies sont activées comme la jouissance sans cesse (ἀδιαστάτου ἀπολαύσεως) du Participé. D'ailleurs, le désir naturel de la participation du divin montre l'amour des êtres pour Dieu. Tous les élans (ὁρμαί) naturels qui manifestent la beauté naturelle s'activent pour la jouissance de la beauté divine ; or c'est par eux que s'effectue la participation au divin. Rappelons que le but de la foi est l'union parfaite du croyant avec Dieu. La participation à Dieu conduit à Sa ressemblance. On pourrait interpréter cette ressemblance comme une ressemblance selon l'essence. Mais « la ressemblance des participants au participé est l'identité possible (ἐνδεχομένη) reçue par cette ressemblance *en énergie* (κατ' ἐνέργειαν) entre les participants et le Participé » [64]. L'expression « κατ'ἐνέργειαν » se rencontre plusieurs fois dans les œuvres de saint Maxime, et elle signifie l'union des énergies de Dieu et de l'homme. *Ainsi éclairée, la question de la participation et de la ressemblance peut être intégrée dans le contexte de la connaissance et de l'ignorance de Dieu, car nous connaissons et nous participons à l'énergie divine, mais pas à l'essence.* Par cette union, Dieu se révèle, « pour qu'Il soit parfaitement connu, et qu'Il reste totalement incompréhensible » (ἵνα καὶ τελείως γνωσθῇ, καὶ μείνῃ παντελῶς ἀκατάληπτος) [65]. L'identité à l'énergie divine est la connaissance parfaite en soi-même de Dieu, qui, selon l'essence reste inconnaissable et incompréhensible. L'identité encore à l'énergie divine constitue la déification. Par l'identité, la participation à l'énergie divine et sa déification, le déifié

---

64. Ibid., *Corpus Christianorum 22*, 53, 136-138. PG 90, 609A.
65. *Opuscula Theologica et Polemica 1*, PG 91, 33C.

sort des limites du temps, de l'espace et du sensible et il entre dans l'éternité divine. L'éternité, malgré le fait qu'elle soit une qualité essentielle du divin, n'est pas son essence. Le déifié participe par grâce à l'éternité essentielle de Dieu.

Cette analyse montre que la connaissance de Dieu est une connaissance des divines énergies même si le langage mystique utilise des termes qui peuvent être interprétés différemment. Nous en venons maintenant à examiner davantage la question de la participation à l'éternité divine selon le texte suivant des *Quaestiones ad Thalassium 59*, dont l'importance est évidente : « L'issue des choses de la nature, limitées par le commencement et la fin, c'est l'énergie de Dieu, toute puissante et plus que puissante, immédiate, infinie, offerte à l'infini en ceux qui ont été jugés dignes de l'issue des choses de la nature, entendue au sens le plus haut. L'énergie de Dieu toute puissante et plus que puissante, immédiate, infinie et offerte à l'infini, c'est le plaisir et la joie ineffables et plus qu'ineffables de ceux qu'a comblés cette énergie, dans l'union silencieuse qui dépasse l'intelligence, cette union dont il est absolument impossible de trouver dans la nature des êtres la raison, ou le sens ou l'expression [66] ». On comprend l'intention de saint Maxime qui voulait englober tous les qualificatifs de l'énergie divine. Ainsi il définit en quelque sorte la nature de l'énergie divine. Le terme « ἔκβασις » indique le « mouvement vers », à savoir l'issue hors de ce qui est circonscrit selon la nature, selon le commencement et selon la fin. Ce qui est selon la nature peut enseigner et indiquer la divine énergie, néanmoins ici s'intègre la distinction fondamentale et la différence ontologique entre le créé et l'incréé. L'énergie divine, étant incréée, n'est pas mélangée au créé. Pour l'union avec

---

66. *Quaestiones ad Thalassium 59*, *Corpus Christianorum 22*, 55, 150-159. PG 90, 609B. Trad. Jacques TOURAILLE, *Philocalie*, fasc. 6, op. cit., pp. 195-196. Dans les *Quaestiones ad Thalassium 22*, PG 90, 317BC saint Maxime écrit à propos du conseil éternel de Dieu : « ἡ δὲ ἦν αὐτὸν μὲν ἀτρέπτως ἐγκραθῆναι τῇ φύσει τῶν ἀνθρώπων διὰ τῆς καθ'ὑπόστασιν ἀληθοῦς ἑνώσεως, ἑαυτῷ δὲ τὴν φύσιν ἀναλλοιώτως ἑνῶσαι τὴν ἀνθρωπίνην, ἵν'αὐτὸς μὲν γένηται, καθὼς οἶδεν αὐτός, θεὸν δὲ ποιήσειε τῇ πρὸς ἑαυτὸν ἑνώσει τὸν ἄνθρωπον, μερίσας δηλονότι σοφῶς τοὺς αἰῶνας καὶ διορίσας, τοὺς μὲν ἐπ'ἐνεργείᾳ τοῦ αὐτὸν γενέσθαι ἄνθρωπον, τοὺς δὲ ἐπ'ἐνεργείᾳ τοῦ τὸν ἄνθρωπον ποιῆσαι θεόν ».

l'énergie divine la sortie de ce qui est selon la nature est nécessaire, étant donné que l'énergie divine est « l'immédiate » et « infinie » « énergie de Dieu, toute-puissante et plus que puissante ». L'énergie de Dieu, étant « immédiate », « infinie », « toute-puissante », « plus que puissante », appartient à l'incréé. Par l'union donc avec l'énergie incréée de Dieu, le créé dépasse les limites du temps et de l'espace, et il entre dans l'infinité de Dieu. Le divin éternel reste en son essence ineffable et inconnaissable, mais Il est uni au créé « κατ'ἐνέργειαν », et Il le remplit de volupté et de joie ineffable. La connaissance de Dieu par son énergie constitue la fin de l'esprit, de la raison et de toutes les puissances naturelles, car le Verbe de Dieu est au-delà de toute loi, de toute parole, de tout mode, et Il offre la grâce sanctificatrice à tous ceux qui croient en Lui. La finalité des êtres est inclue dans le plan divin et éternel de la création, mais elle est réalisée en la personne de Jésus-Christ qui a révélé ce plan par son économie de la grâce et du salut.

5. La grâce incréée

La grâce est une notion qui pénètre toute la pensée théologique de saint Maxime [67], comme on le constate d'ailleurs dans son enseignement sur la loi de grâce. La grâce est liée à la personne du Christ, et elle concerne la divinisation de l'homme. Mais, la personne du Christ ainsi que la divinisation de l'homme sont-elles liées au « conseil éternel » (προαιώνιος βουλή) de Dieu pour la création du monde et au but de l'incarnation du Verbe de Dieu ? Est-ce que la grâce de la divinisation est due à la chute ou bien est-elle dans le plan du conseil éternel de Dieu ? [68].

67. Cf. J.-M. GARRIGUES, op. cit. pp. 113-152. Du même « Le Dessein d'Adoption du Créateur dans son rapport au Fils d'après S. Maxime le Confesseur », in : Symposium (Paradosis XXVII) pp. 173-192.

68. Cf. note précédente. Cf. également : Hans-Urs von BALTHASAR, Liturgie Cosmique, « Les synthèses du Christ ». op. cit. pp. 203-208. L. BOUYER, Le Fils Éternel, Paris 1974. Artemije RADOSAVLJEVIC, « Le problème du "Présupposé" ou du "non-Présupposé" de l'incarnation de Dieu le Verbe », op. cit. Andreas THEODOROU, « Cur Deus Homo ? Ἀπροϋπόθετος ἤ Ἐμπροϋπόθετος Ἐναν-

Ce problème, ainsi posé, est un des plus fondamentaux de la théologie de saint Maxime. Il ne sera pas examiné en sa totalité, mais seulement dans un de ses aspects précis. La grâce divine, comme il ressort de plusieurs points de notre étude, est identique à l'énergie divine, elle a aussi comme aboutissement la déification de l'homme. Lors des querelles hésichastes une large discussion a été centrée autour de la question de savoir si la grâce est créée ou incréée ; nous nous bornerons à ce seul aspect. Saint Maxime constitue la clé à la réponse donnée au problème [69] ; il a été largement utilisé pour la défense de la grâce divine incréée. Pour approcher le problème, il faut tracer le cadre dans lequel est placée la grâce divine dans les œuvres de saint Maxime. Ce cadre est tracé par les *Quaestiones ad Thalassium 22*, qui traite de Eph. 2, 7 et I Co 10, 11. La volonté créatrice de Dieu avait deux étapes : « Le fondateur de l'origine de toute la création, visible et invisible, selon le seul élan (*ῥοπήν*) de sa volonté, avant tous les siècles, même pour la genèse des êtres (*τῆς τῶν ὄντων γενέσεως*), avait sur eux de façon indicible son conseil qui est au-delà de la bonté. Ce (conseil) consistait d'une part, en ce que Lui-même se mêle (*ἐγκραθῆναι*) à la nature humaine par la véritable union hypostatique sans changement (*ἀτρέπτως*) (de sa divinité), et d'autre part en ce qu'Il unisse en Lui-même la nature humaine sans altération (de son humanité), afin que Lui-même devienne homme, comme Lui le sait, et fasse de l'homme un dieu par l'union de l'homme à Lui. Il a sagement divisé et Il a délimité ainsi les siècles, les uns pour que Lui-même devienne homme en énergie (*ἐπ'ἐνεργείᾳ τοῦ αὐτὸν γενέσθαι ἄνθρωπον*), les autres pour qu'Il fasse de l'homme un dieu en énergie (*ἐπ'ἐνεργείᾳ τοῦ τὸν ἄνθρωπον ποιῆσαι Θεόν*). La fin des siècles, donc prédéterminée afin que Lui-même devienne homme en énergie, est accomplie

θρώπησις τοῦ Θεοῦ Λόγου ; Σχόλιον εἰς τὴν θεολογίαν τοῦ Ἱεροῦ Μαξίμου τοῦ Ὁμολογητοῦ », op. cit. Georges FLOROVSKIJ, « Cur Deus Homo ? the Motive of the Incarnation », op. cit.

69. Saint Grégoire Palamas cite les *Ambigua II, 10*, PG 91, 1141AB. Cf. « Περὶ θείων ἐνεργειῶν » 37-38, in : Grégoire Palamas, Συγγράμματα, vol. II, Éd. Panagiotis CHRISTOU, Thessalonique 1966. Cf. ibid., vol. III, « Ἀντιρρητικὸς 3 », où Palamas cite plusieurs fois saint Maxime.

pour nous (εἰς ἡμᾶς τὰ τέλη κατήντησε), puisque le conseil (τῆς προθέσεως) divin a été accompli par le fait de l'incarnation » [70].

Le « conseil indicible » et au-delà de la bonté du Créateur de la création soit visible soit invisible est éternel et sans principe. Ce divin conseil « a divisé » les « siècles » en deux : *(a)* « les uns pour que Lui-même devienne homme en énergie » et *(b)* les autres pour qu'Il fasse de l'homme un dieu en énergie. Ainsi se pose le problème de savoir si l'incarnation du Christ est due à la chute et si la divinisation est le résultat de l'incarnation conditionnée par la chute. On peut dire *a priori* que la chute n'a pas posé les conditions de l'incarnation, puisque le conseil éternel de Dieu, qui a « divisé » en deux les siècles, avait préconçu Son incarnation pour diviniser l'homme. La distinction en deux « périodes » du plan du conseil divin est fondamentale pour répondre au problème posé, et elle constitue, pour ainsi dire, le cadre dans lequel la grâce de l'économie divine est donnée. Ainsi on ne peut pas nier la grande importance du salut, car celui-ci est également inclus dans ce cadre. L'incarnation du Christ ainsi que la divinisation de l'homme sont inclus dans le conseil éternel de Dieu en déterminant ainsi le but de la création [71]. En effet, quelles sont les limites qui séparent les siècles et quelle est leur relation ? Cette question est fondamentale, car, si l'incarnation ainsi que la grâce de la déification sont inclues dans le conseil éternel de Dieu, il serait impossible de ne pas avoir une interpénétration des deux finalités et périodes du plan divin.

---

70. *Corpus Christianorum 7*, 173,4-20. PG 90, 317BC.

71. Cf. également le texte important des *Quaestiones ad Thalassium 60, Corpus Christianorum 10*, 65, 1066, 7. PG 90, 620B-625B. Voir aussi Juan-Miguel GARRIGUES, « *Le Dessein d'Adoption du Créateur dans son rapport au Fils d'après S. Maxime le Confesseur* », op. cit. pp. 173-192. Pour la solution du problème J.-M. GARRIGUES cite les *Quaestiones et Dubia 20, Corpus Christianorum 10*, 65,1-66,7. PG 90, 801B. Dans ce texte saint Maxime distingue trois conseils divins : « κατ'εὐδοκίαν, κατ'οἰκονομίαν, κατὰ συγχώρησιν ». Il semble que la solution directe et radicale des *Quaestiones ad Thalassium 22, Corpus Christianorum 7*, 137-143 a échappé à J.-M. GARRIGUES. Lars THUNBERG, *Microcosm and Mediator. The theological anthropology of Maximus the Confessor*, op. cit., qui n'a pas vu cet aspect important de l'anthropologie de saint Maxime, ressent une grande difficulté à voir l'homme comme intermédiaire entre Dieu Créateur et la création.

Le texte cité décrit les limites entre l'incarnation divine et la déification humaine. Ces limites ne sont pas ontologiques, mais sont une distinction en périodes de l'histoire de l'économie divine existant éternellement dans le conseil divin. L'incarnation du Christ a accompli la première partie du conseil divin. Cette première partie des siècles a été consommée par le Christ et en Christ. Dans cette première « période » de l'économie divine est réalisé également le salut de la chute et du péché [72]. « Si l'énergie mystique pour que Lui (le Christ) devienne homme a été remplie, en ce qu'Il est devenu semblable à nous selon tout mode, sauf le seul péché et qu'Il est descendu même aux lieux les plus inférieurs de la terre, où la tyrannie du péché avait acculé (ἀπεώσατο) l'homme, certainement l'énergie mystique pour la déification de l'homme sera aussi accomplie, selon tout mode, sauf l'identité essentielle avec Lui, faisant l'homme semblable à Lui et en l'élévant au-dessus de tous les cieux » [73]. Le Christ a sauvé l'homme de la tyrannie du péché et il a révélé en même temps le conseil éternel de Dieu au sujet de l'union de la nature humaine à l'hypostase divine. Saint Maxime parle à plusieurs reprises de cette relation entre l'accomplissement du conseil de Dieu par l'incarnation divine, et la chute et le péché. Nous nous bornerons ici à une brève réponse au problème posé sans entrer dans une analyse détaillée.

La réponse est donnée par les *Ambigua II, 7*. Ce texte traite de la question de l'incarnation du Christ comme d'un aspect du conseil éternel de Dieu, conseil que le Christ Lui-même a révélé. Par l'incarnation donc « Il nous a montré que nous étions aussi venus à l'être dans ce but — à savoir, d'être amenés à l'âge spirituel à la mesure de Sa propre plénitude, (cf. Eph 4,13) — et Il a révélé aussi le but de toute bonté, et avant les siècles, de Dieu à notre sujet. Il n'a subi aucun renouveau selon sa propre raison (κατὰ τὸν ἴδιον λόγον), mais Il est parvenu à la plénitude (de ce but)

---

72. *Quaestiones ad Thalassium 22*, Corpus Christianorum 7, 137,17-138,49. PG 90, 317C.

73. Ibid., *Corpus Christianorum 7*, 138,36-44. PG 90, 320A.

par l'introduction (ἐπεισαχθέντος) d'un autre mode (τρόπος) plus nouveau (καινοτέρου) » [74].

Avant de procéder à une analyse quelconque, il serait utile de donner une réponse très brève à la question de l'apocatastase qui peut être la clé du problème chez saint Maxime, étant donné que les textes cités nous conduisent à cette notion théologique très controversée. Par la distinction des siècles en deux grandes périodes, l'une pour « l'incarnation » de Dieu, l'autre pour la « divinisation » de l'homme, on peut aboutir à des conclusions erronées et contradictoires sur la théologie du Confesseur, si on ignore certains points fondamentaux de sa théologie. Car il ne suffit pas de conclure uniquement à partir de cette donnée qui pourrait nous amener à la conclusion que saint Maxime soit origéniste sur ce point, puisqu'il voit une « apocatastase » eschatologique de la création. Mais cette conclusion serait hâtive, car on oublierait que le conseil éternel de Dieu est réalisé par le Christ et en le Christ Lui-même. Par conséquent, s'il y a une apocatastase, c'est en Christ qu'elle se réalise. L'« apocatastase » « christologique » renverse toute la notion de l'apocatastase origéniste, puisque c'est le Christ qui a posé le nouveau mode de salut et de déification.

Deux termes théologiques, importants pour tous les niveaux de la théologie de saint Maxime sont à la base de la réponse à la question posée : ce sont le « λόγος » et le « τρόπος ». Le « λόγος » ici interprète le conseil éternel de Dieu comme n'ayant pas subi de changement quelconque à cause de la chute et du péché. Le conseil divin en sa nature reste inchangeable éternellement et dans l'histoire de sa réalisation ; c'est la divine énergie qui opère éternellement selon le conseil divin. Selon ce divin conseil, le Verbe de Dieu S'est incarné pour déifier l'homme. En revanche, le « τρόπος » (mode) de réalisation du conseil divin est nouveau. Pour mieux comprendre la position théologique de saint Maxime, il faut se référer à son enseignement sur les trois lois. Le « λόγος » du conseil divin à travers les trois lois, naturelle, écrite et de grâce, reste le même et inaltéré, à

---

74. *Ambigua II*, 7, PG 91, 1097BC.

savoir la divinisation de l'homme par la connaissance de Dieu et sa participation en Lui. Le « *τρόπος* » est renouvelé par l'usage de moyens différents. Le mystère le « plus nouveau » est l'incarnation du Christ qui révèle le conseil éternel de Dieu. Ce mode démontre que le péché ne faisait pas partie du conseil divin, et on écarte le danger de considérer le conseil divin comme subissant des changements, ce qui signifierait que même l'essence de Dieu subirait des changements.

Saint Maxime, pour pouvoir parler « de l'introduction du mode plus nouveau » se base sur He 8, 7 : « *Si, en effet, cette première alliance avait été sans reproche, il ne serait pas question de la remplacer par une seconde* ». Le nouveau mystère doit être recherché dans le choix du « mode nouveau » que Dieu applique pour l'accomplissement de l'ancien mode. Le choix de ce passage scripturaire est important, car ce passage lie les deux modes de révélation du conseil divin et éternel, dont le « *λόγος* » reste inaltérable. Or ici se trouve également le point de relation entre les deux périodes distinctes du conseil divin, celle de l'incarnation de Dieu et celle de la déification de l'homme et la grâce de la divinisation. Si la deuxième période de la réalisation du conseil divin est aussi éternelle que la première, la divinisation de l'homme commence par conséquent dès le moment de sa création. Cela d'ailleurs est en parfait accord avec l'enseignement biblique, ainsi qu'avec l'exégèse patristique sur la création de l'homme « à l'image et à la ressemblance » de Dieu. En effet, que signifie que le premier Testament ne soit pas resté « *irréprochable* » ? Selon saint Maxime, la nature humaine a des puissances naturelles données à l'homme pour son perfectionnement. Ces puissances, à cause de la chute, ont subi une altération et ont été détournées de leur élan naturel [75]. Ce but, pour l'homme, est décrit dans les

---

75. Cf. *Quaestiones ad Thalassium 59, Corpus Christianorum 22,* 45, 12028. PG 90, 604BC. Au sujet de l'échec d'Adam à s'élever vers la ressemblance à Dieu par ses puissances naturelles, voir : *Quaestiones ad Thalassium 5, Corpus Christianorum 7,* 65, 9067, 44. PG 90, 277C-280B. Ibid., 21, PG 90, 312B-316D. Ibid., 49, PG 90, 457C : « *ὁ πρῶτος ἄνθρωπος Ἀδάμ, γεννήσας νόμον ἁμαρτίας, ὅν κατὰ τὸν παράδεισον αὐτῷ ὁ Θεὸς οὐκ ἐδημιούργησε* ». Cf. aussi *Quaestiones et Dubia 64,* in : *Corpus Christianorum,* vol. 10, op. cit.

Quaestiones et Dubia, où il est dit précisément : « Par sa venue, notre Seigneur Jésus-Christ, le second Adam, a tout récapitulé en Lui (cf. Ep 1, 10) et Il a montré en quoi le premier homme a été mené à l'être » [76].

La deuxième étape de l'économie divine, à savoir la divinisation de l'homme, contrairement à la première, celle de l'« incarnation » de Dieu, n'est pas encore accomplie. Pour saint Maxime, c'est une certitude que « l'énergie mystique pour la déification de l'homme sera aussi accomplie, selon tout mode, sauf l'identité essentielle avec Lui, faisant l'homme semblable à Lui et en l'élevant au-dessus de tous les cieux, là où par la grandeur naturelle de la grâce, par son infinie bonté, Il appelle l'homme qui gît en bas » [77]. L'accomplissement de la déification de l'homme est une conséquence, pourrait-on dire d'une nécessité économique, de l'« incarnation » du divin par l'incarnation du Verbe de Dieu. Être sauvé de la chute et du péché n'est pas considéré comme secondaire. Or c'est à cause de la chute que le « mode » de la divine économie a été renouvelé par le renouvellement de l'Alliance. La certitude de l'accomplissement de la déification de l'homme, dans le plan du conseil divin, est acquise vu l'accomplissement du plan du conseil divin pour l'« incarnation » du divin. La déification sera accomplie par « l'énergie mystique » « selon tout mode » (κατὰ πάντα τρόπον). L'affirmation catégorique de la déification de l'homme par la grâce écarte tout danger d'une mauvaise interprétation d'identité essentielle de l'homme avec Dieu. Il convient de se pencher sur l'expression « ἐπ'ἐνεργείᾳ » [78], répétée deux fois dans le texte cité des *Quaestiones ad Thalassium 22*, et qui exprime deux aspects fondamentaux de l'enseignement de saint Maxime.

La première fois, le « ἐπ'ἐνεργείᾳ τοῦ αὐτὸν γενέσθαι ἄνθρωπον » est chargé de l'enseignement christologique selon lequel la nature divine ne subira aucune altération ou changement à cause de l'union de la nature humaine à Son

---

76. *Quaestiones et Dubia 64*, *Corpus Christianorum 10*, 50,9-12.
77. *Quaestiones ad Thalassium 22*, *Corpus Christianorum 7*, 138,40-46. PG 90, 320A.
78. Cf. ibid., *Corpus Christianorum 7*, 137, 16-27. PG 90, 317BC.

hypostase, tout comme la nature humaine, unie à l'hypostase divine, ne subira aucune altération ou changement ; l'union est une union « hypostatique ». Ainsi saint Maxime arrive à définir son enseignement des deux natures, des deux volontés et des deux énergies en Christ.

L'autre expression de « ἐπ'ἐνεργείᾳ τοῦ τὸν ἄνθρωπον ποιῆσαι θεόν » est par ailleurs chargée de tout l'enseignement sur les énergies divines, de leur connaissance par l'homme et de sa déification en union avec les énergies divines. L'essence divine, étant inaccessible et inconnaissable, l'homme ne peut arriver à une identité essentielle avec Dieu. La « fin » (πέρας) donc du conseil divin au sujet de la déification de l'homme est la « fin » (la finalité) de « l'énergie mystique » qui conduit l'homme à sa divinisation selon son but existant éternellement dans le conseil de Dieu.

Ailleurs le « ἐπ'ἐνεργείᾳ » a la forme « κατ'ἐνέργειαν » [79]. Lorsque la déification de l'homme par l'énergie mystique est accomplie, on passe à une autre situation décrite par le texte des *Quaestiones ad Thalassium*. L'homme déifié s'élève au-dessus des tous les cieux, où il jouit de « la grandeur naturelle de la grâce » de Dieu. La grâce de Dieu est transcendante, et le temps de la déification est le temps de la grâce. « Distinguons donc nous aussi les siècles par la pensée (τῇ ἐπινοίᾳ) et définissons les uns pour le mystère de l'incarnation divine, et les autres pour la déification de l'homme par la grâce » [80]. L'histoire est distincte, selon la conception du texte, en deux : en un temps de la réalisation de l'incarnation du divin − c'est Dieu qui pénètre l'histoire

79. Cf. ibid., 59, *Corpus Christianorum 22*, 53, 1360141. PG 90, 609A. Ibid., 6, PG 90, 281A. Ibid., 49, PG 90, 453A : « κατὰ τὴν ἐνέργειαν ». Cf. ibid., 9, PG 90, 285 : « Διὸ λέγει σαφῶς ἑαυτὸν ἑρμηνεύων κατὰ σκοπὸν διώκω πρὸς τὸ βραβεῖον τῆς ἄνω κλήσεως (*Ph. 3, 14*), γνῶναι δηλονότι θέλων ἐκ τοῦ παθεῖν τὸν τρόπον τῆς κατ'ἐνέργειαν ἐκπληρώσεως τοῦ θείου καὶ ἐπ'αὐτῷ δι'ἀποκαλύψεως ἐνταῦθα γνωσθέντος σκοποῦ τῆς ἐκθεωτικῆς τῶν ἀξιουμένων δυνάμεως ». Ces expressions rappellent le « δυνάμει » et l'« ἐνεργείᾳ » d'Aristote. Mais saint Maxime les charge d'un contenu théologique, christologique et spirituel. Cf. le chapitre sur l'Énergie essentielle.

80. *Quaestiones ad Thalassium 22*, *Corpus Christianorum 7*, 139, 50-53.. PG 90, 320B : « Διέλωμεν οὖν καὶ ἡμεῖς τῇ ἐπινοίᾳ τοὺς αἰῶνας, καὶ ἀφορίσωμεν τοὺς μὲν τῷ μυστηρίῳ τῆς θείας ἐνανθρωπήσεως, τοὺς δὲ τῇ χάριτι τῆς ἀνθρωπίνης θεώσεως ».

pour donner à l'homme le goût de la divinité — et en temps de la réalisation de la déification de l'homme. C'est l'aspect le plus visionnaire de la théologie de saint Maxime, car sous cet aspect se trouvent unies la création, l'homme, l'incarnation, le salut et la grâce. « En effet, c'est le propre de la grâce divine seule d'accorder analogiquement la déification aux êtres, et d'illuminer la nature par la lumière surnaturelle en la hissant au-dessus de ses propres limites selon la splendeur de la gloire » [81]. Il n'y a pas de doute que la grâce divine en tant qu'énergie divinisante n'est pas une grâce créée puisqu'elle est « au-dessus » de la nature.

Pour prouver que la grâce divine est incréée, on peut procéder à une méthode « logique » comme cela est fait dans la *Disputatio cum Pyrrho* par saint Maxime. Certes, la question ici concerne plutôt l'énergie divine, mais comme cela a été démontré précédemment, la grâce est identique à l'énergie. Saint Maxime lui-même l'affirme : « δεῖ γὰρ πάντως κατάλληλα ταῖς φύσεσι τὰ φυσικὰ εἶναι » (car il faut absolument que le naturel corresponde aux natures) [82]. Il entend que la volonté et l'énergie essentielles de Dieu sont incréées tout comme l'est son essence.

La même opinion, au sujet de la lumière de la Transfiguration, est exprimée dans *Ambigua II, 10* : « La lumière du visage du Seigneur, qui pour les apôtres a surpassé le bonheur humain, appartient à la théologie mystique apophatique. En elle, la bienheureuse et sainte divinité est par son essence au-delà de l'indicible (ὑπεράρρητος), et de l'inconnaissable et excède infiniment (ἀπειράκις) toute infinité ; elle n'a accordé absolument aucune trace, pas la moindre, de compréhension à ceux qui sont après elle, ni n'a permis à un quelconque être de concevoir (ἔννοιαν) comment (πῶς) et de quelle façon (κἂν πόσως) elle est à la fois monade et triade, puisque l'incréé ne peut être contenu (χωρεῖσθαι) par le créé et que l'infini ne peut être non plus compris (περινοεῖσθαι) par les êtres limités (πεπερασμένοις) » [83]. La lumière divine de la Transfiguration est incréée

81. Ibid., *Corpus Christianorum* 7, 141, 94-98. PG 90, 321A.
82. PG 91, 341A. Trad. Marcel DOUCET, *Dispute de Maxime le Confesseur avec Pyrrhus. Introduction, texte critique, traduction et notes.* Montréal 1972.
83. PG 91, 1168B. D'après la trad. de A. RIOU, *Le monde et l'Église*, pp. 109-

étant donné que les apôtres n'ont pas pu la contempler par leur vision créée. À part l'aspect apophatique du texte en ce qui concerne la connaissance et la compréhension de l'essence divine, deux autres aspects importants sont aussi soulignés : *(a)* la lumière divine est naturelle, et par conséquent elle est inhérente à la nature divine, à savoir, incréée, or « δεῖ γὰϱ πάντως κατάλληλα ταῖς φύσεσι τὰ φυσικὰ εἶναι ». *(b)* Entre l'incréé et le créé il y a une différence ontologique qui est la cause de l'incompréhensibilité et de l'inconnaissable de l'incréé par le créé.

L'analyse des deux aspects du conseil éternel de Dieu a été faite afin de décrire le cadre dans lequel l'homme reçoit la grâce divine et divinisante. Plusieurs autres passages de saint Maxime font cette distinction des deux aspects du conseil éternel de Dieu. Par la suite sera approfondie la question de l'« incarnation » du Christ ainsi que celle de la déification de l'homme. « Dieu et l'homme se servent mutuellement de modèles, et autant Dieu s'humanise pour l'homme par sa philanthropie, autant l'homme a pu se déifier par l'amour de Dieu ; et autant l'homme est ravi (ἁϱπάζεσθαι) en son esprit (νοῦς) par Dieu vers le connu, autant l'homme par ses vertus a manifesté le Dieu naturellement invisible » [84]. Ce texte est assez. significatif de la pensée maximienne et exprime bien comment il comprend lui-même le double aspect du conseil éternel de Dieu pour l'incarnation de Dieu et la divinisation de l'homme. Il s'agit d'un des passages les plus osés des traités de saint Maxime par lequel il veut donner toute sa valeur à l'événement de l'incarnation du Christ et à la déification de l'homme. Le Verbe incarné est l'« exemple » par excellence pour l'homme, non pas dans un sens ontologique, « κατ'οὐσίαν », comme le dirait saint Maxime, mais « κατ'ἐνέϱγειαν ».

Dans un autre passage, il compare l'incarnation du Verbe de Dieu et la déification de l'homme par les divines énergies du Saint-Esprit ainsi : « De même que le Verbe n'opérait pas divinement (θεοπϱεπῶς) ce qui est selon la nature de

---

110. Cette thèse de saint Maxime peut servir de base à la théologie palamite de la lumière divine incréée.

84. Ibid., 1113B.

la chair sans la chair animée et intelligible (χωρὶς σαρκὸς νοερῶς ἐμψυχωμένης), de même l'Esprit-Saint n'opère pas dans les saints les connaissances des mystères sans la puissance selon la nature qui cherche et scrute la connaissance »[85]. Le Christ est devenu l'exemple de l'union du divin avec l'humain ; l'homme, suivant cet exemple, doit activer toutes ses puissances naturelles (κατὰ φύσιν) pour pouvoir recevoir les énergies du Saint-Esprit, ce qui ne fait pas de l'homme un récepteur passif. De même qu'en Christ les deux natures avec toutes leurs propriétés naturelles, après l'union hypostatique, sont restées intactes, inaltérées, ainsi l'homme déifié par la grâce divine ne perd pas sa liberté (αὐτεξούσιον). Par contre, en union avec la grâce divine, il guérit, il réacquiert, et perfectionne ses propriétés et ses puissances naturelles.

Melchisédek est un exemple d'homme, qui, par la grâce divine devient un type du Christ. Certes, dans un autre contexte herméneutique, Melchisédek pourrait être considéré comme la préfiguration du Christ, exégèse qui n'est pas absente des *Ambigua II, 10*[86]. Mais comme le « grand Melchisédek (...) a mérité d'être au-dessus du temps et de la nature et de s'identifier (ὁμοιωθῆναι) au Fils de Dieu, de même celui qui recevra la grâce, dans la mesure de sa capacité (ὡς ἐφικτόν), il est certain qu'il deviendra semblable (par grâce) à ce que le donateur de la grâce est naturellement (κατὰ τὴν οὐσίαν) »[87].

La ressemblance au Fils de Dieu est l'œuvre de la grâce divine. Saint Maxime éprouve la nécessité de souligner que la ressemblance au Fils de Dieu se réalise « par la grâce », dans la mesure de la capacité de celui qui la reçoit, car il n'y a pas une identité essentielle. L'homme est déifié par grâce alors que le Christ unit naturellement en son hypostase les natures divine et humaine. Ainsi donc on comprend pourquoi l'accomplissement des siècles pour l'incarnation du Verbe de Dieu a précédé celui de l'accomplissement des

---

85. *Quaestiones ad Thalassium 59, Corpus Christianorum 22*, 51, 104-109. PG 90, 608B.
86. *Ambigua II, 10*, PG 91, 1137C-1141C : « Θεωρία εἰς τὸν Μελχισεδέκ ».
87. Ibid., 1137CD.

siècles pour la déification de l'homme. Le Fils de Dieu S'est incarné pour donner « l'exemple » de la déification de l'homme, pour que l'homme devienne par grâce fils de Dieu. De même que le Fils de Dieu, éternel et sans principe, est entré dans le temps et qu'Il a assumé la nature humaine créée, de même l'homme, pour devenir semblable au Fils de Dieu et fils par grâce, doit dépasser la nature et le temps, selon l'exemple de Melchisédek.

Deux sont les modes de dépassement de la nature et du temps, la vertu et la contemplation : « Car la vertu s'oppose à la nature, et la vraie contemplation au temps et au siècle » (τῇ φύσει γὰρ ἡ ἀρετὴ μάχεσθαι πέφυκε, καὶ χρόνῳ καὶ αἰῶνι ἡ ἀληθὴς θεωρία) [88]. Par la vertu, l'homme réussit à se détacher du créé et à entrer dans la dimension de l'incréé. C'est pourquoi la liberté est acquise par la filiation, puisque la liberté ne signifie pas l'émancipation de l'homme par rapport à Dieu, mais l'accomplissement de la personne humaine par la grâce de la participation au divin incréé. Par conséquent, la grâce divine ne peut pas être considérée comme créée, car comme telle elle ne peut pas offrir à l'homme la liberté de la filiation.

D'autre part, par la contemplation véritable, l'homme acquiert l'expérience de l'infinité divine et dépasse les limites créées du temps et de l'espace. Par la vertu et la contemplation véritable donc, « par lesquelles se montre la ressemblance divine, j'entends la connaissance et la vertu, et par lesquelles est réservé à ceux qui en sont dignes l'amour sans trouble au Dieu seul. Par cet amour la dignité de la filiation étant octroyée selon un mode divin, elle (la dignité de la filiation) est accordée à celui qui la reçoit d'être à jamais et de se tenir auprès de Dieu qui accorde la ressemblance à celui qui est près de Lui pour sa consolation (δυσώπησιν) » [89]. La filiation à travers la vertu et la connaissance par la contemplation véritable n'est pas une amélio-

---

88. Ibid., 1140A. Pour le dépassement des catégories de la matière, de l'espace et du temps, cf. *Chapitres Théologiques et Économiques I, 54*, PG 90, 1104AB.

89. Ibid., 1140B. La formulation du texte au sujet de la filiation rappelle la formulation christologique au sujet des deux natures : « ἐξ ὧν, καὶ δι'ὧν, καὶ ἐν αἷς ».

ration ni un perfectionnement moral de l'homme. La vertu et la connaissance deviennent en quelque sorte les deux natures unies « par lesquelles » se manifeste la ressemblance à Dieu et à partir « desquelles » est accordé l'amour de Dieu. C'est par cet amour que l'homme reçoit la « dignité de la filiation ». Le don de la filiation par la grâce divine incréée est « l'anthropologie » parallèle à la « christologie » et toutes deux ont leur référence dans le conseil éternel de Dieu, l'une pour l'incarnation du divin, l'autre pour la déification de l'homme.

Melchisédek existe, « comme l'a clarifié la parole véritable des hommes théophores à son sujet, non pas par la nature créée *ex nihilo*, en laquelle a commencé et abouti son être, *mais par la grâce divine et incréée, qui existe depuis toujours et qui est au-dessus de toute nature et de tout temps, provenant de Dieu éternel,* grâce selon laquelle il est reconnu tout entier étant engendré en elle par sa propre liberté (γνωμικῶς) »[90]. L'expression « *la grâce divine et incréée* » (τὴν χάριν τὴν θείαν καὶ ἄκτιστον), à notre connaissance, est une expression « ἅπαξ λεγομένη » dans l'œuvre écrite de saint Maxime, mais il n'y a aucun doute en ce qui concerne son contenu et son sens. Elle est la suite et la conséquence d'un enseignement dense et mûr[91].

Par cette position théologique, saint Maxime explique pourquoi la filiation par la grâce est le dépassement du temps et de l'espace, catégories qui caractérisent la nature créée. La grâce divine et incréée est au-dessus de la nature et du temps, elle est éternelle et incréée puisqu'elle a comme source éternelle Dieu qui est éternel et incréé. Pour son union et sa ressemblance à Dieu par la grâce divine et incréée, l'homme doit avoir toutes les qualités qui lui permettent de recevoir et de participer à la grâce, d'être uni à Dieu, et d'avoir la dignité de la filiation. La grâce divine et incréée, la grâce de la filiation n'est pas un privilège

---

90. Ibid., 1141AB.
91. Ce passage est souvent utilisé par saint Grégoire Palamas pour défendre son enseignement de la grâce incréée. Cf. par exemple : « *Homélie sur les divines énergies* » 37-38, in : Grégoire Palamas, Συγγράμματα, vol. II. Éd. Panagiotis CHRISTOU, Thessalonique 1966.

réservé seulement aux saints hommes comme Melchisédek, c'est la grâce réservée à tous ceux qui désirent être unis à Dieu et dépasser le temps et l'espace par la vertu et la connaissance. « En effet, Dieu a déposé naturellement (φυσικῶς ἐνέθηκε) en chacun à un degré égal (ἴσως) la puissance vers le salut, pour que quiconque veut s'approprier la grâce divine en ait la possibilité ; et qu'il ne soit pas empêché s'il veut devenir un Melchisédek, ou un Abraham, ou un Moïse, ou tout simplement transférer en lui tous les saints (καὶ ἁπλῶς πάντας μεταφέρειν εἰς ἑαυτόν τούς ἁγίους), ne changeant pas les noms et les localités (οὐκ ὀνόματα καὶ τόπους ἀμείβων), mais en imitant leurs modes (de vivre) et leur vie (τρόπους καὶ πολιτείαν μιμούμενος) » [92].

Il n'y a pas de prédestination pour l'homme, soit de salut soit de condamnation dans le conseil éternel de Dieu, mais la volonté de Dieu pour la déification de l'homme. On retrouve de nouveau d'une part la liberté (αὐτεξούσιον) de l'homme et d'autre part la grâce de Dieu qui s'étend à tous, mais qui est reçue et appropriée seulement par ceux qui la désirent. Le « temps » de la déification de l'homme lie étroitement le participable et le transcendant, le créé et l'incréé, le temps et l'éternité, le présent et l'eschaton.

6. L'Église : lieu de l'expérience de la participation aux énergies divines et de la grâce de la filiation

a) L'Église.

Si, par l'incarnation du Christ, a été accompli le premier but du conseil éternel de Dieu « pour que Lui devienne homme » [93], le plan du conseil éternel pour que l'homme devienne Dieu s'accomplira également. Le Verbe de Dieu par son incarnation a divisé les siècles en deux, et Il a accompli une partie du conseil éternel de Dieu, et Il a révélé l'autre partie, celle de la déification de l'homme. Le lieu dans lequel la déification de l'homme sera accomplie

92. *Ambigua II, 10*, PG 91, 1144AB.
93. PG 90, 317BC.

c'est l'Église, qui, à travers le temps présent conduit ses membres et elle-même au perfectionnement eschatologique [94].

Ainsi l'Église a ses origines dans le conseil éternel de Dieu, et son histoire temporelle commence par la création du monde. Le monde, l'humanité et la personne humaine sont l'image de l'Église ; ils sont l'image de l'Église de même que l'Église est l'image de l'homme. Certes, malgré l'existence de l'Église à partir de l'acte créateur de Dieu, sa nature et son but n'ont été révélés que par l'incarnation du Verbe qui a révélé le conseil éternel de Dieu.

Le texte proprement ecclésiologique de saint Maxime est le texte de la *Mystagogie*, qui donne une définition ontologique de l'Église et qui traite de la question de la manière dont l'Église, à travers la « synaxe eucharistique », conduit ses membres à la filiation. Le texte des *Quaestiones ad Thalassium 63* nous procurera aussi certains arguments complémentaires [95].

Dans la *Mystagogie* l'Église est définie comme « εἰκών » (image) de Dieu : « C'est ainsi que la sainte Eglise de Dieu apparaîtra comme opérant pour nous les mêmes effets que Dieu, de même que l'image agit comme son archétype. Car nombreux et presque innombrables sont les hommes, les femmes et les enfants, distincts les uns des autres et infiniment différents par la naissance et par l'aspect extérieur, par la nationalité et la langue, par le genre de vie et par l'âge, par la raison et par l'habileté, par les mœurs et par

---

94. L'ecclésiologie de saint Maxime ne sera pas développée dans son ensemble, car cela sort du cadre de notre étude. D'ailleurs cela a déjà été fait par : Alain RIOU, *Le Monde et l'Église selon Maxime le Confesseur*, THÉOLOGIE HISTORIQUE 22, Paris 1973, et surtout dans son chapitre III, « *Pneumatologie -Ecclésiologie -Eschatologie* », pp. 123-200. Cf. aussi Dumitru STANILOAE, *Mystagogie de saint Maxime le Confesseur. Introduction-Scholies*. Éd. Ἀποστολικῆς Διακονίας τῆς Ἐκκλησίας τῆς Ἑλλάδος, Athènes 1973, surtout les pp. 72-89 (en grec). Nikou MATSOUKA, Κόσμος Ἄνθρωπος Κοινωνία κατὰ Μάξιμον τὸν Ὁμολογητήν. Éd. ΓΡΗΓΟΡΗ, Athènes 1980 (en grec).

95. Alain RIOU, *Le Monde et l'Église selon Maxime le Confesseur*, op. cit., entre autres textes ecclésiologiques de saint Maxime, cite aussi les *Chapitres Théologiques et Économiques*, et surtout dans la Iʳᵉ Centurie, les paragraphes 51-70, où saint Maxime parle du temps eschatologique. Dans notre cadre actuel, à savoir celui du Conseil éternel de Dieu concernant l'incarnation du divin et la déification de l'homme, ces chapitres traitent du perfectionnement eschatologique de l'homme et de sa déification, ainsi que de l'Église.

les honneurs, par la fortune, le caractère et les relations ; tous naissent en l'Église et, par son œuvre, ils renaissent et sont recréés par l'Esprit. À tous elle a donné et elle donne également une seule forme et un seul nom divins, d'être du Christ et de porter son nom. Elle donne aussi à tous, selon la foi, une manière d'être unique, simple et indivisible qui ne permet pas de distinguer les nombreuses et inexprimables différences existant entre chacun d'eux ni même s'il en existe, à cause du rapport général et de la réunion de tout en elle ; c'est par eux qu'absolument personne n'est séparé de la communauté, puisque tous convergent les uns vers les autres et sont réunis par l'action de la puissance simple et indivisible de la grâce de la foi » [96].

Pour une compréhension correcte de ce texte, il faut prendre en considération l'enseignement de saint Maxime au sujet de Dieu et plus précisément le rapport entre Dieu et l'ensemble des êtres, et des êtres distincts entre eux. Cet enseignement a déjà été développé ailleurs. Néanmoins, pour la comparaison faite entre Dieu et l'Église, nous résumons ici le contenu du premier chapitre de la Mystagogie. La relation entre Dieu et le monde est une relation d'énergie ; par l'énergie créatrice, de circonscription et du jugement, Dieu a créé les êtres sensibles et intelligibles. Ainsi Dieu est le principe et la fin des êtres ; malgré leur multitude, leur mouvement vers la diastole en genres particuliers et en espèces, Il les unifie par sa propre unicité. L'unification et la circonscription des êtres par le seul et divin principe ne supprime pas les distinctions entre les êtres [97].

L'Église est l'« εἰκών » de Dieu, qui, Lui-même, est l'archétype (ἀρχέτυπον). En tant qu'« εἰκών » l'Église opère de la même façon que l'archétype. Deux sont les pôles qui forment en un corps unique les membres de l'Église : le nom du Christ est l'unique, simple et indivisible. Dans l'Église il y a bien des distinctions de sexes, de races, d'âge, de nations, de langues, de cultures, mais toutes ces distinctions sont unifiées dans le nom du Christ et en la foi

---

96. *Mystagogie I*, PG 91, 665CD-668A. Trad. *IRENIKON 13 (1936)* 5, p. 596.
97. Ibid., 664D-665ABC. Cf. le premier chapitre de notre étude et plus particulièrement le paragraphe C. *Essence Créée et Incréée*.

commune. Cette unification ne supprime pas les distinctions et elles ne sont pas considérées de façon négative, mais elles trouvent leur sens véritable et leur relation entre elles par leur référence et leur rassemblement (συνελεύσεως) dans l'Église [98]. Le rassemblement dans l'Église n'est pas une réunion morale, mais une union ontologique dans le nom du Christ et en la foi commune [99], puisque si l'Église opère dans le monde avec le même mode que son archétype qui est Dieu, par conséquent, elle réunit ontologiquement le corps de ceux qui croient au nom du Christ, comme Dieu réunit en une unité ontologique les êtres, étant leur cause et leur principe.

L'Église est aussi l'« εἰκών » du monde [100], car elle en a la multiplicité et la distinction en peuple et clergé. Mais dans la « synaxe » liturgique toutes ces distinctions sont dépassées pour former l'unique corps eucharistique dans l'Église (en tant que construction), qui symbolise cette union de ses membres. Le monde est l'archétype de l'Église, car il est constitué par les êtres sensibles et intelligibles unis dans une « liturgie cosmique » par Dieu Lui-même. L'Eglise est plus précisément l'« εἰκών » *(a)* du monde sensible [101], *(b)* de l'homme dans son ensemble [102], et *(c)* de l'âme humaine [103]. Malgré l'importance de ces aspects ecclésiologiques, ils ne seront pas analysés dans cette étude. La remarque générale est que l'Église et son édification sont liées ontologiquement au monde, et qu'elle fonctionne pour l'accomplissement du but préconçu par le conseil éternel de

---

98. Saint Maxime base cette vision de l'Église sur Act. 4,32 ; Ga 3,26-28 ; et Col 3,11.

99. Par ces deux principes de l'unité de l'Église, saint Maxime ne pourrait accepter une relativisation du « dogme de la foi » et un rassemblement superficiel de ceux qui croient au nom du Christ pour un semblant d'union de l'Église, comme elle est souvent conçue dans le mouvement œcuménique actuel. L'unité de l'Église se base et s'exprime « κατὰ μίαν, ἁπλῆν τε καὶ ἀδιαίρετον τῆς πίστεως χάριν τε καὶ δύναμιν ». Cela ne supprime pas la diversité d'expressions liturgiques, ni la multiplicité des moyens linguistiques et culturels, qui ne vont pas à l'encontre de l'unité de la foi.

100. *Mystagogie II*, PG 91, 668CD-669D.

101. Ibid., III, PG 91, 672A.

102. Ibid., IV, PG 91, 672ABC.

103. Ibid., V, PG 91, 672D-684A.

Dieu, à savoir la déification de l'homme et sa filiation par la grâce divine.

Ce point-ci introduit l'ecclésiologie de saint Maxime selon le texte des *Quaestiones ad Thalassium 63* [104]. Si la *Mystagogie* et les *Chapitres Théologiques et Économiques* montrent une influence de l'Aréopagite et d'Origène respectivement, les *Quaestiones ad Thalassium 63* représentent l'ecclésiologie maximienne qui dépend de l'enseignement et des définitions bibliques [105]. La vision du prophète Zacharie (4, 2-3) est, selon saint Maxime, « une préfiguration symbolique » du « nouveau mystère » de l'Église [106]. Ainsi le mystère de l'Église n'est pas seulement compris dans le conseil éternel de Dieu pour l'accomplissement des siècles et la déification de l'homme, mais aussi en vue de l'incarnation du Verbe de Dieu selon un « mode nouveau ».

« La parole préfigurant de loin symboliquement par le prophète la splendeur et la majesté éclatante de l'Église, ornait (διεποίκιλλε) ainsi sa vision d'elle, en enseignant, je crois, la puissance du nouveau mystère (manifesté) en elle (τοῦ κατ'αὐτὴν καινοῦ μυστηρίου τὴν δύναμιν). L'Église de Dieu, digne de toute louange (πανεύφημος), est donc un candélabre d'or, pur (καθαρά) et sans souillure (ἀμίαντος), intègre (ἄχραντος), sans altération (ἀκίβδηλος), sans amoin-drissement (ἀμείωτος), et réceptacle de la vraie lumière. Car on dit que l'or sans tache ne noircit ni ne se détruit quand on l'ensevelit dans une rouille quelconque ; il ne diminue point, brûlé dans le creuset. À cela, il faut ajouter la fascination visuelle qu'il exerce sur ceux qui le regardent étant, selon son énergie naturelle, roborant (ρωστικόν) et renouvelant (ἀνανεωτικόν). Telle est la glorieuse Église de Dieu qui existe selon la vérité de toutes les choses, selon

---

104. Alain RIOU, *Le Monde et l'Église selon Maxime le Confesseur*, op. cit. ne se réfère pas à ce texte.

105. Les *Quaestiones ad Thalassium 63* constituent une approche herméneu-tique de Zach. 4, 2-3. Après une étude attentive et une comparaison de cette exégèse avec le texte scripturaire, nous constatons que saint Maxime touche les points principaux de la vision du prophète ; or cette vision est également allégorique, car la parole de Dieu est présentée par des images.

106. Cf. *Quaestiones ad Thalassium 63*, *Corpus Christianorum 22*, 145, 12-19. PG 90, 665B.

la nature très pure de l'or. Elle est en fait sans altération
(ἀκίβδηλος) puisqu'elle n'a rien de mélangé ni d'étranger
dans l'ensemble du mystère selon la foi de la théologie. Elle
est pure en tant que resplendissante et glorieuse par le
rayonnement des vertus. Elle est sans tache, car elle n'est
pas souillée par aucune souillure des passions. Elle est
intègre, puisqu'elle est intouchable par tous les esprits malins
et n'est pas noircie non plus par la rouille du mal (ἰῷ τινι
κακίας) du matérialisme (ταῖς ὑλικαῖς περιστάσεσι). Elle est
sans amoindrissement ni dimunition, car elle ne brûle pas
dans la fournaise des persécutions temporelles (τῶν κατὰ
καιροὺς διωγμῶν), et n'est pas éprouvée par les rébellions
itératives des hérésies, dans sa parole ou dans sa vie, à
savoir dans sa foi et dans son comportement (πολιτεία) ;
elle ne concède pas le moindre fléchissement sous le poids
des épreuves. Par conséquent, elle est par grâce roborante
pour toute intelligence pour ceux qui la comprennent pieusement. En effet, elle appelle d'une part les impies et leur
accorde la lumière de la vraie connaissance. D'autre part,
elle conserve ceux qui aiment contempler ses mystères, et
elle garde la pupille de leur intelligence intacte (ἀπαθῆ) et
sans catarrhe (ἀρευμάτιστον). Elle rappelle aussi ceux qui
ont subi un bouleversement (σάλον), et par la parole de
consolation (τῷ λόγῳ τῆς παρακλήσεως) elle renouvelle
l'intelligence malade » [107].

En comparaison avec le texte de la *Mystagogie*, op. cit.,
le texte des *Quaestiones ad Thalassium* a une atmosphère
historique, linguistique et théologique différente. Les propriétés, qualitatives et quantitatives, attribuées à l'Église
« *candélabre d'or* » (λυχνία ὁλόχρυσος) sont empruntées à
Zach. 4, 2-3. Selon l'interprétation du Prophète même, le

---

107. Ibid., *Corpus Christianorum 22*, 145, 14-147, 44. PG 90, 665BCD-668A.
Ce texte témoigne d'un bouleversement intérieur de son auteur. Si l'hypothèse
selon laquelle la façon de présenter des événements montre l'influence d'événements extérieurs, alors ce texte doit avoir été écrit durant une période assez
mouvementée pour l'Église et pour saint Maxime même. Selon Polycarp
SHERWOOD, op. cit. les *Quaestiones ad Thalassium* ont été écrites vers les
années 630-33. La *Mystagogie* par contre, selon Alain RIOU, *Le Monde et
l'Église selon Maxime le Confesseur*, op. cit. p. 170, « demeure dans son ensemble
— à l'exception de la finale du chapitre 7 — marquée d'un ton assez irénique ».

candélabre d'or de sa vision est la « parole du Seigneur »
(ὁ λόγος Κυρίου) (Zach. 4, 6). Pour saint Maxime le
candélabre d'or est l'Église, car c'est elle qui a la parole
et qui illumine, comme le candélabre. La qualité d'or montre
la puissance et la stabilité de l'Église ; même si elle traverse
des épreuves, elle reste sans altération et sans diminution
tel l'or dans le feu du creuset.

L'Église est : *(a)* « ἀκίβδηλος » (sans altération), car le
contenu théologique de sa foi est exempt de tout changement
par des enseignements étrangers. L'allusion à l'hérésie qui
apporte des éléments étrangers à la théologie de la foi de
l'Église est claire [108].

(b) « καθαρά » (pure), car le resplendissement et la gloire
de l'Église sont la vertu de ses membres. Il est difficile de
déterminer si le sens de la vertu ici a un caractère ontologique
et, alors, elle se réfère au Christ Lui-même qui est l'essence
des vertus, ou bien si elle se réfère aux fidèles qui se
perfectionnent et imitent le Christ par l'exercice des vertus.
Mais les deux possibilités sont des événements « ecclésiaux »
qui glorifient l'Église. Nous préférons néanmoins le sens
moral de la pureté de l'Église qui est en accord avec la
qualité suivante :

(c) « ἀμίαντος » (sans tache). Cette qualité montre que
la nature de l'Église reste pure et non souillée par les
passions. On n'a pas l'impression que saint Maxime décrive
l'Église céleste, mais bien l'Eglise du Christ dans le monde.
Étant donné que c'est elle qui purifie et sauve ses membres,
elle est sans souillure et sans tache.

(d) « ἄχραντος » (intègre). Cette qualité montre l'intégrité
de l'Église dans sa lutte contre le mal. Le mal (πονηρός)
n'est pas nécessairement limité à la seule lutte spirituelle
de l'Église et de ses membres pour leur perfectionnement.
Il peut aussi signifier la « πονηράν αἵρεσιν » qui cherche à
souiller l'intégrité théologique de la foi par des dogmes qui

108. Est-ce que saint Maxime fait allusion au Monothélisme et au Monoénergisme comme une altération de la christologie orthodoxe ? Cela est fort
propable car, comme on va le constater, cette allusion touche aussi à la lutte
personnelle de saint Maxime contre l'hérésie.

lui sont étrangers. D'ailleurs, c'est aussi le sens de la qualité suivante.

(e) « ἀμείωτος καὶ ἀνελάττωτος » (sans amoindrissement et sans dimunition). Les persécutions que l'Église subit pendant les différentes époques l'éprouvent comme le feu de la fournaise éprouve l'or. Les épreuves purifient l'Eglise au lieu de l'affaiblir. C'est ce qui se passe avec l'or : le feu le rend plus éclatant et plus pur. Par ailleurs, les attaques itératives et les rébellions des hérésies n'amoindrissent ni ne diminuent en rien l'Église, ni le contenu de la foi, ni de l'éthos ecclésial, ni « la foi et la vie » de l'Église [109].

Malgré les attaques des hérésies, l'Église, dans l'authenticité de la foi, « appelle » les « impies » et leur accorde la connaissance de la vérité. L'Église n'est donc point polémique, mais irénique, et elle a comme but le salut des pies et des impies. Les impies sont, à n'en pas douter, les hérétiques qui doivent abandonner leurs enseignements étrangers à la foi pieuse et accepter la vraie foi de l'Église. Or c'est dans l'Église qu'il est possible de contempler les mystères divins. L'Église corrige et guérit les intelligences qui ont subi un « bouleversement » par l'attaque de l'hérésie [110]. Par conséquent, l'Église, en temps de persécutions et d'hérésies, ne cherche pas son perfectionnement eschatologique comme prétexte pour fuir les épreuves, mais elle lutte dans le monde contre le mal et contre l'hérésie. Sa démarche à travers le monde est la démarche vers l'accomplissement des siècles pour la déification de l'homme, déification qui sera couronnée lors de son perfectionnement eschatologique. Voilà la conviction de saint Maxime qui l'a conduit à confesser la vraie foi de l'Église, contre le mal et contre l'hérésie.

---

109. Saint Maxime parle ici de sa propre expérience des attaques hérétiques contre l'Église. Ces hérésies tentaient d'altérer la foi et la vie orthodoxe de l'Église.

110. Saint Maxime appelle les hérétiques à abandonner leur hérésie et à retourner à la foi orthodoxe de l'Église.

*(b) L'Église : lieu de l'expérience de la participation
aux énergies divines*

L'intégrité et la pureté de la théologie de la foi de l'Église
sont basées sur l'enseignement trinitaire et l'enseignement
christologique. L'Église est le dispensateur de la foi pieuse
à la Sainte Trinité et en la personne du Verbe incarné de
Dieu. Or le Verbe de Dieu est Lui-même la révélation de
Dieu le Père et le donateur du Saint-Esprit. « La lampe
qui est au-dessus (du candélabre) est notre Seigneur Jésus-
Christ, qui illumine toute homme venant au monde ; en
prenant notre chair Il est devenu et Il est appelé lampe.
Il est la Sagesse et le Verbe de Dieu le Père selon la
nature, Celui qui est prêché dans l'Église de Dieu selon la
foi pieuse. C'est Celui qui a été exalté et S'est distingué
clairement parmi les nations par une vie vertueuse selon les
commandements. C'est Celui qui éclaire tous ceux qui sont
dans la maison, je veux dire dans ce monde » [111].

Saint Maxime poursuit l'interprétation allégorique de la
vision du prophète Zacharie [112]. Le candélabre d'or est
l'Église, mais elle n'est pas la lumière en soi ; elle réfléchit
la lumière qu'elle emprunte à la « lampe » (λαμπάδιον) qui
est au-dessus du candélabre d'or. Cette lampe de l'Église
est le Verbe de Dieu, Jésus-Christ, la Tête de l'Église. Il
est la lumière du Père, sa Sagesse et son Verbe naturels.
Pour l'Ancien Testament le candélabre d'or est « la parole

111. *Quaestiones ad Thalassium 63, Corpus Christianorum 22,* 147, 47-149, 56.
PG 90, 668AB.
112. Le texte de la vision du prophète Zacharie 4, 1-3 est le suivant : « Καὶ
ἐπέστρεψεν ὁ ἄγγελος ὁ λαλῶν ἐν ἐμοὶ καὶ ἐξήγηρέν με ὅν τρόπον ὅταν
ἐγερθῇ ἄνθρωπος ἐξ ὕπνου αὐτοῦ καὶ εἶπεν πρός με. Τί σὺ βλέπεις ;
καὶ εἶπα. Ἑώρακα καὶ ἰδοὺ λυχνία χρυσῇ ὅλη, καὶ τὸ λαμπάδιον ἐπάνω
αὐτῆς, καὶ ἑπτὰ λύχνοι ἐπάνω αὐτῆς, καὶ ἑπτὰ ἐπαρυστρίδες τοῖς λύχνοις
τοῖς ἐπάνω αὐτῆς· καὶ δύο ἐλαῖαι ἐπάνω αὐτῆς, μία ἐκ δεξιῶν τοῦ
λαμπαδίου καὶ μία ἐξ εὐωνύμων ». Pour mieux comprendre le mécanisme
allégorique de saint Maxime, il faut prendre en considération ses références
scripturaires, à savoir Jn 1,9 ; Mt 5,15 ; Ps 118 (119), 105. Jean l'évangéliste
nomme le Verbe incarné « φῶς τὸ ἀληθινόν, ὅ φωτίζει πάντα ἄνθρωπον
ἐρχόμενον εἰς τὸν κόσμον ». L'image du candélabre est utilisée aussi par le
Christ, cf. Mt 5,15. Pour le psalmiste, le « λόγος » ou le « νόμος » de Dieu
sont la lumière qui guide les pas de l'homme. Tout cela, ainsi que l'interprétation
de l'ange à Zacharie du candélabre d'or, comme « λόγος τοῦ Κυρίου », offre
à saint Maxime le matériel de sa propre exégèse allégorique.

du Seigneur » (ὁ λόγος τοῦ Κυρίου), tandis que pour le Nouveau Testament le Verbe de Dieu s'est révélé par l'incarnation et Il révèle en même temps Dieu le Père. Dans l'Église donc, Jésus-Christ est prêché selon la foi orthodoxe (littéralement : pieuse), par la vie vertueuse dans les commandements de Dieu. Le Christ en tant que « lampe » illumine tous ceux qui sont dans le monde et leur accorde la vraie connaissance de la foi orthodoxe.

Ensuite le texte défend avec zèle la foi orthodoxe au sujet de la christologie, foi qui s'oppose à celle des hérétiques. Le « Λόγος » de Dieu, selon le psalmiste (Ps. 118, 105), est une lampe : « Il se dit, par conséquent, lampe (λύχνος), étant par nature Dieu, et Il est devenu chair par économie ; Lui, lumière essentielle, telle une lampe, se tient au milieu de l'âme de façon indescriptible, comme une flamme à une mèche se tient dans *"le vase d'argile"* de la chair » [113].

La comparaison entre la parole ou le Verbe de Dieu et la lampe ou la lumière est un lieu commun dans les Écritures. Le prophète Zacharie, dans sa vision, identifie le candélabre d'or au « λόγος τοῦ Κυρίου » (Za 4, 6). Selon saint Maxime, la vision prophétique est christologique, car dans la composition du candélabre et de la lampe c'est l'union des deux natures en Christ qui est symbolisée : la nature divine étant la lumière qui brille à travers la nature humaine, plus précisément dans l'âme, le corps étant le vase d'argile (cf. II Co 4, 7) qui supporte la lumière. Le Christ en tant que lampe « dissout le nuage et la ténèbre de l'ignorance et du mal et devient pour tous le chemin du salut ; par la vertu et la connaissance, Il amène vers le Père ceux qui veulent le suivre, comme chemin de la justice par les divins commandements » [114].

Le Christ dans l'Église révèle le Père et dissout ainsi par la lumière de la révélation le nuage de l'ignorance et la ténèbre du mal en les remplaçant par la vertu et la vraie connaissance. On constate qu'on ne peut pas parler du Fils sans parler aussi du Père, car le Christ est la révélation du

---

113. *Quaestiones ad Thalassium 63*, *Corpus Christianorum 22*, 149, 59-63. PG 90, 668B.

114. Ibid., *Corpus Christianorum 22*, 149, 71-75. PG 90, 668C.

Père. Cette révélation s'effectue dans l'Église. C'est l'Écriture qui « appelle l'Église candélabre (λυχνίαν), sur lequel brille le Verbe de Dieu par la prédication, (Verbe qui) illumine par les rayons de la vérité tous ceux qui sont dans le monde comme dans une maison, en remplissant toutes les intelligences de la connaissance divine »[115]. L'image évangélique influence la pensée de saint Maxime qui ne fait qu'appliquer la parole du Christ (Mt 5, 15) à l'Église. C'est l'Église qui devient le prédicateur de la vérité ; la foi en le Verbe de Dieu incarné, ainsi que la révélation de Dieu le Père et du Saint-Esprit constitue le contenu de la connaissance, une connaissance salvifique.

« Je suppose donc qu'ici la Sainte Écriture parle des énergies du Saint-Esprit, à savoir les charismes de l'Esprit que le Verbe, comme tête de tout le corps, accorde à l'Église. Il est dit que *"l'Esprit de Dieu reposera sur lui : Esprit de sagesse et d'intelligence, Esprit de conseil et de force, Esprit de connaissance et de piété ; il le remplira de l'Esprit de crainte de Dieu"* (Es 11, 2-3). Or la tête de l'Église, selon la pensée humaine, c'est le Christ. Par conséquent, c'est à l'Église que Celui qui, en tant que Dieu, a naturellement l'Esprit, a accordé les énergies de l'Esprit. En effet, le Verbe, qui est devenu homme pour moi, réalise (πραγματεύεται) tout pour mon salut. Il m'a attribué ce qui Lui était propre par nature à travers ce qui était à moi, pour qui Il est également devenu homme. C'est en prenant de moi qu'Il manifeste ses propriétés ; ainsi Il pense (λογιζόμενον) en lui-même la grâce qu'Il a faite pour moi comme ami des hommes, et Il inscrit en ma faveur sa propre puissance naturelle de redressement. C'est en cela qu'il est dit maintenant, également, qu'Il prend ce qui est propre à la nature sans commencement et au-delà de la parole. En effet, le Saint-Esprit étant naturellement selon l'essence (l'Esprit) de Dieu le Père, de même Il est naturellement selon l'essence (l'Esprit) du Fils, puisque, selon l'essence, Il procède ineffablement du Père, par le Fils engendré. (L'Esprit Saint) donne (δωρούμενον) donc au candélabre, à savoir l'Eglise,

---

115. Ibid., *Corpus Christianorum* 22, 149, 76-79. PG 90, 628C.

ses propres énergies comme des lampes (λύχνους). Car toute énergie de l'Esprit, dissipant la ténèbre à la façon d'une lampe, expulse de l'Église l'origine multiple du péché et l'élimine. Or la sagesse supprime l'ignorance, la prudence efface le manque de jugement de soi-même (ἀνεπιγνωμοσύνη), le conseil (βουλή) enlève le manque de discernement (ἀδια-κρισία), la force chasse la faiblesse (la maladie : ἀσθένεια), la connaissance fait disparaître l'ignorance, la piété chasse l'impiété et la perversité (φαυλότης) de ses actions sur elle ; la crainte chasse au loin l'endurcissement du mépris (τῆς καταφρονήσεως ἀπελαύνει τὴν πώρωσιν). Car non seulement les prescriptions, mais aussi les opérations (ἐνεργήματα) de l'Esprit sont lumière [116] ».

Rappelons que, selon Zach. 4, 2-3 « il y a un candélabre d'or, surmonté d'un vase et portant sept lampes, avec sept conduits pour les lampes qui sont au sommet du candélabre ». Dans son exégèse saint Maxime se réfère aussi à Es 11, 2-3, passage qui, pour la théologie chrétienne est christologique, étant donné que la personne sur laquelle va reposer l'Esprit de Dieu est le Christ Lui-même [117]. Les lampes qui sont au sommet du candélabre et du vase (λαμπάδιον) sont les énergies du Saint-Esprit qui reposent sur le Christ. Ce sont ces énergies que le Christ donne à l'Église qui devient ainsi le vase de la grâce et des énergies du Saint-Esprit. Les énergies du Saint-Esprit sont identiques à ses charismes. La présence du Verbe de Dieu dans l'Église signifie la révélation trinitaire, car Il révèle le Père et Il accorde les énergies et les charismes du Saint-Esprit. Le rôle du Fils dans la révélation du Père et du Saint-Esprit et le don des énergies du Saint-Esprit à l'Église sont la conséquence de sa qualité de chef de l'Église, selon l'ordre de l'économie trinitaire. Le Fils procure les énergies divines du Saint-Esprit, car c'est par le Fils que le Saint-Esprit procède du Père. L'ordre trinitaire qui caractérise les relations intratrinitaires se reflète dans la relation de la Trinité avec la création. Il est important de voir que l'Église prend la place de la création, à savoir :

---

116. Ibid., *Corpus Christianorum 22*, 153, 148-157, 182. PG 90, 672BCD.

117. La détermination des relations des personnes de la Trinité est souvent basée sur la procession du Saint-Esprit du (ἐκ) Père par (διά) le Fils.

la Trinité n'est pas en relation avec la création comme telle, mais avec l'Église, qui englobe toute la création.

La révélation est liée à l'économie du Fils incarné, qui réalise (πραγματεύεται selon saint Maxime) le salut de l'homme, et elle inclut la révélation trinitaire et le don des énergies du Saint-Esprit à l'Église. Le Christ a assumé la nature humaine et, à travers elle, Il a révélé le divin et Il a accordé la grâce divine à l'homme. Il est Lui-même le donateur de l'Esprit, car Celui-ci est pour le Fils « propre à Sa nature sans commencement et au-delà de la parole (φύσει προσὸν ἀνάρχως καὶ ὑπὲρ λόγον). Le Saint-Esprit procède ineffablement du Père ; Il est donc naturellement l'Esprit du Père. Il est aussi naturellement (φύσει) l'Esprit du Fils, car Il procède du Père par le Fils ineffablement engendré du Père. Par ailleurs, si l'Esprit n'est pas aussi naturellement l'Esprit du Fils, alors le Fils est inférioriser au niveau des êtres créés qui ont l'Esprit par grâce et en énergie » [118].

L'Église reçoit les énergies du Saint-Esprit par le Fils et Verbe de Dieu le Père. Par les énergies elle devient pure et sans tache. Selon Es 11, 2-3, le Fils a naturellement l'Esprit. Ici on a la réponse de ce que saint Maxime veut dire par « φύσει » : naturellement. C'est l'Esprit de la Sagesse enhypostasiée du Père. L'Esprit de « prudence » (συνέσεως), car Il est la révélation de la Sagesse. Esprit du Conseil éternel de Dieu en coopération (συνεργία) avec l'Esprit-Saint. Il a naturellement l'Esprit de puissance, car Il est la puissance du Père. Il a naturellement l'Esprit de connaissance, car Lui seul connaît le Père. Il a l'Esprit de piété, car Il est le Fils de Dieu le Père et Il ne se soumet pas aux tentations du mal. Il a l'Esprit de la crainte de Dieu, car la volonté et l'énergie du Père et du Saint-Esprit sont les mêmes, et leur « *synergie* » est parfaite. Ce que le Fils et Verbe de Dieu a naturellement du Père, Il le donne à l'Église comme énergies et charismes du Saint-Esprit. Les énergies et les charismes ont les mêmes effets pour l'Église non pas « naturellement » (φύσει), mais selon la grâce.

---

118. Cf. une longue analyse au chapitre sur l'essence.

L'analyse donc de ce que le Fils a naturellement indique les énergies de l'Esprit que l'Église reçoit. Par les « ἑπτὰ ἐπαρεστρίδων » posées près des lampes (λύχνων), elle puise ces énergies et ces charismes de l'Esprit, et elle les distribue ; c'est la « distribution des charismes »[119] réalisée par l'Église, mais procurée par le Saint-Esprit.

Ce sont les *Quaestiones ad Thalassium 29* qui parlent de la distribution des charismes et des énergies du Saint-Esprit à l'Église. Saint Maxime, en commentant de nouveau Es 11,2-3 dit que les esprits ici ne signifient pas une multitude d'esprits de Dieu, ni une division de Son Esprit unique : « Esaï le saint prophète dit, dans sa prophétie, que sept esprits reposeront sur le Sauveur qui jaillira de la racine de Jessé, non qu'il reconnaisse sept esprits de Dieu et qu'il enseigne ainsi aux autres à l'accepter, mais il appelle < esprits > les énergies de l'un et unique Saint-Esprit, parce que le Saint-Esprit qui opère est tout entier analogiquement en chaque énergie (διὰ τὸ πάσῃ ἐνεργείᾳ ὅλον ἀνελλιπῶς ὑπάρχειν ἀναλόγως τὸ ἅγιον Πνεῦμα) »[120].

Par chacune des énergies, par chacun des charismes, si particulier qu'il soit, se révèle et est accordée la plénitude de la grâce et de l'énergie du Saint-Esprit. Les énergies et les charismes ne signifient pas un morcellement du Saint-Esprit, mais la plénitude de sa grâce, « or les diverses énergies sont appelées par le divin apôtre les divers charismes de l'unique Saint-Esprit, à savoir celles qui sont opérées par le seul et unique Esprit »[121]. La référence biblique est celle de I Co 12, 4-11, où l'apôtre Paul parle de la « diversité

---

119. Cf. *Quaestiones ad Thalassium 63. Corpus Christianorum 22,* 159, 237-161, 249. PG 90, 676A : « Φασὶν οὖν εἶναι τὴν ἐπαρυστρίδα, σκεῦός τε σκυφοειδές, ἐν ᾧτὸ τοῖς λύχνοις ἐπιχεόμενον οἱ ἄνθρωποι βάλλειν εἰώθασιν ἔλαιον, πρὸς ἀποστροφὴν τοῦ φωτὸς καὶ συντήρησιν. Οὐκοῦν κατὰ τὸν τῆς ἀγωγῆς λόγον, ἐπαρυστρίδες εἰσὶ τῶν ἑπτὰ λύχνων τῆς ὁραθείσης λυχνίας, αἱ δεκτικαὶ τῶν διατρεφόντων τε καὶ συντηρούντων τοὺς ἑπτὰ λύχνους, ἤγουν τὰς ἐνεργείας τοῦ Πνεύματος, διαφόρων λόγων τε καὶ τρόπων καὶ ἠθῶν ὑπάρχουσιν ἕξεις τε καὶ διαθέσεις, τῶν εἰληφότων ἐν τῇ Ἐκκλησίᾳ τὴν τῶν χαρισμάτων διαίρεσιν ».
120. *Quaestiones ad Thalassium 29, Corpus Christianorum 7,* 211, 5-12. PG 90, 365A.
121. Ibid. *Corpus Christianorum 7,* 211, 12-15. Ce texte est répété dans les *Chapitres divers I,* 96, PG 90, 1220B.

des charismes ». L'identification entre les charismes et les énergies du Saint-Esprit n'est pas une simple invention de saint Maxime, puisque l'apôtre Paul utilise la même terminologie dans le texte auquel nous nous référons : « *Il y a diversité de charismes, mais c'est le même Esprit ; diversité de ministères, mais c'est le même Seigneur ; diversité d'opérations (διαιρέσεις ἐνεργημάτων), mais c'est le même Dieu qui opère tout en tous* » (I Co 12, 4-6).

La fidélité de saint Maxime à l'exégèse de l'apôtre consiste en ce que il utilise le même vocabulaire, et qu'il intègre l'expérience des énergies et des charismes du Saint-Esprit dans la vie de l'Église. Le fidèle en tant que personne ecclésiale devient le réceptacle des énergies et des charismes du Saint-Esprit, non seulement pour son propre salut et son perfectionnement, mais il devient aussi le ministre des charismes reçus au service de l'Église. Les divines énergies ne sont donc pas une subtilité philosophique, ni une préoccupation intellectuelle dénuée de sens. Les énergies divines déterminent les relations du Dieu Trinitaire avec la création et avec l'Église. Elles sont une expérience vécue par l'Église et dans l'Église.

« Si donc est donnée à chacun, à la mesure de sa foi, la manifestation de l'Esprit par la participation à tel ou tel charisme, par conséquent chacun des croyants reçoit l'énergie de l'Esprit en rapport avec sa foi et avec la disposition de son âme. Cette énergie le rend apte à suivre comme un habitus tel ou tel commandement » [122]. Le don d'un charisme

---

122. Ibid., *Corpus Christianorum* 7, 211, 15-21. PG 90, 365AB. *Chapitres divers* Ibid., 1220B. Cf. *Ambigua II, 66*, PG 91, 1404D-1405ABC. *Quaestiones ad Thalassium 54*, PG 90, 521BC-524A. Les exemples donnés par saint Maxime clarifient le sens du texte : « Οὐκοῦν ὥσπερ ὁ μὲν λαμβάνει λόγον σοφίας, ὁ δὲ λόγον γνώσεως, ἕτερος δὲ πίστεως, καὶ ἄλλος ἄλλο τι τῶν ἀπηριθμημένων τῷ μεγάλῳ Ἀποστόλῳ χαρισμάτων τοῦ Πνεύματος· οὕτως ὁ μὲν δέχεσθαι διὰ τοῦ Πνεύματος χάρισμα τῆς τελείας καὶ ἀμέσου πρὸς Θεόν, καὶ μηδὲν ἐχούσης ὑλικὸν ἀγάπης, κατὰ τὴν ἀναλογίαν τῆς πίστεως· ἕτερος δὲ διὰ τοῦ αὐτοῦ Πνεύματος, τῆς τελείας πρὸς τὸν πλησίον ἀγάπης χάρισμα, καὶ ἄλλος ἄλλο τι κατὰ τὸ αὐτὸ Πνεῦμα, ὡς ἔφην, ἔχοντος ἑκάστου ἐνεργούμενον τὸ οἰκεῖον χάρισμα. Ταῦτα δὲ τὰ χαρίσματα κατὰ τὸν ἅγιον Ἡσαΐαν, πνεύματα καλέσας τις, ὡς οἶμαι, τῆς ἀληθείας οὐ διαπίπτει παντὶ γὰρ χαρίσματι ὅλον ὡς ἐνεργοῦν ἀναλόγως ἐνυπάρχει τὸ Πνεῦμα τὸ ἅγιον, εἴτε μείζονι, εἴτε ἥττονι ». *Quaestiones ad Thalassium 29*, *Corpus Christianorum* 7, 211, 22-213, 34. PG 90, 365BC.

particulier est lié à la manifestation du Saint-Esprit pour celui qui le reçoit ; or la manifestation est aussi analogue à la grandeur de la foi du fidèle qui la reçoit. Cela signifie le perfectionnement spirituel et l'accomplissement du croyant, car il n'y a pas de division ni de manifestation réduite du Saint-Esprit. Par conséquent, la foi et le degré de cette foi sont un facteur indispensable pour l'octroi des charismes et de l'énergie du Saint-Esprit.

(c) L'Église, lieu de l'expérience de la participation à la grâce de filiation

La déification de l'homme, qui sera accomplie lors de la consommation des siècles que Dieu a fixés selon son divin et éternel conseil [123], est synonyme de la filiation de l'homme par Dieu. L'Église, comme lieu de la grâce et de l'énergie du Saint-Esprit, œuvre pour la filiation de l'homme par les mystères célébrés. Les événements, lors des célébrations, ne sont pas de simples signes extérieurs qui constituent des éléments « religieux » du Christanisme ; à travers ces symboles est opéré le salut et la grâce de la filiation est donnée. « Ne nous éloignons pas de la sainte Église de Dieu qui contient de si grands mystères de notre salut dans la sainte ordonnance des divins symboles qui sont célébrés en elle. Par ces mystères, elle fait que chacun d'entre nous selon sa mesure acquiert dignement le mode de vie ($\varkappa\alpha\lambda\tilde{\omega}\varsigma$ $\mu\acute{\alpha}\lambda\iota\sigma\tau\alpha$ $\pi o\lambda\iota\tau\varepsilon\upsilon\acute{o}\mu\varepsilon\nu ov$) selon le Christ ; elle rend manifeste comme mode de vie selon le Christ le don ($\chi\acute{\alpha}\varrho\iota\sigma\mu\alpha$) de la filiation donné par le saint Baptême dans l'Esprit-Saint » [124].

Le Baptême accorde le charisme de la filiation et devient un charisme opérationnel par la participation à la « synaxe » liturgique où sont célébrés les divins et salvifiques mystères. La *Mystagogie*, le seul texte de saint Maxime qui se réfère à la divine Liturgie, explique la signification de ces symboles. L'importance de ce texte est évidente, car il détermine le rôle de l'Église pour la filiation de l'homme. Le caractère

---

123. Cf. *Quaestiones ad Thalassium 22, Corpus Christianorum* 7, 139,50-143,116. PG 90, 317B-321C.

124. *Mystagogie 24*, PG 91, 712AB. Trad. A.Riou, *Le Monde et l'Église selon Maxime le Confesseur*, op. cit. p. 169.

eschatologique donné à tous les événements célébrés les transforment en un avant-goût et une préfiguration du perfectionnement eschatologique des siècles de la filiation, et l'Église opérant ce perfectionnement est le lieu de cette révélation et de cet avant-goût. Vu la ressemblance ontologique entre l'homme, le monde et l'Église, tout se meut vers l'accomplissement des siècles destinés à la filiation de l'homme. À cause de cette ressemblance il y a une interdépendance, et comme l'homme et le monde ne peuvent pas réussir la déification sans l'Église, ainsi l'Église ne peut pas exister sans l'homme et le monde.

1. L'ordre liturgique des symboles indique en réalité le mode de filiation. La lecture de l'évangile symbolise l'incarnation du Fils de Dieu ; c'est par l'incarnation que la « théologie » est enseignée à l'homme : « Ensuite, les ayant placés au nombre des anges par le Trisagion, et leur ayant accordé la même science que la leur par la théologie sanctificatrice (*ἁγιαστικῆς*), Il les amène à Dieu le Père, devenus fils dans l'Esprit (*υἱοθετηθέντας τῷ Πνεύματι*), par la prière par laquelle ils ont été rendus dignes d'appeler Dieu Père. Et après cela, comme sciemment élevés au-dessus de toutes les raisons des êtres, Il les conduit de façon inconnaissable à la monade inconnaissable (*πρὸς τὴν ἄγνωστον ἀγνώστως ... ἄγει μονάδα*) par le *"Un seul saint"* et par ce qui suit, après les avoir unis par la grâce et les ayant conformés par participation à la monade dans une identité autant que possible indivisible » [125].

Rappelons que l'Église est le dispensateur de la vraie foi et de la vérité et qu'elle enseigne les dogmes salvifiques de l'incarnation et de l'économie du Verbe de Dieu, ainsi que la foi à la Trinité. Par la lecture évangélique, le Verbe de Dieu devient Lui-même le Maître (*Διδάσκαλος*) et Il révèle le Dieu Trinitaire. La connaissance des dogmes de l'économie de l'incarnation et du Dieu Trinitaire est une connaissance du salut et de la filiation, puisque par la grâce de la filiation donnée par le Saint-Esprit, le fidèle devient digne d'appeler Dieu Père pendant sa prière. Cela montre la position de

---

125. Ibid., *13*, PG 91, 692CD.

saint Maxime au sujet du dogme qui n'est pas un objet de connaissance intelligible, mais une connaissance salvifique dans l'acte liturgique de l'Église. Par le dogme, les fidèles sont conduits à la connaissance de la vérité de la foi, à l'union avec Dieu par la grâce divine, à la participation et à l'identité à Dieu par la grâce [126].

2. L'invocation du nom de Dieu comme Père manifeste pour saint Maxime un degré de filiation. Il ne s'agit pas d'une simple répétition des paroles du Christ, mais, dans l'ordre liturgique, par la connaissance de l'économie de l'incarnation et de la vérité de la foi au Dieu Trinitaire, nous passons au degré de la filiation, et ainsi nous croyons et nous confessons Dieu le Père. Voilà ce que saint Maxime écrit dans son interprétation de Notre Père : « Donc le commencement de cette prière nous conduit à honorer la Trinité consubtantielle et suressentielle, en tant qu'elle est la Cause créatrice de notre venue à l'être ($\gamma\varepsilon\nu\acute{\varepsilon}\sigma\varepsilon\omega\varsigma$). En outre, il nous enseigne à nous annoncer à nous-mêmes la grâce de la filiation, puisque nous sommes dignes d'appeler Père par grâce celui qui par nature nous a créés. Ainsi, par respect pour l'invocation de celui qui nous a fait naître selon la grâce ($\tau o\tilde{v}$ $\varkappa\alpha\tau\grave{\alpha}$ $\chi\acute{\alpha}\varrho\iota\nu$ $\gamma\varepsilon\nu\nu\acute{\eta}\tau o\varrho o\varsigma$), nous nous empressons ($\sigma\pi o\upsilon\delta\acute{\alpha}\xi\omega\mu\varepsilon\nu$) de signifier dans notre manière de vivre l'empreinte ($\chi\alpha\varrho\alpha\varkappa\tau\tilde{\eta}\varrho\alpha\varsigma$) de celui qui nous a fait naître ($\tau o\tilde{v}$ $\gamma\varepsilon\nu\nu\acute{\eta}\sigma\alpha\nu\tau o\varsigma$) : nous sanctifions son Nom sur la terre en l'imitant comme un Père ($\pi\alpha\tau\varrho\acute{\omega}\zeta o\nu\tau\varepsilon\varsigma$), en nous montrant ses enfants par nos actions et en magnifiant par nos pensées et nos actes le Fils du Père par nature qui opère Lui-même ($\alpha\mathring{v}\tau o\upsilon\varrho\gamma\tilde{\omega}\nu$) la filiation » [127].

La pensée théologique de saint Maxime est ici basée sur deux notions importantes : celle de la « $\gamma\varepsilon\nu\acute{\varepsilon}\sigma\varepsilon\omega\varsigma$ » des êtres

126. Saint Maxime formule la même opinion dans son *Interprétation du Notre Père*. Dans ce texte le Verbe de Dieu incarné enseigne la « *théologie* », à savoir la vérité et la foi en Dieu. Il enseigne aussi la filiation, l'égalité entre les hommes et les anges, la participation à la vie divine par la communion du pain, le rétablissement de la nature humaine, la purification du péché et la libération de l'esclavage au mal. Cf. *Brève interprétation du Notre Père*, introduction, PG 90, 876C-880C.

127. *Brève interprétation à Notre Père*, PG 90, 884CD-885A. Trad. Alain Riou, *Le Monde et l'Église selon Maxime le Confesseur*, op. cit. pp. 223-224. Cf. *Mystagogie 20*, PG 91, 696CD.

par Dieu le Créateur et celle de la « *γεννήσεως* » de l'homme par la grâce de la filiation. La confession de foi en la Trinité par le Notre Père signifie que par le nom « Père » nous invoquons Dieu le Père, que par « *que ton nom soit sanctifié* » nous pensons au Fils qui est le Nom du Père, et que par « *que ton règne vienne* » nous invoquons le Saint-Esprit, Royaume enhypostasié du Père [128]. Celui qui opère (*αὐτουργῶν*) la filiation par grâce est le Fils par nature du Père, mais en synergie avec les deux autres Personnes, à savoir par la « bienveillance » (*εὐδοκία*) du Père et la synergie (*συνεργία*) du Saint-Esprit [129].

Pour le croyant donc il y a deux étapes importantes dans sa vie : sa naissance dans la chair par laquelle il participe à l'être naturel créé par Dieu, et sa naissance spirituelle « par l'eau et l'esprit ». Celle-ci est réalisée dans l'Église par le Baptême et devient efficiente par la participation aux « symboles » (aux mystères) célébrés pendant la synaxe eucharistique. La prière du Notre Père est une confession de cette double naissance, biologique et spirituelle, ainsi que l'expression de l'expérience de la filiation par la grâce.

3. Ces deux étapes de la filiation conduisent à une troisième qui récapitule toute la notion de la filiation, car elle rassemble le présent et l'eschaton, le temps et l'éternité. « La bienheureuse invocation du grand Dieu et Père, et l'exclamation du *"Un seul saint"* et de ce qui suit, ainsi que la communion des saints et vivifiants mystères, signifient la filiation, grâce à la bonté de notre Dieu, l'union, la similitude (*οἰκειότητα*), l'identité divine et la déification qui surviendra pour tous ceux qui en seront dignes. C'est par cette déification que Dieu sera tout en tous dans les sauvés, de façon égale, et comme beauté originelle (*ὡς κάλλος ἀρχέτυπον*). Il convient en tant que cause à ceux qui Lui conviennent, selon la grâce, par la vertu et la connaissance » [130].

La troisième étape de la filiation dans la synaxe eucharistique est la « communion aux saints et vivifiants mystères ». La communion au Corps et au Sang du Christ est en même

---

128. Cf. *Brève interprétation du Notre Père,* PG 90, 884A-885B.
129. Cf. ibid., 876CD.
130. *Mystagogie 24*, PG 91, 709C.

temps participation à la filiation, puisque nous devenons un seul corps avec le Christ ; elle est encore un avant-goût de l'union eschatologique avec Dieu par la similitude avec Lui, par l'identité divine et la filiation. De cette manière « la communion aux saints et vivifiants mystères » n'est pas infériorisée par rapport au perfectionnement et à la déification eschatologique ; au contraire, outre leur sens salvifique, les mystères célébrés guident le fidèle vers l'avant-goût de la bonté divine et de l'éternité, au-delà des limites précaires du temps, car l'Église est le Royaume de Dieu établi dans le monde [131].

« Il fait partager la vie divine en se faisant Lui-même nourriture, d'une manière que Lui seul connaît, ainsi que ceux qui ont reçu de Lui une même sensibilité de l'intelligence. Ainsi, en goûtant à cette nourriture, ils savent d'une connaissance vraie *"comme est bon le Seigneur"* (Ps 33, 9), lui qui mêle à ceux qui mangent, pour les diviniser, une qualité divine, attendu qu'Il est et est appelé clairement pain de vie (Jn 6, 48) et de puissance (Ps 77, 25) » [132]. La communion aux saints et immaculés mystères est une participation à la vie divine, participation qui aboutit à la déification. Ainsi les temps de la déification de l'homme, selon le conseil éternel de Dieu sont accomplis, et le Christ est le principe et la fin, l'*Alpha* et l'*Omega*, car en sa personne tout est récapitulé. C'est Celui qui opère la création, le salut et la déification.

4. Situation de la filiation : La grâce de la filiation n'est pas un mouvement unilatéral de Dieu vers l'homme, mais elle présuppose la réception de la grâce de la part de l'homme. Néanmoins, que signifie la filiation et quelle est la situation de celui qui reçoit la grâce de la filiation ? « La toute sainte et vénérable invocation du grand et bienheureux Dieu le Père est le symbole de la filiation qui sera donnée (δοθησομένης) selon l'hypostase et l'existence (ἐνυποστάτου

---

131. H.U. von Balthasar, *Liturgie Cosmique*, op. cit., n'a pas vu cet aspect de l'Église, comme temps de l'Esprit, et il pense que saint Maxime est resté conditionné par le sens grec de l'histoire.
132. *Brève interprétation du Notre Père*, PG 90, 877C. Trad. Alain Riou, *Le Monde et l'Église selon Maxime le Confesseur*, op. cit. Appendices, p. 219.

τε καὶ ἐνυπάρκτου) par le don et la grâce du Saint-Esprit. C'est par cette filiation que la propriété (ἰδιότης) humaine est vaincue et recouverte par la descente de la grâce et que tous les saints seront appelés et seront faits fils de Dieu. Tous ceux qui dès maintenant par les vertus sont glorifiés par la bonté et la beauté divines de façon splendide et glorieuse » [133].

Saint Maxime exprime la même opinion ailleurs [134], à savoir, que par l'union de l'énergie divine et de l'énergie humaine, cette dernière cesse son cheminement vers la connaissance de Dieu. Ainsi par la grâce de la filiation les propriétés humaines sont vaincues et recouvertes par elle. Les propriétés humaines sont les fonctions humaines qui contribuent à la déification et à la filiation. Mais dès que le but est atteint, *alors les propriétés cèdent leur place à l'expérience*, et l'homme entre dans la situation nouvelle de la réception de la splendeur et de la bonté divines.

« Ayant reçu dans une dignité semblable à celle des saints anges les raisons (λόγους) lumineuses et accessibles à la création au sujet de la divinité, ayant appris à chanter sans jamais se taire, en symphonie avec les anges, l'unique divinité de manière trinitaire, l'âme est conduite par une ressemblance proche (δι' ὁμοιότητος ἐμφεροῦς) dans la filiation de grâce. Par celle-ci, portant dans la prière son Dieu comme unique Père mystique selon la grâce, elle se recueillera, par une extase hors de tout, dans l'Un qui est le secret (κρυφιότητος) de celui-ci. Elle sentira et connaîtra d'autant plus les mystères divins qu'elle ne voudra pas être à elle-même, ni pouvoir être connue elle-même par elle-même ou par un autre, mais par Dieu tout entier qui l'enlève totalement dans le bien, entièrement présent en elle de manière divine, pénétrant en elle sans passion et la déifiant tout entière. De sorte que, comme le dit le tout saint Denys l'Aréopagite, elle est l'icône et la manifestation de la lumière invisible, miroir intact, le plus transparent, intègre, immaculé, incon-

---

133. *Mystagogie*, PG 91, 696CD. La première partie du texte est une traduction de A. Riou, op. cit. p. 164.

134. Cf. *Ambigua II*, 7, PG 91, 1076C. *Opuscula Theologica et Polemica 1*, PG 91, 33CD-36A.

taminé, accueillant tout entière la splendeur du type du Bien (ἀγαθοτύπου) et rayonnant en lui-même de manière déiforme et sans diminution, autant que possible, la bonté du silence des lieux inaccessibles » [135].

L'entrée de la « sainte synaxe » dans l'église symbolise les vertus de l'âme [136]. Elle montre l'âme ornée des vertus et prête à recevoir la grâce de la filiation. *La filiation est une expérience et non pas une connaissance intelligible, expérience qui conduit l'âme à son abandon absolu en Dieu et à sa déification.* La filiation est le vécu empirique de la bonté divine, expérience qui s'accroît par l'exercice des vertus.

---

135. *Mystagogie*, PG 91, 701BC. Trad. A. Riou, *Le Monde et l'Église selon Maxime le Confesseur*, op. cit. p. 167.

136. Ibid., 697BC. Cf. *Brève interprétation du Notre Père*, PG 90, 877A :
« Υἱοθεσίαν δὲ δίδωσι (ὁ τοῦ Θεοῦ Λόγος), τὴν ὑπὲρ φύσιν ἄνωθεν διὰ Πνεύματος ἐν χάριτι δωρούμενος γέννησιν· ἧς ἐν Θεῷ φυλακή τε καὶ τήρησίς ἐστιν, ἡ τῶν γεννωμένων προαίρεσις· διαθέσει γνησίᾳ τὴν δοθεῖσαν στέργουσα χάριν, καὶ τῇ πράξει τῶν ἐντολῶν ἐπιμελῶς τὸ κατὰ χάριν δοθὲν ὡραΐζουσα κάλλος· καὶ τοσοῦτον τῇ κενώσει τῶν παθῶν μεταποιου-μένη θεότητος, ὅσον ὁ τοῦ Θεοῦ Λόγος τῆς οἰκείας ἀκραιφνοῦς δόξης, οἰκονομικῶς ἑαυτὸν κατὰ θέλησιν κενώσας, γενόμενος ἀληθῶς κεχρημά-τικεν ἄνθρωπος ».

CONCLUSIONS

La théologie de saint Maxime, préoccupé principalement par la problématique de l'Église de son époque, est, en réalité, la perpétuation de la théologie établie par la tradition patristique antérieure. Cependant, elle ne constitue pas un système scolaire, mais, à partir de l'expérience théologique ecclésiale, fait face aux dangers de l'altération de la foi par le Monothélisme et le Monoénergisme. Le Confesseur a comme point de départ de sa pensée des questions précises concernant la christologie, pourtant, sa théologie s'étend à l'ensemble du contenu de la foi de l'Église. C'est la raison pour laquelle l'Église a reconnu l'authenticité de la théologie maximienne, en tant qu'expérience vécue dans l'Église, non seulement concernant la question posée par le Monothélisme et le Monoénergisme, mais également concernant tous les domaines de la réflexion théologique de saint Maxime. La source donc de sa recherche était la richesse inépuisable de la tradition patristique de l'Orient et de l'Occident. Il partageait le souci de l'Église de son époque, et c'est ainsi que sa théologie est christocentrique et ecclésiocentrique.

La théologie de saint Maxime, analysée dans les diverses parties de notre étude, mérite une synthèse qui puisse démontrer l'aspect le plus important de la distinction onto-logique entre l'essence et l'énergie en Dieu et de la connaissance de Dieu par l'homme. L'essence divine reste inconnaissable à l'homme. Cette incogniscibilité de l'essence divine n'est ni un point négatif ni un agnosticisme stérile qui refuse d'aller à la recherche et vers la connaissance de Dieu. C'est la reconnaissance des capacités limitées de l'homme qui, en tant qu'être créé, ne peut pas connaître l'essence incréée de Dieu. Mais dans son incapacité à connaître l'essence incréée de Dieu, l'homme peut savoir que Dieu a son « λόγος τοῦ εἶναι » qui lui reste inconnaissable, et son « τρόπος τῆς ὑπάρξεως » qui est trinitaire. La distinction entre le « λόγος τοῦ εἶναι » et le « τρόπος τῆς ὑπάρξεως » n'est pas une distinction « κατ'ἐπίνοιαν », mais elle est ontologiquement réelle, car l'un signifie la vie intratrinitaire et l'autre l'économie divine qui est la manifestation de Dieu.

La manifestation de Dieu se réalise par ses énergies divines. Par la recherche « *scientifique* » et « *pieuse* » et à travers la révélation divine et la création, l'homme découvre les énergies divines. Les raisons des êtres, qui se trouvent perpétuellement en Dieu, et selon lesquelles les êtres ont été créés, manifestent les énergies divines. La manifestation de Dieu à travers les raisons des êtres est aussi significative de la relation établie entre Dieu et sa création, entre le créé et l'incréé.

À côté de la compréhension chrétienne de Dieu et de la définition selon laquelle Dieu est « *monade dans la Triade et Triade dans la monade* », il y a la question de la création. Par son système cosmologique, saint Maxime donne une réponse au « comment » de la création. Effectivement, les raisons des êtres qui sont perpétuellement en Dieu ont déterminé l'origine de la création des êtres, qui est l'énergie créatrice de Dieu dans la synergie des trois Personnes de la Trinité. Le mode de création décrit par le schème ternaire « γένεσις-κίνησις-στάσις » donne toute la dimension du système cosmologique du Confesseur. Dès la création « *ex nihilo* », les essences universelles des êtres sont en mouvement de διαστολή (dilatation) jusqu'aux genres généraux et aux espèces particulières. Cela montre le dynamisme propre aux essences et l'« αὐτεξούσιον » des êtres dans le devenir de leur être. Mais la διαστολή n'est pas la finalité des êtres. Un second mouvement, inverse, la συστολή (contraction), montre leur finalité. Les êtres se rassemblent de nouveau à partir des espèces particulières et des genres généraux vers les essences universelles et leur finalité, l'union avec la Cause de leur création. La vision de saint Maxime de l'union

du créé et de l'incréé comme un *repos* (παῦσις) de l'énergie
des êtres, est comprise par la plupart des auteurs modernes
comme un certain « monoénergisme », puisqu'il parle de
« l'anéantissement » de l'énergie des êtres lors de leur union
à l'énergie divine. Une calomnie semblable avait été adressée
à saint Maxime par ses contemporains auxquels il a donné
une explication. L'approche du problème, soit par les contemporains de saint Maxime soit par les écrivains modernes,
reste très restrictive, conditionnée par le problème du monoénergisme. Saint Maxime, par contre, va au-delà de la
problématique monoénergiste et interprète le mode d'union
entre les êtres créés et Dieu incréé. L'arrêt du mouvement
des êtres lors de leur union avec Dieu explique justement
ce que saint Maxime veut dire par le terme « στάσις ».

« Στάσις » signifie l'arrivée des êtres à leur finalité. Cet
arrêt est aussi signifié par le « *Sabbat* » des êtres. Quand
les êtres parviennent à leur union avec Dieu, ils passent de
l'état du mouvement spatio-temporel à l'état au-delà de
l'espace et du temps, c'est-à-dire dans l'éternité divine, qui
n'est ni mouvement, ni temps, ni espace. L'union des êtres
avec Dieu est une union avec l'énergie divine et non pas
avec son essence. Ce point est fondamental, car la différence
ontologique entre Dieu, qui est incréé, et la création n'est
pas un abîme ; l'énergie divine pénètre toute la création, et
la création se meut vers l'énergie divine pour s'unir à elle.
Une fois cette finalité des êtres atteinte, ceux-ci sont unis
et jouissent de la bienheureuse expérience de la vision de
la divinité, sans avoir besoin du mouvement et de l'énergie
vers la cause première. Ce mouvement cède la place à
l'expérience de la vision de Dieu. L'expérience est un autre
mode d'énergie humaine qui rend réelle l'union de l'homme
avec Dieu.

L'Incarnation du Verbe de Dieu, préconçue par le Conseil
éternel de Dieu est déjà la réalisation de la première partie
du Conseil de Dieu, pour que Dieu devienne homme et
que l'homme soit divinisé. Le Christ est donc le modèle de
l'union de l'homme avec Dieu. Par des « *modes nouveaux* »
le Christ libère l'homme de sa chute et de ses conséquences,
et par sa Résurrection, Il devient le « *Premier-né* » dans la

finalité de l'homme, à savoir l'entrée triomphale dans l'éternité divine.

I

1. L'essence est une notion clé pour la compréhension de la problématique de la distinction entre essence et énergie. La notion de l'essence, telle qu'elle est traitée par saint Maxime — basée sur la conception philosophique et l'enseignement patristique — implique d'autres concepts comme : nature, hypostase, personne, volonté, énergie. Parmi ces concepts, quelques-uns indiquent le commun et d'autres le particulier des êtres. Le commun et le particulier, pour ce qui est de la Trinité, sont définis par la phrase « *Μονὰς ἐν Τριάδι καί Τριὰς ἐν Μονάδι* ». Le commun est indiqué par la *monade*, tandis que le particulier par la *triade*, car la monade indique l'essence commune des Personnes qui ont des particularités hypostatiques, telles que le non-engendrement pour le Père, l'engendrement pour le Fils et la procession pour le Saint-Esprit. La même notion du commun et du particulier est aussi indiquée par l'unique *λόγος τοῦ εἶναι* et le *τρόπος τῆς ὑπάρξεως* qui est trinitaire. La distinction entre le *λόγος τοῦ εἶναι* et le *τρόπος τῆς ὑπάρξεως* signifie également le mode d'opérer différent pour chaque Personne dans l'économie divine.

Entre l'être incréé de Dieu et l'être créé des êtres, on peut établir la notion de la cause et du causé. Cependant, cette relation cause-causé n'est pas comme celle de la philosophie d'Aristote qui peut être un enchaînement des causes et des causés, dans les êtres créés, pour aboutir à la première cause divine. Dieu est *la cause* des êtres créés, car Il est le Créateur, la Providence, le Juge et le Législateur.

Ce mode de relation entre Dieu et la création indique le *mouvement* réciproque, de Dieu vers la création et de la création vers Dieu. En Dieu, on distingue deux ordres de « *mouvement* » : l'un signifie le mode de relation entre les Personnes divines ; ce n'est pas un mouvement à proprement parler, mais c'est l'ordre intratrinitaire des relations essentielles qui révèle le Père comme le principe de la divinité, le Fils étant engendré par le Père et le Saint-Esprit procédant du Père. L'autre ordre de « mouvement » indique le mode de relation de Dieu avec la création. Dieu se « meut » par amour vers la création. L'*amour* et l'*extase* chez l'Aréopagite sont la volonté et l'énergie créatrices de Dieu chez saint Maxime. Les deux « *mouvements* » divins, en comparaison avec celui des êtres créés, indiquent, le premier, le λόγος τοῦ εἶναι, et le second, le τρόπος τῆς ὑπάρξεως. Or la divinité est absolument immobile si l'on compare ce mouvement avec celui des êtres créés, puisque la divinité n'est pas un être relatif à un autre vers lequel il devrait se mouvoir pour le perfectionnement de son être.

Le mouvement des êtres créés indique au contraire le déterminé et le relatif de leur être. Le mouvement est un élément constitutif du devenir de l'être des êtres créés. Ceux-ci, créés *ex nihilo* par l'acte créateur de Dieu, se sont mis en mouvement pour aboutir à leur finalité (γένεσις-κίνησις-στάσις). Ainsi le mouvement des êtres comprend deux aspects : la *diastole* et la *systole*. Par l'acte créateur de Dieu, les êtres sont en mouvement vers la diastole : à partir des genres les plus généraux, ils se meuvent vers les genres généraux et ensuite vers les espèces particulières. Ensuite commence le mouvement de la systole : à partir des espèces particulières, ils se rassemblent vers les genres généraux pour aboutir de nouveau aux genres les plus généraux. Le Jugement divin détermine le mode de diastole et de systole des essences des êtres.

Le système cosmologique de saint Maxime comprend aussi l'aspect universel et l'aspect particulier des êtres. Cette question comprend plusieurs étapes. Le commun et l'universel (καθ'ὅλου), ainsi que le particulier (καθ'ἕκαστον), étant des notions philosophiques aristotéliciennes, sont utilisés par la théologie chrétienne pour indiquer l'essence et l'hypostase des êtres, l'une étant le commun et l'autre le particulier. Ces notions en relation avec le mouvement des êtres indiquent ainsi l'universel et le particulier des êtres. Le devenir de l'universel est la dissolution du particulier et vice-versa, mais la puissance déterminante de ce mouvement est le Jugement divin qui circonscrit tout et ne laisse pas le devenir du particulier aller jusqu'à un désordre naturel, ni le devenir de l'universel supprimer la particularité des êtres. Le mouvement réciproque entre l'universel et le particulier peut être résumé en ces trois points : *(a)* la Providence et le Jugement divins sont à l'origine de ce mouvement constitutif des êtres, *(b)* les raisons selon lesquelles les êtres ont été créés et en lesquelles « *consiste et est conduite l'économie de tout* » sont la puissance *naturelle* de ce mouvement, et *(c)* le Christ, en tant que Verbe de Dieu et Créateur de tout être et de tout mouvement, est la cause première de ce mouvement.

Les êtres créés sont conditionnés par le temps et par l'espace. La question du temps est comprise en relation avec l'éternité de Dieu, le temps de l'économie de la création, le salut et la divinisation eschatologiques. Les êtres sont créés dans le temps et tendent vers l'éternité divine. Les « *six jours* » de la création symbolisent le temps créé, le dimanche de la Résurrection du Christ — le « *septième* » jour — est le passage au « *huitième jour* », à savoir au temps eschatologique pendant lequel les êtres créés participent à l'éternité divine incréée.

La différence entre le créé et l'incréé signifie également que le créé est caractérisé par les qualités et les quantités. Les qualités et les quantités des êtres créés sont le propre de leur essence, comme celui de la différence, de la souffrance, du nombre etc. Ces qualités et ces quantités, attribuées à l'être incréé de Dieu, sont « *impropres* », car le divin est libre de qualités et de quantités.

Les êtres en tant que tels ont un être relatif, car leur existence dépend de l'être divin qui les a créés *ex nihilo*. Le perfectionnement de l'être créé est toujours réalisé en union avec Dieu. L'être incréé de Dieu est libre de cette relation, car Il est par nature parfait et n'a aucun être pour principe, étant Lui-même principe des êtres créés.

L'être divin incréé est au-delà des catégories du temps, de l'espace, des qualités, des quantités etc., car il est simple et sans aucune composition. L'être créé, par contre, en tant qu'être composé, est soumis aux catégories qui conditionnent tout être créé et composé. Cependant, l'être divin, même s'il est simple et libre de toute catégorie du composé et du créé, n'est pas sans distinctions, comme essence, nature, hypostase, personne, volonté, énergie, distinctions manifestées par le *λόγος τοῦ εἶναι* et le *τρόπος τῆς ὑπάρξεως* de Dieu.

2. L'essence a des propriétés essentielles par lesquelles elle manifeste son existence. Les deux propriétés essentielles, constitutives et manifestant l'essence, sont la volonté et l'énergie. L'origine essentielle des propriétés constitutives de l'essence est à la base de la christologie qui affirme qu'en Christ, après l'union hypostatique de ses deux natures, l'une comme l'autre garde intégralement sa volonté et son énergie. Ces mêmes propriétés essentielles montrent également le mouvement libre (*αὐτεξούσιον*) de l'essence pour son devenir et le mouvement de sa manifestation. La liberté essentielle est une qualité aussi bien de Dieu que des essences créées. Dieu est libre par nature et Il a créé l'homme à son image, participant par grâce à la liberté divine.

Dieu est libre en sa volonté et en son énergie ; mais Il est immuable concernant le choix du bien. Par contre, l'homme a altéré par sa chute, son immuabilité pour le choix du bien. Le choix du bien indique la liberté naturelle, tandis que le choix du mal est un signe d'altération du naturel. La libre volonté de Dieu consiste en la création libre du monde, le libre choix du mode de salut, ainsi que la volonté de l'union de l'homme avec Dieu et sa divinisation. C'est en Christ que nous avons la réalisation du *grand Conseil éternel* de Dieu, de la création, du salut et de la divinisation.

Les origines des termes *volonté* et *énergie* remontent à la philosophie. Plus précisément, pour le terme énergie, on peut observer deux étapes chez les prédécesseurs de saint Maxime, une philosophique et une théologique. La philosophie, en particulier Aristote, définit l'ontologie de l'énergie par le principe selon lequel aucune essence n'est privée de son énergie ou de sa puissance, car l'essence privée de son énergie et de sa puissance n'existe pas. La considération, par le néoplatonisme, du *Νοῦς* et de la *Ψυχή* comme des énergies du *Ἕν* suprême et inaccessible est, pour la théologie chrétienne, une approche « *hérétique* » de la question de la relation entre essence et énergie. Seul le principe de la distinction entre essence et énergie peut remonter au néo-platonisme, plus particulièrement à Proclus. Philon d'Alexandrie, enfin, place les puissances de Dieu *autour de son essence* (*περὶ τὴν οὐσίαν*).

On peut considérer Origène comme le premier théologien chrétien à se distancer de la philosophie et à introduire la discussion dans la théologie trinitaire. L'énergie essentielle, la volonté aussi, communes aux trois personnes de la Trinité confirme leur consubstantialité. Cette thèse est répétée par tous les théologiens ultérieurs, comme un principe de correction des théories hérétiques qui infériorisaient le Fils et le Saint-Esprit, comme des effets de l'énergie du Père, donc créés, et non consubstantiels à Lui.

L'incogniscibilité de l'essence divine et la connaissance de Dieu par ses énergies est une contribution de la théologie aussi bien alexandrine (Origène, saint Athanase, Didyme l'Aveugle) que cappadocienne. Les énergies divines, que l'homme est capable de recevoir, sont données dans l'Église où le fidèle entre en communion avec l'Esprit Saint qui distribue ses charismes.

À partir de cette théologie de l'énergie, ainsi que de celle de l'Aréopagite, qui enseigne une participation « *hiérarchique* » aux énergies, saint Maxime apporte sa propre contribution. L'énergie est essentielle et non pas hypostatique. L'essence est le principe de sa puissance et de son énergie (*οὐσία-δύναμις-ἐνέργεια*). Si pour Aristote la finalité (*ἐντελέχεια*) des êtres consiste en une matière préexistante qui prend forme et entre dans un genre — ce qui équivaut à l'énergie comme une *finalité* de l'être —, pour saint Maxime la finalité de l'énergie des êtres est leur union avec l'énergie divine et leur déification.

Suivant la théologie de saint Grégoire de Nazianze, saint Maxime distingue aussi deux ordres dans la Trinité : un qui concerne les relations essentielles de la Trinité, et l'autre qui concerne les relations de la Trinité avec la création. Le premier indique le *λόγος τοῦ εἶναι* de la Trinité, et le second le *τρόπος τῆς ὑπάρξεως*.

La Trinité a une énergie unique et commune aux trois personnes. L'unique énergie divine se manifeste par la synergie des personnes divines soit pour la création, soit pour le salut, soit pour la divinisation de l'homme. Dieu le Père, qui est le principe de la création, veut, le Fils réalise la volonté du Père, et le Saint-Esprit sanctifie et perfectionne.

Les êtres créés sont marqués par le schème ternaire de l'*être*, du *bien-être* et du *toujours-être*. Ce schème montre en même temps la provenance des êtres comme création de Dieu, duquel ils reçoivent l'être, le devenir et la finalité et le perfectionnement lors de leur union avec Dieu. Dieu est le *principe*, le *milieu* et la *fin* des êtres. Ainsi donc, l'énergie des êtres créés se met en relation et en union avec l'énergie divine.

Une des contributions originales de saint Maxime à la question de l'énergie divine se situe dans son enseignement cosmologique des **raisons des êtres** (λόγοι τῶν ὄντων). La divine énergie, présente dans tous les êtres créés, est rendue manifeste par les raisons des êtres. *(a)* Les raisons des êtres se trouvent éternellement en Dieu ; elles sont « *les volontés divines* » de la création des êtres. *(b)* Les êtres sont créés *ex nihilo* selon leurs propres raisons. *(c)* La création des êtres selon leurs propres λόγοι (raisons) confirme leur création par l'unique Λόγος de Dieu. *(d)* Les raisons des êtres peuvent être identifiées aux énergies divines.

Les êtres conçus par Dieu avant la création dans le temps sont en δυνάμει en Dieu par la présence de leurs raisons en Lui. C'est donc par l'acte créateur de Dieu que les êtres existent en ἐνεργείᾳ selon leurs raisons éternelles.

Comme en Dieu il y a une distinction du λόγος τοῦ εἶναι et du τρόπος τῆς ὑπάρξεως, de même, pour les êtres créés, il y a une distinction. C'est par son mode d'existence que tout être manifeste l'existence de son essence. Pour Dieu, la manifestation de son existence est effectuée à travers la création, car la création manifeste les énergies divines.

L'unicité de l'énergie divine et la multiplicité des énergies divines n'est pas une contradiction. L'esprit (νοῦς) humain qui cherche à connaître Dieu à partir des multiples raisons des êtres rend aussi multiples les énergies divines. Cependant, alors que les raisons correspondent à une réalité naturelle de la multiplicité des êtres, les énergies divines ne manifestent pas une multiplicité divine ou une division de Dieu ; chaque énergie divine manifeste la plénitude de Dieu.

L'énergie en tant que *puissance naturelle, mouvement spécifique* et *propriété compréhensive la plus générale* de l'essence, montre qu'elle est essentielle. Mais, alors que l'essence est signifiée par le λόγος τοῦ εἶναι, car elle est le principe de sa volonté et de son énergie, l'énergie est le τρόπος τῆς ὑπάρξεως de l'être essentiel. Chaque essence a une volonté et une énergie conforme à sa propre nature. Selon le principe que le naturel est conforme à la nature, la volonté et l'énergie d'une essence créée sont également créées, tandis que la volonté et l'énergie de l'essence incréée de Dieu sont de même incréées. Ainsi l'énergie divine est incréée, éternelle et ineffable, comme l'essence divine.

L'énergie divine qui se manifeste de manière multiple aux êtres, est participable, tandis que l'essence est inaccessible à la connaissance de l'homme. La distinction entre l'essence inaccessible, incogniscible et ineffable et les énergies connaissables et participables est basée sur la distinction ontologique entre l'essence et l'énergie de Dieu, l'une étant le λόγος τοῦ εἶναι et l'autre le τρόπος τῆς ὑπάρξεως. Or les énergies divines manifestent Dieu. Les exemples cités par saint Maxime illustrent sa pensée et sa compréhension de l'énergie distincte de l'essence, en Dieu, et auxquelles l'homme participe. Ainsi la vertu, la bonté, la sainteté, l'immortalité etc. sont des énergies que l'homme peut connaître et auxquelles il peut participer ; elles manifestent Dieu, mais elles ne sont pas son essence.

3. La christologie et les énergies divines sont un aspect théologique que saint Maxime privilégie particulièrement, car c'est à lui de formuler l'enseignement orthodoxe de la relation entre la question christologique et celle des énergies divines.

L'affirmation que le Christ est Dieu parfait et homme parfait implique toute la question de l'essence et de ses propriétés constitutives, la volonté et l'énergie. En Christ, après l'incarnation, il y a une union hypostatique de Ses deux natures, divine et humaine. Leur mode d'union est hypostatique ; sa nature humaine, n'étant pas elle-même hypostasiée, est assumée par l'hypostase divine. Chaque nature garde toutes ses propriétés naturelles. Seulement, la nature humaine, n'ayant pas sa propre hypostase parce qu'enhypostasiée à l'hypostase divine, manifestait son existence par cette hypostase. L'*enhypostaton* est le mode d'union hypostatique entre les deux natures, divine et humaine, puisque dans l'enhypostaton s'unissent deux ou plusieurs essences ou natures en une seule hypostase, selon la définition de ce terme. Cette réalité en Christ a des conséquences théologiques très importantes pour notre recherche et pour toute la théologie chrétienne. La distinction entre l'essence et l'hypostase explicite une telle unité hypostatique en la personne du Christ. Cela veut dire encore qu'il y a une distinction entre l'essence et ses manifestations naturelles, afin de pouvoir se manifester à travers une *autre* hypostase.

La définition de la volonté humaine et de la volonté divine en Christ remonte au monothélisme qui argumentait contre deux volontés en Christ, car il considérait la volonté comme une qualité de la personne et il craignait la division de sa personne. Ainsi le monothélisme défendait une seule volonté, non pas essentielle, mais personnelle. De même, plus tard, les monoénergistes pour les énergies en Christ. Pour les monothélites, comme en Christ il ne pouvait y avoir de contradiction naturelle, il n'y avait pas non plus deux volontés, mais une seule volonté, divine. Ceci parce que l'altérité naturelle constituait pour eux une opposition. Partant de textes bibliques (Mat 26, 39) et patristiques (Saint Grégoire de Nazianze, *Discours 30, 12 : IV Théologique*, PG 36, 117C-120B), saint Maxime prouve qu'entre la volonté divine et la volonté humaine du Christ il n'y a pas d'opposition, car l'altérité naturelle ne constitue pas une contrariété et une opposition, bien que la volonté soit une qualité de la nature, à cause de l'union hypostatique. Par contre, on constate une harmonie entre les deux volontés du Christ, et, puisque sa nature humaine n'était pas hypostasiée en elle-même, mais enhypostasiée en l'hypostase divine, elle voulait et opérait en harmonie avec la volonté et l'énergie divines du Christ. Cette harmonie entre la volonté et l'énergie divines et humaines en Christ était possible étant donné que le Christ incarné n'a pas assumé le péché qui, lui, constitue une contradiction. Le péché, comme un choix contre-nature, contrarie le choix du bien qui est naturel.

Cette relation et cette synergie harmonieuses sont aussi valables pour les deux énergies en Christ, divine et humaine. Ainsi le Christ veut et opère divinement et humainement le salut. Bien plus : assumer la nature humaine avec toutes ses propriétés naturelles signifie que le Christ a offert le salut à l'homme dans son intégralité et pas seulement en partie.

En Christ donc, il y a une union hypostatique entre les deux natures, divine et humaine. Dans cette union, il n'y a pas d'opposition entre les natures, car le Christ a assumé dans son hypostase divine la nature humaine libre de tout péché. Cependant, l'union de l'homme avec Dieu n'est pas une union hypostatique, mais elle est seulement une union en énergie ; l'union hypostatique en Christ est unique. Cependant Il est l'exemple idéal, car Il montre que l'union de l'homme avec Dieu doit être réalisée loin du péché, pour qu'il y ait une harmonie des volontés et des énergies divines et humaines.

II

La connaissance de Dieu peut être examinée en trois approches : *1.* l'homme et la connaissance de Dieu ; *2.* la révélation divine ; *3.* la connaissance de Dieu à travers les différents modes et manifestations divins.

1. (a) Les sens : La constitution physique de l'homme a été conçue par le Créateur pour le conduire à la connaissance de Dieu, à son union avec Lui, à sa filiation et à sa divinisation. Ses différentes facultés de connaissance (les sens, la raison, l'esprit) si elles ne sont pas altérées par la recherche du mal au lieu du bien, mènent l'homme à découvrir la présence de Dieu dans toutes ses manifestations et révélations.

L'homme diffère du reste de la création par sa dualité naturelle qui le fait participer au monde sensible et au monde intelligible. Toutes les facultés de l'homme, soit corporelles (les sens), soit intelligibles et spirituelles (la raison et l'esprit) participent à la connaissance de Dieu. Les sens le mettent en contact avec le sensible et la matière. Ce n'est pas une capacité « inférieure », mais naturelle et privilégiée, puisque ce don lui permet de connaître les raisons spirituelles cachées en chaque être sensible. Les sens sont comme une nécessité naturelle, ayant pour but la connaissance des énergies divines manifestées à travers le sensible et la matière.

La matière est ainsi valorisée, car les sens, dans leur recherche de la connaissance de Dieu, se transforment en une « richesse » de la raison et de l'esprit. Si les sens chassent la raison et l'esprit, ils deviennent déraisonnés et tirent l'homme vers le bas, vers la matière alors devenue lourde, puisque privée de raison et d'esprit et ne s'orientant plus vers la bonté divine. Le bon usage des sens est leur usage naturel, à savoir dans la fermeté du choix du bien. Celui du mal est un usage contre-nature qui dévie les sens de leur finalité naturelle.

L'harmonie et la synergie entre les sens, la raison et l'esprit en vue de la connaissance de Dieu sont à l'origine de la sanctification du corps et de l'âme de l'homme, mais c'est l'énergie divine qui sanctifie l'homme dans sa plénitude, dans son corps et dans son âme.

(b) La raison : Le λόγος signifie étymologiquement la collection de diverses choses et leur placement dans un ordre logique. La signification biblique du Λόγος est la révélation de Dieu. Le λόγος (raison) humain est l'intrication de ces deux concepts. Cette faculté humaine est apparentée aux raisons des êtres et conduit l'homme à l'unique raison divine. Le λόγος raisonne les sens et il est en relation avec l'esprit (νοῦς) en tant qu'énergie de l'esprit.

Le λόγος, dans le processus de la connaissance de Dieu, constitue la voie raisonnable, par rapport au νοῦς qui est la voie intelligible. Les processus raisonnable et intelligible traversent les degrés suivants de la connaissance pour aboutir l'un à la bonté divine et l'autre à la vérité qui mène à la connaissance de Dieu :

Λόγος-φρόνησις-πρᾶξις-ἀρετή-πίστις-ἀγαθόν-Θεός.

Νοῦς-σοφία-θεωρία-γνῶσις-ἄληστος γνῶσις-ἀλήθεια-Θεός.

Si le λόγος est l'énergie du νοῦς, toutes les autres notions correspondant aux deux processus constituent en syzygie les couples respectifs suivants : σοφία - φρόνησις, θεωρία - πρᾶξις, γνῶσις - ἀρετή, ἄληστος γνῶσις - πίστις, ἀλήθεια - ἀγαθόν. Le dernier couple indique Dieu ; on arrive à la connaissance de Dieu soit par la voie raisonnable, connaissance manifestant l'énergie divine, soit par la voie intelligible, manifestant l'essence divine.

Il y a également deux autres significations au λόγος : l'art du discours et le λόγος intérieur comme capacité de rassembler les diverses images de la bonté divine. La théologie est le λόγος sur Dieu, par lequel nous rassemblons les images de la bonté divine, les énergies manifestant Dieu. Le λόγος sur Dieu, et toute autre forme de λόγος, est dépassé par l'expérience spirituelle.

Le λόγος, selon la définition étymologique de la collection des choses, rassemble à partir de la création les diverses images de la bonté divine, et, à travers les moyens dont il dispose, — φρόνησις, πρᾶξις, ἀρετή, πίστις, ἀγαθόν —, conduit l'âme à la connaissance de Dieu qui est bonté. Une fois que l'âme contemple la bonté divine et en a l'expérience par la participation, le λόγος « se tait ». Le silence est une relation « érotique » avec Dieu, une participation empirique, une jouissance de la contemplation divine au-delà du λόγος et du νοῦς.

Parmi les qualités de la raison, en tant que voie pratique de la connaissance de Dieu, par rapport à la connaissance contemplative selon l'esprit, les vertus ont une place extraordinaire. Les vertus sont définies comme « l'habitus tout à fait impassible et ferme du bien », à savoir que, par les vertus, l'homme réussit par son propre choix (προαίρεσις) à préférer toujours le bien. La préférence ferme du bien est une qualité essentielle en Dieu, tandis que l'homme l'acquiert par grâce. C'est ainsi que Dieu est la cause des vertus et que l'homme qui exerce les vertus imite les qualités essentielles de Dieu.

L'exercice des vertus signifie une participation aux vertus divines, une connaissance des énergies divines, telles que la sagesse, la justice, la sainteté divines auxquelles l'homme participe par grâce. Par conséquent, les vertus ne sont pas uniquement une simple amélioration morale de l'homme, mais une connaissance de Dieu par participation, une connaissance transcendante. Les vertus ont également un caractère christologique puisque le Christ est « *l'essence de toutes les vertus* » ; Il a été fait pour nous sagesse, justice, sanctification et rédemption (cf. I Cor. 1, 30).

(c) L'esprit : l'esprit (*νοῦς*) est la voie contemplative de la connaissance de Dieu par l'âme. L'esprit est marqué par la dualité naturelle de l'homme, mais aussi par la nature « *simple* » ou « *composée* » de l'« *objet* » de connaissance. Ainsi le mouvement de l'esprit vers Dieu est simple, correspondant à la simplicité de Dieu, tandis que son mouvement vers les êtres composés est de même composé. Cette double possibilité de connaissance par l'esprit présuppose également une dualité du mode de connaissance. La connaissance des êtres créés s'effectue par les pensées, démarche qui comprend trois composantes : le *νοῦς* (l'esprit), la *νόησις* (l'intelligence) et le *νοούμενον* (le pensé). Celles-ci indiquent la nature composée de la connaissance des êtres créés, car il y a une différence entre l'esprit qui pense et les êtres pensés. Les êtres pensés par l'esprit sont *en dehors*, par rapport aux pensées des êtres qui sont *dans* l'esprit. Mais il y a toujours une distinction concrète dans la méthodologie pour la connaissance des êtres créés et de l'être incréé, parce que l'esprit humain n'a pas la capacité de pénétrer seul dans les réalités de l'être incréé. C'est pour cela que dans toute la théologie patristique on suit la voie dialectique seulement pour la connaissance des êtres créés, tandis qu'on est obligé de suivre la voie démonstrative pour la connaissance de l'être incréé, qui est seulement compréhensible dans la révélation en Christ et dépasse les capacités de connaissance de l'esprit.

Pour la connaissance donc de Dieu, l'esprit suit un autre mouvement, c'est un mouvement contemplatif et de participation au connaissable. La voie contemplative est celle qui guide l'âme vers la connaissance de Dieu en tant que vérité : νοῦς-σοφία-θεωρία-γνῶσις-ἄληστος γνῶσις-ἀλήθεια : Θεός Cette voie contemplative, voie apophatique de la connaissance de Dieu, indique la simplicité et le non composé de la connaissance de Dieu, car la vérité, à laquelle aboutit l'esprit, est simple, unique, une, identique à elle-même, indivisible, immuable, impassible, infaillible et sans dimension. Toutes ces qualifications de la vérité sont celles de l'essence de Dieu, qualifications apophatiques. Par ailleurs, comparée à la connaissance de la bonté divine par la raison, celle-ci, comme une voie cataphatique, « *est bienfaisante, elle est providence de tout ce qui sort d'elle et elle le protège* ». *Par la voie raisonnable, l'âme chrétienne connaît l'énergie divine dans sa manifestation comme bonté bienfaisante, comme Providence et comme circonscription de tout. Par la voie contemplative l'homme connaît le* λόγος τοῦ εἶναι *et par la voie raisonnable le* τρόπος τῆς ὑπάρξεως *de Dieu, qui a été révélé par l'incarnation du* Λόγος *de Dieu.* L'homme, par conséquent, est doté de facultés telles qu'elles le conduisent à une connaissance partielle et à la communion par participation à la nature humaine du « Λόγος » de Dieu. Cette participation-ci est aussi la divinisation de l'homme. C'est une union caractérisée par l'amour de Dieu et par la paix dans lesquelles l'âme peut vivre la contemplation de Dieu. L'esprit (νοῦς) humain est ainsi caractérisé comme l'image de Dieu, car Dieu est son archétype.

La connaissance de Dieu soit par la foi, soit par l'amour, soit par la paix, indique que cette connaissance est différente de celle des êtres créés, l'une étant composée et raisonnable et l'autre simple et contemplative. L'esprit qui se dirige vers Dieu devient lui aussi par grâce et par participation sage, bon, fort, philanthropique, compatissant, patient. Tandis que s'il s'attache aux choses matérielles, il est pris par le plaisir matériel. L'attachement exclusif au plaisir matériel montre une connaissance contre-nature par l'esprit, c'est la chute dans le péché.

L'esprit, dans sa démarche vers la connaissance de Dieu, réalise son but naturel en Jésus-Christ et devient le temple du Saint-Esprit. L'esprit de l'homme est alors un « *lieu saint et un temple de Dieu* » affirme saint Maxime. Si l'homme laisse entrer le péché dans le temple de Dieu par les plaisirs charnels, il détruit le temple divin, le transformant en temple des démons. Le bon usage de la matière aboutit à un équilibre entre l'esprit et la matière et peut permettre à l'esprit de s'élever vers la contemplation de Dieu.

2. *(a) La loi naturelle :* Les lois naturelle, écrite et de grâce sont les divers modes des manifestations divines dans la divine économie. Si l'homme est un microcosme de la révélation divine, les trois lois montrent comment Dieu se manifeste à travers toute la création, à travers la loi écrite et à travers la loi de grâce. La vision de Dieu à travers ces trois lois est une des plus grandioses de saint Maxime, car elle montre en même temps la relation étroite entre l'homme et son environnement naturel — la connaissance sensible peut être comparée à celle par la loi naturelle ; la connaissance raisonnable à celle par la loi écrite ; la connaissance spirituelle à celle par la loi de grâce —, et une vision de la révélation dans l'histoire de l'économie du salut, dans le passé, le présent et l'avenir eschatologique. Les lois sont distinctes entre elles, car elles signifient les différents modes de la révélation ; elles sont également complémentaires car l'une valorise l'autre. On ne peut pas isoler la loi naturelle de la loi écrite, ni interpréter les lois naturelle et écrite sans la loi de grâce qui est leur accomplissement et ressort de l'incarnation du Verbe de Dieu.

La création elle-même révèle Dieu en tant que Créateur, Providence et Juge. Le point de rencontre entre la création et Dieu sont les λόγοι τῶν ὄντων, car c'est le λόγος divin qui a *gravé* le λόγος dans les êtres. Selon l'interprétation de saint Maxime, les λόγοι divins dans la création sont des énergies divines manifestées à travers les λόγοι τῶν ὄντων. La vision naturelle constitue un exemple de la proximité des λόγοι divins et des λόγοι des êtres ; elle montre quels sont les λόγοι divins que l'homme rassemble dans la création et par la création.

La vision naturelle a cinq modes qui manifestent soit les λόγοι divins soit les λόγοι des êtres et leur proximité : les

modes selon l'essence, selon le mouvement, selon la différence, selon la complexion et selon la position. La vision
naturelle n'est pas une démonstration de l'existence de Dieu
à travers le cosmos. Elle nécessite la foi qui rassemble les
manifestations (ἐμφάσεις) divines dans la création. La classification des cinq modes en deux groupes est significative
du mode de rencontre et d'union entre les λόγοι divins et
les λόγοι des êtres pour une connaissance de Dieu à travers
la loi naturelle. Les trois premiers modes manifestent les
λόγοι divins et les deux autres décrivent la manière par
laquelle l'homme doit procéder à la connaissance des raisons
divines.

Les modes selon l'essence, le mouvement et la différence
sont des modes par lesquels Dieu se manifeste à travers la
loi naturelle. Il est évident que Dieu ne manifeste pas son
λόγος τοῦ εἶναι, mais son τρόπος τῆς ὑπάρξεως. Le τρόπος
τῆς ὑπάρξεως a un double sens : Le τρόπος τῆς ὑπάρξεως
trinitaire de Dieu et Son mode de relation avec la création.
Par le mode selon l'essence, Dieu se révèle comme le
Créateur, par le mode selon le mouvement, comme la
Providence et par le mode selon la différence, comme le
Juge. Par conséquent, c'est Dieu qui est la cause et le
principe du λόγος τοῦ εἶναι et du τρόπος τῆς ὑπάρξεως
des êtres. Ainsi, ici, par la « théologie », dans son sens de
la parole sur Dieu, révélée l'homme sait que Dieu **est**, et il
parvient à connaître le mode trinitaire de l'existence divine,
mais pas son λόγος.

Les deux modes suivants, selon la κρᾶσις (la complexion)
et selon la θέσις (la position), confirme que la vision de
Dieu par la loi naturelle est une recherche « pieuse », et
non pas une démonstration logique de l'existence de Dieu.
La κρᾶσις est la complexion de la γνώμη avec les vertus, et
la position est le choix stable et la préférence du bien. Ces
deux modes sont un présupposé nécessaire pour l'approche
des trois modes précédents. La γνώμη est façonnée et formée
par les vertus ; vu la signification des vertus, qui sont
également des raisons et des énergies divines, on comprend
la relation mutuelle entre la manifestation de Dieu par les
trois modes de la vision naturelle et le mouvement de

l'homme vers une connaissance des raisons divines. Cette connaissance doit finalement dépasser les modes de la vision naturelle pour ne pas introduire de division dans la création. C'est Dieu qui est le principe de l'essence, du mouvement, de la différence, de la complexion et de la position et qui unit tout en Lui.

Les énergies créatrice, de providence et de juge établissent la relation de Dieu avec l'ensemble de la création ; Dieu crée les êtres par son énergie créatrice, Il établit les différences entre eux par son jugement divin et circonscrit tous les êtres, les conservant à l'être par l'énergie de Sa Providence. Cette relation entre le Dieu Créateur et sa création est encore précisée par la signification de l'ordre et du rôle des Personnes divines dans l'économie divine. Dieu le Père est le principe de la création, car c'est Lui qui a voulu la création des êtres. Son Fils et Verbe éternel réalise la volonté du Père et le Saint-Esprit perfectionne et sanctifie la création. La loi naturelle enseigne donc cet ordre trinitaire de l'énergie de la création et montre le $\Lambda\acute{o}\gamma o\varsigma$ de Dieu comme le Créateur. Le même $\Lambda\acute{o}\gamma o\varsigma$ de Dieu le Père est aussi le Législateur de la loi écrite et Lui-même est la loi de grâce.

(b) La loi écrite : Le $\lambda\acute{o}\gamma o\varsigma$ divin qui, selon la vision naturelle, est gravé en les êtres, est aussi présent dans la loi écrite. La loi naturelle et la loi écrite constituent la présence ininterrompue du $\lambda\acute{o}\gamma o\varsigma$ divin dans la création et la révélation de Dieu par ces deux lois. Il y a donc une unité intérieure entre les deux lois ; le $\lambda\acute{o}\gamma o\varsigma$ de Dieu est incarné lors de la création des êtres, il est incarné dans la lettre de la loi écrite et il est également incarné dans la chair.

Les raisons divines se cachent et se révèlent en même temps par les deux lois. Saint Maxime illustre ainsi sa pensée pour éclaircir le mode de révélation divine par les deux lois. Les mots ($\acute{\varrho}\acute{\eta}\mu\alpha\tau\alpha$) sont les vêtements, et les concepts sont la chair de la loi écrite. Par les vêtements nous voilons et dévoilons en même temps la chair. Les vêtements, dans la loi naturelle sont les genres et les formes extérieures des êtres créés qui aussi voilent et dévoilent les raisons divines.

Si la loi naturelle révèle Dieu comme Créateur, Providence et Juge, la loi écrite Le révèle comme Législateur. La vision du Λόγος de Dieu comme Créateur, Providence, Juge et Législateur ouvre la perspective d'une vision christologique des deux lois. La présence des prophètes Elie et Moïse à la Transfiguration, symbolisant respectivement les deux lois, est le signe que le Verbe de Dieu est le Créateur de la loi naturelle et le Législateur de la loi écrite, comme il est aussi Lui-même la loi de grâce.

Les deux lois, par ailleurs, sont instructives pour l'homme et pour son habitus dans le choix du bien. La loi naturelle est innée, en l'homme, comme en tout être créé, pour le choix du bien ; tout autre choix est contre-nature. La loi écrite, pour sa part, est appliquée par l'homme après un processus éducatif. La « crainte », en tant que situation psychologique de l'homme, est le point à travers lequel la loi écrite instruit l'homme dans le choix du bien, non comme une obligation imposée par la crainte des châtiments, mais comme un habitus naturel. La crainte n'est pas le but en soi de la loi écrite, mais le moyen d'arriver à l'usage naturel de la préférence ferme et immuable du bien. Par cet usage naturel l'état de crainte est surmonté, et l'homme préfère le bien dans sa liberté de fils de Dieu et non pas comme un serviteur qui craint son maître, ni comme un mercenaire qui envisage une compensation.

Considérer la loi écrite comme une suite et un accomplissement de la loi naturelle — non seulement historiquement, mais également comme une continuité de l'opération de l'énergie divine dans le plan de l'économie — conduit saint Maxime à examiner de façon détaillée le sens et le contenu de la loi écrite. L'Écriture est la Révélation de Dieu. Elle est l'œuvre de l'inspiration du Saint-Esprit chez les auteurs des livres saints. La distinction de l'histoire et de l'interprétation allégorique de la réalité historique de l'Écriture correspond à celle à la lettre et en l'esprit de la loi. La lettre décrit l'histoire et l'allégorie scrute le contenu spirituel de l'Ecriture. Il faut dépasser la lettre et chercher l'esprit qui se cache derrière la lettre historique.

Entre les deux Testaments il y a une différence essentielle, car la loi de l'Ancien Testament figure l'ombre de l'Evangile tandis que l'Évangile est l'image des biens à venir. Ainsi la lettre de la loi cache la vérité révélée par l'Évangile en tant qu'image de la vérité des biens à venir. La recherche de l'esprit dans la loi écrite est fondamentale, car la lettre de la loi passe et vieillit ; par contre l'esprit rajeunit la loi. Saint Maxime avance cette comparaison en se basant sur les textes bibliques de Rom 7, 14 et d'He 8, 13, selon lesquels la lettre tue et l'esprit vivifie. Dans le même esprit de comparaison entre l'Ancien et le Nouveau Testament, le premier est comparé au corps et le second à l'âme de l'homme. Ainsi le Nouveau Testament a une priorité sur l'Ancien Testament, car celui-ci ne serait pas une révélation sans celui-là.

Les deux Testaments sont la source à laquelle l'Église puise l'illumination du Saint-Esprit. Ainsi l'Écriture est l'œuvre de l'inspiration du Saint-Esprit chez les auteurs et nourrit l'Église par la présence du Saint-Esprit à travers elle. L'interprétation de l'Écriture doit alors être effectuée à la lumière de la révélation en Christ. Une interprétation privée de sens christologique tomberait dans une approche judaïque seulement à la lettre qui tue l'esprit.

Par l'interprétation spirituelle de l'Écriture, saint Maxime souligne deux points fondamentaux : *1.* le temps de l'Église est le temps de l'Esprit-Saint. A travers la loi naturelle, Dieu se révèle comme le Créateur du monde par son Verbe éternel ; à travers la loi écrite Il se révèle également comme le Législateur. Le temps de l'Église est le temps du Saint-Esprit qui perfectionne l'Église et ses membres ; *2.* les raisons spirituelles cachées sous la lettre de l'Écriture sont les *contemplations divines qui révèlent les énergies divines opérant* dans l'histoire du salut.

(c) La loi de grâce : « *La loi a été donnée par Moïse, la grâce et la vérité sont venues par Jésus-Christ* » (Jn 1, 17). Ce verset biblique imprègne la pensée de saint Maxime concernant la signification de la loi de grâce. Le Christ lui-même est la loi de grâce inconditionnelle pour l'homme. La loi de grâce est l'accomplissement de la loi écrite (cf. Mt 5, 17). L'accomplissement des lois par le Christ est vu à travers

les manifestations du Verbe de Dieu. La première manifestation est celle de *l'insufflation première et vivifiante* pour
la création de l'homme ; la deuxième est *la naissance du
Verbe dans la chair* ; la troisième est le *Baptême* du Verbe
par lequel Il a purifié la nature humaine du péché ; et la
quatrième est Sa *Résurrection* par laquelle Il a libéré la
nature humaine de la corruptibilité et de la mort.

La loi de grâce est une connaissance de Dieu *immédiate*
qui, par la révélation en Christ, conduit l'homme à imiter
Dieu et à être déifié. Le Christ enseigne donc la voie de
la filiation et de la déification qui n'est autre que l'amour
divin ; l'amour pour Dieu et l'amour pour les autres. L'incarnation du Christ montre deux choses essentielles : la *grâce*
et *l'économie* du Christ. L'homme est divinisé par grâce
puisque le Christ a divinisé la nature humaine par son union
hypostatique avec la nature divine. C'est dans l'économie
divine que le Christ en tant que Dieu parfait est devenu
aussi homme parfait pour ouvrir la voie de la divinisation
de l'homme par grâce.

La relation entre les trois lois est la suivante : la loi
naturelle purifie l'homme de tout ce qui est contre-nature
et lui apprend un comportement naturel, la loi écrite le
libère des passions contre-nature, et la loi de grâce conduit
à l'union de l'homme avec Dieu. Les lois sont renouvelées
par la Résurrection du Christ qui a libéré la création de la
chute et restauré sa beauté naturelle.

3. La contemplation de Dieu, l'union avec Lui en Christ,
la filiation de l'homme et sa déification sont des aspects de
la connaissance de Dieu par l'homme. En tant que telle, la
connaissance touche directement le salut de l'homme. La
possibilité de connaissance de Dieu par l'homme est décrite
dans le contexte de la différence ontologique entre Dieu
incréé et l'homme créé. Cette différence est à l'origine du
mode de connaissance de Dieu par l'homme et détermine
la différence de la méthodologie et du contenu de la
connaissance. L'apôtre Paul par son « *apophatisme* » et Jean
l'évangéliste par sa vision contemplative établissent les présupposés de la connaissance de Dieu. L'apôtre Paul introduit
le principe de la connaissance partielle de Dieu : « *nous*

connaissons en partie » (I Co 13,9), et saint Jean le principe de la vision de la gloire de Dieu : « *nous avons contemplé sa gloire* » (Jn 1,14).

Ces deux aspects influencent la réflexion théologique de saint Maxime. La connaissance *partielle* est due à l'incogniscibilité de l'essence divine par l'esprit humain et à la cogniscibilité de son énergie. La *contemplation de la gloire* de Dieu est celle de son énergie. Deux textes bibliques présentent ce même double aspect de la connaissance de Dieu, Es 53,2 et Ps 44, et sont considérés par ailleurs comme des textes messianiques et christologiques. Ces deux passages bibliques concernent la possibilité et le degré de connaissance de Dieu de ceux qui en sont dignes ou non, et la manifestation du Verbe de Dieu.

La connaissance de Dieu est cataphatique et apophatique. Ces deux approches théologiques sont chargées de toute la tradition patristique au sujet de la connaissance de Dieu. Saint Maxime perpétue la théologie des Pères antérieurs comme celle des Cappadociens. Il est également influencé par Origène et surtout par l'Aréopagite qui présente un enseignement systématique de la théologie apophatique et cataphatique. Cependant, saint Maxime dépasse le système hiérarchique de l'Aréopagite, et la connaissance cataphatique ou apophatique ne dépend plus de la place de l'être dans la hiérarchie. La cataphase et l'apophase se transforment en deux modes théologiques de la connaissance de Dieu, et l'un complète l'autre. Les deux modes constituent un ensemble et une unité nécessaire à une connaissance de Dieu la plus parfaite possible à l'homme. Le mode apophatique pourrait ainsi être appliqué lors de la recherche de la connaissance de l'essence, ou plutôt du λόγος τοῦ εἶναι de Dieu, car l'essence, étant inconnaissable, n'est indiquée que par des négations, telles qu'inengendrée, sans principe, infinie etc. Le mode cataphatique est utilisé lors du cheminement vers la connaissance de l'énergie divine, telles que les énergies créatrice, de providence, de juge, de législateur etc. L'apophase et la cataphase peuvent être dépassées par l'expérience de la contemplation de Dieu, contemplation caractérisée par le « *silence* ».

L'examen des deux modes théologiques de la connaissance de Dieu est également une approche de la cogniscibilité et de l'incogniscibilité de Dieu. L'essence divine est inconnaissable tandis que son énergie est connaissable. L'incogniscibilité de l'essence divine n'introduit pas un « agnosticisme » ou un « athéisme ». La cogniscibilité de Dieu est une participation par grâce aux énergies divines, participation qui dépasse les limites de la connaissance par les sens, la raison et l'esprit humains. L'expérience donc par participation est une connaissance du mode de la manifestation de Dieu et une ignorance de ce que Dieu est dans l'infinité de son essence.

Dieu n'est connaissable « *qu'à partir de ses énergies* », puisque son essence est inconnaissable à l'homme. La connaissance de Dieu est partiellement acquise par les capacités examinées, à savoir les sens, la raison et l'esprit. Cette forme de connaissance est pourtant dépassée par la participation à l'énergie divine plus parfaite et plus immédiate. La connaissance de Dieu à partir de ses énergies est, par conséquent, la participation aux énergies divines. La connaissance par la participation est la « κατ'ἐνέργειαν γνῶσις », selon l'expression de saint Maxime. Cette connaissance « *proprement vraie, se basant seulement sur l'expérience en énergie sans la parole et les concepts, procure la sensation totale du connu par la participation par grâce* ».

La participation aux énergies divines est une « *synergie* » entre le participant et le participé. La grâce du Saint-Esprit n'anéantit pas la liberté et la puissance de la nature humaine. Bien au contraire, les puissances naturelles sont rendues opérationnelles par rapport à leur usage contre-nature, usage qui les rend inactives en ce qui concerne la connaissance de Dieu. Les énergies divines sont analogues à la lumière divine qui illumine l'homme afin qu'il puisse percevoir la lumière divine.

La participation κατ'ἐνέργειαν est la ressemblance du participant au participé. La ressemblance κατ'ἐνέργειαν est l'identification du participant au participé, et l'identification κατ'ἐνέργειαν est la divinisation du participant. Ceci est le mode de participation à l'énergie divine, qui présuppose l'ἔκβασις (la sortie) hors des limites de l'essence créée et l'entrée dans l'infinité de l'énergie divine toute puissante et au-delà de la puissance. Mais la participation à l'énergie divine « présuppose » l'ἔκβασις divine, à savoir la distinction entre essence et énergie, puisque l'essence est inconnaissable et que l'énergie divine est accessible à ceux qui ont dépassé en Jésus-Christ les limites de la création. L'union, la ressemblance, l'identification et la divinisation, constituent le désir et la joie de ceux qui sont unis à Dieu en énergie, désir et joie ineffables.

L'économie divine est divisée en deux périodes, celle de « l'incarnation » de Dieu et celle de la divinisation de l'homme. Cette vision de l'histoire de l'économie divine est à la base d'une recherche théologique. La division en deux de l'histoire de l'économie n'est pas une simple systématisation scolastique, mais elle est la réalité du Conseil éternel de Dieu. Ainsi Dieu a conçu, avant le temps, l'incarnation de son Verbe et la divinisation de l'homme. Si le Conseil éternel a préconçu « l'incarnation » du Verbe, celle-ci n'est donc pas conditionnée par la chute de l'homme. À ceci saint Maxime répond sans réserve que l'incarnation du Verbe de Dieu n'est pas conditionnée par la chute. Par contre, lors de la réalisation de l'incarnation du Verbe, Christ a adopté de nouveaux modes pour guérir l'homme de sa chute et du péché. Ainsi le λόγος du Conseil divin reste le même, tandis que le τρόπος de l'incarnation du Verbe adopte de nouveaux moyens.

L'« incarnation » de Dieu a déjà été réalisée par l'incarnation du Christ ; il reste encore à accomplir la déification de l'homme. Les conditions sont posées par l'incarnation du Christ, car Il a donné le modèle de l'union à Dieu, Il a créé les possibilités de la déification dans l'Église, préfiguration de la déification eschatologique. La déification ou la condamnation ne constituent pas pour l'homme une prédestination ; le Conseil éternel de Dieu n'est pas non plus une « apocatastase » origéniste. L'homme est déifié en Christ qui le sauve du péché. Mais le salut et la déification sont aussi conditionnés par la liberté et le choix propres à l'homme.

La déification de l'homme se réalise par son union à l'énergie ou à la grâce divines. Les deux notions sont synonymes dans le vocabulaire maximien. La grâce, comme l'énergie divine, est essentielle, et, puisque le naturel correspond à la nature, elle aussi est incréée, comme l'essence divine. « *La grâce divine et incréée existe depuis toujours, elle est au-dessus de toute nature et de tout temps et provient de Dieu éternel* ». Tout homme peut être déifié, comme Melchisédek, par le dépassement de la nature créée et du temps, et par la vertu et la contemplation de Dieu.

La déification de l'homme commence dans le temps de l'Église, celui de l'Esprit, pour être accomplie dans l'eschaton. Mais l'expérience de la déification dans l'Église est déjà une préfiguration eschatologique. L'Église, liée à l'incarnation du Verbe de Dieu est une image de Dieu dans le monde, car elle a uni en elle toutes les différences naturelles ou sociales de ses membres − sexe, race, âge, langue etc. Sa raison unificatrice est la foi au nom du Christ. L'Église est également l'image du monde, de l'homme et particulièrement de l'âme humaine, car est inclu dans son corps la multiplicité de ses membres réunis dans l'assemblée eucharistique.

L'Église détient la parole du Seigneur sur laquelle se fonde sa foi. L'Église, sans altération, pure, sans tache, intègre, sans amoindrissement et sans diminution, possède toutes les qualités pour sauvegarder l'intégrité de la foi et protéger ses membres des enseignements étrangers à cette foi.

L'Église dispense, dans toute son intégrité, la foi en la Sainte Trinité. Le Verbe incarné de Dieu révèle le Père, et le Père donne l'Esprit-Saint à l'Église. Saint Maxime, suivant la vision du prophète Zacharie (4,1-3), identifie l'Église au candélabre d'or et le Christ à la lampe qui illumine. Il est la lumière du Père, sa Sagesse, son Verbe, et Il illumine tous ceux qui sont dans le monde par la lumière de la vraie foi. Le Verbe et Fils de Dieu révèle ainsi le Père, mais aussi le Saint-Esprit, car Il accorde les énergies et les charismes du Saint-Esprit à l'Église. Le Saint-Esprit procède du Père par le Fils ; Il est ainsi naturellement l'Esprit du Fils. Selon Es 11,2-3, le Fils a naturellement l'Esprit de la sagesse enhypostasiée du Père ; l'Esprit de prudence, car Il est la révélation de la sagesse ; Il a l'Esprit du Conseil Eternel de Dieu en synergie avec le Saint-Esprit ; l'Esprit de puissance du Père ; l'Esprit de connaissance du Père, car Il est le seul à connaître Dieu le Père ; l'Esprit de piété, car Il obéit à la volonté du Père ; l'Esprit de la crainte de Dieu, car la volonté et l'énergie du Père et du Saint-Esprit sont les mêmes et leur synergie est parfaite.

Ce que le Fils a naturellement, Il le donne à l'Eglise comme énergies et charismes du Saint-Esprit. C'est par l'Église et dans l'Église donc que chacun reçoit ses charismes, comme l'écrit l'apôtre Paul (I Co 12,4-6). L'Église œuvre à la filiation de l'homme par la célébration des mystères. Le Baptême accorde la grâce de la filiation, grâce rendue efficiente par la participation à la synaxe eucharistique. Les mystères célébrés sont la préfiguration et l'avant-goût de la filiation eschatologique vécue comme une réalité, ici et maintenant. Toute célébration eucharistique, et tous les symboles et les paroles sont tournés vers ce but.

La lecture évangélique symbolise « *l'incarnation* » du Fils et Verbe de Dieu. Le chant de *Trisagion* est une contemplation et une confession de foi en la Trinité. L'invocation du nom de Dieu comme Père manifeste la filiation de l'homme. La « *communion des saints et vivifiants mystères* » est la signification de la filiation par excellence, car celui qui participe à la communion reçoit la grâce et la bonté divine, il est uni à Dieu, il reçoit la grâce de similitude et de ressemblance avec Dieu, il est déifié. L'union avec Dieu est une union à ses divines énergies.

En résumé, voici quels sont les points originaux de notre étude :

1. La question théologique de la distinction entre l'essence et l'énergie chez saint Maxime a déjà été débattue partiellement dans d'autres travaux contemporains, mais il n'existe pas d'étude complète qui donne une réponse systématique globale.

2. La méthodologie vise à orienter la recherche sur la distinction entre l'essence et l'énergie essentielle, non pas comme une distinction κατ'ἐπίνοιαν, mais ontologique, avec toutes les conséquences que cela implique, à savoir que l'énergie est la révélation divine et le mode de connaissance de Dieu par l'homme.

3. L'énergie divine, qui manifeste Dieu dans le monde comme Créateur, Juge, Providence, Législateur, est également le mode de relation entre Dieu et le monde. Les raisons des êtres indiquent le mode de cette relation. Les raisons des êtres qui se trouvent éternellement en Dieu sont en relation perpétuelle avec les énergies divines.

4. La christologie donne à l'énergie divine la dimension sotériologique, car le Christ opéra le salut par son énergie divine en synergie avec son énergie humaine. L'incarnation du Christ est l'accomplissement du conseil de Dieu au sujet de l'incarnation divine et la certitude pour l'homme de sa divinisation. La révélation divine en Christ est celle de la synergie des personnes de la Trinité pour la création et pour le salut.

5. Le Christ, loi de grâce, a accompli les lois naturelle et écrite et Il a offert à l'homme la voie de la divinisation et sa participation aux divines énergies. La divinisation de l'homme est un acte d'une perspective eschatologique, mais elle est vécue partiellement par anticipation dans la vie sacramentelle de l'Église. L'Église devient ainsi le dispensateur des énergies sanctificatrices du Saint-Esprit.

6. La participation de l'homme aux énergies et à la grâce divines et incréées est le mode de dépassement de la séparation entre l'incréé et le créé. C'est par l'union en énergie entre Dieu et l'homme que celui-ci peut dépasser ses limites créées pour entrer dans l'éternité divine.

Achevé d'imprimer en octobre 1993
sur les presses de la Nouvelle Imprimerie Laballery
58500 Clamecy

Dépôt légal : octobre 1993
Numéro d'impression : 204011

THÉOLOGIE HISTORIQUE